머리말

오늘날 스포츠 및 체육을 포함하는 인간의 운동문화는 현대사회에서 필수적인 요소로서 그 가치를 인정받고 있다. 체육은 건강 및 체력증진, 정서순화, 사회교육, 도덕성 함양 등 인간교육의 다양한 목적을 실천하는 교육으로 인정받고 있으며, 스포츠는 대중문화의 한 축으로 성장하여 정치, 경제, 사회, 교육 등 문화 전반에 걸쳐 중요한 기능과 역할을 수행하는 사회현상을 만들어내고 있다. 이러한 모습은 최근에 나타난 현상이라기보다는 인류역사 이래 지속되어온 문화적 현상이었다. 이는 스포츠 및 체육이 장구한 인류역사와 더불어 인간생활의 필연적 요소로 존재하여 왔음을 의미한다.

물론 시대의 흐름과 문화적 특성에 따라서 스포츠 및 체육의 가치와 역할이 다르게 나타난 것이 사실이다. 하지만 그것들의 본질적인 의미와 역할은 변화되지 않았다. 신체활동을 주체로 하는 인간운동 행위는 생존과 행복의 수단으로 존재해왔다는 공통점을 지니고 있다. 어린 시절 우리가 경험한 전통적인 신체놀이와 유희들이 그러한 의미를 포함하고 있으며, 미개사회는 물론 문명사회의 우리 선조들은 자신들의 생존과 행복을 위해 그 상황에 적합한 운동문화를 창조하여 발전시켜 왔다.

본서는 이와 같은 전제를 토대로 하여 인간의 운동문화, 즉 스포츠 및 체육의 역사 지식을 인간운동 분야를 공부하는 학도들에게 전도하기 위해 집필되었다. 그러나 일반 교양인들에게도 역시 스포츠와 체육의 역사를 이해하는데 도움이 된다. 이러한 목적에 부합하기 위해 이 책은 다음과 같이 저술되었다.

첫째, 이 책의 중심어가 되는 스포츠와 체육이란 용어는 19세기를 전후로 각각의 명칭과 개념이 형성되었기 때문에 시대적 또는 문화적 배경 속에서 스포츠 및 체육과 관련된 신체운동, 즉 우리 인간들이 수행해온 신체활동의 역사를 광의적 의미로 표현하기 위해 인간운동 또는 운동문화라는 용어를 사용하였다. 이러한 광의적 용어에는 신체적인 놀이나 게임, 레크리에이션 등의 행위들을 포함하여 설명하고 있다.

둘째, 이 책은 기존의 스포츠 및 체육 관련 역사서와는 달리 스포츠 · 체육사 전공서의 이론적 배경을 보다 자세히 서술하였고, 스포츠 및 체육 관련 용어에 대한 어원적 유래와 개념을 비교적 상세히 설명하여 역사적 내용을 이해하는데 도움이 되도록 하였다.

셋째, 세계의 스포츠와 체육의 역사를 전반적으로 이해할 수 있도록 포괄적인 내용을 담고 있다. 물론 지면의 한정으로 모든 국가의 스포츠 · 체육사적 사실들을 상세하게 기술하지는 못했으나, 세계 스포츠와 체육의 역사를 통사적으로 이해하는데 많은 도움이 될 것이라 믿는다.

넷째, 우리가 이 지면에서 다루는 스포츠와 체육의 역사는 인간의 신체활동 또는 인간운동이다. 여기서의 신체활동이나 인간운동은 스포츠나 체육의 자연개념보다 광범위한 문화개념의 대상이다.

따라서 본서에서는 신체활동과 관련한 스포츠와 체육현상, 즉 놀이, 게임, 체육, 스포츠, 레크리에이션, 무용 등을 신체문화사적 · 신체교육사적으로 연구하였다.

다섯째, 본서의 역사서술방식은 일반 역사와 유사한 역사서술방식을 채택하였다. 따라서 이 책은 선사, 고대, 중세, 근대와 현대라는 시대구분으로 서술되었고, 한국 스포츠와 체육의 역사서술 역시 같은 방식으로 구성되었다.

스포츠와 체육의 역사연구는 인간운동 영역의 존속을 위해 반드시 시도되어야 하는 과정일 뿐 아니라 우리 인류의 생존을 위한 노력이며, 인류문화 활동의 한 과정이라 할 수 있다. 다시 말해 스포츠와 체육은 독립된 존재로서가 아닌 다양한 영역들과의 상호의존적 관계로서 진화되어 왔음을 의미한다.

우리 인류가 문명화됨에 따라 신체적 가치는 점차 떨어지고, 종교나 정치, 사회적 여건과 같은 다양한 변인들로 스포츠와 체육은 흥망성쇠를 겪어왔다. 그러한 상황에서도 인간의 신체활동에 대한 욕구와 필요성은 제기되어 왔다. 이러한 인식이 의도적이고 계획된 신체활동으로 스포츠, 체육, 무도, 레크리에이션 등을 탄생시켜 교육, 건강, 여가활동, 오락, 행복의 수단 등 인간의 다양한 욕구를 충족시키는 하나의 신체활동문화로서 정착하게 되었다.

이제 우리는 인류문화의 역사와 더불어 인간운동의 역사를 바르게 이해하고 보다 건전하고 효율적인 신체문화로 발전시켜 나가야 한다. 이를 위해 우리는 그것에 대한 기원과 본질, 목적과 의미를 역사적으로 정리하여 이해하고 그 시대의 인간상 및 사회적 현상의 상호관계를 함께 규명해야 한다. 이러한 이론적 배경지식을 통해 우리는 현재의 놀이와 게임, 스포츠, 체육, 무도 분야 등과 관련된 모습과 형태를 진단하여 미래의 스포츠 및 체육문화를 발전시켜 나갈 수 있다.

아무쪼록 이 책을 읽게 될 스포츠 및 체육전공자 또는 일반 교양인들이 인간운동의 역사를 이해하는데 조금이나마 도움이 되길 바라며, 거침없는 비판과 충고가 따르길 바랍니다.

끝으로 본서가 출간되기까지 정성과 수고를 아끼지 않으신 도서출판 21세기교육사 이원길 사장님께 감사한 마음을 전합니다.

2011년 8월

저자 일동

목차

제1장. 스포츠 · 체육사의 개설/9

제2장. 선사시대의 운동문화/35

제3장. 고대 문명국의 운동문화/47

제4장. 고대 그리스의 운동문화/75

제5장. 고대 로마의 운동문화/111

제6장. 중세 유럽의 운동문화/127

제7장. 근대 유럽의 체육과 스포츠/149

第8장. 현대 유럽의 체육과 스포츠/195

第9장. 현대 미주의 체육과 스포츠/253

第10장. 동북아의 체육과 스포츠/279

第11장. 올림픽의 유래와 역사/359

표 차례

그림 차례

제1장. 스포츠 · 체육사의 개설

1. 스포츠 · 체육사 연구의 필요성
2. 스포트 및 스포츠, 체육의 어원과 개념
3. 역사연구의 이해
4. 스포츠 · 체육사의 연구

1. 스포츠 · 체육사 연구의 필요성

현대사회에서 스포츠 및 체육 분야는 우리 인간의 활동영역에서 매우 중요한 위치를 차지하고 있다. 현재를 살아가는 우리는 직간접적으로 인간의 신체운동문화를 경험하고 있다. 인간사회의 거의 모든 영역이 스포츠 및 체육과 연관을 맺으면서 새로운 문화를 만들어가고 있는 것이다. 우리가 스포츠 및 체육 등 인간의 신체활동 분야를 각기 독립된 영역으로 구축해나가려는 노력을 하고 있지만, 이러한 독립된 영역들은 인류의 출현과 함께 우리 인간의 생활 속에서 존재해왔다고 볼 수 있다.

물론 시대와 지역에 따라 우리의 전공분야인 스포츠 및 체육의 형식과 가치가 상이한 모습을 나타내며 변모해온 것이 사실이다. 이러한 관점에서 스포츠 또는 체육을 전공하거나 이에 관련된 사람들은 선조들의 스포츠 및 체육활동이 어떠했는지를 광의적 의미에서 탐구하고 오늘날 인간운동문화의 현실을 성찰해보는 것이 매우 중요하다.

우리는 스포츠와 체육의 역사를 연구하기에 앞서 기본적인 질문에 대한 답변을 필요로 한다. 도대체 왜 스포츠와 체육의 역사를 연구하는가? 그 이유는 스포츠와 체육의 역사연구가 미래 스포츠와 체육의 비전을 제시하기 위한 일차적 시도이기 때문이다. 실제로 많은 사람들은 역사를 안다는 것이 자신들의 생활과 무관하다고 생각한다. 현상학적 측면에서 이해하면 역사는 이미 지나갔고 과거 속에서 존재한다. 많은 사람들은 역사를 식상한 관심거리로 생각하거나 현실과 동떨어진 것으로 인식하는 경향이 강해지면서 실생활과 관련된 영역들에만 관심을 두거나 첨단 과학기술만이 우리 인류에게 유익하다고 믿는다. 이러한 사고는 미래를 지향하는 과학기술 분야에서도 부정적인 결과를 가져온다. 모든 분야는 과거로부터 축적되어온 지식이나 업적을 토대로 신기술을 개발하고 그 분야를 발전시킬 수 있다. 어떤 사람들은 과거와 미래가 별개의 시공(時空)에 머물러 있다고 믿는다. 그러한 생각은 문명의 발전을 정체시키는 무지의 발상에서 비롯된 것이다.

세상에 존재하는 모든 것들은 그들 나름대로의 역사를 가지고 있다. 그 객체의 역사가 현재 명확히 알려져 있든 그렇지 않든 역사가 존재했었다는 사실 자체를 아무도 부정할 수 없다. 만약 역사의 존재를 부정하거나 역사연구를 회피한다거나 또는 역사적 사실을 왜곡한다면, 그 영역의 정체성을 상실하는 결과를 가져온다. 자신의 정체성을 부정한다는 것은 자신의 존재를 부인하는 것이며, 이러한 측면에서 인간의 신체활동의 역사를 연구한다 함은 스포츠 및 체육의 정체성을 확립하고 존재의 영속성을 보장하는 노력인 것이다. 만약 스포츠 및 체육관련 전공자들이 인간의 신체활동의 역사연구를 회피한다면 머지않아 스포츠 및 체육 분야의 존재는 불투명해질 수 있다. 뿌리 없는 나무가 존재할 수 없듯이 개인이나 기관, 단체, 국가는 물론 문화영역 또는 학문영역

역시 그 나름대로의 역사를 가지고 존재하여 왔다. 우리는 역사의 가치를 깊이 인식하여 인간의 신체활동 영역을 위해 첫째로 해야 할 일을 숙고해야 한다.

스포츠와 체육의 역사란 우리 인간들이 고래로부터 수행해온 광의적 의미의 신체활동의 역사이다. 스포츠와 체육의 기원과 사상, 스포츠와 체육의 방법과 형태, 스포츠와 체육의 기능과 역할, 그것의 위상 등에 관한 역사 또는 그것을 연구하는 학문이다. 스포츠와 체육은 인간사회의 한 영역으로 인정받기 오래 전부터 다양한 형태로 행해져 왔다. 인간의 신체활동이 인류역사의 시작과 더불어 행해졌다는 사실은 동서고금을 통하여 공인되는 바와 같이 그 발달과정에 있어서 비록 수단과 방법의 차이, 시기에 대한 전후의 차이는 있으나, 어느 민족이나 어느 지역을 막론하고 자신들의 생존과 방위, 즉 자신과 종족을 보존하기 위해 신체활동을 개발해 왔다는 사실은 분명하다. 스포츠 · 체육사는 과거 삶의 현상으로서의 운동문화 현상을 역사연구의 방법을 통해 스포츠 · 체육의 현실을 보는 안목을 길러 현재의 스포츠와 체육을 발전시키고 미래의 스포츠와 체육을 전망할 수 있도록 해주는 인간운동학 또는 신체운동학의 한 영역이라 할 수 있다.

스포츠 및 체육에 대한 정체성을 확립하기 위해서는 우리를 역사연구로 안내할 역사의 정의와 연구방법을 필요로 한다. 역사연구는 시대에 따라 변화하고, 때로는 어느 시대에는 그 변화가 정체되기도 했다. 스포츠와 체육의 역사는 시대에 따라 어떻게 그리고 어떤 이유로 변화되어 왔는가를 연구하는 시도라 할 수 있다. 이러한 관점에서 볼 때 스포츠와 놀이는 과거에서 발생되어온 모든 변화들 중에서 가장 최근에 나타난 해석이다. 스포츠와 놀이가 과거에 어떻게 행해져 왔고 어떠한 가치 위에서 존재하여 왔는지를 연구한다는 것은 현 상황에서 스포츠와 놀이가 무엇인지를 이해하는데 도움이 된다. 뿐만 아니라 체계화된 신체활동을 통해 인간교육을 구현하는데 목적을 둔 체육의 형태를 이해하는데 도움이 될 것이다.

앞으로 스포츠·체육사 연구는 역사법칙을 따르면서 궁극적으로 스포츠·체육사 고유의 발전법칙을 추구해야 한다. 스포츠와 체육의 역사는 신체운동 현상에 관한 인간운동학적 원리론을 전개하고 이에 따라서 인간운동역사에 고유한 일반법칙을 확립하는 학문이다. 스포츠학 및 체육학을 이해 못하는 스포츠·체육사는 그것들의 연구영역으로 존재할 수 없다. 따라서 스포츠·체육사는 스포츠과학 및 체육학의 이론을 바탕으로 거기에 고유한 일반적 가설이나 특수가설을 제시하고 실증적으로 연구되어야 한다. 그러므로 스포츠·체육사 연구자는 스포츠과학 및 체육학, 역사학과의 관련을 이론적으로 검토하면서 학문으로서의 정체성을 세우고 학문적인 체계를 확립하는 각고의 노력이 요구된다.

2. 스포트 및 스포츠, 체육의 어원과 개념

스포트(Sport) 및 스포츠(Sports), 그리고 체육(Physical Education)은 무엇인가? 이 질문에 대하여 많은 사람들이 직관적으로 알고 있는 듯이 보이나 이를 명확히 정의하기란 쉽지 않다. 분명한 사실은 육상, 수영, 레슬링, 복싱, 축구, 골프, 태권도 등과 같이 일정한 규정에 따라 대근활동을 이용하는 신체활동이 스포츠라는 주장에는 이견이 없다. 그렇다면, 낚시, 등산, 하이킹, 투계, 번지점프 등은 스포츠의 영역으로서 합당한가? 그리고 우리가 어린 시절에 즐겼던 놀이나 게임 등은 스포츠와는 어떻게 다른가? 예를 들어 바둑, 컴퓨터 게임, 포커, 고스톱 등은 스포츠의 범주에 포함되는가?

그리고 체육은 무엇으로 구성되어 있고 어떤 목적을 위해 존재하는가? 또한 체육과 스포츠는 어떤 차이점이 존재하는가? 이러한 물음에 대해 우리는 현재 다소의 생각과 고심을 필요로 한다.

이 질문에 대한 보다 객관적인 답을 도출해내기 위해 역사적 과정에서 나타난 스포트와 스포츠, 그리고 체육의 어원적인 유래와 의미를 파악하는 것이 바람직하다고 본다.

1) 스포트(Sport)

Sport란 두 갈래의 어원적 유래와 더불어 15세기 말부터 영국을 중심으로 그 용어가 정착되었으며 오늘날 대중화된 용어인 Sports를 잉태시켰다. 현재 유럽 국가에서는 스포트란 용어가 체육 및 스포츠와 관련된 용어 중에서 광범위한 신체운동 영역을 지니고 있으며 일반 대중들이 신체와 관련하여 행하는 놀이, 게임, 스포츠 등의 신체운동행위와 상당 부분 공유하고 있다. 스포트의 영역은 모든 스포츠활동과 체육활동의 많은 부분을 포함하고 있다. 스포트란 신체운동행위, 특히 야외에서 행하여지는 어떠한 형태의 게임이나 유희로 사냥이나 낚시 등의 야외활동도 포함한다(The Reference Dictionary, Oxford(1986):801). 이러한 스포트의 용어는 두개의 어원에서 유래되었다고 볼 수 있다.

첫째 Sport(스포트)는 1440년경 영국에서 처음으로 사용된 말이다. 라틴어 Disportare 및 프랑스어 Deportare(즐겁게 하다, 기분전환, 오락)에서 유래되어 Desporter로 사용되다가 불어 Desport로 진화하였다. 이것이 영국에서 Disport로 발전하였고, 이후 어두 소실로 Sport가 되었다. 이 말은 "To amuse oneself, To escape from labour, To carry away from work" 등의 파생어로 설명될 수 있다. 1635년 이후 사냥과 낚시와 같은 행위를 통해 기분전환을 하는 야외활동 또는 게임과 운동의 의미로 사용되었다. 1863년 집단적 게임의 의미가 추가되어 오늘날에 이르렀다. 따라서 Sport는 Disport의 약어로 등장했다는 설이다.

둘째 Sport란 용어가 중세 영어 Sporten(전용한다)에서 파생되었다는 설이다. 이 말의 의미는 방향전환 또는 오락의 의미와 관련되어 있다. 몸과 마음의 피로를 회복하기 위해 신체활동을 통한 즐거움을 추구하는 것이다. 독일의 경우 19세기 전까지 Leibesnbung이라는 용어가 Sport라는 용어를 대신하였다.

어원의 의미에서 보듯 Sport는 일상생활에서 탈피하여 다양한 신체활동을 통해 즐거움을 추구하는데 목적이 있다. 이 같은 개념의 정착은 주로 근대사회를 이끌었던 영국과 독일, 프랑스 등 선진 유럽 국가들을 중심으로 형성되었다고 볼 수 있다. 이러한 스포트는 온건성과 결렬성의 이중적인 요소를 지니고 있으며, 심신회복과 기분전환을 위한 놀이와 유희, 게임, 스포츠행위, 야외활동 등 우리 인간들이 수행하는 다양하고 광범위한 신체활동행위를 의미한다. 따라서 스포트(Sport)는 놀이와 게임의 일정 부분과 모든 스포츠활동을 포함하며, 스포트활동 중 여러 신체운동의 유형이 체육프로그램의 상당부분으로 활용되고 있다.

2) 스포츠(Sports)

유럽에서는 근대가 시작되면서 모든 사회영역에서 새로운 시도와 변화가 일어났다. 스포트 역시 보다 체계적이고 발전적인 형태로 변화하고 있었다. 지역적으로 행해지던 전승경기나 게임, 유희는 19세기경부터 기술과 규칙이 개선되고 공평, 안전, 흥미 등을 고려하면서 규격화 하여 전문화 및 국제화가 이루어졌다. 이러한 시도가 현대의 Sports라 부르는 인간운동의 한 영역을 만들어냈다고 할 수 있다. 스포츠는 산업주의와 국민국가를 특징으로 하는 근대사회 속에서 많은 변화와 발전을 거듭해왔다.

어떤 학자들은 스포츠를 본질적으로 규정할 수 없는 것으로 인식한다. 이런 맥락에서 슬러쉬(Slusher, 1967)는 "스포츠와 종교는 신비적인 헌신의 결과로서 존재의 수락과 현실화로의 길을 열어준다. … 스포츠와 종교는 모두 어느 정도는 실제를 넘어선다." 현상학적 관점에서 슬러쉬의 스포츠 개념은 통찰적이다. 뤼센(Luschen, 1970)은 스포츠가 놀이와 일의 연속선 위에 위치해 있으며 경쟁적인 신체적 활동이 제도화된 형태라고 봄으로써 보다 조작적인 방법으로 정의했다. 스포츠는 신체활동으로 카드놀이와 같은 보다 정태적인 활동은 제외한다. 아무튼 경쟁이라는 요소는 스포츠에 대한 정의의 또 다른 핵심요소이다. 싱어(Singer 1976)는 "스포츠란 경쟁, 도전 그리고 신체적 숙련에 의해 일차적으로 결정되는 뚜렷한 결과이다."라고 말한다.

스포츠라는 개념을 학자에 따라 상이한 견해를 보여주지만, 보편적으로 스포츠로 인정받기 위해서는 다음의 세 가지 구성요소를 포함하고 있어야 한다. 첫째 스포츠는 인간의 신체운동이 수반되어야 한다. 둘째 스포츠는 경쟁의 요소를 포함하는 게임의 형태로 이루어져야 한다. 셋째 스포츠는 각 종목의 기술과 경기방식을 규정하는 제도화된 규칙(rules)에 의해 수행되어야 한다. 이러한 전제를 토대로 스포츠를 정의한다면, 특정의 조건 하에서는 어떤 활동들이 스포츠로 분류될 수 있지만, 다른 조건 하에서는 스포츠의 범주에서 제외될 수밖에 없다. 예를 들어 수영을 취미로 할 때와 경기할 때 두개의 경우를 스포츠에 포함시킬 수 있는가? 투계와 투견은 규칙과 경쟁을 하고 있지만 인간의 신체가 사용되지 않는다. 이것들은 단순히 게임이나 놀이로 규정해야 하는가? 포커나 바둑 같은 게임은 경쟁을 포함하나 인간의 신체활동이 매우 미약한 측면이 있다. 스포츠가 활발한 신체적 차원에서 일차적으로 또는 필수적으로 수반되어야 한다면, 현재 우리가 스포츠의 범주로 인정하고 있는 어떤 종목들은 스포츠의 범주에서 제외되어야 한다. 스포츠의 개념과 정의를 어떻게 규정하느냐에 따라 그 영역은 좁아질 수 있고 한없이 광범위한 범주로 확대될 수 있다. 현재 스포츠 개념으로는 현실에서 실재하는 광범위한 신체활동의 영역을 규정하기란 쉽지 않다. 따라서 유럽 및 미국사회에서 스포츠란 제도화된 운동경기종목들의 총체로서 경쟁적이고 규칙적이며 유희적인 특징을 포함하는 운동경기종목들이라는 복수적 개념을 의미하며 Sport의 한 부분으로 이해하고 있다.

3) 체육(Physical Education)

Physical Education이란 용어는 고대 희랍어에서 그 기원을 찾을 수 있다. 고대 그리스에서는 Gymnos가 현재의 체육을 대신하였다. 희랍어인 Gymnos는 활발 또는 나체 등의 의미를 지니고 있었다. 추측컨대 Gymnos는 인체의 활발한 움직임 또는 활동적인 신체활동을 의미했을 것으로 보인다. 당시 공립체육장을 Gymnasium이라 불렀는데, 의미를 분석해본다면 '활동하는 장소' 또는 '나체로 활동하는 장소'로 추론할 수 있다. 당시 고대 희랍인들은 인간의 단순한 신체활동만을 의미해서 그 용어를 사용한 것이 아니라 신체활동을 통한 신체발달과 도덕교육에 목적을 두고 청소년 교육의 중요한 수단으로 활용하였다.

고대 로마의 전쟁수단으로서의 군사체육과 비인간적인 운동경기로 인해 중세체육의 암흑기를 거친 후 르네상스운동과 더불어 체육의 가치가 점차 인식되면서 18세기 후반에는 독일을 포함한 서유럽을 중심으로 'Gymnastics' 란 용어가 새롭게 등장하였다. 근대체육의 아버지라 불리는 독일의 Johann Friedrich Guts Muths(1759~1839)가 1793년 〈Gymnastics for the young〉이란 저서를 저술하여 학교 교육과정에 적용시키면서 그 용어가 대중화 되었다. 이때Gymnastics는 현재의 체조종목에 국한된 것이 아니고 여러 가지 심신단련의 내용을 포함하고 있다는 점에서 현대적 의미의 체육이라 할 수 있다.

19세기 초반 유럽대륙에서 국가주의체육이 등장하고 영국에서 스포츠교육의 형태로 학교에서 시행되는 가운데, 미국의 Vanderzwaag와 J.C. Warren 등이 자신들의 논문이나 저서에서 'Physical Education' 란 용어를 사용하기 시작하였다. 하버드대학의 생리 · 해부학 교수였던 J.C. Warren(1831)은 체육관 개관강연에서 'The importance of Physical Education' 이란 제목으로 연설하였다. 이후 19세기 초부터 체육이란 용어가 미국의 체육관련 문헌에 자주 등장하였다. 이때를 전후하여 유럽사회에서는 Physical culture 또는 Physical training이란 유사용어가 등장하였고, 미국대학에서는 Physical training이란 용어를 포함하는 학과 명칭이 상용되기도 했다. 1840년 Warren은 〈Theoretical Treatise on Physical Education〉이란 저서의 표제를 사용했으며, 같은 해 A.L Pierson이〈Physical Education〉이란 저서를 발간하였다. 19세기 중반 이후 Spencer와 Maclaren 등과 같은 많은 체육학자들이 "Physical education" 이란 용어를 상용함으로써 점차 일반화 되었다. 그것은 1885년 미국체육학회(AAHPERD)가 조직된 것만 보아도 알 수 있다. 20세기 초 체육학은 대중들로부터 독립적인 학문으로 인정받게 되었다.

당시에 체육의 유사용어로 Human movement, Physical activity, Physical exercise 등이 사용되기도 했다. 이후로도 체육이란 용어가 합리적이지 못하다는 비판이 일면서 수많은 대체용어들이 등장하였다. 1980년대 이후 미국에서는 Physical Education이란 용어가 상황에 따라 다른 용어가 대체되는 현상이 뚜렷이 나타났다. Physical Education 대신에 Human movement Education 또는 Sports Education을 사용하고 있으며, 대학교 학과의 경우에는 Kinesiology, Leisure Recreation, Exercise science, Health, Activity 등을 포함하는 용어들로 전환되는 추세를 보여주고 있다.

체육은 인위적으로 개인의 신체적 능력을 끌어내어 재능을 개발하는 것이다. 다시 말해 계획적이고 체계적인 신체활동을 통해 인간의 잠재된 능력을 계발 시키는데 목표를 둔다. 오늘날 체육의 목표는 인간의 신체적, 정서적, 지적, 사회적 발달에 목적을 둔 전인교육임을 강조하고 있다.

첫째 신체적 목표는 체력 및 운동기능을 향상시켜 건강 증진 및 공중 보건에 대한 의식을 높이고, 안전한 생활을 할 수 있는 대처능력을 기르며, 평생토록 생활 속의 운동을 할 수 있는 태도를 체질화시키는 것이다. 둘째 정서적 목표는 운동을 생활화함으로써 여가를 선용하고 정서를 순환하여 명랑한 성격과 활달한 기상을 지니게 하는데 있다. 셋째 지적 목표는 신체활동에 필요한 기초과학 및 전문지식을 이해하고 응용한다. 넷째 사회적 목표는 운동을 통해 공명정대한 정신과 책임감을 갖게 하고 투철한 준법정신과 협동심을 길러 민주시민의 자질을 육성한다.

체육은 다양한 신체활동 프로그램을 통한 인간발달을 지향하는 인간운동의 한 영역이라 정의할 수 있다. 따라서 체육은 주로 학교에서 실행하는 체계적인 신체활동, 즉 여러 운동경기, 체력단련, 체조, 게임 및 보건지식 등을 내용으로 인간의 전인발달을 추구하는 교육행위라 할 수 있다.

4) 스포트 및 스포츠, 체육의 범주

어원의 유래와 그것이 내포하고 있는 의미가 어떤 개념이나 용어의 역사적인 맥락을 이해하는데 도움을 주지만, 유개념과 종개념의 의미에 있어서 참다운 정의를 제공해주기란 쉽지 않다.

스포트와 스포츠, 체육의 어원적 의미를 토대로 여러 학자들의 주장을 참조하여 종합해 보면 다음과 같이 요약할 수 있다.

스포트는 현대적 용어로 경쟁적 신체활동 및 여가적인 신체활동을 포함한다. 그리고 사회적 관련성을 가진 상호적인 인간관계성을 내포하고 있다. 스포트는 자연스런 신체활동(놀이형태), 단순한 신체활동(게임이나 오락형태), 전문적인 신체활동(운동경기행위), 일반적인 신체활동(신체적 여가활동), 신체적인 교양활동 등 일상의 광범위한 운동행위를 포함하는 광의적 의미를 담고 있다. 이에 스포트는 놀이, 게임, 스포츠, 체육 등 다양한 신체활동을 경험하여 심신의 발달, 건강, 기분전환, 여가활동, 교양활동을 추구한다.

스포츠는 제도화된 규칙에 따라 경쟁으로 수행하는 신체활동, 즉 운동경기를 통한 승패의 즐거움을 추구하거나 심신의 회복을 추구한다. 스포츠는 운동경기종목들의 집합체 또는 총체적인 개념으로 복수의 의미를 지닌다. 따라서 스포츠는 경쟁과 규칙을 지닌 전문적인 신체활동(Athletics)에 국한된 협의적 의미의 신체활동을 말한다. 그렇다면 현재 스포츠가 대중적으로 사용되는 이유는 무엇일까? 그것은 운동경기로서의 스포츠라는 용어가 대중들에게 친숙하기 때문이다. 또한 대중매체는 다양한 운동경기종목들을 중심으로 소식을 보도하기 때문에 스포츠란 용어를 자연스럽게 사용한다.

체육은 체계화된 신체활동을 통한 인간의 능력개발, 즉 인간의 교육적 측면을 강조한다. 체육이 일찍이 정립된 미국과 유럽에서는 그것에 대한 분명한 정의를 내리고 있다. 미국의 샤만(Shaman, J.R.)은 "체육은 인간의 신체적 활동, 특히 대근활동을 수단으로 하는 신체의 교육인 동시에 신체에 의한 교육"이라 하였고, 독일의 슈미트(Schmit F.A.)는 "체육은 전 교육 가운데서 중요한 부분을 이루며 학교의 학생에 대하여 유희 및 자유로운 활동의 영역을 포함하여 신체적 · 정신적인 훈련을 촉진하며, 스포츠적인 활동에의 즐거움을 확립하게 한다." 라고 하였으며, 소비에트(Soviet)는 "체육은 인간의 건강을 증진하고 바른 신체활동을 이룩함을 목적으로 하여 실시되는 교육" 이라고 정의하였다. 분명 체육은 신체활동을 통한 교육이라는 측면에 본질적인 의미를 포함한다.

그러나 한국사회에서 스포츠와 체육이 각각 지니고 있는 의미만으로 존재하지 않는다. 이 둘은 용어의 의미상 다른 용어로 표현되지만 같은 의미로 사용되는 경우가 있거나 어느 한쪽을 광의적 의미로 해석하는 경우가 있다. 대중들은 물론이고 스포츠 및 체육 관련 종사자들조차도 이 용어들의 분명한 의미를 구분하지 않은 채 남용하고 있는 실정이다. 오히려 복합명사로서 발음하기에 수월한 용어를 어떤 상황에 따라 어떤 용어를 접목시켜 사용하고 있다. 예를 들어 체육대회, 대한체육회(Korean Olympic Committee), 스포츠영양학회, 운동생리학, 체육사, 체육학회, 체육학과 또는 스포츠학과 등 두 용어를 혼용해서 사용하고 있다. 한국에서 스포츠와 체육은 이론적으로 구별이 되지만, 실재 사용에 있어서는 의미의 구분이 되지 않는다. 이러한 현상은 중국과 일본과 같은 동양문화권에서도 비슷하게 나타나고 있다. 이와 유사한 현상은 다른 학문영역들, 예를 들면 철학, 과학, 신학 등 여타 학문 분야에서도 나타나고 있다. 그것들은 문화발전이라는 흐름 속에서 그 시대가 요구하는 관념이나 추세에 따라 본래 가지고 있는 개념이 축소되거나 확장되면서 용어의 개념의 명확성이 불투명해지는 현상을 나타냈다.

그러나 서양세계에서는 스포츠 및 체육과 관련한 이 세 가지 용어들이 명확하게 구분되어 사용되고 있다. 지금까지 우리는 현대스포츠와 현대체육이 형성된 서양세계의 스포츠 및 체육 용어들의 어원과 개념을 살펴보았다. 이를 토대로 스포트와 스포츠, 체육의 범주를 그림 1과 같이 도식화 할 수 있다.

스포트는 인간의 신체활동과 관련한 용어로 상당히 포괄적인 의미를 나타낸다. 스포트란 모든 스포츠활동의 총체이며 체육활동의 대부분에 적용되어 실천되고 있으며 다양한 형태의 놀이와 게임의 일정 부분을 포함하고 있다.

그렇다고 하여 스포츠, 체육, 놀이, 게임 등이 스포트의 영역에 포함된다고 정의할 수는 없다. 왜냐하면 그들은 각각 고유한 영역을 고수함과 더불어 각자의 개념을 지니고 있으면서 다른 영역들과 공유하는 상황이기 때문이다. 예를 들면 스포츠가 경쟁적 요소가 강하지만 학교에서 스포츠가 교육적 목적을 위해 실시될 때 체육에 속한다. 그와 반대로 학교체육에서 어떤 종목을 대상으로 대회를 가질 때 그것은 스포츠라 할 수 있다.

특히 스포츠와 게임은 많은 공통점을 지닌다. 그것들이 공유하고 있는 경쟁성, 유희성, 규칙 등이 이에 해당된다. 또한 유희적 요소와 허구성은 놀이에서 강하게 표출되는 현상이다. 따라서 우리가 이들 다섯 가지의 영역들을 구별할 수 있는 방법은 각각의 영역들이 추구하는 목적에 보다 많이 부합될 때 우리는 어느 한 영역으로 규정할 수밖에 없다. 물론 그 중에서 놀이와 게임은 가장 광의적인 개념의 신체문화 영역을 포함하고 있다.

이 외에도 여러 유사용어들이 존재한다. 그것들은 자연과학적 또는 인문사회과학적 성향에 따른 학문적 측면, 교육적 측면, 유희적 측면, 활동적 측면, 문화적 측면 등 여러 측면에 따라 출현하여 사용되고 있다. 분명한 사실은 서구스포츠가 출현하여 정착된 유럽사회에서는 각 용어들의 명확한 의미를 구분하는 가운데 용어사용에 있어 한국에서처럼 심각한 혼돈을 경험하고 있지는 않다.

5) 인간운동에 대한 연구

인간운동을 대상으로 학문행위를 실천하는데 있어 가장 보편적으로 상용되는 말은 스포츠과학과 체육학이 대표적인 용어일 것이다. 유럽에서는 포괄적인 의미로 "Sport Studies"라고 부르기도 한다. 한국에서 스포트 스터디(스포트연구 또는 스포트학)란 말은 유럽의 유학을 경험하지 않은 우리나라의 인간운동학을 연구하는 학자나 국민들에게는 매우 생소하게 들릴 수도 있다. 한국사회에서 이 말의 의미를 나타내는 용어를 든다면 체육학 또는 스포츠과학이 해당될 것이다. 그러나 체육학이란 말은 어원적이고 역사적인 배경에서 보면 교육으로서의 인간운동을 연구하는 행위에 목적을 둔 한정적 의미를 담고 있는 게 사실이다. 그러나 한국과 극소수의 국가에서만 체육과 스포츠, 스포트란 말을 잘못 인식하고 있다. 현재 한국의 정서에서 체육학이 광의적 의미를 포함하고 있지만, 정작 현대적 의미의 스포트 및 스포츠, 체육이 성립한 유럽세계와 미국에서는 이러한 용어들을 구분하고 있다. 따라서 인간운동학은 스포츠과학과 체육학을 포함하는 광의적 의미로 해석하는 것이 타당하다고 본다. 인간운동학은 19세기를 전후로 유럽과 미국을 중심으로 성립되었다고 볼 수 있다. 인간운동학과 관련하여 여러 가지 유사용어가 존재하지만 한국에서 명확한 구별을 할 수는 없다.

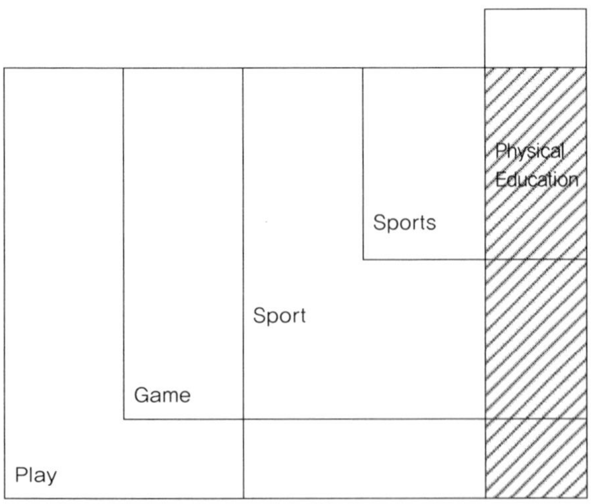

[그림 1] 스포트와 스포츠, 체육의 범주

일반적으로 스포츠의 여러 분과과학을 종합한 것을 인간운동학이라 칭할 수 있다. 기초학문으로 크게 인문 · 사회과학적인 접근과 자연과학적 접근으로 나눌 수 있다.

인문 · 사회과학적 접근은 스포츠철학, 체육사학, 스포츠사회학, 스포츠심리학으로, 자연과학적 접근은 운동생리학, 신체해부학, 운동역학, 운동처방, 체육측정평가 등의 분야로 나뉜다. 예를 들면 스포츠철학 · 체육사학 등은 스포츠학문의 방향을 결정하는 부문이고, 운동생리학 · 스포츠심리학 · 운동역학 · 스포츠사회학 등은 인간운동학의 기초가 되는 부문이다.

우리들은 흔히 체육을 정의할 때 신체운동을 통한 인간교육을 대상으로 하는 학문이라고 말한다. 따라서 체육학이란 체육의 실천을 교도하기 위한 여러 명제의 조직화 혹은 체육의 성격 · 역사 · 목적 · 내용 · 방법 등에 대해 연구 성과를 조직하거나 체계화시키는 것을 말한다.

최근에는 체육과학이라는 용어를 쓰는 경우도 있다. 체육학과 체육과학의 관계는 교육학과 교육과학의 관계와 거의 같다. 즉 체육학이 규범적 · 응용적 체육이론인 반면, 체육과학은 신체운동이나 체육의 사실이나 문제를 실증적 · 경험 과학적으로 연구하여 그 성과를 체육의 합리성을 높이는 일이나 문제해결에 도움을 준다. 체육학과 체육과학, 이 양자의 구별을 위해 체육과학의 존재 가능성에 대하여 발표한 사람은 노이만(John Von Neumann, 1903~1957)이다. 그에 의하면 "체육현상의 과학적 연구는 가능하나, 이런 종류의 과학적 연구는 기성 여러 과학의 연장이며, 그것들은 체육의 과학이기는 하지만 체육학 그 자체는 아니다."라고 하여 다른 여러 학문분야에서 독립한 체육학의 존재를 부정하기도 하였다.

그와 더불어 운동경기종목의 의미를 담고 있는 스포츠는 눈부신 발전과 보급을 보이고 있다. 또한 새로운 기록을 추구하고 혹은 인류 미답의 업적을 찾아서 어떻게 하면 이 요구가 이루어지는가에 관하여, 즉 선수의 스포츠 적성이 예견 트레이닝 이론과 그 실제와의 연구가 경기 현장에서의 특이한 스포츠 행동의 해명 등에 관해서 모든 과학 분야의 연구자가 참가하도록 되었다. 우리는 이것을 스포츠과학이라 부른다. 기성의 과학에서는 취급되지 않았던 것에 관하여 스포츠 업적의 향상을 위한 심신 양면에 관한 기초 연구 및 스포츠에 관한 조건 분석의 연구에 커다란 관심이 높아져 노이만과 같은 형식주의적 과학관은 사라지고 오늘날 체육 및 스포츠의 모든 면에서 연구의 조직화나 체계화가 이루어져 왔다.

그 동안 스포츠과학과 체육학은 나름대로의 독자성을 가지고 꾸준히 발전해왔으며 우리는 이들을 통칭하여 인간운동학(Human Movement Studies) 또는 약어로 인동학이라 부를 수도 있을 것이다. 용어는 분명히 진보에 진보를 거듭하고 있다. 하지만 더 중요한 것은 그 용어가 식상하다 하더라도 그 나름대로의 뜻에 부합해야 함이 우선되어야 한다는 사실이다. 이와 같은 인간운동학은 우리 인간들이 행하는 스포츠활동, 체육활동, 운동경기, 게임 등에 있어 그것들의 기능을 보다 건전하고 효율적으로 향상시키기 위하여 종합적인 연구를 수행하고 있다.

3. 역사연구의 이해

역사연구가 어느 분야에서 행해지든지 역사란 과거의 역사적 사실들을 밝혀내고 이들이 그 시대 혹은 주변에 어떠한 영향을 미쳤는지를 탐구하는 과정이라 할 수 있다. 이러한 탐구는 그러한 사실들이 갖는 힘이 과거에서 단절된 것이 아니라 현재 나아가서는 미래에도 지속적인 영향을 행사한다는 전제에서 시도된다. 흔히 역사연구의 의의 혹은 필요성에 대해서 "과거를 통해 현재를 알고 이를 바탕으로 미래를 결정한다."는 표현을 흔히 사용한다. 이는 과거와 현재 그리고 미래가 따로 구획되어진 것이 아니라 유기적으로 서로 연결되어 있음을 시사한다. 이러한 입장에서 볼 때 역사연구의 궁극적 관심은 과거나 현재보다는 미래에 초점이 맞추어져 있음을 알 수 있다.

1) 역사의 개념

역사란 무엇인가? 과거에 대한 정리와 미래에 대한 전망의 통일체이며, 과거에 대한 사료(史料)와 사실(史實)의 정리과정을 통해 현실을 바르게 인식하게 하는 학문이다. 역사연구는 어느 시대를 막론하고 과거의 사실과 업적 또는 그 영향력 등을 연구 조사하는 것이 중요한 일이다. 그러나 역사를 보는 관점, 즉 사관(史觀)에 따라 달라진다.

역사란 사건이나 사실(史實) 자체로서의 측면과 그것을 파악하고 기술하는 사람의 지각과 관점, 인식과 평가 등이 복합적으로 어우러져 작용한다고 볼 수 있다. 그것은 언제나 시비의 대상이 될 수 있고 왜곡될 가능성을 지니고 있다. 역사의 기록자는 자신의 현재 속에서 흘러간 과거를 미지의 미래에 전하는 존재로 규정된다. 사관을 통해 이행되는 과거사의 기록은 옳든 그르든 미래 세대에게 과거에 대한 절대적인 평가척도로 작용한다. 그러나 역사인식의 주체는 당대인(當代人)이므로 역사의 견해나 인식 역시 각 시대의 정치 · 사회 · 문화의식이나 가치관에 따라 다르게 표출될 수 있다.

정치가 만개하던 시대의 영국의 프리먼(1823~1892)은 "역사란 과거의 정치이다." 개인적 활동을 중시하던 영웅숭배 시대의 카아라일(1795~1881)은 "역사는 위인의 전기이다." 암울했던 일제통치 하에서 강인한 신념을 가지고 일제에 투쟁하던 단재 신채호(丹齋

申采浩, 1880~1936)는 역사란 "아(我)와 비아(非我)의 투쟁의 기록이다." 라고 하여 한국사의 주체인 한민족을 아로 인식하고 타민족을 비아로 규정하였다. 그는 역사의 전개와 발전은 아와 비아의 투쟁 속에서 형성된다고 보았다. 이탈리아의 크로체(1866~ 1952)는 "모든 역사는 현대사(現代史)다." 라고 말한다. 다시 말해 역사는 과거에 바탕을 두지만, 우리가 몸담고 있는 현재라는 눈을 통해 과거를 이해하고 평가한다는 것이다.

카(Edward Hallett Karr, 1892~1982)는 〈역사란 무엇인가〉라는 저서에서 "역사란 역사가와 사실(史實)과의 끊임없는 상호작용이고, 현재와 과거의 끊임없는 대화이다." 라고 말한다. 즉 역사가는 현재의 한 부분이고 사실이란 과거의 범주에 속해 있다고 보았을 때 양자 간의 단절은 양자 모두를 역사의 범주에서 추방하는 것이다. 이들은 상호작용을 통해서만 역사 속에서 그 나름대로의 역할과 위상이 확보될 수 있다.

따라서 모든 역사는 사유(思惟)의 역사이며 역사란 사유의 역사를 연구하고 있는 역사가가 그 사유를 자신의 정신 속에 재현하는 것을 의미한다. 역사의 사실들은 순수한 형태로 존재하지 않으며 시대가 변화함에 따라 역사가들의 역사적 해석은 다르게 표출될 수 있다.

2) 시대구분

역사를 연구하는데 있어 시대구분은 연구방법론에서 매우 중요한 의미를 지닌다. 시대구분은 역사 전체를 내용과 구조, 이념 등의 발전과정들을 어떠한 형식과 성격에 따라 시기적으로 구분한 것이다. 이러한 구분은 역사과정 전체를 대상으로 하기도 하고 일정한 주제나 시기에 따라 세분하기도 한다. 이것은 역사의 일정한 이해와 관념을 바탕으로 하여 역사의 진행과정을 합리적으로 파악하는데 도움을 준다. 시대구분은 어떠한 형식이든지 역사가의 주관적 견해이자 해석이기 때문에 상대적 가치를 지닌다.

그렇다면 왜 시대를 구분하는가? 그 이유는 역사가가 특정한 주제를 연구하는데 있어 시기를 구분함으로써 연구자는 물론 독자들이 보다 쉽게 그 연구주제를 이해하고 그 시대의 특징들을 파악하는데 도움이 되기 때문이다.

시대구분은 장구한 역사의 발전과정을 탐구하는데 있어 이해를 돕기 위해 역사가의 인식론에 입각하여 만들어진 수단이자 연구방법이며, 이것은 역사가의 가치판단, 즉 주관적 사관(史觀)의 토대 위에서 만들어진다. 따라서 역사가의 가치판단은 합리적 이성적 사유에서 비롯된 타당한 근거 위에서 제시되어야 한다. 다시 말해 시대구분이란 역사를 연구하고 탐구하는데 이해를 돕기 위해서 역사가가 임의적으로 만들어낸 하나의 가설로 역사가의 이성적인 상상을 토대로 표출된 사상의 도구라 규정할 수 있다.

시대구분은 언제나 논란의 여지를 가져 왔으나 역사가들은 각기 나름대로의 시대를 구분하여 왔다. 현재 일반적으로 공인되고 가장 많이 사용하고 있는 시대구분을 예로 들어보자. 하지만 역사연구에 있어 시대구분론의 변천은 서양과 동양에서 차이점을 보이고 있다.

서양의 경우, 그리스 · 로마 시대에는 시간의 연속성에 대한 의식이 결여되어 있어 헤로도토스는 역사를 대(大)와 소(小), 행(幸)과 불행(不幸) 등으로 사물의 정반대 상태를 기술하였다. 헤시오도스(Hsiodos, B.C. 700년경)는 금, 은, 동, 철의 시대순으로 역사를 퇴보의 관점에서 보았고, 폴리비오스(Polybios, B.C. 205?~125)는 시간의 계기성(繼起性)에 주목하여 역사를 기술하고 있다. 중세에는 시간의 연속성과 전후 관계를 중시하여 그리스도의 탄생을 전후로 역사를 둘로 구분하거나 셋으로 구분하는 방식, 즉 속인이 지배하는 아버지의 시대(舊約), 사제가 지배하는 아들의 시대(新約), 수도사가 지배하는 정령(精靈)의 시대로 나누었다. 그리고 중세에 들어서 빈도(Bindo, 1388~1463)가 고대와 중세로 구분하여 중세를 단절된 역사로 파악하였고, 네델란드의 셀라리우스(Cellarius, 1634~1717)가 역사를 고대사, 중세사, 근대사로 나누어 저술하는 방식을 채택함으로써 오늘날 우리가 사용하고 있는 3분법이 정립하는 계기가 되었다. 하지만 3분법은 유럽의 역사적 특징을 기준으로 서술한 방식이기 때문에 다른 문화권에서는 어느 정도 문제점을 지니고 있다.

동양의 경우 일찍이 명분과 이념 및 주제별로 시대구분이 이루어져 왔다. 중국문화권에 속한 국가에서는 공자(孔子, B.C. 552~478)가 저술한 〈춘추(春秋)〉와 사마천의 〈사기(事記)〉의 기술방식을 따르는 역사기술이 일반적으로 이용되어 왔다. 춘추는 노나라(B.C. 722~482)의 역사를 저술한 책으로 시간의 원근(遠近)보다는 윤리적 질서 확립과 주나라의 명분을 위한 당위를 이념적으로 제시한 단대사(斷代史)라 할 수 있다. 사기는 고대 황제 때부터 한나라 무제까지 약 2000년간의 통사로 역대 중국 정사의 모범이 된 기전체(紀傳體)의 효시다. 편년체(編年體)인 제왕의 연대기인 본기(本紀)와 연표인 표(表), 제후들을 중심으로 한 세가(世家), 역대 제도와 문물의 연혁에 관한 서(書), 시대를 상징하는 뛰어난 개인의 활동을 다룬 전기 열전(列傳) 등으로 구성되어 있다. 우리나라의 〈삼국사기〉 등이 이를 참조하여 기록되었다. 이처럼 동양에서는 편년체 위주의 서술방식에 익숙해져 있었던 것으로 보인다. 송대에 이르러 사마광의 〈자치통감〉을 통해 시간의 원근을 기준으로 본격적인 시대구분이 시작되었다.

연대에 따른 기술방식은 동양과 서양에 있어 마찬가지이다. 단지 서양의 경우 근대사학이 발달하면서 통사적 입장에서 시대적 특징을 보다 큰 시기로 구분하여 역사의 이해를 돕기 위해 시대를 구체적으로 규정했을 뿐이다.

현재 역사서의 가장 보편적인 시대구분의 방법을 떠올린다면 몇 가지 예를 들 수 있다. 탐슨(Thomson, 1896)은 도구의 제작기술에 따라 석기(石器)시대, 청동기(靑銅器)시대, 철기(鐵器)시대로 구분하여 인류문화의 특징을 서술하고 있으며, 기록의 역사적 측면에서 문자의 사용 여부에 따라 선사시대(先史時代)와 역사시대(歷史時代)로 구분하고 있다. 그리고 역사시대를 다시 고대, 중세, 근대, 현대로 구분하고 있다. 통상 이것을 기준으로 세계의 역사책들이 기술되고 있다. 한때 사회주의 사상가 마르크스의 유물사관에 기초한 5단계 구분이 편의적으로 수용되기도 하였다. 편년체의 역사 서술 형식에 있어서는 예수의 탄생을 기준으로 기원전(B.C.)과 서기(A.D.)로 구분하는 것이 세계적인 추세이다. 현재 세계 국가들은 이러한 방식을 공식적으로 채택하고 있다.

3) 연구방법

역사란 인간이 경험한 과거 전체, 즉 지나간 사실(史實)과 사건 등 과거의 역사적 사건들을 기록한 사료를 말한다. 그것은 인간이 경험한 과거 전체를 대상으로 인간의 전반적인 행위를 탐구하고 구성하는 역사의 연구와 서술 또는 역사학이라 규정할 수 있다. 즉 역사를 대상으로 역사연구의 본질을 구명(究明)하는 학문이다. 그 해당 분야의 사실과 업적, 영향력을 연구하는 행위이다.

역사의 연구대상은 과거에 일어났던 제반 행위들이 포함되지만 주 대상은 인류에게 연관된 사건들이 해당된다. 그리고 선사 이전의 역사와 관련한 연구는 고고학(考古學)에서 담당하거나 부분적으로 인류학(人類學)에서 취급하기도 한다. 따라서 역사학적 연구대상은 역사시대에 주로 초점이 맞추어져 있다고 하겠다. 모든 역사는 과거에 있어서의 인간의 행위이기 때문에 그 대상은 우리가 직접 지각(知覺)할 수 없다.

따라서 우리는 역사를 연구하기 위해서 어떤 자료에 바탕을 두고 수행해야 한다. 역사가들은 주로 사료(史料)를 매개로 그 시대의 역사를 인식하고 파악한다. 사료란 과거를 연구하고 재구성하는데 기본이 되는 모든 자료를 말한다. 예를 들면 문헌사료(文獻史料 : 고문서, 고기록, 책, 신문, 일기, 서한), 문자에 의한 전승물(금석문, 족보, 연대기), 유물이나 인공품(회화, 유물로서의 인골, 석기, 토기, 주거지, 언어 등), 가요, 구비전설 등이 해당된다.

역사가는 사료(史料)에 의해 역사적 사실을 인식하고 판단하므로 역사연구의 기술이 필요하다. 이 사료의 탐사 · 수집 · 정리 · 음미 · 해석 등의 기술론은 역사연구법으로 독일의 근대사학에 학문적으로 체계화 되어 역사학을 실증적 기초 위에 선 과학으로 발달시키는데 크게 공헌하였다. 우리는 이것을 사료학(史料學)이라 부른다. 사료학이란 사료를 수집하여 정리하고 분류하는 과정을 말한다. 이것을 기초로 하여 역사가는 사료에 대한 객관적이고 합리적인 비판을 시도한다. 사료비판에는 외적(外的) 비판과 내적(內的) 비판으로 분류할 수 있다. 외적 비판은 사료 그 자체에 관해, 그것의 진위여부

(眞僞與否), 원(原) 사료에 대한 제 3자의 첨가여부, 필사(筆寫)인 경우의 오류의 문제 혹은 사료가 만들어졌을 단계에서의 작자, 장소, 연대, 전거(典據) 등에 관해 사료의 가치를 음미하고 비판하는 과정을 말한다. 내적 비판은 작자 자신이 사료에 대해 진술한 내용의 신뢰성에 관하여 음미하고 사료의 성격을 밝혀내는 과정을 말한다. 즉 사료 진술의 밖으로부터의 비판과 작자의 심리내면에 있어서의 비판을 의미하는 것으로 사료의 기술을 분석하고 기술 개개의 점에 관해 신뢰할 수 있는 이유의 유무(有無)를 조사하는 것을 말한다. 그러므로 역사의 연구는 본질적으로 사료의 비판과 해석에 의해 이루어지는 일련의 과정이라 할 수 있다.

4. 스포츠 · 체육사의 연구

1) 스포츠 · 체육사 연구의 기원

스포츠·체육사에 대한 체계적인 연구는 독일의 교육자 비에스(Gerhard Urlich Anton Vieth, 1763~1836)에 의해 시작되었다. 그는 〈체육운동사에의 기여〉란 저서를 저술하면서 인간운동의 역사연구의 기초를 닦는 작업을 수행하였다. 그는 계몽적인 문명사관에 입각하였으며 나중에 동일한 내용으로 〈신체운동사〉라고 명칭을 바꾸었다. 그는 1793년 신체단련에 대한 일반적인 내용을 기술하려 하였으나 근대체육의 아버지 구츠무츠(Guts Muths)의 영향을 받아 새롭게 구성하였다. 비에스의 연구 이후 스포츠 및 체육사에 관한 많은 저술과 논문이 발간되었다. 그는 원래 수학과 프랑스어 교사였으나 운동관련 문헌에 의하여 신체운동사상사에 저명한 인물이 되었다. 특히 1794~1795년 그는 〈체육백과전서의 시도〉라는 스포츠·체육사전을 출판하였다. 제1권은 〈체육사의 고(稿)〉, 제2권은 〈체육의 체계〉, 제3권은 2권의 부록으로 음악과 8개의 동판으로 구성되어 있다. 그가 18세기말 스포츠·체육사전을 편찬한 이후 각국에서 스포츠 및 체육사 전류가 출판되었다.

비에스는 스포츠 · 체육사 연구에 있어 실증적인 연구방법을 통해 근거를 제시하려 노력했다. 19세기까지 스포츠 · 체육사 연구는 독일을 중심으로 발전해왔다. 많은 학자들이 비에스의 연구동향에 동조하였지만 20세기에 들어 스포츠 · 체육사의 연구동향이 많은 변화를 맞이하게 되었다. 제1차 세계대전까지는 실증주의적 서술, 1930년대 민족 · 국민주의적 서술, 제2차 세계대전 이후 유물사관적 서술이라는 시대적 특색을 나타내기도 했다. 대전 이후 국가주의에서 국제주의로 이행되면서 국제적인 비교연구가 많아졌고, 한편으로는 자국의 체육사를 고대부터 통사적으로 개관하는 연구가 증가하였으며, 그와 더불어 연구영역이 더욱 세분화 되는 현상을 나타냈다. 오늘날에는 실증적 · 문화사적 · 세계사적 · 국민사적 · 문제사적 · 동기사적 · 유물사관적인 서술 등 다양한 시각에서 스포츠 · 체육사 연구가 이루어지고 있다.

2) 연구의 목적

스포츠와 체육의 역사는 과거 신체활동의 방식이나 업적뿐만 아니라 그것의 가치성 및 여타 영역과의 영향력을 현재의 스포츠와 체육의 상황들과 비교할 수 있는 연구 자료를 제공한다. 인간운동의 역사는 지식을 부여하고 감동을 불러일으키는 실험과 실천의 기록이다. 그리고 문화국가의 일정한 요소들과 그 문화국가에서 체육 및 스포츠의 지위와의 사이에 존재하는 긴밀한 관계를 실증한다. 따라서 스포츠 · 체육사 연구는 사회적 · 시간적 변화에 따라 나타나는 인류문화의 성격과 특성들을 판단하고 그것들과 스포츠와 체육과의 관련성을 탐구하는 작업이라고 할 수 있다.

스포츠와 체육은 인류문화의 한 영역으로 인류의 출현과 함께 시작되었으며 교육의 형태로 가장 오래된 분야이다. 현재 체육학은 이론적 체계가 확립된 학문의 영역으로 인정을 받고 있다. 현대적 의미에서 체육은 신체의 육성, 정신의 도야, 레크리에이션과 같은 실천적인 측면과 인문 사회 과학적이며, 인간공학적인 문제에 접근하려는 측면을 내포하고 있다. 그러나 우리의 주된 관심은 체육 및 스포츠에 관한 사실(史實)과 사상의 역사적 변천을 명확히 밝히는데 있다. 따라서 스포츠 · 체육의 역사는 사실의 연대적 나열이 아니라 사실의 의미를 광범위하게 파악하는 것이 중요하다.

우리 인간은 생존과 더불어 신체능력의 필요성을 인식하고 갖가지 신체활동을 통하여 생존의 문제를 해결해왔다. 거시적 의미에서 스포츠 · 체육사를 연구하는 목적은 인간의 역사를 이해하고 나아가 삶의 풍요를 가져다주기 위함이라고 할 수 있다. 스포츠 · 체육사 연구는 스포츠 · 체육의 미래를 위해 과거로부터 배운다는 온고지신(溫故知新)의 기본 취지에서 출발해야 한다.

스포츠와 체육은 오랜 역사 속에서 우리 선조들에 의해 다양한 목적으로 수행되어 왔다. 신체적 건강과 균형을 위해서, 그리고 교육, 예술, 정치, 종교, 미학적 레크리에이션의 수단으로 또는 군사적 목적으로 사용되어 왔다. 역사의 진행과정에서 스포츠와 체육의 모습을 살펴 볼 때 어느 시대 또는 어떤 지역에서는 스포츠를 강조하거나 필수적 수단으로 간주하였으나, 어느 시대 또는 어떤 특정 지역에서는 그 반대의 경우를 나타내며 스포츠를 경시하거나 제한하는 풍조를 나타냈다. 하지만 동서의 고전을 토대로 살펴볼 때 옛 성현들은 스포츠와 체육에 대한 중요한 가치를 인식하고 많은 관심을 나타냈으며, 체육을 인간 형성의 중요한 덕목으로 인정하여 왔다. 이와 같은 역사적 사실을 통하여 각 지역의 풍습, 습관, 제도, 놀이 등의 특성을 연구함으로써 스포츠와 체육에 대한 다양한 가치를 체험할 수 있고, 당시 체육의 목적을 파악할 수 있으며, 또한 각기 다른 문화영역들이 스포츠와 체육에 미친 영향을 분석할 수 있다.

스포츠 · 체육사는 여타 부문의 역사와 같이 과거에 어떠한 사실이 있었는가를 탐구할 뿐만 아니라 스포츠와 체육이 그 당시 사람들의 이상과 어떠한 관계를 맺고 있었고, 그 시대를 중심으로 전후 세대와 어떠한 관계를 맺고 있었으며, 그 역사적 사실이 그 시대의 종교, 정치, 문화, 경제, 교육, 예술, 군사, 지리적 환경 등과 어떠한 관계에 있었는가를 밝히는데 그 목적이 있다.

스포츠 · 체육사는 인간이 수행해온 신체활동의 역사이며 인간운동을 본질적으로 이해하기 위한 학문이다. 그러므로 스포츠 · 체육사의 중요 과제는 과거의 어떤 스포츠와 체육의 사실을 당시의 사상적 배경이나 사회적 여건과 비교하여 현재의 스포츠와 체육을 바르게 이해하고 미래의 스포츠와 체육을 이상적으로 추구해 나가려는 시도이다. 스포츠 · 체육사 연구는 역사적 발자취를 돌이켜 보고, 오늘날의 스포츠와 체육의 현실을 바르게 인식하고 새로운 이정표를 제시함으로써 미래의 스포츠 및 체육의 발전에 기여할 수 있다.

3) 연구대상

인간운동학은 인간의 신체운동이 인간의 몸과 마음에 미치는 여러 가지 효과를 규명하는 인간과학이므로 인문사회 및 자연과학적 영역에 속하며, 신체운동에 의해서 일어나는 모든 영역을 연구대상으로 삼는다. 따라서 스포츠·체육사 또한 인간운동 자체를 연구대상으로 한다. 모든 인문사회과학에 속한 영역들이 그러하듯 스포츠 · 체육 분야 역시 그 시대의 정치, 문화, 경제, 종교, 관습, 교육, 예술과의 관계를 배제하고 연구 자체를 생각할 수 없다.

스포츠 · 체육사 연구는 그 시대와 사회에서 행하여진 인간운동의 전반적인 모습을 대상으로 삼는 경우가 있고, 신체나 신체활동에 관한 사상이나 제도로서의 그 변천을 취급하는 경우 등 다양한 측면에서 연구될 수 있다. 그러나 어떠한 대상을 연구하더라도 그 시대의 문화영역들과의 관계를 떠나는 연구행위는 생각할 수 없다.

인류의 역사를 통하여 살펴볼 때 스포츠 및 체육이 언제부터 시작되어 어떻게 발전해 왔는가를 찾아내기 위해서는 인류의 발전과정을 연구해야만 한다. 미국의 역사학자 샤만(J.R. Sharman)은 그의 저서 〈체육개론(Introduction of Physical Education)〉에서 "체육의 Program은 상당한 범위까지 각 시대의 사회적 · 정치적 · 종교적 영향에 의하여 결정되어 왔다." 고 주장했고, Emmett A. Rice(1892~1967)도 〈체육소사(A Brief History of Physical Education)〉에서 "체육의 역사는 문명사회에 있어서 어떤 요소와 체육사상과의 밀접한 관계를 나타낸다." 고 하면서 "예를 들면 어떤 종교적 신앙은 신체능력의 발달을 장려하는 반면, 다른 종교적 신앙은 오히려 그것을 부정하고 배격한다. 또한 어떤 정치적 상황에서는 활발한 신체활동을 권장하나 다른 정치적 상황에서는 그것에 대해 소극적인 태도를 취하거나 배격한다." 고 하였다. 이와 같이 체육이 인류의 문명사회에 있어서 오래전부터 차지하여온 위치는 스포츠 · 체육사의 연구를 통해서만 판명된다. 따라서 스포츠 · 체육사는 오랜 역사를 거치는 동안 그 시대나 그 사회를 배경으로 하는 모든 문화영역과 상호작용을 파악하여 스포츠와 체육 분야의 발전방안을 모색할 수 있다.

문명사회와 더불어 모든 인간운동은 고대 그리스부터 근대에 이르기까지 주로 경제적, 시간적 여유가 많았던 귀족사회 계층 또는 자유시민의 독점물이 되어 왔었다는 점을 알 수 있으며, 서민계급 사이에서 발전한 스포츠는 귀족사회의 스포츠와는 상이한 모습을 띠면서 발전되어 왔다. 산업혁명 이후 근대에 이르러 귀족계층을 대신하여 부르주아 계층을 중심으로 스포츠가 대중화 되는 모습을 보이면서 오늘에 이르고 있다.

전술한 바와 같이 스포츠의 역사는 단지 사실의 연대적 나열이 되어서는 안 되며, 사실의 의미를 광의적인 의미에서 파악하는 것이 중요하다. 사실(史實) 중에는 그 시대만으로 그 역할을 다하는 것이 있고, 후대에 영향을 주어 우리들이 현재를 이해하고 장래를 전망하는데 큰 보탬을 주기도 한다. 스포츠의 역사가 모든 사실을 취급할 수 없는 한 역사적 사실을 선택하는 하는 것은 당연한 일이며, 그 선택에 있어서는 항상 현재와 미래의 스포츠에 대한 관점에 의하여 결정되어야 할 것이다.

스포츠 · 체육사 연구는 신체운동 자체에 대한 연구와 신체운동에 의해서 일어나는 모든 현상에 관련된 연구가 선행되어야 하며, 또한 이러한 대상과 인류의 문화영역과의 관련성에 대하여 다각적인 연구와 탐구가 이뤄져야 한다. 하지만 스포츠와 체육의 역사가 모든 신체문화적 사실을 다룰 수 없으므로 연구자의 가치 기준에 의해 어떤 주제를 선택하는 것은 자연스런 일이다. 그리고 이러한 주제의 선정은 현재와 미래의 스포츠와 체육에 대한 관점 여하에 의하여 결정되기도 한다.

스포츠 · 체육사에서 선택해야 할 주제는 가치, 독창성, 실제성, 통일성이 있는 운동경기와 관련된 이념, 기록, 제도, 이상, 경험, 행동유형 등 다양한 내용이 될 수 있다.

岸野雄三(1980)은 〈체육사학의 시론〉에서 스포츠, 체육사의 연구영역을 크게 세가지로 구분하였다. ① 전 시대와 전 지역에 걸쳐 통관한 종합적 역사, 즉 통사적(通史的) · 세계사적 연구, ② 어떤 시대나 특정 지역을 한정하여 시도하는 역사연구, ③ 특정한 스포츠사적 내용을 연구할 때의 개별적이고 특수한 상황적 측면을 고려하는 연구 등으로 구분하였다. 그리고 개별적·특수적 연구영역을 세분하면 다양한 측면에서 스포츠 및 체육의 역사연구가 시도될 수 있다.

신체의 건강이나 위생에 관계되는 여러 영역을 종합하는 연구(身體養護史), 출생에서부터 시작하여 성장에 이르는 신체발달에 대한 연구(身體發達史), 여러 운동동작과 운동경기 형태의 변천에 관한 연구(運動形態史), 각종 신체활동 또는 운동의 기술적 변천과 그 종목의 훈련과 발달에 대한 연구(技術史와 修鍊史), 운동시설 및 운동용구의 내용과 그 시설의 발전적 변화에 따른 과학적 연구(施設 및 用具史), 신체발달과 운동교육의 역사적 연구, 스포츠에 관련된 각종 규정에 관한 연구(法制史), 그 시대의 스포츠 및 체육에 내포된 정신 또는 사상에 관한 연구(思想史), 각종 스포츠에 대한 주의 · 주장에서 나오는 학설에 대한 연구(學說史), 인물사, 교재사 등을 들 수 있다. 이 외에도 연구자가 어떠한 의도와 목적을 가지고 접근하느냐에 따라 스포츠 · 체육사 연구는 다양한 측면에서 시도될 수 있다. 이렇듯 스포츠 · 체육의 역사연구는 다양한 세부영역들을 포함하고 있기 때문에 여타 학문의 연구와 상호 협력하여 수행되어야 한다. 아울러 스포츠 · 체육사 연구의 질을 높이기 위해서 연구자는 광범위하고 보편적인 주제를 선택하기보다는 협의적이면서도 명제화 되지 않은 주제를 선택하여 깊이 있게 탐구되어야 한다.

4) 연구방법

스포츠 · 체육사는 스포츠학 또는 체육학으로서의 고유 이론을 지니면서 역사로서 연구해야 하는 이중적 학문의 특성을 지니고 있다. 따라서 스포츠 · 체육사 연구는 그러한 특성에 부합되는 이론과 방법으로 연구되어야 한다.

스포츠나 체육과 같이 신심(身心) 양면에 걸쳐 관련된 것은 절대로 기성 과학 분야에 머무르지 않고, 여러 가지 과학의 주변적인 주 영역으로 하는 연구에 이른바 실제적 연구의 전형적인 것들 중 하나이다. 우리는 인간운동학을 간단히 정의할 때 신체운동이 인간의 신체와 정신에 미치는 여러 가지 효과를 규명하는 인간과학 또는 인류과학이라고 말한다.

스포츠 · 체육사 연구방법을 일반사와 비교해볼 때 그 연구의 특성이 고려되어야 함에도 연구방법론에 있어 별다른 차이점을 찾을 수 없다. 그것은 역사적인 문제에 대한 선택, 대상 자료에 대한 분류와 비판, 해당 자료에 대한 상태와 사건을 설명하는 구성방식, 새로운 사실의 발견 또는 해석하고 기술하는 연구방법이 서로 유사하기 때문이다. 역사연구의 진행과정에서 시대구분, 인과관계, 일반화, 보편성과 특수성 등의 문제는 스포츠·체육사 연구에서도 어느 정도 적용될 수 있다. 하지만 그러한 적용이 합당하다 하더라도 스포츠 · 체육사 연구의 독창성이 필요하다. 가끔 스포츠·체육사의 특성을 시대구분과 관련하여 설명하고 있다. 이 경우 스포츠와 체육의 개념이 바르게 파악되어야 하고 역사적 사실들의 시간적 · 공간적 종횡의 연관성이 우선적으로 파악된 후에 시대구분이 이루어져야 한다. 현재 스포츠·체육사의 연구방법은 일반 역사연구의 방법과 많은 유사성을 내포하고 있다. 앞으로 일반 역사연구의 방법을 토대로 하되 스포츠와 체육 분야의 독창성을 가지고 연구가 수행되어야 하겠다.

스포츠 · 체육사의 연구단계는 크게 역사적인 문제에 대한 선택, 대상 자료에 대한 수집 및 분류, 비판, 해당 자료에 대한 상태와 사건을 설명하는 가설의 구성, 새로운 사실의 발견, 사실에 대한 해석 및 서술 등의 순서로 진행된다. 이러한 연구과정은 반드시 서로 분리시켜 연구되거나 정해진 순서로 수행되는 것이 아니라 주제의 성격에 따라 진행의 순서가 바뀔 수 있다.

우리가 다루는 스포츠과학 체육학의 대상은 신체와 신체운동이다. 그러나 스포츠 · 체육사에서 다루는 신체운동은 의학이나 역학의 대상으로 다루는 경우보다 더 넓은 의미를 갖는다. 우리들의 신체나 신체운동은 자연 개념보다 넓은 문화 개념이며, 신체운동적인 여러 현상(넓은 의미의 인간운동의 현상)을 신체문화사적으로 혹은 신체교육사적으로 다루는 연구이다.

역사적 사실을 올바로 이해하고 그것의 의미를 파악하기 위해서는 역사학에서 말하는 일반화, 객관성, 인간성, 주관성, 인과관계 등을 생각해야 한다. 일반화는 역사과정의 일반성 또는 사건의 전 과정에 내재한 의미나 의의를 발견하려는 시도로 사료를 분석, 비판, 종합하여 역사 세계의 실상을 이해하여 해석하는 것을 목적으로 한다. 즉 일반화란 무질서한 사실들의 일반적 특성과 다른 분야와의 상호 관련성 또는 역사적 의의를 찾아 통일된 재구성을 하여 의미를 부여하는 것에 관심을 갖는다.

역사연구에는 자연과학의 구성원리인 보편타당성의 원리에 따라 규범으로서의 가치가 성립한다. 경험에서 비롯된 보편적인 문화 가치는 존재하지 않지만, 경험적인 역사를 초월한 세계에서는 절대적인 타당성을 가진 가치의 체계가 존재한다. 이를 통해 역사학의 객관성이 보증된다. 역사는 인간을 역사의 중심에 두고, 인간의 본능을 '의지의 자유' 에 두고 있는 것을 본질적 특성으로 한다. '체험' , '표현' , '이해' 의 계기가 결부되는 인간성은 모든 시대를 통해 공통된 인자이며, 그 기초에 있는 것은 '나' 라는 개인의 체험이므로 인간의 존재 양식이 다르더라도 언제나 인간성이라는 공통성 위에 있음을 인지하고 해석한다. 그리고 객관성이 과학적으로 인식의 가장 중요한 조건임에도 불과하고 역사 인식에서 주관성의 계기가 포함되는 것이 특징이다.

과학은 인과관계의 명확한 설명이 필수적이지만, 역사적 인과관계는 결과에 대한 원인의 논리적 설명일 뿐 필연은 아니다. 하지만 역사적 원인 개념이 역사이해에 도움이 되는 이유는 역사적 사실에 질서와 일관성을 부여하고, 논리적으로 역사서술을 하는데 기여하기 때문이다.

5) 시대구분의 문제

시대구분은 역사연구의 방법론에 속하는 것으로 중요한 의미를 지닌다. 이것은 스포츠 · 체육사의 이해와 연구를 돕기 위한 임의적 수단이다. 스포츠 · 체육사 연구과정에 있어서 시대구분은 일반사와 마찬가지로 필수적으로 고려되어야 하고, 그것은 명확한 기준에 의해 규정되어야 한다.

스포츠 · 체육사 연구의 문제에서 특히 중요한 개념인 시대구분에 대하여 김달우(1986)는 다섯 가지 기준의 검토사항을 제시하고 있다. 첫째 시대구분은 입증된 역사적 사실에 입각하여야 한다. 둘째 논리적인 일관성이 있어야 한다. 셋째 역사적 사실들이 시간적 · 공간적으로 종횡의 연관성을 가지고 설명될 수 있는 시대구분이어야 한다. 넷째 체육의 개념을 올바르게 파악한 후 시대구분을 시도해야 한다. 다섯째 체육사 나름의 독창성과 정체성을 확립한 후에 시대구분을 해야 한다고 주장한다. 여기에 한 가지 사항을 첨가한다면, 여섯째 단편적인 역사적 사실이나 사건을 기준으로 하는 시대구분은 재고되어야 한다. 이처럼 시대구분은 입증된 모든 역사적 사실에 입각하여 논리적 일관성과 역사적 사실의 시간과 공간의 연속성에 의해 이루어져야 한다. 실제로 스포츠·체육사의 연구방법은 일반사의 그것과 큰 차이점이 없다. 하지만 스포츠 · 체육사 나름대로의 독창성과 정체성의 확립 또한 중요하다.

역사를 시대별로 구분하는 일반적인 기준에 대해 전술한 바 있지만, 스포츠 · 체육사 시대구분의 이해를 돕기 위해 다시 한번 이야기하겠다. 우선 기록의 여부에 따라 선사시대(先史時代)와 역사시대로 구분할 수 있고, 어떤 도구를 사용하느냐에 따라 석기, 청동기, 철기 등으로 나눌 수 있다. 일반적으로 역사를 구분할 때 셀라리우스가 구분한 고대(古代), 중세(中世), 근대(近代)의 3분법으로 시대를 구분하나 19세기 중기 이후를 현대(現代)로 명명하여 4분법으로 구분하여 역사를 기술하기도 한다. 그리고 고대 이전을 선사시대 또는 원시사회로 구분하여 인류의 가장 긴 초창기 역사를 기술한다. 어떤 경우 중세와 현대 사이의 근대를 다시 전환기와 근세(근대)라는 명칭으로 사용하여 역사를 기술하기도 한다. 인간운동의 역사 또한 인류문화사의 한 영역이란 점에서 이러한 시대구분 방법론은 스포츠 · 체육사연구에서 일반적으로 통용될 수 있다. 대부분의 스포츠 · 체육사연구는 이와 같은 시대구분의 형식과 기준에 따라 수행해왔다.

선사시대(先史時代)란 문자의 발명에 따른 기록의 역사가 시작되기 이전의 시대를 의미한다. 이 말은 1851년 윌슨이 〈고고학과 스코틀랜드의 선사시대 연대기〉를 저술하면서 처음 사용하였다. 그러나 문자의 발명과 사용은 세계의 각 지역에 따라 다르기 때문에 선사시대와 역사시대를 명확히 구분하기는 불가능하다. 이런 경우 원사시대(原史時代)라는 말을 사용하여 선사시대와 역사시대의 중간단계로 파악하기도 한다. 선사시대는 기록이 없기 때문에 그 시대의 연구는 고고학 발굴에서 나온 유적과 유물을 바탕으로 이루어진다. 고고학에서는 물질자료를 근거로 석기시대, 청동기시대, 철기시대로 구분하고 있는데 석기시대와 청동기시대의 일부가 선사시대에 포함된다. 문자의 발명이 가장 빠른 지역은 중동지역의 수메르 문명으로 기원전 3500년경의 청동기시대에 속한다. 일반적으로 국가성립 이전의 단계로 간주된다. 중국의 경우 기원전 1750년 상대 이전을 선사시대로 파악하고 있고, 한국은 기원전 2333년 고조선의 건국 이전을 선사시대로 이해하고 있다.

고대(古代)란 원시사회가 해체된 이후 등장한 계급사회를 가리키는데, 선사시대가 종말을 고한 후 문자를 사용하는 문명국가가 형성된 초기부터 서로마 멸망까지를 말한다. 원래는 그리스와 로마시대의 사회를 일컫는 말이었다. 이 말은 르네상스 시기의 인문주의자들에 의해 사용되었다. 인문주의자들은 생 · 사 · 부활의 3화음에 맞추어 그들이 정신적으로 복귀하고자 했던 그리스 · 로마시대를 고전시대, 그 이후의 이른바 암흑기를 중세, 자신들이 살고 있는 새로운 시대를 근대라 명명했다. 이후 이러한 시대구분이 널리 사용되었으며, 19세기에 이르러 인류역사상에 존재했던 각기 다른 성격의 사회구성체를 이에 대응시키게 되었다.

사적 유물론에서 주장하는 노예제사회, 봉건제사회, 자본주의사회가 그것으로, 이는 사회발전단계를 달리하는 계기적(繼起的)인 것으로 간주되었다. 노예제사회로 규정하는 것은 논쟁의 여지가 많다. 고대사회는 원시사회가 해체된 이후 등장한 계급사회를 가리키는 말로 이해하는 것이 타당하다고 본다.

중세(中世)는 고대사회와 근대사회의 중간단계 사회를 일컫는다. 중세기 역사는 서로마제국이 붕괴된 476년부터 게르만민족의 대이동에 이은 게르만족들의 국가형성이 이루어진 시기, 특히 프랑크왕국의 형성기에서 백년전쟁의 종결 및 동로마제국의 멸망까지로 보고 있다. 이 사회에서는 11세기 이래 봉건국가가 형성되어 농노제에 바탕을 둔 봉건적 생산양식이 기반을 이루었다. 중세라는 시대구분은 본래 유럽사를 서술하는 방식에서 유래되었는데 일반적으로 중국의 경우에는 당(唐)나라 멸망 후 오대십국시대부터 송(宋)나라를 거쳐 원(元)나라 멸망까지, 인도의 경우에는 노예왕조로 시작되는 이슬람왕조부터 무굴제국의 성립까지, 한국의 경우에는 고려와 조선의 두 왕조시대를 일컫는다.

근대(近代)란 봉건사회를 청산하고 민주주의와 자본주의 체제를 건설함으로써 자유, 평등, 박애를 실현하려는 사회를 말한다. 14~15세기에 싹트고 16세기부터 발전하기 시작한 유럽의 근대사회는 18세기 후반부터 19세기 초의 프랑스 시민혁명과 산업혁명을 계기로 완성단계에 이른다. 르네상스와 지리상의 발견, 종교개혁 이래 급속히 성장한 시민계급은 절대왕정의 전제정치와 봉건적 잔재를 무너트리고 자신들에게 맞는 사회를 건설하려 했다. 영국에서는 17세기 청교도혁명과 명예혁명을 통해 절대왕정에서 의회 중심의 입헌정치를 열었다. 프랑스 시민혁명은 자유와 평등을 강조하는 근대 시민사회의 길을 여는 계기가 되었다. 시민계급이 정치권력을 장악했고, 자본주의가 발전할 수 있는 여건이 조성되었으며, 시민계급이 영주와 귀족계급을 물리침으로써 신분적이고 불평등한 봉건사회를 무너트렸다. 산업혁명 후의 비약적인 생산력의 증가는 세계를 거대한 자본주의 체제로 편입시켰다. 기계의 발명과 기술의 혁신은 가내수공업에서 대규모 기계공업으로 변화시켰다. 이들 국가는 자본축적을 통해 제국주의 단계로 들어서게 되었다.

그러나 주변 국가에는 유럽의 근대사회와는 다른 형태로 근대화가 이루어졌다. 그들은 제국주의로부터 스스로를 방어하는 가운데 민주사회를 건설하고 민족해방을 달성해 가는 과정을 근대사회라고 규정할 수 있다. 아시아와 아프리카에서는 민족해방이라는 형태로 나타났으며, 어떤 경우에는 사회주의 국가건설로 이어졌다. 따라서 근대란 봉건사회가 무너진 뒤에 근대화가 이루지는 과정의 단계를 가리킨다.

현대(現代)란 우리가 살아가고 있는 시대를 일컫는 말이다. 19세기 초부터 현재에 이르는 시점을 포함한다. 프랑스 시민혁명과 산업혁명에 이어 선진 자본주의 국가들은 국가 및 민족 제일주의에 입각하여 식민지 확장에 총력을 기울였고, 세계는 자본주의와 사회주의라는 두개의 이데올로기의 대립에 직면하게 된다. 이와 같은 상황에서 두 번의 세계대전과 미국을 주축으로 하는 자본주의 진영과 소련을 주축으로 하는 사회주의 진영이 극단적인 대결양상을 나타냈다. 이와 동시에 세계는 정치, 경제, 사회, 문화, 과학 등 모든 분야에서 과거와는 비교할 수 없는 급속한 발전을 이룩해오고 있다. 현대는 이제 국가라는 차원을 벗어나 세계가 하나라는 개념으로 바뀌어졌으며 모든 분야의 교류가 활발히 이루어지고 있다. 그러나 자국의 경제적인 이해관계에서는 첨예화된 대립양상을 나타내고 있다.

위에서 살펴본 4분법적 시대구분은 통사적 입장에서 세계사를 다룬 것으로 각 시대별 특징을 나타내고 있다. 이러한 시대별 특징은 스포츠 및 체육에 직 · 간접적으로 영향을 미쳐왔다는 점에서 이와 같은 시대구분을 스포츠와 체육의 역사를 기술할 때 중요한 척도로 이용되고 있다. 각 시대별 특성에 따라 스포츠와 체육의 전반적인 특성을 기술하고 그러한 특성들이 어떻게 귀결되어졌는지를 분석하는 방식을 취하고 있다. 스포츠와 체육의 역사는 인류문화의 한 영역으로서 일반적인 시대상황을 배제하고 연구될 수 없으며 상호 밀접한 관련을 맺으면서 발전해왔다. 따라서 일반 역사학에서 다루는 시대구분을 토대로 스포츠·체육사 연구를 수행하는 것은 맹목적인 모방이라기보다는 보편타당한 논리에서 나온 결과라 할 수 있다. 이러한 기준방식은 한국에서 발간되는 체육사 저서를 비롯해 각국의 스포츠 및 체육사 저술에서 일반적으로 통용되고 있다.

현재 일반적으로 스포츠와 체육의 활동양태를 기준으로 다음과 같이 시대구분을 하고 있다. 생존을 위한 방편으로 신체능력을 함양하고 집단의식을 고취시키는데 목적을 두었던 선사시대의 실생활적인 인간운동, 심신의 조화적 발달을 추구했던 고대 그리스 체육과 스포츠, 관람스포츠를 선호했던 로마를 포함하는 고대의 경기문명시대, 기독교 문화의 영향으로 스포츠와 체육이 퇴보했던 중세의 인간운동 암흑시대, 르네상스에 따른 고대 그리스체육의 부활과 중세문화에 대한 반성과 함께 실학주의에 의한 체육계몽과 실천을 촉구했던 근대스포츠 및 체육 형성시대, 그리고 인간운동을 통한 인간교육과 인간의 복지, 유희적 수단으로 체육의 가치를 인정받고 있는 현대의 스포츠 만능시대로 구분할 수 있다. 이 책 또한 이러한 기준에 입각하여 시대별 스포츠 및 체육사를 기술하고 각 국가의 예를 들어 객관적으로 밝혀진 스포츠·체육사적 사실들을 근거로 편집하였다.

한편으로 일본의 와쓰지 데쓰로(化術哲朗)는 인류의 문화역사를 6000년으로 보고 2000년을 한 구획으로 하여 스포츠·체육역사의 발전단계를 3단계로 구분한다. 그는 제1기를 기원전 4000년에서 기원전 2000년으로, 제2기를 기원전 2000년에서 기원전 1년으로, 제3기를 서기 1년에서 현재까지로 분류하였다.

그는 제1기를 '사막적 인간(沙漠的 人間)'의 시대로 규정하면서 인류 최초의 문명인들은 나일강과 유프라테스강, 티그리스강 유역에서 활동하였다. 이집트에서는 수렵, 수영, 체조, 무용, 레슬링 및 구기 등이 행해졌고, 메소포타미아에서는 수영을 위시하여 궁술(弓術)과 마술 등이 행해졌다. 이때의 스포츠와 체육은 실생활을 위한 자연발생적인 신체활동이었다고 주장한다. 제2기는 그리스와 로마의 전기시대이며 인도와 중국에서 독자적인 문화가 전개되던 시기를 말한다. 그리스는 현대의 스포츠와 체육과 관련하여 중요한 역할을 담당하였다. 그리스는 인간운동을 교육의 일환으로 활용하였고 운동경기가 체계적으로 실행된 국가였다. 중국의 경우 주(周)의 六藝에 체육을 포함시켜 교육과정에 포함시켰다. 인도에서는 종교 특히 힌두교의 영향이 지대하였다. 힌두교와 함께 불교의 자기수양과정으로 요가와 같은 심신단련을 위한 인간운동을 실천하였다. 제3기는 민족의 대이동으로 유라시아 대륙이 진통을 겪는 가운데 서양은 1000년의 암흑시대를 보냈다. 이 시기는 스포츠와 체육이 몰락하는 시기였다. 이후 르네상스를 거치면서 고대 그리스체육의 중요성이 부각되는 가운데 근대스포츠가 탄생되었다. 19세기 근대적 학교제도가 등장하면서 학교체육이 보급되었으며, 20세기에는 영국을 중심으로 한 근대스포츠가 전 세계로 전파되었다. 두 차례의 세계대전을 통하여 스포츠는 큰 변화를 겪었다. 스포츠는 건강과 레크리에이션을 비롯하여 새로운 영역으로 광범위하게 확대되었다. 1960년대부터 스포츠는 국가 간의 화합과 친선과 더불어 국력을 과시하는 매체로 활용되어 왔고, 스포츠의 과학화를 학문적 연구과제로 삼게 되었다.

와쓰지 데쓰로(和辻哲郎)의 시대구분은 보편성에 있어 그 타당성과 설득력이 부족하다. 그는 스포츠 · 체육사의 시대구분을 세계사의 큰 특징을 토대로 스포츠의 시대적 특징을 서술했지만 약 2000년 동안의 각 시대별로 스포츠 사실(史實)의 특징을 살펴볼 때 시대적 · 지역적 특성이 일괄성 없는 양상을 나타낸다. 왜냐하면 2000년 동안의 역사에서 보다 특징적인 스포츠·체육사적 사건들이 나타나고 있기 때문이다. 오히려 세계사에서 통용되는 선사시대와 역사시대, 고대와 중세 그리고 근대와 현대로 구분하는 시대구분이 보다 객관적이고 논리적으로 그 시대적 특징을 반영한다고 보아지며, 그러한 문화사적 특징에서 스포츠와 체육의 역사가 상이한 특징을 나타내며 발전 또는 퇴보해왔다는 것은 많은 스포츠 및 체육 역사가들이 인정하는 바이다. 우리들이 인간운동의 역사를 논할 때 스포츠와 체육은 역사적으로 수많은 문화영역들과 매우 밀접한 연관을 맺으면서 변화해왔음을 알고 있다. 이러한 논리에 기준하여 스포츠와 체육역사의 시대구분을 선택하는 것이 타당하다고 보아진다. 예를 들면 스포츠와 체육의 특징을 나열할 때 직립인류의 출현, 신석기 혁명, 청동기의 도래, 고대 올림픽의 개최, 중세의 개막, 총포의 발명, 문예부흥, 근대 스포츠와 체육의 출현과 근대올림픽의 개최 등에 따른 스포츠사적 사건이 보다 의미가 있다.

한국 스포츠와 체육의 역사에 있어서는 나현성이 시도한 2분법적 시대구분이 최초로 제시되었다. 그는 갑오경장(1894)을 기점으로 전통체육과 근대체육으로 구분하였다. 이후 일반 역사에서 다루는 시대구분을 변용하여 여러 시도가 있어 왔다. 최근에는 선사 및 고대의 체육, 중세의 체육, 개항 이후의 체육으로 3분하는 방식을 많이 채택하고 있다. 무사체육과 전통놀이에 있어 공통적인 특징을 나타내는 고려와 조선시대를 중세로 묶어 이 시대를 기준으로 전후의 한 시대씩 구분하여 3분한 것이다. 고려와 조선시대를 한 시대로 묶는 방식은 일반 한국사와는 다른 방식이다. 이는 스포츠의 개념과 스포츠의 활동에 있어 공통점을 내포하고 있기 때문이다. 개항 이후를 또 다른 시대구분으로 취하는 이유는 개항을 전후하여 본격적으로 서구의 스포츠가 소개되고 국내에 전파되었기 때문이다. 선사 및 고대의 스포츠는 성격이 서로 다른 측면을 나타내기도 하지만 스포츠활동의 시작과 정착단계라는 측면에서 한 시대로 간주하고 있다. 한국스포츠의 역사연구가 본격적으로 이루어진 시간이 그리 오래되지는 않았다. 물론 짧은 시간에 많은 스포츠사적 업적을 이룩해왔지만 시대구분을 포함한 연구방법론은 계속적으로 연구되어야 한다.

스포츠의 역사를 시대별로 분류하는 방식은 여러 가지 기준에 근거하여 다르게 표현될 수 있다. 하지만 어떠한 시대구분이 타당하다거나 타당하지 않다고 단정하기는 어렵다. 그러므로 역사가는 명확한 기준에 의거하여 시대구분을 설정하여야 한다. 또한 역사가는 객관적인 역사적 근거와 책임감을 가지고 역사연구에 임해야 한다.

제2장. 선사시대의 운동문화

1. 인류의 출현과 진화
2. 생활과 문화
3. 생존을 위한 인간운동

인류의 기원에 관한 과학적인 연구는 19세기 중반부터 시작되었다. 고고학, 인류학, 민속학 등의 발달에도 불구하고 인간의 생물적 진화와 그 문화의 발전에 관한 우리의 지식은 극히 빈약하여 많은 문제가 아직도 추측의 범위를 벗어나지 못하고 있다. 인류학자들은 인류의 기원에 관해 서로 다른 견해를 제시하고 있다. 역사학자들도 인류기원의 개요에 관해서만 동일한 의견을 가지고 있을 뿐 인류의 과거는 신비의 장막으로 둘러싸여 있다.

인류의 역사란 과거 인류의 생활이며, 그것은 지구상에서의 인류생활과 더불어 시작된 것이다. 많은 역사가들은 인류생활의 시작보다는 인류생활에 관한 기록, 즉 기록이 나타나면서부터라고 생각해왔다. 그리고 이때부터를 역사시대라 하고, 그 이전의 시대를 유사 이전 혹은 역사에 앞선 시대, 즉 선사시대라 불러 왔다. 이것은 인류의 역사를 인류의 생활 자체보다는 인류생활에 관한 이야기 또는 서술이라고 보는데서 연유한 것이다.

이 장에서 우리는 인류발달의 역사과정 중 구석기와 신석기에 해당되는 선사시대의 인간운동에 대해 살펴보았다. 선사시대의 운동문화를 이해하기 위해서는 역사시대의 그것보다 더 많은 사유의 역사에 의존해야 한다. 사유의 역사에 의존하다보니 실제 선사시대의 스포츠 및 체육관련 활동에 대한 내용이 적을 수밖에 없다. 그것은 당연한 귀결이다. 선사시대의 문화를 알 수 있는 근거들, 즉 유물이나 유적이 회귀하고 기록으로 남아있지 않은 까닭이다. 그렇다면 우리 인간운동을 연구하는 역사가들은 어떻게 선사시대의 스포츠와 체육을 기술할 것인가? 그래서 우리는 민속학이나 고고학, 인류학의 연구를 빌어 도움을 받을 수밖에 없다.

1. 인류의 출현과 진화

지구상에 생명체가 나타난 시기는 약 30억년 전으로 추정하고 있다. 지구상의 생물들은 점차 진화하여 인류와 그 밖의 고등동식물로 발전하였다. 그리고 인간이 살아갈 수 있는 환경은 수천만 년 전에 조성된 것으로 알려져 있다. 인류의 역사는 언제부터 시작되었을까? 그것은 인류가 지구상에 나타나면서부터이다. 현재까지의 연구결과에 따르면 인류가 처음으로 지구상에 출현한 것은 약 500만년 전으로 추정된다. 신생대 3기 말에서 4기 초에 출현한 원 인류는 점차 현대인으로 진화하였다. 현재 인류학자들은 현대인의 조상이 누구냐는 문제를 놓고 크게 두 편으로 나뉘어져 있다. 하나는 아프리카 기원설이고 다른 하나는 다지역 기원설이다.

인류학자들에 의해서 최초의 인류라고 지목된 오스트랄로피테쿠스(AustraloPithecus)가 1925년 남아공화국에서 발견되었다. 이후 다른 여러 곳에서도 화석 원인들이 발견된 이래 최근 밝혀진 연구에 따르면 화석은 약 500만년 이전에 생존했던 원인들로 밝혀지고 있다. 발견된 화석들을 근거로 한 연구결과에서 원인들은 조금씩 진화되어 가는 모습이 확인되었으며, 약 300만년 전 빙하기 때 소수의 오스트랄로피테쿠스만이 살아남은 것으로 학자들은 추정하고 있다. 그들의 뒤를 이어 약 250만년 전 호모 하빌리스(Homo Habilis)가 나타났다. 그들은 손을 사용할 수 있었다. 그후 약 170만년 전부터 호모 에렉투스(Homo Erectus)가 생존하였다. 드디어 완전히 직립으로 보행하는 원인류가 탄생한 것이다. 에렉투스는 완전한 포식동물이었다. 그들은 제2빙하기가 끝난 60만년에서 50만년 전 유라시아 전 지역에서 생활한 것으로 보인다. 중국 베이징인, 자바인, 하이델베르크인 등이 대표적이다. 또 한 번의 빙하기를 거쳐 30만년 전 유럽에서 살아남은 네안데르탈인은 부싯돌을 사용하여 불을 사용할 수 있었다. 우리는 이들을 호모 사피엔스(Homo Sapiens)라 부른다.

그후 장구한 시간을 통하여 인류가 어떠한 진화의 과정을 밟았는지는 알 수 없으나 지금으로부터 약 10만년 전 지금과 같은 현생인류인 호모 사피엔스 사피엔스(Homo Sapiens Sapiens)가 유럽에서 출현하였다. 우리는 이들을 우리의 직계조상으로 보고 있다. 그들은 매우 지혜로운 인간이었다. 그들은 마지막 빙하기 때인 약 5만년 전후를 배경으로 후기 구석기를 열었다. 후기 구석기에는 보다 많은 변화를 보이면서 신석기로 접어들었다. 후기 구석기에 출현한 크로마뇽인은 지혜로운 인간답게 도구를 개발시켜 보다 정교하게 제작해나갔고 계속적으로 문명화 되었다. 신석기인들은 구석기인처럼 돌을 사용했지만 돌을 다듬고 갈아 보다 정교한 도구인 간석기(磨製石器)를 만들어 사용했다. 특히 B.C. 8천년 경 신석기혁명을 계기로 농경 및 목축생활이 확대되어 나갔다.

2. 생활과 문화

우리는 선사시대를 크게 구석기와 신석기시대로 구분할 수 있다. 구석기시대(Paleolithic Age)는 신석기혁명 이전까지의 시기를 말한다. 인류 역사의 대부분을 차지하는 구석기는 현재와는 다른 생활을 영위했다. 그들은 자연에 의존하는 생활단계에서 야생동물과 유사한 생활방식으로 살았다. 그들은 주로 식물채집자였다. 그들의 생활이 다른 동물과 별로 다를 바 없었다고는 하나 직립보행, 불의 사용, 도구의 제작, 식

[그림 2] 석기시대의 벽화(들소와 말): 라스코 동물벽화

물채집방법 등을 통해 경험과 지식을 축적하고 계승해나감으로써 동물과는 점차 차이를 나타냈다.

인류의 조상으로 알려진 오스트랄로피테쿠스는 두개골 크기가 현대인의 절반 정도였고 (450cc), 턱과 이마의 구조가 원숭이와 유사했지만, 털이 많은 나체의 인류였다. 이들은 나무토막이나 동물의 뼈, 자연의 돌들을 사용했으며, 식량획득을 위해 산과 들을 돌아다니면서 환경의 공포 속에서 살았다. 호모 하빌리스는 손을 사용할 수 있었고, 두개골이 컸기 때문에 지능이 발달했으며, 보다 논리적이었다. 그들은 전적인 채집단계에서 초보적인 포획을 통해 식량을 확보해 나갔다. 그들은 돌을 깨어 만든 뗀석기((打製石器)를 생활도구로 만들어 사용하기 시작했다.

호모 에렉투스는 완전한 직립자세를 취하면서 생활을 발전시켜 나갔다. 아시아에서 살았던 북경인은 돌도끼를 사용하고 불과 언어를 사용하였다. 초기의 인류처럼 북경인들 또한 식물의 열매를 따먹거나 뿌리를 캐먹는 채집단계였다. 점차 그들은 수렵과 어로생활로 변환하면서 보다 풍족한 생활을 영위해 나갔다. 그리고 가족의 개념이 발생하고 소규모의 공동체가 형성되었다.

호모 사피엔스에 속하는 네안데르탈인은 더욱 튼튼하고 인내력을 지니고 있었다. 그들은 부싯돌을 사용하여 불을 피우고 야수의 은신처를 공격할 만큼 강해졌다. 그들은 유라시아 대륙에 퍼져 동굴에 거주하고 서로 협력하면서 채집과 수렵을 통해 생계를 유지하였다.

현생인류인 호모 사피엔스 사피엔스에 속하는 크로마뇽인은 뇌의 크기, 생김새, 골격에 있어 현재의 인류와 매우 흡사했다. 이들은 풍부한 상상력으로 생활방식을 한층 더 발전시켜 나갔다. 이들은 지혜로운 인간답게 보다 정교한 도구를 개발하고 발전시켰다. 그들은 작살, 화살촉, 투창 등을 발명하였고 용도가 분화된 석기, 골각기 등을 사용한 것이 주목된다.

크로마뇽인들은 후기 구석기를 열었다. 약 5만년 전 홍적세 말 광대한 지역을 덮고 있던 빙하가 후퇴하고 충적세가 되면서 기후 및 자연환경은 대체로 오늘날과 비슷하게 되었다. 그들은 여전히 채집인이자 수렵인으로 동굴에서 거주하였다. 이들은 돌로 만든 활살 촉이나 창을 이용해 맘모스, 순록, 코뿔소 등 큰 짐승을 사냥하였고, 창이나 작살, 낚시 등 골각기를 이용해 어로생활을 하였다. 동굴 벽에 그려 놓은 들소, 말, 순록, 멧

돼지 등의 그림은 사냥을 위한 주술적 흔적이라 할 수 있다. 들개를 길들여 사냥에 이용한 것도 이 무렵의 일이다. 또한 그들은 음식이나 장신구, 도구와 함께 사자를 매장하는 것에서 사후 세계를 믿었던 것으로 추측된다. 이는 인류에게 종교적 사고가 존재했음을 의미한다.

장구한 구석기시대를 보내면서 인류의 지혜는 점차 발달하여 생활방식이 보다 발전된 모습을 보였다. 인간은 2만년 전까지 주로 수렵 및 어로생활, 식물채집을 통해 살아오다가 약 1만년 전부터 정착생활로 전환해나갔다.

약 1만년 전 마지막 빙하기가 물러가자 지구는 현재와 같은 기후와 온도를 유지하게 되었다. 기원전 8천년 경 농경과 목축, 촌락생활, 간석기(磨製石器), 토기(음식저장) 등을 특징으로 하는 새로운 문화가 발전하게 되는데, 우리는 이것을 신석기시대(Neolithic Age)라고 부른다. 이러한 변화는 인류의 생활에 일대변혁을 가져다주었다. 우리는 이것을 신석기혁명이라 부른다. 이 시대에는 가부장제적 성격을 띠면서 공동체 지도자들이 지역공동체의 문제를 해결했지만, 어떤 경우에는 사제와 여사제가 종교를 이용하여 정치적 권력을 행사하기도 했다. 이제 인류는 자연 속에서 식물이나 동물을 구하던 것에서 자연을 이용해 스스로 식량을 생산하게 되었다. 인류는 이제 수렵과 채집이라는 수렵경제에서 농경과 목축이라는 생산경제에 들어서게 되었다. 이때 재배된 곡물은 밀과 보리 등 맥류였으며 사육된 가축은 염소, 양, 소, 돼지 등이었다. 농경과 목축은 방랑생활에서 정착생활로 바꾸어 놓았다. 이들은 평지에 움집을 짓고 촌락을 형성하였고, 지역공동체를 단위로 하는 씨족단위의 평등사회를 이루었다. 하지만 농경과 목축이 식량 확보를 완전히 해결한 것은 아니었고 채집과 수렵, 어로는 여전히 중요한 비중을 차지하고 있었다. 농경과 관련된 도구로는 도끼, 괭이, 가래, 낫, 칼 등 보다 예리하고 정교한 마제석기가 사용되었다. 특히 나무를 베는 마제의 돌도끼는 신석기시대인의 대표적인 도구였다. 또한 이때 베틀이 발명되어 아마나 양모를 원료로 옷을 만들어 입었으며, 후기에는 면사나 생사를 만들 수 있었다.

1) 생존학습

일부 학자들은 선사시대와 원시문화에 관한 인류학적 연구가 교육과 관련이 없다고 생각한다. 전통적으로 고대사를 연구하는 학자들은 인류가 문자를 사용하게 된 이후의 시기만을 논의하는 경향을 보이기도 했다. 이것은 스포츠와 체육의 역사가 선사시대의 문화와 무관하다는 의미로 해석될 수 있다. 하지만 인류가 교육이라는 문제를 구체적으로 논의하기 이전부터 교육은 이미 존재했다.

인류는 오랜 동안 생활에 필요한 도구나 환경조건을 개선할 수 있는 기술을 터득하지 못해 문화는 정체상태에 있었다. 하지만 인류는 이성적 사고를 통해 생활을 변화시켜 나갔다. 어느 순간 돌이나 나무 같은 도구를 사용하여 동물을 손쉽게 잡을 수 있음을 깨달았을 때 문화가 싹트기 시작했고, 그러한 기구의 사용법을 서로에게 또는 자녀에게 가르침으로써 학습이 이루어졌다.

특히 인류는 다른 고등동물과는 달리 말하고 듣는 능력에 의해서 환경변화에 적절히 대응할 수 있었다. 점차 말하고 듣는 능력에다 보다 고도화된 언어를 사용할 수 있도록 학습이 시행되었다. 그리고 자신의 생존이나 종족보존에 있어서 본질적으로 중요한 먹이, 생식, 육아에 관련된 행동양식을 부모나 연장자의 행위를 따라하는 모방학습이나 전습을 통해 전수시켜 나갔다.

그런데 인간에게 있어서 보다 원초적이며 매우 중요한 학습은 자신의 생명과 생활을 유지하고 종족을 보존하는데 필요한 의식주의 재료들을 얻는 기술이었다. 초기 인류는 냉혹한 자연적 환경에서 생존을 위해 학습을 필요로 했다. 그들의 교육은 비형식적이고 비체계적이었다. 그들은 시행착오를 통해 얻은 경험과 모방을 통해서 일상생활에 필요한 생활방식을 개선해 나갔다. 선사시대에는 학교, 교재, 교과과정 등이 없었기 때문에 전체적인 문화배경 속에서 교육을 이해해야 한다. 물론 어떤 학자들은 성년식(成年式, Initiation)을 인간사회에 있어서 의도적이고 제도적인 교육의 원초적 형태라고 주장하기도 한다.

원시인이 당면한 문제는 생명을 보존하고 자연의 파괴적인 힘이나 야수들로부터 자신과 가족을 지키는 일이 가장 큰 관심거리였다. 물, 폭풍, 천둥, 죽음, 야수 등이 공포의 대상이었고, 이들에 대응하는 효과적인 행동방식들이 자손들에게 전달되었다. 따라서 이러한 무지의 공포감이 교육에 대한 또 하나의 동기를 부여했다고 볼 수 있다. 종교와 관습, 단체의식 또한 다른 모방학습과 더불어 자신과 집단을 보호하려는 행동방식의 표현에서 기인했다고 볼 수 있다.

어린이들의 교육은 주로 놀이와 종교적인 춤에 근간을 이루고 있다. 어린 아이들은 자신들이 속한 지역공동체의 충실한 일원이 되기 위해 그 사회의 고유한 문화를 체득해야 했다. 어린이들은 모방과 시행착오를 거쳐 자신들이 필요한 생존기술을 익혔을 것이고 부모, 사제, 지도자, 노인들로부터 성인으로서 갖추어야 할 여러 가지 행동방식을 전수받았을 것이다. 이 시대는 식물이나 동물을 획득하는 방법이 중요했기 때문에 이 같은 방법이 어린이들에게까지 습득되었다. 어린이들은 사춘기에 이를 때까지 하나의 독립된 사회인이 되기 위해 관습이나 종교교리, 식량획득을 위한 기술, 도구의 제작기술, 전투기술 등을 모방학습을 통해 스스로 익히거나 타인들로부터 배웠다.

사춘기에 이르면 지역에 따라 차이가 있으나 성인의식을 가졌다. 성인으로서의 책임을 가르치고, 신과 종족에 대한 의무를 깨우쳐 주기 위해 일정한 지역에서 일정기간 실시되었다. 일정은 며칠에서부터 몇 달 또는 몇 년이 걸리는 교육으로 이루어졌다. 성직자 후보로 선출된 청소년들은 종교 지도자들의 신비한 능력을 전수받는 특수한 훈련과정을 걸치기도 하였다. 성인들에게는 무용(종교행사 및 축제), 사냥(식량 확보)게임 및 전투 활동의 필요성들을 고려하여 일정한 계획을 세워 행해졌다.

선사시대인들의 교육은 하나의 문명화 되는 과정이었다고 말할 수 있다. 인류가 점차 이성적 인간으로 변해가면서 그들의 교육은 미성년자들에게 그들이 속한 지역공동체의 문화를 소개하고, 지도하며, 사회에 입문시키는 것이었다. 그 당시 가장 중요한 교육의 목적은 효과적으로 사회생활을 할 수 있는 집단의 구성원을 양성하는 일이었다. 따라서 그 구성원은 자신들이 속한 사회에 기여할 수 있는 능력을 갖추는 것이 첫번째 의무이자 책임이었다. 또한 원시사회가 발전을 거듭함에 따라 교육은 개인의 권리나 의식보다는 단체의식과 연대의식을 보다 강조하게 되었다.

2) 원시종교

선사시대에는 생활을 위협하는 각종 자연현상의 공포로부터 안전을 구하는 것이 최우선 과제였기 때문에 신체능력의 가치와 더불어 종교는 중요한 의미를 지니고 있었다. 원시인들은 자연환경에서 비롯되는 밤과 낮의 변화, 비, 폭풍, 자연재해 등의 초자연적인 힘들을 이해하지 못했기 때문에 모든 자연물에 대해 공포감을 느꼈다. 그들은 모든 자연물 속에는 그러한 가공할 힘들을 발휘하는 정령(精靈)이 깃들어 있다고 믿었기 때문에 여러 가지 형태의 종교와 그에 따른 의식과 규율, 축제를 만들어냈다.

이렇게 등장한 애니미즘(Animism)은 원시인들에게 최초의 신앙으로 간주된다. 애니미즘은 만물이 모두 영혼 또는 의식을 가지고 있다는 만유정신론(萬有精神論)에 근간을 둔 신앙으로 원시사회를 지배하는 중요한 정신문화로 자리를 잡았다. 그들은 크고 작은 동물들은 물론 흩어진 돌이나 물웅덩이까지도 영혼이 깃들어 있어 인간생활에 영향을 미친다고 믿었다. 종교적 대상으로 처음 등장한 것은 토테미즘(Totemism)이다. 토템미즘은 특정한 대상, 즉 어떤 특정한 동식물이나 자연물을 숭배함으로써 자신들의 안전을 도모하려는 사상을 말한다. 매지시즘(Magicism)은 초자연적인 마술이나 주술에 의해 재난을 물리치고 소원을 성취하는데 목적이 있다. 샤머니즘(Shamanism)은 무당(巫堂)으로 하여금 악신을 물리치고 참신(善神)을 맞아 행복을 약속 받는다고 믿는 무속신앙이다. 타부이즘(Tabooism)은 어떤 것이 신성하거나 부정하다 하여 먹지 않거나 접근하지 않는 사상이다. 조상숭배(Ancestor Worship)는 국가의 시조나 조상을 숭배함으로써 자신과 가족의 안전을 도모하려는 믿음이다.

이와 같이 원시인들은 자연현상에 있어 무지의 공포를 느끼고 있었고, 이런 압박감에서 해방되기를 기원하였다. 이러한 인간의 정신적 자세, 즉 연약하고 무기력한 인간을 각종 신(神)으로부터 구제할 수 있는 능력을 발휘하는 집단이 사제들이었다. 사만이나 주술사 같은 사제들은 악신을 물리치고 자신들의 안전과 행복을 기원하기 위해 제사를 올리거나 무용을 통해 신들에게 자신들의 바람을 전달하였다. 또한 사제나 여사제들의 종교활동은 강한 체력과 의례절차, 선구자적 자질이 요구되었으므로 다음 대(代)를 이어갈 사제에게는 체력단련뿐 아니라 생존을 위한 지식과 정보 등이 중요한 교육 내용이 되기도 했다.

3. 생존을 위한 인간운동

선사시대인들의 생존활동은 오늘날의 스포츠와 체육의 기원이 된다. 우리 현대인들이 경험하는 대부분의 스포츠 및 체육활동은 바로 인간이 살아가는데 필요한 생존활동에서 비롯되었기 때문이다. 초기의 인류들은 각종 식물 채취나 사냥 및 어로행위를 통해 식량을 확보했으며, 경쟁자들과의 싸움에서 이기기 위한 전투능력은 필수적이었다. 이러한 생산활동과 생존기술에는 현대스포츠의 다양한 종목들과 연관되는 신체활동을 포함하고 있었다. 또한 종교나 유희적 측면에서 신체활동은 매우 중요한 가치로서 존재하였다. 이러한 사실에 입각하여 스포츠의 역사연구는 광범위하게 시행되어 왔다.

인류의 운동능력과 체력, 경기와 놀이 등은 인류역사가 시작된 이래 문명화 되는 단계에 이르기까지 중요한 문화적 요소로 존속하여 왔다. 오늘날 존재하고 있는 여러 문명과 함께 오래 전에 소멸된 문명들은 이러한 특징을 지니고 있었다. 원 인류와 고대 문명을 연구하는 역사가와 사회학자, 인류학자들은 신체능력과 신체적 표현의 가치를 오래 전부터 주목하여 왔다. 그것은 놀이나 춤, 전투행위 등이 일상적 생활이었음을 의미하는 것이다.

현대적인 의미에서 선사시대의 신체활동이 현재와 같이 스포츠 또는 체육이란 이름으로 불리어지지는 않았고, 그 신체활동 형태가 오늘날 문명사회의 그것들처럼 조직적이고 계획적이지 않았으며, 체계적인 교육형태 또는 경기적 측면에서 비교할 때 많은 차이점을 나타낸다. 하지만 초기 인류가 신체활동을 삶을 영위하는데 근간을 이루고 있었을 뿐 아니라 어느 정도 교육적 측면과 경기적 요소를 포함하고 있었다는 것은 분명하다.

독일의 인간운동사학의 선구자인 비에스는 체육 및 스포츠의 기원에 대해 두가지 측면에서 설명하고 있다. 첫째, 스포츠는 수렵이나 전쟁의 준비과정에서 기원했으며, 둘째, 신체적인 능력의 능동적인 사용이 쾌감과 만족의 정(情)과 결합, 즉 힘의 계량이 경쟁자 및 관람자 등 쌍방에 의하여 시행되는 동물적인 원천에서 발생했다고 주장하였다.

인간은 그 출발부터 생존을 위하여 체력 향상을 절실하게 요구해왔다. 대자연과의 싸움과 개척을 위한 끊임없는 도전, 야생 동물에 의한 생명의 위협 등을 극복하기 위해서는 체력단련이 필수적인 과제였다. 선사시대의 생활에서 가장 중요한 의식주를 추구하는 활동 자체가 생활의 주류를 이루었으며, 이러한 행위가 대부분 신체활동과 직접적인 관련성이 있다. 그와 더불어 험난한 자연환경과 사나운 맹수로부터 자신들을 보호하는 것과 집단끼리의 약탈과 방어 또한 그들에게는 당면한 문제였다. 선사시대인들의 생활에서 신체활동은 생존을 위한 본능적 욕구에서 비롯된 하나의 생존 수단이었다. 이 말은 선사시대의 모든 표현이 신체행위에 근간을 두고 문화가 형성되었다는 것을 의미하는 것이다. 이는 곧 신체활동이 스포츠 또는 체육이자 삶이며, 노동이며, 유희며, 종교적 수단 또는 예술활동으로서 간주할 수 있다.

선사시대의 신체운동은 교육적인 의미에서 인격향상의 수단이나 현대적인 의미의 운동경기라기보다는 생활의 과정 내지는 생존수단, 역량의 배양 또는 놀이의 형태로서 행해진 신체활동이었다. 따라서 식량을 획득하는데 필요한 기본적인 신체활동이 먼저 시작되었고, 동물과의 싸움이나 다른 종족과의 생존경쟁에서 이기기 위한 전투기술과 관련된 신체활동으로 나타났다. 이후 인류문명의 발달과 더불어 스포츠는 다양한 성격을 나타내면서 보다 세련된 신체동작을 구사하는 양상을 보여주면서 발전하게 되었다.

원시인들의 생활 속에서 엿볼 수 있는 스포츠 및 체육활동을 보면, 각종 노동활동, 식물의 채집을 위한 산과 들의 방랑, 수렵, 무용, 유희들이다. 그들의 노동은 활이나 창과 같은 무기의 제작, 일용품의 제작, 석기 도구의 세공, 하물의 운반, 배의 제작, 거주지의 마련 등을 들 수 있다. 작업은 단순한 도구를 가지고 수공으로 이루어졌다. 따라서 원시인들은 신체의 각 부분이 강하고 고르게 발달되었고, 손기술이 보다 정교하게 발달되었으며, 좋은 시력을 가지고 있었다. 그들은 식량을 얻기 위해 매일 돌아다녀야 했다. 과실이나 나무열매를 구하기 위해 나무를 오르거나 돌과 막대를 이용하여 그것들을 얻었으며 나무뿌리나 식용식물을 찾아 숲 속을 헤매었다. 어패류를 얻으려고 하천이나 강, 바다 속으로 잠수를 했고 기슭에 서서 창검으로 물고기를 잡기도 하였다. 또한 산림이나 초원에서 스스로의 기지와 체력 및 지구력으로 달려들어 짐승들과 다투어 싸우기도 하였다. 이와 같은 그들의 의식주 해결의 방법은 자연스럽게 신체적 발달의 필요성을 인식했을 것이다. 만약 신체적 능력이 뒤떨어지면 집단생활에 도움을 줄 수 없기 때문에 청소년들에게 있어 인내력과 민첩함, 근력 등 탁월한 신체능력은 필수적 요구조건이었다.

무용은 원시사회에서 일찍이 출현한 인간운동문화의 한 형식이었다. 초기무용은 종교의식과 관련을 맺고 매우 엄숙하고 신성하게 행해졌다. 물론 축제나 유희를 위한 무용행위를 간과할 수는 없다. 무용이 단순히 비형식적으로 행해지던 것에서 나름대로 목적과 상징성을 가지고 보다 구체적이고 체계적으로 실행된 것은 종교와 관련하여 구성된 제례무용이었을 것으로 추측된다.

당시 무용은 오늘의 그것과는 달리 신험의 축복과 가호를 불러일으키는데 초점이 맞추어져 있었다. 무용은 종교의식에서 인간과 신의 교통(交通)을 묘사하고 있으며 미지의 세계에서 어떤 힘을 얻고자 하는 의미로 행해졌다. 즉 무용은 신에게 바치는 인간의 원초적인 전달수단이었다. 무용이 행해지는 시간과 장소는 관습에 따라 결정되어졌고 일정한 유형과 절차로 정리되어 다음 세대로 전수되었다.

종교무용은 엄숙했고 무용을 하는 사람들의 의상은 화려하고 온몸에 상징적 표상을 그렸다. 종교무용은 애니미즘, 토테미즘, 샤머니즘, 매지시즘 등 각종 원시신앙에 따른 숭배와 축원의 의미가 내포되어 있었다. 제사장의 의식무용, 마법의료무용, 수렵무용, 전투무용, 성애무용, 무언극, 출진무, 액운을 푸는 무용, 혼례식에 따른 무용, 출산을 축하하는 무용 등을 들 수 있지만 이 외에도 다양한 형식으로 무용이 표현되었을 것이다. 무용의 시간, 장소, 방법 및 참가자를 결정하는 규정은 각 종족에 따라 다르고 무용의 형식이나 동작 또한 매우 다양했다. 하지만 어떠한 형식에도 그것에 적절한 무용이 있었다. 무용의 동작은 대개 자연물에서 배웠다.

공통적인 무용동작은 몸을 활짝 펴는 동작, 몸을 끌어 엎드리는 동작, 나무의 흔들림, 높이 솟구치는 동작, 짐승이나 동물의 동작, 파도의 모양, 격노한 폭풍 등 자연물이나 동물들의 모형이나 동작을 모방하여 표현되었다. 이러한 다양한 동작을 통하여 신에 대한 숭배 또는 감사의 표현, 축원이나 안전에 대한 소망, 사랑과 증오, 공포, 승리의 감정 등 다양한 의미로 표현하였다.

한편 유희의 본능이나 여가를 즐길 기회는 문명인들보다 미개인들에게 더 분명하게 나타난다. 운동경기로서의 달리기는 인류가 살았던 모든 장소에서 이루어졌다. 레슬링 또는 씨름과 같은 형태나 권투 역시 투기적 스포츠를 잉태시켰다. 돌이나 무기를 가지고 표적을 맞추는 것은 어느 종족에서나 찾아볼 수 있다. 그것이 부족에 따라서 타구놀이 또는 투창의 형태로 나타났다. 수영 또한 모든 종족에서 행해졌다.

이 모든 신체활동의 내용이나 무용, 놀이 등은 모방을 통해서 또는 특정한 사람에게서 지도를 받았으며, 수많은 시행착오를 겪으면서 다듬어지고 후세에 전수되었다.

특히 신참의식과 더불어 성인식은 공동체 사회의 전통과 지식을 후세에 전달하는 기능을 담당하였다. 성인식은 각 지역이나 부족에 따라 매우 다른 형태로 행해졌지만 모두가 일관된 목적을 두고 행하여졌다. 그것은 유아에서 성인으로의 재탄생을 의미하는 공동체 사회에서 매우 중요한 의미를 차지하고 있었다. 어떤 것은 간단한 의식이었지만, 또 다른 경우에는 보다 구체적인 방법으로 성인식을 수행하였다. 모든 성인식에는 신체적 고통이 수반된다는 특징을 가지고 있다. 대표적인 행위로는 상처, 매질, 지속적인 신체행위, 음식이나 수면 억제 야생동물의 포획, 모험행위 등 대표적이다. 보다 구체적인 성인식을 살펴보면, 일정 나이에 해당하는 청소년들은 일정 기간 격리된 장소에서 연장자들로부터 성인으로서 갖추어야 여러 가지 능력과 자질을 교육받는다. 청소년들은 성인의 권리와 의무, 종교의식 및 관습, 신체고행을 통한 인내력, 사냥기술 및 전투기술 등을 익혀 자신이 속한 공동체에 기여할 수 있는 사회인으로 재탄생하는 과정을 거쳐야만 했다. 어떤 부족의 경우 성인식의 일환으로 자격시험에 통과하면 모란(Maran)이라는 칭호를 수여하여 청년무사로서의 자격을 부여하였다.

원시인들의 노동, 식량 채집, 수렵, 무용, 유희와 놀이, 옥외생활, 소박한 의식주 생활 등 모두가 건전한 신체의 발달을 촉진하는 요소들이었다. 하지만 문명은 일부 사람들로부터 신체의 건전한 발달에 기여해온 원시적 신체노동을 빼앗아간 반면, 다수의 사람들에게는 보다 어렵고 고된 노동을 강요하게 되었다. 인간들의 신체적 숙련, 정확한 손기술과 체력을 요구하지 않는 기계들이 원시인들의 단순하고 소박한 놀이와 간편한 도구사용을 탈피시키는 계기가 되었다. 어떤 의미에서 보면 의식주 해결을 위한 자연적인 신체활동과 원시적인 의식은 오래된 과거의 일이 되었고, 오늘날에 이르러서는 고도의 분업화에 따른 신체활동의 제약이 보편화됨으로써 신체에 의존하는 유희는 대부분의 사람에게 어린 시절의 추억이 되어버렸다. 하지만 인간의 신체운동에 대한 필요성을 증명하는 학문적 성과와 유희에 대한 욕구에 따라 현대인들은 새로운 인간운동문화로서 보다 체계화된 방식의 스포츠와 체육을 경험하고 있다.

제3장. 고대 문명국의 운동문화

1. 메소포타미아의 운동문화
2. 이집트의 운동문화
3. 인도의 운동문화
4. 중국의 운동문화
5. 이스라엘의 운동문화
6. 페르시아의 운동문화

우리 인류는 원시적 미개생활에서 벗어나는데 수백만 년을 보냈다. 이후 청동기 시대에 대체로 문자가 발명되었고 도시국가 형태를 띠면서 역사시대로 접어들었으며 철기시대에 이르러 고대 통일국가가 형성되었다.

문명은 물자 운반이 용이하고 식물을 재배할 수 있는 강과 계곡의 풍요로운 농업지대에서 발생하였다. 개선된 생활조건 하에서 인구밀도가 높아지고 노동이 보다 전문화 되고 계층사회가 형성되었다. 생활이 보다 복잡해짐에 따라 기록 보존의 필요성은 문자의 발명이라는 공적을 낳게 하였다. 이것은 학문의 진보, 사상의 변화, 계층에 따른 여가의 증대와 감소, 직업 및 상품의 변화 그리고 다양한 협동적 사업을 용이하게 하였다.

'빛은 동방에서' 라는 말이 가리켜 주듯 인류의 역사시대가 최초로 시작된 곳은 오리엔트란 오늘날의 중동지역을 말하는 것으로 메소포타미아의 유프라테스와 티그리스 강 유역과 이집트의 나일 강 유역을 가리킨다. 이 지역을 포함하여 인류 최고의 고대 문명은 모두 동양에서 발생하였다. 인도의 인더스 강 유역, 중국의 양쯔 강과 황하 강 유역 역시 대규모 농업에 적합한 장소였다. 이곳에서는 농경과 도시국가를 중심으로 한 청동기 문화권이 형성되었고, 기원전 4000~2500년경을 중심으로 인류는 역사시대의 시작과 더불어 고대사회를 열었다.

시대가 문명사회에 접어들면서 인간의 지혜가 발달되어 문명의 이기(利器)를 발명하게 되자 인류의 신체적인 노동은 감소되고 신체단련의 일부가 무용화 되는 현상을 나타냈다. 이와 같은 유형 및 무형의 문화가 진보되어 나타난 각종 도구의 발명과 사용, 그리고 정치체제, 경제체제, 종교체제 등 사회적 활동이 변화하고 복잡해지면서 직업은 분화되어 필요한 물건을 쉽게 구할 수 있게 되었다. 그래서 그때까지의 신체적 활동은

[그림 3] 고대 문명의 발생지

일부의 사람들을 제외하고는 생활을 영위하는데 신체능력을 필수적으로 요구하지 않아 체력의 쇠퇴를 가져오게 되었다.

선사시대의 넓고 트였던 거처는 문명화됨에 따라 문을 닫아걸고 공기의 유통이 원활하지 않은 협소한 장소로 바뀌었고, 산과 들을 뛰어다니던 자연스런 운동에서 신체적 활동은 가능한 한 경제화 되었으며, 그로 인해 체력의 감퇴가 심화되었다. 이러한 현상은 인간의 지성이 발달하고 과학적인 사고를 지니게 됨에 따라 나타난 불가피한 결과였으나, 이와 같은 변화는 사람들의 신체적인 측면뿐만 아니라 정신적인 영역에서 매우 심각한 부작용을 빚어내게 되었다. 오히려 이것은 문화발전의 원동력을 저해하는 결과를 가져오거나 국가를 수호하는데 부정적 영향을 초래하였다. 그리하여 고대의 현명한 모든 민족들은 스포츠를 통한 교육 내지는 신체훈련방법을 연구하고 제도화 하여 청소년들을 지도하였다. 또한 지역에 따라 상이하게 나타나는 기후 및 풍토는 스포츠 및 체육활동에 또 다른 변인으로서의 역할을 담당하였다. 이와 같은 방법은 지역에 따라 다양한 형식을 띠면서 메소포타미아, 이집트, 중국, 인도, 페르시아, 유대 등 고대 문명제국을 중심으로 전개되었다.

1. 메소포타미아의 운동문화

메소포타미아(Mesopotamia)는 인류 최초의 문명이 발생한 곳으로 풍토적·기후적 조건이 좋았다. 티그리스와 유프라테스강 사이의 땅인 메소포타미아는 매년 홍수의 범람으로 강변은 비옥한 토지가 형성되었으며, 두 강은 하나로 합쳐져 페르시아만으로 흘렀다. 이런 입지조건으로 농경과 더불어 상업이 발달할 수 있었다. 두 강은 통상지(通商地)로서 가장 적합하여 많은 산물이 인도, 아라비아, 이집트, 시리아 등지로 수출되는 무역거래가 빈번하였다. 하지만 지리적, 군사적 환경이 사방으로 개방되어 있어 잦은 외적의 침입과 전쟁으로 왕조의 교체가 빈번하였다. 개방적인 사회에서 불안하고 유동적인 운명에 좌우된 메소포타미아인들에게 현실세계는 비관적이며 숙명적인 것으로 생각되었다. 그들은 내세를 음산하고 어두운 땅 속의 세계로 생각하였기 때문에 죽음을 두려워했다. 그리하여 그들은 희미한 내세보다는 현세의 삶과 운명에 보다 골몰하고 집착함으로써 현세적 종교관을 지니게 되었다.

두 강 사이에 처음 정착한 주민은 수메르인들이었다. 그들은 기원전 4000년경 강 하류지방의 초목이 우거진 늪지대에 촌락을 이루며 농경을 시작하였다. 이로 인해 인구가 늘자 우르, 우룩, 라가쉬, 에리두, 움마와 같은 도시국가가 형성되었다. 도시는 성곽으로 둘러싸여 있었고 중심에는 지구라트(Ziggurat)라 불리는 여러 층으로 쌓아올린 탑 모양의 신전이 있었다. 그와 더불어 시작된 청동기의 사용은 농업생산을 증대시킴과 동시에 보다 강력한 무기를 발달시켜 사회적 분업이 이루어지고 지배계층과 피지배계층의 계층분화가 뚜렷해졌다.

메소포타미아 문명은 영토를 확장함에 따라 남부의 수메르 지방에서 북쪽으로 확산되었다. 수메르인들은 고도의 도시 문명을 이룩하면서 이집트 문명에 영향을 미쳤다. 이와 같은 발전은 제국으로 발전하여 바빌론을 중심으로 바빌로니아(B.C. 1900년경), 앗시리아(B.C. 1100년경), 신바빌로니아(B.C. 600년경) 등 3대 제국이 발생했으며, 기원전 538년 페르시아에 정복되었다.

수메르인들은 설형문자(楔形文字 ; 쐐기문자)를 창안하여 사전, 외국어 번역, 전설, 농업 및 과학에 관한 서적들을 출판하였다. 더욱이 기하(幾何), 산술(算術), 광물학, 천문학, 의학, 역학 등 실용학문을 진흥시켰다. 대표적인 발명품으로는 지렛대. 활자(活字), 보석의 가공, 직조술(織造術), 염색 등을 들 수 있다. 또한 바빌론의 공중정원과 같은 탑 모양의 사원이나 궁전, 묘지에서 볼 수 있듯이 건축술, 조각, 각종 예술활동이 활발히 이루어졌다. 또한 일주일을 7일로 하는 주제(週制)를 창안하고, 도량형(度量衡)을 제도화 하였다.

법률은 수메르인들이 남긴 또 하나의 귀중한 유산이다. 인류 최고의 법전인 우르남무 법전에는 부패한 관리를 단속하고 공정한 도량형제도를 제정하고, 고아나 과부를 보호할 것 등을 규정하고 있다. 이후 리피트 이시타르 법전, 에시누나 법전 그리고 함무라비 법전이 제정되었다.

이와 같이 고대법을 연구하여 절대적 왕권이라는 정치체제를 조직적으로 정비할 수 있었다. 사회적 지배계층은 사제계급, 군인계급, 관료계급으로 구분되어 있었다. 국왕은 신의 대리자로서 군림하였기 때문에 이집트의 절대적 왕권과는 약간의 차이점을 보였다. 사제들은 관리들과 더불어 소수의 귀족층을 형성하여 사원에서 문헌을 보존하고 과학적인 발명에도 전념하였다. 군인계급은 왕이나 왕의 직속부하가 지휘관이 되었다. 관료계급은 상업의 발달에 힘입어 발생된 것으로 재판관, 법률가, 기록관, 통역관 같은 직업계층이 생겨났다. 이들은 계약 증서의 작성, 재산 관리, 공납, 폭행과 절도의 처벌 등을 담당하였다. 또한 바빌로니아는 고대 무역의 중심지로 상인들이 많은 돈을 벌어 높은 관직을 차지할 수 있었다. 그러나 주민의 대부분은 공납과 무상노동을 강요당하는 농민과 노예들이었다.

1) 교육

바빌로니아가 통치했던 시기에는 학교가 번창하였다. 학교의 목적은 성직자와 서기 그리고 중앙정부를 관리할 문관을 훈련하는데 있었다. 당시에는 왕실의 세금제도가 발달하고 무역과 상업이 번창한 결과로 교육받은 문관을 필요로 했다. 현존하는 기록들은 함무라비의 법제도가 사원과 궁중학교 교육과정의 기초였다는 점을 보여주고 있다. 상업과 통치훈련 외에도 교육은 성직자가 되기 위한 준비와 관계가 깊었다. 따라서 교육의 목적은 실용성과 직업성을 띠고 보다 좋은 직업을 얻기 위해 자격조건을 갖추는데 있었다.

성직자들은 귀족을 성직자로 훈련하기 위해 학교를 세웠다. 대개 학교에서는 문법을 가르치고, 사전을 사용했으며, 수메르어와 아카디아어를 동시에 가르쳤다. 사원학교는 상류계급 자녀들이 특권을 누리는 지위를 얻도록 교육하는 장소였다. 성직자들은 청소년들에게 문서의 작성, 왕의 공적을 기념하는 서사시(敍事詩)와 점성학(占星學), 번역 그리고 당시의 과학지식 등을 가르치기도 했다.

청소년들은 상업의 발달로 법률가, 기록관, 통역관과 같은 직업을 선호하였는데 이를 위해서 많은 교육을 받아야 했다. 그들은 법 지식을 배워야 했고, 10진법을 사용하여 셈하는 법을 배우거나 쓰기와 작문을 익혔으며, 외국어 능력을 갖추어야 했다. 기록관은 왕이나 사제(司祭), 고급귀족이나 상인들을 위해서 서기와 같은 역할을 담당하였다. 통역가는 외국인과 의사소통을 담당했다. 이 지역이 상업적 입지 조건이 잘 갖추어진 상업도시였기 때문에 통역가들은 외국인과의 접촉이 많았으므로 어느 정도 자유스러운 교육을 받을 수 있었다.

2) 운동문화

메소포타미아인들은 사제, 귀족, 법률가, 기록관 등 사회적으로 높은 지위를 얻기 위해 필기능력과 산술능력, 법률지식이나 과학지식을 갖추는데 보다 많은 관심을 나타냈기 때문에 신체적 가치보다는 지적 능력을 향상시키는데 보다 높은 관심을 보였다. 이로 인해 스포츠 및 체육관련 신체운동은 대중들에게 활발히 이루어지지 않았다.

단지 일부 계층에 의해 스포츠 및 체육은 유희적 수단이나 직업훈련의 수단으로서 그 가치를 인정하였다. 유희적 활동은 궁정을 중심으로 행해졌다. 신앙이나 업무 같이 실재생활에 유용한 경기나 유희의 활동형식에서 순수한 오락으로 독립하게 되었다. 궁정의 귀족들은 실내에서 행하는 주사위놀이나 체스 같은 오락을 즐겼고, 야외에서 행하는 수렵이나 승마와 같은 신체운동을 즐겼다. 또한 신을 추모하기 위한 제전경기가 개최되기도 했다.

왕족이나 귀족들은 생산자들의 노동력을 통해 막대한 부와 풍부한 여가를 확보할 수 있었기 때문에 수렵을 자신들의 여가활동의 수단으로 즐겼다. 이를 위해 그들은 평상시 또는 어린 시절부터 사냥에 필요한 기술과 방법을 익혔다. 그들은 수렵을 즐기기 위해 특별장소인 사냥원을 가지고 있는 경우도 있었다. 그들은 군사적으로 사냥이 전쟁에서 정복의 만족감을 가져오는 전이적 스포츠로 여겼기 때문에 상무정신을 기르는 스포츠활동으로 높이 평가하였다. 특히 앗시리아의 왕들은 전차를 타고 사냥으로 외출하는 것을 최대의 즐거움으로 생각하였다. 귀족계층의 자제들 역시 신체활동과 관련된 놀이를 즐기거나 아버지 또는 개인교사로부터 수영, 궁술, 마술 등을 배웠다.

또한 체육은 농민, 직장인, 수렵사, 군인들의 직업상 훈련의 한 수단으로 활용되었고, 실용적 목표에 도움이 될 때만 그 가치를 인정받았다. 귀족계층의 군인지휘관들은 전쟁수행에 필요한 능력을 갖추기 위해 궁술, 마술, 투창, 검술, 궁술, 수영과 같은 전투기술을 익히거나 여러 가지 신체훈련을 통해 체력을 단련하였다. 대부분의 군인들은 용병으로 대체되었는데 주로 사병으로서 복무하였고 가끔 왕의 직속부하가 되거나 지휘관이 되는 경우도 있었다. 이들은 용병이 되기 전에 이미 군인으로서의 자격 요건을 갖추고 있었으며 그것을 유지하기 위해 체력훈련과 전투기술을 부단히 훈련해야만 했다.

당시의 출토품과 유품, 벽화 등을 토대로 분석해 볼 때 메소포타미아에서는 수영을 위시하여 궁술(弓術)과 마술 등이 대표적인 스포츠였음을 알 수 있다. 수영은 전쟁에 필요한 전투기술로 인정되었고, 한팔 수영 또는 두 손을 사용하는 Overhand Stroke가 성행하였으며, 앗시리아 병사들은 산양의 가죽에 공기를 넣어 뭇스크스라고 하는 튜브를 이용하여 강을 건너기도 했다. 이러한 수영은 전투기술의 수단일 뿐 아니라 일반인들에게는 생존기술 또는 유희로서 보편적인 신체운동이었다. 궁술과 마술은 전쟁기술 또는 사냥기술로서 그 가치를 인정받았다. 무용은 이집트의 무용처럼 고도로 발달하지는 못하였고, 단지 영리적인 목적으로 공연무용이 유행하였다.

메소포타미아인들에게 있어 스포츠 및 체육은 소수 계층에 의한 유희적 수단내지는 전투적 기술로서 그 가치를 인정했을 뿐 신체운동을 통한 인격형성을 목적으로 한다거나 교육적인 측면에서 그 가치를 인정하지 않았고 대중적으로 전개되지도 못하였다.

2. 이집트의 운동문화

수메르인들이 메소포타미아 남부지방에 전제적이며 신정적인 도시국가를 세우고 있던 시기에 이집트(Egypt)의 나일강 유역에도 이와 비슷한 도시국가들이 발달하고 있었다. 고대 희랍의 역사가 헤로도투스(Herodotus)는 "이집트는 나일강의 선물이다."라고 하였다. 매년 정기적인 나일강의 범람으로 비옥한 토지가 형성되었고 온난하고 건조한 기후는 농경생활에 적합했다.

지형적으로 이집트는 메소포타미아와는 상당한 차이점을 보였다. 나일강 유역의 동서 양쪽은 사막과 접하고 있고 북쪽과 남쪽은 바다와 산으로 막혀 하나의 폐쇄적인 지역을 이루고 있었다. 그리하여 나일강 유역은 외부로부터의 침범과 위협이 적어 정착적인 농경을 바탕으로 하는 통일국가가 일찍이 형성되었고 그것을 바탕으로 비교적 오랫동안 평화를 유지할 수 있었다.

기원전 3500년경 나일강 유역에는 함족이 여러 도시국가를 건설하였고, 기원전 3000년경 통일왕조가 나타나 메네즈라는 강력한 지도자가 멤피스를 도읍으로 정하였다. 이집트는 고왕국(B.C. 3100~2200), 중왕국(B.C. 2200~1570), 신왕국(B.C. 1570~526)을 이룩하여 기원전 526년 페르시아에 정복되기까지 총 30개 왕조가 교체되었다. 기원전 1500년경 남쪽 에티오피아를 정복하고 동쪽으로 유프라테스강까지 세력이 확장되어 전성기를 이루었으나, 기원전 700년경 앗시리아에게 정복당하기도 했다. 그후 이집트는 페르시아와 알렉산더 대왕, 로마의 정복으로 한 때 속국이 되었지만 대부분 독립국가로서 비교적 안정된 생활을 영위할 수 있었다.

이집트는 왕권신수설을 바탕으로 한 강력한 중앙집권체제가 확립된 절대적 왕권국가였다. 홍수와 같은 거대한 자연력에 좌우된 농경사회의 통치자는 자연을 지배하는 신의 대변자로서 절대적인 권력을 가지고 있었다. 국왕은 지상에서의 신의 대리자이거나 태양신의 아들(Pharaoh), 심지어는 신의 현신으로서 군림하였다. 그것을 상징하는 것이 바로 고왕국의 전성기(B.C. 2600~2300년경)에 건설된 거대한 피라미드(Pyramid)이다.

이집트에서는 종교적으로 다신교가 발달하였으며 영혼불멸사상에 바탕을 둔 내세적 관념이 강해 사후 세계를 굳게 믿었다. 폐쇄적인 사회 속에서 비교적 안정된 생활을 누릴 수 있었던 이집트인들은 사후 세계를 평온한 현세의 연장으로 생각하고 육신과 영혼의 불멸을 믿었다. 처음에는 신의 현신인 파라오만이 불사신으로 간주하여 그의 시체를 생존시의 모습대로 미라로 만들어 거대한 피라미드나 왕가의 무덤에 영구히 보존하였다. 이후 차츰 영혼불멸사상은 귀족이나 농민들에게도 전파되어 시체를 보존하는 방법을 강구하였다. 기독교의 부활에 대한 신앙은 이집트에서 비롯된 것이다.

이집트의 맑고 화창한 날씨는 천체를 관찰하기에 용이했으며 거기에 종교적 필요성까지 겹쳐 천문학이 발달하였다. 예를 들면 동방 지평선상에 한 개의 별이 나타나고 이런 현상을 전후하여 매년 주기적으로 홍수가 시작되는(7월 20일경) 사실을 알았고, 이것을 근거로 1년이 365일임을 알았으며, 4분의 1이 또 다른 1주기임을 깨닫게 되었다. 태양의 출몰과 달의 운행을 연결하여 한달을 30일로 정하였으며, 12달을 1년으로 정하고 연말 5일을 휴일로 삼았다. 이와 같은 이집트의 태양력(太陽曆)은 로마교황 그레고리 13세(1582)를 거쳐 오늘날의 태양력이 되었다.

이집트는 천문학뿐만 아니라 수학, 토지측량법, 건축술, 수력학, 응용공학, 항해학,

의학 등 많은 과학적 발전을 이룩하여 인류문화에 크게 기여하였다. 알파벳을 창안하고 각종 기록을 보존하기 위해 풀로 만든 파피루스를 고안하였으며, 그림과 조각도 발달하였다.

신분계급에 있어서는 사제들은 관리나 서기들과 더불어 소수의 귀족층을 형성하였고, 특권계급으로 토지 소유에 대한 면세 특혜를 받는 군인계층이 있었다. 또한 상인과 직공과 같은 중산계급이 있었고, 주민의 대부분은 공납과 무상노동을 강요당하는 농민과 노예들이었다.

1) 교육

고대 이집트에서 종교, 정치, 농업, 상업에 관련된 직무를 수행하거나 학문을 연구하는데 있어 필기능력은 필수적이었다. 이는 문명의 발전과 더불어 자신의 삶을 기록으로 남기려는 경향이 강해지면서 나타난 결과로 체계적인 기록과 관련된 교육이 발전하였다.

따라서 교육의 목적은 자신의 직업을 얻거나 지위를 높이는데 생활 속에서 실제로 필요로 하는 실용적인 측면이 강하였다. 교육의 내용은 읽기, 쓰기, 셈하기였는데 읽고 쓰는 가운데 문헌 속에서 도덕적 · 종교적 개념과 가치를 접하고 시와 노래, 과학과 같은 새로운 지식을 습득할 수 있었다.

왕이나 귀족을 제외한 기타 직종에서는 필기능력을 갖추어 기록관이 되는 것은 가장 명예로운 일로 여겨졌다. 소년들은 기록관이 되기 위해 기록관양성학교에 입학하여 12세까지 읽기와 쓰기, 셈하기를 배웠고, 기록관 밑에서 일정한 견습기간을 거친 후 기록관으로 임명되었다.

여가를 가진 귀족들은 사제들과 더불어 학자로서의 직무를 수행하였다. 그들은 산술을 연구했고, 이를 천문학이나 기하학에 응용하였다. 고급학문을 위한 학교가 사제계급에 의해 운영되기도 하였고, 고급 관리를 양성하기 위한 정부의 기관도 있었다. 기록관을 비롯한 관리들은 세습적인 귀족계층으로 이어져 그 수요가 크게 증가하기도 했다. 또한 그들은 전국에 걸쳐 건축계획을 감독하였고 필요에 따라 사제의 역할까지도 담당하였다.

이집트의 교육은 직무를 위한 훈련내지는 출세의 수단이 주된 기능이었다. 교육의 대상은 사회의 기득권층에 한정되어 있었고 하류계급에 대한 교육은 거의 없었다. 하류계급들은 그들의 단순노동을 효과적으로 수행할 수 있도록 선배들이 했던 방법을 습득하기 위해 모방적 훈련을 하는데 지나지 않았다.

2) 운동문화

고대 이집트인들은 매우 활동적이며 다양한 측면에서 신체운동을 활용하였다. 체육은 직업상의 필요에 따라 효율적인 노동의 직무를 수행하게 하는데 실시되었다. 국가의 강제적 목적도 없었고 정식학교 교과과정에도 포함되지 않았다. 다만 직업에 필요한 개인의 신체운동 규정이 매일 노동의 직무를 위한 일정한 운동량을 자신이 활용하였다.

그와 더불어 지리적, 군사적 환경에 따른 생활의 여유가 상류계급으로 하여금 다양한 스포츠활동을 활발히 즐길 수 있는 동기를 제공해주었다. 그들은 종교심이 강했으나 동양과 같이 신비주의나 철학적 사색이 없었고 그들은 어느 일정한 기간을 제외하고는 외침을 받아 정복당한 일이 거의 없었다. 따라서 그들은 평화스럽고 안정된 생활환경을 오랫동안 지속할 수 있었기 때문에 스포츠는 생활을 윤택하게 하고 즐거움을 제공하는 하나의 여가활동으로 정착할 수 있었다. 그들은 실내에서는 장기나 체스 등과 같은 유희를 즐겼으며, 야외에서는 동물이나 조류 사냥, 수영, 낚시와 같은 스포츠를 즐겨하였다.

군인계급은 다양한 체육활동을 통하여 군사훈련을 보강하였다. 그들은 전투무용, 레슬링, 복싱, 검술, 수영, 경주, 전차에 의한 합전 단봉술 등을 통해 전투능력을 함양하였다. 그리고 소년들을 훈련소로 보내 무기의 조작과 더불어 근력, 유연성, 민첩성 등을 기를 수 있도록 신체를 훈련하였다.

이집트인들이 스포츠를 좋아했다는 명백한 증거는 그들의 종교생활에서 나타난다. 특히 레슬링은 새해의 제전의례에서 중요한 위치를 차지하고 있었고 귀족과 민중들이 모두 참여하였다. 이때의 출토품과 유품, 벽화 등을 토대로 분석해 볼 때 이집트에서는 수렵, 수영, 체조, 무용, 레슬링 및 구기 등이 행해졌고, 특히 회화(繪畵), 부조(浮彫), 병, 모자이크, 문서 등을 통해 볼 수 있듯이 레슬링과 수영, 무용 등이 성행했음을 알 수 있다. 그중 레슬링의 기술이 고도로 발달했고 군인들의 중요한 훈련 내용에 속했다. 왕이나 귀족의 무덤의 안이나 벽에는 전쟁이나 레슬링의 그림이 그려져 있다. 그들은 고인의 일상생활의 즐거움을 상징적으로 사후의 생활 속에 투영해서 생각하였다. 당시 레슬링은 일상생활의 즐거움을 주는 대중스포츠였음을 짐작할 수 있다.

수영은 가장 널리 보급된 스포츠로 다양한 형식으로 행해졌다. 수영은 생존을 위한 중요한 교육이자 여가스포츠, 전투기술로서 인정을 받았다. 이때 수영의 영법 중 하나인 Over Hand Stroke나 인공호흡법(Mouse to Mouse)이 이미 실시되었다. 귀족들은 정원에 수영장을 만들어 수영을 즐겼고, 군인들은 수영을 전투기술의 한 전법으로 인정하여 수영기술을 익혔다.

이집트인들은 무용에도 많은 관심을 가졌다. 일반 민중들은 민속무용을 즐겨하였고, 왕족과 귀족들은 무용을 전문으로 하는 기능인들을 불러 외부 방문객이나 자신에게 연희의 흥을 돋우도록 하였다. 무용은 피리와 7개의 줄이 달린 현, 캐스터네츠, 북 등 다양한 악기가 연주되는 가운데 행해졌다. 여자들이 서로 마주보고 음악에 맞춰 공을 던지며 춤추는 연기는 고대 이집트 무용의 특색 중의 하나이다. 기원전 2000년경 번영한 베니핫산의 벽화에 여자 직업무용수의 곡예동작이 그려져 있다. 또한 무용은 종교의식의 수단으로 활용되었을 뿐만 아니라 군인들의 사기진작을 위해 전투무용이 시행되었다.

어린이들이 좋아하는 유희운동에는 인형놀이, 팽이, 후프, 술래잡기, 공기놀이, 완구 등을 사용하는 놀이였다. 그리고 청소년들은 역도, 봉, 마상 창시합, 공 게임 등 보다 활동적인 신체운동을 행하였다. 묘비 등에서 볼 수 있듯이 소년들은 덤블링과 공중돌

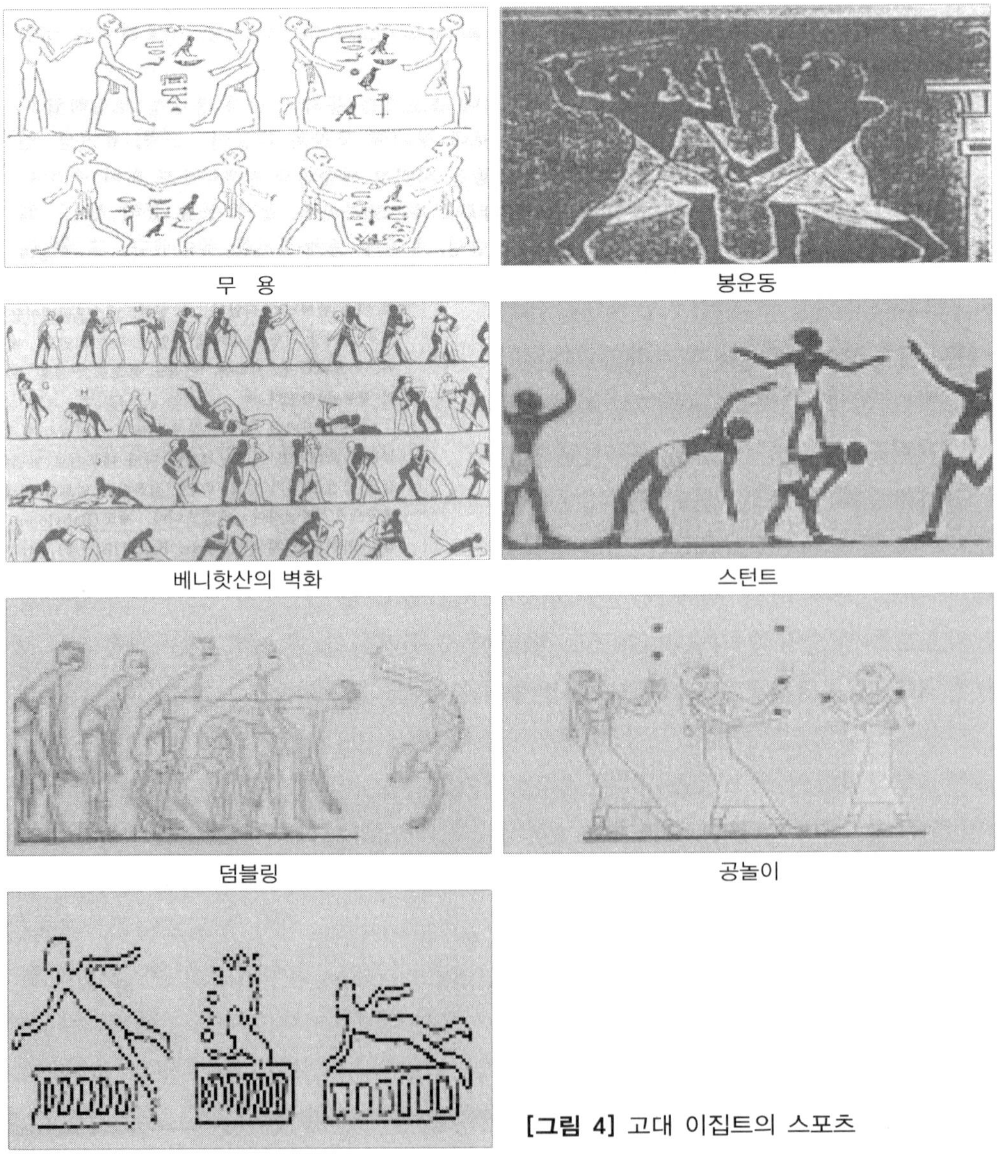

무 용 / 봉운동 / 베니핫산의 벽화 / 스턴트 / 덤블링 / 공놀이 / 수 영

[그림 4] 고대 이집트의 스포츠

기, 스턴트(Stunt) 등 고난이도 체조형태와 유사한 동작으로 행해졌음을 짐작할 수 있다. 공놀이는 실내에서 서로 공을 주고받거나 혼자서 여러 개의 공을 공중에 던지고 받는 반복적인 동작으로 행해졌다.

이집트의 운동형태는 다양한 측면에서 활발히 시행되었다고 볼 수 있다. 신체운동이 인격수양과 같은 교육적 가치로서는 인정받지는 못했지만, 매우 활동적인 운동형식을 보여준다. 직업훈련이나 군사훈련의 수단으로서의 체육형태, 여가활동내지는 유희적 수단으로서의 스포츠형태, 그리고 종교적 수단으로서의 운동경기로서 그 가치를 인정받았으며 그와 더불어 인간운동은 그 시대의 대중문화로서 매우 성행하였다.

3. 인도의 운동문화

인더스 문명은 청동기 문명으로 기원전 2500년경 인더스 강변을 배경으로 원주민 드라비다족에 의해 성립되었다. 기원전 1700~1500년경 그들은 모헨조다로와 하라파, 찬후다로와 같은 도시를 중심으로 고도의 문명을 이룩하였다. 이 도시에는 세계 최초의 하수도 시설과 수세식 변소, 공중목욕탕 등을 갖추고 있었다. 이때 이미 문자가 사용되었지만 현재 그것을 해독하지 못하고 있다. 그후 기원전 1500년경 중앙아시아의 유목민족이었던 아리아족(Aryan)의 일파가 토착민(Dravidian族)을 정복하여 펀자브 지방에 정착한 이후 기원전 1000년경 갠지스 강 유역의 평야에서 농경생활을 시작하였다. 아리아족은 비옥한 토지에서 대량의 농산물을 수확하여 경제생활의 풍요를 누렸고, 물자가 풍부해지고 상공업이 발달하면서 도시가 더욱 번영하였다. 도시는 주변의 촌락을 도시권으로 흡수하고 군사적 필요에 따라 도시연합을 형성하여 도시국가를 이루었다. 기원전 6세기 이후 갠지스 강을 지나 중국의 후한과 국경을 접하고, 서쪽으로 파르티아(Parthia : 이란고원)까지 영토를 확장하였다. 영토의 확장과 함께 인도는 사회적 · 문화적인 발전이 뚜렷하게 나타나기 시작했다.

하지만 인도의 무더운 날씨와 자연재해에 따른 질병과 빈곤, 높은 사망률은 그들로 하여금 인생의 무상함을 느끼게 하였다. 그들은 인생의 즐거움이나 야심을 버리거나 개성마저 저버리면서 마음의 평화와 해방을 추구하게 되었다. 인생무상(人生無常)에 대한 생각은 종교와 철학의 발달을 가져오게 하였다. 고대 인도의 종교는 다신교였으나 후에 브라만교로 통일되었다. 이것은 브라만 계급에 의해 독점되었고, 그들의 특권을 유지하는 하나의 수단이 되었다.

브라만교가 성장하자 종교의 사제집단인 브라만 계급이 정치적 · 사회적으로 백성들을 지배하는 과정에서 카스트제도를 정착시켰다. 모든 사람들은 브라만(승려, 왕족), 크샤트리아(무사, 귀족), 바이샤(상인, 농민), 수드라(노예)등 4종성(四種姓)으로 분류했다. 처음에는 사회적 기능의 분업적 차이를 의미했으나 점차 사회계급의 수직적 신분관계로 정착되었다. 이 제도에 따라 신분은 세습되었고 태어날 때부터 인생이 결정되었다. 즉 음식, 직업, 결혼대상, 교제의 범위 등이 카스트의 규칙에 의해서 엄격하게 결정되었다.

이에 불합리한 카스트제도와 브라만교를 비판하고 개혁하려는 사상이 일어났다. 여기에는 엄격한 고행과 금욕을 중시하는 자이나교와 자비와 평등 및 중생의 구제를 강조하는 불교가 있었다. 특히 기원전 550년경 석가모니(Gautama Siddhartha : B.C. 563년경~483년경)의 출현으로 카스트의 규칙에서 벗어나 자비의 이상에 의해 인도사회가 재조직되었고 사회개혁이 이루어졌다. 이때 불교와 더불어 자이나교도 출현하였다. 불교는 마우리아 왕조와 더불어 번성하였으나 아소카왕이 사망한 이후 반세기만에 불교는 쇠퇴하고 힌두교가 발전하였다. 힌두교는 브라만교의 계통에 속하지만 브라만교와 불교 및 재래의 민간신앙을 절충한 인도의 민중종교이다. 힌두교에서는 카스트제도를 적극 수용하였다. 이 제도는 기원전 5세기 이후에는 인종, 계급, 직업적 편견 뿐 아니라 이들과 관련된 관습 등이 얽혀 복잡하게 변하였다. 그 결과 4종성들은 수백 가지의 하위 분계조직으로 갈라져 나갔으며 다섯 번째 그룹에 속하는 불가촉천민(out caste)을 만들어냈다. 힌두교는 특히 아리아인이 토착민의 신앙을 수용한 것으로 지금까지 인도종교의 주류를 이루고 있다.

철학으로는 브라만교를 배척하면서 브라만 신앙을 철학적으로 표현한 우파니샤드(Upanishad)를 들 수 있다. 우파니샤드 철학은 베다(Veda) 철학과 함께 후대의 불교와 힌두교에 많은 영향을 주었다. 또한 인도의 모든 종교에는 심오한 사상과 철학이 내포되어 있다. 고대 인도에서는 종교와 철학이 발달했을 뿐 아니라 윤리학, 문학, 천문학, 역학, 수학 등의 학문도 고도로 발달하였다.

1) 교육

힌두인들은 카스트제도를 유지하고 종교적 목적을 달성하는데 관심이 높았다. 현재보다는 미래를 중시하는 사고방식은 현실의 문제를 떨쳐버리고 카스트제도나 의례를 실행하는데 집착하게 되었다. 힌두인들은 이러한 종교적 목적에 열중하면서도 교육에 대해서는 실리적이고 직업적인 목적을 띠고 있었다.

힌두인들의 교육목표는 직업훈련이었다. 당시의 교육제도는 카스트제도의 영향으로 각 계층의 인도인들이 속해있는 위치에 대한 숙명론에 따르도록 하는 것이었으며, 어린이들의 잠재능력을 개발하기보다는 신분계급에 따라 교육이 규정되었다. 최고계급인 브라만의 자녀들은 교육가나 승려로 훈련하여 그 능력에 따라 사회를 지배하도록 규정하였고, 특권계급인 크샤트리아의 자녀는 군무나 정무를 담당하도록 교육받았으며, 바이샤의 자녀들은 상업이나 농업에 종사하도록 훈련을 받았다. 그리고 수드라의 자녀들은 세습적으로 노예의 신분으로 존재하게 하였다.

이 같은 교육제도는 당시의 시민들을 카스트제도나 종교교리에 합치되도록 함으로서 통치의 편의를 도모하려는 지배계층의 의도에서 비롯되었다고 볼 수 있다. 다시 말해 이는 종교적 권위와 카스트제도의 힘을 토대로 기존의 사회를 지속적으로 지배하려는 브라만 계급의 의도가 반영된 결과였다. 물론 카스트제도와 미래를 강조하는 힌두교는 중국의 조상숭배가 중국사회에 안정을 가져다 준 것처럼 인도사회의 안정에 기여하였다. 하지만 이러한 사상들은 개인의 창의성과 독창성을 무시함으로써 인도사회를 진보적으로 발전시키기보다는 오히려 정체된 삶의 문화를 가져왔다.

2) 운동문화

고대 인도에서는 신체활동에 불리한 기후조건 및 자연환경, 사상 및 종교의 발달로 운동문화의 발달은 매우 미흡하였다. 열대성 기후에서 오는 나태함과 신체운동을 배제하는 종교교리에 영향을 받아 스포츠 및 체육활동은 대중적으로 전개되지는 못하였다. 단지 일부 계층에 의해 신체운동은 직업훈련의 필요성이나 심신수련의 방법 또는 특수계층의 여가수단으로서 활용되었을 뿐이다.

고대 인도에서는 종교 특히 힌두교의 영향이 지대하였다. 그 영향으로 인도사회의 각종 제도와 조직이 그것을 기초로 이루어졌으며, 힌두교와 함께 불교의 자기수양과정으로 요가와 같은 정적(靜的)인 운동형식을 통해 심신을 수련하였다. 특히 힌두 교리는 신체적 활동을 부정하였기 때문에 활발한 스포츠활동에는 거의 무관심하였다. 그러나 승려들의 정신수양과 심신수련법으로 좌선이 있었다. 좌선은 잡념을 버리고 정신적으로 안정된 지경에 이르려는 것이며 조용히 앉아서 무념무상의 상태에 들어가 심성을 구명하는 것이다. 좌선할 때에는 여러 가지 방법이 존재하였다. 그것은 현대에서 행해지는 간단한 호흡운동과는 다른 신체훈련법으로 천태종의 지관이나 선종의 좌선과 같이 정좌호흡법(靜坐呼吸法)이라는 신체수련법으로 시행되었다. 현재 전해지고 있는 요가(Yoga) 또한 그 일례라 할 수 있다. 물론 오늘날의 요가동작은 고대의 그것들과는 다르다. 요가는 명상과 호흡조절, 체조형식을 취하고 있었다. 요가는 많은 상이한 명상자세와 규칙적인 호흡조절, 유연체조와 같은 수련을 통해 신심(身心)의 조화와 정신통일에 이르게 된다. 요가는 신체를 조절하기 위해 강한 의지의 발달을 필요로 한다. 요가수련을 통해 고도의 정신적 이완상태와 평안을 얻게 되는데 이렇게 함으로써 삶의 환희와 일치를 이루게 된다. 이 운동형식은 덴마크의 니일스 부크의 교정체조나 스웨덴의 링식 체조와 비슷한 점이 있다. 마우리아 왕조의 아소카 왕이 통치하던 때에는 비

폭력 원칙이 사회를 지배하고 수도원교육이 성행하였다. 이때 수도원에서는 요가를 가르쳤고 이 요가는 인도 내외를 통해 크게 유행하였다. 또한 신체활동 프로그램으로 일정한 운동, 청결과 위생습관 등이 제시되어 있었고, 승려들은 식사 전에 항상 세수를 하고 이쑤시개를 사용하여 깨끗이 해야 했다.

군부 귀족들은 전투기술을 연마하기 위한 신체훈련의 수단으로 궁술, 창술, 검술, 투석기 사용법, 포승 던지기, 도끼 사용 등의 무기사용법을 익혀야 했다. 그 중에서도 특히 궁술이 강조되었다. 그리고 석가시대의 크샤트리아 계급들은 승마술, 기사술(騎射術)을 비롯하여 경마, 경주, 레슬링, 복싱, 수영, 도약 등을 실시하였다. 아울러 제전경기도 융성하게 개최되었다고 한다. 군주들은 전쟁이 없는 평화 시에는 사냥이나 운동을 즐겼다. 군주와 수행원들은 통상적으로 일년 중 절반을 사냥과 같은 소일로 시간을 보냈기 때문에 사냥에 필요한 기술을 익혔다. 병사들의 경우 역시 궁술과 전쟁에 필요한 여러 가지 전투기술과 무기사용법에 대해 훈련을 받아야 했다.

고대 인도에서 신체운동은 신앙생활과 직업교육과 깊은 관련을 맺고 있었지만 건강과 관련된 운동형식을 권장하고 있는 게 특징이다. 수수트라 경전에는 환자의 연령과 신체구조에 따라 운동을 조절하고 계절과 환경에 따라 음식을 조절해야 한다고 권장하고 있다.

고대 인도는 의료기술이 매우 발달하였다. 알렉산더 대왕은 기원전 330년 힌두교 의사를 군의로 채용했다고 전한다. 많은 건강법이 힌두인의 종교적 가르침에 포함되어 있다. 마누(Manu)법전은 그러한 계율을 기록하고 있다. 어떤 주류(酒類)나 식물의 섭취를 금지하고 병을 치료하기 위해 명상에 잠기거나 인간의 야수성을 억제하기 위해 단식을 장려하였다. 목욕은 죄를 씻어내는 것을 의미하였으므로 매일 필요한 것이었다. 또한 수수트라(Susutra)와 차라카(Charaka)와 같은 고대 인도의 의료서에 따르면 육체운동 브야얌(Vyayam), 유욕(油浴), 마사지를 함으로써 건강을 증진하고 피로를 회복할 수 있다고 기록하고 있다. 브야암이 혈액순환을 원활하게 해줄 뿐만 아니라 피로를 풀어준다. 또한 운동은 질병과 비만을 방지하고 소화를 촉진시키며 신체의 외양을 좋게 할 뿐 아니라 노화를 방지한다고 하였다.

고대 인도에서 광범위하게 행해졌던 마사지와 유욕은 인도 의사들에 의해 적극 권장되었다. 고대 인도의 권위 있는 의료서에는 마사지 기술에 대하여 자세한 지침을 세워놓고 있다. 의료서인 차라카에는 체력단련, 질병치료, 위생에 대해 자세히 기술하고 있다. 거기에는 윤활유를 바르고 문지르고, 손으로 주무르고, 관절을 움직이고, 피부를 흔들거나 손가락으로 톡톡 두드리고, 부드럽게 애무하고 땀을 흘리게 하는 등 마사지 기술을 제시하고 있다. 특히 인도의 인기 스포츠였던 레슬링에 출전하는 선수들의 컨디션 조절을 위해 특수 마사지요법이 활용되었다고 한다. 이처럼 인도는 의료기술의 발달에 힘입어 현대적 의미의 운동요법을 사람의 적성에 따라 적절한 운동을 적용함으로써 운동효과를 촉진시키는 한편 그것에 대한 부작용을 예방하였다고 볼 수 있다.

불교시대에는 도박을 금지했지만 주사위던지기와 도박이 성행하였다. 주사위놀이는 개인과 단체로 행하여졌고, 동물싸움에서 내기를 걸곤 하였다. 동물싸움에는 황소, 수탉, 코끼리, 숫양, 코뿔소 등이 활용되었다.

인도의 무용은 역사가 오래되었는데 주로 신앙생활과 깊은 관련이 있었다. 모헨조다로의 유적에서 발견된 무희의 청동상은 무용이 고대에 기원하고 있으며 고대 문학작품들을 살펴볼 때 고대 인도인들이 무용을 선호했음을 알 수 있다. 게다가 힌두교의 신중 하나인 시바(Shiva)가 무용의 신임을 비추어 볼 때 무용에 대한 관심도가 매우 높았음을 알 수 있다. 사원의 무희(舞姬)들은 어릴 때부터 장기간에 걸쳐 조직적인 무용훈련을 받았다고 한다. 그들은 자신의 죄를 씻기 위한 춤과 타인들의 죄를 씻어주는 춤을 추었다. 이들은 무용과 함께 음악, 읽고 쓰기를 배웠다. 무용은 신을 위한 춤과 더불어 세속적인 춤이 존재하였다. 무희들은 결혼식과 연희장에서도 춤을 추어 사람들의 사랑을 받았지만 사회계층이 점차 복잡해지면서 사회적으로 천시를 받게 되었다.

인도의 운동문화는 종교교리와 사상의 발달, 열대성 기후의 영향으로 대중적인 운동참여가 미비한 가운데 활발한 형태의 운동방식보다는 정적인 운동형태로 이루어졌고 의료체육의 발달을 보여준다. 그리고 일부 계층의 여가적 스포츠의 참여가 있었다.

4. 중국의 운동문화

중국은 일찍이 문명사회로 진입함으로써 다른 고대 문명국가와 더불어 역사의 중심지가 되었다. 중국의 역사는 기원전 2500년까지 거슬러 올라간다. 중국은 황하강 중·하류 지역에서 농경생활을 시작하였다. 실제 황하강보다 큰 양쯔강은 신석기에 기온이 높고 강수량이 많아 저습지와 산림이 무성했다. 그러나 황하강은 대륙성 기후로 건조하고 황토가 퇴적하여 황토지대를 형성하였다.

중국의 전설에 따르면 상고(上古)에 삼황(三皇 : 伏儀, 神農, 여와)과 오제(五帝 : 황제, 전욱, 제곡, 요, 순)가 통치하던 황금시대를 거쳐 삼대(三代 : 夏, 慇, 周)가 있었다고 하지만 삼황과 오제는 당대에 첨가된 것들이고 삼대 이후가 역사성을 지니는 것으로 인정된다. 다만 하왕조의 존재는 공자시대부터 믿어왔지만 고고학적으로 입증되지는 않았다. 서경(書經)에는 요왕(堯王)과 순왕(舜王)에 대한 이야기가 나온다. 우왕(禹王)이 순왕을 계승하여 하(夏)나라의 시조가 되었다고 한다. 하나라를 이은 상(商)나라는 중간에 은이란 곳으로 도읍을 옮겼기 때문에 국호를 은이라 불렀다. 탕왕(湯王)에 의해

왕조를 연 은(殷)은 갑골문자와 청동기 문화를 발달시켰다. 특히 흑토문화는 황하문명의 독자성을 입증해주고 있다. 은에 부속되었던 주(周)는 발달한 농경기술과 서방의 신무기를 사용하여 은을 멸망시키고 화북(華北) 일대를 지배하게 되었다. 주(周 : B.C. 1125~249)는 서주시대(西周時代)와 동주시대(春秋戰國時代 : B.C. 770~221)를 거치면서 혼란한 격동기를 보냈다. 이때 왕족이나 공신을 제후로 삼고 영토를 나누어주며, 왕실에 봉사하도록 하는 봉건제도(封建制度)를 시행하였다. 주나라는 천명사상(天命思想)에 의해 나라를 다스렸고 가족제도와 덕치주의의 통치이념을 강조하였다. 변란과 술족(戌族)의 침입으로 주나라 평왕 원년(B.C. 770)에 낙읍으로 천도했다. 이로써 춘추전국시대가 열리게 되면서 중국역사의 변혁기를 맞았다. 이때 제자백가들에 의해 다양한 사상이 대두되었다. 인(仁)과 덕치주의를 내세운 공자(孔子)의 유가사상(儒家思想), 상앙(尙鞅)과 한비자(韓非子)의 법가사상(法家思想) 그리고 노자(老子)와 장자(壯子)의 도가사상(道家思想)이 유명하다. 기원전 221년 진시왕은 중국 역사상 최초의 중앙집권국가(秦 : B.C. 221~206)를 수립하여 법가주의를 정치이념으로 삼았다. 그러나 지나친 법치주의로 인한 불만은 진시황이 죽은 후 농민, 구귀족, 신흥지주, 상인 등 각층의 반란으로 이어졌고, 진은 항우(項羽)와 유방(劉邦)에 의해 멸망하였다. 곧 이은 7년간의 초한전쟁에서 천민 출신의 유방이 승리하여 기원전 202년 한(漢 : B.C. 202~A.D 280)을 건국하였다. 이때 유교를 정치이념으로 하는 중국의 정치체제가 확립됨으로써 획일적인 한문화권으로 진입하게 되었다. 고대의 중국문화는 동양문화의 근간을 이루어 주변 국가에 많은 영향을 주었다.

고대 중국인들은 히말라야산맥, 텐산산맥, 알타이산맥, 만리장성 등이 국경의 장벽을 이루어 쇄국주의 정책을 고수하였다. 폐쇄적인 지리적인 여건과 쇄국정책은 외국과의 교류를 막게 되어 국내의 사회질서를 굳히고 변화를 막았다. 그로 인해 외침이 적었으며 이웃나라를 정복할 야심이나 필요성도 없었다. 특히 그들은 가족제도와 조상숭배의 전통을 중시함으로써 모든 가족들은 가장(家長)을 존경하고 그 뜻을 따르며 조상을 숭배하였다. 이러한 가족제도와 조상숭배는 사회의 안정과 질서를 유지하는데 매우 효과적이었으나 다른 한편으론 새로운 사상의 도입이나 변혁의 기회를 막았다.

신분제도에 있어서는 천명을 받들어 나라를 다스린다는 천자(天子)가 정치, 군사, 농사를 관장하였고, 왕과 귀족 밑에 있는 농민과 상인, 천민들이 대부분을 이루고 있었다. 이들은 농경과 목축, 수공업이나 상업에 종사하였고, 전쟁 시에는 병역의 의무를 수행하였다.

1) 교육

고대 중국의 교육목적은 개인을 용기 있고 문화적인 인간을 육성하여, 다른 사람을 감화시키는 능력과 성격을 가진 지도자를 육성하는데 있었다. 이를 달성하기 위해 전통에 의하여 확립된 형에 따라 정해진 임무를 완수하도록 각 개인을 훈련하였다. 그와 더불어 귀족 자제들은 고대의 습관이나 예의를 철저하게 학습하고 익혀야 했다. 일련의 시험에 통과한 지도자의 역할은 사회를 안정되게 관리하고 유지하는 것이었다. 이러한 교육형태는 미래나 현재보다는 주로 과거지향적인 측면에 치중하였고 소수 양반계층에 한정되었다.

고대 중국교육의 황금기는 주조(周朝 : B.C. 1125~249)였다. 이 시대에는 실질적인 내용과 아동의 심신발달에 역점을 두었다. 교육의 목적은 용기와 지성, 뛰어난 웅변술과 덕(德)을 겸비한 지도자를 육성하는데 있었다. 특히 조직화된 국립학교제도를 두어 학생들에게 고전이나 경전(經典), 성인의 말씀을 가르치며 그 내용을 암기하거나 그 속에 내재된 의미를 파악하는 형식이었다. 여성이나 하층계급들은 모든 교육에서 제외되었고, 단지 지위에 따라 예법을 익히는 정도였다.

학교 또는 서당, 독학을 통해 수년간 교육을 수료한 양반 자제들은 일정한 시험을 거쳐 능력과 덕에 의해 관직에 등용되었다. 그들은 그 동안 갈고 닦은 유능한 학식을 토대로 정치에 참여하였다. 하지만 시민의 사상이나 행동은 통제되어 있어 사회질서가 획일화된 특성을 나타냈다. 더욱이 교육이 지향하는 방향이 진보된 사회보다는 안정된 사회에 그 기반을 두었기 때문에 편협성에서 벗어날 수 없었다. 사회의 변혁과 진보는 오직 조상들의 교훈과 지시 또는 전례에 따라 인정되었을 뿐이다.

학교의 교과과정은 사회적 요구를 반영하여 거의 문화적 학습으로 일관되어 있어 활력이 넘치는 체육의 발전은 기대할 수 없었다. 그러나 사회가 발전하면서 지적 중심의 교육만으로는 변화의 욕구를 채우기가 불가능하게 되어 신체활동도 교육제도상 교과활동의 한 분야로 인정받게 되었다. 주조에 고도로 조직화된 국립학교에서는 통치자나 귀족자제의 필수과목으로 육예(六藝)를 규정하여 학습토록 하였다. 6예로는 예(藝) · 악(樂) · 사(射) · 어(御) · 서(書) · 수(數) 등을 포함하고 있었다.

2) 운동문화

고대 중국의 스포츠 및 체육활동에서 고대 그리스의 올림피아와 같은 경기회가 없었고, 스포츠가 대중적으로 성행하지 않았다고는 하나 이것이 스포츠활동이 존재하지 않았음을 의미하는 것은 아니다. 고대 중국에서도 궁술이나 승마, 악무(樂舞), 무용, 사례(射禮), 수박(手搏)과 같은 스포츠 형태가 있었고 이러한 신체활동은 교육, 군사, 제례, 의술, 예술과 깊은 관련을 맺고 시행되었다.

중국의 운동형태의 특징은 심신일체(心身一體)와 심신결합(心身結合)을 지향하였고, 경쟁적 스포츠보다는 도덕과 예술적인 측면을 중시하였다. 다른 고대 문명권의 운동형태와 현저하게 구별되는 것은 사회적인 윤리와 도덕관념이 스포츠활동에 지대한 영향을 미쳤다는 사실이다. 특히 도교나 불교 및 유교의 영향으로 정신적인 생활을 존중하였기 때문에 사색적인 생활이나 군자 같은 온화한 성품을 지닌 사람을 존중해왔다. 게다가 지형적 조건으로 인한 외세의 침입이 적은데다 다른 국가를 정복할 욕심이 없어 신체능력의 가치를 높이 평가하지는 않았다.

고대 중국인들이 사상과 덕치주의를 그들의 생활에서조차 얼마나 강조했는지를 스포츠활동에서도 찾을 수 있다. 노자(老子 : B.C. 5세기경)는 도덕경(道德經) 제12장에서 "말을 달려 사냥하는 유쾌한 일은 사람의 마음을 사로잡는다." 고 하여 스포츠의 정신적 · 유희적 가치를 인정하였다. 공자(孔子)는 논어(論語)에서 "낚시로 물고기를 잡으나 그물을 쓰지 않으며, 나는 새는 쏘나 자는 새는 쏘지 않는다." 고 하여 오늘날의 상호존중과 공명정대함을 강조하는 스포츠맨십이 당시의 스포츠에 내포되었음을 짐작할 수 있다. 이처럼 중국은 정신적인 인간형성을 내용으로 하는 심신의 수양은 중시하였으나 신체적 단련인 활동적인 운동은 높이 평가하지 않았다.

하지만 고대문명국가 중 유일하게 오늘날의 체육활동과 유사한 형태가 존재했었다. 주나라 때 상류계층의 자제들을 위한 교육기관이었던 국립학교의 교과과정에 육예(六藝 : 禮, 樂, 射, 御, 書, 數)를 필수 교과목으로 두었다. 그 중에서 궁술과 기마술은 군사적 교과이며 신체활동을 전제로 하는 것으로 신체활동의 교육적 가치를 인정했음을 의미한다. 또한 수도에 있는 다섯 학교 중 한 학교에서 의례, 무용, 궁술 등을 가르쳤다고 전한다. 어린이들은 8세가 되면 하급학교에 들어가고, 15세가 되면 상급학교에 진학하였다. 학교수업은 계절에 따라 이루어졌는데 봄과 여름에는 궁술이나 무용, 음악 수업이 이루어졌고, 겨울에는 독서와 작문, 예법을 익혔다. 특히 군 지휘관은 악기를 연주할 수 있어야 했으며, 궁술과 승마, 쓰기와 산술에 탁월한 능력을 지녀야 했다. 또한 공식적인 업무나 사적인 생활에 있어서 제전과 의식에 대한 절차를 숙지해야만 했다.

또한 무용은 부유층 자제들의 교육에 포함된 정식과목이었으며 봉건시대에는 무용의 실력이 품성을 판정하는 기준이었다. 예기(禮記)에 보면 소년과 소녀에 대한 교육이 자세히 기록되어 있다. 13세 때 음악을 배우고 시가(詩歌)를 부르며 작(勺 : 주공이 제정한 음악이름)을 한다. 15세에 달하면 상(象 : 주공이 제정한 음악이름)을 배우고 사(射)와 승마(乘馬)를 익힌다. 20세가 되면 예(禮)를 배우며 모피(毛皮)와 순견(純絹)으로 된 옷을 입고 대하(大夏 : 주공이 제정한 음악이름)에 맞춰 춤을 춘다. 이 춤의 형식은 종교적, 무언극적(無言劇的), 공격적, 방어적인 움직임을 표현하고 있다. 물론 공식적인 의례무용 외에도 자유로운 형식의 무용이 행해지기도 했다.

고대 중국인들은 공부(功夫 , Cong Fu) 또는 강복(康復)이라고 불리는 가볍고 부드러운 체조를 행하였다. 이것은 기원전 500년경 한 승려에 의해 문서로 기록된 의료체조라고 전

[그림 5] 도인도(導引圖)

해진다. 이 체조는 기원전 2600년경부터 행해졌으며 맨손체조 형식인 스웨덴의 링(Ling)식 체조와 흡사하며 보건과 양생을 위한 체조로 활용되었다. 이 체조는 가볍고 부드러운 동작을 기본으로 하여 호흡에 맞춰 무릎을 굽히고 앉는 동작을 행하거나 신체의 관절을 굽히고 신전시키는 동작으로 이루어졌다. 또한 그들은 장수와 건강을 위해 굴신(屈伸)운동과 호흡운동을 결합한 의료체조 형식의 도인(導引)체조를 창안하였다. 이 동작들은 원숭이나 호랑이, 새 등과 같은 짐승의 동작을 모방한 것으로 건강체조술이라 할 수 있다.

고대 중국에서 발달했던 스포츠로는 축국(蹴鞠), 각저(角觝), 수박(手搏), 격검(擊劍), 수렵(狩獵), 궁술, 기마술 등이며 유희와 환락(歡樂)을 위하여 무용, 투호(投壺), 육박(六博), 줄타기, 바둑, 장기 등이 행하여졌다.

중국에서 개발되었던 축국, 전차술, 씨름, 권술, 격구 등은 군사적 필요성과 함께 병사들의 체력단련 및 사기앙양과 오락의 수단으로 실시되었다. 축국은 가장 오래된 중국 스포츠 중의 하나로 군사훈련의 일종으로 장려되었으며, 일반 민중들도 참여하였다. 축국의 공은 가죽으로 여덟 모 형태를 이루었는데 그 안에 털을 가득 채웠다. 5세기경에는 부풀린 공을 도입해 사용하였다. 경기는 구장의 양쪽에 각각 파놓은 6개의 구멍에 공을 많이 차 넣으면 승리할 수 있었다. 한 제국의 장군이었던 피아오치의 전기에 보면 "몽고 원정 도중에 식량이 모자라 병사들의 사기가 떨어지자 피아오치가 땅에 구멍을 파고 축국을 시켰더니 병사들의 사기가 올라갔다."는 기록이 있다. 당대에는 대나무에 그물을 친 2개의 골문을 세워 상대편 골문에 공을 차 넣으면 이기는 경기형태로 발전하였다. 이때 비로소 바람을 넣은 공을 사용하였다. 개선문과 흡사한 골문은 오색천으로 장식되어 있었고 높이가 약 30~50피트였으며 보통 한 경기에서 70여개의 골이 기록되었다고 한다. 승리한 팀의 선수들에게는 꽃, 과일, 술과 은사발, 양단을 선물로 주었고 패한 팀의 주장은 태형(笞刑)을 당하고 큰 수모를 당했다. 축국의 경기방식은 어느 정도 오늘날의 축구와 비슷하다.

권술(拳術)은 257년경 불교가 들어온 이후 광범위하게 행해졌으며 18개의 기예를 주로 한 십팔기(十八技)가 공격술로 유명했고, 그후 32기(三十二技)로 세분된 후 170개 이상의 기예로 확대되었다. 시간이 흐를수록 권술은 내공을 개발하는 한편 방어 위주의 동작으로 전환하였다. 특히 궁술이 중요시되어 궁술에 대한 시험과 시범경기가 자주 열렸으며 시범경기 중에는 음악이 은은히 연주되었다. 〈논어〉에서 공자는 "군자는 다투는 경우가 없다. 그러나 만약 있다면 활을 쏘는 경우, 즉 활 시합은 별개의 문제이다." 라고 말하고 있다. 또한 "활을 쏘는 경우에 가죽의 표적을 관통하든가 아닌가 따위를 문제로 하지 않는 것은 사람들에 따라 강약 단계의 차이가 있기 때문이다." 라고 하였다. 이런 의미에서 볼 때 활쏘기는 여가활동 내지는 정신수양의 수단으로 활용되었음을 짐작할 수 있다. 기원전 1세기에는 "+"자 모양의 활이 사용되었다.

중국은 초기에 심신수련을 위한 교육적 가치를 인정했지만, 전반적으로 국민 다수가 참여하는 운동문화로 전개되지는 않았고 소수의 일부 계층에 의해서 군사훈련의 수단이나 유희적 수단으로 행해지기도 했다. 하지만 신체운동을 통한 심신의 수양과 인격수양과 같은 교육형태는 현대의 체육사적 의미가 크다고 여겨지며, 체조운동의 건강적 가치를 인정한 것은 주목할 만한 일이다.

5. 이스라엘의 운동문화

이스라엘의 역사는 구약성서의 2000년과 신약성서의 2000년에 걸친 유랑과 고난의 시기를 포함하고 있다. 유대인들은 1948년 이스라엘이라는 명칭을 사용하기 이전까지 국가가 아닌 종교적 지파공동체로 존속해왔다.

성서에 따르면 이스라엘의 자손들은 아브라함(Abraham)의 후예로 메소포타미아 칼데아의 우르에서 태어났다. 기원전 2300년경 기근과 주위 씨족들의 핍박으로 일부는 이집트로 이주하여 노예가 되었고, 일부는 가나안 땅에 정착하여 농경을 시작하였다. 수백년이 흘러 기원전 1230년 그들은 모세(Moses)의 지도 아래 이집트의 노예상태에서 대탈출(출애굽)을 함으로써 팔레스티나로 귀국하였다. 그후 다윗과 솔로몬 치하의 전성시대를 보냈으나 솔로몬 왕이 죽은 후 기원전 922년 유대(Yudea)와 이스라엘(Israel)로 분단되었다. 기원전 586년 앗시리아(Assyria)와 신바빌로니아(Babylonia)의 전쟁으로 인한 유대인들의 고난과 유랑의 역사는 세상에 잘 알려진 이야기들이다. 기원전 4세기경 알렉산더 대왕에게 정복당했고, 기원전 1세기경 로마의 속주가 되었다. 이러한 유랑과 고난의 역사는 유대인들의 사회적 · 신앙적 사상에 나타난 굳건한 정신을 만들어냈다.

이스라엘은 히브리인이 주축이 된 지파공동체이다. 이들은 굳건한 신앙을 지닌 종교적 집단체로서 생존해왔다. 생존의 원천은 선민사상(選民思想)에 있었다. 고대의 여러 종족들의 종교는 다신교였으나 유대인들은 처음부터 전능한 유일신 사상을 확립하였다. 모든 신들이 지닌 덕성과 능력은 그들이 믿는 여호와 신의 일부분에 지나지 않는다고 믿었다. 유대인들은 수많은 수난과 역경 속에서도 선민사상에 입각하여 자신들의 고된 삶을 견디며 희망을 잃지 않았다.

1) 교육

유대인들의 교육은 선민사상에 바탕을 두고 올바른 행실을 자녀들에게 가르쳤다. 처음에는 구두로 전해졌으나 후에 문자로 기록되어서 경전(Torah)을 이루게 되었는데 이때가 바빌로니아 유수 직전이었다. 토라경전은 이후의 유대인 정복자들로부터 유대인들을 문화적으로 구별하는 한 특징이 되었다. 바빌로니아 유수로부터 귀국한 이후 유대인들의 경제적 · 신앙적 환경이 너무나 변했기 때문에 달라진 환경에 비추어 법률을 해석하지 않으면 안 되었다. 새로운 해석들과 주석들이 탈무드(Talmud)를 탄생시켰다. 헤브라이 사람들은 토라경전과 탈무드의 정신에 입각한 교육을 자녀들에게 실시하였다.

교육은 신앙의 이상에 따라 계발되었다. 헤브라이 종족의 신이었던 야훼의 개념은 만인에 의해서 숭상되어야 할 전지전능한 여호와, 즉 유일신 사상으로 바뀌었다. 이러한 종교관에 입각하여 야훼를 온 인류의 하나님으로 정착시켰다. 청소년들의 교육은 제례의식 측면보다는 윤리적 측면을 강조하여 평화와 사회의 정의, 인류의 우애 등을 강조하였다. 그리고 그들은 교육을 통해 국가정신을 고취시키고자 노력하였다. 여호와의 법을 준수하고 이에 따른 의무를 이행함으로써 여호와의 관념을 보다 명백히 하였다. 개인적인 정당성과 정의를 추구하는 종교적 이상은 시민들의 단합과 조화를 이루는데 중요한 뼈대를 마련하였다. 이러한 이상은 하나의 민족을 영속시키려는 소망에서 비롯되었지만, 그 이상은 보편적인 숙명의식, 곧 신의 선택을 받은 민족이라는 의식으로 발전하였다. 이러한 종교적, 사회적 이상은 히브리 교육제도의 기본 바탕이 되었다. 그들은 선민사상에 입각하여 올바른 행실교육과 하나님에 대한 믿음, 강한 민족정신과 충성심, 희생정신 그리고 체력과 건강을 강조하였다. 교육내용은 주로 도덕교육, 군사훈련, 무용, 위생과 더불어 읽기와 쓰기, 음악과 간단한 산수교육을 포함하였다.

2) 운동문화

유대인들은 종교적 이상을 구현하고 민족적 실재를 보존하기 위하여 몇 가지의 신체운동의 목적을 설정하였는데 이는 오늘날의 광의적 체육활동에 해당된다고 볼 수 있다. 그것들의 대부분은 군사적인 내용이었고 여호와의 예배를 지향하는 무용과 위생 및 청결의 실천이었다. 그리고 일부의 신체활동은 레크리에이션의 성격을 띠고 있었다.

유대는 고대 세계의 십자로에 위치하여 외부의 침입을 자주 받았던 당시의 백성들에게 있어 군사훈련은 필수적이었다. 그와 더불어 유대인들은 끊임없는 유랑과 시련의 역사를 거치면서 체력과 전투기술을 생존의 필수적 수단으로 삼았다. 모든 사람들에게 생존을 위한 군사훈련이 필요했고, 병사들에게 힘과 인내와 전술을 교육하였다. 그들은 유랑과 고난의 역사를 통하여 굳건한 신앙을 간직하고 신체적, 정신적 건강을 유지할 수 있었다.

군사교육은 주로 활쏘기, 칼 쓰기, 창던지기, 방패 다루기, 돌팔매질 등을 익히는 것이었다. 성서에는 훈련과 실습을 하지 않고는 습득할 수 없는 노련한 기량이 소개되어 있다. "내가 과녁을 맞히는 체하고 그 쪽으로 활을 세 번 쏘고", "나를 과녁으로 삼아 화살을 메워 쏘시는구나." 히브리 궁수들의 실력은 좌우 양손으로 돌팔매질도 하고 활도 쏠 수 있는 능력을 갖춘 용맹한 전사들로 묘사되었다. 구약시대의 돌팔매질은 하나의 전쟁무기였다. 성서에 따르면 "왼손잡이 정예부대 700명이 있었는데 그들은 머리카락 하나 빗나가지 않게 맞추는 돌팔매질의 명수였다." 고 기록하고 있다.

또한 수영은 아버지가 자녀들에게 가르쳐야 할 의무였다. 구약성서를 통하여 본 유대인들의 스포츠에는 수영이 언급되어 있다. 수영은 요나단의 경우에서 그 진가를 발휘했다. 요나단은 자신을 뒤좇아 오는 적을 피해 요르단 강을 헤엄쳐 건넘으로써 목숨을 구할 수 있었다. "헤엄치는 자가 손을 내뻗듯이 그 속에서 손을 내뻗는다." 라고 표현되어 있다.

고대 이스라엘의 지도자에게 있어 강건한 체력과 전투능력을 갖춘 신체능력은 필수불가결한 자질이었다. 당시 유대에서는 체력이 잘 단련된 인물들을 사사(士師 : 옷니엘, 에훗, 기드온 등)라 칭하여 백성을 이끄는 지도자로 삼았다. 성서에 언급된 몇몇 인물들은 힘센 장사로 묘사되어 있다. 야곱은 여러 목동이 힘을 합해야 열 수 있는 무거운 우물뚜껑을 혼자서 열었고, 위대한 전쟁 지도자인 사울은 힘센 사람을 만나기만 하면 자기 주위로 불러 모았다고 한다. 그러나 장사의 힘의 원천은 그 사람의 체력에 있는 것이 아니라 영적 능력에 있다고 성서는 기술하고 있다.

무용은 종교의식의 율동적인 모형과 시민적 충성심을 강화하고 신앙심을 표현하는 수단이었다. 무용의 목적은 심미적이라기보다는 종교적 감정을 전달하고 민족정신을 고취시키는데 있었다. 종교무용은 어느 시대를 막론하고 유대 백성들에 의해 시행되었다. 여호와를 찬미하는 무용에는 남자들도 참가하였다. 다윗도 춤을 추었다는 기록이 있다. 그리고 시편에서 "춤을 추며 그의 이름을 찬양하여라.", "북치고 춤추며 그를 찬미하여라." 라고 백성들을 권고하였다. 여인들은 "소고(小鼓)를 치고 환성을 울리며 꽹가리에 맞추어 춤추며" 다윗과 사울을 영예롭게 하였다. 오월제, 추수감사제, 장막

제(帳幕祭)와 같은 대 축제에는 무용이 실시되었다. 히브리인들은 당시의 다른 국가에서처럼 추수의 풍요로움과 전쟁의 승리를 춤으로 축하하였다. 다윗이 골리앗을 죽였을 때 이를 축하하기 위해 타블렛, 플룻, 시테라스 등에 맞추어 노래하고 춤을 추었다. 그러나 히브리 문화가 그리스의 영향을 받게 되자 무용은 종교무용으로서의 가치를 잃어버리고 세속적인 행위로 변화하였다.

유대인들은 신 앞에 청결한 몸으로 나가야 했기 때문에 개인위생 및 공동체적 위생의 가치를 강조하였다. 그들은 위생법을 종교적 예절의 일부로 승화시켜 이를 준수하였고, 신체가 청결하여야 마음이 청결해질 수 있다고 믿었다. 그들은 식물검사, 배설물처리방법, 인구동태 통계, 진단법 그리고 전염병을 보건당국에 신고하는 일을 하였다. 또한 격리법을 이용하여 환자를 격리시킴으로써 전염병의 확산을 막았다. 탈무드에는 청결의 중요성을 강조하고 있다. 목욕과 세정식을 하나의 규칙으로서 정하고 있다.

또한 청소년들은 공놀이와 같은 스포츠를 실시하였다. 구약성서에는 "너를 공처럼 굴려 보내리니" 와 같이 언급하고 있다. 후대에는 핸드볼, 펀치볼 던지고 받아 올리기(Pitch and Toss : 원시적인 배구), 폴로 등이 행해졌다.

유대의 체육은 신앙생활과 밀접한 관련을 맺고 있었다. 유대인들은 종교적 이상과 민족을 구현하기 위해 군사훈련, 무용, 위생학에 많은 관심을 두었다. 하지만 사냥이나 나체경기와 같은 스포츠활동은 저속한 행위로 간주하였다.

6. 페르시아의 운동문화

페르시아(Persia)는 기원전 7세기경 아리아족의 일파가 북쪽으로는 카스피해(Caspian Sea), 남쪽으로는 페르시아 만(Persia Bay) 사이의 이란고원 지대를 배경으로 건설된 국가이다. 초기에는 이란 지방의 산간에서 양을 기르면서 부락별로 방랑생활을 하고 있었으며 메디아인들로부터 지배를 받았다. 이곳은 인도와는 달리 기후의 변화가 심한 건조지대를 이루고 있었지만 비옥한 골짜기와 넓은 땅이 많았다.

페르시아인들은 근면하고 소탈하며 진지하고 신념이 강하면서도 진보적이었다. 또한 강직하면서도 담력이 있는 수렵사였던 그들은 탁월한 기수(騎手)이며 용맹한 무사로 주변 국가에 명성을 떨쳤다. 그들은 점차 세력을 넓혀 나갔다. 사실상 기원전 6세기 이전의 페르시아인에 대한 자세한 기록은 남아있지 않다. 다만 그때까지 그들이 페르시아 만의 동부 연안에서 평화로운 생활을 영위했던 것으로 추정하고 있다.

기원전 558년 페르시아의 키루스왕(Cyrus, 제위 : B.C. 558~528)이 메디아를 정복하

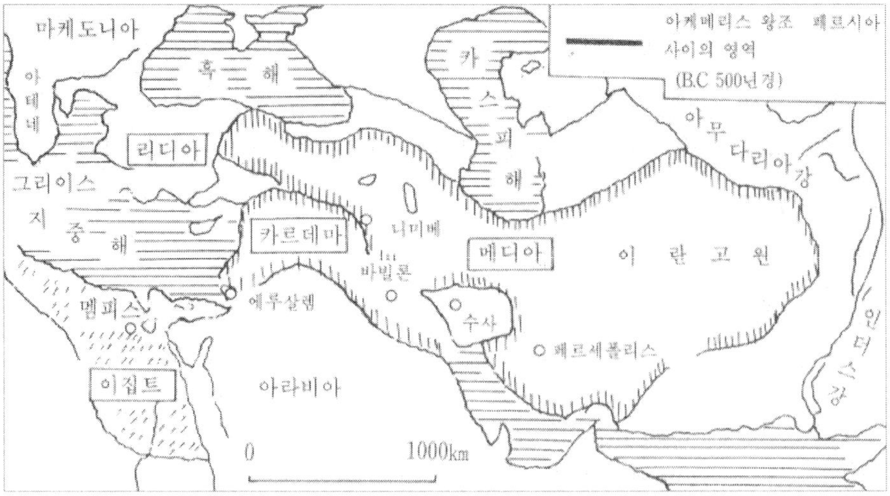

[그림 6] 페르시아 제국

여 지배하게 되었을 때 페르시아는 독립된 별개의 제국을 갖게 되었다. 키루스왕은 그 여세를 몰아 주변 국가를 정복하였고, 특히 강대국인 바빌로니아까지 정복하였으며, 기원전 529년 키루스왕 말기에는 그 영토가 동쪽 인더스 강에서 서쪽 에게해까지 이르게 되었다. 이로써 키루스는 페르시아 제국의 건국자가 되었다. 그의 아들 캄비세스(Cambyses)는 이집트 저지대까지 영토를 확장하였다. 그후 다리우스1세(B.C. 521~485)때 전성기를 이룩하였다. 그는 동쪽으로 인더스강, 서쪽으로는 트라키아, 마케도니아를 평정하였고, 이집트를 정복하여 나일강 중류에 이르는 광대한 영토를 확보하였다. 그는 강력한 중앙집권제를 실시하였는데 제국을 21개의 속령(총독 관구 또는 속주)으로 분할하고, 각 속주는 매년 공납을 부과토록 하였다. 이후 페르시아는 약 200여 년간 사회질서와 평화를 유지하면서도 강력한 지배권을 행사할 수 있었다. 이러한 결과는 자신들이 정복한 피정복민(被征服民)에 대해 동화정책을 시행했기 때문이다. 페르시아인들은 정복국가의 종교와 관습을 인정했을 뿐만 아니라 관대한 정책을 실행하였고 지나친 과세를 부과하지 않았으며 재판의 공정성을 유지해 나갔다. 그와 더불어 페르시아의 왕들은 최고신에게만 책임을 다하는 동방의 전형적인 전제군주였지만 신하들과 전반적인 국정에 대한 협의를 소홀히 하지 않았다. 페르시아 제국은 메소포타미아 최후의 거대한 제국이었다. 제국은 알렉산더가 영토를 병합했던 기원전 331년 멸망하고 말았다.

페르시아인들의 종교는 기원전 6세기경 시작된 조로아스터교(Zoroaster)가 주류를 이루었다. '아베스타' 를 경전으로 하여 선과 악의 이원론을 가르친 조로아스터교는 선의 승리를 위해 악과 끊임없이 싸워야 한다고 가르쳤다. 따라서 페르시아인들은 개인은 선의 승리를 위하여 악에 대항하여 계속적으로 투쟁해야 한다고 믿었다. 배화교(拜

火敎)라 불리는 이 종교에서 주장하는 최후의 심판이나 이원론적 세계관은 기독교와 다른 종교에 영향을 미쳤다.

페르시아 문화는 동양과 서양의 교량역할을 하는 과도적 형태로 발전되었다. 그들은 메소포타미아, 소아시아, 시리아와 팔레스타인 해안, 이집트를 포함하는 근동문화를 수용하여 종합하였다. 그들은 사회의 안정을 위하여 동양적 목적을 추구하였고 후기에는 그리스인들의 개성과 자유의 이상을 수용하였다.

1) 교육

페르시아인은 특히 순종, 충직, 정의 그리고 감사 같은 덕목을 중요하게 생각했다. 페르시아가 광대한 영토를 확장할 수 있었던 기저에는 청소년들의 교육이 지대한 역할을 하였다. 페르시아는 다른 고대국가와 마찬가지로 사회 안정에 최대의 관심을 두었다. 중국의 경우 고대의 이상을 달성하기 위하여 학자계급을 양성하여 국가를 운영하려 하였고, 인도는 브라만 사제의 교육으로 그 종교의 교의와 카스트제도를 강화하려 하였다. 그러나 페르시아는 국가방위와 정복사업을 추진하기 위해서 능력 있는 지배적 군인계급을 양성하여 국가의 번영을 이룩하려 했다.

페르시아인들은 자신들을 둘러싼 아리아 인종과 싸워 이를 정복하는 것이 자연적인 숙명으로 여겼으므로 모두가 자존심이 강했다. 만약 아리아인들과 싸워 패배한다는 것은 죽음을 의미하는 것이기 때문에 전쟁에서 승리할 수 있는 강인한 군인의 양성을 필요로 했다. 따라서 교육의 목적은 국가의 유용한 봉사자, 즉 군사기술과 건전한 도덕적 절제와 강한 애국심을 지닌 청년을 양성하는데 있었다. 페르시아가 200여 년간 강력한 통치를 할 수 있었던 배경에는 청소년들의 건전한 신체훈련의 필요성을 인식하고 그것을 실천했기 때문이다. 그러나 교육이 훌륭한 군인의 자질(資質)을 위해 신체적 훈련에 국한되었기 때문에 전인교육의 측면에서 보면 배타적인 성향을 띠었다.

교육은 유아기 때부터 어머니로부터 행해졌다. 가정의 양육방식은 비교적 온화하고 친화적이었다. 헤로도투스에 따르면, 어린이들은 6살이 될 때까지 아버지를 볼 수 없었다고 한다. 자식이 어려서 죽으면 아버지가 괴로워할 것이기 때문에 그렇게 했다고 한다. 어린이들은 어머니와 함께 살면서 순종과 진실성, 조로아스터 교리를 배웠다. 어머니는 아이들에게 선을 쫓으면 행복하고 악을 쫓으면 불행이 온다고 하는 믿음을 주입시켰다. 이러한 가정교육을 받고 나면 약 7세부터 24세까지 국가가 관리하는 교육프로그램에 참여해야 했다. 그들은 왕실 궁중에 있는 학교(Central School)나 총독들이 거주하는 각 부서 궁중학교(Departmental Court School)에서 훈련을 받았다. 15세가 되면 페르시아 소년은 조로아스터의 신성한 계율에 따를 것을 맹세하고 국가의 공복이 되었다. 학문적으로 재능이 있는 소년이나 성직자가 되려는 소년은 10년간 더 교육을 받았다. 모든 소년들은 군사적 훈련을 필수적으로 해야 했고, 예비 성직자들은 성서와 기도의 모음인 〈젠드 아베스타 : Zend Avesta〉, 법률, 의학, 점성술 등을 배웠다.

그러나 대체적으로 페르시아에서는 지적 교육, 교양교육, 생산적 훈련이나 연구활동 등이 제국을 건설하고 유지하는데 불필요하다고 간주함으로써 다양한 교육프로그램이나 교양교육을 계발하거나 실행하지 않았다.

2) 운동문화

페르시아교육의 주된 관심이 도덕과 신체훈련에 집중되어 있었기 때문에 페르시아는 고대 오리엔트 국가 중에서 신체능력의 가치를 가장 중시한 국가였다. 페르시아가 일찍이 오리엔트 전 지역을 통일하고 오랜 동안 제국을 유지할 수 있었던 이유는 주변 국가에 비해 매우 강력한 군대를 유지했기 때문이었다. 이러한 강력한 군대를 육성하기 위해 청소년들에게 체력의 가치를 강조하였고, 건전하고 강인한 신체를 육성하는 교육, 즉 체육은 가장 중요한 교육으로 받아들여졌다.

이러한 교육형태는 체육이 단순히 개인의 신체적 가치를 인정했다기보다는 국가의 번영과 보존을 위한 수단으로서 그것의 가치를 인정받았던 것이다. 따라서 체육의 목적은 당시의 정복사업과 국가체제의 유지를 위하여 귀족자제로 하여금 용감하고 강인한 군인을 양성하는데 있었다. 어린이들은 어머니로부터 종교 및 도덕교육을 받은 후 7세가 되면 국가의 관리 하에서 지정된 광장으로 나가 체력단련 및 군사훈련을 받았다. 당시에는 오늘날과 같이 학교기관은 없었고, 귀족계급의 자식에 대해서는 전문지도자에 의해 궁정이나 귀족들의 저택에서 교육이 이루어졌다. 그들은 아침 일찍 일어나 일정한 장소로 나가 달리기, 돌 던지기, 활쏘기, 창던지기와 같은 훈련을 받았다. 이 과정이 끝나면 약 1년간 승마기술을 연마하는데 전력해야 했다. 단순히 말을 타는 기술이 아니라 달리는 말에 올라타거나 뛰어오르기, 달리는 말 위에서 활쏘기 또는 돌이나 창을 던져 목표물을 정확히 맞히기 등 다양한 기술을 연마하였다. 이러한 운동기능에 숙달하게 되면 소년들은 국가의 관리가 지휘하는 사냥훈련에 참가하게 된다. 사냥훈련을 통해 추위와 더위를 견디어 내는 극기훈련과 야간행군을 하며 무기를 물에 적시지 않고 강을 건너는 등 매우 혹독한 훈련을 받았다. 이러한 특별한 사냥훈련에 참가했을 때 지급되는 식량은 2일에 1번 정도로 제한했기 때문에 사냥을 통해 자급자족을 해야만 했다. 그리고 사냥훈련에 참가하지 않을 때에는 궁술이나 승마 등을 연습하였고, 때로는 무기나 방패를 제작하거나 사냥에 필요한 도구를 만들고 농사일에도 참여하였다. 이러한 훈련은 7세부터 15세까지 계속되었다.

15세가 된 소년들은 50세까지 현역 군인으로 복무해야만 했다. 이는 페르시아가 단순히 자국의 방위를 위해서 뿐만 아니라 정복한 국가들의 관리의 임무에 필요한 것이었다. 훌륭한 자질을 보인 군인은 퇴역 후에 훈련지도자로 선출되어 최강의 군대를 만드는데 기여할 수 있었다. 이러한 제도는 국가통제에 의한 교육으로서는 고대에서 최초라 할 수 있다.

그리고 페르시아에서는 폴로가 왕의 스포츠로서 기원전 7세기경부터 실시되었다고 하는데 실제는 사산조 페르시아 시대에 부활되어 귀족들 사이에서 애호 스포츠로 행해졌다고 전한다.

페르시아의 체육에 집중된 교육조직은 오리엔트 국가 중에서 가장 우수한 군대를 육성하는데 크게 기여하였다. 다만 그들을 둘러싸고 있는 아리아족에게 승리하여 이들을 지배하는 것을 최선으로 삼았으며 지배자들에 의해 단순하게 결정된 기능 훈련을 받는데 불과했다. 오직 승리와 지배를 위한 도덕적 훈련, 군사적 훈련만이 중요하다고 인정했을 뿐 일반교양이 수반되지 않았다. 이러한 과정 속에서 페르시아가 전성기를 보내고 있을 때 이미 페르시아는 몰락이 시작되고 있었다. 부귀와 폭정, 악덕과 독직으로 인한 페르시아인들의 부패가 군대와 권력을 약화시켜 알렉산더 대왕이 침입했을 때 허무하게 무너졌다.

제4장. 고대 그리스의 운동문화

1. 에게문명
2. 호메로스시대의 운동문화
3. 폴리스의 전성시대
4. 제전경기(祭典競技)

고대 그리스는 유럽에 속한 국가들 중에서 가장 먼저 문명화된 국가였다. 서양 문화의 모체라고 할 수 있는 그리스는 오리엔트 및 소아시아의 선진문물을 받아들일 수 있는 이상적인 위치에 있었을 뿐만 아니라 문화적 진보를 이룰 수 있는 여러 조건들을 갖추고 있었다. 이베리아 반도, 이태리 반도, 발칸 반도 등 3대 반도가 유럽 대륙에서 지중해로 뻗어 있다. 고대 그리스의 발상지는 발칸반도의 남단으로 동서 문화의 교량적 위치에 자리 잡고 있었다. 그와 더불어 고대 그리스인들의 삶의 태도는 매우 현실적이며 합리적이었다.

고대 그리스인들은 일찍이 오리엔트 문명을 통해 고도의 문명을 이룩하였다. 이들은 자유로운 탐구정신을 추구하였고, 강한 호기심과 왕성한 창의력을 소유했으며, 배우고 여행하며 관찰하고 사색하기를 좋아했다. 또한 이들은 색채와 음향과 리듬에 대한 감각도 뛰어났다. 그 결과 그리스는 문화의 황금기를 열었으며, 후세에게 풍부한 문화유산을 남길 수 있었다. 그 예로 소크라테스, 플라톤, 아리스토텔레스, 헤로도투스, 히포크라테스, 피타고라스를 비롯한 수많은 세계적인 인물들을 배출하였을 뿐 아니라 스포츠 및 체육 분야를 비롯하여 정치, 문학, 교육, 역사, 웅변, 과학, 수학, 철학 등의 다양한 학문분야와 미술, 음악, 연극, 건축 등 모든 예술분야에서 탁월한 업적을 남겼다.

또한 그리스의 짧고 온화한 겨울과 길고 건조한 여름은 신체활동과 야외활동에 적합한 조건을 제공하였다. 험한 산악과 협소한 평야, 불규칙한 해안선, 증가된 인구 등의 요인들은 그리스인을 도전적으로 만들었고 강인한 체력의 유지와 활기찬 신체적 움직임을 요구했다. 그들의 패기 있고 도전적인 성격은 인간을 초월한 신들과의 경쟁을 과감히 시도하는 면모를 보여주었다. 이런 패기와 도전적 태도는 고대 그리스의 수준 높은 문명을 만들어가는 원동력이 되었으며 이것은 또한 스포츠문화를 진흥시키는 촉매제의 역할을 하였다.

그리스의 운동문화는 세계 스포츠와 체육의 역사에 있어 가장 중요한 가치를 지니고 있다. 오랜 역사와 전통을 지닌 고대 그리스의 스포츠와 체육은 현대 스포츠와 체육의 근원이라 할 수 있다. 일찍이 현대적 의미의 스포츠 형식을 갖추고 그리스문화의 중요한 부분을 담당했던 스포츠는 고대 그리스인들에게 있어 가장 중요한 생활문화로서 정착할 수 있었다.

정치적으로 고대 그리스는 하나의 통일국가가 아닌 소국가로 구성되어 있었다. 이들은 소규모의 도시국가형태를 취하면서 나름대로의 독특한 문화를 만들어 나갔다. 그리스는 영토의 약 80%가 험한 산악지대로 이루어져 있고, 평야는 전 국토의 20%정도에 불과하다. 험준한 산과 산 사이에 분지(盆地)가 있어 삶의 터전을 이루고, 몇 개의 부족연맹체가 결성하여 도시국가(都市國家)를 이루게 되었다. 험한 산과 골짜기로 이어진 지형적 특수성 때문에 지역 간의 교통이 불편하여 교류가 잘 이루어지지 않았으나 후대에 이르면서 상업과 교육이 보다 활발하게 이루어졌다. 이러한 자연적 조건과 더불어 그 지역공동체를 적으로부터 지키기 위해 폴리스(Polis)라는 도시국가를 형성하게 되었다. 폴리스는 그리스 전역에 수백 개가 존재하였으며, 대부분의 폴리스들은 시민이라 불리는 일부의 귀족들에 의해 지배를 받았고 대부분은 농민과 노예로 구성되어 있었다. 그 중에서 전형적인 전체주의 국가였던 스파르타(Sparta)와 민주주의와 개인의 자유를 중시했던 아테네(Athens)는 고대 그리스의 양대 문화권을 형성하였다.

그러나 그리스의 역사는 지중해를 배경으로 하여 보다 오랜 전통과 역사를 지니면서 발전해왔다. 우리는 보다 큰 의미에서 그리스문명을 에게문명이라고 부른다.

1. 에게문명

기원전 3000년경 지중해의 크레타(Creta)섬을 중심으로 하나의 문명이 성장하여 에게해의 여러 섬과 그리스 본토, 소아시아의 서부지역에 전파되고 있었다. 우리는 이것을 에게문명이라 부른다. 에게문명은 크레타로 대표되는 남방계의 도서문화(島嶼文化)와 미케네로 대표되는 북방계의 본토문화(本土文化)로 분류된다. 그러나 19세기 말까지도 이 문명은 별로 알려진 바가 없었다. 크레타섬의 미노스왕에 관한 전승이나 트로이(Troy)전쟁의 영웅들의 무용담(武勇談)은 신화(神話)나 서사시인들의 공상으로만 여겨져 왔다.

그러나 19세기말 크레타문명은 영국의 고고학자 아서 에반스(Arthur John Evans : 1851~1941)의 크노소스 궁전의 발굴과 연구 성과로 그 모습을 드러내게 되었다. 미노스왕의 이름을 따서 미노아문명이라고 불리는 크레타문명은 기원전 3000년기 중엽에 청동기문화를 이룩하였고, 기원전 2000~1500년경 전성기를 보냈다. 소아시아 지방에서 이주해온 것으로 짐작되는 크레타인들은 그리스 본토보다는 오리엔트 지역과 보다 밀접한 관련을 맺고 있었다. 따라서 그들의 문화도 오리엔트의 그것과 유사한 점이 많았으나, 독자적인 특징을 지니고 있었다. 가령 그들의 국왕 미노스는 절대적 왕으로 군림하였으나 군사적 정복자는 아니었다. 국왕의 권력은 공업생산과 무역을 통해서 획득한 부력을 바탕으로 하고 있었다. 일반 주민들 또한 자유롭고 유복했던 것으로 보인다. 노예제도가 존재했지만 사회계층 간의 차별이 심하지는 않았으며, 여자도 남자와 거의 평등했다. 여자 투우사나 여자 권투선수가 존재했을 정도였다.

크레타인들의 활달한 기풍, 섬세한 감각, 정교한 솜씨는 그들이 만들어낸 도기와 조각, 벽화에 잘 나타나 있다. 주로 벽화로 남아 있는 그림들은 그들의 자유롭고 활달한 율동감을 잘 표현하고 있다. 발굴된 여러 유적을 통해 스포츠가 매우 활성화되었음을 짐작할 수 있다. 황소 뛰어넘기가 개최된 경기장이 포함된 궁전과 벽화 등에서 그 인기를 알 수 있고, 권투와 무용도 매우 유행했던 종목들이다. 그리스의 운동경기는 아마도 크레타에서 발원되어 상인과 선원, 군사적 원정에 의해 그리스 본토로 전수되었을 것이다.

문명의 발달과 더불어 크레타섬은 기원전 18세기 말부터 지진이나 해일 또는 외부의 침입을 겪게 되었다. 그중 기원전 1400년경 그리스 본토의 미케네인들(Myceneans)의 침입으로 크레타문명은 종말을 고했다. 이 사실은 1952년 영국의 건축기술자 벤트리스(Michael Ventris)가 크레타의 선문자 B를 해독함으로써 더욱 분명해졌다.

미케네인들은 인도 유럽어족에 속하는 민족으로 다뉴브(Danube)강 부근에서 살다가 기원전 2000년경 남하(南下)하였다. 그들은 기원전 2000~1500년경까지 번성했던 이오니아인들과 아카이아인(에오리아인)들이었다. 이들은 토착민을 정복해가는 과정에서 본토 남부에 소왕국을 건설하였다. 이들은 기존의 문화와 전성기의 크레타문화를 흡수하고 군사력과 경제력을 길러 본토에서 지위를 다져 나갔다. 이오니아인들은 소아시아 서쪽 기슭으로 이주하여 기존의 토착민(에게인)이 건설한 크레타문명과 잘 융화하였고, 아카이아인들은 보다 남쪽으로 이동하여 문명의 꽃을 피웠다.

기원전 1600년경 미케네인들은 펠로폰네소스(Peloponnesos)반도와 그리스 중부에 여러 소왕국들을 세웠다. 그중 미케네가 가장 부강하여 여러 왕국의 맹주로 군림하였다.

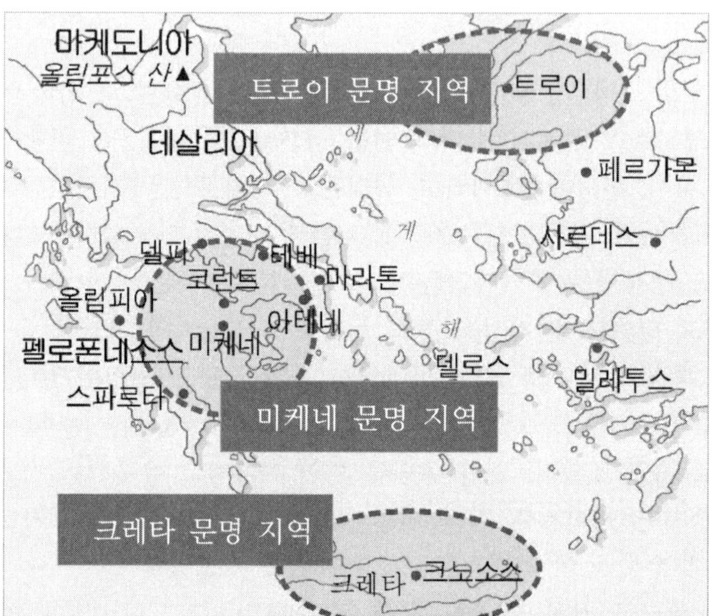

[그림 7] 그리스 본토

호메르스(Homeros)가 그의 서사시 〈일리아드(Ilias)〉에서 '황금의 미케네'라 불렀던 미케네의 부강이 실제로 밝혀진 것은 트로이 유적의 발굴에 성공한 독일의 고고학자 슐레이만(H. Schlieman : 1822~1890)이 미케네의 성곽과 황금보물로 가득 찬 원형묘를 발견하면서부터다. 이로써 미케네 왕국은 시인의 창작이 아닌 사실로 입증되었다. 그 발굴은 기원전 1600년경 이래 융성했던 미케네문명의 독특한 성격, 즉 크레타의 영향 하에 있으면서 상무적 요소를 뚜렷이 간직하고 있었음을 보여주고 있다. 그들은 남쪽에서 스포츠를 전수받아 그리스 본토에 전수하거나 운동경기를 개최하는 등 고대 그리스의 스포츠 발전에 기여했을 것으로 보인다.

미케네인들은 해안 근처 언덕 위에 견고하고 웅장한 성채를 구축하였다. 성채는 큰 돌을 쌓아올린 이른바 키클롭스(Cyclops)의 성벽으로 둘러싸여 있었는데, 그 돌이 너무나 큰 나머지 전설상의 거인 키클롭스가 쌓아올린 것이라 해서 그렇게 불린 것이다. 미케네의 지배자들이 이처럼 거대한 성곽을 세울 수 있었던 것은 그만큼 그들의 경제력이나 정치권력이 막강했음을 보여준다. 국왕은 대토지 소유자였으며 많은 가축과 노예를 소유하였다. 그들은 관리와 서기를 두고 여러 촌락공동체로부터 각종 공납품을 징수하였다. 이처럼 미케네의 왕권은 본질적으로 오리엔트 전제국가의 그것과 비슷한 데가 있었다. 그러나 대규모적인 관개농업의 필요에서 발달한 오리엔트의 전제 군주권에 비하여 포도와 올리브 생산 등 집약농업과 목양이나 양돈 등 목축에 기반을 둔 미케네의 왕권은 그 힘이나 규모 면에서 훨씬 미약했다. 여러 유품들을 살펴볼 때 레슬링은 최고의 인기스포츠 중의 하나였고, 크레타섬의 크노소스 궁전 유적(벽화)에 남아있는 '소등 위에서 재주넘기'라는 벽화를 통해 추론할 때 오늘날의 서커스에서 행하는 묘기나 고난이도 체조형태가 성행했음을 알 수 있다.

미케네는 활발한 교역활동을 통해 그들의 부력을 축적해 나갔다. 특히 크레타의 여러 도시를 파괴한 이후 미케네인들은 동지중해 무역을 장악하고 소아시아 서부해안에 진출하는 등 에게해의 새로운 지배자가 되었다. 트로이전쟁은 이러한 미케네인들의 세력팽창의 역사를 보여주는 한 예라 할 수 있다. 학자들은 이 전쟁이 기원전 13세기에서 12세기에 일어났을 것으로 추정하고 있다.

트로이성에 대한 공략 이후 동지중해에서는 일리리아인들(Illirians)과 트라키아인들(Thracians)이 동방으로 진출하였고, 일명 '바다 사람들(Sea people)'의 침입과 화산폭발을 겪으면서 큰 혼란을 맞았는데 미케네 또한 이 거대한 물결에 휩쓸리게 되었다. 특히 기원전 1200년경 북쪽에서 철기문명을 가진 도리아인들(Dorians)이 이주함으로써 미케네문명의 여러 왕국들은 정복되었다. 이로써 미케네문명은 기원전 1100년경 종말을 고하게 되었다. 이후 그리스 세계는 약 300년간 이른바 암흑시대를 보내게 되었다.

2. 호메로스시대의 운동문화

호메로스(Homeros)시대는 기원전 1100년경 미케네문명이 멸망한 시점부터 기원전 776년 제1회 올림피아(Olympics)가 개최된 시기까지를 말하며 전설의 시대 또는 암흑의 시대라 불린다.

호메로스시대에는 에게 해의 대폭발과 북방 민족의 침입으로 인해 미케네문명의 기록은 사라졌고, 문명은 퇴보하였으며, 각각의 작은 촌락공동체가 외부의 침입 없이 독립을 유지했으나 국가로 보기에는 정치권력이 매우 미약하였다. 이때 세상을 방랑하면서 서사시를 읊는 시인들이 많았는데, 그중 호메로스는 그리스가 낳은 가장 위대한 시인이었다. 그는 맹인이면서 대서사시(大敍事詩) 일리아드(Iliad)와 오디세이(Odyssey)를 남겼다. 이 작품들에는 신화와 전설, 역사적 사실들이 기록되어 있어 그 시대의 관습과 제도에 관한 지식, 당시의 생활상을 알 수 있다. 또한 두 작품을 통해 우리는 호메로스 시대의 스포츠를 보다 구체적으로 이해할 수 있다. 일리아드는 아킬레스(Achilles)장군을 중심으로 트로이(Troy) 전장에서 일어난 마지막 부분의 사건들을 소재로 하고 있으며, 주로 영웅들 간의 싸움과 비극적인 운명을 묘사하고 있다. 오디세이는 오디세우스(Odysseus)를 주인공으로 하여 트로이에서 귀국하는 아케아군 장병들이 겪는 고행의 길을 다루고 있다.

우리는 호메로스의 작품을 통해 당시의 사회가 성문법이나 화폐제도가 없고 직업의 전문화도 없는 미개발 상태였음을 알 수 있다. 자유인은 대개 농업과 목축에 종사하면서 소박한 전원생활을 하였다. 귀족들에 예속된 노동자들은 노예라기보다는 농노의 개념이었다. 그리스인들은 개인의 자아완성을 위한 노력을 중요하게 다루었다. 서사시에 나오는 덕목들은 개인의 자아완성을 실현하는 것들이었다. 그 덕목으로는 개인을 보다 훌륭한 전사로 만드는 용맹과 인내력, 애국심, 우정, 지혜 등을 포함하고 있다. 또한 그들은 모든 것을 현실적이고 합리적으로 사고하는 자연적, 인간적 성격을 지니고 있었다. 당시의 종교 또한 그리스인들의 생활과 밀접한 관련을 맺으면서 그들의 생활 속에서 뿌리 깊이 자리 잡고 있었다. 가족의 사당이 부락의 거주지에 있었고, 특별한 신이 그 지역의 수호신이 되어 그 신을 경배하는 제사와 스포츠 행사, 음악경연 등 다양한 행사가 이루어졌다.

[그림 8] 호메로스와 일리아드 24권의 일절 부분

그리스인들은 특히 12신이 자신들과 그리스의 운명을 좌우하고 있다고 믿었다. 제우스(Zeus)는 주신(主神)이자 만물의 최고신이었고, 헤라(Hera)는 결혼과 가정의 수호신이었다. 아폴론(Apollon)은 태양과 진실의 신이었으며, 포세이돈(Poseidon)은 바다의 신이었다. 디오니소스(Dionysus)는 자연의 신이었고, 헤파이스토스(Hephaestus)는 불의 신이었다. 아프로디테(Aphrodite)는 사랑과 미의 여신, 아테나(Athena)는 지혜와 평화의 여신, 데메테르(Demeter)는 농업과 수확의 여신이고, 아르테미스(Artemis)는 사냥의 여신이었다. 헤스티아(Hestia)는 가정의 신, 헤르메스(Hermes)는 상업의 신, 아레스(Ares)는 전쟁의 신이며 니케(Nike)는 승리의 여신이었다.

그리스인들은 12신이 올림피아(Olympia)회의를 구성하여 올림프스산과 그 근처에 살면서 그리스 지역의 개인, 사회, 국가의 운명을 결정하고 지배한다고 믿었다. 하지만 그리스인들의 도덕적 생활에는 영향을 주지는 못하였다. 12신 외에도 수많은 신들이 그리스인들의 생활에 영향을 준다고 믿었다.

고대 그리스의 신들은 다른 고대 국가의 신들과는 뚜렷한 특징을 보이고 있다. 그리스인들은 자신들이 숭배하는 신들을 절대적 존재로서 인정하였지만 인간적으로 묘사하였다. 신들은 인간처럼 선과 악을 지녔고, 기분과 감정에 따라 행동을 했으며, 경쟁심과 정열을 표출한다고 믿었다. 그리스의 종교는 사람과 자연의 아름다움에 대한 숭배였고 그 신들은 탁월한 지혜와 신체능력을 지닌 인간의 이상화된 대상으로 간주되었다.

[표 1] 그리스의 12주신

	그리스어	로마어	임 무
1	Zeus	Jupiter	주신, 최고의 남신, 전지전능한 신
2	Hera	Juno	제우스의 아내, 질투와 결혼의 여신
3	Apollon	Apollo	제우스와 헤라의 아들, 태양의 신
4	Hestia	Vesta	제우스 누이, 가정의 여신, 불을 숭배
5	Heracles	Hercules	제우스의 아들, 힘의 신, 남성적 상징
6	Athena	Minerva	제우스의 딸, 평화와 지혜의 여신
7	Poseidon	Neptune	제우스의 형, 바다의 신
8	Demeter	Ceres	제우스의 누이, 농업과 토지의 여신
9	Artemis	Diana	제우스의 딸, 달과 사냥의 여신
10	Hermes	Mercury	제우스의 아들, 상업의 신
11	Aphrodite	Venus	사랑과 미의 여신
12	Nike	Victoria	승리의 여신
기타	Dionysos	Bacchus	잔치의 신, 술의 신
기타	Eros	Cupid	아프로디테의 아들, 연애의 신

1) 교육

호메로스시대의 교육은 현실성과 합리성, 활동성과 용기를 갖춘 탁월한 인간을 양성하는데 그 목적이 있었다. 그리스인들은 2개의 이상적 인간을 추구하였다. 그 하나는 오디세이를 표본으로 삼는 완전한 인간상인 지혜인(The man of wisdom)이며, 다른 하나는 아킬레스를 표본으로 삼는 완전한 인간상인 행동인(The man of action)이었다. 지혜로운 인간은 판단과 총명, 웅변과 주관성을 갖춘 사람이며, 행동의 인간은 힘과 용기, 기술과 인내를 가진 사람을 의미한다. 이는 고대 그리스인들이 두명의 인격화된 영웅을 가장 이상적인 인간상으로 인정하고, 교육의 최고 덕목이 심신의 조화적 발달에 있었음을 확인시켜 주는 것이다. 이때에는 교육을 계획적으로 추진하기 위한 별개의 조직이나 방법이 없었고 비형식적인 교육형태로 가정이나 사회생활 속에서 교육이 이루어졌다. 하지만 당시의 교육이 인본주의적인 문화교육의 기초를 제공해 주었다는데 큰 의미가 있다. 교육의 내용은 그리스 민족의 영웅적 기상과 민족정신, 즉 애국애족정신을 고취하는 용기(勇氣), 충성(忠誠), 친절(親切), 우애(友愛), 정조(貞操)의 미덕을 기르는 것이었다. 따라서 호메로스 시대의 사람들은 모든 귀족들의 자제들에게 지성과 행동이라는 두 가지 이상을 결합시키는 것을 교육의 이상으로 삼았다.

2) 체육과 스포츠

당시 체육의 최고 목표는 완전한 인간상으로서 행동의 인간(The man of action)을 육성하는데 있었다. 이 시대에는 전투 자체가 생활의 일부분이었기 때문에 모든 시민들은 병사로서의 의무와 책임을 져야 했으며, 병사에게 필요한 것은 강인한 체력과 전투기술이었다. 따라서 초기 그리스인들의 체육활동은 전투수행에서 요구되는 체력과 지구력, 민첩성과 용기 등이 중요한 요소로 강조되었다. 그러나 고대 그리스에서는 체육의 목적이 군사적 목적에 한정된 것은 아니었다. 그리스인들은 신체단련에 대한 노력과 투쟁에 대한 소박한 애정을 가지고 있었으며, 이를 위하여 행동적이고 활동적인 인간이 되고자 노력하였다. 그들은 여러 스포츠활동을 통해 인위적 강요가 아닌 자발성에 입각하여 신체를 단련하는 등 개인의 가치를 높이는 수단으로 여겼다. 그 결과 후대의 유명한 운동경기와 그리스 형식의 자유로운 운동문화를 발전시켰다. 고대 그리스인들의 체형은 균형이 잡혀 있고 매우 아름다웠다고 한다. 그들의 체구는 키가 크지도 않고 그렇다고 앗시리아인이나 로마인들처럼 근육이 발달되지도 않았다. 그들은 균형 잡힌 몸의 동작을 수행하기 위해 끊임없이 신체훈련에 참여했을 것이다.

호메로스의 〈일리아드〉와 〈오디세이〉를 근거로 추정할 때 호메로스시대의 사회에서 스포츠가 얼마나 활발히 이루어졌는지를 알 수 있다. 〈일리아드〉와 〈오디세이〉에서는 왕과 고위층의 군인들이 운동경기에 참여한 것으로 되어 있어 운동경기는 주로 귀족출신인 남자의 전유물이었음을 알 수 있다. 운동경기는 비형식적이고 단순하였지만 각 종목들의 일정한 경기방식에 따라 행해졌을 것으로 짐작된다. 이러한 경기들은 어떠한 목적에 따라 열렸다. 신을 경배하는 제례경기, 저명한 사람이 사망했을 때 장례식의 일환으로 열리는 장례경기, 축제경기, 내기경기 등이 열렸고, 기타 특별한 의례가 아닌 때에도 운동경기가 빈번히 열렸다.

이들 서사시에는 여러 가지 형태의 운동경기가 묘사되어 있다. 당시에 행해졌던 운동경기로는 전차경기, 권투경기, 레슬링경기, 달리기 경주, 창던지기, 뛰어넘기(Leaping), 원반던지기, 활쏘기, 무거운 것 들기 등이 대표적이다. 경기에는 포상이 따르는 것이 일반적인 관례였다. 포상은 장례경기의 경우 기념 대상자의 명복을 비는 의미로 주어졌지만 운동경기의 질을 높이는데 기여하였다.

〈일리아드〉와 〈오디세이〉는 그리스와 트로이와의 전쟁과 오디세이의 방황에 대해 기술하고 있다. 그리스 연합군의 총사령관 아가멤논은 최고의 용장인 '아킬레스' 와 말다툼을 한다. 이에 화가 난 아킬레스는 막사에 들어앉아 싸우려 하지 않는다. 그 결과 트로이가 승리를 거두고 그리스는 참패를 당한다. 마침내 트로이의 왕자 '헥토르' 는 전투에서 아킬레스의 친구인 '파트로클로스' 를 살해한다. 이로 인해 아킬레스는 친구의 복수를 위해 출전하여 헥토르를 죽인다는 내용이다. 〈일리아드〉의 23권에는 아킬레스의 친구 파트로클로스의 영혼을 위로하고 명복을 비는 장례경기에 대해 자세히 기술하고 있다. 이를 통하여 당시의 운동경기의 종목에 따른 절차와 내용을 알 수 있다. 깊은 슬픔 속에서 많은 황소와 포로들을 산 재물로 바치고 아킬레스의 사회로 장례경기가 시작되었다. 먼저 전차경기가 실시되었다. 경주로나 정해진 장소가 없기 때문에 울퉁불퉁한 평지를 일정한 지점까지 달려갔다가 돌아온다. 한 쌍의 말을 마차에 매고 목적지까지 가장 빠르게 달려갔다가 돌아오는 자가 승리하는 경기이다. 전차경기가 끝나면 두 번째 경기로 권투시합을 갖고, 세 번째로는 레슬링 경기를 갖는다. 당시의 레슬링은 직립(直立) 레슬링(Upright wrestling)으로 접지(接地) 레슬링(Westing on the ground)과는 구별되는 것이다. 네 번째의 경기는 달리기 경주였고, 이어서 검술시합, 철환던지기, 활쏘기, 창던지기 등으로 장례경기는 종료되었다. 이 시대의 장례경기는 종교적이고 의례적 성격을 갖추고 시행되었으며 점차 대제전을 축하하는 관례의 시초가 되었을 것이다.

〈오디세이〉는 트로이에서 고향 이타카로 돌아오는 도중 표랑하는 오디세우스의 모험담을 엮은 것이다. 여기에는 〈일리아드〉와 유사한 운동경기에 관한 이야기가 묘사되어 있다. 오디세우스가 마지막 방랑생활을 하던 중 패아키아인(Phaeacian)들이 사는 아름다운 섬에 도착한다. 왕 알키노스(Alcinos)는 오디세우스에게 경의를 표하는 의미에서 성대한 연회를 베풀었는데 연회 도중 그곳의 젊은이들이 달리기 경주, 레슬링, 뛰어넘기, 권투, 원반던지기 등의 기량을 보여주었다. 그들이 오디세우스에게 기량을 보여 달라고 청하였으나 오디세우스는 이를 정중히 거절하였다. 그러자 청중들이 야유를 하게 된다.

화가 난 오디세우스는 망토를 입은 채로 경기장에 뛰어들어 가장 크고 무거운 원반을 들어 던졌다. 원반은 모든 표적을 넘어 패아키아섬의 젊은이들이 던진 거리보다 훨씬 멀리 날아감으로써 오디세우스는 명예를 회복할 수 있었다. 이어서 그는 권투, 레슬링, 경주 등 어떤 종목이든지 자신에게 도전할 자가 있으면 나오라고 외쳤다. 이에 알키노스왕이 그의 화를 진정시키면서 무용으로 흥을 돋우도록 했다. 오디세우스는 무용을 관람하면서 그 무용의 아름다움과 황홀함에 매료되었다고 한다.

그 당시 스포츠를 익히는 방법은 즉흥적이고 자연적이며 여가적인 성격을 지니고 있었다. 주로 부모나 어른들의 개인지도나 모방 학습을 통해 운동기술들을 익혔다. 경기가 열리는 현장에 어린이들을 모이게 하여 관람케 하고 그 기량을 모방하게 했으며, 노인들과 경험이 많은 사람들을 선택하여 젊은이들을 훈육하고 사냥, 운동기술, 전술 등에 관한 능력을 증진시켰다. 예컨대 네스터가 전차경기에 출전하는 그의 아들 안틸로쿠스(Antiochus)에게 경기에 이기는 법을 가르쳤던 것처럼 구체적인 사항에 따라 거기에 알맞은 훈련과 교육이 이루어졌다.

스포츠종목 중에서도 특히 전차경기, 권투, 레슬링, 달리기 등은 귀족들을 위한 종목이었고, 창던지기, 활쏘기, 무거운 것 들어올리기 등은 귀족 출신들도 뛰어났지만, 주로 일반 병사들이 참여하는 종목들이었다. 그리고 원반던지기 또한 인기가 높았는데 경기에 사용된 원반은 그 종류가 매우 다양했다고 한다.

호메로스시대의 그리스인들은 언제나 운동경기나 무예를 통해 자신들의 체력과 기능을 자랑하려고 했다. 단순한 기록경기에서 격렬한 운동경기에 이르기까지 모든 운동경기는 그 시대의 중요한 레크리에이션이며 오락이었다. 물론 어린이들이나 청소년들이 즐겼던 공놀이나 신체적 놀이활동을 배제할 수는 없다. 이 시기의 체육관이나 경기장에 관해서는 아무런 기록도 없고 넓은 평원을 중심으로 모이는 장소가 하나의 경기장이었다. 경기는 즉흥적이고, 경기를 위해 준비하는 훈련도 체계적이지 않았다. 하지만 호메로스시대에는 스포츠활동이 일상생활 속에서 대중들에게 널리 애호되어 실행되었다.

3. 폴리스의 전성시대

고대 그리스가 민족이동을 끝내고 각자의 정착지를 무대로 위대한 업적을 남긴 것은 그들의 독특한 생활양식인 폴리스를 건설한 때부터이다. 소규모의 지역공동체는 점차 인구가 증가하고 부강해졌고, 동방 여러 국가와의 교류를 거쳐 진보적이고 발달된 문명을 열어 나갔다. 이제 그리스는 원시적인 호머시대에서 생산적 시대로 이행되었다.

이때 지역단위의 도시국가들이 나타나기 시작하였다.

그리스의 역사는 폴리스(Polis)의 성립과 더불어 시작된다고 말한다. 하지만 폴리스가 언제부터, 누구에 의해서, 어떻게 세워졌는지에 대해서는 정확히 모른다. 다만 기원전 800년경 에게해 주변 각지에 많은 소왕국들이 분립하고 있었다. 이들 도시국가들은 대개 산맥이나 바다와 같은 자연방벽에 의하여 서로 분리되어 있었으며, 그 주민들은 흔히 언덕 위에 구축된 성곽을 중심으로 모여 살았다. 이들은 미케네시대의 왕국들보다는 작지만 도리아인들의 침입 때 분열된 지방공동체를 이루고 있었다.

폴리스가 가장 먼저 성립된 지역은 도리아인들에게 밀려난 원주민 그리스인들이 이주해간 소아시아 서부 해안, 즉 이오니아(Ionia)와 에올리아(Eolia) 등지였던 것으로 짐작된다. 이들 그리스 이주민들은 소아시아 원주민들의 공격을 막아내기에 수월한 반도나 그 밖에 적당한 곳에 그들의 새로운 터전을 마련하였다. 이주민에게 둘러싸인 새로운 거주지에서 자신들을 방어하기 위하여 서로 협력하고 한데 뭉쳐야만 했다. 그러나 그들은 이 조그마한 새 거주지에 알맞은 기존의 정치제도나 관례를 가지고 있지는 않았다. 그들은 이것을 그들 스스로 만들어내야만 했고, 이렇게 해서 만들어진 것이 곧 폴리스였던 것이다.

그리스 본토의 사정도 이와 유사했을 것이다. 도리아인들의 침략을 모면한 원주민들은 유사시에 적을 막기 위해서 인접 마을에 살고 있는 몇몇 부족들과 더불어 한 요새나 시장을 중심으로 뭉쳐야만 했다. 영웅 테세우스(Theseus)가 여러 마을을 하나로 뭉쳐 아테네를 세웠다는 전설은 아마도 이런 상황을 대변하는 예라 하겠다. 정복자로 남하해온 도리아인들 또한 원주민들에 대한 그들의 지배력을 강화하기 위해서는 일정한 거점을 토대로 군사공동체로서의 결속을 강화하는 통합된 정치체계를 마련해야만 했다. 라코니아(Laconia)에 자리를 잡은 스파르타(Sparta)가 바로 그러한 경우에 속한다.

폴리스는 아크로폴리스(Acropolis)와 아고라(Agora)로 이루어져 있었다. 아크로폴리스는 중앙에 그 도시의 수호신을 모셨고, 주위를 성벽으로 둘러쌓아 작은 성채와 같은 모습이었다. 이곳은 유사시 피난처이자 침입자에 대한 최후의 보루이기도 했다. 아고라 광장은 아크로폴리스의 주변에 위치하여 큰 광장을 갖추고 있었다. 이곳은 정치를 포함한 모든 공공활동의 장소이자 시장으로서 시민들의 사교장이기도 했다.

폴리스는 주로 그 성원들이 스스로를 지키려는 군사적 목적에서 결속한 하나의 전사공동체로서 출발하였다. 본래 폴리스의 구성원은 부족의 구성원으로서 처음에는 추첨으로 배정된 크레로스(Kleros) 소유농민에서 유래한 독립적인 토지소유자들이었다. 그들의 생활 기반이었던 농업은 포도나 올리브 재배를 위주로 한 집약농업이었다. 그들은 대규모 관개농업에 관련된 각종 부역이나 공납의 의무를 부담하지 않았으며, 강력한 전제군주의 통제와 지배하에 예속되지도 않았다. 그들은 자신의 힘으로 생활을 영위할 수 있었고, 자기 운명을 스스로 결정할 수 있는 독립된 자유민이었다. 그 중에서 특히 유력한 자들이 바로 귀족들이었는데, 이들은 청동제의 투구와 갑옷, 방패, 청제의 창검, 군마 등을 자기 부담으로 갖출 수 있었던 소위 기마의 중장보병으로서 폴리스를 형성하고 이를 방위하는 데 주도적 역할을 담당한 전사들이었다.

얼마 후 발생한 군사상의 변화는 부유한 상공업자와 농민들에게 폴리스 정치에 참여할 수 있는 바탕이 제공된 것이었다. 그것은 팔랑크스(Phalanx)제의 도입이다. 팔랑크스란 중장보병으로 구성된 방패밀집대를 말한다. 종횡 8열내지 10열로 사각형 밀집대형을 이룬 보병들은 방패와 장창으로 무장된 인간탱크와도 같았다. 이러한 팔랑크스의 공격 앞에서는 종전의 기병이나 궁병(弓兵)이 힘을 발휘할 수 없었다. 폴리인들은 이러한 팔랑크스를 주축으로 하는 군대의 규모를 늘리기 위하여 귀족 외에도 필요한 무장을 감당할 수 있는 상공업자들이나 부유한 농민들에게도 군복무를 요청하였다. 이리하여 이들의 정치적 발언권과 책임이 점차 늘어나게 되었다.

폴리스는 그리스 본토에만 약 200~300개가 존재하였다. 대표적인 폴리스로 그리스 본토의 아테네, 테베, 메가라 등을, 펠로폰네소스반도의 스파르타, 코린트 등을, 그리고 소아시아 해안의 밀레토스, 에게해 섬의 미텔레네, 사모스 등을 꼽을 수 있다. 그중 스파르타와 아테네는 그리스의 양대 문화권을 형성하였다. 스파르타는 개인을 국가에 절대 복종시키는 것에 이상을 달성하려고 하는 강력한 전제주의 국가이며, 아테네는 개인의 능력을 충분히 자유롭게 신장시킴으로써 국가의 번영을 실현하도록 하는 민주주의 자유권 사상의 진보적 변화를 보인 국가였다. 폴리스 거주민의 약 50~70% 정도가 정복당한 도시의 포로 및 노예계급이었으며 약 5% 정도가 상류지배 계급이었다. 상류계급은 출생과 동시에 교육을 받고 정치에 참여하며 토지를 소유했다. 그들은 자신과 국가를 위해 어떤 상황이건 어느 때이건 봉사하고 헌신할 준비를 갖추고 있었다.

호메로스시대 이후의 그리스를 전기와 후기로 구분한다면 전기를 대표하는 도시국가는 스파르타(Sparta)이고, 후기를 대표하는 도시국가는 아테네(Athens)이다.

1) 스파르타의 스포츠와 체육

스파르타는 기원전 12세기경 북방에서 이주해온 도리아(Doria)족이 펠로폰네소스반도의 라코니아 지방에 건설한 도시국가이다. 도리아 족은 용맹스럽고 호전적인 민족으로 미케네 및 오리엔트 문화와 접촉하면서 그리스 남부의 도시국가들을 정복해나갔고, 기원전 8세기경에는 그리스 영토의 절반을 차지하였다. 그로 인하여 피정복민이 증가하여 시민권자인 스파르타인들은 9,000명인데 반해 평민과 노예로 구성된 종속민들이 25만명이 넘었다고 한다. 따라서 그들은 군인계급을 만들어 사회적, 정치적 지배권을 행사하고 자신들의 우월성을 유지하고자 하였다. 초기의 스파르타 사회는 보다 명랑하고 친절하며 세련되어 자유와 문화적 활동이 활발하였으나 점차 정치가 군국주의화됨에 따라 사회는 보수적이 되고 진보성이 상실되면서 문학이나 철학은 발전하지 못하였다. 스파르타의 사회계급은 소수의 스파르타 시민으로 귀족계급에 속하는 스파르티아타이(Spartiatai), 자유민으로 상공업에 종사하나 시민권을 갖지 못한 평민에 해당하는 페리오이코이(Perioikoi) 그리고 국유노예로서 헤일로타이(Heilotai)로 구분하였다.

스파르타 시민들은 철(鐵)의 정책을 수립하는 한편 군사에 철저히 몰두하였다. 전체 병력이 1만명을 넘지 못하였으므로 필연적으로 정복자인 모든 시민들은 병사로서 국가에 봉사하는 것이 유일한 의무였다. 이러한 의무는 리쿠르구스(Lycurgus)가 기원전 9세기경 스파르타의 법을 제정함으로써 법제화 되었다. 그는 국가를 유지하고 방어할 수 있는 인력을 제공하는 청소년의 교육에 깊은 관심을 나타냈다. 이처럼 이들은 독자적인 사회제도와 교육제도를 통해 군국주의(軍國主義)를 표방하였다.

(1) 교육

스파르타의 교육은 전쟁에서 승리할 수 있는 강인한 신체를 갖춘 용감한 병사를 기르는데 주 목적이 있었다. 교육과정(Curriculum)은 국가에서 요구하는 스파르타식 국가통제와 군대교육이 리쿠르구스(B.C. 850~800)헌법에 의해 강화되고 실행되었다. 이 법은 국가가 개인에 대하여 갖는 절대적인 우월성을 인정하였으며 혹독한 군사교육으로서 국가적 통제를 받았다. 따라서 교육은 힘과 용기, 인내와 규율, 봉사와 희생, 애국정신 등을 갖춘 용감한 무사양성(武士養成)이 교육의 이상이었다.

스파르타의 모든 자유민의 생명은 국가에 바쳐져야 했기 때문에 어린이들은 출생부터 그 운명이 국가에 맡겨졌다. 남아(男兒)는 출생과 동시에 국립신체검사장인 레세(Lechse)에서 건강진단을 통해 선별되었다. 건강하고 신체적 조화가 잘 갖추어진 남아는 양육되지만, 신체가 허약하거나 불구자인 경우에는 타이게투스(Taygetus)산 근처의 아포테타이(Apothetai) 동굴이나 호수에 버리도록 규정되어 있었다. 선별된 남자 아이는 7세까지 가정에서 양육되었고, 이후 30세가 되어 시민권(市民權)을 받을 때까지 국가통제에 의해 강제적이고 의무적인 군사교육을 받았다. 30세 이후에는 성인으로서 사생활의 자유를 부여받지만 실재로는 50세까지 준 군인으로서 언제나 국가의 요청에 따라 국방활동에 동원되어야 했다.

소년들이 군사적 교육을 받는데 비해 소녀들은 건강하고 튼튼한 어린이를 낳을 수 있도록 신체를 연마해야만 했다. 따라서 여성들은 국가적 필요에 의한 비윤리적 발상으로 군사적 목적과 연관된 신체훈련을 받았다. 또한 그들은 위생적 관념에서 청결한 육체를 관리하는 일, 헌신적 사랑으로 아들을 보살피는 육아교육법, 남편에게 복종적인 내조를 하기 위한 가정관리법을 익혔다. 특히 부인들은 전쟁에서 자식이 사망하는 것을 두려워하지 않는 모성애를 지녔으며, 자식이나 남편이 명예롭게 전사하면 그것을 영광으로 여겼다. 이러한 모성애는 한 어머니가 전쟁터에 나가는 아들을 격려하는 말해서 이해할 수 있다. "싸워서 이기고 돌아오라. 그렇지 않으면 이 방패에 몸을 실려 돌아오라." , "너의 칼이 짧거든 한발 더 나아가서 적을 무찌르라."

스파르타식 교육은 국가존립을 위한 필요적 수단이었으며 그 내용과 방법이 비인도적이었다. 애국심을 기르기 위해 절대 복종의 국민정신을 강요했고, 개인 완성을 위한 사색과 정서교육, 직업교육이나 생산교육이 배제되었다.

(2) 체육의 목적

체육의 목적은 일반교육의 목적과 거의 일치하고 있었다. 호메로스가 말한 두 가지 목적과는 달리 전투력을 갖춘 '행동하는 인간' 이라는 단일 목표를 중시하고 군사적 탁월성이 스파르타 체육의 궁극적인 목적이었다. 이를 위해서 강인한 체력, 인내력(忍耐力), 용기, 전술 등은 필수적 요소였다. 신체동작의 아름다움과 우아함을 창조하기보다는 군사적 목적을 지향하였다. 무용과 같이 미적 표현을 필요로 하는 것도 군인정신을 기른다는 견지에서만 허용되었다. 주로 군인용 무용이었으며 용기를 진작시키고 용맹을 떨치며 명예를 얻는데 힘을 발휘할 수 있는 수단적 역할을 하였다. 플루타르코스(Plutarchos)는 "전투무용은 용기를 진작시키며 명예와 용기를 가져다주는데 훌륭한 자극제가 되었다." 고 말했다.

스파르타에서 신체운동은 전쟁을 대비한 훈련이었기 때문에 군사적 목적에 의한 신체단련이 주류를 이루었다. 각종 운동경기의 기량을 높이는 일조차도 군사적 목적과 결부되어 있었다. 경기에 대한 스파르타인의 태도는 티르타에우스(Tyrtaeus)의 시에서 엿볼 수 있다. 그는 "군사력에서 벗어난 다리의 속력이나 레슬링 기술이 국가의 부강에 하등의 도움이 될 수 없다." 고 단언하였다. 올림피아 경기는 스파르타 청년들에게 그들의 힘을 과시하는 기회로 간주되었다. 기원전 720년 아칸투스(Acanthus)가 장거리 경주에서 우승한 이후 스파르타는 약 150년간 수립된 81개의 올림픽 우승기록 가운데 46개를 획득하였다.

그러나 점차 스파르타가 보수적이고 편협하고 정체된 사회로 이행되면서 올림피아 경기에서의 우승은 크게 줄어들었다. 이후 시간이 흐르면서 스파르타는 진보적이고 개화된 국가로 변모하였고, 시와 음악을 애호하고 올림픽 경기에 참가함으로써 축제의 분위기를 높였을 뿐 아니라 운동경기의 중요성과 진지함을 일신시켜 귀족들의 오락에 그친 운동경기를 국민교육의 한 분야로 승화시켜 그리스 스포츠에 크게 기여하였다.

(3) 스포츠와 체육활동

스파르타의 스포츠와 체육활동은 군사훈련과 직결되었다. 체조로부터 시작하여 달리기, 도약, 검술, 수영, 사냥, 레슬링, 권투, 판크라티온(Pancration), 구기(球技), 원반던지기, 창던지기, 말타기, 장거리 행군 등 거의 모두가 군사훈련이나 전투기술을 연마하는 수단으로 활용되었다.

스파르타의 운동경기형태를 살펴보면, 구기는 모든 연령층이 즐기는 운동으로 특히 청소년들에게 권장되었고, 청년들은 구기 경기자들(Ball players)이라 불릴 만큼 구기에 열중하였다. 그들은 구기에 대한 연습량을 계속 늘려 나갔을 뿐 아니라 다른 운동종목들, 즉 창던지기, 권투, 레슬링, 판크라티움 등에 참여하였으며 사냥을 통한 기민성과 용기, 정확한 판단능력을 익혀 나갔다. 특히 권투와 판크라티움은 매우 난폭한 경기로 어린이들에게는 금지된 종목이었다. 판크라티온은 두 손을 서로 붙잡거나 발로 차며 할퀴고, 도려내는(Gouging) 행위가 허용되는 매우 난폭한 경기였다. 권투는 특별한 규칙이 없이 맨주먹으로 상대를 가격하는 경기였다.

특히 권투와 판크라티움은 스파르타인들에게 명예가 걸려 있는 경기로 두 경기에서의 패배란 인정할 수 없는 자존심에 직결되는 문제였다. 따라서 스파르타의 출전선수가 올림픽 경기에서 우승할 실력을 갖추지 못했을 경우 경기 출전을 포기하였다. 특기할만한 사항은 나체경기이다. 나체경기는 기원전 7세기경부터 나타나며 기원전 5세기경에는 전 나체가 되었다. 공식적으로 나체가 허락되는 장소는 경기장뿐이었고 혈통좋은 자유민에 한정되어 나체경기가 실시되었다. 나체경기는 미와 강인함의 표현이었다.

스파르타의 소년들은 체조와 달리기, 뛰어 오르기 등의 신체운동으로 신체를 연마하고 팔과 다리 근육을 강화시켰다. 승부욕을 함양하고 체력단련의 기량을 시험하기 위하여 싸움을 권장했을 뿐만 아니라 싸움 자체를 신체단련의 한 방법으로 인정하였다.

소년들은 7세가 되면 공공교육장인 아고게(Agoge : 공용막사)에 수용되어 18세까지 전쟁에 필요한 훈련기술을 익혔다. 소년들은 가장 훌륭한 시민으로 선출된 감독관 파이도노무스(Paidonomus)로부터 지도를 받으며 성장했다. 이들은 기초적 3R's(Reading, wRiting, aRithmetic)가 끝나면 본격적인 스포츠활동에 참여하였다. 이들은 유희, 투창, 무거운 것 던지기, 도약, 레슬링, 경주, 소풍, 수영, 체조 등의 신체단련과 인내, 복종 등과 같은 성격형성을 위한 교육을 받았으며 음악과 무용 등도 배웠다. 한 반은 64명으로 편성된 소대 이라이로 편성되었고, 4개의 이라이는 중대 보아이로 편성되었다. 각 이라이에서는 운동기능이 뛰어난 소년이 선발되어 소대를 통솔하였고, 보아이는 20세 가량의 청년 지도자인 에이렌(Eiren)이 지도했는데, 소년들은 인내와 존경으로 훈련을 받았다. 소년들은 갈대나 짚을 이용하여 공용막사의 침대를 만들었으며 한 벌의 코트를 걸치고 1년을 지내야 했다. 또한 이들은 머리를 삭발하고 나체로 겨울을 보내는 혹독한 훈련을 받아야 했다.

12세가 되면 소대의 재편성이 이루어졌고, 훈련이나 감독이 한층 더 강화되었다. 그와 더불어 매년 외투 하나씩을 지급했다. 식량은 스스로 구해야 했기 때문에 농가와 시장, 민가에서 도둑질을 하거나 사냥을 해야만 했다. 그 이유는 전쟁에서 식량이 끊겼을 때를 대비한 생존기술의 연마로 보았기 때문이다. 도둑질은 그 자체가 죄가 되지 않았지만 현장에서 잡히면 엄한 처벌을 받았다. 한 예로 여우를 훔쳐서 품안에 감추었는데, 그 여우가 그의 내장을 물어뜯어 죽을 때까지 실토를 하지 않았다는 이야기는 진위 여부를 떠나서 스파르타 소년들의 의지와 인내를 보여준다.

18세가 되면 군사훈련과 무장훈련에 보다 실질적으로 참여하였고, 국경지역의 정찰훈련 등에 전력을 기울였다. 20세가 되면 국가에 대한 충성맹세를 하고, 실전 전투에 참가하는 등 병역의 의무를 수행했다. 이들은 일정한 군사훈련 및 규정된 신체단련에 전념해야 했다. 신체훈련은 하루에 두 번으로 아침식사 전과 저녁식사 전에 행해졌다. 30세가 되면 모든 남자는 국가로부터 시민권을 부여받고 비로소 가정을 갖게 되었다. 하지만 국가가 병역 의무를 요구하면 50세까지 퇴역할 수가 없었다.

스파르타의 여성들은 남성들과 거의 동일한 수준으로 신체훈련을 받아야 했다. 여자들은 남자들과는 다른 훈련장을 사용하였고, 남자들처럼 병사(兵舍)에서 생활하지 않고 가정에서 거주하였다. 소녀들은 20세까지 신체훈련을 받았고, 이후 그들은 가정을 갖게 되고 모든 훈련은 중지되었다. 미혼녀들은 달리기, 도약, 레슬링, 고리던지기, 창던지기 같은 운동과 구기, 무용을 통하여 체력을 단련하였다. 이러한 강렬한 운동을 처녀들이 행하는 목적은 장래 현모양처로서 가정을 잘 가꾸어 강건한 남아(男兒)를 낳게 하자는 데 있었다.

무용에는 체력단련 무용, 종교무용, 군사무용 등이 있었는데 무용은 청소년들의 교육에 있어 매우 중요한 의미를 지녔다. 체력단련 무용으로는 비바시스(Bibasis)가 대표적이다. 이 무용은 남녀가 함께 참여할 수 있었으며, 공중으로 뛰어올라 발꿈치로 자신의 잔등을 차는 동작으로 이루어졌다. 이 동작을 많이 하는 사람에게 상을 주었는데 한 소녀는 1,000회를 실시했다고 묘석에 기록되어 있다. 종교무용은 아르테미스 제단 앞에서 공연된 카랴티스(Caryatis)가 대표적이었다. 이 무용은 결혼과 관련된 춤이었다. 리쿠르구스(Lycurgus)는 아르테미스의 영예를 위한 무용으로 호르모스(Hormos)를 창안하였다고 한다.

군사무용에는 피릭(Phyrhic)이 있었다. 이 무용은 전사(戰士)의 몸짓과 여자들이 하는 일상적인 일을 상징적으로 표현하고 있다. 이것은 근육을 단련시키는 무용으로 전사들에게 가장 널리 보급되었다. 이들은 5세부터 스텝을 배우기 시작하였고, 남녀가 같이 하는 것과 남자만 하는 것이 있었다. 성인 남녀가 하는 무용은 남자가 군대식 몸짓으로 전진하면, 여자는 여성스러운 표현으로 흉내를 내며 따라가는 식이었다. 남자용 무용은 나체의 젊은이가 검과 방패로 무장하고 플루트 연주에 맞춰 율동적으로 서로 조화롭게 움직이는 것으로 전쟁에서 필요한 동작을 모방하는 형식이었다. 플라톤(Platon, B.C. 427?~347)은 이 무용이 창을 던지고, 활을 쏘며, 무기를 조작하는 등 무언(無言)극적 공격행위, 즉 뒤로 뛰어 물러서거나 옆으로 뛰거나 또는 몸을 움츠려 적의 공격을 피하는 동작을 표현하고 있다고 설명하고 있다.

스파르타의 체육내용은 혹독한 신체훈련으로 이루어졌다. 어릴 때부터 무엇이든 먹을 수 있게 교육하고 어두움에 대한 공포를 갖지 않게 하며 무가치한 울음을 삼가도록 하였다. 또한 소년들은 정부관리인 에포스(Ephors, 장관)로부터 정기적인 신체검사를 받았다. 8세부터 20세 사이의 젊은이들은 10일마다 한번씩 나체로 에퍼 앞에서 공개적으로 심사를 받아야 한다고 규정되어 있었다. 심사결과 조각가의 작품처럼 튼튼하고 활기차다는 평가를 받았을 때에는 칭찬을 받지만 육체가 부실하고 몸에 군살이 붙어 있을 경우에는 매질을 당하고 엄한 처벌을 받았다고 한다.

시민들은 모두가 교사로서 잘못을 저지르는 아이들을 훈육할 수 있게 했다. 어른들의 훈육은 국왕과 같은 권위를 지녔으며 매질은 모든 잘못에 대한 보편적인 형벌이었다. 체력단련을 소홀히 하여 체력이 떨어지고 무기력하며 군살이 붙었다고 판단되는 경우에는 매질을 당하고 처벌을 받았다. 스파르타의 체육은 국가에 대한 충성과 전쟁에 필요한 용기와 인내력, 체력 등을 향상시키기 위한 것이었으므로 개인의 자유와 개성, 가정생활 및 평화로운 문화생활은 무시되었다. 그러므로 위대한 예술과 사상, 연극과 시, 건축 및 조각 등은 스파르타에서 찾아보기 힘들게 되었다.

스파르타의 스포츠와 체육은 군사적 목적에 의하여 이상적인 병사를 양성하는데 몰두함으로써 기원전 7~6세경 최강의 폴리스가 될 수 있었다. 이것은 페르시아의 군국주의적 성격의 체육과 맥락을 같이 한다고 할 수 있다.

2) 아테네의 스포츠와 체육

아테네(Athens)는 기원전 2000년경 동방 방언군에 속한 이오니아(Ionia)인이 남하하여 그리스 중부 아티카(Attica) 지방에 세운 폴리스였다. 초기의 아테네는 스파르타의 문화와 거의 비슷하였다. 그러나 점차 보수적인 스파르타인과는 달리 우아하고 지적인 아테네인들은 보다 자유롭고 진보적이며 민주적인 사회를 건설해 나갔다.

기원전 8세기 중엽까지 아테네는 다른 폴리스와 마찬가지로 왕정을 유지하다가 점차 귀족 과두정(寡頭政)으로 변모하였다. 이후 귀족들이 권력의 핵심인 집정관 아르콘

(Archon)과 아레오파구스(Areopagus) 회의를 독점하였고 일반 시민들로 구성된 민회가 존재했으나 실질적인 권한은 없었다. 기원전 7세기경 중무장 보병(Hoplites)의 밀집대형(Phalanx) 전술이 보급되면서 평민들의 군사적 역할이 확대되자 귀족과 평민간의 대립이 날로 격화되었다. 기원전 621년 드라콘이 집정관이 되어 성문법을 만들고, 유력자들의 법률해석 남용을 금지하는 등 평민들의 권익 신장에 기여하였다. 아테네의 민주정치는 솔론(Solon)의 입법에서 시작되었다. 그는 금권정치를 타파하고 귀족과 평민 간의 갈등을 해소하고 평민들의 지위향상을 주장했으나 한계를 드러냈다. 기원전 561년 평민의 지지로 참주(僭主)가 된 페이시스트라토스(Peisistratos)는 귀족과 평민 간의 대립을 이른바 '빵과 서커스' 의 유혹으로 자비로운 독재정치를 행사하였다. 참주정치는 민주정치로 향하는 과도기였는데, 평민의 지원으로 집정관에 오른 클레이스테네스((Kleisthenes)가 부족제 개편과 도편추방법(陶片追放法, Ostrakismos)을 실시하면서 민주정치의 기틀을 확립하였다. 이후 페르시아 전쟁을 승리로 이끌면서 등장한 페리클레스(Pericles)는 민회를 최고의 의결기관으로 만들며 민주정치를 완성시켰다.

아테네의 사회계급은 상류층인 시민(자유민)이라 불리는 폴리타이(Politai), 외국에서 이주해온 시민계급인 메토이코이(Metoikoi) 그리고 노예계급인 도울로이(Douloi) 등으로 구성되어 있었다. 아테네는 스파르타와는 달리 상류계층인 폴리타이가 전 인구의 절반을 차지하고 있었기 때문에 가혹한 통치보다는 민주적 정치형태의 성립이 가능했다. 또한 페르시아 전쟁 이후에 군인들의 부가 확대되면서 계급 간의 격차가 줄어들어 개인주의 사고방식이 만연하는 풍조가 조성되었다.

아테네는 해안을 통한 활발한 대외적 진출과 상공업의 발달, 다른 지역과의 문화교류가 빈번해지면서 그들은 개방적 사고를 지니게 되었고 지식에 대한 욕구가 강하였다. 지식에 대한 욕구는 아테네의 경제적, 사회적 우월성을 높임으로써 지중해를 중심으로 한 전역에서 예술가, 건축가, 수학자, 과학자, 극작가, 사상가 등을 아테네로 모이게 만들었다. 특히 페르시아 전쟁 이후 민주주의는 더욱 확대되어 소박하고 보수적인 농경사회는 상업적인 도시생활로 전환되었다. 이것은 모든 시민들에게 발전의 기회를 개방해줌으로써 시민의 의무보다는 개인적인 성공을 추구하게 되었다. 이와 같이 고도의 생활수준이 확보되고 여가시간이 증가하면서 아테네는 예술가나 지식인들에 의해 최고의 문화를 이룩할 수 있었다. 그와 더불어 스포츠는 일상의 생활문화 또는 국가의 문화행사로서 정착되는 토대를 마련할 수 있었다. 하지만 페르시아 전쟁 이후 주지주의적 성향에 치중하면서 스포츠와 체육을 경시하는 풍조를 가져왔다.

이후 스파르타 중심의 펠로폰네소스 동맹국들은 아테네의 평화적 발전과 세력의 확장에 위협을 느낀 나머지 아테네 중심의 델로스 동맹국을 침공하여 펠로폰네소스 전쟁(B.C. 431~404)을 일으켰다. 이 전쟁에서 펠소폰네소스 동맹국이 승리했지만, 결국 그리스의 영광이 끝났음을 말해주는 사건이었다. 그리스는 이후 전쟁의 후유증에서 벗어나지 못했다. 다음 세기에 아테네는 마케도니아의 지배하에 들어갔고, 그 뒤에는 로마의 속국으로 전락하게 되었다.

(1) 교육

초기의 아테네교육은 스파르타와 유사한 공통점을 지니고 있었으나 기원전 8세기경 왕정체제(王政體制)가 임기제의 귀족정치체제로 전환되어 민주정치가 시작되면서 인본주의적 교육을 중시하게 되었다. 아테네인들은 사회적, 정치적, 종교적, 군사적 생활에 적응할 수 있는 지성과 행동을 겸비하고 덕망을 갖춘 인간을 기르고자 하였다. 아테네인들은 청소년들이 용기와 자신을 갖고 군무를 수행해야 한다는데 찬성하면서도 국가의 평화로운 발전을 위해 덕과 능력을 발달시킬 것을 요청하였다.

시민계층은 노예들이 노동을 담당함으로써 여가를 즐기거나 정치 활동과 교육 및 탐구활동에 열중할 수 있었다. 인간생활에 필요한 기술의 습득이나 생산활동은 시민들에게 불필요했고, 이상적이고 귀족적인 인격도야에 교육의 기본목적을 두었다. 오늘날 School의 기원이 된 스코레(Schole)의 의미가 한가하다는 의미를 지닌 것과 같은 맥락이다. 물론 교육의 대상은 상류층 귀족의 자제이고 여자나 서민(庶民)에게는 미치지 못했다. 특히 상공업의 발달과 전쟁에서 평민들의 활약은 아테네 민주정치의 발전을 가져왔고, 민주정치의 발달은 개인의 자유와 개성을 강조하는 교육의 성립에 영향을 미쳤다. 심신의 조화적 발달을 추구하는 아테네교육은 전설의 입법가 솔론(Solon, B.C. 639~559)에 의해 그 기초가 확립되었다. 귀족정치와 민주정치를 조화한 솔론의 입법은 자유민의 교육이라는 교육이념에 부합한 것이었다.

교육과정을 살펴보면, 7세까지 가정에서 부모나 유모로부터 도덕이나 관습, 종교에 관한 것들을 교육받았다. 7세에서 16세까지는 형식학교의 시초인 사립체육학교(Palaestra)와 사립음악학교(Didascaleum)에서 체조와 레슬링 등과 3R's(Reading, wRiting, aRithmetic), 시, 악기연주 등을 익혔다. 16세부터는 공립체육장인 김나지온(Gymnasion)에서 강도 높은 신체훈련과 공동생활습관 및 애국심을 함양했으며 18세 이후에는 군대식 조합인 에페베(Ephebe)에 가서 시민교육을 받았다.

아테네교육의 특징은, 첫째 시민의 책임의식과 심신의 조화적 발달을 이상으로 하는 인본주의 문화를 이루는데 기여하였다. 둘째 교육적 책임이 가정으로부터 시작되었으며 부모가 최초의 교육자였다. 셋째 교육은 신체적, 지적, 정서적인 발달의 조화를 추구하였다. 그러나 이와 같은 교육풍토는 페르시아 전쟁에서 승리를 거둔 후 변화하였다. 후기 아테네의 교육목적은 개인의 능력을 발달시키는데 있었으며 행동의 인간보다는 지성의 인간육성에 전력을 기울였다. 이리하여 교육의 행동적, 시민적 측면은 거의 등한시되고 오직 지적 교육에만 치중하였다. 이것은 개인주의와 출세주의로 흐르게 되어 건전하고 애국적인 사회풍토가 약화되었다. 이러한 개인주의적 경향은 소피스트와 같은 주관적, 개인적 학파를 형성시켰다. 이에 대해 소크라테스(Socrates, B.C. 470?~399), 플라톤(Platon, B.C. 427?~347), 아리스토텔레스(Aristoteles, B.C. 384~322)와 같은 철학자들은 개인의 의지와 사회의 요청을 합치시키는 교육을 주장하였다. 그러나 그들의 주장은 그 시대보다는 후대에 많은 영향을 끼쳤고, 결국 아테네는 시민적 공민정신의 도야를 소홀히 함으로써 로마의 실용적 힘에 굴복하게 되었다.

(2) 체육의 목적

아테네에서 체육은 국민생활의 필수적인 요소로 발전하였으며 인본주의 교육의 수단으로 활용되었다. 체육의 목표는 미(美)와 심신(心身)의 조화적 발달이라는 그리스의 이상(理想)과 뿌리를 같이하고 있었다. 체육은 교육의 일반적 이상과 밀접한 관련을 맺고 있었기 때문에 신체단련 뿐 만 아니라 신체를 통한 개성의 발달을 추구하였다.

통치계층은 체육의 목적을 군사력 강화에 두려 하였으나, 철학자나 예술가들은 신체운동을 통한 미적이고 이상적인 인간형성을 강조하였다. 아테네인들은 신체미(身體美)를 중시하여 무기력이나 컨디션의 침체, 불완전한 신체발달 등은 교육이 잘못되었다는 증거이며 굴욕이라고 여겼다. 따라서 이들은 조화와 균형을 갖춘 신체를 만들기 위해 노력하였고, 체육활동은 미적 기준에 따라 이루어져야 한다고 주장했다. 더욱이 오래전부터 그리스인들은 미술, 음악, 문학 등에서 높은 예술적, 문학적 수준을 갖고 있어 신체미나 완전성을 이루기 위한 일정한 형을 발달시켰다. 이들은 힘이나 속도, 지구력, 기록의 수립보다는 운동의 형식, 우아성, 운동기술 등을 보다 중요시하였다. 특히 도덕교육은 체육의 중요한 부분을 차지하고 있었다. 청소년들은 체육활동을 통하여 자기훈련, 용기와 겸손, 결단성과 정의감을 배웠으며, 힘이나 경기의 탁월성보다는 올바른 성격형성을 강조하였다.

페르시아 전쟁 직후 아테네인들은 군사력 배양에 높은 관심을 나타냈다. 이들은 군사력을 강화하기 위해서는 강인한 체력단련이 필수적이라 생각했으며, 그와 동시에 교육자들의 이상인 실천적 인간과 지혜의 인간을 키워야 한다고 믿고 있었다. 그러나 후기에 이르러 아테네인들은 신체능력과 지성을 갖춘 인본주의적 교육이념에서 벗어나 지혜로운 인간을 추구하는 지성교육에만 치중하게 되었다.

(3) 스포츠와 체육활동

아테네는 스파르타와는 달리 체육을 비롯한 모든 교육부문에서 그 부모에게 많은 선택권을 부여하였다. 국가는 체육관 유지비 외에 교육에 대한 재정을 지원하지 않았다.

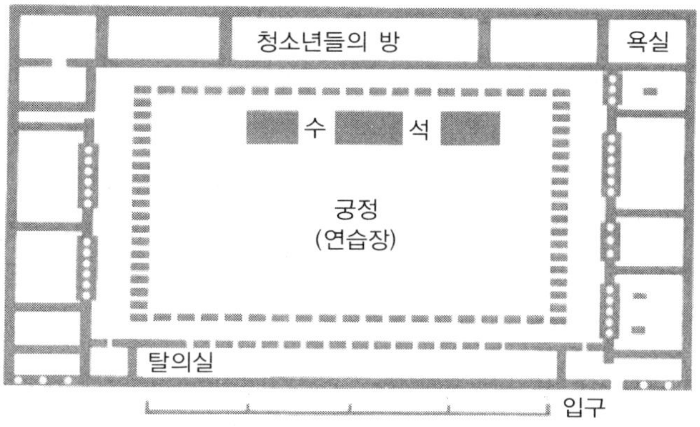

[그림 9] 팔래스트라의 평면도

국가가 결정하는 사항은 취학 연령, 학급의 규모, 도덕교육의 유지 등과 아테네를 위해 전사한 군인 자녀의 교육비를 제공하는 정도였다.

아테네는 스파르타와는 달리 아이가 태어나면 그의 생사문제가 아버지에 의해 결정되었다. 아기는 출생과 더불어 부모에 의해 양육에 대한 적합성 여부를 판정 받는다. 만약 자식이 허약하더라도 잘 보육하여 건강하게 성장하도록 보살필 수 있었다. 가정은 어린이들의 보호와 교육을 담당하는 곳이었다. 흥미로운 점은 아테네의 어머니들이 스파르타 출신의 유모를 고용했다는 사실이다. 그 이유는 그들의 수유(授乳)가 아이들을 강건하게 성장시키고 그들의 아동교육방식이 훌륭하다고 믿었기 때문이다.

어린이들은 7세까지 부모나 유모, 가정교사로부터 예절과 복종심을 익혔고, 영웅이야기나 신화를 경청하거나 각종 놀이를 즐기며 성장하였다. 어린이들은 7세 때까지 각종 놀이와 놀이기구를 이용하여 호연지기(浩然之氣)를 길렀다. 후프돌리기, 굴렁쇠 굴리기, 연날리기, 그네타기, 목마타기, 죽마(竹馬)타기 등에서 숨바꼭질, 물수제비뜨기(Ducks & Drakes), 공놀이에 이르기까지 다양한 형태의 놀이들이 행해졌다. 철학자 아르키타스(Archytas)는 아기용 딸랑이(Rattle)를 창안했다. 팽이, 딱따기(Clapper), 장난감 전차, 장난감 병정 등 많은 놀이기구가 어린이들을 즐겁게 해주었다.

7세가 되면 여자 어린이들은 가정에서 생활하였고, 남자 어린이들은 두 종류의 사립학교에서 교육을 받았다. 그중 팔래스트라(레슬링학교)에서는 5종 경기를 중심으로 수영, 달리기, 도약, 권투, 레슬링, 투원반, 투창, 공놀이 등 각종 스포츠활동을 통해 심신을 연마하였고, 디다스카레움(음악학교)에서는 읽기와 쓰기, 간단한 산술, 문학과 음악을 배웠다. 이들 학교의 수업시간이 어떻게 짜여져 있었는지는 명확히 알 수는 없다. 초기의 팔래스트라는 대개 수영과 목욕이 편리하도록 시냇가에 위치해 있거나 조그만 실기장 하나만을 갖추고 있었고, 후대에는 보다 다양한 시설들을 갖추게 되었다. 규모가 큰 팔래스트라의 경우, 중앙은 레슬링, 권투, 도약, 체조 등을 위한 연습장소로 사용되었고, 주변에는 탈의실과 목욕실, 오락실, 기름이나 모래를 바르는 방, 펀칭백과 펀칭볼을 이용할 수 있는 실기장이 있었다고 한다. 그리고 파이도트리베(Paidotribe)라 불리는 체육교사는 자기 소유의 팔래스트라를 운영하면서 학생들로부터 일정한 수업료를 받았다. 파이도트리베는 보조교사들과 플루트연주자들을 고용하여 교사진을 구성하였다. 그리고 파이다고구스(Paidagogus)라 불리는 늙은 노예는 매일 훈련장을 왕복하며 어린이들의 교육을 보살펴 주었다. 이들은 경호원, 카운셀러, 가정교사의 역할을 담당하였다. 이들 파이다고구스는 전쟁을 통하여 점령지에서 전리품으로 데려온 사람들이 대부분이었다. 팔래스트라는 아테네 전역에 존재하였으므로 어린이들은 손쉽게 각 종목의 기술을 지도받을 수 있었다. 팔래스트라는 국가관리에 의하여 감독을 받는 사립교육기관이었다. 그리고 소년들의 신체훈련의 성과를 보여주는 경기로 헤르메스(Hermes) 제전이 있었다. 많은 소년들은 이 같은 국민적 경기회에 참가하기 위하여 팔래스트라에서 여러 운동기술을 연마하였다.

16세가 되면 공립체육장(公立體育場)인 김나지온(Gymnasion)에 입교하여 다양한 교육과정을 이수하였다. 이곳에서는 기초적인 운동종목 외에 판크라티온(Panklation), 전차경기, 군사훈련 등을 익혔을 뿐만 아니라 애국정신의 함양, 철학적 토론이나 사상의 교환 등 정신교육이나 이론교육을 경험할 수 있었다. 이 기관은 국가에서 운영하고 관리하였다. 18세에 이른 청소년들은 시민권을 획득하기 위해 일정한 자격심사를 받았고, 이 시험에 통과하면 명예로운 아테네 시민으로서의 선서를 다짐하는 공식적인 의식에 참가할 수 있었다.

그 선서의 내용은 다음과 같다.

① 나는 이 신성한 무기를 욕되게 하거나 곤경에 처한 전우를 보고 내버려 두는 일은 결코 하지 않습니다.

② 나는 단독으로 또는 많은 사람들과 협력하여 신전(神殿)과 공중(公衆)의 번영을 위해 싸우겠습니다.

③ 나는 나의 조국을 내가 물려받았을 때보다도 빈약하게 하지 않을 뿐 아니라 위대하고 더 나은 국가로 건설하여 다음 세대에 전하겠습니다.

④ 나는 현행의 제 법규와 이후 시민의 전원일치로 만든 법규를 준수하겠습니다. 만약 누군가 법규를 어긴다면 단독으로 또는 많은 사람들과 협력하여 그의 행동을 저지할 것이며 최선을 다해 법규를 준수하겠습니다.

⑤ 나는 내 부친의 종교를 숭배하고 공경할 것입니다.

이상의 선서에서 거짓이 없음을 아그라울로스(Agraulos), 아레스(Ares), 엔얄리우스(Enyalious), 제우스(Zeus), 타를로(Thallo), 오오크소(Auxo), 헤게모네(Hegemone) 신께서 조람(照覽)하시길!

위의 선서의식을 마치고 시민권을 획득한 18세부터 20세의 청년들은 국가의 요구가 있으면 병역의 의무를 수행하였고, 이들은 2년간 혹독한 군사훈련을 받아야 했다. 첫해에는 변방 주변의 경비를 수행하면서 전투기술이나 전술훈련을 받았고, 2년째에는 군사

[그림 10] 김나지온

훈련과 더불어 실제 군무에 종사하거나 실전에 참여하였다. 전쟁이 없으면 이들은 군 복무 후 철학자, 시인, 극작가, 역사가, 조각가, 상인, 정치가 또는 자신이 희망하는 기타 직업에 종사할 수 있었다.

하지만 그들은 스포츠를 통해 건강, 유희, 품위, 훌륭한 신체, 사교, 덕육에 기여할 뿐 아니라 명예와 명성까지도 얻을 수 있었기 때문에 언제나 자신이 스포츠맨임을 자처했다고 한다. 특이한 사실은 아테네의 운동경기에서 단체경기나 단체정신을 찾아볼 수 없다는 것이다. 이는 그리스 운동문화의 성격이 개인의 자아를 극대화하는 것에 궁극적 목표를 둠으로써 개인의 기량과 지혜를 동원하여 상대와 겨루는 것이 단체경기에 종속되어 발휘되는 개인의 가치보다 더 높다고 생각했기 때문이다.

뿐만 아니라 아테네의 남성들은 충분한 여가시간을 가지고 체육장에서 스포츠를 즐겼다. 초기의 체육장은 대개 시냇가 가까이에 위치하여 레슬링 연습실과 경주로로 나누어졌는데 전자를 팔래스트라, 후자를 드로모스(Dromos)라고 불렀다. 후대에 이르러 천정이 있는 건물에서 여러 종목의 운동을 연습하였는데 이것을 김나지온이라 부른다. 로마의 비트루비우스(Vitruvius)는 김나지온의 시설에 대해 다음과 같이 설명하고 있다. 첫째 기둥이 있는 큰 건물과 회의장을 겸한 뜰, 둘째 팔래스트라, 셋째 스타디온(Stadion : 길이 600피트의 천정이 없는 경주로), 넷째 크시스터스(Xystus : 천정을 갖춘 경주로), 다섯째 에페베(Ephebe : 18~20세 사이의 남성연습장 및 구기장), 여섯째 코리케이온(Korykeion : 복싱과 판트라티온의 연습장) 등이다. 스타디온은 기원전 5세기 중엽에 건립되어 초기에는 지형을 이용하여 경주하는 곳이었으나 후대에 좌석이 배치되었다.

대표적인 김나지온으로 아카데미아(Academie), 리케이온(Lykeion), 키노사루게스(Kynosaruges) 등이 있었다. 아카데미아는 아테네의 영웅 아카데모스(Academos)를 기념하기 위해 건립된 것으로 키케로(Cicero, B.C. 106~43)는 이것을 지상에서 가장 훌륭한 김나지온이라고 말했다. 이곳은 아테네 동북쪽에 세워진 가장 신성한 장소로 여겨졌다. 여기에서 플라톤이 학생들을 가르쳤기 때문에 플라톤 학파를 아카데미 학파라고도 한다. 이후 문학, 철학, 미술, 신학 등을 연구하는 회합이나 학교를 모두 아카데미라고 부르게 되었다. 리케이온은 빛의 성림(聖林)이라고도 불리며, 아테네의 동부에 위치에 있었다. 아리스토텔레스가 이곳에서 학문을 가르쳤다. 키노사루게스는 아테네 동부의 헤라클레스의 사당과 함께 있었다. 이곳에서는 부모가 아테네에 있지 않는 소년들을 수용하여 교육하였다. 공립체육장인 김나지온은 사적 기구인 팔래스트라와 유사한 목적과 기능을 갖고 있었지만, 보다 다양한 시설과 체육프로그램으로 인해 비싼 수업료를 필요로 했다.

아테네의 여성들은 스파르타의 여성과는 달리 스포츠활동이 활발하지 않았고, 건강한 신체나 활달한 기상을 지니지도 않았다. 이들은 단순히 읽기와 쓰기를 어머니나 유모로부터 익혔고, 그 밖에 가사에 관련된 김쌈이나 요리법, 바느질이나 가사정리법을 배웠을 뿐이다.

아테네 전기에는 교육을 담당하는 전문적인 국가관리가 별도로 정해져 있는 것이 아니라 최고재판소인 아레오파구스(Areopagus)에서 전반적인 시민업무를 관장하면서 교육에 대한 감독권한을 행사하였다. 그와 더불어 행정관들이 특별한 축제나 경기에 대한 감독이나 행정업무를 맡았다. 횃불경주에 출전하는 소년들을 선발하고 코치에게 보수를 지급하는 짐나시아르크(Gymnasiarch), 큰 축제에서 공연할 50명의 젊은이와 50명의 성인들을 선발하여 두 그룹의 합창단과 무용단을 조직하는 코라구스(Choragus), 국가에서 필요한 선박을 제조하거나 보트경주를 준비하는 트리에라크(Trierarch) 등이 있었다.

후기 아테네의 스포츠와 체육은 변화하는 시대상황을 반영하고 있었다. 이때에는 활동적인 인간보다는 지혜로운 인간에 대한 가치를 더 높이 평가했기 때문에 스포츠와 체육 분야가 침체되었고, 신체능력이나 운동기술에 대한 가치를 인정받지 못하였다. 지나친 주지주의(主知主義)의 성향, 군사력의 쇠퇴, 경기의 직업화 등은 당시의 스포츠와 체육에 대한 국민적 무관심을 대변하는 현상들이다. 이런 현상은 교육현장에서 뚜렷하게 나타났다. 7세 때까지는 가정에서 부모로부터 가정교육을 받고, 7~13세의 소년들은 사립 팔래스트라(레슬링 학교)에 입교하여 신체훈련을 받던 전기와는 달리 후기에는 팔래스트라의 인기가 쇠퇴하였다. 14세부터 16세까지는 지적(知的) 과목들에 대한 강의만을 받았으며 16세 이상의 청소년들은 수사학과 철학과 같은 고등의 이론지식을 학습하였다. 18~20세 때에는 군사훈련을 이수하게 하였다. 초기에 증가하는 학생들을 다 수용할 수 없었던 팔래스트라는 후기에 보다 호화로운 시설과 설비를 갖추었으나 정원이 차지 않았고, 결국 유흥을 위한 장소로 탈바꿈되었다. 그와 더불어 김나지온은 체력을 단련하는 장소가 아닌 유흥지로 변모하였다.

이제 스포츠는 신체를 강인하고 활기 있게 단련하거나 체육을 통해 도덕적으로 건전한 국가건설이라는 목적에서 벗어나 보수를 받는 직업선수들의 경기를 통해 시각적인 욕구를 충족하는 수단으로 변모하였다. 시민들은 스포츠에 직접 참여하기보다는 직업선수들에 의한 경기관람을 즐겼다. 직업선수들이 등장하면서 유명한 코치들이 출현하게 되었고, 이 코치들은 지망생들이 많아 넉넉한 지원을 확보할 수 있었다. 후기 아테네인들은 신체단련을 통한 건강의 유지보다는 식이요법, 해부학, 물리학 등을 통한 건강 유지에 더 많은 관심을 나타냈다. 이런 이유로 체육교사들은 의료체육(Medical Gymnastics)에 관심을 갖기 시작했는데, 이로 인해 체육교사들은 의학의 영역을 침범하려는 무지한 협잡꾼이라는 비평을 받기도 했다. 결국 아테네인들은 운동부족과 사치스런 생활이 심화되었고, 운동경기는 돈을 버는 수단으로 전락하였다. 이런 상황에서 각종 스포츠제전(體育祭典)은 직업적, 상업적으로 흘러버렸고, 우승한 선수들에게 주어졌던 소박한 월계관(月桂冠)은 비싼 상품으로 대체되었으며, 명예를 걸고 도시국가를 대표하던 경기자들은 물욕(物慾)에 사로잡혀 금전에 매수되는 등 신성했던 올림피아 정신은 타락하고 말았다.

아테네가 그리스 국가들 중 제일가는 스포츠강국은 아니었지만 축제에 대한 애정이 가장 깊었다 할 수 있다. 경기종목도 다양하고 그 수가 많았으며 범 그리스적인 제전에도 적극 참여하였다.

(4) 마라톤(Marathon)의 유래

마라톤 경기는 페르시아 전쟁(B.C. 492~479)에서 그 기원을 찾을 수 있다. 페르시아 전쟁은 그리스와 페르시아 사이에 일어난 동서간의 충돌이었다. 페르시아는 이집트를 멸망시키고 전 오리엔트를 통일한 후 소아시아 지역으로 진출하여 그리스 식민시를 점령하였다. 그리고 이오니아의 상권을 억제코자 페니키아 상인들을 보호하고 다시 그리스 본토를 침입할 것을 계획하였다. 페르시아의 다리우스(Darius, B.C. 558~486) 1세는 자신의 세력을 크게 떨쳐 그리스를 정복하기 위해 기원전 492년 전함을 파견하였다. 하지만 그리스로 향한 페르시아 함대는 도중에 폭풍을 만나 함대가 침몰하면서 실패하였다.

제1차 그리스 원정에 실패한 페르시아(Persia)는 기원전 490년 재침(再侵)을 시도했다. 보병 10만명과 기병 1만명이 60척의 함선에 분승하고 에게해를 횡단하여 그리스 본토의 아티카 지방의 마라톤 평야에 포진하였다. 마라톤은 아테네로부터 동북쪽 22마일 지점에 위치한 지역이다. 동쪽은 바다에 접하여 있고 다른 3면은 험악한 산으로 둘러싸인 협곡으로 대군이 진을 치기에는 적절치 못한 지형적 조건이었다. 페르시아 대군의 침공을 알게 된 아테네는 페이딥피데스(Pheidippides)를 특별 전령으로 스파르타로 급파하여 지원을 요청하였다. 페이딥피데스는 아테네에서 스파르타까지 150여 마일을 35시간에 주파하여 참전요청을 하였으나, 스파르타는 보름 이전의 출전은 불길하다는 신탁을 믿고 이를 거절하였다. 이에 아테네는 가리고마스 대원수의 지휘 아래 밀티아데스(Miltiades) 장군으로 하여금 1만여명의 군사를 페르시아 군대주변의 마라톤 평야의 산악에 포진시켰다. 9일째인 9월12일 아테네군은 공격을 개시하여 격전을 거듭한 결과 페르시아 대군을 대파하였다. 이 승전의 소식을 아테네 시민들에게 알리기 위해 페이딥피데스를 아테네로 급파하였다. 마라톤 평야에서 아테네까지 22마일의 험한 산과 들을 전력으로 뛰어 아테네에 도착한 페이딥피데스는 성내에 들어서자 시민들에게 "우리 군대는 승리했다" 라는 외침을 남기고 숨을 거두었다. 오늘날 마라톤은 이러한 고사(古史)에서 유래된 스포츠이다. 페이딥피데스의 위대한 역할 수행을 기념하기 위해 1896년 제1회 그리스 올림픽에서 처음으로 마라톤이 채택된 이후 이 경기는 현재에 이르고 있다. 그리고 현재와 같은 마라톤 거리는 1908년 제4회 런던올림픽에서 실시된 코스를 기준으로 설정되었다.

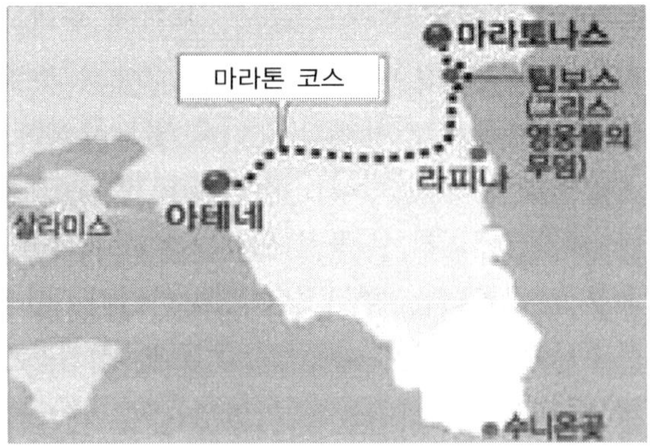

[그림 11] 마라톤 코스

(5) 그리스 철학가들의 체육관

고대 그리스는 인류 역사상 신체문화가 가장 번성했던 시대라 할 수 있다. 헬레네인들은 다양한 스포츠 활동을 통해 일상생활의 중요한 신체문화로서 계발시켰으며 이렇게 고도로 발달한 스포츠문화는 그 사회에서 사상적으로나 철학적인 측면에서 상당한 관심과 평가를 받았다.

폴리스가 고도로 발전된 시기에 교육이 정비되고 스포츠가 폴리스의 역사적 필연성과 사회적 필요성 위에서 독자적인 전개가 이루어져 제전경기가 활발히 개최되고 있을 때 동방으로부터 강대한 페르시아가 서방을 압박하였다. 소아시아 서해안의 이오니아 식민지에 대한 압력은 그리스를 흥망의 위기로 몰아넣어 갔다. 기원전 5세기 초 페르시아의 그리스 침공이 더욱 격심해지면서 양대 세력간의 항쟁이 치열해졌다. 결국 그리스는 페르시아를 격퇴하고 기원전 450년경을 정점으로 아테네의 재상 페리클레스의 치하에서 그리스 최고의 전성기를 맞이하였다. 그러나 이러한 대외적인 승리는 아테네와 스파르타의 대립을 촉진시켜 양 폴리스를 추종하는 동맹국들 간의 대립이 격화되어 그리스의 쇠퇴를 초래하였다. 펠로폰네소스전쟁(B.C. 430~404)은 양 세력 간의 패권의 쟁탈전에서 비롯된 사건이었다. 그와 더불어 사상적 위기가 도래하고 있었다. 페르시아의 압박을 받던 이오니아인들이 본국으로 철수해오는 사태가 일어났다. 그 결과 전통적이고 보수적인 측면과 개인주의적이고 자유주의적인 측면이 조화를 이루었던 아테네 사상은 이오니아 사상과 대립하게 되었다. 그 대표적인 것은 소피스트(처음에 지자였지만 후에 궤변가로 불림)로, 그 상대주의적인 인식론은 약한 의논을 강하게, 강한 의논을 약하게 하는 공리주의를 낳아 데모크라시는 중우정치로 타락해, 결국 소크라테스를 사형에 처하게 했다. 이러한 사상적 위기에 완강히 저항했던 소크라테스의 사형은 그의 젊은 제자인 플라톤을 탄생시켰으며 사상가로서의 플라톤은 이상을 늘 페리클레스의 번성기에서 구하여 이상국가론으로서 국가론을 저술하게 되었으며, 시대는 크게 전환기를 맞아 그리스 사상이 총합 또는 조직되었다. 또한 플라톤의 제자인 아리스토텔레스는 스승과 함께 그리스 최고의 사상가가 되어 후세에 큰 영향을 끼쳤다.

① 소크라테스(Socrates : B.C. 469~399)

소크라테스는 신체의 단련을 청소년 교육의 중요한 내용으로 강조하였다. 소크라테스의 체육관은 그의 제자 크세노폰(Xenophon : B.C. 432~355)의 저서 〈소크라테스의 회상〉에 잘 소개되어 있다. "모든 시민은 체육의 문외한(門外漢)이 되어서는 안된다. 자신의 신체가 가장 바람직한 조건을 유지하도록 해야 하며, 유사시에는 국가의 부름에 기꺼이 참여해야 하는 것이 시민의 의무이다. 육체의 미(美)와 힘은 단련에 의하여 얻어진다. 그것을 이루지 못하고 늙어가는 것은 수치스러운 일이다."

또한 소크라테스는 "인간의 모든 일은 신체의 도움이 필요하며, 신체활동을 요구하는 모든 일을 위해 중요한 것은 우수한 체력을 소유하는 것이다. 사색이나 명상 같이 신체의 활동이 극히 적은 경우에도 신체가 건강하지 못하면 과오를 범하게 된다는 사실을 명심해야 한다. 따라서 좋은 신체를 가진 사람은 극히 안전(安全)하다." 고 주장하였다. 하지만 그는 "신체는 정신의 종복(從僕)이다." 라고 하여 인간의 혼, 정신, 마음을 신체의 주인으로 보고, 육체는 그 지시를 받는 하인으로 간주하였다.

② 플라톤(Platon : B.C. 427~347)

플라톤은 원래 다른 이름을 가지고 있었다. 플라톤이라는 이름은 레슬링 교사가 그의 어깨가 매우 넓었기 때문에 붙여준 데서 연유한다. 플라톤은 체육과 지육(知育)의 조화적인 발달을 강조하면서 "건전한 정신과 국가가 필요로 하는 신체 건강한 사병을 육성하기 위해서는 체육이 강조되어야 한다." 고 믿었다.

그의 저서 〈국가론(Republic)〉의 제3권에서 "운동훈련과 음악은 어린 시기에 깊은 관심을 가지고 지도해야 하며 어린 시절동안 꾸준히 계속적으로 이루어지지 않으면 안 된다." 그의 또 다른 저서 〈프로타고라스(Protagoras)〉에서는 다음과 같이 주장하였다. "어린아이들은 체육교사에게 보내 건강한 신체를 유지케 하여 고결한 정신으로 봉사하게 하며, 신체가 허약하여 전쟁이나 어떤 상황에 처해 비굴한 행동을 하지 않도록 해야 한다." 고 주장하며 체육은 덕육(德育)을 완성하는 수단이 되어야 한다고 했다. 또한 "도덕적 가치는 신체적 가치보다 더욱 우월하다. 악덕(惡德)은 그릇된 교육과 불건전한 신체 상태에서 오며 체육은 건강한 신체의 유지와 개선 그리고 악(惡)의 박멸에 도움이 된다." 고 주장했다. 플라톤의 교육이론에도 운동의 중요성이 강조되어 있다. 창던지기, 활쏘기, 말타기 등에 숙달하도록 국립학교에서 지도해야 한다고 주장했고, 7~14세의 어린이는 학교에서 가벼운 운동 연습을 교육받고 그 뒤 문학을 공부하여 도덕성을 함양해야 한다고 말했다. 하지만 그는 정신이 건전해야 신체도 건전하게 된다는 사고방식에 기초하여 체육의 중요성을 강조하였다.

③ 아리스토텔레스(Aristoteles : B.C. 384~322)

아리스토텔레스는 정신의 건강은 신체의 건강에 의존하므로 신체교육은 지성교육보다 우선적으로 행해야 하며 신체활동은 젊은이들에게 용기와 좋은 습관을 기르게 할 뿐 아니라 감정을 다스리는 수단이 된다고 하였다. 그는 젊은이들을 힘세고 건강하고 조화된 인간으로 육성하기 위해서 체육이 필수적이라고 믿었다.

그는 "신체교육은 지성교육보다 먼저 실시해야 한다. 이것은 당연히 먼저 어린이들의 운동훈련을 위하여 훈련자의 역량에 맡겨져야 할 것이다. … (중략). 어린이들이 사춘기에 이르기까지는 그의 성장에 장애를 주지 않도록 나쁜 음식을 금해야 한다." 고 하였고, "건전한 정신은 신체적 상태에 의존하며 청년들의 도덕적 기초는 체육에 의해 발달할 수 있다" 고 하였다. 또한 "신체훈련을 통해 좋은 습관을 익히고 용기를 길러야 하며 자기의 정열(情熱)과 욕망을 통제해야 한다." 고 말했다. 그는 체육 자체를 위한 체육은 장려하지 않았지만 건강, 남성미, 힘, 기민성 등과 같은 체육의 역할과 목적은 인정하였다. 하지만 그는 체육의 중요성을 인정했지만 문학과 음악 다음으로 생각했고 체육의 군사적 가치를 강조하였다.

④ 히포크라테스(Hippocrates : B.C. 460?~375?)

의학의 아버지라 불리는 히포크라테스는 신체적인 문제를 철학적으로 다루었다. 그는 병의 원인이 부적당한 식사로 인한 소화되지 않은 잔류물 때문에 적절한 식사를 권장했으며 신체훈련이 건강의 조건임을 주장하였다. 특히 환자들이 병이나 허약으로부터 회복하기 위해서 체육장에서 운동할 것을 권하고 있다. 또한 그는 지나친 운동은 오히려 신체의 조절에 해가 되므로 적절한 신체훈련의 필요성을 역설하였다. 그래서 그는 "의료 마사지(Massage)를 너무 지나치게 하면 신체를 경화시키고, 또 너무 경미하게 하면 체력이 소모되고, 적당히 하면 신체를 조정한다." 고 말했다.

그리스의 사상가들은 신체와 정신의 조화적 발전을 추구하면서도 신체와 정신을 구분하여 생각하는 이원론적 신체관을 주장하였고, 체육이 이상국가(理想國家)실현을 위해 중요한 역할을 한다고 믿었다. 하지만 그들은 정신을 육체보다 늘 우위에 두어 신체를 정신의 충실한 종으로 삼으려 했다. 소크라테스와 플라톤은 고대 아테네사회를 동경하면서 신체운동의 가치를 도덕적, 교육적인 견지에서 인정하는 동시에 모든 일을 감당하기 위해 신체능력을 향상시키는 일은 시민의 의무라고 생각하였다. 아리스토텔레스와 히포크라테스 또한 신체훈련의 필요성을 역설하면서 자연과학적인 입장에서 신체훈련의 주의와 효과에 대해 논하고 있다.

4. 제전경기(祭典競技)

고대 희랍인들은 종족의 다양성과 지리적 특성으로 인해 폴리스라고 하는 독립된 도시공동체를 형성하여 독특한 문화를 형성해 나갔다. 그들은 비록 별도의 도시국가를 형성하였지만 동일한 조상인 헬렌(Hellen)의 후예라는 동족의식으로 자신들을 헬레네스(Hellenes), 자신들의 터전을 헬라스(Hellas)라 불렀다. 이것은 모든 폴리스인들이 범그리스인이라는 민족공동체의식을 갖게 하였다. 이러한 공동체의식을 확인하고 강화하는 대표적인 수단이 바로 제전경기였다. 제전경기는 동족 간의 불신과 대결을 지혜롭게 해결하고 폴리스 간의 우애를 다지는 평화제전이었다. 이 국제적 규모의 제전경기를 통해 신들을 위로하고 국운과 인간들의 길흉화복을 기원하였다.

신들의 영예를 위한 헬레네의 휴일에는 성대한 체육행사가 열렸다. 그리스의 각 지방에는 독자적으로 자신들의 고유한 신을 위한 제전경기가 존재하였으나 핀다로스(Pindaros, B.C. 522~443)에 의하면 신성한 모임으로서 도시국가 전체가 참여하는 올림피아제, 피티아제, 이스트미아제, 네메아제가 있었으며 이들을 4대 제전이라고 불렀다고 한다. 특히 올림피아제는 범 헬레네경기 중에서 가장 조직적이고 국제적인 대회로서 약 1,200년간의 장구한 세월동안 지속된 행사였다. 올림피아 제전은 근대올림픽의 부활에 지대한 영향을 미쳤다.

1) 올림피아(Olympia) 제전경기

올림피아 경기는 제우스신을 찬양하기 위해서 행해진 고대 그리스 최대의 범민족적 제전이었다. 이 경기는 4대 제전경기 중 가장 유명한 제전으로 그리스 펠로폰네소스반도 서해안에 위치해 있는 엘리스의 올림피아 평원에서 개최되었다. 제1회 대회가 기원전 776년 개최된 이후 4년마다 한번씩 293회를 거듭해오다가 서기 394년 로마황제 테오도시우스(Theodosius)에 의해 폐지되었다. 기원전 776년 이후로 그 다음 4년간을 올림피아드라 부른다.

대회기간은 초기 1일에서 7~8 올림피아드부터 3일이 되었고, 후기에 5일간 경기가 지속되었으며 제전 시기는 7~9월의 한 여름에 만월을 중심으로 하여 제전이 열렸다. 이때를 전후하여 운동선수, 농부, 귀족, 정치인, 외교사절, 철학자, 문학가, 예술인 등 그리스에 살고 있는 모든 직종의 사람들이 경기장 주변으로 모여들어 대규모의 시장이 형성되었고 올림피아 평야 부근에는 임시숙소(천막도시)가 마련되었다.

[표 2] 제전경기의 개요

제 전 명	장소, 개최년월	경 기 종 목	상 품
(1) 올림피아(Olympia) ○ 주신 : 제우스(Zeus) ○ B.C. 776~A.D. 393	○ 펠로폰네소스 반도 서북부 엘리스의 구로노스 산록 ○ 올림피아드 제1년의 8월 ○ 4년마다 개최	1) 스타디온 2) 2스타디온 3) 장거리달리기 4) 5종경기(달리기, 넓이뛰기, 창던지기, 원반 던지기, 레슬링) 5) 레슬링 6) 무장경기 7) 판크라티온 8) 달리기(소년) 9) 레슬링(소년) 10) 무장경기(소년)	처음에는 사과의 열매였으나 7회부터 델포이의 神話宣言에 의해서 야생의 올리브의 冠을 수여.
(2) 피디아제(Pythia) ○ 주신 : 아폴로(Apollo) ○ B.C. 582~ ○ 8년마다 지방음악제를 전 그리스제로 개조	○ 델포이(Delphoi) 또는 피토오(Phtho) ○ 올림피아드 3년째의 8월 ○ 4년마다 개최	○ 올림피아 제전경기 종목과 같음. ○ 별도로 음악제를 실행	월계수 잎의 관 (Dephne)
(3) 이스트미아제(Isthmia) ○ 주신 : 포세이돈 (Poseidon) ○ B.C. 581~(지방제를 개조)	○ 코린트(Corinth)지협의 동부 ○ 올림피아드 2년째와 4년째의 4월 ○ 2년마다 개최	올림피아제와 같이 많은 소년 및 성인의 경기 실행	오란다 밋바의 건조된 잎의 관(Selinon)
(4) 네메아제(Nemea) ○ 주신 : 제우스 ○ B.C. 573~(지방제를 개조)	○ 펠로폰네소스 반도의 동북부 네미아의 필리우스 언덕 아래의 계곡 ○ 올림피아드 2년째와 4년째의 7월	이스트미아제와 같이 소년 및 성인의 경기 실행	오란다 밋바의 신선한 잎의 관

[표 3] 올림피아제의 연표

올림피아드	연호	경기 기사	時代區分	역 사 기 사
1	776	-엘리스의 코로보스, 단거리 우승	발전시대 ~468	
7	752	-올리브의 관을 우승자에게 줌		
8	748	-피자가 주최함		
14	724	-중거리경주 추가		
15	720	-장거리경주 추가		
18	708	-5종경기와 레슬링이 추가		
25	680	-올림피아 경기일수가 2일로 되다. 소년경기 도입, 사두마차경주 추가		
33	648	-경마와 격투추가		
34	644	-피자가 주최함		
37	632	-올림피아 경기일수가 3일로 되다. 청소년경기의 단거리와 레슬링 추가		
38	628	-소년 5종경기가 추가		
41	618	-청소년경기의 권투 추가		
O	582	-피티아제가 시작됨		솔로몬의 개혁(594)
O	581	-이스트미아제가 시작됨		
O	573	-네메아제가 시작됨		
65	520	-무장경주 추가		페르시아 통일(525)
70	500	-노새 쌍두마차경주 추가		
71	496	-상대를 치사케한 권투선수 우승 취소		페르시아 전쟁(490)
76	476	-사라미스의 용장 데미스트크레스가 올림피아에서 송찬되었음		델로스 동맹(477)
78	468	개최일수가 5일로 연장 심판 9인으로 증원	황금시대 ~406	헤로도투스가 올림피아에서 〈역사〉를 발표(444) 페리클레스의 정치(444~429) 아테네의 황금시대(445~431) 파르테논 신전 완성(404)
96	396	-심판에게 항의하는 사건이 발생. 나팔수와 포고인의 경연	저하시대 (371~338)	펠로폰네소스전쟁(431~404) 테베.스파르타 격파
98	388	-경기자에게 벌금을 부과함		테베의 몰락(362)
103	368	-심판이 12인으로 증원		필립왕, 아테네와 테베 연합군
104	364	-피자가 주최		격파(338)
112	332	-상대에게 증회한 아테네선수 처벌됨. 그 사건으로 아테네의 참가를 불허	쇠퇴시대	알렉산더 희랍 통일(334) 로마 이태리반도
113	328	-제우스신전 수리		통일(270)
128	268	-망아지 쌍두마차경주 추가		로마, 카르타고 격파(241)
131	256	-망아지 경주 추가		
145	200	-소년 격투 추가		마케도니아 멸망(182)
	158	-제우스 신전을 수리		
175	B.C80	-술라가 희랍의 선수를 로마에 초청하여 청소년경기만으로 개최		네로 치세 (B.C.54)
	A.D60	-네로덴 경기 거행		로마의 대화 (64)
221	67	-네로는 경기를 2년간 연기시켜 개최 음악경연을 추가		
	153	-올림피아에 수도시설을 설치		기독교 공인 (313)
291	385	-야만인 선수가 참가		로마제국의 동서
293	393	-테오도시우스황제에 의해 경기 금지		분열 (396)

이 경기의 몇 가지 특색을 살펴보면, 첫째 경기 자체를 신성시하였으며, 선수의 참가 자격은 그리스 시민권을 가진 남자로 제한하였다. 운동경기의 각종 레이스(Race)는 제우스 제단의 펠롭스(Pelops)의 무덤에 이르는 들판에서 진행되었다. 관중들은 들판의 비탈진 곳에서 관람했고 데메테르(Demeter)의 여사제(女司祭)를 제외하고 모든 여자들의 관람은 금지되었다. 둘째 올림피아 왕관의 영예는 그리스 출생의 가난한 시민들도 획득할 수 있었으며 신분의 고하를 가리지 않고 올림피아 왕관을 선망할 수 있음을 볼 때 민주적인 측면을 포함하고 있었다. 운동경기에는 귀족과 농민층이 동등한 자격조건 하에서 경쟁이 이루어졌다. 그러나 생계의 어려움이 있어 연습을 충분히 할 수 없는 가난한 시민들보다는 부유한 시민계층이 유리한 입장이었을 것이다.

셋째 올림피아 경기가 열리는 기간 동안 전쟁 중인 모든 부족들은 평화를 위해 휴전하도록 되어 있었다. 경기 시작되기 11일 전부터 그리스 전역에 휴전이 선포되어 경기가 종료될 때까지 전쟁이 중단되었다. 이는 각 폴리스간의 정치적인 대립과 경쟁을 잊어버리고 모든 그리스인들이 평화, 애국, 충성, 친목, 단합, 민족의 자부심으로 단결되어 동족의식을 자각하는 계기가 되었다고 볼 수 있다. 넷째 이 축제는 헬레네 전 도시국가의 축제요 문화교류의 대교역장이었다. 운동경기와 병행하여 문화적 예술적 행사가 다채롭게 이루어졌고 역사가, 철학가, 변론가, 화가, 조각가들은 그들의 사상과 작품을 공개 발표하였다. 아울러 이 제전은 각 폴리스간의 정치, 경제, 군사 등을 논하는 외교적 기능까지도 포함하고 있었다. 다섯째 올림피아의 경기자와 우승자는 명예의 상징이었다. 이 경기의 승자에게 수여되는 상품은 7회 이후부터 올리브의 수관으로 매우 간소했다. 이후 경기가 성대해짐에 따라 출신 폴리스로부터 시와 조각상이 증정되었고, 기원전 4세기 이후에는 상업적으로 타락하였다. 그러나 경기 참가자나 우승자는 본질적으로 명예를 숭상하였다.

고대 올림픽경기가 본질적으로 제우스신을 숭상하는 종교적인 측면을 내포하면서 우승자를 표창하는 축전행사였으나 이 경기는 그리스인의 사상과 예술, 경제와 정치생활과 밀접한 관련을 가지고 있었다. 따라서 다양한 장르를 포함하고 있는 국제적인 문화행사로 범국가적인 차원에서 평화와 화합을 도모하려는 최초의 시도였다고 볼 수 있다.

2) 피티아(Pithia) 제전경기

피티아제는 올림피아제에 이어 두 번째로 중요성을 지닌 축제로 평가된다. 원래 이 축제는 아폴론(Apollon)신을 기념하기 위한 음악경연대회에서 비롯되었는데 올림피아제의 경기종목이 추가되었다. 따라서 이 제전은 음악적인 요소가 강하게 나타났다. 피티아 축제는 기원전 582년 시작되어 델피의 아래쪽 평원에서 4년에 한번씩(올림피아드

3년째) 개최되었으며 주요 경기종목은 전차경기와 경마였다. 그러나 이 경기는 기원전 4세기경 폐지되었다. 다른 세 개의 제례경기가 모두 펠로폰네소스반도에서 개최되었으나 이 대회만은 델피에서 개최되었다. 승자에게는 월계수관을 수여하였다.

3) 이스트미아(Isthmia) 제전경기

이스트미아제는 아테네인들에게 인기 있는 경기로 운동경기는 물론 기마단 및 음악 활동도 함께 벌어진 다채로운 행사였다. 이 제전은 바다의 신 포세이돈(Poseidon)을 기념하기 위한 제전으로 기원전 581년 시작되어 매 2년마다(올림피아드 2년과 4년째) 고린트에서 개최되었다. 이 축제 때에는 주로 육상, 승마, 음악 등의 경기와 바다의 신 포세이돈을 위해 보트경주가 열렸다. 우승자에게는 화란춘(和蘭椿)의 관(건조된 잎)을 수여하였다. 이 대회는 플라톤이 레슬링 경기에 출전하여 우승한 것으로 알려져 있다.

4) 네메아(Nemea) 제전경기

네메아제는 코린트 만의 남서쪽으로 약 4Km 떨어진 아르골리스에서 매 2년마다(올림피아드 2년째와 4년째) 제우스를 기념하기 위해 열렸다. 이 제전은 기원전 573년부터 시작되었으며 이스트미아 축제와 같이 소년경기와 성인의 경기가 함께 열렸다. 우승자에게는 인상적인 의식과 더불어 머리 위에 화란춘의 관(오란다 밋바의 싱싱한 잎)이 상품으로 수여되었다.

5) 운동경기 종목

올림피아의 제전경기에서 행해진 경기종목은 해를 거듭할수록 그 수가 증가하였다. 대표적인 경기종목으로는 경주(B.C. 776), 레슬링(B.C. 708), 5종 경기(B.C. 708), 권투(B.C. 688), 전차경주(B.C. 680), 경마(B.C. 648), 판크라티움(B.C. 648), 무장경기(B.C. 520) 등이 있었다.

(1) 달리기 경주

달리기 경주는 가장 오래되고 중요한 종목으로 스타디움의 거리에 의해 경주거리가 결정되었다. 이 경기는 올림피아 경기에서 독자적인 종목이자 5종 경기의 한 종목으로 실행되었다. 달리기 경주에는 세가지 형태가 있었다. 즉 단거리경주인 스타디온(Stadion 약 200야드 거리), 중거리경주인 디아울로(Diaulos, 2스타디아), 장거리경주인 돌리코스(Dolichos, 7~24스타디아) 등이 있었다. 스타디온은 경주의 길이와 경기종목을 의미하는 말로 오늘날 대경기장의 명칭으로 남아 있다. 기원전 776년 올림피아제에서 실시된 이래 13회(B.C. 728) 대회까지 단일종목으로 행해졌다. 14회(B.C. 724) 대회 때 디아울로가 추가되었고, 15회(B.C. 720) 대회 때 돌리코스가 추가되었다. 경주는 예선 경기를 거쳐 승자들이 본선에서 겨루는 방식이었다. 출발자세는 오늘날의 크라우칭 자세에 비해 몸을 펴는 방식이었으며 고정된 돌 위에서 맨발로 경기에 참여하였다.

(2) 레슬링

레슬링은 고대 그리스 체육 가운데 가장 인기 있고 보편적인 경기종목으로 5종 경기의 한 종목이자 독자적인 종목이었다. 그리스인들은 레슬링이 다른 어떤 운동종목보다도 강인함, 민첩성, 우아함을 나타낸다고 생각하였다. 레슬링에는 기립레슬링(Standing Wrestling)과 접지레슬링(Ground Wrestling)이 있는데 전자가 더 인기가 높았다. 두 선수가 마주본 상태로 서서 상대방을 세 번 넘어뜨리면 승리를 한다. 접지 레슬링은 상대 선수를 쓰러뜨리면서 상대 선수가 항복할 때까지 지속되는 위험성이 높은 경기였다.

(3) 5종 경기

5종 경기(Pentathlon)는 제18회 올림피아제에서 처음 등장하여 특정 종목에 치우치지 않고 전체적인 조화와 균형을 추구하는 그리스인들의 이상에 부합하는 운동종목으로 최고의 만능선수를 선정하는 경기였다. 5개 종목 즉 경주, 넓이뛰기(도약), 원반던지기, 창던지기, 레슬링을 종합하여 최고 성적을 올린 자를 우승자로 하였다. 경기의 진행방식과 우승자 선정에 대하여 논란이 많다.

넓이뛰기는 독립 종목이 아닌 5종 경기의 한 종목이며 오늘날의 넓이뛰기와 비슷하나 다만 관성(慣性)을 조절하기 위해 돌이나 금속 등을 양손에 들고 뛰었다. 이 중량물을 할테레스(Halteres)라 하는데 크기와 무게, 형태가 다양했다. 원반던지기 또한 5종 경기의 한 종목으로만 실시되었다. 표준원반은 잘 다듬어진 돌 또는 금속으로 평평한 둥근 모양이었다. 직경은 약 15~34Cm 정도였고 무게는 약 3~9파운드였다. 오늘날 사용하고 있는 원반의 지름이나 무게는 발굴된 15개의 고대 원반의 평균치로 만들었다. 원반의 투척은 고정된 자세에서 실시되었다. 조각가 미론(Myron)의 '원반 던지는 사람(Discobolus)' 이란 조상(彫像)에서 5종 경기선수들의 신체적 균형, 활력, 우아 등을 엿볼 수 있다. 창던지기는 멀리 던지기와 표적 맞추기의 두 가지 형태가 있었는데 멀리 던지기는 도움닫기를 하여 실시되었고, 표적 맞추기는 도움닫기 없이 행해졌다. 투창은 8~10피트의 길이에 가볍고 끝이 무딘 창을 사용했으며 창대의 중심부에 가죽끈을 부착시켜 던짐으로써 창이 날아갈 때 회전하도록 하였다.

단거리 경주

장거리 경주

레슬링

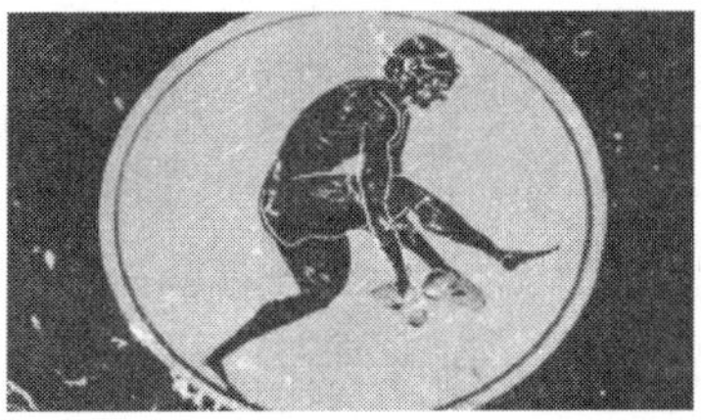
도약

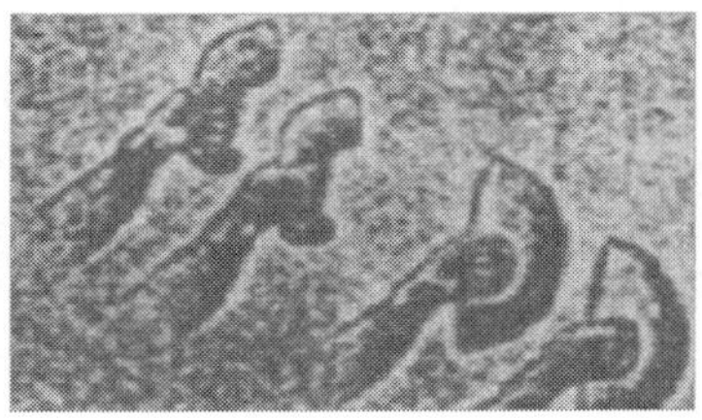
할테에레스의 모양

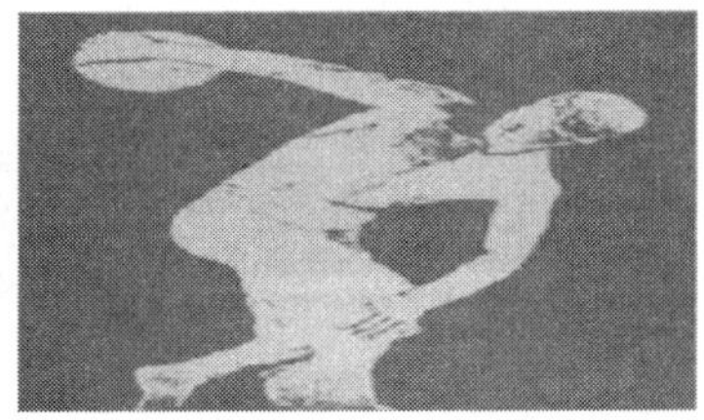
원반던지기는 사람

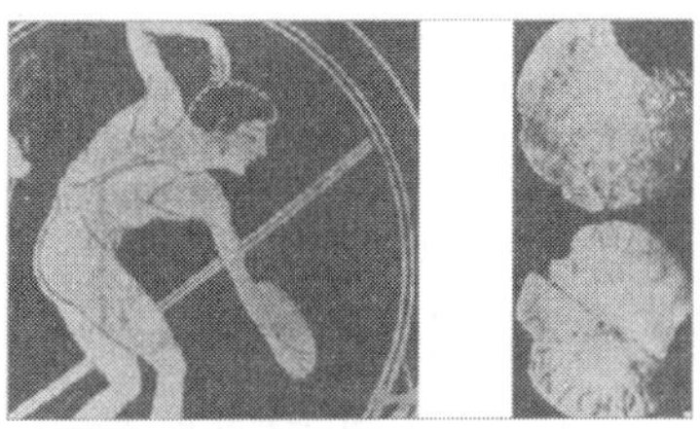
원반던지기와 투원반

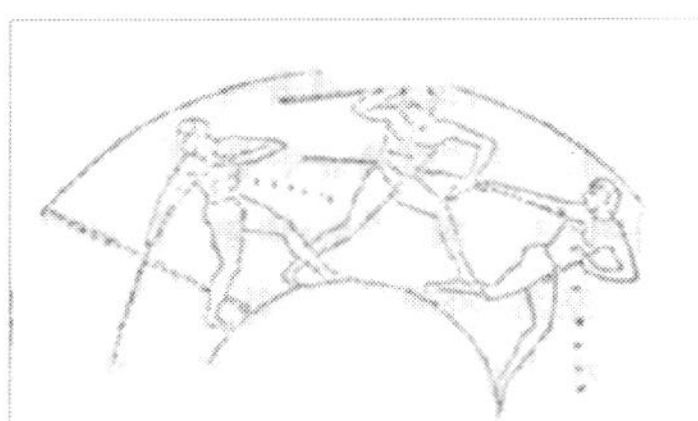
투창

판크라티온

복싱

트레이너

여성무용

[그림 12] 올림피아 경기종목

(4) 권투

권투는 독립종목으로 23회 올림피아제 때 도입되었는데 그 기원은 호메로스시대로 거슬러 올라간다. 즉 아폴론(Apollon)신이 아레스(Ares)신과의 싸움에서 승리한데서 유래되었다. 그리스인들은 권투경기에서 글러브 대신 10피트 길이의 얇은 가죽끈을 손에 둘둘 말아서 사용하였다. 링이나 로프, 경기시간이나 라운드, 심판이 없었으며 경기자들은 주로 머리를 타격했다. 경기자의 한편이 의식불명이 될 때까지 계속되었고 심한 부상이나 심한 피로에 이르렀을 때 중단되었다. 때에 따라서는 경기자가 서로 양해 하에 휴식할 수 있었다. 단 쓰러진 상대방을 공격할 수는 없었고 발차기, 껴안기, 맞붙들기(Clinching) 등은 금지되어 있었다. 또한 체급을 구분하지 않았으므로 선수들은 거의 중량급에 속했고 오늘날의 공격성과는 대조적으로 느린 속도의 방어적 운동경기형태였다. 훈련실습은 오늘날과 비슷하였다. 귀를 보호하기 위해 머리보호구를 착용하기도 했고 연습할 때는 펀칭백(Punching bag)과 같은 보조기구를 사용하였다.

(5) 판크라티온(Pankration)

판크라티온은 33회 올림피아제부터 채택된 격투경기로 권투와 레슬링을 혼합한 원시적이고 난폭한 경기이다. 자신의 신체를 사용하여 가능한 모든 공격방식으로 상대의 모든 급소를 공격할 수 있는 격투기로 위험성과 잔인성이 특징이었다. 권투경기와 같이 체급의 구별 없이 시간제한이나 휴식 없이 상대방이 기권할 때까지 싸웠다. 대축제 때에는 여러 가지 규제, 즉 물어뜯기와 도려내기와 같은 것은 금지시켜 난폭성을 완화시켰다. 이 경기는 상대방이 승복할 때까지 계속되며 오랫동안 성인에게만 실시되었고, 소년들의 경기는 어른의 철저한 감독 하에 행해졌다.

(6) 경마와 전차경주

경마는 기원전 5세기에 주조된 동전에 그려 넣을 정도로 인기가 있는 경기였다. 고대에는 말굽에 편자를 달거나 말안장을 사용하지도 않았으므로 기수는 낙마하는 경우가 많았다. 전차경주는 경마와 마찬가지로 호머시대의 제례경기에서 시작되었다. 쌍두전차, 4두전차, 망아지 쌍두전차, 망아지 4두전차 등의 종목이 들어 있었고 말을 소유하고 유지할 수 있는 부유층에 의해 진행된 경기였다. 4두마차는 열두 바퀴, 쌍두마차와 망아지 4두마차는 여덟 바퀴 그리고 망아지 쌍두마차는 세 바퀴를 돌았다. 마차는 작은 바퀴를 장착한 2륜마차였다. 경마의 경우 몇 바퀴를 돌았는지 확실하지는 않다. 경마나 마차경주는 여성의 참가가 허용되기도 했다. 스파르타의 공주이며 아르키다모스 왕의 딸이자 아게실라오스 왕의 누이인 퀴니스카가 처음으로 마차경주에서 우승하였다고 한다.

(7) 무장경기

무장경기는 기원전 520년 제65회 올림피아 제전부터 실시되어 마지막 날에 개최되었다. 이 경기는 엘리스인들이 전쟁에서 승리한 후 군인들이 무장한 채 경기장에 입장한 것을 기념하여 채택되었다. 초기에는 완전무장으로 실행하였으나 나중에는 투구와 방패를 가지고 행해졌고, 이후에는 방패만 들고 달리는 형태를 취했다.

제5장. 고대 로마의 운동문화

1. 전기 로마의 스포츠와 체육
2. 후기 로마의 스포츠와 체육

로마(Rome)는 이태리반도 중서부 티베르 강변의 라티움(Latium) 평야에 라틴(Latin)족이 세운 도시국가였다. 이후 이태리반도를 기반으로 지중해 세계를 장악하여 대제국을 건설하였다. 로마의 호메로스라 불리는 전설적인 역사가 베르길리우스(Vergilius or Virgil : B.C. 70~19))의 〈아이네이아스(Aeneis)〉에 의하면 로마는 기원전 753년 로물루스(Romulus)와 레무스(Remus)라는 쌍둥이 형제에 의하여 로마 근교에 조그만 도시국가를 건설했다고 한다. 이들 라틴족은 동서로 나누는 이태리반도의 중요한 지리적 위치에서 다양한 정치적 수완을 동원하여 타협과 양보를 병행하면서 주변 세력들을 흡수하였다. 기원전 509년 북방의 에투루리아(Etruria)인을 정복한 후 기원전 275년 이탈리아의 도시국가들을 정복하여 이태리반도를 통일하였다. 시실리아, 코르시카, 사르디니아, 스페인 등의 서지중해를 포에니전쟁으로 정복하고, 기원전 146년 동부 그리스를 로마에 귀속시킨 후 전 지중해를 통일(B.C. 30)하게 되었다. 포에니전쟁이란 서지중해 연안의 패자 카르타고와의 3차에 걸친 전쟁을 말하는데 로마는 이 전쟁에서 최후의 승자가 되어 유럽의 대제국으로 성장하게 되었다.

로마의 문화적 특징을 요약하면, 첫째 왕정(王政 B.C. 753~509)에서 공화정(共和政 : B.C. 509~27)시대를 거쳐 강력한 제정(帝政)시대로 이어지면서 강력한 고대국가를 확립하였다. 둘째 가족제도를 중요시 여겼으며 남편이나 아버지의 권위가 절대적이었다. 셋째 그리스의 문화를 받아들여 자신들의 독특한 라틴적 요소와 융합시켜 한층 종합적이며 보편적 형태의 세계적 문화로 발전시켰다. 넷째 크리스트교를 유럽의 정신적 질서로 정착시켰다. 다섯째 로마법 사상을 통해 법과 권리의 개념을 체계화시켰다. 여섯째 로마인들은 실용적인 이론을 조직화 하여 응용하는데 뛰어난 재능을 발휘하여 훌륭한 도로나 음료수 시설, 뛰어난 건축물을 남겼다.

다음으로 로마인의 성격을 정리한다면,

첫째 실제적이고 현실적이다. 도로, 경기장, 목욕장과 같은 건축물에서 보듯 로마인들은 예술활동보다는 실제적인 정치, 군사, 토목사업에 보다 강한 집념을 가진 민족이다. 둘째 응용능력이 뛰어나고 모방성이 강한 민족이다. 그리스의 우수한 종교, 문학, 철학을 모방하였고 그리스의 신들을 모방하여 로마의 신들을 창조하였으며 로마의 서사시는 호머(Homer)의 시를 모방한 것이다. 셋째 로마인들은 도덕심과 준법정신이 강한 민족이다. 이들은 조직과 관리에서 천재적인 재능을 보인 민족이었다. 유명한 12동판법(Law of Twelve Tables), 자연법(Juscivile)의 법체계가 로마인에 의해 구성되었다. 로마인들은 이런 법을 외우고 실천하기를 힘썼다. 넷째 로마인은 공동체적 단결심이 강했다. 건국 초부터 수많은 전쟁에서 승리할 수 있었던 이유는 공동운명체로써 애국심과 단결력을 지니고 적극 참여했기 때문이다. 다섯째 웅변의 가치성을 높이 평가하고 자유토론과 설득과 대화를 통하여 집단의 의사를 형성하고 반영하였다. 여섯째 대담성을 지녔다. 많은 전쟁에서 이민족과 접하게 되고 그들을 하나로 묶기 위해서는 이민족을 적대시해서는 안 된다는 것을 인식하게 되었다. 대담성 있는 교류를 통해 그들은 세계주의적 성격을 형성할 수 있었다.

로마인들은 성실하고 근면한 개성과 실천력을 지니고 있었으나, 그리스인들이 지니고 있었던 미적 정신이나 깊은 철학적 사고력이 결여되어 있었다. 그럼에도 인류에 대한 실제적 공헌은 지대하였다. 그리스인들이 호기심과 창조력이 우수했던 것에 비하여 로마인들은 매우 정력적이고 유능한 실행가였다.

로마의 역사는 정치형태의 변천을 따라 3기로 구분한다. 왕정시대(B.C. 753~509), 공화정시대(B.C. 509~27), 제정시대(B.C. 27~A.D. 476)가 그것이다. 그러나 교육과 운동문화의 변천과 관련해서는 로마인들의 사상과 관점이 명확히 나타난 것에 근거하여 편의상 두 시기로 구분하는데 공화정시대와 제정시대가 그것이다. 이 장에서는 공화정시대를 전기 로마의 스포츠와 체육, 제정시대를 후기 로마의 스포츠와 체육으로 구분하였다. 전기 로마의 스포츠와 체육은 순수하고 전통적인 로마의 사회조직 및 사상 위에서 비롯된 것에 비해 후기 로마의 스포츠와 체육은 그리스 및 주변 민족들의 문화가 가미됨으로써 순수한 로마의 특색이 사라졌다는 점에서 두 시대의 특징이 구별된다.

1. 전기 로마의 스포츠와 체육

고대 이태리반도에는 많은 민족들이 공동체를 이루어 살고 있었다. 그중 작은 종족 중의 하나인 라티움(Latium)족이 티베르 강변의 7개의 언덕 위에 로마를 건국하였다. 로마는 로물루스를 포함한 7명의 왕에 의해 통치된 것으로 전해지고 있다. 이후 기원전 509년 로마인들은 에트루리아 출신의 왕을 몰아내고 귀족공화정을 수립하였고, 그 원로원(Senatus)에서 2명의 집정관(통령)이 선출되어 실권을 장악하였다. 공화정은 귀족들에게 모든 권한이 집중된 귀족과두정치체제였기 때문에 평민들의 불만이 커져 갔고 이로써 두 계층 간의 대립이 심화되었다. 이 시기에 평민들은 중장 보병으로 밀집대형 전술을 통해 로마의 발전과 대외팽창에 중요한 역할을 담당하였다. 평민들은 전쟁에 참가하여 군복무를 이행한 대가로 일정한 토지를 부여받았고, 보다 많은 권리와 특권을 요구하였다. 기원전 449년 로마 최초의 성문법인 12표법이 제정되어 평민은 민법상 귀족과 동등한 권리를 보장받았고, 기원전 367년 리키니우스 섹스티우스법이 제정되어 집정관 중 한명은 반드시 평민 중에서 선출토록 하였다. 결국 기원전 287년 호르텐시우스법(Lex Hortensia)이 제정되어 평민들은 형식상 귀족들과 동등한 권리를 획득하게 되어 민주공화정이 탄생하게 되었다. 이러한 평민들의 권익은 로마의 대외적 팽창과 더불어 신장되었다. 즉 기원전 509년 에트루리아족의 정복, 기원전 275년 이태리 반도의 도시국가 정복, 기원전 264~146년의 포에니(Poeni)전쟁의 승리로 인한 지중해권의 확보가 그것이었다. 기원전 4~3세기 평민들은 가장 높은 수준의 경제적, 정치적 자유를 향유하였다. 로마가 발전하던 이 시기에 대부분의 사람들이 그들의 소규모 농장을 소유하였고 개인의 특권을 인식하고 있었으며 국가에 대한 책임의식이 매우 강하였다. 그러나 포에니전쟁 이후 다량의 값싼 농산물이 식민지로부터 유입되면서 자영농민들은 몰락해갔다.

1) 교육

전기 로마의 교육은 지적 성취보다는 도덕적, 군사적 교육을 더욱 강조하였다. 그리스인들이 전인으로서 심신의 조화로운 발달을 추구한 것과는 달리 로마인들의 교육적 이상은 일상생활에서 실용적 목표를 달성하는 것이었으며, 교육의 목적은 도덕적, 군사적 측면에서 애국심을 실천하려는 의지와 강인한 체력을 갖춘 젊은 병사를 육성하는데 두었다.

그들은 전쟁수행과 공적인 생활을 영위하는데 필요한 도덕심과 준법정신, 신체단련, 기초적 3R's(Reading, wRiting, aRithmetics)를 주 교육내용으로 하였다. 이러한 교육은 로마 초기에는 학교가 없었기 때문에 주로 가정에서 이루어졌고, 책임 있는 교사는 부모였다. 로마의 아버지는 가족에 대해 절대적인 지배권을 가지고 있었으며 이에 반항할 경우 노예로 만들거나 사형에 처했다고 한다. 로마의 부인들도 자녀교육에 책임이 있었으며 스파르타 부인들보다 더 높은 대우와 존경, 자유를 누렸다고 한다.

부모들은 자식들에게 민족적 자존심과 국가에 대한 복종, 성실, 용기, 근면, 충성, 준법정신, 신과 조상에 대한 숭배의 신념을 주입시켰고, 전투태세의 완비, 행동의 절도, 의사표시의 정확성을 가르쳤다. 이처럼 전기 로마교육은 지식 중심이 아닌 실천 중심이었으며 국가적 공동생활에 필요한 엄격한 윤리적 기준과 신체 중심의 군사훈련이 부권통제(父權統制) 하에서 이루어졌다.

2) 체육의 목적

로마인들은 '로마의 세계 지배'를 신의 선택으로 믿고 있었기 때문에 대제국을 건설하는 수세기에 동안 침략전쟁을 치르며 갖은 고난을 극복해야만 했다. 따라서 교육목적은 국가에 봉사할 수 있는 강건한 군인의 육성이었으며 스포츠의 목적도 국가에 유익한 실천적 인간을 목표로 삼고 유능한 군인을 양성하는데 두었다. 이러한 목적 하에서 로마인들은 체육을 병영훈련이란 실체적 역할로 인식했기 때문에 각종 스포츠는 군사능력을 배양해 주는 수단으로 보았다.

로마의 시인 버질은 그의 작품 〈아이네이아스〉에서 "우리들은 어린 아이가 태어나면 강으로 데려가서 냉수로 단련시킨다. 소년이 되면 폭풍우가 몰아쳐도 개의치 않고 병사훈련에 참가시켜 밤잠을 재우지 않고 말을 타게 하고 활을 쏘게 하며, 어떠한 역경에 처해도 극복하게 한다. 어른이 되면 곡괭이로 땅을 정복하고 전쟁에 참가하여 도시를 진동(振動)시킨다." 고 하였다. 이처럼 로마의 체육은 강건한 체력, 굳센 인내력, 전투에서의 용감성, 팔다리의 기민성을 길러주는 내용이며 동시에 복종심을 강화하는데 있었다. 버질은 로마의 경기와 운동은 오직 힘세고 숙련된 전투원의 양성을 지향하는 것이었다. 형(型)의 아름다움이나 활동의 우아함은 문제 삼지 않으며 전투에 필요한 활력과 무용(武勇)만을 중시하였다고 한다. 그리스인들이 추상적이고 심미적인 스포츠활동에 대해 로마인들은 비능률적이고 낭비적인 행위로 간주하고 실제적이며 실용적인 스포츠활동을 추구하였다. 로마인들은 이상적 인간상으로 트로이의 헥토르를 표본으로 삼았다.

3) 스포츠와 체육활동

전기 로마시대에는 전문적인 교육기관이 부재하여 가정이나 군대, 공공 광장에서만 교육의 기회가 제공되었기 때문에 로마의 아동과 젊은이들은 주로 가정에서 부모의 교육을 받으며 성장하였다. 기원전 300년경 몇 명의 개인교사들에 의해 초등학교가 설립되었지만 학과지도만을 가르쳤기 때문에 마르티우스 평원(Martius Campus) 및 몇몇 군사훈련장들은 체육을 가르치는 학교 내지는 체력단련장의 역할을 담당하였다.

전기 로마의 축제에 등장된 경기는 주로 마차경주, 전차경주, 검투기(劍鬪技 : Gladiatorial contest) 등이었다. 마차경주나 전차경주는 그리스의 축제에서 실행된 것과 비슷하다. 검투사 경기는 유혈적이고 잔인한 경기로 에트루리아인들로부터 전래되어 기원전 264년경 장례경기 때 처음 등장한 이후 호전적인 로마인들의 마음을 사로잡은 경기가 되었다.

로마인들에게도 축제와 운동경기는 생활의 한 부분이었다. 처음에는 농경 축제일을 기해 경기를 열었으나 세월이 흐르면서 종교적 제례경기로 발전하였다. 그 뒤 국가에 의해 공식적인 경기대회로 정착되어 예산을 지원하고 행정관을 임명하여 경기를 주관하게 하였다. 정규적인 경기회 외에도 전쟁에서의 승리, 장례식, 추수감사제 등의 경우 운동경기를 개최하였다. 체전이 열리는 동안 일상 업무를 모두 중단하고 모든 시민들이 참가할 수 있었다.

어린이들의 놀이로는 굴렁쇠 굴리기, 팽이치기, 인형놀이, 글자 맞추기. 죽마타기, 목마타기, 장난감 집짓기 등과 술래잡기, 숨바꼭질, 물수제비뜨기(Ducks & Drakes), 주사위놀이 등을 들 수 있다. 특히 주사위놀이는 어린아이뿐만 아니라 어른들도 즐겼던 놀이이다. 청소년들은 운동경기에 참가하지 않았지만 밭을 갈고 농사일을 돕는 일을 통하여 체력단련을 대신했고, 아버지를 따라 마르티우스 연병장에 나가 군대생활에 필요한 전투훈련, 즉 창던지기, 백병전, 말타기, 권투, 추위와 더위 견디기, 급류의 강을 헤엄쳐 건너는 법 등을 익혔다.

로마인들에게 인기가 있는 볼 게임은 로마의 역사를 통하여 빈번히 등장한다. 구기(球技)로는 저글링(Jugling), 핸드볼(Handball), 트리곤(Trigon), 스패로마키에(Sphaeromachiae), 하르파스툼(Harpastum) 등을 들 수 있다. 사용된 공은 머리카락을 채운 공, 깃털이나 공기를 채운 공으로 그 크기와 형태가 다양했다. 핸드볼은 맨손으로 공을 벽에 던져서 벽에 부딪친 공이 바닥에 떨어졌다가 튀어 오르게 하는 과정을 여러 번 되풀이하는 운동이다. 트리곤은 경기내용이 일정하지는 않으나 대체로 세 사람이 삼각형을 이루고 서서 둘 또는 그 이상의 공을 주고받는 방식으로 행해졌다. 서브하는 사람의 마음먹기에 따라 공의 방향이 결정되므로 공을 받고 던져 보내는 동작이 동시에 이루어져야 할 경우도 있었다. 스패로마키에는 정구장과 비슷한 구획된 경기장에서 두 편으로 갈라서 경기를 진행하였다. 하르파스툼은 머리카락을 가득 채운 공을 사용하여 두 사람 이상이 양편으로 갈라 진행하였는데 상대편을 향하여 공을 던지되 상대편과의 사이에 특정인을 피해 공을 던지는 경기다.

로마의 체육은 군사훈련과 밀접한 관련을 맺고 있었다. 전쟁은 그들에게는 명예로운 업무였으며, 군사훈련의 내용은 매우 엄격하였다. 청소년들은 14세부터 17세까지 미성년이라는 표시로 토가 비릴리스(Toga Virilis)라는 외투를 착용했고, 성인이 되면 성인용 외투인 토가 프래텍스타(Toga Praetexta)로 바꾸어 입었다. 이것은 시민의 의무를 지켜야 한다는 상징적인 의식이었다. 이 의식을 통하여 그의 이름이 로마시민에 등록되었고 군대에 입대할 수 있었다. 초기에 17세부터 47세까지의 남자시민은 유사시 병사로 소집되었고, 전쟁이 끝나면 가정으로 복귀하였다. 그들의 군사훈련은 혹독한 신체훈련으로 이루어졌다. 보병들은 달리기, 뛰기, 레슬링, 수영, 창던지기, 투창, 검술 등을 연습하였고 기병들은 활쏘기와 말타기를 위주로 연습하였다. 그와 더불어 매월 3회 정도 시속 4마일의 속도로 20마일 정도의 행군을 실시하였다. 로마인들은 전쟁에서의 승리를 위해 혹독한 체력훈련과 군사훈련을 받아야 했으며 엄격한 규율을 준수하기 위해 혹독한 체벌(體罰)이 아버지나 군대의 상급자에 의해 가해졌다. 그러나 혹독한 체벌보다는 아버지들의 모범과 지속적인 감독, 영웅적인 행위에 대한 찬양과 존경심을 갖게 하는 분위기가 젊은이들에게 더 큰 교육적 효과를 거두었다. 하지만 이들의 훈련은 전쟁을 위한 것으로 그리스 제전경기의 운동종목과 훈련방법과는 차이가 있었다. 이때의 무용은 대부분 귀족 출신의 젊은이들에 의해 행해졌다. 제례행사에서 종교적 의식을 위한 무용이나 전투무용이 주류를 이루었다. 따라서 의식적 무용은 희생물을 바치는 종교의식과 호전적인 성격의 무용을 보완하기 위해 행해졌기 때문에 무용의 미적인 측면이나 상징성을 중요시하지 않았다.

전기 로마의 체육은 청소년들을 강인한 전사(戰士)로 길러내기 위해 전투에 필요한 각종 스포츠를 익히도록 하였다. 실제로 이러한 유형의 스포츠는 군사훈련의 수단 또는 제전의 주요 경기종목으로 채택되어 귀족이나 평민 모두가 적극적으로 동참하였다. 로마에서 전쟁과 관련된 전투적 스포츠는 하나의 실용적인 스포츠로 인정받아 국가의 대외팽창이라는 목표를 달성하는데 크게 이바지하였다.

2. 후기 로마의 스포츠와 체육

로마가 침략전쟁을 통해 영토를 확장하고 대제국(大帝國)을 건설하는데 용맹스러운 청소년들의 덕육과 체육의 역할이 지대했음은 분명한 사실이다. 기원전 2세기 말 카르타고, 스페인, 지중해 연안의 여러 섬들, 갈리아의 일부, 그리스 및 소아시아를 정복하였고, 공화정치(共和政治)를 청산한 기원전 31년경 지중해 전역을 지배하게 되었다. 이때 민중의 지지를 받던 군부지도자들은 원로원의 과두정치를 위협하고, 군부지도자 간의 투쟁과 갈등 끝에 기원전 27년 로마제국을 탄생시켰다. 첫 황제인 아우구스투스(Augustus, B.C. 63~A.D. 14)시대의 로마는 평화와 번영을 누렸고 학문을 장려하고 문화활동도 활발하여 로마의 힘과 영광이 절정에 달하였다. 그는 절제된 생활을 통해 사치스러운 사회풍조를 억제하는 등 이후 2세기 동안 지속된 로마의 평화(Pax Romana)의 기틀을 다져 놓았다.

이제 로마는 명실상부한 강대한 제국을 건설하여 절대적인 지배권을 행사하였다. 침략전쟁의 과정에서 로마인들은 그리스와 오리엔트의 문화와 접촉하게 되었고 이런 접촉을 통해 수준 높은 문화를 수용하였다. 약탈한 도서나 예술품, 높은 식견을 가진 노예와 포로, 철학자와 의료인 등을 확보하여 과학과 건축, 철학, 종교가 급속도로 발달하게 되었다. 그러나 이 모든 문화적 변혁이 로마가 그리스 문화에 동화되는 결과를 가져왔다. 결국 그리스를 중심으로 한 헬레니즘(Hellenism)문화의 영향으로 건전하고 소박하며 진취적이던 로마의 실용주의 정신이 차츰 개인주의로 바뀌며 사치와 향락에 빠져 들었다.

그와 더불어 경제구조의 모순과 정부의 부정부패로 통치권이 흔들렸다. 부유층의 사치와 타락한 생활은 점점 심해지고, 노예제도로 인한 자유노동의 제약 등으로 평민들은 경제권을 상실해갔다. 그리고 군인들이 정치에 간섭하였으며, 황제들은 절대 군주화하여 시민들의 자유와 정치 참여를 억압하였다. 혼탁한 사회구조가 지속되면서 가정마저 타락하여 이혼의 증가, 출산율의 저하와 살인과 자살이 번번하여 종족이 줄고, 종교적 도덕심마저 상실되었다. 결국 로마제국의 구심점이 잃어감에 따라 제국의 후기에는 군부에 의해 각 지역별로 황제가 선출되었다. 한 때 로마에는 90년간 80여명의 황제들이 등장했으며 외부의 침략에 대응하지 못하고 제국의 멸망을 맞이하였다. 서기 476년 튜튼 족의 영도자 오도아케르(Odoacer)에 의해 마지막 황제가 폐위되었다.

1) 교육

로마 후기는 옥타비아누스(Octavianus)가 군사와 정치의 전권을 장악함에 따라 제위에 오르면서 시작되었다. 이때는 로마의 황금기로서 문화의 절정을 구가하였다. 따라서 교육이 크게 발흥하여 도서관 및 각종 교육기관이 설립되는 등 교육의 제도화가 이루어져 교육의 중심이 가정에서 학교로 이동하는 결과를 가져왔다.

그리스 문화에 심취된 로마인들은 그들 고유의 가치관과 이상을 소홀히 하고 그리스적인 진 · 선 · 미의 개인적 추구로 바꾸어갔다. 그들은 지능을 개발하자는 그리스의 교육이상을 수용했으나 신체의 조화로운 발달이나 아름다움의 표현과 같은 목표를 배격하였다. 로마의 교육태도와 학교교육은 지적 훈련만을 강조하여 체육의 그리스적 전통은 유럽에 계승되지 못했다. 그들은 오직 지적이고 도덕적인 유능한 웅변가의 양성을 교육의 최고 이상으로 삼았다. 교육내용과 방법은, 6~12세까지는 초등학교(Ludus)에서 독서교사(Literator)로부터 3R's(讀, 書, 算)와 12동판법을 배웠고 12~16세까지는 중등교육인 문법학교에서 교육을 받았다. 문법학교(文法學校 : Grammar School)는 그리스어의 문법과 문학을 가르치는 그리스어 문법학교와 라틴어의 문법을 가르치는 라틴어 문법학교로 나뉘어졌다. 이중 그리스어 문법학교가 질과 양에 있어서 우세하였다. 문법학교는 후일 유럽 교양교육의 표준이 되는 7자유학과목(七自由學科目)인 수사학(修辭學), 논리학(論理學), 산수(算數), 기하(幾何), 천문학(天文學), 음악(音樂), 문법(文法)을 가르쳤다. 16세 이상의 청소년들은 고등교육기관인 수사학교(School of Rhetoric)와 철학학교(School of Philosophy)에서 정치나 직업생활에 필요한 수사학, 철학, 법률, 웅변, 역사를 주로 그리스 학자로부터 배웠다. 후기 로마인들은 변론술이 실생활에서 실용적인 목적에 이바지할 수 있다고 믿었기 때문에 자녀들을 운동선수보다는 변론가(辯論家)로 키우기를 원했다. 즉 선거에서의 입후보자, 정책을 토론하는 정치인, 변호사,

군 지휘관 등 당시의 인기 있는 직종에서 성공하기 위해서는 탁월한 웅변술을 익혀야 했다. 탁월한 웅변술과 변론술을 갖기 위해서는 정확한 판단을 할 줄 알아야 하고, 이를 위해 반드시 고등교육을 받고 굳건한 도덕성을 갖추지 않으면 안 된다는 것이 키케로(Cicero)의 주장이었다. 여성의 교육은 아테네보다 수준이 높아 부인들도 남자와 같이 교육을 받았으나, 상류 가정의 여자들에 한하여 교사를 두었고 대부분은 주로 가사에 한정되었다. 따라서 후기 로마제국의 붕괴는 건전한 교육이상의 약화와 더불어 일어났다. 귀족 자제들은 사회적 우월감과 화려한 문화적 허식에 빠진 채 학교에 다님으로써 교육은 생활에서 유리되고 진실한 인간교육이나 현실의 사회적 가치를 잃어 버렸다.

2) 체육의 목적

후기 로마의 체육은 군인이나 직업 경기자의 전유물로 전락하였다. 대부분의 시민들은 체육의 도덕적, 종교적, 미적 가치를 인정하지 않았다. 일반 시민들은 건강과 여가를 위해 최소한의 운동을 하였고, 운동경기를 관람하고 도박이나 오락을 통해 쾌락을 추구하였다. 건강의 유지는 로마인들의 체육에 대한 실질적 목적이어서 보건체육(Health Gymnastics)이 장려되고 건강을 유지하기 위해 그리스로부터 많은 의료인들을 고용하였다. 그들의 건강에 대한 관심은 공중위생시설에서 엿볼 수 있다. 거대한 음료수 시설과 화려한 도로의 정화, 건축법규와 엄밀한 음식규정, 가정에서의 환기시설과 목욕탕물에 대한 정화는 그들이 얼마나 건강에 관심이 높았는지를 보여주는 예이다.

로마인들은 그리스인들만큼 체육의 가치를 높이 평가하지는 않았지만 청소년에 대한 체육의 가치는 인정하였다. 철학자 퀸틸리아누스(Quintiliamus, 35?~95?)는 "청소년들이 그들의 학업에 몰두할 수 있도록 하기 위해 운동과 무용이 필요하다."고 역설했으며 "자연스럽고 우아한 몸짓을 익히기 위해 운동과 무용이 필요하다."고 주장했다. 위대한 웅변가 키케로(Cicero, B.C. 106~43) 또한 그리스 스포츠에 대해서는 반대했지만 사내다운 기상을 위해 스포츠의 제한적인 참여를 인정하였다. 그러나 로마시민들은 운동경기의 관람을 통해 즐거움을 얻는 것이 목적이었고, 스포츠의 참여는 품위를 떨어뜨리는 행위라고 여겨 이를 기피하였다.

로마인들에게 스포츠는 정치적인 목적을 달성하기 위한 수단이었고, 그 수단으로 운동경기와 축제를 장려하였다. 정치가들은 자극을 즐기는 군중심리를 이용하여 군중들로부터 지지를 얻기 위한 수단으로 화려한 경기회를 열었다. 정치가들은 가난에 찌들이고 세금에 억눌린 백성들을 달래기 위해 화려한 경기회를 빈번히 개최하여 시민들을 고무(鼓舞)하고 그들의 불만을 불식시켰다. 이와 같은 목적을 가진 경기회는 그릇된 개인주의적 입장에서 볼 때 덕육과 체육에 대한 관심, 즉 국가를 위한 용병이나 신체단련을 통한 강건함과 같은 전기 로마인들의 가치관의 상실을 촉진시켰으며, 제전경기에서 보여준 그리스 스포츠의 취지와는 대조적이라 할 수 있다.

3) 스포츠와 체육활동

후기에 들어와 로마인들은 스포츠나 체육에 점점 소홀히 하였다. 스포츠는 직업군인이나 경기를 위한 직업선수들의 전유물로 변하게 되었고 마침내 스포츠는 한낱 흥행적 경기로 전락하고 말았다.

17세부터 47세까지의 남자 로마시민은 유사시(有事時)에 병사로 소집되어 전쟁이 끝나면 제대하도록 되어 있었다. 이에 마르티우스 훈련장은 군대교육을 위한 장소로 달리기, 뛰기, 레슬링, 승마, 수영 등의 연습(나체 또는 무장상태)장으로 또는 모의 전쟁이 행해지는 장소로 사용되었다. 이 훈련장은 병역 미복무자인 소년들에게도 개방되어 오후면 운동, 수영 등 서로 힘 겨루는 경기가 행해졌다. 그러나 후기 로마의 청소년들에게 이 훈련장은 매력의 대상이 되지 못했고, 그들은 테르메에서 한가한 시간을 보내면서 도박이나 연회에 참가했으며 무용, 전차경주, 검투경기 등을 관람하는데 열중하였다.

후기 로마제국이 점점 몰락해가는 것과 때를 같이하여 운동경기의 내용은 극히 비인간적으로 변모했다. 경기자로는 노예, 죄인, 전쟁포로가 등장되고 때로는 맹수들을 서로 싸우게 하였다. 격투(格鬪), 검투기(劍鬪技 : Gladiatorial Combats), 전차경주, 마상 창겨루기(Joust) 등 유혈적이며 잔인한 경기를 열광적으로 관람하였다. 후기 로마인들은 오랜 기간 동안 지속된 전쟁을 통해 난폭하고 야수적이며 잔인한 성격을 갖게 되어 자극적이고 유혈적이며 무자비한 운동경기만을 선호하게 되었다. 귀족들은 모든 운동경기에 대하여 직접 참여하는 것을 수치로 여겼으며, 비군사적인 경기들을 경멸하기도 하였지만 경기관람만은 선호하였다.

로마의 경기회는 후기 공화정과 제정시대를 거치면서 그 횟수도 많아지고 화려함도 더해갔다. 더욱이 그리스의 영향을 반영하는 수많은 새로운 경기가 원형경기장과 극장에서 옛 축제들에 추가되었다. 공화정 말기에는 1년에 76일 동안 경기를 열었다. 마르쿠스 아우렐리우스(Marcus Aaurelius)황제 때에는 1년에 135일간 경기를 했고, 354년경에 나온 필로 칼리우스 달력에는 1년에 175일의 축제일이 표시되어 있었다. 이 같은 경기대회를 개최하는 데에는 막대한 재정을 필요로 했다. 이로 인한 국가재정의 어려움을 극복하기 위해 후원자들의 후원금을 유인했다. 야심적인 정치인들은 사재(私財)를 털어 국가재정에 기부하여 대중의 인기를 얻고자 했다. 그 결과 대중의 인기를 통해 유리한 관직을 얻게 되고 그 관직을 통해 더 많은 재력을 확보하려 하였다. 국가적 폐

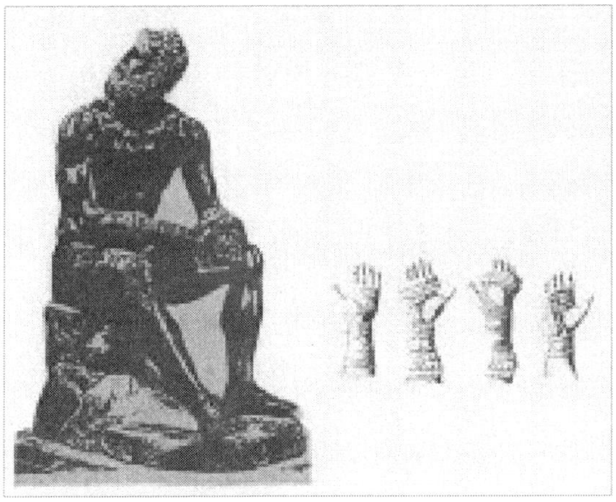

[그림 13] 로마의 복싱선수와 글러브

해가 심각함을 인식하면서도 방관하게 되었고 이성을 잃은 후원자들의 쾌락을 위해 원형경기장이나 검투경기장에서 호화스러운 경기를 열었다.

전차경주는 로마인들이 즐겼던 스포츠 가운데 황제로부터 일반대중에게 그 인기가 가장 높았다. 전차는 전복위험을 감소시키기 위해 낮고 가벼운 바퀴를 사용했고, 통상 4두전차의 경주였으나 5~8마리의 말이 한조를 이루는 경우도 있었다. 경기는 8대가 동시에 출발하였고, 경우에 따라 4~12대의 전차가 출전하였다. 경기자들은 한 줄로 나란히 선 후에 출발신호에 따라 경주를 시작하였다. 경기는 원형경기장의 안쪽에 둘러져 있는 스피나(Spina, 얕은 벽) 주위를 7바퀴(약 3마일) 달리는 경기로 가능한 경주로를 따라 돌았다. 이 경기는 급회전시 전차들 간의 충돌로 전차가 전복되고 코스를 이탈하여 사상자가 발생하였고, 반칙규정이 없어 상대편의 전차를 고의적으로 부딪치거나 말의 다리를 거는 경우도 있었다. 때로는 선두를 유지하기 위해 경쟁상대의 전차를 전복시키기도 하는 과열된 경주여서 논쟁과 폭동이 일어나는 경우도 있었다. 이런 광경에 관중들은 열광하였고, 경기의 승패에 대해 도박이 유행하기도 했다. 원형경기장들은 국가의 재정지원과 독지가의 후원금으로 운영되었으며 경기회의 비용은 경주자 연맹(Racing Syndicates)이 담당했다고 한다.

검투경기는 일반대중들에게 매우 인기 있는 경기였고 대중들을 위한 공식적인 경기였다. 초기에는 3쌍의 검투사들이 갑옷을 입고 다양한 무기를 가지고 1대 1로 겨루는 방식이었으나 때로는 집단 격투를 벌이기도 했다. 대체로 싸움은 상대가 사망할 때까지 계속 되었으나 군중들이 생명의 구제를 요구하는 표시를 하면 종료되었다. 인간과 인간의 싸움 외에도 짐승 대 짐승, 사람 대 짐승의 싸움도 있었는데 그리스도 신자와 사자와의 싸움이 그 예라 할 수 있다. 검투사들은 대개 노예나 죄수 또는 포로들이었으나 생계를 위해 일하는 자유민도 있었다. 또한 시간이 흐르면서 네로(Nero)와 칼리굴라(Caligula)와 같은 난폭한 황제들은 일부 여자들까지도 경기에 출전시켰다. 검투사들은 모두 사설 훈련소에서 직업경기자로서의 교육을 받았고 그들 중 일부는 국가의 재정지원을 받기도 했다. 로마에는 최소한 4개의 검투기 학교가 있었다. 칼리굴라 황제는 그의 학교에 2만명의 검투사를 교육시켰다고 한다. 검투사들은 특별교사의 지도 아래 훈련을 받았고 훈련장 주위에 있는 기숙사에서 생활하였다.

로마인들은 그리스식 스포츠에는 큰 관심이 없었다. 로마인들에게 있어 특히 달리기, 뛰기. 던지기와 같은 것은 식상한 경기였다. 권투는 로마에 전해지면서 살인적인 스포츠로 변했다. 글러브나 캐스터스(Caestus) 속에는 납과 쇳조각을 넣었고 2~3개의 못을 장착하여 못 끝이 주먹 바깥으로 나오게 하였으니 글러브는 일종의 무기였다. 공화정 말기 시이저(Julius Caesar)가 개최한 어느 경기에는 연극공연, 음악회, 검투기, 전차경기 그 밖의 운동경기들과 해전(海戰)이 펼쳐졌다. 맹수와의 격투가 5일간 벌어졌고 모의전투(模擬戰鬪)가 보병 기병대와 코끼리까지 동원되었다고 한다. 마르스(Mars) 신연병장에서 3일간 운동경기가 열렸으며, 인공호수에서는 모의해전이 벌어졌다.

도박은 제정시대의 로마인들이 즐기는 놀이였다. 홀짝 알아맞히기, 머리꼬리놀이, 주사위 던지기, 체스(Chess), 백거먼(Backgammon) 또는 전차경주에서의 내기를 통해 거액의 돈이 거래되었다. 또한 젊은이들은 마르티우스 연병장을 포기하고 테르메(Therme : 목욕장)의 안마실과 욕실에서 시간을 보내며 호화로운 연회석에서 무용수들의 춤을 감상하고 서커스와 검투경기를 관람하는 등 건전한 생활풍토는 사라져 갔다.

로마인들은 오늘날의 럭비나 축구와 유사한 하르파스툼(Harpastum)이라는 구기를 하였다. 또 2개의 공을 상대방에게 던져서 공을 받는 게임도 보급되어 있었으며 테르메에서는 핸드볼이 크게 유행하였다.

후기 로마의 특징 중 하나는 의료체육에 대한 관심이었다. 그러한 관심은 로마인들의 나태하고 방탕하며 무절제한 생활에서 비롯된 건강의 악화에서 기인했다고 볼 수 있다. 그 결과 보건체육(Health Gymnastics)에 관심을 돌리게 되었고 건강을 유지하기 위해서 식사의 절제, 가벼운 운동, 목욕이 보조수단이 되었고, 일광욕, 수영, 보트, 낚시, 사냥, 말타기, 볼링(Bowling)을 즐겼다.

풍자시인 주베날리스(Juvenalis, B.C. 60?~140?)는 그의 10권에 달하는 풍자시에서 다음과 같이 기술하였다. "인간의 욕망과 소원은 다 같이 강한 허영이며, 자기의 자식을 사랑하는 어머니는 그 아들이 아름답게 성장하기를 바란다. 그런데 사람은 무엇인가 기원해야 할 일이 있으면 많은 재물을 신에게 바치고 참배하고 기원하고 있으나, 그것보다도 자기 자신에게 부여될 수 있는 것을 위해 기원하는 것이 좋을 것이다. 그러므로 만일 기원해야 한다면 건강한 신체에 건강한 정신이 깃들기를 기원해야 한다." 이는 당시 청소년들의 체력약화가 심각했음을 보여주는 예라 할 수 있다. 그는 후기로마의 타락한 생활상을 "빵과 서커스"라는 말로 풍자하기도 했다.

또한 여러 학자들에 의해 신체운동에 관한 저서가 집필되었다. 필로스트라토스(Philostratos), 아레테우스(Aretaeus), 갈레노스(Galenos), 켈수스(Celsus)등과 같은 체육학자들은 보건체육에 관한 논문을 발표하였다. 특히 갈레노스(129?~200?)는 건강을 위한 운동과 식사 그리고 영양에 많은 관심을 보였다. 특히 신체의 다양한 부분을 발

[그림 14] 원형 경기장

달시키는 특수운동을 제안하고 세 그룹의 운동, 즉 근육의 정상적인 상태를 위한 운동(Exercise for muscle tone : 땅파기, 스파링, 펀치볼, 공놀이 등), 속도운동(Quick exercise : 달리기, 스파링, 펀치볼, 공놀이 등), 격렬한 운동(Violent exercise : 위의 운동을 중단 없이 빠르게 반복하는 것)으로 분류했다. 마르쿠스 아우렐리우스(Marchs Aurelius, 121~180)황제의 주치의이기도 했던 그는 최초로 맥박을 통하여 신체의 건강상태를 진단하였다.

이 시대의 교육방법이 그리스 식이었고 그리스인들이 교사의 대부분을 차지했음에도 불구하고 체육이나 음악의 가치를 높이 평가하는 그리스의 교육이념을 받아들이지 않았다. 다만 스포츠는 군사적인 측면의 가치나 오락의 수단으로 인정받았으며, 대체로 시민들의 만족을 위해 비인도적인 관람스포츠가 성행하였다고 볼 수 있다. 특이한 사항은 모든 로마인에게 수영은 교양인의 구비조건으로 매우 중시되었다는 사실이다.

4) 운동경기 시설

우리는 로마의 스포츠가 관람 위주의 스포츠로 쾌락을 제공하는 수단이었음을 지적하였다. 반면 과학과 건축술의 발달로 많은 건축물의 축조와 더불어 각종 운동경기 시설들이 건설되어 오늘날까지 위대한 문화유산으로 남아 있다.

(1) 원형경기장(圓形競技場)

키르쿠스는 고대 그리스의 경마장이 그 원형으로 이태리반도의 원주민이었던 에트루리아인들이 로마에 전한 것이다. 유명한 키르쿠스 막시무스(Circus Maximus)와 키르쿠스 플라미누스(Circus Flaminus) 외에 로마시 근교에 위치한 3개의 원형경기장이 대표적이다.

이들 경기장에는 긴 수평면의 경주로가 있고 경주로의 3개 측면에 계단식 좌석을 배치하였다. 건축자재는 처음에는 목재를 썼으나 후에 돌을 사용하였다. 키르쿠스 막시무스의 경우 네로(Nero)황제 때 더욱 확장되었다. 플리니(Pliny)에 의하면 이 경기장은 길이가 약 2,000피트, 폭은 600피트에 무려 26만명을 수용하였고, 4세기경에는 38만 5천명을 수용할 수 있었다고 한다. 그의 표현을 빌리면 "태양은 흰 대리석 위에서 번쩍이고 황금 장식들로부터 찬란한 광채가 쏟아졌다. 천연색 유리가 박힌 모자이크에 빛이 아름답게 반

[그림 15] 검투경기장(모형)

사되었고 호화스럽게 조각된 관리들의 옥좌는 눈이 부셨다.” 고 한다.

(2) 검투경기장(劍鬪競技場, Colosseum)

초기의 검투경기는 무덤이나 광장 혹은 키르쿠스에서 열렸으나 점차 목재나 석재로 건축한 검투경기장에서 경기가 열렸다. 콜롯세움은 A.D. 75년 기공하여 82년에 완성된 대투기장(大鬪技場)이다. 정식명칭은 플라비아누스(Flavianus)의 노천극장이지만 ‘거대하다’ 는 뜻으로 콜롯세움이란 이름으로 불려 왔다. 네로(Nero) 황제가 기독교인들을 사자밥으로 학살(虐殺)시킨 장소로 유명한 이 경기장은 6에이커의 면적에 160피트 높이의 담장으로 둘러싸여 있고 9만명의 관중을 수용할 수 있었다. 로마시민들은 “콜롯세움이 있는 한 로마는 존재한다. 콜롯세움이 무너질 때 로마도 무너진다. 그리고 로마가 무너지면 세계도 무너진다.” 라고 소리 높여 외쳤다. 콜롯세움의 지하실에는 검투사를 위한 거실, 동물의 우리, 수상(水上)경기를 위한 수도관과 배수관들이 들어 있었다. 플라비아누스 투기장에는 대리석으로 만든 좌석에 쿠션(Cushion)을 덮었고 차일(遮日)을 달아 비나 눈을 피하고 태양빛을 차단케 하였다. 향기를 풍기는 분수에 의해 공기를 정화시키고 64개의 출구를 만들어 입장과 퇴장을 할 때 혼잡을 방지했다.

(3) 공공욕장(Therme)

테르메라 부르는 대욕장(大浴場)은 정부가 세운 대규모의 공중욕장으로 화려하고 사치스러운 시설을 갖춘 레크리에이션 센터이자 사교장이었다. 초기에는 순수하게 목욕시설만을 갖춘 2~3개의 방으로 구성된 발네에(Balneae)라고 불렸다. 테르메는 그리스의 체육관이나 팔래스트라에 부설된 목욕탕과 유사했다.

디오클레티아누스(Diocletianus, 245~313) 황제의 욕장은 1,600명을, 카라칼라(Caracalla, 188~217) 황제의 욕장은 3,200명을 동시에 수용할 수 있었다. 이 건물들은 화강암 암반과 대리석으로 만든 기둥과 벽, 모자이크와 타일로 이루어진 바닥, 높은 홍예문(虹霓門 : 문 윗부분을 무지개 모양의 반원형이 되게 만든 문)의 위 받침으로 지탱되는 복잡한 디자인의 천정으로 웅장하게 설계된 테르메가 있다. 대부분의 테르메에는 옥외 풀장과 사에리스테리움(Shaeris-terium)이라 불리는 실내구기장이 있었고 오늘날의 볼링장과 비슷한 시설을 갖춘 곳도 있었다. 그리고 아포디테리움(Apoditerium : 탈의실)에서 노예들의 도움을 받아가며 옷을 갈아입었고 웅토리움(Unctorium)이라는 몸에 기름을 바른 도유실(途油室)에는 긴 의자와 침상이 있었다. 가장 화려하게 장식되었던 칼다리움(Caldarium)은 매우 뜨거운 욕실로 증기욕도 할 수 있었다. 병약자들이 사용했을 것으로 보이는 라코니쿰(Laconicum)이라는 온욕실이 있었다. 그 밖에도 도서실, 라운지(Lounge), 화랑, 식당 등을 갖추어 놓았다.

(4) 마르티우스 훈련장(Martius Campus)

마르티우스 평원은 티베르 강변에 인접한 넓은 평지에 위치하여 체육활동의 중요한 무대가 되었는데 이 평원에는 전쟁의 신 마르스(Mars)를 기념하기 위해 세워져 있었다. 그 신전 주변은 군인들의 연병장이자 병사들의 야영훈련장이었다. 그와 더불어 마르티우스 평원은 병역에 복무하지 않는 젊은이들의 운동경기장이며 체력단련장이기도 했다. 운동종목으로는 달리기, 뛰기, 던지기 등 기초적인 것에서 권투, 레슬링, 수영, 유희 등에 이르기까지 다양했으며, 교육은 군사 감독관이나 아버지가 담당하였다. 그러나 후기 로마의 청소년들에게 이 훈련장은 더 이상 관심을 끌지 못하였고, 그 대신 그들은 공중목욕장에서 사치스런 여가를 즐겼다.

제6장. 중세 유럽의 운동문화

1. 초창기 기독교의 신체운동의 견해
2. 수도원의 체육
3. 기사계층의 체육과 스포츠
4. 스콜라 철학에서의 체육과 스포츠

중세는 유럽 역사에서 서로마제국의 몰락부터 15세기 중엽 르네상스 시대까지 약 1000년간의 시기를 말한다. 로마제국의 몰락은 공화정 말기부터 나타나기 시작한 사회적, 도덕적 타락에서 기인한다고 볼 수 있다.

중세 유럽은 신(神) 중심, 내세(來世) 중심의 기독교적 지배시대였다. 기독교적 세계관이 유럽세계를 지배하게 된 배경은 서로마제국 말기의 여러 가지 문제점에서 발생하였다. 지배계급은 향락과 사치에 빠져 있었고, 대중들은 도탄에 허덕이고 있었다. 기원전 2세기경부터 로마의 권력층들은 부정부패와 타락한 성생활을 하였고, 사회경제적으로 빈익빈부익부 현상이 심화되면서 약자와 강자간의 대립이 심화되었다. 이런 상황에서 로마인들은 기독교를 통해 정신적 위안을 얻고, 새 질서와 새 가치관을 정립시키고자 하였다.

기독교의 구세주인 예수가 탄생한 것은 아우구스투스가 로마를 통치하고 있을 무렵이었다. 로마의 속주였던 유대에서는 여러 차례의 정치적 비운으로 메시아를 기대하였고, 로마의 지배를 받고 있던 각국의 피지배계층들은 로마제국에 저항하다가 온갖 고통과 좌절 속에서 해방과 구원의 메시아를 염원하였다. 이때 예수(Jesus, B.C. 4~A.D. 30)가 나타나 대중들에게 희망과 용기의 복음을 전파하였다. 자유, 평등, 인권존중, 네 이웃은 물론 원수까지도 사랑하라는 메세지를 전파한 예수의 폭발적인 인기는 유다족의 지도층(바리세인, 시드카이인)에게 반감과 증오의 대상이 되었다. 결국 배반과 음모로 총독 빌라도의 판결로 골고다 언덕에서 십자가 형틀에 죽임을 당했다. 그 후 예수의 부활을 확신하는 그리스도인들이 증가하면서 예수의 제자들과 사도(使徒)들에게 핍박이 심해지고 그들의 순교가 이어졌지만 기독교는 로마제국 전역으로 전파되었다. 2세기 초에는 남부갈리아, 북아프리카, 에스파냐까지, 3세기에는 페르시아 제국에, 4세기 초에는 브리타니아와 게르마니아까지 기독교가 전파되었다. 이런 상황에서 313년 콘스탄티누스(Constantinus, 346~395) 대제가 기독교를 공인하고, 392년 테오도시우스 황제에 의해 그리스도교가 로마제국의 국교로 지정되었다. 그러나 395년 테오도시우스가 제국을 동서로 나누어 두 아들에게 물려주고 사망한 후 고대사회가 막을 내렸다. 이때를 전후하여 게르만민족의 대이동이 시작되었다. 3세기경 로마제국의 내정이 문란해지고 국경경비가 소홀해지자 라인강과 다뉴브강에 살던 게르만인들이 로마 영내로 들어와 그 수가 늘어났다. 이후 4세기 후반 카스피해 서북쪽에 자리 잡고 있던 훈족(Huns)이 서쪽으로 이동하여 동고트족을 침략하고 흑해 북쪽의 서고트족에 압박을 가하자 이들은 로마황제의 허락을 받아 로마 영내로 이동해왔다. 이것을 발단으로 침략과 전쟁이 이어졌고, 이후 약 200년간 유럽은 민족이동의 물결에 휩쓸리게 되었다. 그 사이에 게르만족의 여러 왕국이 흥망하였으나, 그중 꾸준히 발전하여 서유럽 세계를 재통합한 것이 프랑크족이었다. 프랑크왕국은 일찍이 로마 카톨릭 교회와 제휴하여 서유럽 일대에 새로운 문화를 형성하였다. 게르만인들이 로마 영내에 정주하면서 로마의 농업제도를 이어받아 장원제가 발전하게 되고, 게르만족의 종사제와 로마의 은대지제도가 결합하여 봉건제가 성립하여 신분제에 입각한 봉건사회가 성립되었다.

한편 로마 카톨릭 교회는 프랑크왕국의 지지를 받아 그 권위가 높아졌으며, 점차 게르만민족의 개종사업에 착수하는 한편 서구에 기독교 세력을 확대시켜 나갔다. 이에 교회는 로마제국의 통치조직을 모방한 교회제도로 발달하였다. 이로써 로마교황을 중심으로 하는 기독교는 봉건제도와 함께 중세의 유럽사회를 지탱하는 양대 지주가 되었다.

천년이 넘는 서양의 중세기는 찬란했던 그리스 및 로마시대의 인간적이고 현세적이었던 문화가 게르만인에게 무시당하고, 그리스도인들의 신 중심 사상으로 인해 쇠퇴하였다. 서양의 중세기는 해는 지고 아침은 오지 않은 중간지점, 시련과 고통과 환란의 암흑시대였다. 중세기 전반에 걸쳐 이성과 신앙, 철학과 신학, 사회적인 학문과 교회의 교리는 서로 대립이나 주종관계 또는 조화를 이루면서 언제나 연관성을 지니고 나타난다. 인간의 이성을 절대시하는 학자들이 중세를 사상적 암흑시대로 보는 것은 신앙이 이성보다 지나치게 우위를 차지하였기 때문이며, 스콜라철학을 높이 보는 토마스학파(Thomist)들이 중세를 조화와 통일의 사상기로 인정하는 것은 중세기야말로 기독교를 중심으로 하는 사상의 원만한 관계를 지녔기 때문이다. 중세는 철학의 시대가 아닌 신학의 시대이고, 인간중심이 아닌 신중심의 시대이며, 이성이 아닌 믿음의 시대였다. 이성이 잠든 시대였기 때문에 창의적 이론이나 새로운 철학이 나올 수 없었다.

중세 서양사회는 황제(皇帝)와 교황(敎皇)이라는 두개의 권력구조가 대립과 마찰을 일으키면서 유럽사회를 지배하였지만, 실제로는 봉건적인 기사계층과 교회 성직자계층에 의해서 지배되고 있었다. 기사들이 정치적, 현세적 지배계층이었다면, 성직자 즉 신부들은 종교적, 정신적 지배계층을 이루고 있었다. 다시 말해 봉건기사와 교회 신부들의 이중적 지배하에 있었는데, 이 두 지배계층은 상호 제휴 하에 함께 성장하고 그 사회를 지배하였다. 그러나 십자군 원정의 결과로 호기심과 회의주의가 발동하면서 스콜라철학이 탄생하였고, 교역과 상업이 부활하고 도시가 성장하면서 새로운 시민계급이 등장하였다. 또한 십자군원정의 실패는 장원제도와 교회제도로 요약되는 폐쇄적인 봉건제도를 붕괴시키는 원인을 제공하였다. 결국 유럽을 하나로 묶고 있던 교황권이 쇠퇴하고 시민계급의 성장과 더불어 왕권이 강화되면서 봉건제도는 몰락하기에 이르렀다.

1. 초창기 기독교의 신체운동의 견해

서양의 중세문화는 크게 서유럽 기독교회의 로마 · 게르만 문화, 동유럽 및 그리스정교의 비잔틴 · 슬라브 문화, 서남아시아와 아프리카 북쪽 이슬람의 사라센문화 등으로 분류할 수 있다. 이중 가장 중심이 된 것은 서유럽을 주축으로 하는 기독교회의 로마 · 게르만 문화권이다. 민족의 이동과 서로마제국의 몰락으로 유럽사의 중심은 지중해에서 유럽 본토로 이동하였고, 게르만족이라는 새 주인공들은 각 문화를 융합하여 새로운 문화를 형성하게 되었다. 이를 위해서 약 300년이 소요되었으며, 이후 유럽의 문화는 기독교를 주축으로 새로운 사상과 사회질서를 확립해 나갔다.

예수 그리스도가 탄생할 무렵 로마제국은 정치와 군사력에서 막강했지만 시대의 흐름에 따라 정치적 병폐와 도덕적 타락으로 혼탁하고 불안한 사회로 변하고 있었다. 이때 기독교는 사회에서 멸시받던 하층계급의 사람들에게 모든 인간은 신(神) 앞에서 평등하고 그리스도의 사랑 앞에서는 귀족도 노예도 없으며 모두가 형제관계라는 새로운 사상을 전파하였다. 이러한 기독교의 교리는 인간을 일깨우고 선을 가르쳐 사랑으로 결속하게 하였다. 마침내 기독교는 귀족을 포함한 모든 로마인에게 전파되어 로마 사회를 지배하기에 이르렀다.

기독교는 유태교와 고대 오리엔트의 여러 종교들이 가지고 있는 유신론적 사고를 융합한 것으로 고대 그리스 및 로마문화에서 보여준 현세적, 주지적, 계급적, 유물적 경향과는 달리 내세적, 주정적(主情的), 평등적, 유신적(唯神的) 측면에 바탕을 두고 발전하였다.

기독교회는 로마제국과는 달리 야만인의 침입을 잘 견디고 로마인과 게르만인 모두에게 지도권을 행사할 수 있었다. 기독교회는 로마인의 문화적 전통을 계승하려는 게르만의 여러 왕국들이 기독교와 제휴하려는 의지와 맞물려 더욱 성장하였다. 로마제국의 몰락으로 기독교의 최고 권위를 이어받은 로마교회와 교황은 게르만족의 후예인 프랑크왕국과의 상호 협력 속에 교세를 유지함은 물론 이교도에 대한 개종과 전파를 확장하며 전 유럽의 정신적 지주로 성장하였다. 이로써 기독교는 중세 유럽사회의 정신적 권위를 확보함과 동시에 세속적 권한을 행사하는 국제적 세력으로 성장하였다.

1) 교육

예수 그리스도는 영원한 구원을 받기 위하여 하나님의 말씀에 따라 생활을 영위하도록 가르침으로써 인간 개인의 도덕적 재생을 강조하였다. 이러한 가르침은 중세사회를 이끌어가는 중심사상으로 정착되어 교육에서도 명백히 드러난다. 교육은 기독교 교리를 주축으로 교육과정이 이루어졌기 때문에 교육의 제도, 내용, 목적, 방법은 모두 신(神), 신학(神學), 교황(敎皇)을 중심으로 전개되었다.

기독교 교육사상의 핵은 "네 이웃을 네 몸과 같이 사랑하라" 는 말로 집약되는 인도주의, 박애주의, 평화애호주의 사상이다. 예수의 교육은 보편적이고 민주적이었으며, 동방의 그리스 및 로마식 교육의 계급적 차별을 없애고 모든 사람을 동등한 신의 아들로 승격시켰다.

예수의 교육은 솔선수범하는 행실교육이었으며 인간이 살고 있는 모든 장소가 교육의 장(場)이었다. 예수로부터 가르침을 얻은 사람들은 지혜와 용기, 사랑으로 충만하여 세상의 어두운 곳을 밝혀 주었다. 예수의 교수법은 구체적인 사례를 제공하고 일상생활의 경험을 동원하였으며 때로는 직유, 비유, 유추, 우화 등을 활용하여 피교육자들의 흥미를 유발시키는 등 당시의 교육방법으로는 일대 혁신이었다.

초창기 기독교 교육의 목적은 구원(救援)과 선교(宣教)이며, 모든 인간들이 서로 사랑할 수 있도록 신의 뜻을 따르며 도덕적으로 생활하자는데 있었다. 중세 초기에는 로마제국 사회의 온갖 부정부패와 타락, 각종 사회악들로부터 올바른 사회를 세우기 위한 도덕적 혁명을 염원하였다. 이런 가운데 중세교회는 사회의 부조리와 병폐를 없애고 사회정화를 위한 정신개조에 모든 힘을 쏟았다. 초창기 기독교는 모든 인간은 신의 자녀로 형제이며, 모든 인간은 존엄성을 가진 존재라는 사고에 입각하여 사회를 재생(再生)하려고 노력하였다. 그러한 목적을 달성하기 위해 기독교는 사회생활과 종교생활에서 엄격한 규율과 금욕주의를 지나치게 표방하는 성격을 띠게 되었다.

중세 초기의 기독교 교육은 체계적으로 이루어지지는 못했다. 교회가 중심이 되어 교도가 되려는 사람을 위해 약간의 교육을 할 수 있는 세례지원자 학교(Catechumenal School)를 운영하였고, 이후에는 고등교육을 위한 교리문답학교가 설립되었다. 이 학교는 서유럽에서 기도교인으로서 보다 많은 학식을 추구하는 사람들에게 교육과 학문의 중심지가 되었다.

신학교에 몸을 담고 있던 학식 있는 교부(教父, Church Father)들은 그리스와 로마의 문화를 정리하고 기독교의 신학과 문학의 발전에 공헌했지만, 강력한 권한을 지니게 된 교회들은 그리스 전통의 지식이 도덕적으로 오염되었고 이교도의 성격을 지니고 있다고 강하게 비판하였다. 특히 교리문답학교가 설립될 무렵 모든 교육은 교회정책, 신학의 연구, 예배에 관련된 부분으로 한정되어 기독교와 무관한 모든 문학, 철학, 과학, 예술, 체육은 배제되었다.

2) 신체운동의 경시

초기 기독교는 인간의 영적인 문제를 지나치게 강조한 나머지 육체와 관련한 문제를 철저히 무시하였다. 내세를 위해 힘든 수행과 욕망의 억제를 생활태도로 삼았던 성직자들은 현세적 물질문명에 관심을 두지 않았다. 물론 중세교회의 성직자 또는 신학자들이 건강이나 위생을 반대하거나 무시한 것은 아니지만 중세의 기독교가 체육에 대하여 거의 공헌한 바가 없었다고 많은 학자들이 주장하고 있다.

단지 그리스의 전통을 계승한 동로마제국에서 고전적 교육을 받은 일부 교부들이 체육의 건강적 가치를 인정하고 교리학교에서의 스포츠를 권장했다는 사실이다. 그리스 철학을 기독교의 교리와 조화시키고자 시도했던 알렉산드리아의 신학자 클레멘스(Clemens, A., 150?~215?)는 운동과 게임, 스포츠가 건강을 증진하고 유지하는데 유익하다고 인정하였다. 그리고 그는 레슬링, 구기운동, 산책 등을 가치 있는 운동으로 보았고, 여성에게도 적당한 운동을 행하는 것이 바람직하다고 주장하였다. 그와 더불어 5세기경 갈리아(Gallia)에 살았던 교부 시도니우스(Sidonius) 주교는 소년 시절 달리기, 수영, 사냥 등을 즐겼고, 미사를 드리기 전후에 공놀이를 하거나 주사위던지기와 판상(板上)게임을 즐겼으며, 때로는 낚시와 보트타기를 했다고 한다.

그러나 체육의 가치를 인정하는 클레멘스나 일부 성직자들의 생각은 신학적 사고로 무장된 서유럽의 교회로부터 거부되었다. 대부분의 교부들은 체육활동을 강하게 비판하고 반대하였다. 그리하여 체육과 운동경기를 억압하였고 학교교육과정에서 스포츠활동을 배제시켰다. 특히 공적인 운동경기회의 개최를 금지시키려 하였다. 원형경기장 행사에 참여하는 사람은 영성체(領聖體)와 같은 종교 행사에 참여할 수가 없고 검투사들은 자신의 직업을 포기하기 전에는 세례를 받을 수 없었다. 393년 테오도시우스(Theodosius) 황제는 올림피아 제전경기를 폐지하였고, 404년에는 검투경기가 로마에서 막을 내렸으며, 6세기경에는 전차경주나 맹수와의 경기도 중단되었다.

무용의 경우 초기에는 종교적 표현의 한 수단이 되어 종교의식 속에 포함되어 있었다. 묘지에서 장례식을 치를 때 또는 장엄한 축제가 열렸을 때 춤을 추었고, 각종 축하절기에도 감사의 표현으로 무용을 실시하였다. 무용은 성가와 함께 예배를 드릴 때 중요한 위치에 있었으나 세월이 흐르면서 사라지게 되었다. 그 이유는 무용이 세속의 영향을 받아 오염되어 신성한 의미와 경건성을 잃어간다고 판단했기 때문이다. 554년 칠데베르트(Childebert)는 무용을 금지하는 규정을 발표하였다. 또한 744년 교황 자카리아(Pope Zacharias)는 천한 행위를 추방한다는 뜻에서 무용을 혐오했으며, 아우구스티누스(Augustinus, 354~430)는 "춤을 추느니보다 차라리 땅을 파는 것이 더 낫다." 고 춤의 무가치성을 역설하였다.

스포츠활동을 반대한 배경에는 로마 말기의 타락한 운동경기문화와 기독교의 금욕주의와 유일신 사상이 크게 작용하였다. 스포츠를 반대한 이유를 들면 다음과 같다.

첫째, 금욕주의를 통한 영적 성장과 내세의 행복을 얻을 수 있다는 신념에 따라 신체운동에 대하여 강하게 반대하였다. 육체는 죄악의 근원으로 신체단련은 영적인 눈을 멀게 한다. 육체는 소멸하는 것으로 영생과 영혼을 찾는 인간에게 육체는 단지 현세생활에 국한된 유한적 대상으로서만 그 가치를 인정했기 때문에 내세를 중시하는 기독교에서는 육체와 관련된 신체활동의 가치를 인정하지 않았다. 더욱이 성직자들은 심신이원론(心身二元論)에 입각하여 인간의 신체를 정신과 육체로 구분하였다. 이들은 정신과 영혼을 상위의 개념에 두고 육체를 하위의 개념으로 둠으로써 철저히 육체를 멸시하였다. 둘째 운동경기는 비인간적이고 잔인한 성격을 띠고 있다. 후기 로마의 운동경기가 유혈적이고 냉혹하게 인간의 생명을 담보로 행해졌기 때문에 인간의 존엄성에서 크게 위배된다는 사실과 치욕적인 과거의 아픔과 악몽으로 관철된 대상이었다는 점에서 스포츠를 이해하고 있었다. 셋째 로마의 스포츠와 이교도(異教徒)와의 밀접한 관계가 형성되어 있다는 믿음에서 반대하였다. 기독교는 유일신 사상으로 여호와 하나님을 제외한 모든 신들이나 종교는 이교도로 간주하기 때문에 그리스의 제우스신을 숭배하는 올림피아제선경기나 로마신을 숭배하는 로마의 제전경기들을 인정할 수 없었다.

결국 체육의 진정한 가치와 목적이 무시되고 스포츠의 내용이나 지도가 궤도를 벗어나게 되면서 사회적으로 버림받게 되고 그로 인해 인류에게 공헌할 기회를 잃게 되었다. 성직자들은 스포츠와 체육의 가치를 연구하고 분석하여 그것을 반대해야 할 논리적인 근거를 제시하려하지 않았다. 오직 신념에 입각하여 체육을 반대했고, 운동경기에 참여하는 것은 신이 아닌 황제를 숭배하는 것으로 인정했으며 수많은 제전이 이교신(異教神)을 숭배하는 행사로 여겼기 때문에 스포츠활동을 철저히 억압하였을 뿐 아니라 기독교의 신앙생활에 부정적 결과를 초래한다고 확신하였다. 한 예로 테르툴리아누스(Tertullianus)는 모든 경기대회는 이교(異教)에서 비롯되었으며, 원형경기장, 투기장, 체육관 등은 이교의 광증(狂症)이며 잔인성과 허무감에서 비롯되었다고 신랄하게 비판하였다. 결국 각종 운동경기는 신앙생활에 해롭기 때문에 억압해야 하며 내세에서 누릴 생명의 면류관을 위해서는 육신의 모든 욕망을 극복해야 한다는 금욕주의를 최고의 이상으로 삼게 되었다. 이로 인해 스포츠나 여러 분야에 대한 본질적인 이해와 연구를 무조건적으로 말살했다는 측면에서는 기독교의 오류가 드러난다.

위에서 언급했듯이 초창기 기독교 사회에서 자녀들의 교육은 윤리, 종교, 정서, 기타 세속적인 것으로 이루어졌다. 그후 교회의 조직이 형성되고 조직화 되면서 세속적인 학문들을 기독교적 관점에서 가르쳤고, 나아가 그리스도교의 문학과 신학으로 한정시켜 발전시켰다.

초기 기독교는 후기 로마의 타락한 운동문화에 영향을 받아 스포츠의 긍정적인 가치를 인식하지 못하는 가운데 세속의 생활과 관련된 스포츠를 현세의 향락이나 사악한 것으로 간주하였다.

2. 수도원의 체육

수도원(修道院)은 기독교가 전파되는 과정에서 일단의 사람들이 외부 세계와의 단절을 통해 고유한 기독교의 신앙체계를 확립하려는 의지에서 설립되었다고 볼 수 있다.

수도원은 동방에서 그 기원을 찾을 수 있다. 4세기 중엽 이집트의 파코미우스(Pachomius)는 3세기 말 이집트 북부의 사막에서 집을 짓고 은둔생활을 했던 성 안토니(St. Anthony)를 본받아 수도원을 운영하였다고 한다. 그는 안토니의 수도생활의 방법을 약간 순화하여 규율 있는 공동생활을 실내로 끌어들였다. 그러나 실제로 체계적인 격식을 갖춘 수도원은 카파도시아의 주교인 성 바질(St. Basil)에 의해 만들어졌다. 그는 극단적인 자해(自害)나 장기간의 금식 대신에 유용한 노동을 강조하면서 수도원 조직의 정치적 체계를 심화시켰다. 그는 더 나아가 빈곤과 겸손을 중시하고, 명상도 강조하였다. 바질의 방식은 동로마제국의 표준이 되었으며, 지금도 그 전통이 그리스 정교에 남아 있다.

서유럽의 수도원은 이집트의 수도원이 로마에 전래된 4세기경 설립되기 시작하였다. 그러나 진정한 의미의 수도원은 6세기경 창설된 성 베네딕트(St. Benedict, 480~543)의 수도원이었다. 그는 나폴리의 몬테 가시노에 수도원을 건립하고 라틴 기독교 세계의 모든 수도사들이 준수할 규율을 제정하였다. 베네딕트 수도원은 청빈, 순종, 노동, 헌신을 목표로 삼고 바질의 방법과 같은 규율을 강조하였다. 이후 10세기에 설립된 클뤼니 수도원이 교황 직속이 되어 각 지역에 분원을 설치하면서 유럽의 정신세계에 큰 영향을 미쳤다.

수도사의 생활방식은 수도회에 따라 달랐지만 청빈(淸貧 : 사유재산 포기), 정결(貞潔 : 독신생활), 복종(服從 : 상급자에 대한 복종)의 세 가지 덕목은 공통적인 요소였다. 수도원 생활은 철저하고 엄격한 규칙에 기초하고 있었다. 성 베네딕트(St. Bendictus)는 수도자가 준수해야 할 규칙을 제정하였다. 그에 따르면, 수도자는 하루에 7시간 일하고 2시간은 독서하며, 기도, 식사, 수면에 적당한 시간이 필요하다고 규정하고 있다. 수도원에서 수도자의 주된 목표가 영혼의 구원을 얻는 것에 있었지만, 실생활적인 측면에서 보면 수도자들이 사회에 상당한 기여를 했다. 수도원은 수도자들의 자활(自活)을 위해 노동생활을 권장하였다. 이것은 노동을 경시한 고대에 비해 노동존중의 전통을 후대에 남긴 것으로 새로운 영농방법, 도로나 교량의 건설, 병원의 설립, 새로운 발명품의 생산 등을 통해 실생활에 기여했을 뿐 아니라 침체된 상업과 금융의 발전에도 공헌하였다. 또한 수공업에 종사하는 장인들을 위해 새로운 기술을 개발하여 보급하였고, 수도원의 사자실(寫字室)에서는 수도자들이 필사(筆寫)작업을 하였는데 이것은 암흑시대의 유일한 도서관의 기능을 수행하는 한편, 고전(古典)의 보전에 크게 기여하였다.

1) 교육

중세 유럽에서 교육을 담당했던 교육기관 중에서 가장 대표적인 학교가 수도원 학교(Monastery School)였다. 수도원 교육은 고대의 교육에 비하여 철저하고 엄격한 정신주의 일변도의 교육이었다. 수도원의 수도자들은 금욕주의의 영향으로 육체의 욕망을 억제하여 영혼의 구원을 얻는 것이 교육의 주된 목적이었다. 금욕적 생활을 위해 여자들은 수녀원으로 보내졌고, 남자들은 수도원에 들어갔다.

수도원은 6~12세기 동안 이탈리아의 길드학교, 샤를마뉴와 알프레트 대제의 왕궁학교를 제외하면 사실상 유일한 교육기관이었다. 물론 중세 초기의 유일한 초등교육 기관인 문답학교(Catechumenal School)나 교회의 지도자나 성직자를 양성하기 위한 기독교적 고등교육 기관인 본산학교(本山學校 : Cathedral School)가 존재하였지만, 체계적이고 실질적인 교육기관은 수도원이었다.

수도자들은 영적 활동을 위주로 생활했기 때문에 육체적인 부분보다는 정신적인 부분을 교육하는데 더 중점을 두었다. 수도원 교육의 핵심은 정신생활의 가치를 얻기 위해 육체의 욕망을 억제하는 고행을 수행하고 세속적인 생활방식을 포기하며 기도생활을 습관화 하는데 있었다. 그들은 내세의 평안과 안락을 위해 일체의 주장과 욕망을 억제해야 했기 때문에 가정생활, 경제생활, 결혼생활까지도 부정하였다.

수도원은 처음에 성직자가 되려는 사람에 한하여 입학이 허용되었으나, 후에 내교(內校 : Internal School)와 외교(外校 : External School)로 구분하여 외교에서는 일반 서민들의 자녀들에게도 교육을 허용하였다. 교육내용은 초등과 고등으로 구분하여 초등과정에서는 독(讀), 서(書), 산(算)과 음악(音樂), 성경(聖經)을 가르쳤고, 고등과정에서는 문법, 수사학, 논리학의 3학과 산술, 기하학, 천문학, 음악의 4학 등 7자유과(七自由科)가 핵심내용이었는데 모두가 신학에 바탕을 둔 지적인 프로그램으로 짜여져 있었다. 교육의 주된 방법은 암기, 모방 그리고 질문과 응답이었다. 권위가 강조되고 주관적인 표현이 제한 당하는 체제 안에서 징계수단은 의무적인 단식과 질책 뿐 아니라 매질도 있었다.

수도원 교육이 금욕주의, 현세부정, 개인부정의 지나친 측면을 내포하고 있으나 중세의 문화적 혼란 속에서 강한 정신적 교화를 통해 게르만 민족을 개종시켜 유럽문화의 창조적 역군으로 변화시켰으며, 수도원 교육이 발전되어 본산학교, 더 나아가 유럽대학의 밑바탕이 되었다. 특히 노동의 중요성을 부각시켜 주었다. “노동하는 것이 기도하는 것이다.” 라는 말에서 그들의 태도를 알 수 있다. 또한 영농방법의 개발과 농토의 개발을 통해 생산량을 증가시킨 점은 인류의 발달에 기여하였다.

2) 체육활동

수도원 교육은 정신교육을 통해 영적인 존재를 성장시키는 것이 교육의 목적이자 이상이었다. 수도사들은 영적인 생명의 본질을 높이기 위해 육체적 욕구와 모든 욕망을 억제하고자 하였다. 그들은 육체의 아름다움을 추구하거나 육체의 모든 욕망과 욕구를 충족하면 영적인 성장이 불가능하다고 믿었다. 성 베르나르도(St. Bernardus)는 "강건하고 활동적인 육체 안에는 항상 약한 마음과 흔들리는 정신이 깃든다. 그러나 허약한 육체에는 능동적이며 굳건한 영혼이 자리 잡고 성장한다."고 말했다.

한편 성 베네딕트는 "게으름은 영혼의 원수"라고 하여 노동을 통해 수도자들의 신체를 굳세게 단련시켜 주었으므로 체육이 다른 사회에서 달성한 목적과 동일한 효과를 이루어 내었다.

수도자들은 기도문을 암기하고 시편을 노래하고 신학을 공부하는 등 지식교육을 위주로 학습하였으며, 체육은 교육과정에서 배제되어 있었다. 건강을 위한 보건에도 특별한 관심을 두지 않았으며 음식과 수면에 대해서도 환자를 제외하고는 최대한 억제하였다. 공중목욕탕 테르메에 대한 부정적 시각을 갖고 있어 온욕도 찬성하지 않았다. 성 베네딕트의 규칙에 보면 수영을 금지하는 뜻을 담고 있다. 즉 육신의 건강이나 청결보다는 영혼에 대한 청결을 더욱 중시하였다. 이러한 비위생적인 관념 때문에 전염병과 같은 질병이 발생되기도 했다. 당시 환자의 질병을 치료하는 가장 좋은 방법은 기도였으나 오늘날의 병원과 같은 시설을 마련하고 환자를 수용하였으며, 이러한 특수한 목적을 전담하는 수도원이 세워져 운영되었다. 초기의 수도원들은 교육과정에 체육을 포함시키지 않았지만, 젊은이들의 자발적인 운동을 억제할 수는 없었다. 수도원에서 공부하는 젊은 학생들은 때때로 운동을 해왔고 레크리에이션을 위한 시간을 허락받았다. 그러나 대개의 수도자들은 여가시간에 불법적으로 약간의 스포츠를 행했을 뿐이고, 수도자들의 건강을 유지하는데 도움을 주는 유일한 신체활동으로 노동만이 허용되었다.

3. 기사계층의 체육과 스포츠

중세 유럽은 4세기 말부터 10세기 말에 이르기까지 약 600년간 내부의 분열과 외부의 침입으로 인해 혼란과 무질서가 계속되었다. 절대왕권이 무너지면서 사람들은 자신의 생명과 재산을 보호하기 위해 군사력을 갖추거나 그렇지 못한 시민들은 각 지방에 있는 대지주(大地主)를 찾아가 자신과 가족의 안전을 의탁하며 생활할 수밖에 없었다. 이리하여 각지의 무력을 가진 자들이 대두하여 그 지역의 치안을 유지하고 외적의 침입을 막아 사실상의 지배자가 되었다. 약육강식(弱肉强食)으로 법과 질서가 무너지고 폭력적이고 불안정한 상황 속에서 무사들의 지배체제로서 자라난 것이 바로 봉건제도(封建制度)였다.

봉건제도는 각 지방에서 거의 자생적으로 성장했기 때문에 그 지방의 상황에 따라 다른 모습을 나타냈지만 몇 가지 공통점을 지니고 있었다.

우선 군사제도에 바탕을 두고 있었다. 국가의 통제력이 약화된 상황에서 무력자들은 사적인 도당(徒黨)을 형성하여 세력을 키웠다. 우두머리를 주군(主君, Lord)이라 하고, 종자를 봉신(封臣, Vassal)이라 했다. 이러한 주군과 봉신의 종속관계를 주종제(主從制)라 한다. 주종제는 게르만의 종사제 혹은 로마의 피보호제에서 연유한다. 주군은 봉신에게 토지를 부여하고(恩貸地, Beneficium 또는 封, Feud), 봉신은 주군에게 일정한 정치적 혹은 군사적 봉사를 해야만 한다. 이들 주군과 봉신은 모두 무사로서 평등한 사람들 사이에서 체결된 군신관계에 바탕을 둔 쌍무적인 계약관계였다. 따라서 어느 한 편이 계약을 위반하면 그러한 관계는 파기될 수 있었다. 이러한 주종제는 위로는 국왕에서 맨 아래 기사에 이르기까지 다양한 계층으로 이루어진 이른바 봉건제의 피라밋을 형성하고 있었다.

또한 무사들의 사적인 도당으로 출발한 주종제적 군사조직이 점차 공적인 통치기구로 발전하였다. 국가와 사회가 혼란에 빠져 있을 때 이러한 사적인 군사조직이 시민들의 생명과 재산을 보호하고 질서를 유지하거나 심지어 정의를 실현하는 등 국가의 임무를 수행하였지만, 그것은 강력한 왕권 아래 통제되지 않는 지방적 조직으로 지방분권제(地方分權制)라고 하는 통치체제의 성격을 띠고 있었다. 국왕 자신은 하나의 봉건영주(封建領主)였다. 모든 봉신(기사)들은 주군(영주)으로부터 받은 봉토가 있었는데, 그는 자신의 봉토 안에서는 하나의 영주로서 징수, 치안유지, 재판 등 국왕의 권한과 임무를 수행하는 배타적인 권한을 행사하게 되었다(不入勸, Immunity).

한편 기사계층이 전쟁과 통치에 전념하기 위해서는 의식주는 물론 무장과 전비를 마련해 줄 사람들이 필요했다. 이 일을 맡은 것이 농민들이었다. 봉신들이 그들의 생계를 위해 주군으로부터 받은 봉토는 한개 또는 여러 개의 장원(莊園, Manor)으로 구성되어 있었는데, 그 장원에는 경작을 위한 농민들이 딸려 있었다. 농민들은 영주의 땅을 빌어 살아가는 대신 그 지대(地代)를 노역(勞役, 1주에 3~4일)으로 바쳐 영주의 땅을 경작하였다. 농민들은 이러한 지대부역(地代負擔, 노역) 외에도 인두세, 상속세, 혼인세, 시설사용세 등 예속민으로서의 각종 무거운 부담을 지고 있었는데, 이러한 농민이 농노(農奴)였으며, 농노에 의한 장원경제제도가 바로 농노제 혹은 장원제였다. 이들 농노들은 로마 말기의 콜로누스의 후손들 혹은 몰락한 게르만의 자유민들이었다. 어려운 설정에서도 일부 농민들은 생산을 늘려 경제적 여유를 갖기도 했다. 그러나 농민계층과 기사계층 사이에는 엄격한 신분적인 차별이 존재하였다.

봉건적(封建的) 지배계급에 속하는 사람은 모두 기사였다. 위로는 국왕으로부터 아래로 평기사에 이르기까지 모두가 기사였다. 기사계층은 사회의 규율이자 도덕률로서 중세인들의 삶을 보다 높은 문화수준으로 높이는데 기여하였다. 기사도(Chivalry)란 기사가 갖추어야 할 정신 덕목의 규범을 말하는데, 용맹과 충성과 신의를 가장 중요한 덕목으로, 비겁과 배신을 악덕으로 간주하였다. 명예 또한 기사도의 덕목인데, 기사들은 여성을 존중하고 여성에게 헌신적으로 봉사하는 것을 명예로 생각했다. 그들은 "불명예스러운 행동을 하는 것보다는 차라리 죽음을 택하겠노라." 라고 말한다. 다시 말해 기사도란 내적으로 고상하고 외적으로 용감한 인격자로서 신을 믿으며 군주에게 봉사하며 약자를 돕고 부녀자들을 보호해 주는 정신을 말한다. 기사들은 심령은 신에게, 생명은 왕에게, 심정은 부녀자와 약자를 위해 그리고 명예는 기사들 자신을 위한 것으로 확신하였다. 기사들은 상급 영주에게 봉사하였고, 평화 시에는 자신의 영지를 경영하거나 여가를 즐겼고 여가선용의 방법으로 스포츠가 등장하였다.

1) 교육

기사교육(Chivalry Education)은 봉건사회적 개념에 바탕을 두고 있다. 세속적인 기사교육은 고대 로마 이후 시작되어 12세기 십자군원정 때 그 절정에 달하였다. 기사교육은 별도의 교육기관에서 이루어진 것이 아니고 비형식적 사회교육의 성격을 띠었다. 교육의 목적은 다음과 같이 요약할 수 있다.

첫째 야만적 기사로 하여금 기독교적인 정신을 습득시키는데 두었다.

중세사회의 식자들은 교회에 있었고, 기사들은 문맹이거나 교양이 없었다. 이들은 신학이나 윤리에 구애됨이 없이 기독교를 단편적으로 이해하고 있었다. 이에 기사교육은 무지한 무사들에게 기독교적 정신을 지니도록 교육하는 방편이었다. 그것은 기독교적인 성자와 야만적인 무사와의 결합을 의미한다. 그러므로 기사교육의 궁극적인 목적은 기독교적 무인을 양성하는 것이었다. 그리하여 기사의 군사적인 세 가지 미덕으로 용기, 충성, 관용을, 사회적 미덕으로 예의, 공손, 자비를 강조하였다.

둘째 교회와 영주에게 봉사하고, 부녀자와 약자를 보호할 것을 교육하였다.

중세 무사들은 정열에 사로잡혀 살인이나 여자를 농락하는 등 기독교의 계율을 위반하였다. 이에 기사교육은 약자와 숙녀에 대한 보호와 모든 일에 정직할 것, 교회와 영주(주군) 및 상사에 봉사할 것을 가르쳤다. 그리하여 사랑은 일차적으로 약자와 부녀자에 대한 봉사, 전쟁은 정의의 수단, 종교는 기독교에 대한 경건함을 의미하는 것이었다.

기사의 교육은 완전하고 우아한 기사를 만들기 위하여 정의와 전쟁, 사랑과 신앙을 가르치는 것이었다. 그러므로 기사는 남성적이고 도덕적인 인품과 군사적인 능력을 갖출 의무가 있었다. 기사들은 완전무결한 기사로서 갖추어야 할 교양을 위해 단계별로 기사교육이 이루어졌다.

1단계(출생~7세)의 교육은 가정에서 행해졌다. 아이들은 가정교육을 통해 경건한 신앙심과 예의, 순종의 덕과 활달한 성격을 익혔다.

2단계(8~14세)의 교육은 시동(侍童, Page)으로서 궁정이나 영주의 저택에서 다른 시동들과 생활하면서 이루어졌다. 이들은 영주나 귀부인을 모시고 여행, 사냥, 무술 등의 종자(從子)가 되며, 장래 기사가 될 훈련을 받았다. 이들은 귀족사회의 예법과 충성심, 노래, 무용, 종교예식과 읽기, 쓰기 등을 배웠고, 기초적인 신체훈련으로 달리기, 권투, 레슬링, 말타기, 수영 및 초보적인 무기사용법을 배웠다.

3단계(15~21세)의 교육은 시종(侍從, Squire) 또는 종사(從士)의 시기로 기사가 되기 위한 본격적인 수련을 하였다. 이들은 영주를 좌우에서 보좌하고 경호를 담당하며, 본격적인 무사훈련에 정진했다. 때로는 선배기사의 식탁에서 봉사하고, 잠자리를 만들고 무기를 손질하고 방패를 운반하였다. 시종들은 7예(七藝 ; Seven Perfection)를 필수적인 교육내용으로 학습한다. 7예에는 말타기, 수영, 활쏘기, 검술, 수렵, 서양장기, 시를 쓰고 읊는 것이 포함되고, 이 외에도 음악과 무용을 배웠다. 이 시기에는 무술을 연마하되 온화한 성품과 부드러운 말씨, 춤을 익혀야 했다. 그러나 프랑스어 학습 외에 지육은 고려되지 않았다.

21세가 되면 예의와 신앙심, 무예의 실력을 참작하여 군주 혹은 교회 지도자들 앞에서 기사서임식(騎士敍任式)을 엄숙하게 거행하였다. 이 의식을 대비하여 기사 후보자는 고백과 단식을 하고, 여자와 고아를 보호할 것, 거짓이나 남을 비방하지 않을 것, 교회를 보호할 것을 맹세한다. 이때 영주는 엄숙한 태도로 장검을 세 번 기사의 어깨에 대고 '용감한 기사'가 되라고 당부한다. 그와 더불어 교회의 종소리가 울리고 나팔소리가 들려오며, 군중의 환호성 속에서 축복을 받으며 식이 끝난다. 또한 영주는 기사에게 토지를 주어 자활할 수 있게 해주며 갑옷, 투구, 창, 말 등의 무기를 지급하여 임무를 수행토록 하였다. 이러한 기사도의 정신과 예절은 서양 신사도(Gentlemanship)의 바탕이 되었

[그림 16] 기사의 서임식 광경

을 뿐 아니라 스포츠 정신에도 많은 영향을 주었다. 당시 기사의 사회적 지위는 원로원(元老原)보다는 낮고 서민보다는 높은 상류층에 속하였다.

기사도 교육은 개화된 기독교의 문명이 지닌 이상적인 내용을 통해 야만적인 사람들을 교화하는 기능을 담당하였다. 이러한 교육이 거칠고 파괴적인 게르만족의 정신을 탁월한 기사로 변신시키지는 못했으나 과거 그들의 행동보다는 이상적인 모형으로 제시되어 받아들여졌다.

2) 체육의 목적

기사도 교육과정에서 체육은 핵심적인 내용이었다. 전투력을 높이고 운동경기의 기량을 익히기 위해 신체수련은 필수적인 과정이었다. 중세 귀족들은 그리스인들과 같이 신체의 아름다움이나 조화로운 신체발달에 관심이 없었고, 전기 로마인들처럼 애국심도 갖고 있지 않았다. 다만 개인적이며 실용적 입장에서 무예에 열중하였다. 그들은 군사적 의무를 완수하고 교회를 수호하는데 체육이 필요하다고 인식하여 신체수련이나 운동경기를 애호하였다. 그리고 기사는 자신의 명예를 지키기 위해 전쟁터에 나가고 십자군활동에 참가하였다. 따라서 스포츠는 여가활용의 수단이나 군사교육의 활동으로서 인정되어 자발적으로 실행했을 뿐이고 정규적인 학교교육에는 포함되지 않았다. 귀족들은 평상시 소년들에게 군무의 준비를 갖추도록 하였고, 기사들은 명예를 위해 싸우며 군주를 따라 전쟁에 나가며, 성전에 참가하고 모의전(模擬戰)과 같은 게임으로 여가를 보내며 또는 격렬한 전투훈련을 수행하였다. 기사체육의 목적이 자기 방어라는 좁은 의미에 한정되어 있었지만 교육내용을 보면 여러 가지 측면을 고려하고 있다. 기사들은 군사적인 스포츠활동을 통하여 전투능력뿐 아니라 사교적인 품위와 경기기술을 습득할 수 있었다.

물론 일부 축제일이나 종교적 대축일, 교회의식이 끝난 뒤에 경기회가 늦도록 진행되었다. 도시들은 몇몇 운동회에서 서로 우열을 겨뤄왔고 특별한 날을 정하여 경기회를 개최하기도 했다. 그러나 스포츠에 대한 관심이 커지면서 이를 위험시하여 교회당국이나 국가가 이를 통제하였다. 경기회가 종교적 행사에 도움이 되지 못하거나 교회마당과 묘지와 같은 성스러운 장소에서 개최될 때에는 더욱더 억제하려 하였으므로 스포츠는 극히 제한적일 수밖에 없었다.

3) 체육과 스포츠활동

귀족 자제들의 교육에는 종교적 훈련, 예절교육 그리고 약간의 지적 교육이 포함되었지만 교육의 대부분은 체육이었다. 이러한 체육은 가정이나 교회 또는 성(城)에서 행해졌다. 많은 귀족의 자제들이 기사가 되기를 열망하여 성내 학교나 궁정학교에서 기사교육을 받았고, 소녀들도 궁정으로 보내져 예의범절을 배우도록 했다.

어린 시동(Page 또는 Volet) 때는 성인을 모방하고 기사의 특별한 행동을 몸에 익히며, 신체를 단련하기 위해서 궁술, 곤봉, 목도(木刀) 사용법, 투척 등을 배우고 익혔다. 종사(從士, Squire or Attendant)가 되면 격렬한 운동으로 신체를 단련하게 된다. 종사들은 힘과 지구력(持久力)을 기르기 위하여 중량(重量) 운반하기, 장거리 달리기, 완전무장한 몸으로 말 등에 올라타기, 중무장으로 공중돌기, 사다리를 이용하여 벽에 오르기, 갑옷을 입고 수영하기, 창던지기, 기사의 뒤에서 어깨 위로 올라타기 등을 익혔다. 이 외에도 나무 공을 라켓으로 친다거나 배고픔, 더위, 추위, 졸음 등을 견딜 수 있는 체력훈련을 받거나 승마와 무기조작에 대한 훈련을 받았다. 또한 종사는 군주를 위한 여러 가지 임무를 수행하였다. 군의 측근자 또는 경호원으로서 수행하며 군주가 생포될 경우 구출하는 일, 군주가 사로잡은 포로를 감시하는 일, 식사준비에서 군주의 갑옷을 정비하고 말을 돌보는 한편 성 안에 있는 귀부인을 돕고 함께 사냥을 하며 노래와 춤도 추었다. 그러나 종사는 전투에서 요구되는 기술을 연마하는데 더 많은 노력을 기울였다.

소년시절부터 과녁찌르기(Quintain) 및 비후드(Behourd)와 같은 무예를 통하여 군사기술을 익혔고 모의전투를 체험하였다.

과녁찌르기는 갑옷과 투구를 씌운 과녁 인형을 튼튼한 기둥에 꽂아 놓은 것으로 타격하면 과녁인형이 회전하도록 만들었다. 한 손에는 창이나 칼을 들고 하거나 다른 손에는 방패를 들고 연습하였다. 훈련방법은 말을 타거나 도보로 가서 과녁인형의 중앙을 공격하여 관통시키는 것이었다. 기사도 스포츠에서 상대방의 투구와 가슴 외에 공격하는 것은 부당하다고 생각되었다. 과녁 찌르기는 몇 가지 종류가 있었다. 고정 과녁찌르기(Post quintain)는 창과 방패를 양손에 든 종자가 지면에 고정시켜 둔 약 2미터 높이의 기둥을 향하여 뛰어 공격하는 방식이고, 인간 과녁찌르기(Human quintain)는 완전무장한 인형을 삼발이 위에 앉혀놓고 창으로 공격하여 삼발이 아래로 쓰러뜨리는 방식이었다. 고리찌르기(Tilting at a ring)는 훈련자가 말을 타고 쾌속으로 달려가 고리의 중앙을 창으로 찌르는 방식으로 정확히 찔렀을 때 고리를 고정시킨 끈이 떨어져 창끝에 고리가

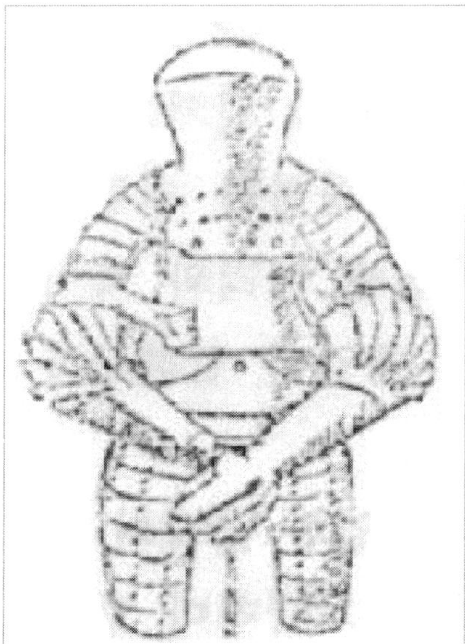

[그림 17] 기사의 갑옷

걸리도록 되어 있었다.

비후드(Behourd)는 무기 다루는 기술을 익히는데 도움이 되는 군사적 스포츠였다. 이 게임은 요새 하나를 두고 한 그룹은 공격을 하고 다른 한 그룹은 방어를 하는 일종의 모의전투 게임이었다. 비후드와 과녁찌르기는 종자 뿐 아니라 기존의 기사들도 참가하였다.

중세에는 로마의 검투사 시합 못지않게 호화롭고 성대한 행사로서 기사들의 마상시합(馬上試合)이 있었다. 이것은 11세기 중엽부터 14세기경 모든 기독교권에 보급되었다. 처음에는 기사들이 여가를 즐기기 위해 비롯된 것에서 차츰 경기방식을 갖추게 되면서 특별연기의 중요한 종목으로 정착하여 가장 인기 있는 경기로 발전하였다. 또한 당시 가장 중요한 전투부대가 기병대였기 때문에 이것과 관련된 마상시합의 가치는 매우 높았을 것으로 보인다. 마상경기(馬上競技)에는 토너먼트(Tournament)와 쥬스트(Joust)의 두 가지 종목이 있었다.

토너먼트는 소규모의 기사전과 같이 긴 창과 칼, 방패로 무장한 많은 기사들이 동일한 숫자로 두 편으로 갈라져 2열 횡대로 정돈한 후 안내자가 경기규칙의 낭독을 끝내면 진행된다. 기사들은 신호 나팔소리와 함께 제1열부터 돌진하여 격전을 벌인다. 다음 나팔소리를 신호로 제2열의 기사들이 돌진하여 싸움을 벌인다. 창이 부러진 기사는 칼을 뽑아들고 싸우고 말에서 떨어진 기사는 적을 찾아 싸운다. 이 게임은 상대편을 마상에서 떨어뜨리는 경기로 마상에 많이 남아있는 편이 승리하는 게임이다. 경기장은 마치 전쟁터와 비슷하여 피를 흘리게 되고 목숨을 잃는 사례가 발생했다고 한다. 토너먼트에 대한 기록은 11세기 중엽부터 나타난다. 영국에서는 12세기경 리차드 1세(Richard I)에 의해 토너먼트가 도입되었다고 한다. 리차드 1세는 프랑스 군대의 용맹과 전투력은 토너먼트에서 얻은 경험의 덕택이라고 생각하여 이것을 도처에 보급하였다. 하지만 교회나 영주는 이를 억제하였다. 인명의 손실과 경기로 인한 도박, 환락, 만취 등 타락한 분위기가 연출되었기 때문이다. 교황 알렉산더 3세(Alexander Ⅲ)는 토너먼트 개최를 금지시켰고, 이 대회 때 죽은 자는 그리스도교 의식에 의한 장례를 치르지 못하도록 하였다. 그러나 이 스포츠는 지속적으로 성행되었으며, 전쟁 중에도 개최할 만큼 그 인기가 매우 높았고 엄격한 규칙과 일정한 절차에 따라 공평하게 진행되

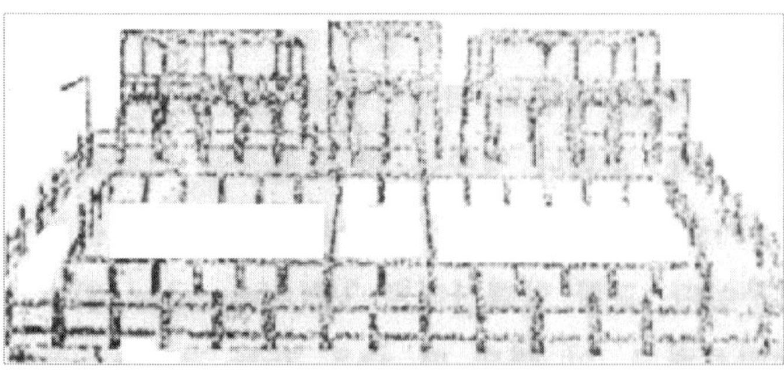

[그림 18] 토너먼트 경기장

었다. 일부 기사들은 마상경기에 참여하기 위해 순회하는 경우도 있었다. 매우 위험한 이 경기는 사상자를 줄이기 위해 머리와 목이 덮이도록 고안된 시합용 특수 투구를 착용하고 게임에 임하도록 되어 있었다.

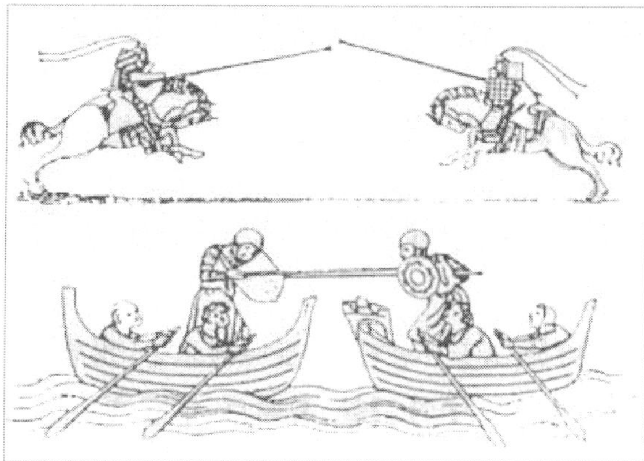

[그림 19] 영국의 쥬스트

쥬스트(Joust)는 10세기경 프랑크왕국에서 경기방식의 틀이 잡혀 이후 유럽 각지로 보급되었으며 중세기 최고의 경기였다. 이 경기는 갑옷을 착용한 두명의 기사가 창과 방패를 들고 양편에 마주 서서 긴 창과 방패를 가지고 전속력으로 달려가 상대방의 투구나 가슴을 공격하여 낙마시키는 개인경기였다. 만약 양편이 모두 말에서 떨어지지 않으면 제자리로 돌아와 다시 승부를 겨뤘다. 승부는 말에서 떨어지면 끝나는 방식과 말에서 떨어진 후에 칼을 뽑아 상대방과 싸워 승복할 때까지 겨루는 방식이 있었다. 영국에서는 마상 또는 선상에서 쥬스트를 행했다고 한다. 이 경기에서 기사들은 날이 서지 않는 칼, 끝이 뭉툭한 창 또는 끝에 작은 평판을 붙인 창날을 사용했다. 토너먼트와 쥬스트는 마상 창겨루기에 기반을 두었지만 다양한 방식으로 행해졌다.

귀족 기사들이 토너먼트나 쥬스트 경기 다음으로 즐겼던 것은 매사냥과 수렵이었다. 특히 매사냥은 귀족에게 권위의 상징이며 애완용 동물이기도 했다. 영주가 자신의 권위를 보여주기 위해 매를 손목 위에 앉히고 대중 앞에 나타날 정도로 매에 대한 선호도가 매우 높았다. 무용은 중세에 보다 발전하여 르네상스 시대에는 귀족사회에서 호화로운 축제 때 필수적인 구비요건이 되었다. 기사들은 처음에 무용이 여성적인 것이라 하여 거부하고 여자들이 부르는 노래와 춤을 감상했지만, 봉건사회가 점차 세련되어 감에 따라 무용의 인기가 점점 높아져 기사들은 숙녀와 같이 춤도 추고 노래도 불렀다. 기사들이 즐기던 게임을 더 든다면 체스(Chess : 서양장기)와 백거먼(Backgammon)을 들 수 있다. 이런 놀이 외에도 각종 묘기와 곡예가 행해졌는데 1327년 프랑스의 줄타기 곡예는 지상 150피트 상공에서 행해졌다고 한다.

중세 봉건시대에는 체육활동이 극히 제한적이고 군무를 준비하는 수단적 역할을 한 것에 지나지 않았지만 스포츠의 정신적인 측면에서 지대한 공헌을 하였다. 기사도는 근대 시민사회의 신사도(紳士道)로 그 정신이 계승되었고, 그중 일부는 스포츠맨십(Sportsmanship)을 확립하는데 기여했다. 즉 기사도는 스포츠에 대한 태도, 준법의식이나 페어플레이와 같은 현대스포츠의 정신형성에 긍정적인 영향을 미쳤다고 할 수 있다.

4. 스콜라 철학에서의 체육과 스포츠

중세의 최고 학문은 신학이었고, 중세를 대표하는 철학은 스콜라 철학이다. 스콜라란 말은 중세 수도원에 속한 학교(Scholae)에 학자들이 모여 연구한데서 유래하였다. 11세기부터 15세기에 걸쳐 기독교세계에서는 지적 각성이 일어났다. 기독교는 그 권위를 뒷받침하고 그 세력을 확대해가기 위하여 지적 학문의 필요성을 느끼게 되었다. 6세기에서 11세기까지 기독교의 교리와 신앙은 그 어떠한 것에도 의심이나 비판 없이 맹목적으로 받아들여졌다. 그러나 십자군원정을 통해 이슬람교 문화가 유입되고 새로운 종교관과 고전이 소개되면서 회의주의와 진보적인 사고를 잉태시켰다.

이에 신학자들은 교회의 교리를 이성적으로 이해할 수 있도록 함으로써 이단을 막으려 했다. 이런 과정이 스콜라 철학을 탄생시켰다. 신학자들은 교리에 대한 어떤 도전에도 답변할 수 있도록 이성과 논리로 계시와 진리를 뒷받침함으로써 교회의 교리를 정의하고 체계화시키며 합리적으로 설명하려 시도했다. 이처럼 스콜라 철학은 기독교의 교리를 진리로 삼아 철학적 기초를 확립하고 학문의 체계화를 위해 등장하였다. 스콜라 철학은 9세기에 태동하여 13세기에 절정을 이루고 14세기경 쇠퇴하였다. 스콜라 철학을 통하여 기독교 신학은 비로소 학문의 최고 위치에 올랐고 신앙과 이성을 하나로 체계화시켰다. 대표적인 학자로 에리제나(Erigena), 안셀무스(Anselmus), 아베라르도(Abefflard), 아퀴나스(Aquinas) 등이 있었다.

스콜라 철학은 유명한 보편논쟁(普遍論爭, The universal controversy)에 의해 전개되었다. 보편논쟁은 일반적인 보편개념과 개별적인 사물 사이의 존재관계를 규명하는 것이었다. 초기에는 영원불멸한 진리는 정신세계에서 찾을 수 있다는 플라톤의 이데아 철학의 영향을 받아 실재론(實在論, Realism)이 우세했는데, 보편적 개념이 실재하면서 개별적인 사물에 앞선다고 주장한다. 최고의 신학자이며 스콜라 철학의 대표자인 안셀무스(Anselmus : 1033~1109)는 "신앙은 인식에 선행하므로 알기 위해선 믿어야 한다.", "기독교인은 신앙을 통해 지식으로 나아갈 것이요, 지식을 통해서 신앙에 이르러서는 안 된다."고 주장하였다. 중기에는 아리스토텔레스의 물질과 현상(현실 세계)의 중요성에 영향을 받은 온건실재론이 유행하였는데, 토마스 아퀴나스(Thomas Aquinas : 1225~1274)가 대표적이다. 기독교와 그리스 철학의 절충학설로 유명한 그는 이성과 신앙을 구별하고 신학은 신앙 또는 계시에 의존하는 것이다. 그렇다고 이성이 철학의 독점물은 아니며 신학 안에서도 이성에 의해 이행되는 영역이 있다고 보았다. 이 이론은 신앙과 이성이 잘 조화된 것으로 보편개념은 실재하면서도 사물 안에 존재한다고 주장한다. 후기엔 유명론(唯名論, Nominalism)이 지배하였는데, 보편개념은 마음으로 그려낸 이름에 불과한 것이고 개별적인 사물이 우선적으로 존재한다고 설명하였다. 유명론을 계기로 신앙과 이성, 철학과 신학이 분리됨으로써 스콜라철학의 종말을 가져왔다.

중세 신학자들은 기독교의 교리를 이론적으로 이해할 수 있도록 계시된 신의 진리를 증명하고 체계화 하려는 신념을 가지고 있었다. 또한 상업과 교육의 발달로 교회뿐 아니라 국가에서도 행정업무를 담당할 인재를 필요로 하게 되었다. 이와 같은 학문적인 열의가 높아지면서 신학, 법률, 의학 분야에서 많은 발전이 있었다. 대학은 이러한 지적 욕구에서 촉진된 당시의 자연스런 산물로 12세기부터 생겨났다. 학생들은 저명한 교수가 강의하는 도시로 몰려들었다. 파리대학을 비롯한 북유럽의 많은 교육기관은 성직자가 변증법과 스콜라 철학을 가르쳤던 교회학교에서 유래하였다. 한편 이태리의 살레르노대학은 법률과 의학연구의 중심이 되었고, 볼로냐를 비롯한 이태리의 북부 도시들은 고대 로마법전의 연구가 성행하여 법률연구의 중심지가 되었다. 문예부흥기까지 유럽에는 약 80여개의 대학이 있었다. 이 대학들은 주로 문학, 법률, 의학, 신학 등 4개 학부로 구성되어 있었다.

스콜라철학은 기독교 신앙의 합리성을 되찾기 위해 이론적으로 신앙을 변호하고 철학을 통하여 교회를 옹호하며 지성에 의해 권위를 부활하고 이론에 의하여 신학을 입증하는데 목적이 있었다. 이것은 학문연구를 촉진시키는 긍정적인 결과를 초래하였지만 체육의 발달에는 장애요인으로 작용하였다.

1) 교육

스콜라 철학자들은 철학적으로 또는 학문적으로 교양 있는 신앙인을 양성하는데 교육의 목적을 두었기 때문에 개인의 창의력이나 기능의 개발을 소홀히 했다. 이들은 하나님만이 최고의 존재이며 최고의 진선미(眞善美)라고 믿었다. 그러나 중세 초기의 맹목적인 신앙인 양성이라는 교육목적에 비교하면 논리적인 지식을 갖춘 신앙인 양성이라는 점에서 큰 차이를 발견할 수 있다. 교육내용도 중세 초기와는 달리 성경교리 교육 일변도에서 철학적인 지식교육이 중시되었다.

스콜라 철학은 처음에 신학 분야에만 집중된 편협하고 엄격한 지적 학문이었으나 그 영향은 법률과 의학연구에도 미쳤다. 후기의 스콜라 철학이 비판을 받았음에도 불구하고 지적인 관심을 합법화시켰다는 점과 학자의 지위를 높였다는 점에서 그 가치를 인정하지 않을 수 없다. 그와 함께 스콜라 철학은 교육 분야에 긍정적으로 작용하였다. 첫째 기존의 맹목적이고 무조건적으로 받아들이던 교회의 권위에 대하여 인간으로서 회의할 수 있는 사상적 자유가 다소 인정되었고, 이것은 불합리한 교권적 억압에 대한 비판의식이 일어나는 계기가 되었다. 둘째 폭 넓고 다양한 지적 도야가 활발히 전개되어 문예부흥과 근대사회로의 발전에 큰 동기를 제공했다. 셋째 저명한 스콜라 철학자를 중심으로 학문의 집단이 형성됨으로써 중세 대학의 성립에 기초를 제공하였다.

대학의 설립은 주로 수도원이나 사교좌(司教座) 성당학교(사교직 성직자 육성), 세속적 기관에 의해 이루어졌지만 그 기원은 교사와 학생 간에서 자생한 일종의 조합적 자치조직에서 비롯되었으며 11세기경 유럽을 풍미했던 조합운동(Guild)에서 파생되었다. 'University' 와 'Master' 등의 현대어는 '단체' 와 '지도자' 라는 길드의 용어에서 나왔다. 12세기 지적으로 고양된 분위기에서 도시에 모여든 학생과 교사들은 사숙을 통해서 학문활동을 하였고, 수공업 길드를 본떠 교육 길드를 조직한 후 외부 세계로부터 학문의 자유를 수호하였다. 이때의 대학은 훌륭한 건물이나 운동장도 없었으며 학생과 교사의 단순한 길드조직으로 실재의 직무를 위해 두 집단에서 대표를 내세우고 있었다. 12세기 후반부터 '자생적 대학' 이라 불리는 파리대학, 볼로냐대학, 옥스퍼드 대학이 처음으로 설립되었다. 이들 대학들은 정치적, 종교적 지배에서 벗어나 있었다. 학과는 문법, 수사학, 천문학, 수학, 의학, 법학 등이며, 학습방법은 교수의 강의와 토론형식이었으며 각 학과는 모두 당시의 신학적 교의를 따랐다.

중세대학들은 성직자, 정치가, 교수 등 3개 분야의 인재를 양성하는데 목적을 두었다. 하지만 스콜라 철학에서는 개인의 창의성이나 개성의 존중과 같은 것에는 소홀했다. 이들은 변증법적 논증법을 구사하면서 신학의 바탕을 굳건히 다지고 교회의 권위를 강화하고자 노력하였다. 그 결과 정확하고 세련된 논리나 면밀한 논증에만 집중하였고, 이로 인해 개인 또는 학파 간의 논리가 지나치게 번잡하였다. 또한 관찰, 실험, 실증과 같은 근대 과학적, 실증적인 학문풍토가 무시된 부정적 측면도 있었다.

2) 체육과 스포츠활동

중세 기독교사상에 따르면 신은 영혼과 관계되는 것이며 신체와는 관계가 없다. 신체는 소멸하지만 영혼은 불멸한다. 그리고 신체는 정신에 대하여 항상 하위에 있다고 생각하여 신체경시사상이 지배적이었다. 스콜라 철학은 이러한 신학적 관념에 기초하여 신학적 목표와 지적 측면에 관심이 집중되어 있어 체육에는 무관심하였고, 신체에 대한 금욕적 태도가 유지되었다. 따라서 스콜라 철학에서는 체육에 대한 어떠한 목적이나 필요성도 기대할 수 없었다.

영혼의 구원은 위생적인 생활이나 건강과는 무관하다고 생각하여 신체에 관련된 모든 측면을 소홀하게 취급하였다. 종교철학자 필론은 "인간의 영혼이 타락하여 신체에 깃들게 되었다. 그러므로 신체(Soma)는 영혼의 무덤(Sema)이며 그것은 모든 악의 근원이다." 라고 하였다. 중세 기독교 이념 중에서 체육 및 신체관에 대한 부정적인 태도는 금욕주의와 스콜라철학에서 여실히 반영되고 있다. 다만 토마스 아퀴나스는 인간의 계발에 기여하는 신체운동의 가치를 다소 인정했으나 근본적으로 스콜라 철학에서 신체적 측면을 고려하지 않았다. 당시 성당학교에서 유래된 대학들은 문학, 법률, 의학, 신학 등 4개의 학문분야에 열중해야 했다. 대학에서는 체육을 교과과정으로 인정하지도 않았고, 운동경기를 위한 기회를 마련해주기보다는 이를 적대시하였다.

이처럼 체육이나 레크리에이션활동이 허용되지 않는 상황에서 여가시간은 낭비적이고 파괴적인 상황으로 나타나게 되었다. 거친 장난, 지나친 음주, 도박, 악덕행위, 말다툼이나 치명적인 폭력 등이 발생하였다. 1354년 성 스콜라스티카(St. Scolastica) 축제일의 소동은 술집에서 말다툼이 발단이 되어 학생과 시민들이 난투를 벌여 많은 학생들이 부상을 입고 수십명이 살해되는 상황까지 확대되었다. 물론 당시의 게임이나 스포츠에도 많은 문제점이 있었기 때문에 대학들이 스포츠에 무관심 했던 것도 사실이다. 스포츠가 도박과 연관되어 행해지고, 지나치게 거칠고 무질서한 상황으로 인해 생명과 재산에 손해를 입히기도 하였다.

이런 이유로 해서 킹즈대학(Kings College)의 학칙에는 스포츠에 관한 규제 조치를 공표하였다. 학생들은 누구나 사냥그물, 고기잡이그물, 흰족제비(토끼사냥에 이용됨), 송골매, 사냥개 등을 소유해서는 안 되었다. 또한 주사위놀이, 당구의 포켓게임, 공놀이, 기타 도박으로 악용되는 모든 스포츠를 금지했다. 학생들은 재산이 파손될 위험이 있는 대학 경내(境內)에서 활쏘기, 돌이나 나무, 흙덩이 던지기, 창던지기를 할 수 없었다. 성당이나 수도원 또는 공회당에서는 레슬링이나 무용을 금지시켰다. 심지어 몽펠리어(Montpelier)대학에서는 자기 집 밖에서 무용하는 학생을 퇴학시키기도 하였고, 일부 대학에서는 가면을 쓰고 춤추고 노래하면서 시내를 배회하는 학생들을 처벌하였다. 일부 학교는 매사냥은 허용하면서 위험한 축구경기를 금하였다.

우리는 흔히 로마의 타락한 운동문화로 말미암아 중세에는 '체육이 부재하는 교육이라고 말한다. 실제로 스콜라 철학이 풍미했던 이 시기에 수도원 부속학교나 세속 학교 등에서 스포츠 및 체육을 가르치지 않았다. 그렇다고 해서 스포츠활동이 전무(全無)했던 것은 아니고 청소년들은 비조직적으로 스포츠와 게임에 참가하였다. 한편으론 초기의 대학들은 스포츠에 대한 프로그램이 없음으로 해서 스포츠를 통해 타락한 여가활동을 양산시키기도 했다. 학생들은 스포츠에 대한 금지조항에도 불구하고 달리기, 뜀뛰기, 레슬링, 던지기, 수영, 낚시, 공놀이, 원시적 전쟁게임 등을 열광적으로 참여했으며, 토너먼트와 무용을 학장취임식 때 불법적으로 시행하기도 했다. 코르푸스 크리스티대학의 창설자는 축일 때 건강을 위한 운동으로 공놀이와 운동경기를 허용하기도 했다. 특히 무용은 수확제, 오월제, 혼례 및 기타 종교행사에서 많이 행해졌고 포크댄스(Folk dance)는 서민들이 즐기는 레크리에이션활동의 하나였다. 그리고 이때 시민과 농민들에게 인기가 있었던 경기로는 현대의 럭비 축구와 비슷한 칼치오, 궁술, 테니스, 볼링, 당구, 크리켓과 비슷한 경기들이 행해졌고, 특히 축구는 12세기경에 영국에서 크게 성행하였다.

비록 스콜라철학이 플라톤과 아리스토텔레스의 이성적 사고를 수용했지만 중세 기독교의 금욕주의 사상을 탈피하지 못했기 때문에 신체에 대한 가치를 인정하지 않았고, 그로 인해 스포츠의 발전에는 부정적인 영향을 미쳤다.

스콜라철학과 금욕주의 하에서도 스포츠의 실천은 중세 후기부터 근세까지 지속적이고 점차적으로 전개되었다. 현대 스포츠와 체육의 형성이 그리스와 중세 유럽을 배경으로 하는 두 가지 원류(原流)에서 이루어졌다는 사실은 스포츠와 체육의 역사에서 의미 있는 일이다. 모든 역사는 권력자 또는 소수 기득권 세력에 의해서 좌우되는 것이 아니라 대중들의 사고와 의지에 따라 만들어질 수 있다는 사실이다. 중세의 체육과 스포츠는 일부 귀족계층과 일반 대중들에 의해 유지되고 발전되었다고 할 수 있다.

제7장. 근대 유럽의 체육과 스포츠

1. 인문주의에서의 체육과 스포츠
2. 종교개혁기의 체육과 스포츠
3. 실학주의교육과 체육
4. 단련주의교육과 체육
5. 자연주의교육과 체육

중세가 끝나갈 무렵인 14~16세기의 유럽에는 많은 변화가 일어났다. 14세기경부터 중세 봉건사회가 무너지기 시작하고 이와 함께 교회 중심의 중세문화도 쇠퇴하게 되었다. 이러한 봉건사회와 중세문화의 쇠퇴 속에서 새로운 근대사회가 싹트기 시작했다. 이념적인 측면에서 개인주의, 자유주의, 세속주의, 낙관주의 등 근대적 요소들이 나타났다. 이러한 근대적 요소들이 문화적으로 르네상스 운동을 초래하였고 종교적으로 종교개혁, 정치적으로 시민혁명, 경제적으로 산업혁명이라는 일련의 사건들에 영향을 주었다. 따라서 근대사회는 문예부흥이 시작된 14세기부터 산업혁명이 진행된 18~19세기에 걸쳐 장기간에 이루어진 시대라 할 수 있다.

르네상스는 오랫동안 매몰되어 있던 고대 그리스와 로마문화의 부흥을 발판으로 새로운 인간주의적 혹은 인문주의적 근대문화의 창조를 지향하는 문화운동이었다. 종교개혁은 중세 천년간 유럽의 정신세계를 지배해온 로마교황의 권위를 부정하고 성경과 신앙의 우위성을 확립하고자 하는 운동이었다. 그러나 그것은 봉건적 구속에서 해방하고자 했던 사회계층의 욕구, 나아가서는 교황의 지배에서 벗어나려는 사람들의 민족적 자각과 결부하여 하나의 세속적인 사회운동 및 민족운동으로까지 발전하였다. 그와 더불어 유럽세계는 시민계층의 경제적 요구, 신생 민족국가의 해외진출 의욕 그리고 과학과 기술의 발전을 계기로 신대륙과 아시아로 진출하였다. 이것이 상업자본주의 발달로 이어지면서 산업혁명으로 귀결되었다.

근대사회가 전개되고 발전하는 가운데 그 사회에 적합한 새로운 가치관과 사상이 형성되었으며, 그와 함께 실학주의, 단련주의, 자연주의 등과 같은 새로운 교육사상이 18세기까지 나타났다. 점차 체육과 스포츠는 새로운 사회, 경제, 문화의 틀 속에서 교육적 가치를 인정받게 되었으며, 과거와는 다른 교육관에 동승하여 체육은 새로운 모습으로 전개되기 시작하였으니 중세의 침체된 모습을 탈피하여 근대체육의 태동을 시작하였다.

르네상스 시대의 도래는 신체에 대한 사고를 변화시켜 그 가치를 새롭게 평가하게 하였다. 스포츠와 예술이 이러한 새로운 자기 이해로부터 영향을 받았으며 신체가 자연의 한 현상으로 이해되어 과학적, 미적 관심의 대상으로 비춰지는 새로운 신체관이 형성되었던 것이다.

1. 인문주의에서의 체육과 스포츠

르네상스(Renaissance)란 원래 재생을 뜻하는 이태리어 Renascita에서 파생되었다. 보다 구체적인 역사적 용어로는 14~16세기경 일어난 그리스 · 로마 고전문화의 부흥과 그에 따른 인간 중심적인 문화의 탄생을 의미하여 왔다. 이러한 생각은 르네상스시대의 인문주의자들의 사상에서 출발하여 계몽주의자들에 의해 한층 더 발전되었고, 19세기경 부르크하르트(J. Burckhardt)의 명저 〈이탈리아의 르네상스문화〉를 통해 일반인들에게 알려지게 되었다.

르네상스의 참다운 정신은 인문주의(人文主義, Humanism)운동이라 할 수 있다. 인문주의운동의 발상지는 이탈리아였다. 그 이유는 첫째 상업자본이 발달하여 교양 있는 기업가와 정치가가 많았다. 둘째 이탈리아는 고대 로마의 중심지였다. 이들은 라틴어에 익숙해 있었고, 고대 로마의 유적과 서적들이 잘 보존되어 있었다. 셋째 1453년 콘스탄티노플(Constantinople)이 오스만 투르크인에게 점령당했다. 이때 경제력을 갖춘 많은 그리스의 학자들이 이탈리아에 건너왔는데, 이것이 이탈리아의 도시들로 하여금 고전의 연구를 촉진시켰다.

인문주의운동은 최초의 인문주의자 페트라르카(Petrarca, 1304~1374)나 보카치오(Boccaccio, 1313~1375) 등 몇몇 개인에 국한된 것이었으나 15세기경 대중적인 운동으로 확산되었다. 페트라르카는 고대의 자유로운 교육의 개념을 파악하고 윤리학과 스콜라 철학 대신에 고전연구에 몰두하였다. 그는 르네상스를 일으켜 반항정신을 싹트게 함으로써 중세 교권주의의 붕괴를 가져오게 하였다. 그는 최초의 근대인으로 일컬어지기도 한다.

르네상스는 인간의 현실생활을 긍정적으로 파악하고, 구속된 인간의 사고를 해방시켜 사상의 자유를 쟁취하고자 한 문화현상이었다. 중세의 개념을 신(神) 중심주의라고 간주한다면, 르네상스의 중심개념은 인간 중심주의다. 미래를 지나치게 중시했던 신 중심의 문화였던 중세사회에서 현세, 인간, 이성 중심의 새로운 세계관으로 변화시킨 것은 르네상스운동 또는 문예부흥운동이었다. 이는 인간이 인간답게 살아가기 위해서 정신적인 문화의 새 아침을 맞이한 획기적인 문화적 운동이었다. 그리고 인문주의의 참다운 정신은 후일 종교개혁, 실학주의, 계몽주의라는 새로운 사상에 스며들어 성장하고 발전하였다.

이태리에서 비롯된 인문주의는 알프스를 넘어 북유럽으로 전해졌는데 이 과정에서 북유럽과 남유럽에서 다른 형태로 발전하게 되었다. 즉 이탈리아에서의 교육운동은 개인적 인문주의(Individual Humanism)로 나타났고, 북유럽에서는 사회적 인문주의(Social Humanism)로 나타났다.

1) 개인적 인문주의에서의 체육과 스포츠

인문주의운동은 이탈리아에서 시작되어 점차 전 유럽으로 전파되었다. 본래 봉건체제의 발달이 미약했던 이탈리아에서는 13세기 이전에 이미 봉건제도가 자취를 감추고 정치적으로 독립된 도시국가들 안에서 부유한 상인들이 일부 기존의 귀족계층과 융합하여 새로운 도시 귀족층을 형성하여 정치적 지배권을 획득해 나갔다. 이들은 십자군 전쟁과 지중해 무역을 통해 경제적 번영을 누렸고, 독립된 도시들은 그 주변 지역을 통합하여 작은 영역 국가를 형성하였다. 중세기 말에는 북부의 베네치아와 피렌체의 두 공화국과 밀라노공국, 중부의 교황령, 남부의 나폴리왕국이 서로 힘을 겨루고 있었다. 이 과정에서 시민계층 간의 대립, 황제파와 교황파 간의 당파싸움, 독일, 프랑스, 에스파니아 등 외세의 압력에 시달렸다. 이것은 대부분의 도시국가에서 공화적 정치체제가 몰락하고 전제적 지배체제로 확립되는 계기가 되었다.

이탈리아의 르네상스는 도시의 신흥 부르주아계층의 부력을 바탕으로 성장했으며, 도시국가의 전제적 지배자의 후원 아래서 발전하였다. 부유한 상인들은 중세의 추상적 이념보다는 돈으로 살 수 있는 구체적 사물에 관심이 높았으며, 출생 신분보다는 부력을 더 중시하였다. 그리하여 이들은 전통적인 유대의 존중 대신에 새로운 세속정신이 널리 퍼졌다. 이러한 세속문화가 가장 두드러지게 나타난 것이 인문주의(人文主義, Humanism)운동이었다. 인문주의란 고전 작품의 연구에 바탕을 둔 어학, 문학, 역사 등 이른바 인문교육의 강조를 의미했으며, 인문주의자란 그리스 및 라틴의 고전을 가르치고 연구하는 사람들을 의미했다. 이리하여 이탈리아를 중심으로 하는 르네상스 초기의 인문주의는 인간의 교양교육, 즉 인문교육을 강조하는 하나의 교육운동, 개인적 인문주의운동을 전개하였다.

이탈리아의 인문주의자들은 인생의 가치를 재건시키기 위하여 모든 분야에서 인문주의 정신을 각성 · 해방하며 기독교의 도덕과 그리스의 개인주의를 결합한 형태로 발전시켰으나, 사회적 행동을 일으키지는 못하였다.

사람들은 개인적인 학식과 욕구에 열중하여 그 시대의 전통과 인습은 각성하지 않고 자유와 자기 표현에만 열중하면서 개인의 방종으로 떨어지고 말았다. 고전문학이라는 좁은 의미의 형식적 훈련을 맹목적으로 추종했기 때문에 인문주의의 미적, 사회적, 신체적 목적은 점차 사라져 갔다. 비록 초기의 인문주의가 꽃을 피우기도 전에 시들어 버렸지만 그 정신은 후대에 다른 힘과 결합하여 근대문화의 형성에 크게 공헌하였다.

(1) 교육

개인적 인문주의 교육은 일찍이 상공업과 도시의 발달로 부(富)와 생활의 다양성을 가진 이탈리아를 중심으로 일어났다. 개인적 인문주의는 국가나 사회보다는 개인의 완성, 개인의 존중, 개인의 행복을 더 중시했기 때문에 붙여진 이름이다. 따라서 개인적 인문주의의 교육목적은, 첫째 개인의 사고나 창작을 경시한 중세와는 달리 각 개인의 사고(思考), 표현, 창작활동을 배양하고, 둘째 합리적 지식이나 육체적 활동을 부활하여 '건강한 육체에 건강한 정신' 을 갖춘 지성, 육체, 덕성(智德體)의 조화로운 발달을 목적으로 하였으며, 셋째 개인의 능력과 성격형성에 필요한 개성의 완성에 교육의 역점을 두었다.

개인적 인문주의의 교육내용은, 첫째 중세학문을 지배했던 신학 대신에 과학과 인문과학에 치중하였다. 둘째 다양한 흥미를 중시하여 교과과정을 광범위하게 구성하였다. 그리스 · 로마의 고전문학과 고전예술을 중심으로 하여 라틴어, 도덕, 예의, 체육, 음악, 무용 등을 포함하였다. 대학의 경우에는 자유 7학과 중 문법, 수사학, 수학에 중심을 두면서 예술에도 치중하였다. 이처럼 인문주의 교육은 다방변의 학과목을 운영했기 때문에 레오나르도 다빈치(Leonardo da Vinci, 1452~1519)나 미켈란젤로(Michelangelo, 1475~1564)와 같은 다재다능한 인물을 배출할 수 있었다. 이들은 모두 화가, 조각가, 건축가인 동시에 음악가, 시인, 수학자, 물리학자, 해부학자들이었다.

이때 인문주의 정신에 입각하여 이탈리아에서 궁정학교(Court school)가 설립되었고, 이 같은 궁정학교는 플로렌스, 베니스, 파두아, 베로나 등지에서도 세워졌다. 그중 1423~1446년까지 비토리노에 의해 운영된 학교가 가장 유명했다. 그와 더불어 유사한 학교가 유럽 각국에서 설립되었다. 인문적 중등학교의 설립과 함께 자유인의 형성을 지향하는 인문주의 교육에서는 새로운 교수방법이 선을 보였다. 첫째 억압과 체벌 대신에 개성과 흥미를 중시하였다. 둘째 중세와는 달리 교과서와 문헌, 강의 중심의 교육을 지향하였다. 셋째 교수는 어학능력을 발달시키는 것을 목적으로 하여 라틴어와 그리스어를 강조했다. 넷째 중세학교에서 사용하던 구두논의(口頭論議) 대신에 논문을 쓰게 하였다.

(2) 체육의 목적

초기 인문주의자들은 아테네인의 이상인 심신의 조화적 발달을 추구하고 개성 있는 자유인을 양성하는데 교육의 목적을 두었다. 이것은 신체운동과 위생, 신체와 정신, 취미와 지성, 애정과 의지를 갖춘 전인적 인간을 육성하는 자유교육을 의미한다. 그들은 "건강한 신체에 건전한 정신이 깃든다."는 고전적 이념을 체육의 최고 목적으로 삼았다. 또한 탁월한 신체기관은 활발한 지력(知力)을 촉진시킨다고 보았고, 체육은 인간의 모든 측면을 조화 있게 발달시키므로 교육에서 절대 필요한 부분으로 인정하였다.

베르게리우스(Pietro Paolo Vergerius, 1349~1420)는 1404년 저술한 '순정도덕과 자유학문'에서 체육사상을 표명했으며, 신체운동과 무술훈련, 레크리에이션에 관해 피력하였다. "활동적인 신체와 활발한 지성이 결부된 인간을 육성해야 한다. 따라서 참다운 교육은 지배할 수 있는 이성과 이 이성에 따라 행동할 수 있는 육체를 갖추도록 하는 데 있다.", "명예나 신을 위하여 일격을 가할 수 있는 준비가 몸에 배어 있어야 한다.", "전쟁은 신체적 인내력과 전술을 포함하고 있으므로 소년기부터 청년이 될 때까지 고난과 어려움에 견딜 수 있도록 훈련해야 한다.", "우리 인간은 종일 정해진 일에만 종사할 수 있도록 되어 있지 않은 만큼 레크리에이션의 참다운 가치를 알아야 한다."

비토리노(Vittorino da Feltre, 1378~1446)는 라 지오코사(La Giocosa, 즐거운 집)라는 학교를 세워 40여명의 아동들에게 활발하고 명랑하게 학습할 수 있도록 노력하였다. 그는 체육의 목적을 "신체를 강건하게 하며 가혹한 전쟁에도 견딜 수 있고, 무기를 익숙하게 사용하도록 단련하는데 있다." 고 하였다. 또한 그는 학습능력은 신체상황에 좌우된다는 것을 발견한 최초의 교사로 체육을 타 학과의 학습을 촉진하는 효과적인 수단으로 보았다.

(3) 체육과 스포츠활동

신학과 변증법 중심의 중세 교육은 문예 부흥기에 이르러 인문주의 교육과정으로 바뀌었다. 베르게리우스를 비롯한 초기 인문주의자들은 기초적인 신체적 발달과 숙련을 강조하였다. 체육은 시대적 요구로서 특히 전쟁준비를 위하여 필요한 것으로 인식되었다.

베르게리우스는 "우리들은 전쟁의 현실을 회피할 수 없다. … 그러나 훈련을 통해 적어도 사정이 허락하는 한 대비할 수 있다." 라고 말하며 학문과 더불어 무술훈련이 국가와 군주에게 중요함을 인식시켰다. 또한 그는 "우리 젊은이들도 베기, 찌르기, 피하기 등의 검술, 방패, 창, 곤봉의 사용법, 무기사용에 필요한 팔 단련법을 배워야 한다. 그리고 수영, 달리기, 뛰기, 레슬링, 권투, 창던지기, 활쏘기와 같은 스포츠와 전쟁에서 발휘되는 기사정신 등 이 모든 것들은 군인에게 필요한 훈련이다." 라고 하여 군무에 필요한 스포츠와 게임, 운동에 정기적으로 참여할 것을 주장하였다.

비토리노가 설립한 라 지오코사(La Giocosa)는 인문주의 시대에 가장 훌륭한 학교 중의 하나였으며, 그 환경은 현대의 학교를 능가할 정도였다. 라 지오코사에서는 체육 교과목이 차지하는 비중이 매우 컸다. 학생들에게 주로 공놀이, 도약, 펜싱, 승마, 하이킹(Hiking) 등 옥외운동에 참가할 것을 의무화 하였다. 또한 군무에 복무할 귀족 젊은이들에게 로마의 병사나 중세의 기사들이 행했던 훈련이 부과되었다.

알베르티(Alberti,L.B. 1404~1472)는 이상적인 인격이란 신체훈련의 산물이라고 주장하며 활기찬 운동을 통해 신체를 튼튼히 할 수 있고 질병과 허약한 신체를 예방할 수 있다. 또한 젊은이들은 민첩성, 인내, 힘, 기술, 협동심을 향상시킬 수 있는 활기찬 신체운동을 해야 한다고 하면서 다음과 같은 내용을 밝히고 있다. "나는 그의 팔 · 다리를 튼튼하고 보기 좋게 만들며 그에게서 힘과 민첩성과 유연함이 나타나게 하고 싶었다. 그리고 군인에게 적합한 모든 신체운동을 가르쳐 주고 싶었다. 그것에 관하여 가장 중요한 것은 말을 탔을 때나 땅에 섰을 때를 막론하고 모든 종류의 무기를 잘 다루어야 한다는 것이다. 더욱이 레슬링과 틸트(Tilt) 및 쥬스트(Joust)를 하는 방법을 익히는 것이 매우 중요하다고 나는 생각한다. … 또한 수영, 뛰기, 달리기 그리고 돌 던지는 방법을 배우는 것도 적절하다. … 또 하나 바람직한 운동으로 궁전에 사는 사람에게는 테니스가 가장 적합하다. 테니스 경기에서는 소년들의 기질, 모든 구성원들의 민첩성과 유순함, 거의 모든 운동에서 발견할 수 있는 성격이 잘 나타난다. 말 등에 뛰어오르기도 나는 높이 평가한다. 이는 비록 숙달하기 힘들지만 다른 운동보다 사람을 날래고 능란하게 만들어 준다. 이 같은 실용성 외에 그 날램이 우아함을 수반한다면 다른 무엇보다도 바람직하다고 생각한다."

교황 피우스 2세(Pope Pius II, 1405~1464)는 체육의 군사적 역할을 강조하였으며, 신체훈련이 전 생애에 걸쳐 이루어져야 함을 주장하였다. 또한 달리기, 무용, 수영은 남자뿐만 아니라 여자에게도 필요하며, 어린이에 대한 성(性)교육의 필요성을 논하기까지 했다. 그는 보헤미아(Bohemia)왕에게 보낸 글에서 소년들을 위한 체육의 필요성을 제시하고 소년체육은 일생을 통하여 좋은 습관을 길러줄 것을 목표로 실시해야 한다고 기술하였다.

인문주의운동에 종사했던 이탈리아 의사 카르다노(Cardano, 1501~1576)와 메르쿠리알리스(Hieronymus Mercurialis, 1530~1606)도 체육의 중요성을 부각시키는데 큰 역할을 하였다. 고전학에 정통한 그들은 건강을 증진하는 운동의 가치를 강조하는 서적을 출판하였다. 메르쿠리알리스는 〈고대체육(De Arte Gymnastica)〉에서 고대의 체육관과 스포츠를 묘사하고, 위생학적 가치가 있는 신체운동을 소홀히 해서는 안 된다고 주장하였다.

인문주의에서 훌륭한 교육이론으로 강조된 교사의 태도는 학생들의 인격을 바르게 이해하고 존중해야 하는 것과 피교육자와 친밀한 관계를 유지하여 그들의 능력, 기질, 흥미에 적합한 계획을 세우도록 하려는 시도는 중요한 업적 중의 하나이다. 또한 그들이 체육의 중요성을 강조하고 구체적인 체육프로그램을 제시한 것은 다음 세대에서 체육을 긍정적인 측면에서 연구하고 평가하는데 크게 기여하였다.

2) 사회적 인문주의에서의 체육과 스포츠

인문주의가 이탈리아의 여러 도시에서 발전한지 1세기 동안 인문주의가 전파되지 못했으나 이후 알프스를 넘어 북유럽에 전파되었다. 그것은 학생들의 여행과 군대의 원정으로 촉진되었다. 이탈리아에서 인문주의가 시들기 시작할 때 이탈리아의 학생들은 프랑스나 독일로 가서 인문주의를 보급하고 발전시켜 나갔다. 더욱이 구텐베르그(Gutenberg, J., 1394~1468)에 의해 인쇄술이 발명되어 연구논문이나 고전서적이 빠르고 대규모적으로 북부유럽으로 전달될 수 있었다. 또한 이탈리아에서 14 · 15세기에 일어난 사회경제적 변화가 이탈리아 르네상스 문화에 영향을 미쳤듯이 15 · 16세기에는 북부유럽에서 일어난 유사한 사회경제적 변화가 북부유럽의 문화에 비슷한 영향을 미쳤다.

이탈리아의 르네상스가 도시적이고 심미적이며 문예 지향적이었던 것에 비하여 북부유럽의 르네상스는 보다 냉철하고 사회 비판적이며 종교 지향적인 성격을 지녔다. 이것은 봉건체제의 뿌리가 깊고 로마 카톨릭 교회의 세력이 강했으며 스콜라 철학의 힘도 확고하여 부르주아 세력의 발전을 막았기 때문이고, 그와 더불어 도시와 농촌의 차별이 심하여 사회개혁이나 종교적 갈등 및 민족주의적 욕망이 강했기 때문이기도 하다. 이리하여 북유럽의 인문주의자들은 주로 성경이나 초기 기독교의 문헌을 연구하려는 경향이 강했다. 이들이 성경이나 초기 교부들이 집필한 철학의 원전을 연구하려면 그리스어나 헤브라이어의 공부에 주력해야 했다. 이처럼 그리스어나 헤브라이어 원전에 의한 성경연구를 통해 원시 그리스도교로 돌아가려는 인문주의운동이 곧 기독교적 인문주의, 즉 사회적 인문주의였다.

사회적 인문주의는 도덕과 종교 중심의 사상으로 서민과 대중의 인간적 생활완성에 깊은 관심을 가진 운동이었다. 북유럽에 인문주의를 도입하려는 노력은 개혁에 반대하는 보수적인 세력에 부딪혀 강한 의지와 용기, 유능한 사람들을 필요로 하였다. 인문주의자들은 보수적 세력에 도전하면서 인문주의에 바탕을 둔 학교교육을 확대하였고, 인문주의에 따른 대학이나 중등학교 조직에 열중하여 신교육운동에 대한 왕의 지지를 얻으려 노력하였다.

(1) 교육

이탈리아에서 시작된 인문주의가 북유럽으로 전파되면서 개인적 측면에서 사회적인 측면으로 변모된 인문주의가 자리잡게 되었다. 사회적 인문주의교육은 독일, 프랑스, 네덜란드, 영국 등 북부유럽을 중심으로 전개되었다. 사회적 인문주의는 이탈리아의 개인적 인문주의에 영향을 받았지만 교육 목적에서 큰 차이가 있었다. 이것은 이탈리아에서 유학했던 구로테(Groote, G., 1340~1384)의 영향 때문이었다. 네델란드의 종교가였던 그는 올바른 신앙에 의하여 대중을 구하려는 이상을 펼치려 하였는데 기존의 성직자들에 밀려 고향에 돌아와 교육에 정열을 쏟았다. 사후(死後) 그의 뜻을 이어받은 사람들과 단체들이 성장하면서 건전한 기독교가 전도되고 부당한 대우를 받는 청소년과 빈민을 구제하기 위한 사업이 지속되었다. 구로테에 이어 사회적 인문주의 전파에 공헌한 사람은 에라스무스(Erasmus, D., 1466~1536)였다. 성직자였던 그는 참다운 인간생활을 올바른 종교나 도덕적 생활에서 구하려 했다. 그는 인문주의적 기독교인으로서 교회의 오류를 예리하게 비판하였고, 교육이 그릇된 사회를 개선해나가는데 가장 효과적인 방법이라 믿었다. 그가 그리스 원전과 라틴어 번역을 함께 수록한 신약성서를 출간함으로써 많은 사람들이 성경을 구입하고 교리를 이해할 수 있게 되었다. 나아가 많은 고전을 발간하고 라틴어와 그리스어의 문법교과서를 편찬함으로써 인문주의자로서 명성을 높였다.

상류층보다는 서민 계층의 생활에 더 깊은 관심을 보인 사회적 인문주의는 개인의 완성보다는 사회개혁과 인간관계의 개선을 목적으로 사회적 · 종교적 교육을 강조하였다. 특히 도덕과 종교를 중시하여 당시의 종교적 부패를 통박했기 때문에 종교개혁에 동기를 제공하게 되었다. 사회적 인문주의의 교육내용은 고전과 성서문학의 융합이라 할 수 있으며 어학, 역사, 지리, 과학, 체육, 음악, 미술 등을 포함하고 있었다.

또한 인문주의 정신에 입각하여 이탈리아에서 설립된 궁성학교와 유사한 성격의 학교들이 북유럽에서 출현하였다. 프랑스의 콜레주와 리세, 독일의 김나지움, 영국의 라틴문법학교 등이 모두 인문주의에 기초한 고전어를 중심으로 하는 중등학교였고, 그후 오랫동안 유럽의 교육계에 중요한 역할을 하였다. 그러나 북유럽을 중심으로 비판적 · 연구적 · 지적 정신을 지니고 사회적 측면에서 인문주의를 전개시켜 나갔던 초기와는 달리 17세기에 이르러 그 특색이 사라지고 고전문학은 언어의 문체나 형식에 머물고 말았다.

(2) 체육의 목적

사회적 인문주의자들은 육체와 정신의 유기적인 관계를 깨닫고 양자 사이의 끊임없는 상호작용에 대하여 어느 정도 인식하였다. 하지만 이들은 이탈리아 인문주의자들에 비해 신체의 조화로운 발달이나 아름다움에 대한 자각을 인식하지는 못하였다. 그 이유는 북유럽의 인문주의자들이 개인의 가치보다는 사회나 종교적인 측면에 더 주목했기 때문이었다. 대표적인 사회적 인문주의자 에라스무스는 체육에 대한 입장을 표명하였다. “우리의 관심은 운동가의 양성에 있지 않고 업무능력을 갖춘 인간과 학자들의 양성에 있다. 우리는 후자의 적절한 신체발달을 원하며 밀로(Milo)의 체격을 원하지 않는다.” 고 하여 그는 미래의 지적 노동을 감당할 신체를 위해 아동들의 신체훈련이 필요할 뿐 신체의 조화로운 발달이나 미(美)를 지향하는 그리스의 이상에는 무관심했다.

영국의 인문주의자 엘리오트(Thomas Elyot, 1490~1546)는 자신의 교육논문 〈가정교사〉에서 지육과 덕육을 논한 후 레크리에이션에 관해 언급하였다. 그는 신사(紳士)에 대한 학문을 권장하면서 “운동 없이 계속되는 학습은 정신을 고갈시키며 소화를 방해한다. 그 결과 인체를 해치며 여러 질병을 일으켜 생명을 단축시킨다. 따라서 많은 사람들은 운동과 상호간의 게임에 의하여 전신을 보다 튼튼하게 만들어야 한다.” 고 하였다. 엘리오트는 “운동은 식욕을 증대시키며, 신체 각 부위가 충분한 영양을 취하면 정신을 강하게 하고 모든 일에 잘 견디도록 한다. 그러므로 신체운동은 아동교육에서 절대로 무시되어서는 안 된다”, “정구, 검술, 무용, 레슬링, 달리기, 승마, 수영, 아령과 같은 운동에서 생기는 신체의 긍정적 효과를 인정해야 한다.” 고 주장하였다.

또한 영국에서는 1618년 제임스 1세에 의하여 스포츠 선언(Declaration of Sports)이 발표되었다. “나는 선량한 국민이 행하는 법에서 인정한 레크리에이션은 예배(일요일의 종교행사)를 마친 후에 행하는 것이 좋다고 본다. 남녀 간의 댄스, 활쏘기, 도약목마(跳躍木馬), 기타 레크리에이션 따위가 그 예이다.” 그러나 청교도들의 맹렬한 반대에 부딪혀 1633년 차알스 1세에 의해 일요일에 레슬링, 사격, 축구 등이 금지되었고, 이어 모든 게임과 스포츠의 세속적 활동을 일요일에는 엄금한다는 금지령이 내려졌다. 역설적으로 말한다면 그만큼 시민들의 스포츠에 대한 관심과 흥미가 높았음을 말해주고 있다.

(3) 체육과 스포츠활동

유럽의 기존 학교들이 인문주의를 도입하면서 새로운 학문을 진흥할 목적으로 많은 교육기관들이 설립되었다. 교육에 종사하는 비 수도자적 인문주의 단체인 공동생활 형제회(The Brethren of the common life)는 고전의 연구를 북유럽에 전해준 개척자들이었다. 독일의 왕자학교(German Prince School)나 피르스텐쉴렌(Furstenschulen)은 이탈리아의 궁정학교들과 유사한 교육기관이었다. 그리고 기존의 시민학교와 대성당 학교에서 형성된 김나지움은 독일에서 가장 유명한 인문주의 고등학교였다. 그러나 이 학교들을 비롯한 각종 학교는 고전과 종교를 중심으로 교육과정이 이루어져 체육을 제외시켰으며, 다만 소수의 교육논문에서 체육의 가치를 강조했을 뿐이다. 그리하여 체육활동은 학교의 정규교과목이 아닌 과외활동으로 이루어졌고 특수 교사들로부터 스포츠와 게임, 무용이 행해졌다.

이러한 상황에서 각종 스포츠는 왕실과 길드의 후원으로 전개되었다. 특히 헨리8세(Henry Ⅷ, 1491~1547)는 1529년 햄프턴궁전(Hampton court)에 테니스장을, 성 야고보광장(St, Tames Field)에 훌륭한 투계장(鬪鷄場)을, 런던의 중앙홀(White hall)에 볼링장을 건립하였고, 이탈리아에서 많은 교사들을 초빙하여 펜싱, 매 훈련법, 말타기, 사냥기술 등을 가르치게 하였다.

펜싱은 14세기 독일에서, 15세기 이탈리아에서 스포츠로서 존속하였다. 칼에는 긴 칼과 짧은 칼이 있었는데 국가에 따라 차이가 있었다. 펜싱학교들이 유럽 전역에 설립되었고 사교적 펜싱조합까지 조직되었다. 1480년 독일에서 창설된 ‘Bufgerschaot Von St. Marcus Von Lowenberge’ 은 유명한 펜싱단체였다. ‘마르크스 브뤼데르즈(Mark bruders)' 라고 불린 이 단체의 구성원들은 매년 1회씩 펜싱시험을 실시하였고 펜싱교사 자격수여 대상자들에게 특허장을 교부하였다. 영국에서는 16세기 전반 '숭고한 방위학 교사들(Masters of the Noble Science of Defense)' 이라 불리는 조합이 결성되어 검술가(Fencer)시험을 시행했고, 프랑스에서는 펜싱교사연맹(Academie Darmmes)이 1570년 조직되어 헨리3세의 인준을 받았다.

궁술은 오래 전부터 전쟁의 중요 수단으로 인정받아왔다. 15~16세기에도 그 가치는 지속되었다. 영국의 튜터왕조에서 활약한 로저 애스캄(Roger Ascham)은 "활쏘기는 모든 사람들에게 얼마나 적합한 것인가! 정신을 위해서 얼마나 건전한 일인가! 신체를 위한 훈련으로 얼마나 유익한가! 지위가 높은 사람들이 참여하기에도 비천하지 않고, 가난한 사람들이 참여하기에도 비용이 들지 않고 … " 라고 궁술의 가치를 높이 평가하였다. 궁술은 헨리8세에 의해서도 장려되었지만, 1588년 스페인의 무직함대를 화약무기로 격파한 이후부터 궁술의 전술적 가치가 추락하였다.

투계희(鬪鷄戱)는 고대로부터 전래되어온 영국의 스포츠로서 12세기경 영국의 왕족들이 이를 즐겼으며, 이후 인기가 계속되면서 조합에서 맡게 되었고, 학생들은 속죄의 화요일(Shrove Tuesday)에는 학교로 닭을 가져와 투계경기를 벌일 수 있었다. 투견(鬪犬)은 튜터왕조에서 인기 있는 경기였는데 1835년까지 합법적으로 실시되었다. 나중에는 하층민들이 주로 애호했으며 때때로 귀족들이 비밀리에 즐기기도 하였다. 때로는 투견장에서 황소와 곰을 묶어 놓고 개를 풀어 싸우게 하였다.

테니스는 중세시대의 뒤를 이어 15~16세기에도 크게 성행하였다. 손바닥을 대신하여 배트(Bat)나 라켓이 사용되었고, 공은 주로 사람의 머리카락을 재료로 만들어졌다. 프랑스의 거의 모든 도시에 테니스장이 있을 정도로 널리 유행하였고, 영국의 귀족들은 편리한 테니스 코트를 사용했지만 하층민들은 들판이나 거리에서 즐겼다. 영국의 헨리8세는 테니스를 즐겨하였으나 활쏘기를 장려한다는 취지로 1541년 테니스 코트의 소유금지와 테니스가 불법임을 선언하고 비공식적 게임으로만 인정하였다.

골프는 그 기원이 확실하지는 않으나 네덜란드에서 시작된 것으로 여겨지며, 스코틀랜드와 영국에서는 골프를 국가적 스포츠로 채택하였고 특히 영국에서 많은 발전이 이루어졌다. 궁술의 진흥을 위해 골프를 금지하는 왕의 명령이 선포되기도 하였지만, 이후 왕실의 참여와 후원으로 골프클럽을 통해 각국으로 전파되었다.

[그림 20] 투계회

카드놀이는 13~14세기 유럽에서 행해지

다가 15~16세기경 대중적으로 인기를 모았다. 처음에는 카드를 만들기 위해 손으로 그림을 그렸으므로 매우 비싸고 진귀한 소유물이었다. 엘리자베스1세 여왕 때 현재와 같이 1벌에 54장의 카드로 정착되었다.

무용은 특히 유럽의 궁전에서 애호되었다. 무용은 호화스러운 연회나 무도회, 가장무도회에서 귀부인들의 사교생활의 수단으로 각광을 받았다. 무용은 투박하고 향토적인 형태의 농민들의 무용형태를 기본으로 하여 우아하고 품위 있는 동작으로 고안되었는데, 발끝으로 서기, 걷기, 미끄러지듯이 걷기 등의 동작이 창안되었다. 발레(Ballet)의 동작과 비슷한 형태의 이런 춤들은 궁전의 사교생활 중 가장 우아한 것으로 평가되었다. 특히 메이데이(Mayday)는 영국 전 국민의 무용제전이었다.

문예부흥기 동안 북유럽에서는 건강과 의료에 관한 서적들이 많이 출간되었다. 1546년 프랑스의 인문주의자 샤를 에스티엔느(Charles Estienne)에 의해 〈해부학(Anatomy)〉이 간행되었고, 이에 앞서 1496년 파두아(Padua)에서 리나크르(Linacre)는 갈렌(Galen)의 〈보존해야 할 건강에 대하여(De Sanitate tuenda)〉를 번역 · 출간하였다. 또한 토마스 엘리엇은 〈건강의 성(The castle of Health)〉을 저술하여 그의 의학지식을 일반 대중들에게 전달하였다.

사회적 인문주의자들은 육체와 정신의 밀접한 상호관계를 인식하면서도 신체의 미(美)나 체력에 대한 그리스인의 감정을 이해하지 못하였고, 종교개혁의 돌입으로 인간의 신체발달을 포함하는 교육이상을 전개할 수 있는 기회가 충분치 않았다. 하지만 스포츠에 대한 지도는 학생 개인의 필요에 따라 각 종목의 전문교사로부터 교육받을 수 있었고, 왕실이나 길드의 후원으로 스포츠는 계속적으로 발전할 수 있었다.

2. 종교개혁기의 체육과 스포츠

르네상스운동이 학문과 예술에서 새로운 기운을 일으키며 전 유럽으로 확대되고 있을 때 종교개혁(宗敎改革)이라고 하는 또 하나의 운동이 독일을 중심으로 일어났다. 일부 카톨릭 성직자들은 부패한 교회의 현실을 직시하고 16세기 이전부터 종교개혁운동을 전개하고 있었다. 그러나 카톨릭 교회의 내부적 쇄신이 달성되기 전에 루터가 반항의 불을 댕겼다.

많은 토론과 갈등을 거치면서 종교개혁이 행동으로 폭발하게 된 직접적인 동기는 교황 레오10세(Leo X, 재위 1513~1521)가 성 베드로(St. Peter) 성전 공사의 막대한 자금을 조달하기 위해 이른바 면죄부(免罪符, Indulgence)를 교묘하게 판매하자 마틴 루터(Martin Luther, 1483~1546)는 1517년 10월 31일 95개조의 반박론을 비텐베르크성 교회의 정문에 붙인 데서 비롯되었다. 죄는 신의 의지에 의해 용서될 뿐 교회법이나 면죄부(속죄문)에 의해 구제되지 않는다는 내용은 교황과 교회에 큰 파문을 던졌고 독일, 영국, 네덜란드, 스페인, 스위스, 이탈리아 전역에 불길처럼 퍼졌다. 이 불길은 막강한 정치적, 경제적 세력이 동조함에 따라 기독교 국가들의 통합을 붕괴시켰다.

16세기의 신흥 군주들은 성직자들이 국가의 특권을 과도하게 지녔다고 믿었다. 독일에서는 교회가 전 국토의 1/3을 소유하였다. 교회들이 로마에 귀속된 부와 권한으로 지배권을 행사하고 있을 때 독일의 유력한 군주들은 로마의 전제군주로부터 벗어나자는 루터의 호소에 응답하였다. 그들은 교회의 세속적 권한에서 벗어나기 위하여 종교적 반항에 동조하였다. 상인들은 자신들의 특권과 권한을 보호해줄 수 있는 군주들을 지지하는 것이 유리함을 알고 동참하였다. 이렇듯 종교개혁은 강렬한 종교적 감정에서 출발하여 자본주의와 국가주의 정신에 의하여 촉진되었다.

종교개혁은 중세적 로마교황과 교회의 부정부패에 대한 근본적 개선운동이며 억울하게 구속당하던 서민들이 목숨을 걸고 호응한 민중적 사회개혁운동으로 교회의 부패를 일소하고 진실한 신앙과 신의 계시에 맞은 참다운 생활을 하자는 자성의 결과였다. 오직 성서에 의해서만 복음(福音)을 가질 수 있다는 신앙의 해방논리를 제시하고 교황권의 타락과 횡포에 도전한 루터의 종교개혁은 유럽은 물론 세계사의 진로를 변화시켰다.

종교개혁은 고통 속에 있던 대중의 자유와 진리를 위한 투쟁이며 교육제도와 내용 및 방법의 개선을 위한 운동이었다. 이 운동이 일어난 배경을 든다면, 첫째 로마 교황청에 의한 과중한 세금과 헌납제에 의한 수탈의 상징인 교황의 권위에 대한 회의와 염증에서 비롯되었다. 둘째 교회가 순수한 종교나 도덕적 측면에서 생명력을 잃고 공허와 형식주의, 미신적인 형태로 타락하고 부패한 상황에서 발생하였다. 세 번째 르네상스운동이 준 영향이다. 종교개혁가들이 성경이 원전연구와 본래의 기독교를 강조하려는 태도는 르네상스의 복고적 경향과 일맥상통하는 시대적 흐름이었다. 따라서 종교개혁가들은 공통적으로 기독교 본래의 검소하고 정결하며 순수한 정신으로 돌아갈 것을 주장하였다.

그러나 종교개혁의 과정에서 이론적 논쟁이 일어나고 이로 인해 루터파와 반 루터파로 나누어졌고, 교황권과 세속권이 갈등을 보이면서 오랫동안 지속되어 오다가 루터의 종교개혁에 충실한 개신교(Protestant)가 성립되었고, 이에 반대하며 종래 교황의 권위에 충실한 자들의 구교(Catholic)로 양립하게 되었다.

한편으로 종교개혁의 과정에서 드러난 종교적 박해로 인해 신대륙으로 이주하는 현상이 일어났다. 영국의 경우 수많은 청교도(Puritanism, 엄격한 정신훈련을 하면서 거짓되고 세속적인 교회를 파괴하고 참다운 교회를 세우자는 주의)들이 성공회(聖公會)가

채용하는 카톨릭 전례에 반대하여 뉴잉글랜드(New England)로 도피하였다. 그후 청교도들이 크롬웰의 공화정 하에서 권력을 잡게 되자 수많은 성공회 신자들이 버지니아(Virginia)로 피신했고, 이후 청교도 공화국이 전복되자 청교도들과 성공회신자들 그리고 퀘이커(Quakers) 교도들이 영국에서 대규모로 탈출하는 사태가 발생하였다. 그와 더불어 프랑스와 네덜란드 같은 국가들은 종교적, 경제적 이유로 타국으로 출국하는 이주민이 많았으며, 특히 미 신대륙에는 그들의 집합소를 이루었다. 예수회는 신대륙에 카톨릭 신앙을 전파하고자 정착하는 곳마다 활동을 전개하면서 세인트 로렌스, 그레이트 레이크 그리고 미시시피강 계곡 분지를 탐험하였다.

1) 개신교의 체육과 스포츠

초기 개신교도(Protestant)들의 신앙은 성서 속의 진리를 발견하는 개인의 권리를 강조하였다. 하지만 프로테스탄트들은 이러한 개인의 자유를 그리 오랫동안 허용하지 않았다. 그들은 자유가 결핍된 보수적인 상태에서 많은 분파를 형성하고, 제각기 자신들이 성서를 올바르게 해석했다고 확신하였다. 그리하여 개신교들은 카톨릭과는 달리 통일된 교회를 설립하지 못하고 처음 3종파에서 수많은 종파들로 분열하였다.

16세기경 개신교의 주요 교단은 루터파, 캘빈파, 영국의 성공회였다. 루터교는 독일과 스칸디나비아 제국에서 성공하였고, 캘빈교는 스위스에서 일어나 유럽 각지로 전파되었다. 캘빈교도들은 프랑스에서는 위그노교도로, 스코틀랜드에서는 장로교로, 영국에서는 청교도로, 네델란드에서는 고이센교(개혁교도), 기타 국가에서는 개혁신안교도로 불렸다. 그리고 헨리8세는 로마와의 유대를 단절하고 영국의 성공회를 설립하였다.

루터와 캘빈(Calvin, 1509~1564) 같은 종교개혁자들은 교회의 혁신이 교육에 있음을 자각하였다. 이들은 성서만이 기독교의 권위요, 규범으로 믿으며 잘못된 신앙생활에서 참다운 신앙생활로 개혁해 나가는 종교개혁을 위해 모든 신앙인이 직접 성경을 읽을 수 있도록 성서를 번역하였다. 루터는 성서를 독일어로 번역하였고 성인과 아동 모두에게 필요한 교리문답서를 집필하였다. 루터의 교리는 농업 중심의 독일과 북유럽으로 퍼져 나갔다. 이는 당시 신성로마제국의 황제와 교황의 연합에 위협을 느낀 독일의 연방 제후들이 교황과 맞선 루터를 지지하면서 나타난 정치적 대립으로 형성되었다. 캘빈은 상공업이 발달한 스위스의 도시 지역에서 구원예정설과 직업소명설, 근면, 성실과 같은 프로테스탄티즘을 확산시키면서 상공인들의 지지 속에 종교개혁을 성공시켰다. 캘빈의 신학적 선배인 츠빙글리(Zwingli, U., 1484~1531)는 교육과 체육을 강조하였고, 스코틀랜드에서 종교개혁을 주도한 캘빈주의자 녹스(Knox, J., 1514~1572)는 민주적인 성격을 지닌 교육조직의 필요성을 제창하였다.

종교개혁과 인문주의는 매우 비슷한 성격을 지니고 있다. 더욱이 대부분의 종교개혁자들은 인문주의자였다. 루터 이전에 이미 인문주의자인 영국 옥스퍼드 대학의 위클리프(John Wieclif, 1320~1384)나 에라스무스(Erasmus) 등이 교황과 교회를 음으로 양으로 비판하고 오직 순수 신앙으로 돌아갈 것을 주장한 바 있어 종교개혁은 인문주의의 연장선상에서 이해할 수 있다. 특히 북유럽의 사회적 인문주의 정신과는 매우 긴밀한 연관성을 지니고 있다.

(1) 교육

종교개혁은 사회적·종교적 개혁운동이었지만 교육운동이기도 했다. 그 이유는 종교개혁자들이 교육을 통해서 형식화, 세속화, 타락화된 기독교 사회를 올바른 방향으로 개혁할 수 있다고 믿었다. 16세기 서양의 종교개혁이 성공할 수 있었던 배경에는 교회 자체가 교육기관의 역할을 수행했기 때문이었다.

프로테스탄트의 교육목적은 기독교 정신을 지닌 인간 형성에 있었다. 당초 종교개혁가들은 각 개인이 성서를 읽고, 각자의 이성에 따라 기독교의 생활 안에서 가장 가치 있는 사람이 되어야 한다고 생각하였다.

개신교가 추구한 교육개혁의 기본윤리를 살펴보면 다음과 같다. 첫째 오직 성경만을 신앙의 규범으로 기독교의 순수성을 재발견해야 한다. 둘째 모든 인간은 하나님의 아들과 딸로서 모두가 평등하고 존엄한 가치를 가지고 태어났으므로 이것을 부정하는 신앙은 강요될 수 없다. 이는 권위에 대한 반항이며 차별에 대한 저항이자 현대 민주주의 근본정신이다. 셋째 생산적인 직업에 대한 평등, 자본의 선한 축적과 활용은 하나님의 소명(召命)에 기초하고 있으므로 직업에 대한 귀천의식이나 육체노동에 대한 회피적 풍토가 있어서는 안 된다. 이러한 기본 윤리에 영향을 받아 유럽사회는 근면과 검소한 생활이 당연시되고 저축을 통한 자본의 형성과 재투자가 이루어져 현대 자본주의 정신을 싹트게 하고 발전시켜 나갔다.

개신교의 교육은 한 걸음 더 나아가 종교적 인격형성에 국한시키지 않고 생활에 필요한 교양을 첨가시켜 그리스와 로마의 교육사상과 중세의 기독교 사상을 조화시켜 나갈 것을 교육의 목적으로 삼았다. 종교개혁자들은 정부의 지원을 받아 학교제도를 수립하였다. 그리하여 교육의 관할권이 교회에서 국가나 공공단체로 이전되었고, 교회는 국가의 중대한 사업 중의 하나가 교육임을 강조하였다. 또한 인문주의 사상을 일반대중에게 보급시켜 인권과 자유와 평등의 범위를 넓혀나가 민주주의적 정신교육이 구체화 되었고, 의무교육에 대한 기초사상을 제기하기도 했다.

개신교는 초기에 개성과 자유에 근거한 교육이념을 추구했다고 볼 수 있다. 그러나 개인의 선택에 따른 종교적 이상을 실현하기보다는 무질서와 방종이 나타나기 시작하였다. 이에 개신교들은 엄격하고 규칙적인 생활의 기준을 만들고 이를 의무적인 이행사항으로 규정하였다. 이들은 모든 사람들이 종교적인 의무와 더불어 시민적인 의무도 이행해야 한다고 강조하였다. 청교도적 도덕주의가 이러한 경향을 대표하며, 이러한 교육이념은 금욕적인 풍조를 만연시키고 인간의 자유로운 활동을 제약함으로써 체육의 발전을 촉진시키지는 못하였다. 또한 지나치게 이성의 가치를 중시하다보니 주지주의적 성향을 보였고 형식주의로 흘러가게 되었다.

개신교의 교육내용은 성서를 읽을 수 있는 기회와 능력을 모든 사람들에게 확대하는 것으로서, 초등교육의 기본 교과목은 '읽기' 였다. 따라서 4R's(Reading, wRiting, aRithmetics, Religion)는 개신교 지역의 대중 교육기관이었던 국어학교의 필수 교과목이었다. 그리고 상류층 자제를 위한 중등교육이나 대학교육은 인문주의적 성향이 짙었으며 고전어가 강조되었다. 대학의 교과목은 목사와 교사 그리고 사회지도자 양성에 필요한 것을 채택하였는데, 연구분야는 신학부, 법학부, 의학부의 비중이 컸다. 이는 국가기구의 확대와 중앙집권체제에 따른 법률의 필요성이 커졌기 때문이었다.

개신교의 학교제도는 대학과 라틴어 문법학교(중등학교), 데임 스쿨, 교구학교 등 세 가지 유형을 띠고 있었다. 대학에서는 선발된 학생들에게 고등교육을 실시하였고, 라틴어 문법학교에서는 부유한 가정의 청소년이나 지적으로 장래성이 있는 청소년을 대상으로 이론적 교양교육을 실시하였다. 데임 스쿨과 교구학교는 초등교육기관으로 서민들에게 한정된 범위의 교육을 제공하였다.

(2) 체육의 목적

종교개혁기에는 몇몇 종교개혁자로부터 신체운동에 대한 가치를 다소 인정받았을 뿐 체육에 특별한 목적을 부여하지 않아 이 시기에는 체육의 발달이 거의 이루어지지 않았다. 루터와 캘빈 같은 초기의 종교개혁자들은 훗날의 청교도들에 비해 비교적 엄격하지 않은 도덕주의를 표방하였기 때문에 신체활동에 대한 금욕주의적인 태도를 보이지 않았다.

루터는 건강을 지키기 위해서 어린아이들에게 놀이와 오락을 권장했고 체조를 체력의 유지수단으로 인정했으며 타락된 행위에 빠지는 것을 저지하는 수단으로 운동과 같은 훈련을 실시해야 한다고 했다. 그는 "음악은 마음의 고뇌와 우울증을 없애 주며 체조는 신체의 탄력성과 건강을 유지하는데 가장 좋다." 고 하였다. 또한 "사람은 명예롭고 유용한 형태의 운동을 할 줄 알아야 한다고 선현들은 존경스럽게도 안내하고 명령하였다. … 따라서 나는 음악과 펜싱, 레슬링 등 기사체육을 찬성한다." 고 하였다. 스위스의 종교지도자 츠빙글리는 누구보다도 체육의 가치를 천명한 종교개혁가였다. 그는 모든 스포츠나 게임이 목적 지향적으로 행해질 수 있으며 운동이 도덕적으로 나쁜 영향을 미치지 않는다면 즐거움을 목적으로 행해진 운동은 반드시 인정되어야 한다고 말했다. 나아가 전통적인 스포츠의 군사적 가치도 강조하였다. 캘빈은 위의 두 인물에 비해 도덕적 규칙의 실천에 보다 관심이 많았다. 따라서 모든 쾌락을 추구하는 오락을 금지하였다. 그러나 놀이에 대한 욕구를 억압할 수 없음을 깨닫고 약간의 레크리에이션을 인정하였다.

그러나 대부분의 프로테스탄트들은 신체운동을 통해서 달성할 수 있는 도덕적인 목적을 인정하지 않았으며 미국에서도 신체활동에 대해 청교도들이 호의적으로 받아들이지 않았다. 그 이유는, 첫째 노동을 통하여 신에게 봉사하는 것 외에 오락과 같은 활동에 보내는 시간들은 능력의 소모를 의미한다. 둘째 스포츠를 카톨릭적 색채가 있는 활동으로 여겨 추방 대상으로 보았다. 셋째 인간의 모든 본능적 요구를 부정하는 금욕적 생활신조에서 스포츠활동을 긍정적으로 볼 수 없었다.

(3) 체육과 스포츠활동

개신교의 각 종파가 세속적인 쾌락을 제한함에 따라 수세대에 걸쳐 체육의 발전이 저해되었다. 유럽과 아메리카의 개신교 학교들은 체육을 가르치지 않았으며, 다만 제한적인 범위 내에서 체육과 관련된 임무를 수행했을 뿐이다.

대부분의 학교에서 체육이 교과과정에 없었지만, 유럽의 경우 일주일에 몇 시간의 레크리에이션을 할당해 준다든지 짧은 휴가를 주어 학교생활로부터 휴식을 갖게 하였다. 제네바 아카데미(Academy of Geneva)에서는 수요일 12시부터 3시까지 학생들에게 레크리에이션을 허용하였다. 엘진(Elgin)의 문법학교에서는 화요일과 수요일 오후 2시부터 4시까지, 토요일은 오후 2시에서 5시까지 각종 놀이를 허용하였다. 둔바(Dunbar)시 의회는 "학교에 건전한 기풍을 조성하고, 학생들에게 애교심을 길러주기 위하여 학습지도와 놀이시간이 적절한 비례로 유지되도록 해야 한다." 고 결의했다. 레크리에이션이 진행될 때에는 상급학생이나 교사들의 감독을 받게 하여 부적절한 행동을 방지하고 허용된 활동만 하도록 하였다. 그러나 중세부터 각종 축하일의 미사 뒤에 행해지던 게임, 스포츠, 무용에 참가하고 흥겹게 떠들며 즐기던 놀이들은 개신교에 의해 폐지되기 시작했다. 1647년 청교도 의회에 의한 성탄일과 기타 축일의 폐지가 그 예이다.

그러나 이러한 사회적 흐름과는 달리 종교개혁의 초창기 때 마틴 루터는 뛰고 노는 것이 어린이의 본성임을 깨닫고 학교 프로그램에 체육을 포함시켜야 한다고 주장했다. 특히 펜싱과 레슬링을 빠뜨리지 말도록 하였고 도덕적으로 건전한 체육활동을 배척하지 않았다. 츠빙글리 또한 교육과정에 다양한 체육활동을 포함시키자고 제안하였다. 달리기, 뛰기, 던지기, 레슬링으로 짜여진 그의 체육프로그램은 고대 그리스의 팔래스트라 과정과 비슷하였다.

또한 16~17세기 종교적 이유로 신대륙으로 이주한 청교도들은 자신들의 선조들에 비해 덜 금욕적이었다. 초기의 피폐한 생활과 도덕적 엄격함은 경제적 안정으로 점차 약화되어 갔고, 보다 많은 여가를 즐길 기회가 제공되었다. 이러한 상황은 스포츠, 게임, 무용 등의 발전에 도움을 주었고 오락에 대한 관심이 증대되었다. 이에 성직자들이 이러한 움직임을 규제하려 하였지만 시대의 흐름을 막을 수 없었다. 특히 후기에 뉴잉글랜드에 이주해 온 이주민들은 종교적 이유보다는 경제적, 정치적 이유로 이주했기 때문에 청교도와는 차이가 있었다. 이들은 경제적 부와 여가를 통하여 오락을 즐기게 되었고 사회적, 경제적 여유로 인해 억제되었던 스포츠활동도 점차 활기를 띠게 되었다.

유럽의 몇몇 나라에서도 경제적인 여유가 생기자 청교도들에게 안정감이 주어졌고 따라서 오락을 경험할 수 있는 계기가 마련되었다. 이들 나라에서는 레크리에이션을 사회적 활동으로 간주하였고 종교개혁의 분위기에서 어느 정도 위축되었던 전통적인 스포츠 종목들, 즉 사격, 달리기, 당구, 볼링, 무용, 사냥, 보트경주, 테니스, 스케이트, 하키 등이 활발히 전개되기 시작하였다.

그 당시 각종 게임, 스포츠, 무용, 레크리에이션 등의 신체활동이 제한 또는 금지되었지만, 인간은 본래 출생과 더불어 활동적인 존재이기 때문에 스포츠는 계속적으로 행해졌다. 예컨대 미국의 독립전쟁 시기까지 행해졌던 게임만 해도 다음과 같다. 투전(鬪錢), 연날리기, 5월제의 기둥을 돌면서 춤추기, 공기놀이, 숨바꼭질, 낚시, 술래잡기, 셔틀콕(Shuttle cock), 삼단조(三段跳), 크리켓(Cricket), 스툴볼(Stool ball, 크리켓 비슷한 공놀이), 야구, 트랩볼(Trap ball, 공놀이의 일종), 수영, 자치기(Tipcat), 파이브즈(Fives), 목마넘기(Leap frog), 새둥지 뒤지기(Bird-nesting), 말타기 등이다.

보스턴에서는 축구를 법으로 금지시켰으나, 소년들은 원주민(Indian)들에게 축구를 가르치면서 게임을 가졌다. 엄숙한 하버드의 졸업식에도 비공식적으로 경마, 구주희(아홉 기둥을 세우고 큰 공으로 넘어뜨리는 놀이), 카드놀이, 힘겨루기 같은 게임 등이 뒤따랐고, 대학 당국이 이를 막기 위해 졸업식 시기를 변경하는 등 갖가지 방법을 통하여 억제하려 하였다. 여관과 선술집에서는 오락을 하지 못하도록 금지되어 있으나 주변 사람들과 투숙객들의 요구로 닭싸움, 동물 놀리기, 사격시합, 원반던지기, 당구, 주사위놀이, 구주희, 고리던지기, 공굴리기, 무용 등이 행해졌다. 신대륙의 숲과 바다는 사냥감과 낚시감이 풍부하여 사냥과 낚시가 스포츠로 자리 잡게 되었는데, 1732년 슈이 킬(Schuy kill) 강변에서는 두 개의 낚시 클럽이 조직되었다.

종교개혁자들이 순수한 기독교 신앙의 부활을 추구하기 위해 도덕적 실천을 지나치게 강조했을 때 인간의 자연스런 욕구와 신체활동이 억압받는 상황이 펼쳐지기도 했다. 그러나 종교개혁을 주도했었던 인물들은 신체활동의 필요성과 교육적 가치를 어느 정도 이해하였고, 일시 위축되었던 전통적 스포츠, 게임 등도 경제적, 정치적 안정과 더불어 활기를 띠면서 근대체육의 발전에 유기적으로 작용하였다.

2) 카돌릭(舊敎)의 체육과 스포츠

프로테스탄트가 전 유럽으로 전파된 것은 아니었다. 이교도와의 종교적 대립으로 신앙심이 불탔던 에스파냐와 카톨릭의 본산지인 이탈리아 등 남부유럽의 국가에서는 개신교가 거의 영향력을 행사하지 못하였다.

종교개혁운동이 광범위하게 전개되자 카톨릭 교회도 자기 반성을 하고 1545년부터 18년간 트렌트 종교회의를 열어 종래의 폐단을 시정하고 내부개혁을 단행했다. 예를 들어 신교에 의해 도전된 교리들, 선업(善業, God works), 성사(聖事, Sacraments), 화체설, 성직의 사도계승, 연옥신앙, 성자신앙, 승려의 독신 등이 다시 인정되었고, 교황의 지상권, 성경과 사도의 가르침에 대한 동등성이 재확인되었다. 이 종교회의는 교리문제 외에도 내부문제를 해결하기 위해 교회의 지나친 권리남용, 면죄부 판매, 성직자의 축재(蓄財)를 단속하였다.

반 종교개혁(The Counter-Reformation)이라 불리는 카톨릭의 종교개혁은 프로테스탄티즘(Protestantism)의 확산에 단호히 투쟁하고 카톨릭 교회를 정화하려는 의도에서 추진되었다. 이러한 분위기를 통해 출현한 것이 1534년 로욜라(Ignaius Loyola, 1491~1556)와 자비에르(Francis Xavier)에 의해 설립된 예수회(The Society of Jesus, Jesuit Order)였다. 예수회(제슈잇교단)는 중세기를 통해 로마교회에 충성을 바쳐오던 스페인과 포르투갈 사람들을 중심으로 조직되었고, 중심인물은 로욜라와 자비에르였다.

제슈잇교단의 로욜라는 스페인의 군인으로 처음부터 카톨릭교회의 병단(兵團)이었으며, 회원들에게 교황에 대한 절대적 복종을 요구하였다. 이들은 카톨릭의 해외선교만이 이미 터전을 마련한 프로테스탄트교회에 대항할 길이라 믿고, 당시 해운력을 장악하고 있던 스페인과 포르투갈의 도움으로 세계 도처에 나가 선교에 헌신했다. 이로 인해 개신교의 급속한 확산이 제지를 당했다. 예수회 교단은 잘 조직되었고 잘 훈련된 교사를 양성하였으며 또한 세계적으로 유명한 많은 학교를 운영하였다. 이들은 전도사업 외에도 교육활동을 활발히 전개하여 이들이 세운 학교는 당대 지배층 교육의 중심이 되었다. 카톨릭 교단의 대부분은 종교적 동기에서 시작되어 사회적 이상에도 관심을 기울였다. 교육활동에 전념한 이들 가운데 샤들레토(Sadleto, C., 1477~1547)와 안토니아노(Antoniano)는 자신의 교육이념 속에 체육과 관련하여 의미 있는 설명을 시도한 인물들이었다.

예수회의 신학은 개신교와는 정반대였다. 그들은 성 어거스틴(Augustin)의 가르침 중에서 개신교에서 강조하고 있는 부분은 모두 배척하였다. 그들은 자유의지를 믿었고 예정론에 반대하였다. 구원은 믿음만으로 되는 것이 아니라 믿음과 행위가 있어야 한다고 주장했다.

(1) 교육

개신교가 세력을 확장하는 상황에서 상대적으로 위축되어 가던 카톨릭교단은 자체의 제 정비를 통해 신교를 능가하자는 운동이 전개되었다. 카톨릭 성직자들은 반대자들을 포섭해나가는 한편 새로운 종교적 이념에 기초한 교육을 통해 카톨릭을 강화 · 확산시키는데 경주하였다. 훌륭한 성직자들은 교구학교를 재편성하고 우수한 교사를 양성하는데 최선을 다했다. 이와 함께 교회들은 새로운 교단을 설립하였다. 제슈잇교단, 오토리오교단, 포트로얄교단 등은 중등학교를 만들었고, 기독교 동포회, 어슬렌 수녀회, 노트르담 수녀회 등은 초등학교를 세웠다. 이들 교단은 교육을 표준화 하여 교육제도를 조직화 하였다. 조직의 통일성, 학교관리의 연계성, 자세한 주의나 지시 등은 어느 정도 교육을 엄격하게 이끌어가는 요인이 되었다. 이 운동의 대표적인 단체가 예수회였다.

예수회 회원들은 희생과 봉사정신이 강하여 교단을 위해서는 어떠한 역경도 감수하는 포교자, 설교자, 교사의 역할을 수행하였다. 그들은 '보다 큰 하나님의 영광을 위하여' 라는 그들의 좌우명을 구현하고자 노력하였다.

예수회는 편협하고 강제적인 교육을 지양하고 인문주의적인 커리큘럼을 도입하고 교리문답서를 활용하였다. 또한 학생 개인의 능력을 존중하며 레크리에이션이나 수학여행 같은 프로그램을 개발하여 청소년들의 정신을 자유스럽게 교화시키는 방법도 시도하였다.

예수회의 교육목적은 교회주의와 카톨릭 교사회의 신앙심을 발달시키는 지도자를 훈련하는 목적과 라틴어를 정확히 읽고 쓰는 사람을 양성하는데 있었다.교육내용은 하급과인 중등교육에서는 라틴어 문법, 그리스어, 역사, 고전문학, 수사학 등을 가르쳤고, 상급과인 대학에서는 논리학, 형이상학, 심리학, 수학, 기하학, 미적분, 자연과학을 이수한 후에 석사학위와 중등교사 자격증을 수여하였다. 당시의 교육방법은 현대적인 교육방법에서도 주목해야 할 만큼 가치가 있었다. 학습의 진행을 강의와 반복학습으로 나누어 진행했던 점과 기사도적인운동, 게임, 여행, 연극활동 등을 통해 교육의 목적을 달성하기 위한 태도형성에 역점을 두었다는 점이다.

예수회 교단은 이러한 교육목적과 함께 확고한 신념을 지닌 교사의 사명감과 정열을 통하여 바람직한 교육적 방법이 동원되었고, 당시로써는 매우 훌륭한 교육내용과 조직 등을 통해 카톨릭 국가의 모든 장소에서 교육의 위대한 선도자가 되었다. 이탈리아, 포르투갈, 스페인, 오스트리아, 남부독일, 프랑스 등 유럽뿐만 아니라 아시아, 아프리카,

아메리카에서도 선교사가 활동하였다. 그 결과 18세기 초기까지 전 세계에는 612개의 칼리지, 152개의 사범학교, 24개의 대학교와 200개의 전도학교가 생겨났다. 18세기 중엽 이후에는 상하 양급 칼리지수가 728개교에 달했다.

(2) 체육의 목적

자성과 개혁을 통해 새로운 교육방식을 추구했던 카톨릭 종교개혁가들에게 중세의 엄격한 금욕주의와 신체관은 구시대적 유물이었다.

이들은 신체를 자신들이 궁극적으로 추구하는 기독교교육의 목적을 달성하기 위한 하나의 수단으로 보았다. 다시 말해 이들은 건강과 레크리에이션을 위해 체육을 인정하면서도 체육 자체의 목적보다는 도덕적 · 정신적 목적을 달성하는데 신체훈련이 필요하다고 인식하였다. 신체적인 힘을 소비하기보다는 의식을 훈련하는 것이 풍부한 정신생활을 달성하는 것이고 신에게 봉사하기 위해 신체를 건강하게 유지하는 것이 기독교의 의무라고 생각하였다. 따라서 카톨릭 개혁자들은 신교 특히 청교도들의 신체관과는 달리 일정한 시간의 레크리에이션은 하느님의 일터에서 힘차게 일할 수 있는 활력을 회복시켜 준다고 보았다. 특히 예수회 회원들은 신체적 건강은 창조주를 섬기고 영광스럽게 하기 위한 필수조건이라고 강조하였다.

로욜라는 "신체는 정신의 도구요, 여호와의 그릇이다.", "하느님이 창조한 신체를 건강한 상태로 유지하여 주님께 봉사하여야 한다."고 말했다.

안토니오 추기경은 "어린이들이 인생의 어려움을 극복하기 위해서는 굳세고 강건한 신체를 발달시켜야 한다." 그리고 "레크리에이션은 몸과 마음의 힘을 소생시켜 각 사람으로 하여금 상쾌한 몸과 적극적인 마음으로 그의 노동에 임하도록 준비시켜 준다."고 주장하였다.

(3) 체육과 스포츠활동

카톨릭 종교개혁가들은 신체 자체를 중시하기보다는 의지의 훈련을 통해 풍부한 정신생활을 달성할 수 있고, 신체는 정신의 도구이며 영혼을 보존해주는 장소라고 생각하였다. 이러한 입장에서 체육의 가치를 잘 묘사한 교육자가 샤들레토와 안토니아노였다.

샤돌레토(Sadoleto) 추기경은 〈어린이의 올바른 양육에 대하여〉라는 논문에서 체육에 대한 인문주의적 이상을 소개하였다. 그는 놀이를 하고 싶어 하는 어린이의 욕망을 억제하지 말 것을 부모들에게 당부하며 공놀이, 창던지기, 달리기, 승마 등 고대의 운동을 권장하였다. 그러나 그는 무용에 대해서는 매우 부정적인 견해를 가졌다.

안토니아노는 놀이와 레크리에이션 그리고 건강을 위한 생활습관에 이르기까지 상세하게 언급하였다. 〈아동의 기독교교육〉이라는 논문에서 아동의 신체발달에 대해 많은 관심을 보였다. 아동들이 어려운 상황에서 벗어날 수 있는 적응력을 키우기 위해서는 건강한 신체가 필요하다고 역설하였다. 그 당시 안토니아노만큼 아동의 신체발달에 대해 체계적으로 논한 교육자는 없었다. 아울러 그는 노인이나 청년들에게 그들의 신앙심과 상관없이 레크리에이션을 권장하였으며 아동들의 레크리에이션에 대한 필요성도 강조하였다. 또한 놀이를 정신발달과 품위 있고 건전한 신체훈련의 수단으로 생각하여 교사는 놀이를 통해 청년의 마음과 정신을 교화시킬 수 있다고 믿었다. 그리고 〈제3의 서(Book Ⅲ of Cardinal Silvio Antonionos Treatise)〉에서 젊은이들의 식사, 수면, 의복 등 신체의 건강을 위한 생활습관에 대해 언급하였다. 또한 그는 신체발육에 따른 운동을 권장하였다. 아동들은 과도한 근력이나 기술이 요구되는 운동은 피하고 충분히 성장한 후에 승마, 수렵, 권투, 도약, 펜싱 등에 참가할 것을 권고하였다. 그러나 그도 샤돌레토와 마찬가지로 무용은 반대하였다.

당시 로마 교황청과 유대를 지속하고 있는 국가에서는 교육이 교회의 엄격한 통제하에 놓여 있었다. 카톨릭의 예수회가 경영하는 학교들은 일반적으로 기숙사와 운동장 시설을 갖추고 있었고 학생들의 건강에도 관심을 기울였다. 이들 학교에서는 오전과 오후 각각 2시간의 수업만을 실시하였기 때문에 충분한 휴식과 여가를 보낼 수 있었다. 카톨릭의 교육자들은 아동들이 공부하거나 놀이를 할 때 가까운 장소에서 감독하는 것이 일반적이었다.

체육은 16세기와 17세기경 다른 어느 교육기관보다 카톨릭 학교 안에서 크게 인정받았다. 이들 학교에서는 게임이나 스포츠, 무용 중에서 하나를 선택하여 학생들을 지도하였다. 성 크르(Saint Cyr)학교 안내서에는 "학교에 다니는 소녀들은 자주 오락을 즐기게 될 것이며, 게임을 비롯한 모든 수단이 이성을 계발하는데 도움이 되도록 채택될 것이다." 라고 기술하였다. 마담 드 멘터농(Madame de Maintenon)은 "일정 기간의 레크리에이션을 즐기고 게임, 무용, 달리기에 적극적으로 참가하는 자가 이상적인 학생이다." 라고 묘사하였다. 페네롱(Fenelon)은 "아기가 놀이를 즐길 수 있게 하고 놀이와 더불어 교육시키도록 하라." 고 권하였다.

예수회 회원들은 카톨릭을 전파하기 위해 선교의 수단으로 발레를 공연하여 대단한 호응을 받았는데, 유럽의 유명한 무용교사들로 하여금 안무를 맡게 했다. 무용은 딸 교육의 일환으로 호응이 매우 높아 많은 부모들이 무용교사나 가정교사에게 무용지도를 맡겼다.

한편 유럽 남부인들은 청교도들보다 종교적 제한이 적었고, 온화한 기후와 풍요한 토양 위에 노예를 이용하여 생산력이 향상되면서 여가가 증가하여 개인의 자유가 보장되었다. 이러한 여건은 스포츠 게임, 무용의 발달에 좋은 조건을 제공해 주었다.

3. 실학주의교육과 체육

후대의 인문주의자들은 르네상스 초기의 폭넓은 교육과정을 배척하고 몇몇 고전만이 교양 있는 인간형성에 필요하다고 생각하였다. 이러한 형식주의적인 경향은 북유럽의 종교개혁에서도 나타났다. 여러 종파가 설립됨과 동시에 후대의 인문주의자들은 교회의 권위를 위해 개인적인 판단을 거부하고 무조건 복종할 것을 요구하였다. 실학주의(實學主義, Realism)는 이러한 조류와 근대 자연과학의 발전과 더불어 발생하였다. 실학주의는 언어주의, 암기주의, 서적주의, 훈련위주의 형식주의에서부터 근본적인 변혁을 갈망하여 나타난 사상이다. 따라서 관념보다는 사실을 중시하고 고전이나 문학보다는 자연과학적이고 실학적인 내용을 중시한다. 실학주의의 출현은 현세적 인간주의를 표방하는 근대정신(정신과학), 경험과 관찰을 중시하는 천문학, 물리학, 생물학 등 자연과학의 발달 그리고 지리상의 발견에서 그 배경을 두고 있다.

과학의 세기라 불리는 17세기경 처음으로 참다운 과학적 방법을 수립하는데 이론적 기초를 제공한 사람은 영국의 베이컨(F. Bacon, 1561~1626)이었다. 그는 근대사상사의 큰 사조(思潮)의 하나인 경험론을 제창하였다. 경험론은 선험적 개념론을 배격하고 경험을 가진 지식을 기초로 한다. 그러므로 지각이나 감각을 통한 직접적인 경험에 의하지 않고 얻어지는 진리란 존재할 수도 인정할 수도 없다. 그는 진리를 탐구하고 발견하기 위한 연구방법으로 연역법과 귀납법이 있다고 하였다. 베이컨이 강조한 귀납법은 근대과학의 발전에 크게 공헌하였으며 베이컨은 과학적 학문연구법의 창시자이다. 데카르트(Descartes) 역시 과학의 진리를 탐구하기 위한 방법으로 수학을 명석판명(明晳判明)한 지식의 대표로 생각하고, 모든 지식을 수학적 · 합리적 사유에서 도출하려고 시도하였다. 베이컨과 데카르트에 의한 과학적 연구방법의 이론적 기초가 제공되어 과학이 전개되어 나갔다. 그리하여 갈릴레오, 뉴턴, 파스칼, 라이프니쯔, 레벤후크, 리퍼어쉬, 토리첼리, 하아베이, 보일 등에 의하여 근대과학이 확립될 수 있었다.

이 같은 과학적 방법은 과학과 철학은 물론이고 교육과 체육에도 결정적인 영향을 미쳤다. 즉 진리 발견의 과학적인 방법은 교육에 있어서 인간의 능력과 이성 및 경험을 존중하는 실학주의 교육을 잉태시켰다. 실학주의자들은 언어나 문학보다는 자연현상이나 사회제도를 교육의 대상으로 하여 현실생활에 대한 구체적이며 실제적인 내용을 중심으로 실질적 도야를 중시하였다.

실학주의 교육사상은 그 발달과정에 있어서 세 유형으로 구분되는데 언어적 실학주의(言語的 實學主義, Verbal or Humanistic Realism), 사회적 실학주의(社會的 實學主義, Social Realism), 감각적 실학주의(感覺的 實學主義, Sense or Scientistic Realism) 등이 그것들이다.

1) 언어적 실학주의와 체육

언어적 실학주의(言語的 實學主義)는 인문주의(Humanism)적 색채를 띠고 있는 실학주의로, 고전을 배운다는 점에서 인문주의와 같으나 그 고전들에 내포되어 있는 진정한 의미를 배워 그것을 실질적인 생활에 이용한다는 점에서 인문주의와 언어적 실학주의가 구분된다. 다시 말해 인문주의와 실학주의는 교육의 내용에 있어서 동일한 내용을 다루고 있으나 교육의 범위와 목적에 있어서는 차이점을 나타냈다.

언어적 실학주의자들은 인문주의교육의 편협성을 비난하고 보다 의미 있는 학문의 방향을 찾으려 하였다. 대표적인 언어적 실학주의자는 스페인의 비베스(Vives, J.L., 1492~1540), 프랑스의 라블레(Rabelais, T., 1483~1553), 영국의 밀턴(Milton, J., 1608~1674)을 들 수 있다. 비베스는 파리대학에서 인문주의교육을 받았고, 후에 에라스무스와 모어(More, T., 1478~1535)와 친구가 되었다. 라블레는 성직자 생활을 떠나 의학을 배우고 성직의 악습과 무능한 교육에 대하여 통렬히 비평하였다. 그의 사상은 몽테뉴, 로크, 루소 등에게 많은 영향을 미쳤다. 밀턴은 시인이며 청교도였고, 크롬웰(Cromwell, O., 1599~1658)은 공화정 시대에 관리로 헌신한 사람으로 그 당시 영국에서 가장 박학다식한 사람으로 인정받았다. 이들이 주장하는 실학주의 내용을 종합해 보면, 어느 개인이 자기가 살고 있는 환경에 잘 적응하기 위해서는 인간사회 및 그 사회의 여러 제도와 자연 그리고 자연과 인간의 관계를 잘 이해해야 하며, 이러한 지식은 고전 문학을 연구해야만 얻을 수 있다고 보았다. 따라서 언어적 실학주의자들은 고전문학의 의미를 밝혀 거기에 포함되어 있는 과학적, 역사적, 사회적 지식을 얻어 인간의 실제생활을 준비하는 도구로 삼았다.

(1) 교육

언어적 실학주의자들은 고전의 문법적 · 문학적 형식이나 논리와 논법을 분석하거나 고전의 종교적 · 도덕적 교훈을 얻는데 목적을 국한시키기보다는 보다 의미 있는 목표를 설정해야 한다고 주장하였다. 그들은 고전에 내포되어 있는 진정한 의미와 윤리적 교훈을 파악하고 이해하는 것이 문법과 문장을 감식(減食)하는 것보다 훨씬 중요하다고 믿었다.

비베스의 교육목적은 종교적 신앙심을 바탕으로 한 행복, 즉 인간이 지식을 통하여 신을 아는 것에 있으며, 모든 학문의 목적은 인간생활의 향상과 개선에 있다고 보았다. 나아가 우리들의 모든 연구는 심신에 대한 실익이나 경건한 신앙심의 획득 등 실제적인 필요성에 부응할 것을 강조하였다.

라블레는 신학자, 고전주의자, 기독교도 등의 권위에 구애받지 않고 사상과 자유에로 인도하는 교육이 될 것을 주장하였다. 또한 전인적 발달을 위하여 지식과 더불어 감각을 훈련하고 정신과 함께 신체도 배양하여 성격과 종교적 정신을 발달시켜 학생으로 하여금 사회생활에서 자신의 지위를 획득할 수 있는 능력을 지니게 해야 한다고 역설하였다.

밀턴은 원래 고전에 심취하였지만 교육을 지식으로 제한하지는 않았다. 그의 교육이상에는 귀족적인 도덕이 충만해 있고 교육의 신체적 · 미적 목표를 중시했다. 또한 학문을 배우는 이유는 생활의 준비를 위한 것이라고 하였다. 그는 1664년 인문적 실학주의 입장에서 저술한 〈교육론(Tract on Education)〉에서 "인간을 평화시나 전쟁시를 불문하고, 모든 공사의 직무를 정당하고 바르게 수행할 수 있게 하는 교육이 가장 완전하며 좋은 교육이다."라고 하였다.

교육내용으로는 그리스와 로마의 고전을 높이 평가했고 세계어로는 라틴어, 그리스어, 히브리어로 보았으나 모국어(母國語)를 특히 중시하였다. 비베스는 고등교육에서 신학, 철학, 법률, 의학, 건축학, 정치학, 군사학 등 전문직업에 관한 교과를 강조하였고 수학, 자연과학, 물리학, 역사, 지리, 문학, 철학 등도교육내용으로 중시하였다. 라블레는 성서, 철학, 우주학, 기하, 산수, 음악, 천문학, 자연과학 등의 백과사전적인 학과목을 중시하였다.

교육방법에서 비베스는 교사가 학생을 개별적으로 연구하여 개인의 흥미와 능력에 맞도록 교육해야 한다고 했고, 라블레도 학습은 자발성의 원리에서 성립되므로 강제적인 수단보다는 흥미 중심으로 진행해야 한다고 하여 유희나 운동을 학습의 효과를 높이는 중요한 수단으로 보았다. 밀턴은 형식적인 작문학습을 반대하고 학생과 교사가 열린 마음으로 토의하는 데서 바람직한 학습 효과를 얻는다고 보았고, 경험을 통한 학습을 위해 국내외 여행을 장려하였다. 인문적 실학주의 교육내용은 인문주의적인 것이었지만, 교육목적과 교육방법은 실학주의적 성격이었다.

(2) 체육내용

실학주의가 대두됨으로써 체육에 대한 가치가 재인식되었고, 체육 발전의 새로운 단계에 접어들었다. 그것은 종교개혁기에 캘빈주의 같은 엄숙한 도덕주의로 인해 신체의 가치가 약화되어가는 과정에서 새로운 전기를 맞게 되었으며, 스콜라주의 학교나 후기 인문주의 학교에서 무관심했던 체육이 실학주의자들로부터 큰 관심을 끌게 되었다.

비베스는 체육의 목적을 신앙심을 강화하는데 두었으며 신체적 훈련은 지친 정신을 재생시키고 활기를 불어 넣어준다고 하였다. 그러나 그는 체육을 지나치게 강조하는 것은 옳지 않다고 언급하고 군사적 훈련, 무용, 주사위놀이나 카드놀이 등은 금지하였다. 또한 포괄적인 교육프로그램을 주장하며 고전시대에 인기가 있었던 스포츠를 체육의 내용으로 포함시켰다. 창던지기, 공놀이, 달리기, 뛰기, 레슬링, 걷기, 테니스, 축구 등이 이에 해당된다.

라블레는 체육의 목적을 전쟁에 필요한 능력을 배양하는 수단으로 보았다. 인문적 실학주의자들이 주장한 체육의 내용은 라블레의 개별지도에 따른 교육계획 〈가르강튀아의 생활(The Life of Gargantua)〉에서 찾아볼 수 있다.

가르강튀아의 생활은 다음과 같다. "그는 3시간 독서를 했다. 독서가 끝나면 그는 풀밭에서 공놀이, 론 테니스(Lawn Tennis), 삼각 쌓기(Pile Trigone)를 하여 독서가 정신을 훈련시키듯, 운동을 통해 신체를 훈련시켰다. 점심식사 후 일정 시간 공부를 한 뒤 운동을 했다. 가르강튀아는 쇠 비늘 갑옷을 입고 승마훈련에 참가하고, 창이나 전투용 도끼 등 다양한 무기를 가지고 연습하였다. 때로는 활기찬 사냥에도 참가하였다. 가르강튀아는 손과 발을 모두 사용하여 풍선을 공중으로 튀기며 놀았다. 레슬링과 달리기를 하였고 단숨에 도랑을 뛰어넘고 울타리를 넘으며 담장 위를 올랐다. 그는 깊은 물에서 평영, 배영, 횡영(橫泳) 등으로 수영을 하였는데 온 몸을 사용하거나 또는 다리만을 사용하여 헤엄을 쳤다. 또한 한손을 물 위에 올려 책을 들고 세느(Seine)강을 건너기도 하였다. 그는 물에서 나와 재빨리 언덕 위에 올라갔다가 똑같은 민첩성과 속도로 언덕을 내려왔다. 고양이처럼 나무 위를 오르고 다람쥐처럼 나무들 사이를 건너뛰었다. 창을 던지고 돌과 막대기를 던졌으며 수창(手槍), 멧돼지창, 미는 창, 도끼사용법을 연습하였다. 가장 강한 활을 당기어 쏘고 강철로 만든 강한 화살을 가슴으로 휘게 하였다. 운동이 끝나면 몸을 깨끗이 씻고, 물기를 닦아내고, 새 옷을 갈아입은 뒤 단정하고 온화한 상태로 돌아갔다. … 마지막으로 저녁식사를 한 뒤 수업을 받았고 취침 전에 토론을 하였다." 고 기록되어 있다. 또한 날씨가 좋지 않을 때에는 옥내 레크리에이션으로 대치하였다. 비오는 날 가르강튀아와 그의 동료들은 마른 풀을 다발로 묶어 쌓기, 나무를 패고 톱질하기, 곳간에서 옥수수단을 묶어 타작하기 등으로 레크리에이션을 즐겼다. 가르강튀아의 교사는 한달에 한번은 독서나 강의 없이 시골에서 유익한 시간을 보내게 해야 한다. 아름다운 목장에서 각종 놀이를 즐기고 노래를 부르며 무용, 재주넘기, 개구리와 게잡기 등 즐거운 시간을 보내며 하루 종일 그곳에서 쉬면서 많은 것들을 생각할 수 있도록 도와야 한다. 시골의 하루는 활기를 불어 넣고 창의력을 발휘할 수 있게 하는 좋은 기회라고 주장하였다. 이와 같이 그는 신체운동의 레크리에이션적 가치를 말하고 지적 학습과 신체운동의 균형을 중시하였으며 위생과 영양이 건강한 생활에 유익하다고 강조하였다.

밀턴은 체육을 전쟁수행의 임무와 관련하여 건강하고 민첩하며 굳세고 생기 있는 군인의 양성을 목적으로 삼았다. 밀턴의 체육활동은 대부분 군사적인 내용으로 주로 무기를 사용한 체육활동, 즉 무기로 방어하고 겨냥한 지점을 안전하게 타격하는 운동, 육박전에 필요한 레슬링의 조르기와 맞붙기를 권장했으며 저녁식사 전 약 두 시간 동안 군대식 동작으로 모이게 하여 민첩하게 무기를 다루는 기본동작을 익히게 하였다. 이러한 밀턴의 신체활동은 주로 군사적인 측면에 집중되어 있어 스파르타의 체육과 비슷한 성향을 띠었다.

인문적 실학주의자들은 원만한 생활을 영위해나가기 위해서는 지적 · 도덕적 능력은 물론 신체적 조건을 중요하다고 보았다. 이들은 정신 못지않게 신체훈련이 사회에서 유익한 공헌을 할 사람들에게 필수적인 요소라고 인정하였다. 그것은 주로 신앙심의 강화를 위한 역할과 전쟁수행 능력을 강화시키고 교육적 수단으로서 체육을 인정한 것이었다.

2) 사회적 실학주의와 체육

사회적 실학주의(社會的 實學主義)는 언어적 실학주의보다 더 실용주의적인교육을 추구하여 고전을 통한 교육보다는 사회생활의 경험을 중시하였다. 고전의 지혜를 이해하는 것으로는 불충분하고 그 지식을 생활에 응용해야 한다는 것이 사회적 실학주의가 주장하는 내용이다. 이들은 책에 의한 지식전달의 방법을 버리지는 않았으나 고전적인 지식의 이해에 만족하지 않고 그 지식이 능동적인 생활에 적용되도록 노력하였다.

이들의 관심은 "교육을 받은 결과 삶이 얼마나 달라졌는가?" 이다. 따라서 체육활동도 삶의 변화에 도움을 주는 것이어야 하고, 삶의 변화에 도움을 줄 수 있는 체육프로그램을 개발해야 한다는 것이 사회적 실학주의자들의 주장이었다. 종교적 박해시대에 살았던 프랑스의 귀족이며 법률가이고 수필가인 몽테뉴(Michelde de Montainue, 1533~1592)는 사회적 실학주의의 대표자이다. 그가 저술한 두 편의 논문 〈아동교육론(De Institution des Enfants)〉과 〈현학론(衒學論, Du Pedantism)에 대하여〉는 사회적 실학주의가 근대적 교육관을 추구하고 있음을 보여준다.

(1) 교육

사회적 실학주의의 교육목적은 현세(現世)에서 타인과 원만한 인간관계를 맺고 정당하게 행동하는 신사(Gentleman) 또는 현실에 바르게 적응하는 유능한 사람을 양성하는데 두었다.

몽테뉴는 "교육이란 학자나 전문가를 만드는 것이 아니라 하나의 훌륭한 신사를 만드는데 있다." 고 하여 과거와는 다른 근대적 교육관을 제창하였다. "신사를 만든다." 는 말 속에는 귀족계급의 자제들을 지혜, 판단력, 시민적 관습, 겸손한 행동 등을 포함하는 유능한 사회인을 육성한다는 것을 의미한다. 그는 학문이 문법가나 논리학자를 육성하는 것이 아니라 인간을 행동적으로 유효하고 행복한 생활을 영위할 수 있도록 준비시키는 과정이라고 생각하였다. 이와 같은 그의 생각은 신체적, 지적, 도덕적인 완성을 이루게 하는 전인교육을 의미하는 것이었다.

교육의 내용은 현실에 관한 것을 고전(古典)보다 중시하며 여행, 사회 접촉, 현대어, 체육을 강조하였다. 특히 여행은 세상물정에 밝아지고 곳곳의 흐름과 변화를 바르게 알며 느낄 수 있어서 교육내용에서 필수불가결한 것으로 여겼다. 또한 역사는 과거의 인간들에 의하여 이루어진 경험의 연구이기 때문에 필요하며, 철학은 인간행위와 인간의 의무를 연구하는데 필요하다고 말했다.

교육방법으로는 단순한 기억력보다는 이해력과 판단력을 강조하였다. "암기로서 아는 것은 아무것도 모르는 것이다." 즉 누가 박식한가 보다는 누가 더욱 현명한가가 중요하다는 것이다. 그는 머리 속을 지식으로 채우려고 하면서 판단력이나 덕행에 대해서는 한마디도 해주지 않는 부모들을 강하게 비판하였다. 사회적 실학주의에서 진정한 학습이란 외면적인 본체(Reality)를 내면적인 본체로 바꾸는 과정으로 보았기 때문에 교육에서 강제와 폭력은 가장 나쁜 행동이며, 학습욕구를 불러일으키는 것이 최상의 교육방법이라 여겼다. 그래서 교실은 즐거운 장소여야 하고, 교사는 자연의 순리대로 교육을 이끌어가는 것이 중요하다고 주장하였다.

(2) 체육내용

몽테뉴는 인간을 형성하는 통합된 요소를 신체적, 정서적, 지적 요소로 보았다. 신체적 요소를 전체 교육 구조의 본질적인 것으로 인식하여 체육을 인간발달의 필수불가결한 조건으로 보았다. 그 이유는 신체를 통하지 않고는 인간의 정신력과 도덕적 능력이 현실화될 수 없다고 보았기 때문이다. 특히 몽테뉴는 인간의 신체적, 정신적, 지적 생활을 상호의존적 관계로 생각하였다. "정신을 강화시키는 것만으로는 충분하지 않고 근육도 강화해야 한다. 정신이 신체적인 도움을 받지 못하면 너무 심한 긴장이 생겨서 주어진 일을 단독으로 수행하기가 너무 벅차기 때문이다." 라고 주장하여 정서적 균형은 지능뿐만 아니라 신체적 활력에도 의존한다고 보았다. 그는 종교를 생활에서 분리시키려고 하지 않았지만, 그가 주장한 성격교육은 기독교적이라기보다는 그리스적인 성향을 띠었다.

몽테뉴는 신체활동을 단련의 과정으로 보고 엄격한 신체활동에서 오는 고통을 이겨낸 청소년은 가혹한 정신적 고통을 쉽게 극복할 수 있다고 이해했다. 그는 젊은이의 정신적 균형은 지성과 신체적 요소가 결합하여 이루어지므로 건강한 정신력을 간직하려면 지성과 신체를 똑같이 단련시켜야 한다며 부모나 학교보다는 가정교사에 의한 교육이 바람직하다고 주장하였다. "부모의 슬하에서 아이들을 교육시키면 부모가 아무리

현명하다 하더라도 본능적인 애정 때문에 너무 관용하여 아이들을 유약하고 방종하게 만든다. … 라틴어와 희랍어는 학생들을 학교에 들어가기 전보다 훨씬 더 허영심을 강하게 하고 건방지게 만들었다는 것을 알 수 있게 한다. 학생들은 충실한 마음가짐이 아니라 그저 들뜬 상태로 돌아오며 마음을 넓게 하는 대신 부풀게만 한다."

몽테뉴에 의하여 제창된 교육과정은 광범위하고 포괄적인 것이었다. 철학을 기본으로 하여 논리학, 수사학, 기하학, 지리학 등의 전통적인 교과도 부과하고 있지만, 라틴어와 그리스어를 포함하고 있고 현대어를 중시하였다. 특히 보건과 체육을 교육과정에서 매우 중요하게 생각하였다. 체육프로그램은 활발하고 행동적인 생활을 영위할 수 있는 젊은이를 육성하도록 고안되어야 하며 청소년들의 체육활동으로 달리기, 무용, 사냥, 승마, 펜싱 등을 들고 있다. 몽테뉴는 학습활동 중에 체육을 따로 분리해서 생각하지 않았으며, 인간은 활동적인 생활을 위하여 훈련하여야 하고 생활을 위한 기술을 탐구하며 실천해 나가야 한다고 주장하였다.

몽테뉴는 그리스의 교육철학과 유사하게 종합적인 능력을 배양하기 위한 교육을 강조하였다. 그는 육체와 정신을 분리하거나 육체를 정신으로부터 독립시켜 경시하지 말 것을 경고하였다. 이를 바탕으로 보건과 체육은 교과과정에서 중요한 의미를 차지하게 되었고, 육체에 대한 인식이 새롭게 부각되는 결과를 가져왔다.

3) 감각적 실학주의와 체육

감각적 실학주의(感覺的 實學主義)는 자연과학의 발달에 따른 과학적 지식과 연구방법을 통하여 인간생활이나 사회생활을 합리적으로 향상시키려는 의도에서 비롯된 사상으로 과학적 실용주의라고도 부른다.

16세기~17세기 초엽에 걸쳐 많은 학자들은 자연과 우주를 비판정신과 탐구정신으로 관찰하여 괄목할만한 성과를 올렸다. 코페르니쿠스의 태양중심설, 케플러의 유성의 궤도, 갈릴레오의 천체현상 등의 발견이 천문학 분야에서 큰 성과를 나타냈고, 물리학 분야에서는 길버트의 자기력(磁氣力)의 이용, 토리첼리의 기압계 발명 등을 들 수 있으며, 수학 분야에서는 스테빈의 소수(小數)발견, 카르단의 대수학(代數學)에서의 추상적 기호사용, 데카르트의 해석기하학, 네이피어의 대수학의 발달을 들 수 있다. 생물학에서는 하비의 혈액순환의 발견, 베살리우스의 인체해부도의 작성을 들 수 있다.

이들 과학의 개척자들이 남긴 대부분의 발견은 문제에 접근하는데 있어 새로운 방법을 적용한 결과였다. 사람들은 때때로 그들의 이론에 대하여 심한 저항을 했지만, 결국 그들을 이해하고 그들의 연구 업적을 받아들이게 되었다. 특히 천동설을 지동설로 바꾸어 놓은 코페르니쿠스의 이론정립은 지식을 탐구하는 혁신적 방법을 제시한 것으로 그를 최초의 근대적이고 과학적인 사상가라는 역사적 위치에 올려놓았다.

감각적 실학주의는 자연과학의 성과를 토대로 지식획득의 방법을 과학적으로 해결하는데 주안점을 두었다. 감각적 실학주의에서 지식은 일체의 감각기관을 통해서 얻어진 것이어야 하고, 교육은 감각기관의 훈련도 포함한다고 보았다. 따라서 고전이나 사회적 생활경험을 통해서 실생활에 필요한 귀족적 지식을 습득하는 것이 아니라 실물과 표본, 그림과 같이 감각할 수 있는 구체적인 사물을 교재로 해야만 참된 지식을 얻을 수 있다고 주장하였다.

감각적 실학주의의 대표자는 멀커스터(Mulcaster, R., 1531~1611), 베이컨(Bacon, F., 1561~1626), 라트케(Ratke, W., 1571~1635) 그리고 코메니우스(Comenius, J.A., 1592~1679) 등을 들 수 있다. 이들은 교육의 원리를 과학적 방법으로 확립하려고 시도했기 때문에 자연과학적 지식을 존중한 사람들이다. 새로운 과학적 사고방법에 관한 논문을 쓰고, 이를 교육에 적용한 철학자 멀커스터는 〈아동교육론〉이라는 논문에서 체육에 대한 깊은 관심을 나타냈다. 이 논문에서 멀커스터는 "기술을 이해하기 위해서 책에 몰두하듯이 건강을 증진하기 위해서 신체를 단련시키는 것이 필요하다." 고 기술하였다.

(1) 교육

감각적 실학주의자들은 감각기관을 통해 얻어진 지식을 참된 지식이라고 여겼기 때문에 실물이나 표본, 그림과 같이 감각할 수 있는 구체적 사물을 교재로 사용했다. 그들이 추구하는 교육의 최고 목표는 인간과 신이 일체가 되어 영원한 행복을 얻고 인류를 구제하고 사회를 개선하는데 있으며 그것을 달성하기 위하여 교육이 영위되어야 한다고 보았다. 이에 그들은 실생활에 관한 지식을 자연의 힘이나 법칙 속에서 발견할 수 있다고 믿었다.

인류를 구제하고 사회를 개선하기 위해서는 모든 계층의 사람들이 교육을 받아야 하고 교육은 모든 사람들에게 개방되어야 한다. 즉 교육은 모든 사람들을 깨우쳐서 참다운 지식을 얻게 하고, 그 사회에서 광명을 찾고 영원한 행복을 얻도록 해야 하며, 이런 취지에 맞는 교육을 좋은 교육으로 보았다.

〈학문의 진보〉와 〈새로운 기구〉의 저자인 베이컨은 자연에 관한 지식만이 참다운 지식이며 이러한 지식만이 학교에서 교수할만한 가치가 있다고 주장하였다. 인간은 감각이나 관찰력을 통하여 자연의 기본적 법칙을 발견하고, 그 지식은 인류봉사를 위해 쓰여 져야 한다고 주장하였다. 또한 이들은 인문주의적인 개념이나 관념을 비현실적인 것으로 경시하고, 자연을 관찰하고 표현하는데 필요한 모국어의 가치를 높이 평가하였다. 〈대교수론〉, 〈언어입문〉, 〈세계도론〉 등 수많은 저서를 남긴 코메니우스는 모든 마을에 모국어 학교를 설립할 것을 주장하였다.

한편 멀커스터와 라트케 등은 감각적 실학주의의 교육방법을 심리학적, 과학적 토대 위에서 감각을 통한 학습이 중심이 되어야 한다고 주장하였다. 이에 따라 시청각 교구가 학습효과를 올리기 위한 중요한 기구로 등장하게 되었다. 이에 코메니우스는 직관의 원리에 의하여 그림을 삽입한 교과서를 저술하는 등 학습용 도서 제작에 신기원을 이룩하였다.

감각적 실학주의자들의 교육방법을 요약하면 다음과 같다.

① 실물 관찰교육과 경험을 중시한다.

② 자연적 사물의 개념을 가르칠 때는 귀납법을 사용하여야 한다.

③ 교육은 자연의 질서에 따라야 한다.

④ 학습 용어는 모국어이어야 한다.

이상의 교육 방법을 살펴볼 때 귀납법적 방법이 중시되었음을 알 수 있는데 이 귀납법은 베이컨에 의하여 창시되었으며 라트케, 코메니우스에게 계승되어 감각적 실용주의 교육방법을 발달시켰다.

(2) 체육내용

감각을 통한 지식의 획득을 강조한 감각적 실학주의에서는 감각과 직접 관련된 활동으로 체육을 높이 평가하게 되었다. 다시 말해 인간의 감각은 육체를 통해 느껴지는 것으로서 감각기관이 원활한 기능을 발휘하기 위해서 건전한 신체의 육성이 필요하다고 인식하였다. 아울러 몸과 마음을 다스리는 생리적 법칙에 대한 관심이 높아졌고 체육을 장려하기 위하여 폭넓은 교육으로 교육의 문호를 개방하였다.

멀커스터는 누구보다도 체육의 중요성을 강조한 사람이었다. 그는 신체운동을 건강유지의 수단으로 이용하는데 관심을 가졌으며 많은 사람들이 건강하지 않아 잠재능력을 충분히 발휘하지 못한다고 지적하였다. 건강은 질병에 걸렸을 때 또는 노년기에 중요성을 인식해서는 안 되며, 교육의 주요 목적 중 하나가 되어야 한다고 주장하여 체육의 필요성을 내세웠다.

베이컨은 "몸의 선(善)과 마음의 선 사이에는 어떤 관계 또는 일치되는 측면이 있는 듯하다. … 신체의 선은 아름다움, 건강, 힘 그리고 쾌락으로 분류할 수 있다. … 적당한 운동에 의하여 예방할 수 없는 질병은 거의 없다." 고 하였다. 물론 베이컨은 질병의 병원균 이론을 알지 못하였다. 베이컨은 운동의 기술을 효과적으로 수행하기 위해서는 충분한 연습이 필요하지만, 지나친 운동은 삼가해야 한다고 주장하였다.

코메니우스는 신학자였으나 신체에 대하여 많은 관심을 가졌다. 자신의 저서 〈유아학교(The School of Infancy)〉에서 그는 체육에 관하여 한 장(章)을 할애하고 있다. 그는 어린이의 놀이 생활에 대한 독특한 통찰력을 가졌다. 놀이를 자연스런 교육과정으로 이해하고, 놀이를 억제하는 것은 몸과 마음의 조화로운 발달을 해치게 한다고 경고하였다. "어린 아이들의 놀이는 권장되어야 한다. 어린 아이들은 놀이를 통하여 재능이 개발되며 사회화가 이루어지기 때문이다." 며 그는 부모에게 충고하기를 "어린이가 할 일 없이 있는 것보다는 놀이를 하는 것이 유익하다. 그 이유는 놀이를 하는 동안 그 일에 몰두하므로 정신능력이 강화되기 때문이다. 또한 놀이를 통하여 큰 어려움 없이 현실생활에 적응하는 훈련을 일찍부터 경험하게 되는 것이다. 자연의 여신은 어린 아이들에게 무엇인가를 하도록 자극하기 때문이다." 라고 말하였다.

감각적 실학주의자들이 남긴 체육에 대한 공헌을 이해하기 위해서는 그 당시 학교들의 실태를 살펴보아야 한다. 당시의 학교 조직은 복선형(Two Track System)으로서 가난한 소년에게는 한정된 초등학교를, 귀족의 자제에게는 고전교육을 실시하였다. 당시의 교사들이 고전교육에만 관심을 기울이고 있을 때 멀커스터는 초등교육의 중요성을 강조하였다. 6세부터 12세까지의 모든 아이들을 그 지방의 초등교육기관에 보내도록 권장하였다. 그는 12~16세까지의 선발된 학생들에게는 문법학교에 입학시켜 라틴어를 공부하게 하는 것이 좋다고 권장하였다. 또한 대학은 보다 유능한 학생들을 위하여 운영되어야 하고 대학교의 한 학부(學部)는 의사나 법률가를 교육하는 전문 학부처럼 교사를 양성하도록 해야 한다고 하여 그 당시 그것은 혁신적인 제안이었다. 아울러 그는 체육을 방임해서는 안 된다고 주장했는데, "어린이들은 스스로 놀이를 즐기기 때문에 그들의 신체운동을 위하여 지도할 필요성을 느끼지 않는 것은 옳지 않다. 학교의 규칙에 따라서 인격이 이루어지듯이 신체발달도 바르게 연구하여 지정된 체육을 통해 길러져야 한다." 고 하였고, 체육수업 또한 지적 교육을 담당하는 교사와 동일한 수준의 교사가 담당해야 한다고 하였다.

멀커스터는 체육교사가 구비해야 할 세 가지 자격조건을 제시하였다. 첫째 체육교사로서의 탁월한 소질을 지니고 있다는 직업의식과 그 가치성을 인정하고 자랑스럽게 생각하여야 한다. 왜냐하면 그러한 교사라야 맡은 일에 충실하고 보다 잘 하려고 노력하며 다른 사람에게도 열성과 설득력을 갖기 때문이다. 둘째 체육교사는 교수과정에서 발생할 수 있는 상황을 예측할 수 있는 선견지명(先見之明)이 있어야 한다. 이를 위해서는 각종 체육이론과 저서들을 탐독하고 운동논리에 관한 모든 원리를 찾아내며 연구를 아끼지 않아야 한다. 즉 갈렌(Gallen)과 이탈리아의 메르쿠리알리스(Mercurialis)와 같은 학자들의 저서에서 체육교사가 당면한 문제에 대한 지식을 구비해야 한다. 셋째 체육교사는 자신이 가르치는 교육 여건이나 환경 그리고 피교육생 등을 고려하여 적절한 교수법을 분별력 있게 적용하여야 한다. 또한 그는 학교환경의 조성에도 세밀한 주의를 기울였다. 학교 부지를 선정하면 설계도면을 작성하되 신선한 공기와 충분한 햇빛이 공급되는지를 검토해야 하며, 운동장은 넓고 적당한지 등 신체활동이 잘 이루어지도록 철저히 연구할 책임이 교사들에게 있다. 또한 주어진 운동장이 미비하더라도 운동을 포기하지 말고 기존의 조건을 최대한 이용하라고 권장하였다.

멀커스터는 그의 저서 〈아동교육론〉에서 많은 부분(章)을 체육에 할애하여 체육의 중요성을 부각시켰다. 갈렌과 메르쿠리알리스에 많은 영향을 받은 그는 무용이 비난받다가 이제 그 비난을 모면하게 된 이유와 달리기, 걷기, 펜싱 또는 무기의 사용, 팽이와 팽이채, 뛰기, 수영, 달리기, 사냥, 구기(球技) 등에 대한 가치성, 신체에 관한 그의 견해 등을 논하고 있다.

코메니우스는 사회적 신분을 초월하여 모든 사람들에게 평등한 교육을 실시할 것을 주장하였다. 코메니우스는 교육제도를 네 단계로 나누고 각 단계마다 교육기간을 6년으로 통일하였다. 1~6세 때에는 가정이 교육의 장이 되는 가정학교(School of the Mother's Knee)에서 1단계, 6~12세의 어린이에게는 기본 지식을 전수하기 위해 각 마을이 설립한 지역학교(Vernacular School)에서 2단계 교육이 이루어진다. 3단계 교육기관은 라틴학교(Latin School)로 12~18세에 해당하는 교육이며, 각 지역에 세워 전문분야의 학문을 희망하는 사람을 교육하였다. 4단계 교육기관은 모든 왕국에 설립된 대학에서 장래의 지도자와 교사를 양성하기 위해 운영하는 학교이며 18~24세의 젊은이를 상대로 교육하였다. 특히 대학원 센터(Graduate Center)는 학교 중의 학교로 세계의 모든 석학들이 모여 인류의 선(善)과 신(神)의 영광을 위하여 연구하게 하였다. 이 같은 학교조직에서는 학생들의 발달과정에 맞추어 적당한 운동과 게임을 위한 시간을 할당하여야 한다. 유아기의 어린이들은 부모와 함께 놀이를 하여야 하며, 교과 학습은 어린 학생의 경우 4시간을, 나이가 든 학생들은 6시간으로 제한하였다. 보다 성숙한 학생들은 매일 8시간의 수업과 8시간의 수면 그리고 8시간은 식사와 운동, 레크리에이션 등 건강유지를 위하여 할당해야 한다고 주장하였다.

또한 그는 학생들의 건강을 강조하며 함께 어울려 노는 것이 가장 효과적인 교육이라고 하였다. 연령이 비슷하고 발달정도, 태도, 습관이 비슷한 아이들이 함께 어울려 놀게 되면 개인적인 오만함이나 폭력이 사라지고 공포가 없어지며 사랑, 공평무사, 자유스러운 대화를 통해 서로 유익함을 얻게 된다고 하였다.

실학주의는 자연과 인간의 존엄성을 인식하고 고대 체육에 관해서 깊은 관심을 가지고 신체발달이 실생활에 유익할 수 있도록 스포츠를 권장하였다. 특히 감각적 실학주의자들은 학생들에게 자연현상을 공부하는 시간을 더 많이 부여하라고 하였고, 일반인들에게 체육을 권장하였으며, 스포츠 및 게임을 교육과정에 포함시키는 한편 운동장을 필수적인 교육시설로 인식하였다.

4. 단련주의교육과 체육

17세기는 종교적 혼돈, 이성과 권위, 자유와 전제 사이에 끝없는 논쟁과 격렬한 투쟁이 벌어지고 있던 시대였다. 종교개혁과 18세기 계몽주의 시대 사이에서 상인계급은 부(富)를 기반으로 정치권력과 손을 잡고 강력한 사회적 영향력을 행사하였다. 또한 모험적인 항해자들은 미지의 대륙을 탐험하여 새로운 지리상을 발견함으로써 사회적으로 흥분과 충격을 주었다. 더욱이 문학과 예술분야에서 창의력이 풍부한 천재들에 힘입어 불멸의 걸작들이 나왔다. 특히 과학은 시대를 지배하는 정신적 지주로 등장하고, 이러한 시대적 흐름을 통하여 17세기 말엽은 세계가 지적 호기심과 과학적 관심에 불타고 있었다.

로크(Locke, J., 1632~1704)는 이러한 시대를 살아가면서 당시의 혼란했던 왕정 속에서 온갖 사회적 변혁을 체험했으며, 한때 네덜란드에서 망명생활을 보냈다. 그는 신앙의 자유를 주장했고, 인간의 자유와 평등을 주장하며 왕권신수설(王權神授說)을 공공연히 비난하였다. 이는 인간은 누구나 신으로부터 평등한 자기보존권, 즉 자연권(自然權)을 부여받았으므로 왕정에 의해 자연권이 유린당해서는 안 된다고 주장했다. 그는 영국의 명예혁명을 옹호하였을 뿐 아니라 18세기 미국의 독립혁명에도 영향을 주었고, 사회계약설은 프랑스의 루소에 의해 철저히 가다듬어져 계몽주의 사상에도 영향을 주었다. 그는 영국과 프랑스 계몽주의의 선구자로서 미국헌법에 정신적 기초를 제공했다.

로크는 인식론적인 측면에서 우리가 현재 품고 있는 모든 경험적 · 심리적 관념의 기원을 탐구하는 경험주의 철학을 발전시켰다. 그의 주장에 따르면, 마음이라는 것은 인간이 태어나기 전에 지식이나 관념에 의해 형성되는 것이 아니라 백지(白紙, Tabula Rasa)의 상태이며, 차차 경험에 의하여 기록되어진다고 주장하여 학문을 감각적 인지(認知)와 지적 반성의 소산으로 보았다. 반성이란 감각된 것을 보다 복합적으로 종합하고 일반화 하여 법칙을 만들어가는 합리화의 과정이라고 보았다. 그리고 지식이란 감각이 제공하는 자료들을 서로 관련짓고 거기서 의미 있는 개념을 도출하고 일반화시킴으로써 얻어진다고 하였다.

이러한 로크의 사상 속에서 단련주의(鍛鍊主義) 교육이념이 출현하였다. 단련주의란 이성의 판단과 일치하지 않는 감정을 억누르고 바람직한 사고와 행위를 습관적으로 단련하기 위해 가르치는 교육이념을 말한다. 이것은 교육 분야는 물론이고 체육 분야에도 크게 기여하였다. 특히 인간의 교육잠재력을 말하는 백지설(Tabula rasa)을 주장하여 큰 반향을 불러일으켰다. 그는 의학을 공부했고 한 때는 건강이 좋지 않아 그 누구보다도 체력의 중요성을 깨달을 수 있었다. 그는 몽테뉴로부터 많은 영향을 받았으며 모든 교육은 신사양성(紳士養成)을 지향해야 한다고 주장하였다. 이런 점에서 로크를 사회적 실학주의자로 분류할 수 있으나 인식은 감각을 통하여 확보된다는 그의 주장을 볼 때 감각적 실학주의자이기도 하다.

1) 교육

단련주의 교육은 젊은 귀족 신사에게 세련된 몸가짐과 고상한 성격을 소유하기 위한 여러 습관을 몸에 익히는 것을 목표로 삼았다. 이것은 개인을 교육시켜 이성과 조화되지 않는 자연적 욕구를 억누르게 하고, 바람직한 사고방식과 행동양식이 습관적으로 표현되도록 스스로 훈련하자는 것이었다. 이러한 교육방식은 로크에 의해 정립되었다.

로크는 우연히 샤프츠 버리라는 정치가의 집에서 시의(侍醫)와 가정교사의 직무를 겸하였다. 이때의 경험을 토대로 그는 〈교육에 대한 고찰〉를 편찬하여 교육사의 한 위치를 차지하게 되었다. 이 책은 체육론, 덕육론, 지육론, 속지육론 등 총4부로 구성되어 있는데 체육에 관한 것이 첫번째로 다루어져 있다. 로크의 교육목적은 영국의 전통에 따라 유용한 신사를 양성하는데 있었다. 그리고 신사가 갖추어야 할 기본적 요소는 신체적(體育), 도덕적(德育), 지적(知育) 측면을 조화롭게 갖추는 것이었다. 그는 모든 교육의 기초는 체육이고 덕육은 가장 중요하며 지육은 덕육에 대하여 종속적인 위치에 있다고 하였다. 청소년들의 육체와 정신을 전인적으로 육성시키는 것이 교육의 최대 과제임을 역설하였고, 이를 달성하기 위해서는 청소년 각 개인의 내면에서의 단련과 이를 통한 자각의 필요성을 주장하였다. 즉 청소년 체력의 중요성을 인정하면서도 그들이 덕, 지, 교양, 학식 등을 두루 갖춘 인물로 자랄 것을 주장하였다. 그리고 인간행위를 구성하는 이들 요소들이 각 개인의 내면에서 신체적, 정신적 단련의 연속과정에 의하여 육성되고 조장되어야 한다고 강조하였다. 체육은 뒤에서 살펴보기로 하고 우선 덕육론과 지육론에 대해서 언급하기로 한다.

로크가 강조한 덕육의 목적은 이성에 따라 행동하기 위하여 자신의 욕망을 억제하는 일이다. 즉 정욕을 억제하고 자연으로부터 주어진 도리에 합치되는 행동을 할 수 있도록 의지의 도야에 중점을 둔 교육이 필요하다는 것이다. 지육은 체육과 덕육에 의하여 마음의 단련이 이루어진 뒤에 이루어지는 것이 좋다고 하였다. 고전에 편중되어 서적을 암기하는 식의 주지주의(主知主義)와 같은 방식을 경멸하였고, 지육의 목적은 신사에게 필요한 교양을 의미할 뿐이다. 따라서 미덕(Virtue), 지혜(Wisdom), 품행(Breeding)의 도야가 중요하며 지식은 덕을 높이는 수단에 지나지 않는다고 주장했다. 지육에 대한 교육내용은 프랑스어, 라틴어, 미술, 지리, 역사, 수학, 박물학, 자연철학, 의학, 수사학, 논리학, 무용, 취미, 오락, 여행 등 백과전서적(百科全書的)인 학과목을 통해 신사를 양성하는데 두었다.

로크는 자신의 저서 〈인간 오성(悟性)론(An Essay Concerning Human Understanding, 1691)〉에서 선천적 관념의 존재를 부인하고 있다. 인간의 마음은 본래 아무것도 쓰여 있지 않고 어떤 생각도 들어 있지 않는 백지상태이며, 경험은 그 백지 위에 기록을 남기며 감각에서 온다는 것이다. 즉 감각을 통하여 지식이 생기고, 바른 지식이 쌓이면 이성이 형성되고, 이 이성의 훈련을 통하여 마음이나 성품이 착해진다는 것이 로크의 논리이다.

로크는 지적인 교육보다는 도덕적, 신체적 단련과정을 강조하면서 바람직한 행동양식을 기르기 위한 합리적인 단련(훈련)만을 인정하였다. 그는 경험과 이성을 중시하는 합리주의자(合理主義者)이며 그의 사상은 18세기 계몽주의 사상가들에게 이어져 갔다.

2) 체육내용

로크가 살았던 17세기 유럽사회는 전통적 귀족과 신흥귀족, 의사나 변호사 같은 전문직업에 종사하면서 새로운 사회를 주도해나가던 신사(紳士, Gentry)계층에 대한 사회적 열망이 높던 시기였다. 당시 로크는 이들이 상류사회의 신사에게 필요한 것들을 학업과 서적에서 얻는 것 외에 체육을 통해 획득되는 자질, 즉 건강과 힘뿐만 아니라 대담성, 자신감, 세련된 태도, 우아한 몸가짐 등을 반드시 갖추어야 한다고 주장하였다. 그는 신사계층과 자녀들이 사회를 주도적으로 이끌기 위한 자질과 능력의 배양을 사회적 목표로 삼았다. 이러한 사회적 목표에는 로크의 단련주의에 입각한 체육사상이 잘 나타나 있었다.

로크에 의해 전개된 단련주의 체육의 핵심은 '건전한 신체에 건전한 정신(Sound mind in a sound body)' 이라고 말할 수 있다. 이 말은 로마인들이 즐겨 쓰던 경구를 뒤집어 놓은 말이다. 로크는 체력을 교육이라는 피라미드의 기초라고 표현하여 체력의 뒷받침 없는 인격형성은 제한적이라고 하였다. 그의 태도는 〈교육에 대한 고찰〉의 체육론에 잘 나타나 있다. 이 내용은 건전한 육체를 기르기 위해서는 엄격하고 금욕적인 통제를 해야 한다고 주장하였다. 구체적으로 열거하면 다음과 같다. 어린이는 옷을 얇게 입혀 추위와 더위에 대한 저항력을 키울 것, 의복은 외관보다는 활동하기에 편한 옷을 착용할 것, 빵과 우유를 섭취하고 쓴 것이나 독한 술을 금할 것, 약은 가능한 한 사용하지 말 것, 딱딱한 침대를 사용할 것, 일찍 자고 일찍 일어나고 숙면을 취할 것(약 8시간), 규칙적인 운동을 할 것(특히 수영)과 운동 후 냉수를 급히 마시거나 땅에 앉지 말 것 등이다.

로크가 이러한 인위적인 유의사항을 강조했다고 해서 자연적인 놀이를 부정한 것은 아니다. 오히려 아동들이 즐기는 모든 오락을 권장하였다. 어린이들이 자신의 상상력으로 스스로 장난감을 고안하도록 하는 것은 매우 현명한 방법이며, 지적 능력을 개발하고 창의력을 높여 준다는 것이다. 또한 그는 레크리에이션의 필요성을 강조하였다. 그는 〈교육에 대한 고찰〉에서 신체의 단련을 위해 인생의 많은 부분을 레크리에이션에 할애해야 한다고 하였고, 육체적 노동이나 정신적 노동으로 피로를 느낄 때 운동을 통해 상쾌하게 회복시킬 수 있다면서 특히 레크리에이션은 신체를 단련시킬 뿐만 아니라 정신을 상쾌하게 해줌으로써 건전한 정신건강을 얻는데 도움이 된다고 하였다. 그는 레크리에이션의 용어를 새롭게 정의하였다.

원래 라틴어에서 레크리에이션은 '병으로부터의 회복(Recovery from illness)'을 의미했으나, 로크는 "레크리에이션이란 많은 사람들이 생각하고 있는 것과 같이 나태한 상태를 의미하는 것이 아니라 일을 전환시켜 줌으로 피로한 부분을 회복시켜 주는 것이다." 라고 정의하였고, "일상생활이나 지적인 노동의 균형을 유지하기 위해서는 적절한 레크리에이션으로 신체활동을 조절해야 하고 휴식과 원기 회복을 필요로 할 때에는 건강과 새로운 힘을 주는 신체운동을 해야 한다." 고 덧붙였다. 그는 보다 바람직한 레크리에이션은 많은 사람들에게 즐거움을 주는 활동이어야 하며, 휴식을 얻고 본래의 목적이었던 일에 도움을 주어야 하므로 그 당시 상류계급 사이에서 성행하던 카드놀이나 주사위놀이는 오히려 사람들을 피로하게 만들며 직업에서 느끼는 권태보다 더 많은 괴로움을 준다고 비난하였다.

로크가 권장한 운동으로는 수영, 무용, 승마, 펜싱과 같은 신사양성에 필요한 종목들이었다. 수영은 건강에 큰 도움이 되고 생명을 구할 수 있으며 무용은 몸을 유연하게 할 뿐만 아니라 사교에 필요하며 승마는 전시나 평화시에 젊은이를 교육하는데 유용하므로 필수적이다. 펜싱은 조건부로 인정되었는데 그 이유는 기술을 습득하는데 많은 시간이 소요되어 일상 업무에 지장을 줄 우려가 있고, 젊은이들이 결투에 몰두하게 되어 생명의 위험을 초래할 수 있다고 보았기 때문이다. 위에서 언급한 수영, 무용, 승마, 펜싱 중에서도 로크는 무용에 대하여 특별한 관심을 가지고 권장하였다. "무용은 일상생활에서 우아한 동작을 길러주고, 무엇보다도 젊은이들에게 남성다움과 자신감을 주기 때문에 누구든지 무용을 할 수 있는 나이가 되거나 힘이 있으면 배워야 한다. 무용은 아무리 일찍 배우기 시작해도 지나치지 않다고 나는 생각한다."

로크는 귀족계급의 자녀교육에 대하여 "신사란 정직한 농부들과 착실한 자유민들이 주어진 일을 하듯이 그들의 자녀를 길러야 한다. … 대부분의 어린이들이 응석받이로 자라고 과잉보호를 받은 나머지 나약하고 자신의 역할을 제대로 감당할 수 없게 되었다." 라고 주장하고 이를 극복하기 위해서는 건강을 유지하고 강한 체력을 통해 바른 생활이 습관화 되어 몸에 배도록 훈련을 되풀이할 것을 권고하였다. 그는 교육이 지적인 교육과정이 되기보다는 도덕적, 신체적 훈련과정이 되어야 하며, 훈련을 위한 훈련이 아닌 바람직한 습관을 기르는 목적을 띤 훈련을 주장하며 즐거운 훈련, 균형 잡힌 훈련이 되어야 한다고 하였다. 즐거운 마음으로 흥미와 욕구를 느끼게 하기 위해서는 공적(公的)인 칭찬이 필요하며 때로는 사적(私的)인 꾸중도 필요하다고 말했다.

로크는 신사가 체육, 덕육, 지육의 측면에서 조화로운 발달을 이루기 위해서는 엄격한 훈련과 금욕적인 태도를 강조하였지만, 그것은 강제가 아닌 스스로의 인내와 노력으로 습관화 되는 자발적인 단련과정을 의미하였다. 그리고 그러한 단련과정에 신체훈련 프로그램을 적용함으로써 지적, 도덕적 능력과 신체적 재능을 갖춘 전인을 육성한다고 믿었다. 이를 위해 로크는 합리적인 단련주의 체육이 필수적임을 강조하였다.

5. 자연주의교육과 체육

18세기의 서양역사는 많은 변화를 경험하고 있었다. 1776년 미국의 독립선언, 1789년 프랑스혁명, 18세기말의 산업혁명 등 대 변혁이 일어난 시대이며, 종교, 철학, 정치, 경제, 교육 등 전 분야에서 현저한 변화가 일어났다.

당시 유럽은 봉건국가체제의 최종역이라 불리는 절대주의 체제가 전성기를 보내고 있었다. 절대주의 군주들은 쇠퇴해가던 귀족들과 신흥 상공인들의 협력 속에서 권력을 유지할 수 있었다. 그러나 자유로운 시장경제의 발달과 시민권의 확대라는 역사의 흐름 속에서 보면 절대주의는 중세의 마지막 반동이었다. 사상적으로 17세기부터 18세기에 걸쳐 성립한 절대주의는 무지몽매(無知蒙昧)한 사회의 잔재였다. 따라서 중세의 낡은 전통에서 벗어나 자유롭게 지식을 보급시켜 무지와 미신과 맹종에서 해방시키려 했으며, 이성의 존중과 비판정신이 활발하게 전개되었던 계몽주의 시대였다. 계몽주의란 자유롭게 자각된 개인과 이성 및 지성 존중의 정신을 전제 조건으로 했고, 지식의 근원을 "책에서가 아니라 자연에서, 전통이 아니라 경험을 통해서, 고전에서가 아니라 관찰과 실험을 통해서" 구해야 한다고 주장했다. 베이컨에서 발단이 되고 로크에 의해 배양되어 유럽 각국으로 퍼져 18세기에 절정을 이루었던 광범위한 사상적 운동이자 교육운동이며 사회운동이었다. 이러한 계몽사상은 전제군주제, 사회신분제 그리고 사상 및 통제방식을 강하게 비판하였다.

자연주의는 중세 기독교교육의 초 자연주의적 교육에 반대하고, 학습자의 내면에 존재하는 자연성을 신뢰하면서 그것을 조장하고 계발하는 교육철학이다. 자연을 교재로 하고, 자연법칙을 교수방법으로 하며, 자연성 회복을 목적으로 한다. 자연주의는 18세기 계몽사상이 지나치게 이성과 합리성만을 추구함으로써 개인의 존엄과 감성이 경시됨에 따라 나타난 사조였다. 이것은 계몽사상을 반대한 것이 아니라 계몽사상의 기본 성격을 더욱 보완하고 개선하기 위한 취지에서 비롯되었다. 따라서 18세기 루소(Rousseau, J.J., 1712~1778)의 자연주의는 계몽적 자연주의 교육사상이라 부를 수 있다. 자연주의 교육사상은 17세기 라트케, 베이컨, 코메니우스의 교육사상에도 나타났지만, 18세기 루소에 이르러 절정을 이루었고, 이후 바제도우(Basedow, J.B., 1723~1790)와 잘츠만(Salzmann, C.G., 1744~1811)과 같은 범애주의자들의 교육원리에 응용되었다. 그리고 페스탈로치(Pestalozzi, J.H.)의 교육사상의 핵심을 이루게 하였으며 현대 민주주의 교육사상의 기저가 되었다.

루소는 당시 프랑스 사회의 부패와 과중한 과세로 인한 대중의 불만을 주시하면서 "문명인(文明人)은 노예상태에서 태어나 생존하다가 죽는다." 라고 통렬하게 비판했다. 모든 문명기구가 인간의 불평등을 초래하고 인간을 박해하며 예속시키는 매체라고 지적하면서 강력한 개혁을 주장하여 많은 지지를 받았다. 또한 당시의 법은 부당한 기반 위에서 제정되었다고 비난하고, 인간은 자연법에 의해 불변의 권리를 부여받고 있으며, 자연법에 의해 보장된 힘은 인위적으로 만든 어떤 힘보다 중요하다고 선언하였다. 프랑스교육의 모순은 사회의 비난과 더불어 루소에 의해 가차 없이 고발되었다. 그는 〈정치계약론(1755)〉, 〈사회계약론(1763)〉, 〈에밀(Emile, 1762)〉, 〈폴란드통치론(1773)〉 등의 저서들을 통해 사회와 교육의 결함과 폐해를 밝히고, 교육과 인류의 행복과의 관계를 해명하였다.

자연주의의 사조(思潮)는 프랑스혁명 이후까지 프랑스에서 받아들여지지 않았지만, 18세기 후반 독일의 교육가들에 의해 실행되었다. 독일의 교사인 바제도우(Basedow, J.B., 1723~ 1790)는 루소의 자연주의 사상에 영향을 받아 자신의 '범애학교(汎愛學校, Philanthropinum)' 에서 최초로 자연주의적 교육을 실시하였다. 이후 그의 범애학교를 모방한 학교들이 많이 설립되었는데, 그중 잘츠만이 설립한 쉬넵펜탈학교가 유명하다. 이 학교에서 근대체육의 아버지라 불리는 구츠 무츠(Guts Muths, J.F., 1749~1839)가 교사로 있었다. 구츠 무츠는 탁월한 교사로 50여 년간 뛰어난 지도력과 함께 체육 관련 저서들을 집필하였다. 그의 2대 저서인 〈청년을 위한 체조(Gymnastics for the young, 1793)〉는 근대체육의 기초를 제공하였고, 〈유희(Games, 1796)〉는 105개의 게임을 기술적인 발달 순서에 따라 자연적인 분류법으로 나열하여 기술하였다. 그 밖에 〈수영교본(1798)〉과 〈청년과 성인을 위한 기계론(1801)〉, 〈자손들을 위한 체육서(1817)〉, 〈체조 문답서(1818)〉 등이 있다. 특히 〈청년을 위한 체조〉는 수차례 개정판이 나왔고 각국어로 번역되어 전파되었다.

계몽주의 시대에는 체육 연구가 활발해지고 신체가 학문적 관심의 대상이 되었다. 의학자들은 해부학과 생리학의 연구를 통해 신체를 지배하는 원리를 알아내려 했고,

그 결과 운동이 건강에 미치는 영향에 관한 연구논문들이 쏟아졌다. 1705년 퓰러(R. Fuller)의 〈체육의학〉, 1700년에서 1720년까지는 호프만(Hoffman, F., 1660~1742)의 〈신체의 보약, 운동에 관하여〉와 〈운동과 신체활동을 통한 최고의 건강유지법〉, 유명한 프랑스의 의사인 티소(Tissot, C.J., 1750~1826)의 〈스포츠의학과 스포츠 외과술〉 등을 들 수 있다. 이 같은 논문들은 후에 구츠 무츠에게 많은 영향을 주었다.

1) 교육

자연주의(自然主義, Naturalism) 교육사상은 또 하나의 계몽사상으로 등장하여 계몽사상의 기본성격을 보완 · 개선한 것으로 18세기 서양교육사의 중심이 되었다. 계몽적 자연주의 교육사상은 현대교육의 특징인 심리적, 과학적, 사회학적 기저가 되는 사상으로 인간교육에 많은 영향을 미쳤다.

자연주의 교육사상에서 말하는 자연이란 세계를 지배하는 근본적 원리로 자유와 질서가 근본적 속성이다. 세계가 자연 그대로라면 반드시 전체적인 조화가 이루어지며 자연은 선한 것이다. 자연주의 인간관계에서 말하는 자연은 후천적인 습관이나 의도에 의해 변화되기 이전의 상태, 즉 인위적 상태 이전의 선천적인 경향을 말한다. 따라서 자연주의 교육은 합자연의 원리(合自然의 原理), 다시 말해서 교육이념, 교육내용, 교육방법의 모든 영역이 자연법칙과 일치된 교육을 의미한다. 이러한 주장은 그 당시 눈부신 과학의 발전에서 기인하였다. 선구적 과학자인 코페르니쿠스, 브라네, 케플러 등이 자연법칙을 연구하여 우주의 진리를 어느 정도 밝혀내자 이것을 계기로 볼테르(Voltaire, 1694~1778), 루소 등이 철학 보급의 길을 개척할 수 있게 되었다. 이들은 "만약 자연법칙이 물리적 세계에 작용한다면 이 같은 법칙이 정치, 교육 그리고 경제 분야에도 작용할 것"이라는 결론을 내리고 사회를 조사하기 시작하였다.

자연주의 교육에서는 아동의 자연적 발달단계를 중시하고 개성을 존중한다. 자연주의 교육사상에 내포된 특징은 자연에 일치하는 교육을 자연주의 교육으로 여긴다. 자연에 일치하는 교육이란, 첫째 교육과정을 자연법칙에 맞도록 구성할 것, 둘째 교육방법이 자연법칙에 일치하도록 노력할 것, 셋째 모든 인위적인 것에 반대하여 자연으로 돌아간다는 것을 의미한다. 따라서 자연주의자들은 인위적인 환경과 훈련을 비판하고 아이들의 자연스런 자발성을 억제하지 말며, 아이들을 인형과 같이 다루는 인위적인 모든 행위를 반대하였다. 인간의 선량한 천성과 덕성을 잘 보전하고 타고난 개인의 권리를 인정하여 모든 사람들이 자유, 평등, 박애를 누리도록 하는 것을 교육의 궁극적 목표로 삼았다.

교육은 생활을 위한 준비가 아니라 생활 그 자체이며 외부적인 강제가 아니라 자연적인 발달을 의미하는 성장과정이므로 개인의 천부적 권리를 보전하고 자연의 상태를 유지하는데 있다고 보았다. "자연으로 돌아가자!" 는 루소의 주장은 자연주의교육이 추구하는 바를 잘 대변해주는 말이다.

루소는 교육이란 자연, 인간, 사물 등 3가지 요인에서 비롯된다고 보았다. 자연은 개인을 구성하는 영구불멸의 기능을 갖는 요소이기 때문에 교육의 가장 중요한 기능이며 교육의 다른 요인들은 자연과 더불어 그 기능을 수행하는 것이다. 따라서 인간과 사물은 자연의 목적을 실현하는 보조적인 요인에 지나지 않는다. 루소는 〈에밀〉을 출간한 지 약 10년 뒤에 폴란드 정부의 요청으로 '어린이들을 위한 국민교육계획' 을 입안하였는데 그 계획안에 게임지도교사의 고용과 체육관 건립을 규정하였다. 어린이들의 놀이는 공개적이며 공동으로 진행하여 공동체 의식과 애국심을 굳혀주는 정서와 반응들을 집결시켜 줄 것을 권고하였다. 그는 과거의 교육제도처럼 학제에 어린이를 적응시키려 하지 않고, 어린이의 성장에 맞도록 학제를 편성하여 발달 단계에서 나타나는 특징들과 학교교육 프로그램이 조화를 이루도록 계획을 수립하였다.

루소는 "모든 교육시설은 성장단계에 따라 학생들의 능력에 알맞게 선택되어져야 하며, 신체의 운동은 틀에 박힌 훈련방법에 따른 것이 아니며, 자연적 성향대로 발육될 수 있도록 자유로이 실행되어야 한다." 고 하였고, "자연은 자연법칙에 따라 어린이를 성장시키므로 이를 막아서는 안 된다. 어린이가 뛰놀려 할 때 가만히 앉아 있게 해서도 안 되며, 앉아 있을 때 뛰게 해서도 안 된다." 고 하였다. 또한 어머니들에게 아기의 팔과 다리를 자유롭게 해주어 아기가 마음껏 기어 다니게 하며, 아기의 다리가 잘 발달하고 힘차게 뻗어나가게 하라고 권장하였다. 어린이는 성장단계에 알맞게 간소하고, 넉넉하고, 편안한 의복의 착용을 권고하였다. 그는 〈교수방법론〉과 〈초등교육론〉이라는 저서에서 교육개혁의 필요성을 명백히 시사했다. 그는 아동들로 하여금 자신의 행복을 누리고 공공의 이익을 증진하며 국가에 봉사할 수 있는 애국적인 생활을 준비시키는데 교육목적을 두었다. 그의 사상은 독일의 탁월한 교사이며 교육개혁에 공헌한 비에스(Vieth, G., 1763~1836)에게 많은 영향을 끼쳤다. 비에스는 〈체육백과사전〉에서 스포츠 및 체육의 역사와 비에스 자신의 운동체계를 서술하였다.

2) 체육내용

자연주의는 신체운동과 건강교육을 포함하는 체육의 가치를 가장 높이 평가한 근대적 교육사조로 건강한 신체를 유지할 때 지적이고 도덕적인 효과를 높일 수 있다고 주장한다.

루소에 의해 설정된 진보적인 체육의 관념을 살펴보면, 첫째 아이들에게 충분한 운동기술을 가르치며, 둘째 신체적 환경을 조성하고, 셋째 유용한 레크리에이션을 제공하며, 넷째 위급한 상황에 대처할 수 있도록 신체를 단련하고, 다섯째 동료들과 즐겁게 지내며 일할 수 있도록 가르치는데 역점을 두었다. 자연주의자들은 감각을 연마하는 수련활동에서 체육의 역할이 중요하다고 생각하였다. 아동들에게 게임을 권장하며, 놀이를 통해 사회적 존재로서 사회에 적응하게 되며, 추위와 더위, 딱딱하고 부드러움, 크기와 모양, 수량 등을 파악하는 능력과 높이, 넓이, 길이(거리)를 측정하는 능력이 길러진다고 보았다. 루소는 이와 같은 감각적 훈련과 경험이 책을 통한 간접적인 지식보다 훨씬 더 지적 영역을 확장시켜 준다고 주장하였다.

루소는 로크가 주장한 "어린 아이가 인생의 충격을 감당할 수 있도록 건강한 신체를 발달시켜야 한다." 는 이론을 자연의 법칙으로 보았으며, "자연은 어린 아이를 활동시키고 온갖 어려움을 통하여 단련시키며 이윽고 고통과 슬픔의 의미를 어린이들에게 깨닫도록 가르쳐 준다." 고 하여 교육과정과 여러 측면에서 로크만큼 엄격하였다. 그는 정신과 육체는 서로 밀접한 관련성을 맺고 있다고 주장한다. "우리가 사고력을 기르기 위해서는 지능의 도구라 할 수 있는 팔과 다리, 감각들, 신체의 각 기관들을 활동시켜야 한다. 그리고 이러한 도구들을 잘 활용하기 위해서는 그 도구들의 본체(本體)가 되는 신체가 건강하고 튼튼해야만 한다.", "당신이 담당한 학생의 지능을 개발시키길 원하는가? 그렇다면 지능을 지배하는 힘을 개발하라! 현명하고 선량한 학생들을 육성하기 위하여 학생들의 신체를 항시 운동시키고 건강하고 튼튼하게 하라. 튼튼하고 건강한 사람이 되면 머지않아 이성적인 사람이 될 것이다." 이와 같은 루소의 논리는 체육을 필수적인 교육과정으로 복귀시키는데 크게 기여하였다.

루소는 〈에밀〉이라는 책에서 에밀에게 격렬한 신체활동을 권장하면서 "신체활동은 기분을 전환시키고 새로운 관심을 상기시키며 즐거움을 줄 뿐만 아니라 집중력을 높이고 또한 지속적인 훈련을 감당할 수 있게 한다." 고 하여 레크리에이션이 생활의 균형을 유지시켜 주는 요인으로 보았다. 그러나 지나친 레크리에이션은 반대하였다. 특히 체육은 어린이들을 이상국가(理想國家)의 민주시민으로 훈련시키는 역할을 해야 한다고 서술했다. 즉 게임과 신체활동을 통해 유년시절부터 규율, 평등, 우애, 경쟁, 공동생활, 공적인 칭찬에 익숙하도록 이끌어 주어야 한다고 했다.

전통적인 학과목에 부정되었던 체육은 루소에 의해 교육과정으로 재검토되었다. 자연주의적 교육과정에 의한 학과들은 어린이의 사회적 · 신체적 · 지적 발달에 따른 발육 5단계와 조화를 이루도록 하였다. 〈에밀〉에 서술된 발육 5단계는 19세기의 계통발생설(系統發生說)에 큰 영향을 미쳤다. 그는 가상(假想)의 학생 '에밀' 을 통해 발육 5단계를 설명하고 있다.

1단계는 동물적 단계(5세 이전)로 많은 신체적 활동과 단련을 필요로 한다. 에밀은 마음껏 활동할 수 있도록 자유를 부여받으며 서서히 다양한 온도의 목욕물에 견디어내는 훈련을 받는다. 2단계는 미개(未開)의 단계(5~12세)로 에밀은 한 사람의 어린 로빈슨 크루소(Robinson Crusoe)이다. 그는 신체를 강화하고 감각에 의한 식별능력을 증진시키며 광범위한 게임, 놀이, 체육활동을 경험한다. 추상적인 이론이나 덕과 진리에 관한 학습을 받기에는 미숙하므로 학문적, 도덕적 학습을 부과해서는 안된다. 팔다리, 감각, 체력을 단련하는데 힘쓰고 정신적인 측면은 자연의 원리에 맡겨야 한다. "아무것도 하지 말라, 아무것도 이루어지게 허락하지 말라. 다만 자기 뜻대로 행하게 하라(Do nothing, allow nothing to be done. Let nature take his course)." 소년기의 에밀은 유아기와 마찬가지로 야외에 나가 마음껏 운동하고 소리치며 뛰어놀고 높은 곳에 오르기도 한다. 가정교사의 임무는 신체의 민첩성을 기르는 모든 운동을 행하도록 가르치고 어떠한 상황에서도 잘 적응하며 튼튼하게 자라도록 뜀뛰기, 뛰어넘기, 나무와 벽에 오르기를 연습시키는 일이다. 에밀은 유년기보다 훨씬 강화된 훈련과정을 밟게 된다. 여름과 겨울을 가리지 않고 실내외에서 맨발로 활동하게 하고, 겨울에도 모자를 쓰지 않게 한다. 간편한 침대와 검소한 음식물 섭취에 익숙하도록 훈련받는다. 에밀은 게임과 스포츠를 통하여 미래를 사색하고 추리하는 감각적 경험을 축적하게 된다. 방이나 마루에서 어린이들의 공놀이는 신경근육 발달에 관계된 학습이며, 공간적 감각을 길러주는데 공헌하므로 성장에 적합한 운동으로 보았다. 3단계는 전원(田園)생활의 단계(12~15세, 초기 청년기)로 이성과 판단의 힘이 나타나는 시기이므로 형식적인 지적 교육이 가능하다고 보았다. 에밀은 흥미 있고 생활에 직접 도움이 되는 학습만을 추구했다. 농업과 수공업의 기술은 성인이 된 후 노동의 가치성을 깨닫게 하는데 기여했으며, 신체운동의 효과에도 기여했다. 4단계는 사회적 단계(15~20세, 후기 청년기)로 에밀의 추리력은 거의 완전하게 성숙되어 복잡한 개념들을 파악할 수 있어 사회적, 종교적, 도덕적 문제를 학습할 수 있다. 또한 성(性)교육이 필요한 시기이다. 성교육에 대해 루소는 "언제까지나 숨길 수 없으므로 되도록 빨리 알게 하는 것이 좋다."는 견해를 가졌다. 루소는 독서, 고독, 한가로움, 목적 없이 앉아 있는 상태 등은 상상에 영향을 끼치며 욕정을 불러일으킬 수 있다면서 "신체를 운동시켜 활력 있는 신체를 만들므로" 감각의 세계를 바른 방향으로 전환시켜야 한다고 주장한다. 5단계는 성인의 단계로 에밀은 이성(이상적인 소녀 소피)과의 결혼을 통해 이상적인 단계로 들어선다. 이렇게 하여 에밀을 표본으로 서술한 루소의 발육 5단계는 끝을 맺는다.

이처럼 루소는 모든 교육이 성장단계에 따른 학생의 능력에 따라 적절히 선택되어져야 하며, 신체운동도 틀에 박힌 훈련방법이 아니라 자연적인 발육상태에 맞게 자유롭게 행할 것을 주장하였다.

자연주의 철학에 기초한 학교교육은 1774년 바제도우의 범애학교에서 등장하였다.

이 학교는 최초로 지적인 발달과 신체적 발달을 동시에 도모하려는 교육방침으로 근대적 체육프로그램을 마련하여 실천하였다. 신체적 발달과 교육을 위해 당시 우수한 기사학교들은 펜싱, 무용, 승마, 뛰어오르기, 체조 등의 과목을 가르칠 특수교사를 초빙하였으나, 이 학교에서는 정규교사가 담당토록 했다. 바제도우는 학교에서 반드시 오전 1시간, 오후 2시간을 게임, 체조, 스포츠, 레크리에이션에, 그리고 2시간을 수공(手工)작업에 할당해야 한다고 제안하였다. 바제도우의 범애학교는 당시의 다른 학교들과 매우 대조적이었다. 학생들은 활동에 편리한 복장을 착용하게 하여 자유롭게 운동장이나 체조장의 정원에서 뛰놀게 하였다. 아울러 바제도우는 여름캠핑을 착안했는데, 학교홍보를 위한 수단으로 활용한 이 캠프는 입학 후 2개월간 지리와 자연과학에 대한 학습과 수영, 사냥, 낚시, 뜀뛰기, 등산, 보트타기 등을 실시하였다. 규모가 작은 이 학교에서 수업지도는 근대체육에서 최초의 교사로 알려진 시몽(Simmon, J.F.)에게 위임되었고, 그후 트로이트(Troit, J.D.)가 계승하였다.

체육교사인 시몽은 바제도우의 프로그램에 달리기, 뜀뛰기, 창던지기, 레슬링 등과 같은 그리스적 스포츠를 추가시켜 보완하였다. 다이아몬드 형태를 본뜬 도랑 뛰어넘기(Jumping ditch)시설을 마련하여 처음에는 폭이 좁은 끝부분에서 뜀뛰기를 연습하도록 하고 점차 중간부분으로 이동시키며, 익숙해지면 중간 부분에서 8피트 뜀뛰기를 하도록 했다. 높이뛰기 연습을 위해서 수직 기둥을 세웠고 평균대를 고안하였다. 특히 두 그루의 나무에 매단 그네는 어린이들이 즐기는 운동기구였다. 저학년 학생들은 굴렁쇠 굴리기, 시소(Seesaw)놀이를 즐겼고, 고학년 학생들은 테니스, 셔틀콕(Shuttle cock), 파이브즈(Fives), 구주희, 공놀이 등의 게임에 참여시켰다.

시몽 이후 범애학교에서는 수영, 썰매타기, 활쏘기, 원예, 목공(木工), 행군(行軍) 등을 체육활동에 도입하였다. 그후 병정놀이, 시골소풍, 경사진 사다리 위로 걷기와 매달리기, 두 팔을 수평으로 뻗어든 채 모래주머니 운반하기 등도 포함시켰다.

잘츠만이 설립한 쉬넵펜탈학교(Schnepfenthal)는 바제도우의 범애학교를 모방한 것으로 고타(Gotha)지방 근처에 있었다. 이 학교는 자연주의적 교육관에 입각한 교육을 시도하였다. 오전 11시~12시까지는 규칙적으로 체육 수업을 진행하였다. 점심시간부터 오후 2시까지는 어린이들이 자유롭게 게임을 즐길 수 있었다. 저녁시간에는 다른 게임이 시행되었으며, 일요일 오후에는 전원이 오락, 하이킹 그리고 휴식시간을 갖게 하였다. 체육수업은 대부분 나무 그늘이 있는 상쾌한 장소에서 이루어졌다. 그 곳에는 도랑뛰어넘기(Jumping ditch), 평균대(平均臺), 1세트의 수직기둥 등 초보적인 운동시설이 있었고, 날씨가 나쁠 경우 실내수업을 진행하였다. 잘츠만은 앙드레(Andre, C.C.)를 체육 교사로 임용하였다.

앙드레는 범애학교의 체육프로그램을 처음으로 모방한 사람이었다. 그리고 자신의

[그림 21] 구츠 무츠의 「조국의 자제를 위한 「체조서」 부도」

경험을 가미하여 원반던지기, 장대높이뛰기, 로프타기, 언덕 뛰어오르기 등과 같은 체육을 덧붙였다. 그는 학생들의 자세를 교정하기 위한 운동을 가르쳤는데 이것이 바로 오늘날의 도수체조의 시초이다. 학생들은 오후와 저녁의 휴식시간에 게임과 오락을 즐겼다. 또한 잘츠만의 쉬넵펜탈학교에서는 학생 개개인에게 각자의 작은 정원에서 꽃과 채소를 가꾸게 했다. 휴일이면 전 교생이 숲 속으로 소풍을 떠나며 고학년 학생들은 마차에 짐을 싣고 수일간 도보여행을 했다. 이와 같은 자연주의에서는 각 학교들의 체육교사들이 학습 자료와 그들의 경험을 어린이들의 성격과 자연환경에 적응시켜 교육에 기여했다. 1786년 앙드레의 뒤를 이어 쉬넵펜탈학교에 재직한 구츠 무츠는 앙드레에 의해 시작된 각종 운동을 대부분 지속시키면서 새로운 운동과 운동용구에 관하여 꾸준히 연구하였다. 이 학교의 체육은 고대 그리스 이후 그 어느 시대보다도 많은 주목을 받았다.

구츠 무츠의 교육과정은 정신과 성격에 미치는 신체의 영향력을 고려하여 작성된 것인데 여기에는 지식보다 건강교육을 기본목표로 삼았다. 그 이유로 "생활필수품이 없는 사치품의 존재가 불가능하듯 학습향상은 건강하며 신체활동이 원활하다는 전제 하에서 생각할 수 있다. 교육이 단순히 사치품적인 목적에 그치고 가장 본질적인 필수품을 무시한다면 그 교육은 타락된 것이 아닐까? … 또한 자연은 24세에 이르기까지 정신과 신체적 능력을 개선시켜 주려고 한다. 그러나 우리는 자연의 노력을 좌절시키고 있다."고 하였다. 결국 체육의 주요 목적은 건전한 정신과 활기 넘치는 신체로 조화롭게 발달시키자는데 있었다. 구츠 무츠는 체육의 목적을 "환경을 극복할 수 있게 하고 치밀성과 민첩성을 길러주며 근육을 튼튼하게 하고 위급한 사태에서도 침착성을 잃지 않게" 하는데 두었다. 그리고 이러한 신체적인 힘과 아름다움을 증진시킴으로써 어린이가 명랑하고, 자신감이 넘치며 건전한 품성을 갖게 된다고 보았다.

구츠 무츠는 체육활동, 수공작업(手工作業), 사회적 게임 등 3가지의 활동으로 구분하였다. 그는 자신이 제창한 각종 체육활동의 내용을 〈청년을 위한 체조〉의 각 장(場)에서 자세히 밝히고 있다. 첫째 뛰어넘기, 제자리멀리뛰기, 넓이뛰기, 높이뛰기, 개구리뛰기 등을 포함하는 뛰기 동작, 둘째 달리기, 셋째 돌 던지기와 궁술 그리고 창던지기

[그림 22] 테니스 경기와 테니스 용구

나 원반던지기 등을 포함하는 던지기 동작, 넷째 레슬링, 다섯째 기둥, 돛대, 사다리, 밧줄 등을 타고 오르기 동작, 여섯째 평균대운동, 일곱째 들어올리기와 운반하기, 여덟째 무용과 걷기 그리고 군사적 운동, 아홉째 목욕과 수영, 아동들에게 적합하다고 생각한 다양한 형태의 수공작업 중 캐비넷(Cabinet)만들기, 제본(製本), 광주리 만들기와 원예 등을 포함하고 있다.

자연주의자들은 아동들이 즐겁게 참여할 수 있는 풍부한 체육프로그램을 제공하여 생활 속에서 기쁨을 누리고 위급한 상황을 해결할 수 있으며 사회생활에 적응할 수 있는 유능한 인간을 육성하는데 체육의 가치를 두었다. 이것은 감각훈련의 일환으로 신체운동을 경험함으로써 힘, 체력, 건강 등 신체적 능력만을 얻는 것이 아니라 생활지식이나 응급대처요령과 같은 지적 능력, 사회구성원으로서 타인들과 잘 어울릴 수 있는 정서적 능력을 습득할 수 있으며, 민주시민으로서 유능한 자질과 능력을 갖춘 인간을 추구하였다고 보아진다. 따라서 자연주의 교육과 체육에서는 국가가 필요로 하는 유능한 인간육성을 강조함으로써 자연주의 교육은 어느 정도 국가주의 체육의 성격을 띠고 있다고 볼 수 있다.

제8장. 현대 유럽의 체육과 스포츠

1. 국가주의체육과 현대스포츠
2. 독일의 체육과 스포츠
3. 스웨덴의 체육과 스포츠
4. 덴마크의 체육과 스포츠
5. 프랑스의 체육과 스포츠
6. 영국의 체육과 스포츠
7. 러시아 및 동유럽의 체육과 스포츠

유럽의 근대사회는 18세기 말엽의 프랑스혁명과 산업혁명과 같은 일대 변혁을 거쳐 19세기에 확립되었다. 이에 따른 시민계급의 대두로 절대군주 및 일부 귀족에 의한 구 정치체제가 붕괴되면서 근대적 민주사회 체제가 성립되었다. 19세기의 유럽역사는 근대사회의 확립과 발전의 역사로, 프랑스혁명이 제기한 자유주의와 민족주의, 산업혁명으로 인한 산업화의 진행에 따른 노동문제와 사회문제가 뒤엉키면서 전개되었다. 학문적으로는 철학과 과학이 더욱 발달하고 문화가 번성하여 인간의 힘이 역사상 가장 충실한 시대였다. "19세기의 문화발전이 지난 인류역사를 합친 것보다 더 크다."는 표현이 나오기도 했다. 그래서 19세기는 18세기를 이어받은 사상의 세기이며 진보의 세기라고 평가된다. 1789년 프랑스혁명으로 시작된 민주제도가 유럽대륙으로 파급되는 가운데 나폴레옹 군대가 유럽을 정복하였다. 이에 정복당한 국가들은 침략에 대항하여 민족의 자유와 통일을 갈망하는 민주주의운동이 활발히 추진되었다. 이런 상황에서 19세기 체육과 스포츠는 정치, 경제, 사회, 문화 등 모든 측면의 영향을 받으면서 다음과 같은 몇 가지 특징을 지닌 근대적 스포츠와 현대체육으로 그 면모를 갖추게 되었다.

첫째 근대 민주주의 체제의 확립으로 고대사회 이래 일부 귀족계층이 주도하던 스포츠와 체육활동이 일반 민중들에게 개방되면서 창조적이고 자기 표현적인 유희, 스포츠, 무용 등이 보급되었다.

둘째 산업혁명에 따른 산업의 합리화는 민주주의 사상 및 개인주의 사상과 병행하여 인권존중 및 처우개선과 노동자 계층의 경제적, 시간적 여유에 따른 여가선용의 방법으로서 근대적인 레크리에이션이 등장하였다.

셋째 프랑스혁명에서 선언된 자유, 평등, 박애의 정신을 바탕으로 한 민주제도가 유럽 전체로 보급되었지만, 강대국의 식민지 정책에서 벗어나고자 하는 독일을 비롯한 여러 나라들이 체육을 국가주의운동과 결부시켜 국민적, 정치적 색채를 띠면서 체육을 국방력 강화의 한 수단으로 하는 국가주의체육을 형성시켰다.

넷째 근대과학의 발전은 신체 및 신체운동을 과학적으로 해명하고자 연구 분야를 확대하여 심리학, 교육학, 사회학, 생물학, 인류학, 역사학 등의 영역으로 종합적 연구를 시도하게 되었다. 이것은 인간운동을 다양한 학문적 견지에서 연구하려는 노력의 일환으로 스포츠과학과 체육학이라는 학문 영역을 구축하게 되었다.

19세기는 14세기부터 시작된 근대화의 과정이 최종적으로 종착 · 완성된 시기로 근대화의 산물을 20세기 현대문명으로 전달해주는 가교역할을 했다.

20세기에 들어서는 국가적 형태의 스포츠에서 국제적 형태의 스포츠로 확장되어 국제간에 스포츠를 통한 교류가 본격화 되었고, 이와 더불어 대중들은 문화생활의 수단 내지는 여가수단으로 스포츠에 적극적인 관심과 참여를 보임으로써 생활스포츠로 정착시켰다.

현대적 의미의 체육과 스포츠는 이러한 특징과 더불어 교육, 건강, 레크리에이션, 유희, 놀이, 미용, 호신술, 인간관계의 수단, 화합과 단결, 국제교류 및 문화교류 등 매우 광범위하고 다양한 측면에서 전개되고 있다.

1. 국가주의체육과 현대스포츠

1) 국가주의체육의 성립

국가주의(민족주의, Nationalism)란 국민성의 가치체계에 있어서 자국민을 우위에 두는 태도 일반을 가리킨다. 역사적으로 근대 국민국가의 성립과 더불어 출현하여 이를 지탱하는 이데올로기 역할을 담당하였다.

역사는 '합리화' 를 강조하는 18세기를 넘어 19세기에 이르러서 '국민화' 를 중시하는 양상으로 전개되었다. 19세기에 이르러 각국은 나폴레옹의 침략주의를 반대하는 국가적 · 국민적 관념이 고조되면서 국민교육의 필요성을 절실히 요구하게 되었다. 다시 말해 국가주의는 외부침략을 막기 위한 자국민의 자각적 단결의 필요성에서 발전한 것이다. 국가주의 교육에 선구적 역할을 한 국가는 프랑스, 독일, 스웨덴, 덴마크 등이었다.

국가주의 교육은 '자연적 국가주의' 와 '문화적 국가주의' 로 나눌 수 있다. 자연적 국가주의는 국가 존속을 위해 개인의 희생과 복종을 강조했던 교육으로 고대 스파르타나 페르시아, 로마의 교육 같이 애국심과 충성심이 인간의 마음에 길러지도록 한다. 그러나 문화주의적 국가주의는 국가 존속과 더불어 문화적 국가로 발전하는 것을 목적으로 하는 사회복지적 국가주의를 말한다. 19세기 교육의 역할은 개인의 성장이나 발달보다는 개인들로 하여금 국가나 사회의 발전에 공헌할 수 있는 인간육성에 더 큰 비중을 두게 되었다. 당시 문화적 국가주의를 주장한 대표적인 사람으로 피히테(Fichte, J.G., 1762~1814)나 슈라이엘 막헬(Schleiermacher, F.E.D., 1768~1834)를 들 수 있다.

독일의 피이테는 〈독일 국민에게 고함〉에서 국가를 정신생활의 보호자로 간주하고, 이러한 조국을 섬기는 인간교육이 국가의 최대 관심사가 되어야 한다고 주장했다. 슈라이엘은 우리는 일정한 국가를 위하여 한 개인을 교육한다는 입장에서 출발해야 한다고 하였다. 헤겔(Hegel, G.W.F., 1770~1831) 또한 개인은 국가에 있어서만 진실에 도달할 수 있는 것으로 보고, 국가란 개인의 목적을 수단으로 하는 절대의 목적이다. 그리고 덴마크의 그룬트비히는 "먼저 참된 덴마크 사람이 되라. 그 다음에 크리스찬이 되라. 조국 덴마크를 사랑할 줄 모르는 사람이 하나님을 사랑한다는 것은 믿을 수 없다." 고 하여 국가주의 교육사상을 표명하였다. 이러한 국가주의 교육정신은 19세기 이후 전 세계로 파급되어 국민교육을 발전시키는 기초적인 사상이 되었다.

국가주의 교육사조에서는 국가 공통의 언어, 역사, 지리, 문자, 민속문화 등을 가르쳤을 뿐 아니라 국가를 유지하는데 필요한 기술이나 체력향상을 위한 교육을 강조하였다. 그와 더불어 사회적 가치를 애국정신과 충성심, 협동심을 고취시키는데 치중하였다. 따라서 국가주의 교육은 누구나가 국민국가에 대하여 최고의 충성심을 품게 된다는 신조이다. 국가가 국제정치적 원칙이나 개인 수준의 이해관계보다도 더욱 큰 중요성을 갖는다는 주의로서 정책이나 사상체계라기보다는 정치적 견해라고 할 수 있다.

국가주의 교육사조(教育思潮)와 더불어 19세기 체육의 양상은 국가주의라는 개념을 중심으로 전개되었다. 각국은 체육을 국가유지에 필요한 체력이나 기술을 발달시키기 위해서 교과과정에 편입시켰다. 체육의 사회적 가치는 강인한 국민체력을 바탕으로 애국적 열정과 공동체 정신을 함양하기 위한 수단으로 인정되었다. 19세기 국가주의체육의 대표적 인물로 덴마크의 나흐테갈(Nachtegall, F.), 스웨덴의 링(Ling, P.H.), 독일의 얀(Jang, F.L.), 체코슬로바키아의 뚜르스 등을 들 수 있다. 이들은 각기 자국의 정치적 · 사회적 제약에도 불구하고 특색 있게 그들 나름대로의 체육활동을 통하여 전쟁으로 피폐한 조국을 재건하려 하였다.

19세기 교육사조와 체육에 커다란 영향을 미친 국가주의(國家主義)는 나폴레옹의 유럽 침공에 대한 각국의 저항에서 촉발되었지만 그 뿌리는 고대 또는 봉건체제가 무너지고 중앙집권적 국민국가가 형성된 16~17세기로, 18세기 후반부터 현저히 강화되었다. 공통의 목표, 공통의 언어, 국적, 역사, 인종, 종교, 문화를 기반으로 하여 그 국가의 상황에 따라 다양하게 전개된 국가주의는 애국심과 충성심을 필요조건으로 하여 발전하였다. 19세기 유럽의 정복당한 국민들은 외부의 침략으로부터 자신들과 자기가 소속된 사회를 보호하려는 공통의 목표 위에서 자국민의 단결이 절실히 필요하게 되었고, 이러한 상황에서 국가주의는 국가적 이념으로 발전한 것이다.

2) 현대스포츠의 전개

한편 유럽대륙에서와 같은 혼란을 겪지 않은 영국에서는 18세기 후반 산업혁명을 통해 생산방식과 동력의 혁명적인 발전으로 대량생산 체계와 자동화 산업체계가 이루어지고 이에 따라 경제구조 자체의 변혁이 일어났다. 이제 전통적인 농업중심의 경제체제는 무너지고 상공업과 자본주의가 경제의 핵심을 이루면서 상업주의화 되었다. 이에 따라 상공업에 종사하는 시민계층이 사회의 주역으로 활동하게 되고, 농민과 수공업자들은 공업이 발달한 도시로 이주하면서 인구의 지역적 재편이 이루어졌다.

그러나 산업혁명에 따른 후유증이 나타났으니 여전히 도시의 기반시설이 충분히 마련되지 않은 상황에서 많은 도시문제와 환경문제가 발생하게 되었다. 게다가 노동자들의 장시간의 노동, 저임금, 미성년 노동과 같은 열악한 노동조건은 노동자계층의 저항을 불러일으켰고, 아울러 이들의 신체적 불균형과 성장기에 있는 청소년들의 신체적 피해가 급증하여 갔다.

따라서 각국은 당면한 문제에 대처하기 위하여 체육에 비상한 관심을 보이기 시작했다. 영국은 유럽대륙의 국가들과는 달리 전통적인 스포츠의 근대화를 이루어 영국풍(英國風)의 스포츠를 발전시키고 다시 이것을 유럽대륙과 미국 그리고 식민지 등을 통해 세계 각국으로 전파하였다.

(1) 대중스포츠의 발전

우리는 흔히 20세기를 대중문화의 시대 또는 대중스포츠의 시대라고 말하곤 한다. 과거 일부 부유층 사람들의 전유물 또는 대중들의 무정형의 놀이수단이었던 스포츠는 19세기를 지나 20세기에 이르러 체계화된 형식의 스포츠로 탈바꿈하였다. 산업혁명 초기에는 열악한 노동조건으로 노동자계층이 스포츠에 참여하는데 많은 제약을 받았다. 그러나 노동조건이 점차 개선되고 기술력이 점차 향상되어 19세기 말부터 20세기 초에 걸쳐 많은 사람들이 여가시간을 이용하여 스포츠에 참여하는 대중스포츠로 발전하게 되었다.

유럽 국가들을 중심으로 하여 운동 혹은 스포츠를 좋아하는 사람들은 지역별 혹은 직장별로 모여 동호인 스포츠클럽을 만들기 시작했다. 그와 때를 같이하여 선호하는 스포츠 종목에 따라 모임을 갖고 스포츠클럽을 결성하기 시작하였다. 이러한 동호인 스포츠클럽은 전국적인 규모로 확대되어 현대스포츠의 기반을 조성해 나갔다. 그리하여 20세기 전반에는 스위스의 체육협회(1922)와 영국의 유희협회(1925)가 결성되었다. 그 외의 다른 국가에서도 20세기 전반에 스포츠는 대중들의 생활 속으로 파급되었고, 스포츠의 조직화가 이루어졌다. 이에 각 국가들은 국가적 차원에서 대중들의 스포츠 참여를 돕기 위한 시설과 용구 등 스포츠 환경을 조성하고 재정 및 행정을 지원하였으며 스포츠 관계법안 및 여러 제도적 장치를 마련하였다. 이로써 스포츠는 국민들의 문화생활의 중요한 수단으로 자리를 잡게 되었다. 오늘날 유럽 선진국에서 볼 수 있는 충실하고 잘 정비된 생활스포츠의 체제는 대부분 이러한 배경에서 성립되었다. 유럽 국가들의 스포츠에 있어 또 하나의 특징으로는 선수 중심의 엘리트스포츠의 선수육성이 대중 스포츠클럽을 중심으로 하는 생활스포츠의 기반 위에서 발전·정착되어 왔다는 사실이다.

(2) 국제스포츠조직의 발전

20세기 전반에는 스포츠의 국제화 시대가 펼쳐졌다. 세계 각국의 대중 생활스포츠의 발전과 함께 각종 대회 또는 종목별로 스포츠의 조직을 확장시켜 나갔다. 지역별이나 국가별 또는 종목에 따른 스포츠조직의 결성은 국제조직 및 국제대회의 확산으로 이어졌고, 이는 다시 국내 스포츠 체제를 재정비하고 충실한 기반을 마련하는데 크게 기여하였다.

현대스포츠의 발전과 스포츠의 국제화에 결정적으로 공헌한 계기는 1896년 그리스 아테네에서 개최된 제1회 근대올림픽대회였다. 올림픽대회가 초창기에는 유럽을 중심으로 개최되는 작은 규모였지만 오늘날 지구상의 모든 국가가 참여하는 국제스포츠의 상징으로 성장 · 발전하게 되었다. IOC(국제올림픽위원회)는 1894년 6월 파리 솔본느대학에서 개최된 회의에서 쿠베르탱의 제창에 의해 창설된 단체로 본부는 스위스의 로잔에 있다. 이 단체는 근대올림픽대회의 개최와 운영을 총괄하고 국제적 경기단체의 조직을 이끌고 있다.

국제축구연맹(FIFA)은 1904년 창설되어 전 세계 모든 국가들이 가입해 있다. 그리고 1913년 국제펜싱협회가 파리에서 결성된 이후 1923년 국제농구협회가 제네바에서 결성되었다. 1924년에는 유럽수영선수권대회가 이탈리아의 토리노에서, 1926년 유럽수영선수권대회가 헝가리의 부다페스트에서 각각 개최되었다. 그 외 여러 종목의 조직과 대회가 창설되고 개최되었다. 1925년 올림픽대회에 대항하는 의미로서 제1회 국제노동자올림픽대회가 16개국의 노동자들이 참가한 가운데 독일에서 개최되기도 했다.

(3) 스포츠지도자 양성과 학문적 발전

① 스포츠지도자 양성제도의 마련

스포츠가 학교교육이나 인간생활 속에서 차지하는 비중이 높아지고 대중들의 스포츠 참여가 점차 높아짐에 따라 이를 건전하고 올바르게 지도할 전문가를 필요로 하게 되었다. 이에 19세기 후반부터 각국은 스포츠지도자를 체계적으로 양성하는 문제에 직면하였다. 1885년 영국의 바쿠만(Bahkuman)에 의해 스포츠지도자과정이 개설되었고, 1891년 영국에는 스포츠 전문학교가 설립되었다. 스위스에서는 1858년 스포츠지도자연맹이 창단되었고, 1909년에는 군대에서 담당해오던 스포츠지도자 양성과정을 민간으로 이전하였다.

한편 미국에서는 1861년 로체스타에 의해 스포츠지도자 양성과정이 개설되었으며, YMCA에서는 1887년 메사추세츠의 스프링필드에 스포츠지도자 양성학교를 설치하여 지도자를 배출하였다.

일반적으로 이러한 양성과정에서는 학교체육뿐만 아니라 군대체육과 사회의 클럽스포츠지도자를 동시에 양성하는 경향이 있었다. 그러나 학교체육을 중요시함과 더불어 교원양성제도가 개선되면서 1920~1930년대 독일과 호주에서 볼 수 있듯이 사범학교에서 초등학교 교사를 양성하거나 대학의 체육학과나 사범대학에서 중등 체육교사를 양성하는 제도가 이분되어 실시되었다. 그리고 호주와 미국에서는 생활스포츠와 레크리에이션 지도자의 양성과정이 국가나 체육협회 혹은 공공단체의 협력 하에서 이루지기 시작하였다. 이러한 경향은 다른 국가들의 스포츠지도자 양성제도를 개설하는데 많은 영향을 끼쳤다.

② 대학의 체육과정 설치

20세기 들어 스포츠는 국민생활의 일부로서 체육은 학교의 교과과정으로서 부동의 위치를 차지하게 되었다. 그 결과 학교체육과 생활스포츠의 지도자 양성이 보다 조직적이며 체계적으로 이루어졌다. 이에 힘입어 스포츠관계자들은 스포츠에 관한 여러 가지 문제를 과학적으로 규명 · 연구하고 이를 학문의 한 영역으로 정착시키려 노력하였다.

이들의 노력은 한편으로는 종래의 교사양성소의 확충에 따르는 연구체제의 정비와 더불어 또 한편으로는 대학에서 체육 강좌를 개설하는 결실을 맺게 되었다. 예를 들어 1860년 미국의 암하스트(Armhearst)대학에, 1871년 스위스의 바젤(Basel)대학에, 그리고 1925년 독일의 여러 대학들에서 체육과정이 개설되었다. 이와 같은 구미 여러 대학의 체육과정에서는 체육지도자를 양성할 뿐만 아니라 체육 연구자를 양성하며 일반학생들에게 보건과 체육에 관한 이론 및 실기를 지도하며, 현직 교원의 재교육을 실시하는 등 체육의 발전을 위해 활발한 노력들이 시행되어졌다. 이와 같은 노력으로 스포츠 및 체육은 현대사회에서 학문적인 영역으로 정착하였으며 스포츠학 또는 체육학 내에 영역별로 세분화 되어 연구가 시행되고 있다.

③ 스포츠학회의 설립

19세기 후반 체육 및 스포츠에 대한 교육 및 학술적 가치가 인정을 받기 시작하면서 유럽과 북미에서는 이와 관련된 학회를 설립하여 스포츠학의 진흥에 노력하였다. 미국의 경우 체육 및 스포츠의 이론을 교류하는 대표적인 학회로 1885년 설립한 미국체육학회(AAHPERD)가 있다. 스포츠에 대한 학문적 연구의 동향은 제1차 세계대전 이후에 더욱 뚜렷하게 나타났는데, 각국 내에서 연수체제가 갖추어지면서 국제적인 학회설립이 진행되었다. 국경이 인접해 있으면서 문화교류가 빈번하지 않았던 유럽에서는 전후 국제교류의 정세가 반영되어 학회결성이 이루어졌다.

북유럽의 스포츠지도자들은 1911년 국제스포츠학회를 설립하여 스포츠의 정보교환과 연구의 교류를 추진하였다. 국제체육학회(FIEP)는 스웨덴의 링을 기념하기 위해 1923년 벨기에의 브뤼셀에서 발족되었으며 1931년부터 기관지 〈국제체육학회지〉를 발행하였다. 또한 1928년 호주의 가울호퍼(Gaulhofer)가 중심이 되어 본격적인 국제스포츠학회가 베를린에서 결성되었다. 그리하여 같은 해 스위스의 산모리스에서 스포츠의학을 중심으로 하는 국제스포츠의학협회를 창설하였다. 이러한 학회의 결성 외에도 19세기 말부터 유럽 각국에서는 여러 국제스포츠회의가 개최됨으로써 스포츠발전의 밑거름이 되었다.

대표적인 스포츠관련 학회로는 1923년 창설된 국제체육연맹(FIEP), 1943년 창설된 국제여성체육연맹(NAPECW), 1954년 창설된 미국스포츠의학회(ACSM), 1959년 창설된 국제보건 · 체육 · 레크리에이션협의회(ICHPER), 1960년 창설된 국제스포츠 체육협의회(ICSPE), 1964년 창설된 국제스포츠사회학회(ICSS), 1965년 창설된 국제스포츠심리학회(ISSP), 1967년 창설된 국제스포츠체육사학회(ICHSPE), 1972년 창설된 국제스포츠철학회(PSSS) 등을 들 수 있다.

④ 스포츠와 체육도서의 발행

최초의 근대적인 체육지도서로는 1793년 발간된 구츠 무츠의 〈청년의 체육〉을 들 수 있다. 1828년에는 나흐테갈에 의해 〈덴마크 초등학교 체육〉이 발간되었다. 스포츠 및 체육관련 종합 학술서로는 1794년 독일의 피이트(G.U.A., Vieth, 1794-1795)에 시도되었다. 그가 〈체육사전〉이라는 최초의 스포츠·체육 사전류를 출판한 이후 각국에서 출간되었다. 이와 같은 전통을 지니고 있는 유럽은 20세기에 들어서도 다양하고 전문화된 체육관련 도서가 출간되어 스포츠와 체육의 학문화를 촉진시켰다.

이 중에서도 특히 역사적인 의미를 지니고 있는 것은 스포츠의학 부문에서 덴마크의 린드하르트(Lindgart) 교수가 저술한 〈체육학〉 4권이 있고, 역사서로는 독일의 노엔도르프(Noendorff) 교수가 집필한 〈근대 독일체육사〉 4권이 있다. 그리고 학교체육지도서로는 독일의 아놀드 시피스가 1847년과 1851년 각각 제1권과 2권을 저술하여 학교체육에 획기적으로 기여하였다.

한편 독일체육의 학문화에 결정적인 기여를 했던 출판물로는 1856년 발간된 주간지 〈독일체육신문〉과 1882년 발간된 〈월간 체육잡지〉 등이 있다.

오늘날 유럽스포츠를 이해하기 위해 도움이 되는 스포츠지도서로서 가울호퍼와 스트라이허(Streicher)의 〈자연체육〉에 관한 논문과 여러 서적물이 1920년에서 1936년에 걸쳐 출판되었다. 스포츠 사전으로는 오늘날에도 이용되고 있는 보겡(Bogeng)의 〈세계스포츠사전〉 2권이 있다. 또한 체육의 목표와 성격이 다르게 표현되면서 스포츠, 무용, 놀이, 무술, 각종 레저레크리에이션에 관한 용어가 등장하고, 스포츠 및 체육의 연구영역이 세분화 되면서 그에 관련된 주제와 내용을 토대로 스포츠와 체육 관련 전문서적이 발간되고 있다.

2. 독일의 체육과 스포츠

독일은 19세기 중엽까지 대략 300여개의 군주국과 교회령 및 자유 도시가 독립된 주권을 행사하고 있었다. 이들은 서로 정치적 이해관계는 달랐으나 많은 문화적 공통점을 지니고 있었다. 당시 유럽은 나폴레옹의 침략주의로 공포에 휩싸여 있었다. 독일의 지도적 입장에 있던 프러시아(Prussia, 프로이센)가 1806년 예나(Jaha)전투에서 나폴레옹 군대에게 참패하여 틸지트(Tilsit)조약을 맺었다. 그 결과 프러시아는 프랑스의 지배하에 들어갔고, 이에 독일의 지도자들은 독일 연방의 대동단결을 촉구하는 가운데 통일의 필요성이 전국으로 확산되었다.

독일인들의 애국심과 통일에 대한 열망은 새로운 정치이념으로 국가주의를 탄생시켰고, 이를 통해 독일정부는 민중에게 희망과 자유정신을 고취시켜 통일을 촉진시켜 나갔다. 한편 군주들과 귀족들은 민주주의에 대한 열망으로 그들의 권리와 특권을 잃을까봐 두려워했다. 마침내 독일연방군은 1813년 라이프찌히(Leipzig) 해방전쟁에서 다른 유럽 국가들과 연합하여 나폴레옹을 격퇴하였다. 하지만 독일 내부의 정치적 투쟁과 혼란은 한동안 계속되었다. 1862년 프러시아의 수상에 임명된 비스마르크(Bismarck, O.V., 1815~1898)는 국민의 자유와 민주주의에 대한 열망을 억압하면서 강력한 군사력과 전쟁을 수단으로 하는 철혈정책(鐵血政策)으로 통일을 추진하였다. 결국 1871년 재상 비스마르크의 지도 하에 독일은 정치적 통일을 이룩하여 독일제국을 건설하였다. 그와 함께 프로이센의 국왕 윌리엄1세는 베르사이유 궁전에서 독일의 모든 군주들이 헌납하는 제관식을 가졌다. 비스마르크의 빈틈없는 외교와 강력한 군사력에 의하여 독일인들은 국가주의적 야망을 충족시켜 나갔다.

독일은 1914년 제국주의적 야망이 표출된 제1차 세계대전에서 연합국에 패배하여 독재주의 황제시대(1871~1918)를 마감했고, 그 뒤 민주적인 체제인 바이마르공화국(1919~ 1945)을 수립했으나, 1920년대 세계경제를 추락시킨 경제공항으로 국민의 지지를 상실했다. 이로써 히틀러(Hitler)와 국가 사회주의 노동자당(1933~1945)이 집권하여 나치스(Nazis)의 제3공화국으로 이어졌다. 유럽의 침략정책으로 세계를 위기의 수렁에 빠뜨렸던 제2차 세계대전에서 패망한 독일은 서구 열강과 소련의 위임통치기간을 거쳐 동·서로 분열되었다. 동독은 사회주의 체제로, 서독은 자유민주주의 체제를 유지하다가 베를린 장벽이 무너진 1990년 재통일을 이룩하였다.

1) 교육

19세기 독일은 나약한 국민들의 마음속에 자유와 독립의 이상을 고취시키려는 국가주의 교육을 전개해 나갔다. 당시 피이테는 총검을 든 나폴레옹 군대의 감시에도 조국애와 동포애를 외쳤다. 그는 1807~1808년까지 14회에 걸쳐 '독일국민에게 고함' 이라는 강연을 통해 국가주의 교육사상을 고취시켜 나갔다. 그는 국가주의 교육을 '새 교육' 이라 명명하였는데 새 교육의 특징은, 첫째 일반시민을 대상으로 하는 국민교육이고, 둘째 국가사업의 새 교육으로 대체해야 하며, 셋째 새 교육은 아동의 의지적 활동을 존중하여 그들로 하여금 선을 행하게 하고, 발전의 방향은 현실사회에서의 대중적인 활동과 국민적 성격의 실천에 두었다. 결국 피히테의 국가주의 교육은 개인과 국가를 통합한 이상적인 교육을 실현하고 개인과 국가의 교육목적을 통일하는데 있었다. 독일은 피히테 이후 60년 만에 프랑스와의 전쟁에서 승리하여 세계의 강국이 되었다. 당시 몰트케 장군은 "이 전승의 영예야말로 군인들이 아니라 피히테의 도덕교육 정신을 이어받아 국민교육을 담당한 초등교사에게 돌려야 한다." 고 했다.

군국주의 정치 하에서 독일교육은 엄격한 지식교육을 위주로 시행되었고 국민 전체가 참여하기는 힘든 실정이었다. 초등학교는 독재정부에 충실하고 읽고 쓸 수 있는 순종적인 시민을 육성하는데 노력했으며, 엄격한 기준을 갖춘 지식 중심의 중등학교는 일반인들이 접근하기에는 어려웠다. 그러나 피이테의 국가주의 교육이념은 이러한 교육체제에도 내재되어 발효되고 있었다.

20세기 1차 세계대전으로 독일제국이 붕괴되고 수립된 바이마르 공화국시대에는 개인의 가치와 자유가 인정되는 분위기가 고조되었다. 학교교육의 목표는 청소년들에게 국가에 대한 책임감은 물론 세계적인 화합의 정신에 개인적이고 전문적인 능력을 제공하는 것이 추가되었다. 즉 이전에 비해 보다 민주적이고 자유주의적인 교육이념이 자리를 잡았다.

그후 국가사회주의 독일노동당이 권력을 잡고 전체주의의 광풍이 몰아닥치자 나치스는 청소년들을 자신들이 원하는 틀에 끼워 맞추는 형식주의 교육을 실시하였으며, 군대와 체력훈련이 지적 교육보다 강조되었다.

제2차 세계대전에서 나치스가 패한 후 수립된 독일연방공화국(서독)은 나치스 시절의 교육을 일시에 바꾸지는 못했지만, 모든 청소년들을 각종 교육기관에 접근시키려 하였고 민주적인 시민의식을 함양하는 교육으로 추진시켜 나갔다. 세계대전 이후 라인강의 기적으로 대변되는 독일의 경제성장은 국민 개개인의 자각과 애국심을 길러 준 국민적 도덕교육의 힘이었다고 할 수 있다.

2) 19세기의 체육과 스포츠

1806년 이전의 독일 체육은 바제도우, 잘츠만, 구츠 무츠와 같은 범애주의교육자들의 지도하에 있던 소수의 독립된 실험학교를 제외하면 학교 커리큘럼에서 인정받지 못하였다. 그러나 19세기 독일의 스포츠활동은 정치적 이념과 국가주의체육으로 전개되었다. 나폴레옹 군대에 패한 후 절망감에 빠져있던 독일국민의 마음에 철학자 피히테는 국가를 부흥하기 위한 방법으로 국민교육을 주장했으며, 체육을 독립을 쟁취하려는 국가에 있어 필수불가결한 요소로 보았다. 따라서 체육을 지적 교과와 동등하게 취급할 것을 주장하였다.

특히 예나에서 나폴레옹에 참패한 독일은 얀(Jahn, F.L., 1778~1852)의 강력한 지도 하에 청소년들에게 체조를 가르쳐 애국심과 통일에 대한 의지를 고취시켜 나갔다. 그는 "체조는 인간교육의 두 가지 중요한 부분인 지육과 체육의 조화를 회복시킨다. 체육은 오랫동안 무시 받아왔다. 인간이 육체를 가지고 있는 한 육체의 육성은 지육과 마찬가지로 우리가 해야 할 의무이다. 따라서 체조는 교육의 필수적인 한 부분이다." 라 했고, 특히 체조를 단순히 체력보강의 수단을 넘어 정치적 목적을 달성하는 중요한 수단으로 보았다. 그는 "독일의 국력과 자유의 존립은 청년의 두 어깨에 달려 있다. 따라서 체육의 지상 목적은 조국애에 불타며 정복자의 지배를 물리치는데 필요한 단결력을 갖춘 씩씩한 독일시민을 육성하는데 있다." 고 하여 독일의 국가주의체육의 목적은 조국애를 길러 독립을 쟁취하고 유지하며 국력을 튼튼히 하며 부강한 국가를 이룩하도록 강인한 체력을 육성하는데 있다고 보았다.

얀은 체육지도자였고 독일통일의 사도였다. 자유주의 투사로서 민중의 존경을 받았고 독일체조 및 체조협회의 아버지로서 존경을 받았다. 자유로운 농촌에서 성장한 얀은 자유의 참뜻을 이해하였으며 독일통일에 대한 열정이 매우 강했다. 그는 〈독일국민성〉과 〈독일 체조술〉이라는 저서를 출간했으나 자유주의적 선동으로 취급받아 배척을 받았고, 해방전쟁 후인 1840년 후반에 비로소 그 가치를 인정받았다.

이때를 같이하여 스피이스(Spiess, A., 1810~1850)는 학교체조를 편성하고 교과과정에 이를 채택하였다. 그의 저서 중 학교체육의 통일에 기초가 되었던 것으로 〈체조 기수록〉, 〈학교체조 교본〉을 들 수 있다. 스피이스와 같은 시대의 로드쉬타인은 스웨덴에서 링식 체조를 도입하여 군대와 학교에서 실시하려고 시도하였다. 결국 스피이스와 로드쉬타인의 방식이 혼합된 독일학교 체조는 1870년 이후 제1차 세계대전까지 학교체육으로 채택되어 시행되었다. 한편 1870년 플레이 그라운드운동의 개척자들은 체육의 프로그램을 확대하려고 노력하였다. 그들은 교육의 수단으로 게임이나 스포츠를 실시하고 있는 영국의 제도에 감명을 받아 독일에서도 오후 시간에 아동들을 야외에서 게임이나 영국의 사커와 크리켓과 같은 종목을 지도하였다. 이와 함께 일어난 스포츠에 대한 관심은 운동경기를 진흥시키기 위한 민간 및 공공기관을 설치하기에 이르렀다. 아울러 운동경기는 학교에도 침투되어 갔다. 주로 야외운동으로 할당되었던 체육수업은 1892년 중학교에, 1910년에는 초등학교에도 할당되었다.

(1) 얀의 체육사상과 트루넨(Turnen)운동

얀(Jahn, F.L., 1778~1852)은 국가주의체육의 가장 대표적인 사람이다. 그의 체육에 대한 신념에서 체육은 국가재건의 수단이었다. 그는 건강하고 용감한 젊은이가 성장되어야 프랑스의 지배에서 벗어날 수 있다고 보았으며, 활력 있는 젊은 세대에 의해 독일의 탁월성이 존속된다고 믿었다. 그는 운동경기의 위대한 힘은 계급의식을 타파하고 사회적 민주주의를 실현케 하는 원천이 된다고 주장하였다.

그는 독일 전역에 체조를 보급했고, 그 결과 체조협회(Turnvereine)가 결성되어 많은 사람들이 회원으로 가입하였다. 이 시대에 가장 먼저 체육을 국가주의적 목적으로 주장한 사람은 피히테였다. 그는 체육을 독립을 위한 필수적 요소로 보고 특히 체조를 중시하였다. 얀은 1811년 6월 베를린 교외에 체조장을 설치하여 동료 교사인 프리이젠(Friesen)의 도움을 받아 운영하였다. 고대 그리스의 팔래스트라를 모방한 이 체조장은 민주적인 방식으로 운영되었고, 사다리, 높이뛰기, 철봉, 등반봉, 경사사다리, 평균대, 봉고도대(棒高跳臺), 줄타기, 넓이뛰기용 도랑, 8자형 트랙, 레슬링장, 최초의 근대적인 평행봉, 뜀틀 등의 시설을 갖추었다.

얀과 프리이젠은 나폴레옹의 지배에서 독일을 해방시키고자 1813년 해방전쟁에 입대하였고, 이에 많은 체조가들이 종군하게 되었다. 군에서 돌아온 얀은 동료들과 연구하고 경험한 지식을 토대로 〈독일 체조〉를 출판하였다. 프랑스군이 독일에서 물러가자 전국적으로 애국주의 사상이 고조되었고, 체조운동은 보다 철저히 조직화되어 모든 국민에게 보급되었으며, 국민들의 체조에 대한 열기가 더욱 고조되었다. 체조를 통한 독일의 해방과 통일, 자유의 쟁취를 이룩할 수 있는 기초를 마련한 얀은 독일체조의 창시자이자 체조협회의 선구자였다.

1814년 트루넨운동이 전파되면서 전국적으로 많은 야외 체조장이 개설되었다. 이 체조운동은 대학생과 교사, 청년근로자 등 각계각층이 참여하였다. 애국적 동기로 시작된 이 운동은 점차 주정부나 지방 행정당국의 지원을 받으며 공무원 스스로가 체조를 시작한 예도 있었다. 〈독일의 체조론〉이 1816년 발간되어 모든 체조장에서 가장 권위 있는 지침서로 활용되었다. 특히 얀은 전국을 순회하며 강연과 체조강습을 실시했고, 얀의 체조보급을 돕기 위해 독일대학에 학생결사가 조직되기도 했다.

트루넨은 처음에 학교에서 채택되지 않았다. 체조가 교과로 정착된 것은 스피이스의 노력에 의한 결과였다. 그의 저서 〈체조학습론(Die Lehre der Turnkunst)〉과 〈학교체조교본(Turnbuch fur Schulen)〉은 학교체육의 기초가 되었다. 이 트루넨도 애국적 동기에서 출발한 것이고 외부로부터 독일을 지키고 조국의 번영을 위해서 강건하고 용감한 젊은이의 육성을 필요로 했기 때문에 성장할 수 있었다. 또한 독일의 번영은 특정한 계급을 통해서 이루어지는 것이 아니며 계급의식의 타파와 국민의 애국의식에 의해 가능하다고 보아 독일 전역에 트루넨운동이 확산되었다.

(2) 스피이스의 체육사상

얀이 체조를 협회를 중심으로 일반 국민에게 보급한 반면, 스피이스(Spiess, A., 1810~1850)는 독일체조를 학교체육에 적용시킨 인물이었다. 그래서 그는 독일 학교체육 또는 여자체육의 아버지라 불린다. 그는 1842년 이래 프러시아 초등학교에 체조의 도입을 주장하고 여러 스포츠를 학교체육에 적합하도록 구성하였다. 그는 페스탈로치와 구츠 무츠의 영향으로 체육을 전인적 교육의 일환으로 인식하고 신체운동의 교육적 가치를 높이 평가하였고, 체조의 레크리에이션적 가치, 도덕적 · 사회적 훈련의 가치를 강조하였다. 그는 기계를 이용하는 체조 외에 도수체조(徒手體操), 행진체조를 개발하였으며, 음악과 유희를 교재로 하여 여자와 아동들에게 적합한 체조를 개발 · 보급하였다.

당시 독일은 국가주의를 바탕으로 구시대에 집착하려는 보수주의와 자유와 통일을 외치며 헌법제정과 국회의 개최를 요구하는 민중들의 변혁에 동조하는 자유주의가 대립하던 시대였다. 스피이스는 보수적 입장을 견지하면서 교육의 근본 과제를 규율과 질서에 의한 도야라고 생각하여 규율 속의 단련을 목표로 시행하였다. 규율 속의 단련이란 법의 지배에 대한 엄격한 복종과 유능한 군인의 육성을 말한다.

이를 위해 그는 얀의 일반인을 대상으로 하는 체조와 달리 학교를 대상으로 국가주의적 목적을 달성하는 체육을 전개해 나갔다. 그의 체육이 내건 취지는 고대 아테네의 체육이념과 같이 "체육은 신체의 완전한 발달을 도모하고 신체의 미와 기품(氣品)"을 길러 육체와 정신을 융합하여 이상적 사회생활에 참여할 수 있는 완전한 조화체로 만드는데 있다." 고 보았다. 그리고 "체육의 궁극적 목적은 학생의 인간성에 미치는 것으로 결코 분리될 수 없다. 지능과 육체를 합쳐 한 인간을 구성한다." 고 하였다. 학교는 지적 · 신체적으로 아동의 생활 전체에 연관지어져야 한다는 원칙이 여론화 되자 교육당국은 그의 학교체육의 기본 프로그램을 채택하였다.

그는 저서 〈학교체조교본〉에서 성과 연령에 따라 적합한 신체활동을 단순한 것에서 복잡한 형태로 배열하여 자신의 수준에 맞는 종목과 프로그램을 선택하도록 하였다. 스피이스의 체조는 아동들의 개인차를 고려하여 실시하였으나 그의 후계자들은 형식에 얽매인 체조방식에 머물렀다.

(3) 로드쉬타인과 평행봉 논쟁

로드쉬타인(Rothstein, H., 1810~1865)은 육군장교로 스웨덴의 링(Ling)식 체조를 독일에 최초로 소개했다. 그는 1851년 국방부와 교육부 공동으로 개교된 왕립중앙체조학교(Royal Central Institute of Gymnastics)교장으로 취임하였다. 여기에서 그는 유연체조, 병식체조(兵式體操), 펜싱, 검술, 사격, 교정훈련, 미적 체조를 수업에 도입했다. 하지만 그는 평행봉운동은 신체에 유해하다고 부정하고 얀의 체조를 반대하였다. 그는 스웨덴의 '링' 식 체조를 채택해야 한다고 주장함으로써 얀과 스피이스의 제자들과 평행봉논쟁(平行棒論爭)을 벌이게 되었다.

링의 스웨덴체조와 얀의 독일 국민체조는 모두 애국적인 동기에서 출발하였다. 링의 체조는 생리학과 해부학의 과학적 기초에 입각하여 신체의 조화적 발달을 목표로 한 합리적 방향을 지녔다는 것이고, 얀의 체조는 구츠 무츠의 자연운동 외에 기구를 중심으로 하는 의지의 단련에 주안점을 두었다. 로드쉬타인의 얀의 체조에 대한 부정적 태도, 특히 평행봉운동이 청소년에게 유해하다는 주장에서 제기된 평행봉 논쟁은 1860년 시작되었다. 1860년 9월 10일 프로이센 내각은 훈령을 공포하여 학교에 얀의 트루넨(Turnen), 즉 체조를 채택하도록 지시한 바 있었다. 카알 오일러(Carl Euler, 1809~1885)에 의해 평행봉과 횡목의 재사용이 제시되었다. 그러나 로드쉬타인은 생리학적 근거에 입각하여 평행봉을 강력하게 반대하여 논쟁을 일으켰다. 마침내 정부는 이 판결을 의사위원회에 일임하게 되었고 의사위원회는 트루넨 지지파를 지지함으로써 평행봉과 횡목이 부활하게 되었다. 그러나 그의 사상은 제1차 세계대전까지 군대와 학교 체육의 일부로 잔재하였다. 평행봉 논쟁은 그 동안 비판 없이 행해진 독일체조의 과학적 연구의 필연성을 부각시키는 계기가 되었다. 특히 로드쉬타인의 체조이론과 실천은 체조의 의료적 효과에 대한 인식을 높였으며, 체육에 대한 과학적 연구에 많은 영향을 미쳤다. 이후 체조는 1868년 스웨덴체조와 독일체조의 견해 차이를 조정하여 수정되고, 1895년과 1909년에도 수정되었다.

3) 20세기의 체육과 스포츠

프랑스와 프로이센 전쟁(1870) 직후, 영국의 스포츠가 독일에 최초로 소개되었다. 교사였던 헤르만(Hermann, A.)은 1874년 영국에서 럭비공을 가져왔고, 2년 후엔 크리켓이 소개되었다. 1909년 영국의 학생과 사업가 그리고 공직자들에 의해 독일인들이 보트, 트랙과 필드경기, 테니스, 축구 등과 기타 스포츠를 즐기게 되었다. 몇몇 중등학교에서는 영국의 공립학교와 유사하게 스포츠의 참가시간이 부여되었다.

민주주의를 표방한 바이마르공화국에서 체육은 국가적인 지지를 받으며 스포츠, 게임, 야외활동 등이 널리 행해졌다. 1921년 학교 교과과정에 체육이 포함되어 체육은 다른 교과와 동등한 수준에서 이해되었고, 학년 진급과 졸업에 필수 이수과목이 되었다. 체육시설도 충실히 건립되면서 1919~1928년 사이에 정부 지원으로 833개의 운동장과 274개의 유스호스텔이 세워졌다. 이와 함께 생활스포츠가 활성화 되었다. 또한 많은 성인 레크리에이션 클럽들이 독일체육위원회(DRA), 사회주의 노동자스포츠, 체육중앙위원회(ZK), 공산주의 스포츠위원회(DRS) 중 한곳에 소속되었다. 1920년 체육심의위원회가 발족하여 5개의 전국위원회, 즉 RDI, JH, DRA, ZK, DRS 등의 대표자로 구성되어 민간스포츠단체와 정부 간 연락기관의 역할을 수행하였다.

국가사회주의자들이 권력을 장악하자 중앙집권적 행정기구를 조직하였다. 나치당은 모든 스포츠와 운동경기 그리고 청소년 단체뿐만 아니라 공화국시대부터 존재하였던 학교체육 프로그램을 통제하였다. 나치당은 자신의 정치조직을 확보하기 위하여 모든 스포츠를 정부의 통제 하에 두고 이를 전체주의적인 방식으로 조절해 나갔다. 모든 스포츠는 정치적 목적에 부합하는 수단으로 여겨졌다. 스포츠는 국민들로 하여금 국가에 기여할 수 있는 건강하고 튼튼한 체력을 육성하거나 충성심을 고취시키는 것이었다. 1936년 베를린올림픽은 나치당의 정치적 선전으로 독일 민족의 우수성을 과시하려는 의도가 담겨 있었다.

제2차 세계대전 이후 독일연방공화국(서독, FRG)은 1956년 청소년의 전인교육의 일환으로 체육의 필요성을 다시 선언했고, 초등 및 중등학교에서 체육수업을 할당하는 한편, 대학에서는 자발적으로 스포츠클럽이 경기 중심으로 발전해갔다. 교사양성의 시급함을 인식한 디엠은 1947년 쾰른에 독일체육대학을 설립했다. 이 밖에도 30여개의 대학에서 체육학과를 개설하였다. 서독스포츠는 1960년대 획기적으로 발전하였다. 스포츠 발전을 장려하기 위해 '황금계획(Golden Plan)'이 선언되면서 1960년부터 스포츠 시설이 본격적으로 확충되었다. 15년간 약 65억 마르크(16억2천5백만 달러)의 기금은 각 지방 및 주정부와 연방정부가 담당하였다. 1950년 독일스포츠연맹이 국가적 권위를 얻으며 설립되었다. 1966년 연맹회원수가 700만명에 35,000여 개의 클럽과 41개의 연방스포츠연맹이 소속되었다. 축구연맹에만 224만명이 가입하였다. 1952년 독일스포츠연맹은 1913년 디엠에 의해 시도된 독일스포츠 배지프로그램을 계승하여 실시하였다. 1967년까지 약 100만명 이상의 사람들이 배지를 획득하였다. 한편으로 독일스포츠연맹은 1959년 '제2방안' 이라고 불리는 새로운 프로그램에 착수하였다. 이는 스포츠에 참가하지 못하는 국민들이 100만명이 넘고 여전히 30대 남자 중심의 스포츠클럽과 특정 종목에 편중된 문제점을 해결하기 위해 시행되었다. 주로 주말 및 공휴일 프로그램, 3개월의 단기 프로그램 혹은 남녀 모두를 위한 다양한 오락활동을 제시하였고, 이는 1960년대 서독의 경제부흥과 맞불려 스포츠 인구의 저변확대에 크게 기여하였다.

[그림 23] 나치스 올림픽대회(1936년)

3. 스웨덴의 체육과 스포츠

스웨덴은 17세기까지 핀란드와 발틱(Baltic)연안을 포함하여 북구의 광활한 영토를 이룬 대제국이었다. 18세기 초 러시아의 피요트르(Peter) 대제가 국토 확장의 야망을 품자 스웨덴의 카알 12세(Karl Ⅻ)는 러시아와 전쟁을 벌였으나 오히려 동남 발틱의 여러 영지를 빼앗겼다. 1805년 스웨덴은 나폴레옹 전쟁에 개입했으나 패배를 거듭하여 남 발칸의 나머지 영지도 포기하게 되었다. 더욱이 1808년 러시아와의 전쟁에서 패한 후 스웨덴은 영토의 1/3을 상실하였으니 국민들의 좌절감은 심화되었다. 그리하여 1809년 3월의 혁명으로 기존의 황제였던 구스타프 4세는 추방되었고, 의회가 새 헌법을 제정하는 가운데 프랑스에서 건너온 칼 요한이 실권을 장악하여 반 나폴레옹 정책을 펼쳐 나갔다.

과거 강대했던 스웨덴 제국이 나폴레옹과의 전쟁과 몇 차례의 전쟁패배로 국민들의 마음속에는 애국심이 일기 시작했다. 이때 나폴레옹이 몰락하자 철학자, 문학가, 지식계급 및 군인들 사이에서는 조국의 위신과 명예를 회복하려는 마음이 발동하였다. 이러한 상황에서 링(Ling, P.H., 1776~1839)은 구국의 일념으로 조국재건에 앞장섰다. 그는 스웨덴 민족, 즉 고트(Goths)족의 자손들에게 애국심을 고취하고 체력을 육성할 목적으로 문학과 체조프로그램을 개발하여 보급하였다. 한편 1818년 칼 요한이 즉위하면서 대외적인 외교정책을 잘 펼쳐 국력은 회복되어 갔으나 국내적으로 정치적 투쟁이 지속되었다. 결국 시민들의 자유주의적 개혁요구에 밀려 19세기 후반 지방자치체제와 양원제를 근간으로 민주정치가 뿌리를 내렸고, 광공업의 발달로 경제발전의 기틀을 이루었으나 상당수의 국민들은 북아메리카 등 해외로 이주하였다.

1) 교육

19세기 스웨덴 교육은 다른 유럽 국가들과 마찬가지로 국가주의 교육사상이 뿌리를 내리고 있었다. 교육의 각 분야는 학생들로 하여금 국가에 대한 관심과 열정을 주입시키는데 주안점을 두었다.

당시 스웨덴의 초등학교 교육은 학생들에게 애국심 및 충성심을 고취시키고 성경을 읽거나 일상생활의 일을 수행하는데 필요한 기본기술을 습득하도록 지도하였다. 중등학교는 부유한 계층의 자녀들을 위해 건립되어 고전적 지식교육을 중심으로 이루어졌으며 목사나 행정관리를 양성하는데 목적을 두었다.

이후 스웨덴의 교육은 점차 개선되고 교육의 목적 또한 확대되어 완전한 개인의 발달을 목표로 하는 현대적 교육이념에 접근하기에 이르렀다. 교육의 기회는 사회계급이나 성별의 차이에 구애되지 않고 모든 사람들에게 확대되었다. 아동들의 개인적 역량을 높여 장래 직업생활의 기초를 다지는 것이 교육의 주안점이 되었다. 이러한 교육과정을 경험한 스웨덴 시민들은 민주적이고 기독교적인 사회에서 각자의 책임을 인식하고 자유를 누릴 수 있게 되었다.

2) 체육의 목적

19세기 초 스웨덴은 국가주의 사조가 팽배했던 시기로 체육 또한 국가주의를 바탕으로 전개되었다. 당시 스웨덴의 체육은 애국적 동기에서 링(Ling)으로 하여금 체조를 진흥토록 추진되었다. 이것은 국민들이 강한 신체를 갖고 조국방위 능력을 갖추는데 기여하였다. 그러나 링의 체육목적은 애국적 · 군사적 목표에 한정시키지 않았다. 그는 문약(文弱)에 빠져 있는 젊은이들에게 체조를 통해 옛 노르만 후예로서의 용기와 체력을 재건하길 염원하였다. 그는 체조이론에서 체조를 "우리들의 유기체에서 찾아볼 수 있는 모든 법칙과 조화된 신체적 운동원칙' 이라고 기술하였다. 건강은 조화적 표현이며 이 목적을 달성하기 위해 체조는 4가지의 방향, 즉 군대적, 의료적, 교육적, 미적 방향으로 확대되어야 한다. 스웨덴의 체육체계가 링에 의해 완성된 것은 아니지만 링이 체육체계의 기초가 되는 철학적 개념을 확립하였다.

이후 19세기의 체조지도자들은 링의 목표를 발전시키지 못했고 오히려 편협한 경향으로 흘렀다. 이에 개혁을 요구하는 흐름이 커지게 되어 개혁을 통한 체육의 목적이 확립되었다. 스웨덴의 체육목적은 "현대사회에서 능률적으로 일할 수 있는 건강한 국민을 육성한다." 는 것이었다. 지적 활동 및 산업생활의 일면적 영향에 알맞도록 하기 위해서 체조연습은 신체 각 부분의 조화된 기능을 조성하고, 관절의 가동성을 높이며 호흡, 순환, 신경조직을 발달시키기 위해서 수행하는 것이다. 운동연습을 통해 신체적 · 지적으로 긴장을 푸는 방법을 배우며 즐겁게 일하고, 그 활력을 지속하는 비결을 배우는 것이다. 유익한 프로그램을 만들어 참가자들에게 신체적, 심리적 조화를 이루게 하고 행복과 만족을 느낄 수 있도록 해야 한다는 것이다.

그와 함께 스웨덴 체육은 "건전한 도덕적 습관을 형성함과 동시에 바람직한 시민적 사회적 태도의 발달" 이라는 성격형성에도 집중하고 있다. 또한 신체적 발달과 건강유지를 위한 것이 프로그램의 주요 목표지만 스웨덴의 체육교사는 주의력, 인내력, 자신감, 자기훈련, 용기, 팀워(Team work), 페어플레이와 같은 자질을 개발하는데 목표를 두고 있다.

3) 체육과 스포츠

(1) 링의 활동과 스웨덴체조의 특색

스웨덴체조의 창시자 링(Ling, P.H., 1776~1839)의 활동은 19세기 스웨덴체조의 특색을 대변한다. 링은 5년간의 덴마크 유학생활을 하면서 덴마크와 스웨덴 두 나라의 철학가와 시인들로부터 많은 영향을 받았다. 이로 인해 그의 활동은 깊이 있고 아름답게 전개되었다. 또한 스칸디나비아의 문화적 유산에 깊은 감명을 받았다. 그는 어학에도 뛰어나 문학에 높은 관심을 보였으며 고대 노르웨이 신화에 열정을 쏟았다. 병약했던 링은 덴마크 나흐테갈(Nachtegall)의 체조학교에서 펜싱과 여러 운동에 열중했는데, 펜싱을 배운 후 아팠던 자신의 팔이 치료되자 신체에 미치는 운동효과에 관심을 갖게 되었다.

1804년 귀국한 링은 룬드(Lund)대학에서 펜싱교사와 노르웨이의 신화, 시, 역사 강사를 겸직하면서 교육활동에 전념하였다. 얼마 후 그는 스웨덴 영토인 핀란드를 러시아에 할양(割讓)하는 비운을 목격하였다. 독일의 얀처럼 애국심에 고취된 링은 나약해진 국민들에게 체조와 문학을 통해 생기를 불어넣어야 한다고 생각하였다. 그는 애국적 서정시, 희곡 등을 쓰는 저명한 문학가가 되었으며, 체조활동을 확대하여 청년들에게 과거 노르웨이인의 용기와 우수한 체력을 키우게 했다. 이런 열정으로 스웨덴의 체조발전에 크게 기여하였다.

한편 링은 군대에서의 신체훈련의 가치를 피력하여 카알 14세의 신임과 지지로 체조프로그램을 개발하게 되었다. 1836년 저술한 체조원론서 〈체조교본(Reglemente for Gymnastik)〉은 이 분야의 중요한 저서로 그가 사망한 직후 1839년 제자들에 의해 출간되었다. 이 책에서 링은 체육이 과학적 토대 위에서 이루어져야 한다는 자신의 체육관을 밝혀 놓았다. 그의 체조이론은 인체 제기관의 법칙이 합치된 신체활동의 학문이 아니면 안되며 신체활동의 목적은 신체의 조화적 발달에 있다고 기술하였다.

이러한 목적을 달성하기 위해 그는 나흐테갈의 체조와 자신의 과학적 이론에 부합하는 신체동작을 계발하였는데, 주로 맨손체조나 가벼운 기구를 사용하는 체조로 재정비되었다. 그리고 그 체조를 네 가지 유형으로 분류하였다. 첫째 신체를 자기의 의지에 따라 자유롭게 활동시키는 것을 목적으로 하는 교육적 체조, 둘째 일정한 물체와 기구를 이용하거나 자기의 체력을 통해 외적 물체를 자신의 의지대로 수행하는 병식체조(兵式體操), 셋째 자기에게 적합한 동작, 보조운동과 적당한 운동을 통해 불균형적인 신체를 교정하는 의료적 체조, 넷째 인간의 사상 및 감정을 구체적으로 표현하는 미적체조(美的體操)로 구분하였다. 다시 말해 교육체조는 인간 본래의 능력을 신체 각 분야에 분배하여 신체의 조화를 유지하고, 병식체조는 외적 물체의 출현에 의해 신체와 기구의 조화를 도모하게 하며, 의료체조는 불규칙한 생활에서 나타나는 신체 각부의 조화를 회복시키는데 있다. 그리고 미적 체조는 마음과 몸의 실질적 조화를 이루는데 있다고 하겠다.

링의 체육사상이 높이 평가되는 이유는 자연과학을 토대로 체육의 필요성과 그 실천을 강조했기 때문이다. 그는 체조 자체만이 아니라 체조를 과학적인 방향으로 이끌어 근대체육의 형성에 커다란 업적을 남겼다. 그는 심신의 조화적 발달을 목표로 한 체육의 일반원칙을 제시하였다.

[그림 24] 링의 체조

① 체조의 목적은 인체를 올바른 운동으로 바르게 교육하자는데 있다.

② 올바른 운동이란 신체조직에 적합하도록 지도되는 것이다.

③ 신체의 각 부분이 서로 완전한 조화를 유지할 때 신체는 바르게 교육되어진다고 할 수 있다.

④ 신체의 교육은 선천적 소질 이상으로 나타낼 수는 없다.

⑤ 인간의 소질은 운동이 결핍되면 충분히 발휘될 수 없지만 소질 자체가 소멸되는 것은 아니다.

⑥ 잘못된 운동은 소질의 발달을 방해하기 때문에 신체교육상 해롭다.

⑦ 편중된 교육은 운동하는데 장애가 되며, 이와 반대로 원만한 교육은 운동을 활발하게 전개시키는데 크게 기여한다.

⑧ 신체의 어느 한 부분이 잘못되면 그 부분을 위한 편파적인 노력이 초래되며, 이것은 신체의 다른 부분에 약점으로 나타나게 된다.

⑨ 신체의 강약을 결정하는 기준은 신체 각 부위의 크고 작은 것과 관계없이 각 부위의 조화 또는 부조화에 있다.

⑩ 증진된 체력은 신체 각 부분의 활동능력의 총체이다.

⑪ 건강과 충실한 체력이란 같은 뜻이다.

⑫ 체조는 간단하고 쉬운 동작에서 시작하여 점차 난이도를 높여 실시하면 운동의 어려움이나 위험이 없이 의도하는 목표에 도달할 수 있다.

링은 인간의 생체에 관한 법칙에 기초를 둔 체조체계를 만들 목적으로 생리학과 해부학을 연구하고 인체의 해부실습도 경험하였다. 링은 맨손체조의 장점을 발견하고 스웨덴체조의 자세교정 요소를 채택하였으며 기계체조의 준비운동에 필요한 맨손체조를 고안하기도 했다.

맨손체조의 장점은 한명의 지도자가 많은 사람을 지도할 수 있고, 장소에 구애됨이 없는 점, 기구를 사용하지 않으므로 비용이 저렴한 점, 구성원 전체가 함께 운동하므로 근력, 민첩성, 신체 지배력이 효과적으로 배양·촉진된다는 점, 구령에 의해 체조를 실시함으로 엄격한 군사훈련의 효과가 있다는 점, 개인의 신체적 특성에 쉽게 적응할 수 있고, 동작이 둔하거나 굳어진 신체를 개선해준다는 점 등을 들어 기계체조보다 장점이 많다고 주장하였다. 링의 맨손체조는 당시 군사적 요구에 많은 영향을 받았으며, 독일식 기계체조의 대부분이 복잡하고 신체적 효과가 의심스럽다는 판단에 따라 링과 그의 제자들이 간단한 맨손체조를 고안하게 되었다.

또한 링은 교육적 체조의 '일반원리' 에서 구츠 무츠와 같은 견해를 밝히고 있다. 그는 "정신과 육체의 교육에는 희열이 반드시 있어야 한다. 만일 정신과 육체의 만족을 일치시키고 싶다면 희열을 이 목적에 두어야 한다. 체조술도 마찬가지이다. 순수한 희열은 부분적인 신체의 희열이 아니라, 조화적인 희열이어야만 한다. 조화적인 희열을 가질 때 조화적 교육이 달성된다. 왜냐하면 진정한 희열은 언제나 정신과 육체의 평화적 수단이기 때문이다. 이렇게 함으로써 인간과 인간, 인종과 인종이 서로 화합하게 될 것이다. 고대 그리스는 많은 도시국가로 이루어졌지만, 올림픽 경기를 중심으로 국민적 제례(祭禮)에 의해서 민족적 단합과 통일을 이룩하지 않았던가?"

일찍이 그는 현대체육의 가장 중요한 과제 중의 하나인 대인적 · 우호적 관계를 유희를 통해 확립하자고 주장하였던 것이다.

링의 체조에 대한 업적은 1804년 귀국 후 학교설립인가를 벌인 이후 1813년 정부로부터 스톡홀름에 있는 왕립중앙학교의 전신인 국립훈련학교의 설립인가를 받아 25년간 이 학교에서 지도하고 연구한 결과였다.

(2) 학교 체육과 교사의 양성

스웨덴의 학교체육은 1814년 왕립중앙체조학교(GCI)가 창설된 이후 사범학교로서 역할을 수행하면서 활기를 띠게 되었다. 이 학교에서 학생들을 위한 체조가 체계적으로 발달한 것은 링의 아들(얄마드 링)이 참여했던 1843년부터라 할 수 있다.

얄마드 링은 1814년 프랑스에서 해부학을 연구하고 강의도 하였다. 그후 베를린에서 스웨덴 의료체조를 소개하고 1855년 체조에 관한 저서를 출간하였다. 그는 각종 운동을 일정한 계획 하에 배열하여 두부(頭部)에서 손톱 끝까지 전신을 계통적으로 운동시키도록 고안하였다. 그는 개인에게 주는 운동효과에 따라 많은 교재들을 그룹으로 구분하고 각 그룹별로 순서를 선별하여 진도표를 작성하였다. 또한 성(性), 연령, 신체능력에 알맞은 운동을 선택하여 일과(日課) 또는 운동계획표를 작성하였다.

체육교사 양성과정은 3년과 4년 두 과정으로 나누었고 각 과정의 교과에는 체육의 이론과 실제가 포함되어 있었다. 초등학교 교사를 양성하는 사설기관에는 반드시 체육과가 설치되어 있었고 공립학교에는 장차 체육교사가 될 교생이 기술 및 이론을 학습하면서 응용할 수 있는 교육실습의 기회를 마련해 주었다.

1862년 왕립중앙체조학교장으로 취임하여 1887년까지 이 학교를 이끌어 온 니블래우스(Nyblaeus, C.G.)는 교육기간을 6개월 단위 2년으로 정하고 여자교사 양성과정을

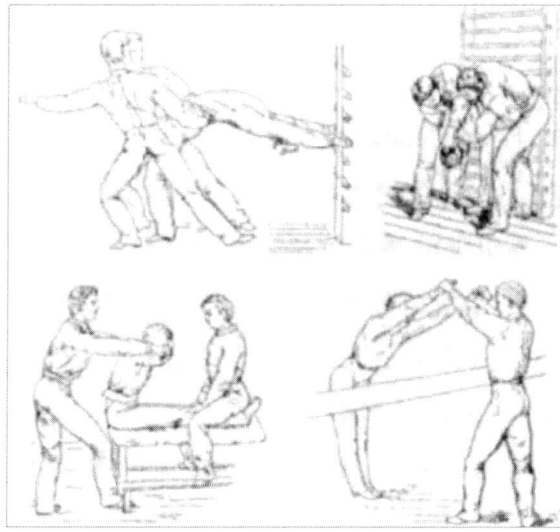

[그림 25] 19세기 후반의 스웨덴체조

신설하였다. 1864년 이 학교에 병식, 의료, 교육 체조 등 3부로 나누어 각 부에 주임교수를 두었다. 군인으로서 훈련을 맡은 니블래우스는 병식체조를 지도하고 얄마드 링은 교육체조를, 의사인 하텔리우스(Hartelius, T.J.)는 의료체조를 지도하였다. 왕립중앙체조학교는 시민과 군인, 학생들을 훈련하기 위해 설립되었고, 군인들이 수십 년간 대부분을 차지하였다. 그가 1887년 사직하자 다시 GCI의 지도권은 군인에게 넘어갔다. 이것은 체조의 군사적 성격과 스웨덴체조교사의 지위가 다른 국가들에 비해 높았기 때문이다. 그러나 1934년 군대 교관들은 그들 자신의 양성학교로 돌아갔고, GCI의 지도권은 덴마크의 린드하르트 연구소에서 공부한 클리스텐센이 교장으로 임명되어 민간인으로 넘어왔다. 1967년 왕립중앙체조학교를 체조 스포츠 전문학교(Institute of Gymnastics and Sports)로 개칭하였다.

대부분의 학교는 교내에 스포츠클럽이 있으며, 클럽은 스웨덴 학교경기 스포츠협회의 구성원이고 이 협회는 스포츠 전체를 통괄하는 스웨덴스포츠연맹에 가입되어 있다. 중등학교의 체조교사는 체조 교과목만 전담하며 스포츠의 지도, 학교의 교통 감시의 장으로 근무하였다. 이들 체조교사들은 스웨덴 체육교사협회에 가입하고 있으며, 이 협회에서는 공인잡지 〈체조 저널〉을 발행하고 있다.

법령에 따라 체육은 1920년 중등학교에, 1924년 초등학교에 채택되어 전 학년 필수과목이 되었으며, 고등학교나 교사양성학교에서도 필수과목에 속하나 대학은 그렇지 않다. 체육성적은 3학년 이후 매 학기마다 부여되며 진급을 평가할 때 많은 영향을 미친다. 체육시간은 1주 135~150분이나 저학년의 경우 통상 반나절 정도의 '옥외의 날'이 매 학기 6~12회 추가된다. 1925년 이후 대부분의 스웨덴 아동들은 산에서 1주간의 동계 스포츠 휴일을 즐겼다. 스웨덴의 초등학교나 중학교에는 청결한 체육관과 각종 체육설비가 갖춰져 있고, 이 시설은 국비로 운영되었다. 국가는 75명 이하의 초등학교를 제외하고 모든 학교에 체육관을 갖추도록 규정하였다.

1950년 이후 스웨덴은 의무교육 기간을 7년에서 9년으로 연장하는 등 학제를 개편하였다. 중앙교육위원회는 국회에서 임명하고 종무(宗務) 문무대신 관할 하에서 활동하고 있으며, 남녀 수명의 시학관(視學官)을 배치한 스포츠부문이 설치되었다. 대도시에서는 주로 실기지도를 하는 초등학교 교사가 체육과목을 이수해야 했다. 그러나 현재 체육과 음악을 선택할 수 있으며, 사범학교과정 이상의 특별한 체육을 받지 않아도 초등학교 체육수업과 야외활동을 지도할 수 있다. 보통 7학년 때(대도시 5학년 초)부터 전임체조교사가 체육수업을 하며 야외 프로그램의 계획과 관리를 담당하였다.

스웨덴은 대학생의 신체적 복지에 있어 미국 다음으로 최선을 다하고 있다. 체조나 운동경기를 위한 시설은 대학에 따라 차이가 있으나 체조 및 운동경기에 있어 운동을 원하는 학생은 대학의 스포츠시설 외에도 사설체육관 또는 체조협회의 시설을 언제나 이용할 수 있게 하였다.

(3) 스포츠의 진흥

스웨덴의 민간 체조단체나 펜싱단체들은 반군사적 성격을 지녔기 때문에 독일의 체조단체와는 달리 대중적으로 전파되지는 못했다. 20세기에 접어들 때까지 체조협회의 회원수는 1,000명 정도였다. 그러나 스포츠의 관점이 천부적인 재질과 경기자의 타고난 기술을 강조하던 시각에서 대중의 건강개선과 레크리에이션활동으로 옮겨지면서 각 스포츠단체에 많은 회원들이 가입하게 되었다.

중앙체육학교장을 지낸 발크(Balk. V)는 이러한 경향을 적극 장려했으며, 영국의 스포츠계를 시찰하고 돌아와 군중경기 장려촉진회를 조직하고 스포츠 잡지를 발간하였다. 그 결과 1949년 약 9,000여개에 달하는 민간 스포츠단체가 조직되어 70만명 이상의 회원을 확보하였다. 또한 상류계급의 고등학교에서 운동경기를 받아들여 비판이 일었으나 20세기에 들어 도시가 발전하고 중산계급의 지위가 향상되면서 스포츠가 크게 발전하였다.

1930년대 스웨덴체조협회는 '모두를 위한 스포츠'와 '모두를 위한 체조' 운동을 추진하였고, 1939년 링 사망 100주년을 추모하는 제1회 링체조대회를 스톡홀름에서 개최하여 37개국이 참가하였다. 제2차 세계대전 이후 청소년과 성인들의 체조연기를 위하여 경기형식과 종목을 포함한 모든 프로그램을 재편성하였다. 특히 매일 할 수 있는 운동이 연구되고 체력향상 프로그램으로 '가정용 체조'가 방송되어 인기를 모았다. 1942년 제1회 주부체조교실에 17만여명이 모였고 3년 후 30여 만명이 참가하였다. 이러한 노력으로 1970년대에는 전 인구 중 약 10%, 즉 6명 중 1명이 체조나 옥외 스포츠단체에 소속되었다. 이것은 그들의 높은 생활수준, 국민성, 합리적인 법규, 기후, 긴 해안선과 강과 호수, 산과 숲 등 아름다운 자연경관이 전제 조건이 되었다.

스웨덴스포츠연맹은 스톡홀름 경기장에 있는 스포츠 종합병원을 운영하며 회원들의 건강진단과 스포츠에 도움을 주는 동시에 과학적 연구도 진행하고 있다. 이 연맹은 체력에 대한 관심을 높이기 위해 1907년부터 국가 스포츠 배지를 수여하는 제도를 추진하였다. 이 배지를 받기 위해서는 소정의 운동종목에서 일정한 성적을 거두어야 한다.

그 종목은 테니스, 수영, 체조, 도약, 투척, 경주, 펜싱, 조정, 스키 등이다. 특히 제2차 세계대전 이후 체력운동이 더욱 활기를 띠게 되어 5,000개 이상의 스포츠 관계회사가 설립되어 산업레크리에이션계획을 진행하고 고용자와 그 가족을 위한 스포츠 시설을 대폭 증설하였다.

1960년대 체력의 관심을 고조시키기 위해 '스포츠 60'이라는 명칭으로 스포츠운동을 전개하였다. 이 운동에서는 스키, 걷기, 체조, 사이클, 수영, 오리엔티어링 등에서 일정한 성적을 거둔 참가자에게 배지를 수여했다.

스웨덴 스포츠운동의 성공은 클럽회원들의 적극적인 참여와 회비, 무보수 클럽 지도자의 노력, 재정지원 등에 의하여 달성되었으며, 1897년 창설된 스포츠진흥 중앙협회가 1908년부터 발행한 스포츠복권사업에서 오는 이익금을 각종 스포츠시설을 건설하는데 사용하였다. 스포츠 진흥 중앙협회는 스톡홀름 경기장을 건설하고, 스포츠 박물관을 세우고, 1931년 스웨덴 스포츠연맹에 복권기금을 양도하기까지 많은 업적을 남겼다.

1970년대 대표적인 협회나 연맹으로는 2,180여개의 클럽으로 조직되어 있는 아마추어 육상경기연맹과 2,620여개 클럽의 축구협회, 1,550여개 클럽의 스웨덴 학교경기 스포츠협회, 체조협회, 스키협회 등 40여개에 이른다. 이들 협회나 연맹은 모두 스웨덴스포츠연맹에 가맹되어 있으며, 이 연맹은 각 클럽의 청소년 레크리에이션부를 후원하며 산업 레크리에이션계획이나 청소년운동에 협력하고 국제적으로 스웨덴을 대표한다.

4. 덴마크의 체육과 스포츠

덴마크는 18세기 말까지 봉건 귀족국가 형태를 유지하였다. 18세기 후반 덴마크는 중상주의를 표방하면서 영국과 프랑스 사이에서 중립을 유지하기도 했다. 1784년 프레데릭 6세(재위 1808~1839)는 부왕 크리스천 7세를 대신하여 섭정하였다. 그 당시 덴마크는 프랑스 계몽사상의 영향으로 1788년 농민해방운동과 농지개혁, 자유무역이 장려되면서 번성하였다. 그러나 나폴레옹전쟁에서 위기에 직면하여 수도가 영국함대의 포격을 받았고, 결국 프랑스 동맹국으로서 패전한 후 많은 영토를 잃었다.

나폴레옹전쟁의 패배는 덴마크에게 영토상의 손실뿐 아니라 경제적으로 최악의 상태를 가져왔다. 하지만 덴마크국민과 정부의 노력으로 1824년 국가경제가 회복되기 시작했고, 특히 1848년 유럽 해방운동에 힘입어 코펜하겐에서 무혈혁명이 일어나 절대왕정이 붕괴되었다. 그러나 1864년 독일의 국가주의와 비스마르크의 군사적 야심에 의해 두 번의 전쟁을 겪은 덴마크는 1/3의 국토와 2/5의 국민을 잃었다. 이러한 굴욕의 시대에 좌절한 국민에게 새로운 힘과 용기를 심어준 것은 국가주의였다. 국가주의 운동은 귀족계급이 쇠퇴하여 지배적 위치를 상실하는 가운데 정치적으로 약체였던 농민계급에서 서서히 일기 시작했다. 이후 공동 조합활동을 통하여 곡물 농업구조를 낙농업으로 전환하는데 성공하였고 산업혁명으로 근대 산업국가의 길을 열어 나갔다.

덴마크의 개척자인 그룬트비크(Grundvig, N.F.S., 1783~ 1872)는 “우리는 더 이상 잃어버릴 것이 없다. 밖에서 잃은 땅을 안에서 찾자.” 고 국민들에게 호소하면서 새로운 사회건설에 앞장섰다. 국가재건을 위해 교사와 학생이 서로 가치 있는 국민생활의 모형을 연구 · 검토하였고, 조국의 발전을 위한 이상을 실현할 수 있도록 ‘생활학교’ 를 구상하게 되었다. 그룬트비크는 사립학교를 통해서 청년들에게 조국건설의 꿈을 고취시켜 나갔다. 사립교육기관은 폭넓은 교양, 가정과 국토와 조국에 대한 헌신, 동포에 대한 신뢰, 인생의 성공을 금전보다 높은 기준으로 평가할 것을 가르쳤다. 이에 국민들의 결속이 강화되었고 어떤 일도 훌륭히 완수해 낼 수 있는 협동정신이 발효되었다. 이처럼 사립학교(초등학교)는 공립학교와 더불어 오늘의 덴마크 발전에 지대한 공헌을 하였다.

1870년부터 최근까지 덴마크는 제1 · 2차 세계대전과 세계 대공황 등 많은 어려움을 겪었다. 이것을 극복할 수 있었던 원동력은 바로 교육이었다. 덴마크는 바람직한 학교교육을 통해 국민들을 교화하고 농업생산을 증진케 하여 교육은 국민복리와 상호보완적 관계를 이루어 왔다.

1) 교육

덴마크는 선구자적인 입장에서 교육법을 제정하고 교육의 목적과 방향을 제시하였다. 1789년 학교교육위원회가 설립되었고, 이 위원회는 1809년 중등학교법을 제안하고 1814년 국가관리 하의 초등학교법을 제안하여 제정하였다. 이때 제정된 학교법률에 나타난 덴마크의 교육목적은 젊은이들에게 훌륭한 기독교인과 유능한 시민을 육성하는데 주안점을 두었다. 즉 지역사회와 국가에 유용한 기독시민으로 육성하기 위해 필요한 지식을 갖추게 하는데 있었다.

덴마크의 근대적인 교육체제가 정착하는데 그룬트비크의 공헌이 지대하였다. 시인이자 주교였던 그는 젊은이들에게 국가적 경각심을 일깨워주고, 젊은이들에게 19세기 중반 널리 퍼져있던 정치적 자유를 준비시키기 위해 새로운 형태의 학교를 모색하였다. 그리하여 1844년 ‘모국어를 기반으로 한 국가교육’ 을 기치로 민족고등학교를 건립하였고, 이 학교는 덴마크인들에게 강력한 사회건설이라는 목표를 심어주었다. 이 학교의 수업은 자발적인 수업방식이 큰 특징이다. 즉 학생과 교사가 형식에 구애받지 않으면서 과거와 현재의 인간의 성취에 대해 연구하였고, 어떻게 하면 의미 있는 삶을 영위할 것인가를 토론했으며, 이 과정에서 조국을 위한 새로운 이상을 준비하였던 것이다.

이와 유사한 교육목적들이 현재까지도 내려오고 있는데, 각종 공식선언문에 나타난 교육의 목적은 다음과 같다. 1937년 제정된 초등교육법에서 초등교육의 목적을 "아동의 선천적 소질을 성장케 하고 발달시키며 바람직한 성격을 함양하고 유용한 지식을 길러 주는데 있다." 라고 규정하여 지적(知的) 내용만을 목적으로 하지 않고 실용적, 미적, 신체적 기능을 포함하고 있다. 1941년 교육부가 밝힌 교육의 목적은 "논리적 · 기독교적 가치에 대한 아동의 심성을 높여 인간생활도 자연에 대한 존경의 마음을 주입하고, 가정이나 국민과 조국을 사랑하는 것을 가르치며, 타인의 의견을 숙고하고 공동사회를 알게 하며 다른 스칸디나비아 제국과의 우호적 태도를 갖도록 인식시킨다." 라고 규정하고 있다. 또한 법령이나 명령에 규정되어 있지는 않지만 중등학교의 교육은 자유롭고 인본주의적인 정신이 지배하고 있다.

2) 체육의 목적

덴마크는 유럽의 북쪽에 위치해 있어 대륙에서 진행되고 있던 체육 및 스포츠의 발전을 주도하지는 못했지만, 덴마크는 새로운 체육수립운동(體育樹立運動)을 통해 체육을 발전시켰다. 덴마크는 독일 및 스웨덴의 체조와 영국의 스포츠를 받아들였지만, 이를 실천하는 과정에서 과학적인 방법들을 창안하여 체육에 적용시켰다. 농업 및 낙농업의 비중이 컸던 관계로 농민을 위한 체육발전이라는 특징을 지녔다. 물론 그 시대의 주류 사조인 국가주의는 덴마크에서도 존재하고 있었다.

19세기 덴마크의 체육 역시 다른 나라들처럼 국가주의 목적에 지배되었기 때문에 병사로서의 능력과 애국심을 높이는데 목적을 두었다. 19세기 초기 나흐테갈(Nachtegall, F., 1777~1847)은 효율적인 학교체육을 통해 강인하고 건전한 국민을 육성할 수 있다고 생각하였다. 그러나 나폴레옹전쟁은 그의 계획을 매우 엄격하고 편협한 군사적 계획으로 전환시켰고, 전후 다시 국력과 단결의 근원으로 모든 분야에 적합한 체력 위주의 체육(All round Fitness)을 강조하였다.

1847년 나흐테갈의 사망 후 체조의 지도권은 민간인에서 군인으로 옮겨졌고, 1864년 프러시아와 오스트리아와의 전쟁과 더불어 국방훈련에 중심을 두었으며, 사격클럽도 이 무렵에 조직되었다. 체육의 목적을 군사력 강화에 두는 것은 전쟁 시에는 지지를 받았지만, 전쟁 후 닥쳐온 경제사회적인 어려움들로 인해 그런 정책은 점차 사라졌다. 국민고등학교의 지도자들은 실의에 빠진 국민들의 마음을 회복시키고 건강개선 및 협동심을 기를 수 있는 프로그램을 연구하였다. 결국 초기의 국민고등학교에서 부분적으로 주장되었던 "체조는 결코 군사적 또는 기타 특정한 목적을 위한 훈련형식으로 계획돼서는 안 되며, 신체능력이나 민첩성만을 발달시키고자 해서도 안 된다. 체조는 전인(全人)의 개량을 목적으로 해야 하며 인간교육의 계기가 되어야 한다." 는 논리가 지지를 받게 되었다.

올레러프 체조고등학교의 지도자 니일스 부크(Bukh, N., 1880~ 1950)는 농촌청년의 체조지도에 특별한 관심과 정열을 쏟았다. 그는 농업으로 인해 불균형한 신체가 형성되고 운동기능을 저하시킨다고 생각하여 이를 개선코자 하였다. 그는 활기찬 생산능력과 생동감이 있는 힘을 유지시키는 것을 목표로 삼았다. 그는 국민고등학교의 전통적인 목표를 인정하면서도 특히 농촌청년들에게 가장 필요한 것으로 신체의 유연성, 근력 및 가동성(可動性)임을 강조하였다. 아동의 경우 체육은 신체를 조화롭게 발달시키고 운동기능(신경, 근육, 관절 등)을 단련하여 훌륭한 신체를 유지하고 좋은 위생습관을 몸에 익혀 신체적 건강을 촉진하는 것이었다. 아울러 신체활동의 희열을 느끼고 협동성, 자기훈련, 질서의식, 독창성, 독립심과 같은 자질을 신장시키기 위해 아동의 잠재력을 개발하는 것이었다. 이러한 활동을 통해 아동의 정신적 건강을 촉진하며 신체를 좋은 상태로 유지하고 그것의 적절한 사용을 가르치는 것이었다.

덴마크 정부는 현재 국민건강에 최대의 관심을 기울이고 있다. 스포츠는 개인이 전체적인 조화를 이루도록 광범위하게 계획되고 있다. 덴마크인은 누구나 사회적, 문화적, 위생적으로 커다란 가치가 있다는 것을 인정하여 어떠한 종목에 반드시 참가하고 있다. 스포츠는 단지 기능을 습득하고 레크리에이션을 즐길 뿐 아니라 평생을 통해 유능한 경험과 지식을 몸에 익히게 하였다.

3) 체육과 스포츠

19세기 전반 나흐테갈(Nachtegall, F., 1771~1847)은 덴마크의 체조를 개척하였다. 그는 구츠 무츠의 체조개념을 받아들여 초기 덴마크체조의 프로그램을 설계하였다. 1799년 그는 코펜하겐에 체조학교를 설립하였는데, 이것은 최초의 근대적 체육연구기관이었다. 그의 체조는 공립학교에서 인정받게 되었고 얼마 후 군대에도 보급되었다. 그의 열정과 노력으로 덴마크는 체육을 독립 교과목으로 선정한 최초의 국가가 되었다. 나아가 교사양성과정을 설치하고 지도자용 교본을 출간 · 배포하였다.

1809년 정부령에 의해 중등학교에 체조지도를 권장했고, 1814년 7~14세까지의 모든 아동에게 의무교육을 실시하며 운동장 용구설비 및 체조수업을 초등학교 남학생에게 의무화 하는 법을 제정했다. 그러나 나폴레옹전쟁으로 인한 빈곤상태에서 체육이나 교육활동이 제대로 시행되지는 못하였다. 1828년 남학생을 위한 체육이 이수되도록 하였으나 1904년까지 여학생이 체육을 이수하는 법은 제정되지 않았다.

체육교사 양성은 군사기관과 결합한 방식으로 출발하였다. 1804년 프레데릭 6세는 나흐테갈의 주장을 받아들여 육군체조학교를 창설하여 그를 초대교장으로 임명하였다. 이 학교는 군사적 목적으로 설립된 최초의 학교이며, 덴마크의 육 · 해군을 강화하기 위해 체조가 군대교육에 필수적이라는 생각에서 착안되었다. 1808년에는 시민을 위한 체조학교를 병설하였다. 1821년 나흐테갈이 시민과 군대체조의 최고 책임자로 임명되었고, 1828년 그에 의하여 초등학교용 체조지도서가 작성 · 배포되었으며, 1834년에는 중등학교용 지도서가 출간되었다. 나흐테갈은 덴마크가 체육을 제도화 하는데 크게 공헌하였다.

1839년 프레데릭 6세가 사망한 이후 체조는 침체상태에 빠졌다. 그의 뒤를 이은 크리스천 8세는 체조에 특별한 관심이 없었다. 게다가 나흐테갈이 1842년 육군체조학교장을 사임하고 라쿠르(Lacour, M.G.) 대위가 그를 대신하였다. 그는 체조에 대한 열정이 없었고, 더욱이 체조는 군인의 체력단련 또는 징벌의 수단으로 이용되었다.

1864년 오스트리아와 프러시아와의 전쟁 후 나흐테갈에게 영향을 받은 많은 제자들과 국민들은 다시 체조에 관심을 갖게 되었고 국방을 위한 수단으로 그 필요성이 강력하게 제기되었다. 체조운동은 2개의 민간기관인 사격클럽과 국민고등학교가 주도했는데, 청년들의 스포츠활동을 촉진하는 역할을 하였다. 이후 점차 확산되어 국민고등학교는 덴마크의 독자적인 교육기관이 되었고, 학생들은 대부분 초등학교를 졸업한 18세~25세까지의 농촌청년들이었다. 커리큘럼은 국어, 음악, 문학, 역사, 체조, 가정, 농업을 포함하고 있었다. 대부분의 학교는 일반교양과정을 두었고 학교에 따라 체조나 양호에 중점을 두거나 노동이나 국제문제를 다루는 경우도 있었다. 1868년 영국을 모방하여 민간 사격클럽이 조직되었다. 클럽의 목적은 병역에 종사할 청년들에게 무기조작을 숙달시켜 무력에 의해 국가권리를 수호하자는데 있었다. 이 조직은 점차 활동범위를 확대하여 일반 경기대회를 개최하고 사격장이나 운동장을 세워나갔고, 마침내 중앙위원회가 조직되었다. 중앙위원회는 체조협회의 형태를 취하면서 체조 및 유희에 참가하고 다른 참가자를 권유하여 운동경기회를 개최하고 학교에 시설을 제공하였다. 1871년 최초의 체육관이 리슬린계에 세워진 이후 1891년까지 300개 이상의 체육관이 건립되었다. 국방과 관련되어 운영되어온 이 조직은 20세기 들어 그 성격이 변화되었다. 즉 교육체조의 비군사화, 교원양성기관의 확충, 스포츠를 장려하기 위한 국가의 재정지원, 운동경기의 가치성의 인정 등을 들 수 있다.

1884년 링의 스웨덴체조가 라스무센(Rasmunssen, N.H.)에 의해 질란트의 발레킬데 국민고등학교에 도입되었고, 이후 초등학교와 사격클럽으로 급속히 확대되고 중등학교와 대학교까지 보급되었다. 1899년 정부는 〈체조교본〉을 간행하여 학교에 배부하였다. 이 책은 링의 스웨덴체조를 기반으로 기존의 덴마크체조에서 좋은 동작만을 선택 · 수집한 것이었다.

1891년 코펜하겐 플레이그라운드 협회가 최초의 공공 플레이그라운드를 개설하였다. 1897년 전국적인 덴마크 학생게임 조정위원회가 설립되어 아동들의 게임을 진흥시키고 게임지도교사를 양성하는 등 지역사회 스포츠발전에 기여하였다.

1900년대 들어 니일스 부크(Niels Bukh, 1880~1950)는 덴마크 체육의 진흥에 크게 공헌하였다. 당시 정부는 학생들을 위한 단체경기를 장려하였고, 많은 학교들은 이를 지지하였다. 교원양성과정에 있어 교육과정을 개정하여 크리켓, 축구, 하키 등 구기운동을 실시했고, 스포츠이론과 운영에도 시간을 배정하였다. 당시 니일스 부크가 교장인 국민고등학교는 성인 교육기관으로 정부의 도움을 받았고 교육대상자들은 농민의 자녀들이었다. 올레러프 국민고등학교는 생리학, 역사, 체조, 유희, 경기의 이론과 실제에 중점을 두었고, 졸업생은 귀향하여 스포츠, 유희, 무용을 지도하였다. 그의 활동과 특히 그의 기본 체조는 세계 체육과 스포츠계에 큰 영향을 미쳤다. 그의 체조는 링 이후 형식화 되고 비실제화된 스웨덴체조를 받아들여 링의 기본 사상에 입각하여 유연성, 근력, 조정력 및 민첩성을 기르는 방향으로 개편하였다. 스웨덴체조가 신체의 각부를 절연(絕緣)하여 운동하며 동작의 흐름과 율동을 고려치 않는데 비해, 덴마크체조는 진동형식의 동작을 채택하고 근의 긴장과 이완을 통한 조화적이며 종합적인 동작을 강조하였다. 그의 체조는 농촌 청년들의 유연성과 교정, 발육촉진을 목표로 삼아 직업활동으로 신체가 굳어진 성인을 위한 획기적인 체조동작이었다. 그는 남녀 청년회원들을 인솔하여 세계 각국을 순방하면서 덴마크체조를 지도하고 보급하는데 힘썼으며 한국에 다녀간 일이 있다(1931).

1904년 군대가 담당하던 장학제도는 민간인 크누센(Kundsen, K.A., 1864~ 1950)이 장학관으로 임명되면서 재편되었다. 이때 모든 교사가 전문적 훈련과정을 밟을 것을 필수조건으로 하는 법이 제정되었고 체육의 관할이 군에서 민간인으로 이전되었다. 그리하여 1911년 체육교사 양성을 위한 최초의 독립된 민간학교로 국립체조학교가 설립되었다. 이후 덴마크 체육대학으로 개칭되었다.

한편 1909년 코펜하겐대학에 체조이론 교사를 교수진에 포함시켰는데, 이때 교수진에 포함된 린트하르트(Lindhard, J)는 체조를 과학적 기반 위에서 새롭게 연구하였다. 이 대학은 1918년 최초로 체육연구실험실을 설치하였다.

[그림 26] 농민의 무용과 궁정 무도회

제2차 세계대전 때부터 19개의 교육법에 의해 운동시설이 건립되기 시작했다. 이 교육법에는 목욕탕과 탈의실을 갖춘 체육관과 운동장을 학교에서 갖출 것을 규정하였다. 그리하여 1950년대 중반까지 도시 대부분의 모든 학교와 농촌 대부분의 학교가 체육관을 갖추게 되었다.

교육과정에 있어 초등학교는 주당 100분, 중등학교는 주당 150분의 체육수업을 필수과목으로 이수케 하였다. 성적평가는 다른 교과의 점수와 합산하여 학년성적을 산출하였다. 대학은 체육과목을 선택과목으로 하고 스포츠클럽이나 대학생체조회를 통해 스포츠에 참가토록 했다.

덴마크는 일찍이 스포츠를 진흥하고 일괄적으로 관리할 수 있는 스포츠조직을 만들어 운용하였다. 1896년 덴마크스포츠연맹이 설립되었고, 체조, 수영, 사격, 축구, 핸드볼, 승마, 싸이클, 오리엔티어링, 범주(帆走), 육상경기, 복싱 등 여러 스포츠협회를 구성하였다. 스포츠연맹은 전국 선수권대회를 개최하고 운동장 증설을 원조하며 모든 스포츠 방법을 위한 의학적 관리시설을 갖추고 있었다. 이와 함께 1902년 영국의 영향을 받아 덴마크의 청소년조직으로 소년단이 창설되었고, 1905년 청년스포츠연맹, 1910년 YMCA소녀단이 조직되었다. 1919년부터는 YMCA가 독자적으로 소년단 프로그램을 운영하였다. 1921년 덴마크스포츠연맹은 스포츠의 참여를 높이기 위해 스포츠배지 제정에 노력하였다. 이 배지는 어린이, 청소년, 성인 등 세 그룹으로 구분하여 수여했고 금, 은, 동으로 단계적인 성격을 지니게 하여 스포츠활동을 장려하는데 기여했다. 또한 1930년 설립된 덴마크유스호스텔협회와 덴마크보행클럽은 국내외 여행객이나 회원, 외국 방문객이 이용할 수 있는 숙박시설을 구비하였다.

덴마크스포츠연맹은 1903년부터 정부보조금을 받았으며, 1948년 법령에 의해 풋볼복권을 발행하여 각종 클럽과 야외활동 서클의 재정 상태를 개선하는데 유용되었다. 국가의 총괄 하에 복권 이익금은 스포츠지도자 양성운동, 야외활동, 문화활동, 각종 스포츠활동의 과학적 연구에 배당되었다. 스포츠 및 체조클럽은 방과 후 또는 주말에 학교시설을 사용할 수 있으며, 시설활용이 불가능한 경우에는 지방자치 기구의 원조, 유지의 기부 또는 회원들의 노동제공으로 필요한 스포츠공간(운동장, 체육관, 수영장 등)을 마련하였다. 특히 1938년 제정된 덴마크의 휴일 법령에는 모든 근로자에게 연간 20일 이상의 유급휴가를 규정하여 각종 스포츠활동이나 클럽활동을 통해 여가를 선용할 수 있도록 권장하고 있다.

코펜하겐 스포츠공원은 스포츠맨들을 위해 건설된 특별 시설이다. 약 22에이커의 토지에 수영장, 35개의 소사격장, 각종 훈련용 홀 6개, 실내 테니스코트를 가진 홀 2개, 육상경기장, 하키운동장, 풋볼운동장 등을 갖추고 있다. 이 스포츠공원의 관리는 스포츠연맹과 코펜하겐 체육장들로 구성된 관리위원회가 맡았다. 그러나 스포츠에 대한 흥미가 높아짐에 따라 시당국은 300에이커의 토지를 제공하여 코펜하겐의 시내 및 교외에 9개의 스포츠 공원을 건설하였다.

덴마크 국민들은 특히 축구와 덴마크식 핸드볼을 즐겼으며, 북유럽에서는 하키와 크리켓을 즐기는 유일한 국가이다. 30세 이상의 국민들은 수영, 테니스, 덴마크식 핸드볼, 사격, 낚시를 즐긴다. 특히 축구는 덴마크인들에게 큰 인기가 있어 성행하고 있고, 영국 프로팀과 각종 명칭을 붙여 경기를 갖고 있으며, 스웨덴과의 국제 풋볼게임도 매년 빅게임으로 진행한다. 테니스는 1883년, 골프는 1898년 덴마크에 소개되었다. 덴마크식 핸드볼은 1898년 체육교사 닐센(Nielson, H.)이 최초로 경기규정을 제정한 것으로 초등학교에서 시작되었다. 이것은 한 팀을 선수 11명으로 구성하고 7명이 게임하도록 수정한 것이다.

덴마크는 반도와 수백 개의 섬들로 이루어져 있어 수상스포츠가 성행할 수 있었다. 조정은 여가선용과 대회로 발달했으며 해안과 호수 부근의 어린이들은 수영과 범주를 즐겼다. 조정과 요트클럽은 일찍이 1866년 결성되었고, 수영은 1800년 경기형태를 갖추었으며, 1925년경 실내수영장이 만들어졌다.

하이킹과 자전거 클럽도 많은 사람들이 즐겼고 1881년 자전거클럽이 결성되었다. 역사적인 경기인 링그라이딩(Ringriding)의 기원은 마상(馬上)경기까지 거슬러 올라간다. 말을 전력 질주시키면서 창을 다룬다든지, 여러 가지 도구를 이용하여 경주를 하게 되는데, 남성적인 게임으로 연령에 제한 없이 참여하고 있다. 댄스는 덴마크의 사교생활에 오랜 정취로 남아 있으며, 농촌에서는 주로 포크댄스가, 도시에는 고전적인 댄스와 현대적 연출에 의한 발레가 문화생활을 더욱 풍요롭게 해주고 있다.

5. 프랑스의 체육과 스포츠

프랑스는 영국과의 백년전쟁(1337~1453)을 겪으며 중앙집권적 국가를 형성하였고, 15세기경 문예부흥시대를 통해 근대문화가 태동하였다. 그러나 절대주의 왕정은 16~18세기에 최고의 절정기를 보냈다. 18세기 후반 루이16세와 귀족들의 권력다툼 속에서 소수의 부르주아 계층과 대다수 농민을 이루는 제 3신분은 성직자 및 귀족을 이루는 제 1신분과 제 2신분이 주도하는 봉건적 제도에 불만을 갖게 되면서 혁명의 분위기가 고조되었다.

1789년 프랑스 대혁명은 전형적인 시민혁명의 모습을 보여주었다. 이는 권위주의적인 왕조체제가 무너지고 시민사회로 전환되는 상징적인 사건이었다. 이로 인해 국민의회는 봉건적 특권제도를 폐지하고 1789년 8월 26일 인권을 선언하였다. 혁명의 기본정신을 밝힌 인권선언은 전문 17개조로 구성된 자연권 사상으로 인간의 자유, 재산, 안전을 추구하고 압제에 대항할 권리, 인민주권, 언론 · 출판 · 신앙의 자유, 법 앞에서의 평등, 삼권분립, 소유권의 불가침 등을 규정하였다. 결국 1792년 프랑스 역사상 최초의 공화국을 선포하고 루이16세를 처형하였다. 그러나 혁명의 확산과 이를 저지하려는 유럽 각국이 영국을 중심으로 대 프랑스동맹을 맺어 1793년 프랑스를 공격하였다. 국내에서는 반혁명 반란이 확대되었고 이에 급진파들이 정권을 장악하여 징병제를 실시해 외침을 물리치고 내정을 바로잡는다는 명목 하에 공포정치를 실시하였다. 그러나 공포정치는 많은 반대파들로 인해 무너지고 프랑스는 혼란에 빠져버렸다.

이때 이탈리아와 이집트 원정에서 공을 세워 국민의 신망을 얻고 있는 나폴레옹이 쿠데타를 일으켜 1799년 11월 통령정부를 세우고, 1804년 인민투표를 통해 황제에 즉위하였다. 나폴레옹은 법전을 편찬하여 모든 국민의 평등을 보장하고 조세제도를 개혁하였고 국민교육제도를 실시하는 등 과감한 개혁을 추진하여 국민의 지지를 받았다. 이와 더불어 나폴레옹은 제국주의적 성향을 나타냈다. 유럽 각국은 프랑스와 전쟁을 치르는 동안 자유와 평등, 우애 등 프랑스혁명의 이념이 전파되었다. 그러나 나폴레옹은 대륙 봉쇄령을 통한 영국의 고립화 정책의 실패, 러시아원정의 실패, 라이프치히전투의 패배 등으로 1814년 실권하였다.

그후 프랑스는 1830년 7월 혁명과 1848년 2월 혁명 등 일련의 혼란을 겪고 프로이센과의 전쟁(1870)에서 패배한 후 성립한 제3공화정(1870)에 들어서면서 민주국가로 발전하였다. 이러한 시대적 배경 속에서 프랑스는 국가주의의 감정이 강화되었다. 물론 국가주의적 경향은 혁명 이전에도 존재해 있었으나 혁명을 통하여 얻어진 새로운 자유를 지키기 위해 애국심을 강조해야만 했다. 나폴레옹이 군사적 성공을 거둔 이래 프랑스는 국민과 국가를 과시하고 그 위치를 지속하기 위해 국가주의적 경향을 더욱 더 강화시켰다. 또한 유럽대륙에서 오랜 항쟁, 독일과의 전쟁은 계속적으로 국가주의를 강조하게 했고, 그것은 오늘날까지도 계속되고 있다.

1) 교육

프랑스혁명 이전 프랑스는 정책다운 교육정책을 세우지 못하였다. 당시의 교육체제는 소수의 지적 선량(知的 選良)을 육성하기 위한 것과 기독교 교회가 구제사업으로 행하는 두 형태가 있었다. 따라서 일반 민중의 교육은 기독교 교회의 구제사업에 해당하는 자선학교에서 담당하였다. 이것이 오늘날 프랑스 교육의 특색인 복선형 학교교육의 바탕이 되었다.

프랑스혁명 직후 권력자들은 중앙집권적 정부를 수립하고 국가주의 정신을 고취시키는데 경주하였다. 그리고 국가유지를 위해서 아동들의 교육을 국가가 맡아야 한다는 원칙을 세웠다. 1791년의 헌법에는 "모든 시민에게 공통적이고 모든 사람들에게 필요한 무상의 공교육을 조직한다.” 고 정하였다. 나폴레옹 시절 그는 이 원칙에 입각하여 중앙집권적 교육제도를 확립하였다. 그는 교육을 국가적 사업으로 인식하여 혁명기의 사상을 강화하고 중앙집권적인 교육행정을 정비하였다. 모든 교과과정은 국가주의에 입각한 애국심을 높이는 내용으로 이루어졌고, 아동들은 초등학교부터 징병의 의무가 끝날 때까지 철저한 애국적 교훈을 주입받았다.

그후 기조(Guizot, F.P.G.), 파알 및 듀이 등이 주도하는 교육개혁을 거쳐 1870년대 비종파(非宗派), 공통(共通), 의무(義務)를 3원칙으로 하는 교육을 국비(國費)로 운영해야 한다는 민중 교육사상이 일반화 되었고, 1897년 선거에서 공화파가 승리하고 페리가 공교육상(公敎育相)이 되자 근대적인 국민교육제의 기초가 마련되었다. 1937년을 전후로 제아(Jean Zay) 교육부장관이 초 · 중등교육 간의 사회계층적인 차별을 제거하고 연령발달에 의해 교육을 구분하는 개혁이 단행되었다. 1947년의 랑주방 위원회(Langevin commission)는 광범위하고 보다 민주적인 교육목적을 채용하는 개혁안을 발표하였다. 이 개혁안은 모든 아동에게 사회적 · 경제적 지위에 관계없이 재능을 최대한 개발시킬 기회가 부여되어야 하며, 학교는 지적 기능과 마찬가지로 수공업이나 기술적 · 공예적 기능의 발달을 도모해야 한다고 하였다. 그러나 위원회는 전통적 교육의 필요성을 인정했을 뿐 그것을 미래의 시민육성을 위한 방향으로 설정하지는 못하였다. 1959년의 베르트당 개혁안, 1965년의 프셰개혁안, 1968년 고등교육에 관한 폴 개혁안을 거쳐 오늘날의 프랑스 교육이 정착되었다.

취학전 교육이 잘 되어 있어 프랑스의 모든 아동들은 유아원 또는 유치원에서 조기교육을 받는데 약 80%가 공립이다. 의무교육은 1967년부터 6~16세까지를 대상으로 하며, 다양하고 복잡한 중등학교 교육과정을 이수하게 되는데, 중등학교의 각 과정을 이수하는 동안 적절한 직업을 선택하기도 한다. 고등교육은 국립종합대학 및 전문대학과 사립고등교육기관(40개교 6만명 수용)이 있으며, 대표적인 23개 종합대학이 약 60만명의 학생을 수용하고 있다. 교원양성은 사범학교 및 고등사범학교에서 양성하나 중등교육기관의 교원 수요가 공급을 초과하여 대부분을 국립종합대학에서 교사를 양성하고 있다.

2) 체육의 목적

19세기 프랑스는 국가방위에 필요한 군사능력 배양 위주의 체육을 국가정책으로 삼았다. 그 이유는 국가를 위협하는 적국의 군대에 충분한 대책을 마련하기 위함이었다. 이로 인해 프랑스는 체육을 군비의 수단으로 인정했을 뿐 체육을 미래의 시민을 육성하는데 교육적으로 또는 사회적으로 바람직한 방법이라고 이해하지 않았다.

스페인에서 망명한 아모로스(Amoros, F., 1770~1848)는 군사적 목적으로 체조프로그램을 작성하였다. 또한 클리아스(Clias, P.I.H, 1728~1854)는 영국에서 군사용 체육

프로그램을 입안한 체조가로 1814년 초청되었는데, 그는 사립학교와 사범학교, 군대의 지도자로서 1848년 혁명 때까지 활동하다 스위스로 돌아갔다. 그 역시 체육의 필요성을 군사목적에 두었다. 그는 구츠 무츠와 야안의 영향을 받았으며 그의 저서 〈체조 연습의 기초〉는 국가주의적 국방체육에 바탕을 두고 집필되었다.

1848년 2월 혁명 이후 체육은 쇠퇴하였고, 1870년 보불전쟁에서 패한 후 체육에 대한 관심이 부활되어 지식인들은 신체적, 도덕적 쇠퇴가 국력을 저하시켰다고 비난하였다. 이러한 여론에 힘입어 많은 체조단체가 조직되고, 학교체육도 부흥하게 되었으며, 커리큘럼 속에 체조를 포함시키도록 법령이 제정되었다. 체조수업은 초기에는 남자에 대해 필수과목으로 규정한 후 공립학교의 여자에 이어 모든 학교에서 필수과목으로 채택되었다.

체육이 정규교과의 지위를 차지하게 되었으나, 19세기 체육은 본래의 가치에서 상당히 이탈되어 있었다. 이때 쿠베르탱(Coubertin, 1863~1937)이 등장하여 체육을 통해 국민적 힘을 재건시키고자 하였다. 그는 체육을 통해 태만의 유혹에서 벗어나 국가의 명예와 통일성을 유지하고 신체적 활력, 도덕적 규율 및 자제력을 갖춘 새로운 프랑스인을 육성하고자 하였다. 20세기 초 체육의 목적은 체력 및 정신력의 함양과 애국심을 강조하였다.

그는 고대 올림픽경기에서 깊은 감명을 받았던 사람으로 운동경기의 정신과 진정한 스포츠맨십에 대한 신념을 가지고 당시 격렬했던 국가주의로부터 벗어나고자 하였다. 쿠베르탱이 의도한 체육의 목적은 ① 전 세계에 체육과 스포츠의 보급, ② 체력 향상을 통한 신체능력의 수준향상, ③ 모든 대륙의 젊은이들을 한 자리에 모이게 하여 서로 우정을 나누고 국가 간의 비참한 전쟁을 피하자는데 두었다. 그의 의도는 올림픽에 대한 각 국민의 관심을 일깨웠고, 건강과 체력향상에 대한 운동기능, 스포츠와 레크리에이션 프로그램의 개선에 크게 공헌하였다.

1934년 대통령 보고서에는 "만일 국가의 존속과 번영을 바란다면 아이들에게 가장 좋은 교육조건을 제공하여 강건하게 성장하도록 하고 이를 통해 전쟁에 대해서 유능한 능력을 배양하게 할 필요가 있다." 고 하여 군사목적을 완수하기 위해 체육이 필요하다는 점을 명확히 제시하였다. 이러한 호전적 사조에도 불구하고 최근의 체육은 보다 넓은 분야에 걸쳐 공헌한다는 새로운 사고가 프랑스에 널리 퍼져 있다.

1947년 중등학교의 체육 목적에는 '체육은 학생들의 정상적인 발달을 도모하고 학생에게 자연스럽게 운동의 습관을 갖게 하며 기술이나 스피드나 근력 및 저항력을 발달시켜 팀웍, 규율, 기력, 애타주의(愛他主義)정신을 길러 사회생활을 준비하는데 도움을 주어야 한다." 고 되어 있다. 이런 경향은 체육의 레크리에이션적, 사회적, 도덕적 목표에 중점을 두고 있음을 의미한다. 특히 전쟁에 의한 피해나 공업생활, 지적 생활 등에서 좋지 않은 영향을 방지하기 위해 체육의 역할을 강조하고 있다.

3) 체육과 스포츠

워털루전쟁(1815)과 1848년 2월 혁명 사이에 체조가 군대를 중심으로 프랑스에 소개되었다. 1817년 아모로스는 파리 두르당 사립학교에 최초의 체육관을 건립하였다. 프랑스 국방장관은 아모로스가 그의 체육관에서 공개적으로 체조시범을 보인 발표회를 참관하고 장교들에게 체조를 가르칠 것을 결심하였다. 이를 위해 유능한 군인을 선발하여 파견하자 이에 고무된 아모로스는 야외체조장을 가진 육군 및 시민체조학교를 설립하여 1820년 개교와 더불어 교장이 되었다. 이 학교는 군인을 대상으로 했지만 민간인과 학생들에게도 입학이 허용되었으며, 왕립학교나 전문학교의 학생들에게도 개방하였다. 1831년 그는 프랑스의 체조감으로 임명되었으나 정부와의 불화로 1837년 은퇴하였다.

프랑스 최초의 체조프로그램을 창안한 아모로스는 모든 운동은 체계적으로 배열되어 순서에 따라 실행되어야 한다는 논리를 내세웠다. 이를 위해 유연성을 위한 도수체조를 최초로 이용했는데 이 체조는 기구를 사용치 않고 시행하였으며, 때때로 노래나 메트로놈을 이용하였다. 다음으로 기계체조, 평균운동, 아령운동, 행진 등과 도약이 이어졌다. 그는 페스탈로치의 주장을 받아들여 체육에 활용하였고, 모든 활동에 신체에 미치는 운동효과 또는 기계에 대한 운동의 적용성을 고려하였다. 그의 체조는 오랫동안 군대와 학교에서 행해졌다. 그의 뒤를 이은 클리아스(Clias, P., 1782~1854)는 스위스와 영국에서 군사용 체육프로그램을 입안한 체조가로, 1841년 프랑스에 초청되어 사립학교와 사범학교 및 부근의 군부대에 주둔하며 활동하였다. 그는 구츠 무츠와 얀의 체조를 결합하여 유연체조를 만들었는데, 그는 체조에 가로대, 평행봉, 줄, 반등봉(Chimbing mast), 회전그네 및 안마 등을 이용하였다.

1848년부터 1870년까지는 프랑스체조의 침체기라 할 수 있으나 이 기간에도 중요한 연구가 시도되었다. 1867년 과학자 듀센느의 저서 〈운동생리학〉이 출판되었는데 이 책은 경험적 확증에 입각한 인간의 근조직을 중심으로 저술되었다. 그는 이 연구에서 정상인이거나 병자이든 모든 인간의 동작분석을 위해 전기 생리학적 방법을 이용하였다.

이 시기에 아모로스의 두 제자와 동료들은 조안빌의 육군체조사범학교 설립을 도왔다. 이 학교는 군대와 일반학교에 필요한 교사를 충원해 주기 위해 설립한 학교였다. 보불(普佛)전쟁의 패배가 체력 단련의 부족이라 보고 체육에 대한 관심이 고조되어 새로운 체조단체들이 조직되었다. 학교체육도 부흥의 계기를 맞아 체조가 커리큘럼에 포함되도록 법령을 제정하였다. 그러나 시설이나 프로그램이 부족하였고 교사들의 상실감으로 인해 19세기 중반부터 20세기 초까지 체조수업은 유명무실했다.

1895년 데물랭(Damolins)의 〈앵글로 색슨족의 우수성은 무엇에서 유래하는가〉라는 저서의 출간과 1896년 근대 올림픽의 개최, 두 차례의 세계대전에 크게 자극을 받아 스포츠는 발전적 전환기를 맞게 되었다. 일련의 상황들은 교육제도와 체육 및 스포츠에 많은 영향을 주었고, 체육 및 스포츠의 목적이 체력 및 정신력의 함양과 애국심에 있게 되었다. 그래서 운동장 근처에 반드시 사격장을 두어 국가를 지키기 위한 상징으로 삼았다.

19세기 프랑스에는 몇 개의 체조 및 스포츠단체가 조직되었고, 제1차 세계대전 이후 현저히 발전하였으며, 정부로부터 재정지원을 받기 위해 예비 군사훈련을 맡아 대행하기도 했다. 이런 상황에서 여러 클럽들이 연맹이나 협회를 결성하고 각 단체들의 활동을 조정해 나갔다.

20세기에 이르러 체조계는 여러 개의 파벌이 형성되었다. 즉 링파, 데메니파, 조안빌파, 문교부파, 헤베르트(Hebert)파 등은 각기 자신들의 주장을 내세워 파벌을 형성하였다. 데메니는 스웨덴체조를 거부하면서 기존의 주장에서 벗어나 보다 이론적인 분류를 시도하고, 효과가 정확한 운동만을 포함시켜 자세와 신체능력을 개선코자 하였다. 딱딱한 자세의 스웨덴체조와 비교하여 그의 맨손체조는 부드럽고 신체에 무리를 주지 않는 우아함을 지닌 '완전한 조화와 연속운동'을 특징으로 했다. 조안빌파와 문교부파는 데메니파의 시스템을 받아들여 각각 독특한 특징을 지닌 프로그램을 창안하였고, 헤베르트는 "미개인들이 삶을 위한 자연적인 운동의 결과로 건강을 유지하며 훌륭한 체격을 갖추게 되었다."고 하면서 미개인의 경우처럼 걷기, 달리기, 뛰기, 오르기, 중량 들어올리기, 걷기, 수영 등을 포함한 '자연운동'을 발전시키고자 하였다. 1945년 교사들을 위한 교육지침서에는 링과 헤베르트 및 데메니체조를 받아들일 것을 권장하고 있다.

1920년 4월 27일 공포된 법령에 학생스포츠경기단체에 대한 면세, 운동장과 교사양성, 교원자격에 관한 문제를 규정하였으며, 1922년 4월 6일 체육심의회를 구성하여 스포츠 진흥의 새로운 전기를 맞이하였다.

프랑스는 다른 유럽국가보다 뒤늦게 1937년 스포츠 배지테스트 기획으로 전국적인 체력향상운동을 처음 시도하였다. 라그랑그(Lagrange, L.)에 의해 연령별 국민스포츠 점검이 기획되었고, 학교나 장병훈련 계획과정에서 신체훈련을 받아 숙련자들을 위해 제2차 세계대전 후 국민스포츠 검정을 부활하여 널리 보급하였다. 그러나 스포츠시설이 크게 부족하여 스포츠행사 및 스포츠활동에 많은 어려움이 뒤따랐다. 이에 국가재정이 허락되는 범위 내에서 각 지역사회를 후원하였고, 그 결과 1950년대 학교의 체육시설이 크게 확보되었다.

특히 1940년 11월 26일 스포츠에 관한 훈련을 통해 체육, 위생훈련, 직업교육, 합창, 야외생활에 대한 준비 등을 포함하는 프로그램을 교육과정에 포함시켰다. 국방부와 문교부의 관리 하에 있던 체육에 관한 소관업무가 문교부로 옮겨지고 1929년 체육국이 문교부 내의 청으로 승격되었다. 제2차 세계대전 후 문교부장관 아래 청년스포츠 차관을 두어 스포츠를 담당하게 하였다. 1958년 청소년스포츠 최고위원회가 체육스포츠 청소년활동에 관해 광범위한 프로그램을 담당하였다. 이 위원회는 1963년 청소년 스포츠청이 되었다.

이후 청소년활동의 계속적인 확대로 1964년 문교부 관리 하에 있던 청이 청소년스포츠부로 승격되었다. 청소년스포츠부장관은 체육, 스포츠, 여가, 스포츠클럽, 레크리에이션, 민중교육계획, 지도자 양성계획, 스포츠시설 및 용구, 학교 스포츠클럽, 캠프의 의학적 · 위생적 관리 등 전반적인 스포츠 업무를 관장한다. 스포츠의 중요성을 학생이나 부모 및 사회 전체에 강조하기 위해 초등학교를 졸업할 때 반드시 국민스포츠 검정을 통과하도록 규정하였다. 과거 프랑스는 영국과 미국의 학교처럼 스포츠 육성에 조직적으로 관리하지 못했다. 교육이 주지주의적이며 학교는 엄숙한 면학의 장이었고, 과외활동에 관심이 없어 소년들은 조직적인 경기에 참가치 못했다. 여가선용은 상류사회의 특권이었으며, 중간층이나 하층계급의 아동들은 레크리에이션을 즐길 기회가 거의 없었다.

이러한 역사적 오류를 개선하기 위해 청소년스포츠부는 여러 사설기관이나 공공기관과 협력하여 청소년과 성인의 여가선용을 확대해 나갔다. 종교단체, 지역사회의 청소년조직, 휴가촌, 스키장, 스포츠클럽 등의 프로그램을 개선하고 레크리에이션 지도의 전문직화를 통해 그들을 대중교육의 카운슬러로, 여가선용의 관리자로서 근무토록 하였다.

이에 5세 이상의 국민들은 적성에 맞는 스포츠클럽을 결성할 수 있도록 도왔으며, 300만명 이상에게 숙련증서를 발행하였다. 또한 축구, 스키, 농구, 테니스, 수영, 싸이클, 유도, 체조, 육상경기, 마술, 배구, 핸드볼 등 스포츠연맹을 조직하여 각종 스포츠를 보급하였다. 한편으로는 법률에 기업이 고용자들을 위한 여가시설을 준비하도록 의무화 하고, 여러 스포츠프로그램에 참가하도록 하였다. 그 결과 프랑스인의 스포츠에 대한 흥미와 관심이 크게 향상되고 많은 사람들이 스포츠를 즐기며 스포츠클럽에 가입하였고, 각종 국내외 경기에 적극 참여하게 되었다.

한편 1961년부터 시작된 4개년 계획에 의해 운동시설이 확충되었다. 경기장과 운동장 1,200개소, 체육관과 스포츠홀 600개소, 수영장 600개소, 유스호스텔 600개소 등 수많은 휴일 캠프장과 다양한 운동시설이 건설되었으나 여전히 수요에는 크게 미치지 못했다.

20세기 초반 초등학교의 체육은 담임교사에 의해 지도되었으며, 주당 3시간의 시수가 할당되었다. 스포츠나 경기에 참가하려는 학생들은 자신에게 맞는 스포츠클럽에 가입하여 활동하였다. 초등학교와 중등학교는 목요일 오후에, 대학에서는 수요일 오후에 각종 운동경기가 행해졌다.

초등학교의 프로그램은 자세 교정체조, 기능 양성체조, 자연운동 및 게임, 육상경기에 관련된 운동이 이루어지게 하였다. 중등학교의 프로그램도 초등학교의 프로그램과 비슷하나 여자에게는 리듬운동이 추가되거나 수영장이 있으면 수영이 추가되었다.

20세기 초반까지 중등학교에서 스포츠프로그램은 지식교육을 가르치는 다른 교과에 비해 소외당했다. 펜싱, 체조, 댄스, 복싱, 수영, 승마 등 스포츠활동은 여가시간을 통하여 이루어지는 학교가 있을 정도였다. 그러나 제2차 세계대전 후 운동이나 스포츠의 가치가 점차 중요하게 부각되기 시작하였다.

1951년 반브(Vanves)에 의해 반일제 스포츠활동이 시작되었다. 이를 위해 학업부담을 줄이고 신체활동 시간을 늘렸으며, 자습과 휴식시간을 마련하여 학생들의 신체발달을 촉진한 결과 사회성과 자율성이 길러지고 학업성적이 올랐다. 초등학교, 중등학교의 필수 커리큘럼의 내용도 개편되어 학교에서는 체육, 스포츠, 야외활동이 조화롭게 이루어지도록 하였다.

1953년 모든 대학에 운동과 스포츠를 정규 교육영역으로 추진해 줄 것을 요청하였다. 그러나 관심이 부족하고 자금과 설비 및 스포츠지도원의 부족으로 인해 10여년이 지나도록 거의 발전되지 않았으며, 1963년 이후 대학스포츠위원회가 설치되면서 변화되기 시작하였다.

프랑스의 학교체육프로그램을 운영하기 위한 경비는 주로 민간단체의 지원을 받았다. 또한 각종 운동경기에 많은 학생들이 참여하도록 적극 권장하였다. 이를 위해 사립학교에는 사학 스포츠연맹이 운동경기 클럽을 관리하였고, 공립학교에서는 초등학교 스포츠연맹이 게임을 주최하고 참가를 장려하였다. 중등학교나 대학스포츠연맹은 중등학교나 대학의 스포츠활동을 조직하였으며, 이 조직은 공식조직으로서 학교 스포츠협회가 되었다.

6. 영국의 체육과 스포츠

독일을 비롯한 유럽 국가들이 외침에 대항하여 국방력을 기르고 영토확장에 경주하고 있을 때 영국은 지리상 대륙에서 유리(琉璃)되어 비교적 외세의 침략이 적었고, 바다를 국경선으로 막강한 해군력을 보유할 수 있었다. 영국에서 근대문화의 시작은 백년전쟁과 장미전쟁이 끝난 1485년 헨리 7세(Henry, 재위 1458~1509) 때부터라 할 수 있다. 그는 튜터왕조로 개칭하고 봉건 귀족세력을 억제하였다. 헨리8세(재위 1509~1547)는 수도원을 해산하여 토지를 몰수하고 종교개혁을 단행하였으며 절대왕권을 강화하고 의회와 평화적인 관계를 유지하였다. 그후 엘리자베스 여왕(Elizabeth, 재위 1558~1603)은 통일령을 발표하여 영국 국교회를 확립하였고, 1588년 스페인의 무적함대를 격파함으로써 해외무역이 크게 확대되었다. 또한 동인도회사를 설립하여 식민지 활동을 전개해 나갔다.

제임스(James, 재위 1603~1625)1세는 스튜어트왕조로 개칭, 왕권신수설(王權神授說)을 주장하며 영국의 헌정적인 전통이나 의회의 과세권을 무시하는 등 친 카톨릭 정책으로 의회와 충돌하였고, 찰스(Charles, 재위 1625~1649) 1세도 청교도를 탄압하였다. 이때 권리청원이 있었고, 젠트리가 주도한 크롬웰의 독재 기간 동안(1653~1658) 크롬웰의 의회파(議會派, 청교도 중심의 근대적 시민계급)가 혁명을 주도하여 왕당파(王黨波, 국교회 중심의 귀족 · 지주계층)를 진압하여 왕정(王政)을 폐지하고 공화정(共和政)을 수립하였다. 16세기 시민계층의 지지로 절대왕권을 확립한 튜터 왕조와 달리 왕실 측이 절대왕정을 강요하여 성립된 스튜어트왕조는 시민계층과 충돌하여 찰스1세는 처형되었다. 이것은 민주정치의 도화선이자 시민혁명의 표본이었다. 이를 청교도혁명 또는 2차 내란이라고 부른다.

수차례의 갈등과 대립을 통해 1688년 제임스2세가 프랑스로 망명을 가고 윌리암3세(William, 재위 1689~1702)가 즉위하는 명예혁명을 가져와 권리장전(權利章典)이 승인되었다. 그 결과 "왕은 군림하나 통치는 하지 않는다."는 입헌군주제와 의원내각제의 정부형태로 정착되었다. 시민혁명과 18세기 산업혁명은 근대 시민사회의 형성에 큰 역할을 하였다. 특히 산업혁명은 인간생활에 급격한 변화를 초래하였다. 대도시의 인구집중, 과도하고 장기적인 노동, 저소득층의 빈곤으로 서민들의 불만은 커졌다. 이로써 사회관계법이 입안되어 사회의 새 계층에까지 선거권이 확대되었고, 아동노동법이 제정되었으며, 여가시간이 증대되고 이에 따라 레크리에이션 시설이 확충되었다. 국내적으로 자유주의에 기초한 개혁을 통해 계층적 불만을 잠재우는 한편 대외적으로 프랑스의 나폴레옹을 격퇴시켜 세계 최강국의 위세를 떨치게 되었다. 영국의 세계팽창은 제국주의 정책에서 앞선 결과였고, 20세기 초 제1차 세계대전은 제국주의 패권을 다툰 열강들의 대립으로 이해할 수 있다.

제국주의가 빚어낸 제1차 및 제2차 세계대전이 끝나자 영국은 이전의 자유주의 정책과는 다른 새로운 정책을 모색해야만 했다. 이에 따라 국유화 또는 사회보장제도를 중심으로 한 국가주도형 정책이 추진되었고, 이때 노동당이 확고한 집권세력을 형성하게 되었다.

영국의 역사적 흐름은 스포츠에서도 영국적 특성으로 나타났다. 즉 유럽대륙의 국가들이 외세에 대항하기 위해 국가적이고 민족적이며 군국적인 스포츠 체제를 유지였다면, 영국의 스포츠는 자유로운 분위기 속에서 스포츠를 즐길 수 있었다. 19세경 유럽

대륙의 국가들은 독일계 체조와 스웨덴계 체조로 나뉘어 국가의 통괄 하에 전개되었으나 영국의 경우 스포츠활동에 대한 국가적 간섭이 거의 없었고, 인간성과 자유의 원칙을 존중하였다. 학교 또한 지방분권화가 이루어져 있어 지방자치단체의 창의력에 의한 발전이 이루어졌다. 19세기 초반 뚜렷하게 계층화된 사회질서가 성립되어 있어 하류계층은 선거권이 없었고, 스포츠는 일부 특권계층의 독점물이었다. 이에 대한 30여 년간의 개혁운동이 일어나 개혁을 주장하는 세력이 차츰 확대되었고, 산업혁명의 결과 부(富)를 축적한 신흥 부유층의 강력한 요구로 선거권이 확대되면서 그들의 자녀에 대한 교육의 필요성을 인식하게 되었다. 이렇게 하여 영국 국민들은 귀족이나 서민, 남녀노소를 막론하고 스포츠를 교양의 일종으로 또는 생활의 중요한 일부분으로 즐길 수 있었다. 그리고 스포츠를 통하여 통솔력, 협조심, 자제력, 인내력을 배양하였다. 이러한 자질은 대영제국의 식민지를 통치하는데 필요한 요소가 되었다. 영국인들은 스포츠경기에 대한 태도, 예의, 페어플레이 정신을 운동기술 못지않게 강조하였고 신사도와 운동정신을 결부한 스포츠관을 정립시켰다. 영국이 '스포츠의 요람지' 또는 '근대스포츠의 발상지' 로 불리는 명예와 영광은 바로 신사도와 결부된 운동정신이 크게 작용했다고 볼 수 있다. 이것이 바로 영국의 스포츠교육이며 체육의 형태를 보여주는 현상이라 할 수 있다.

1) 교육

영국은 전통적으로 개인주의와 자유주의를 중시하였으며, 교육은 지방자치단체 주도에 입각한 지방분권적 학교행정을 취했다. 1870년 이전 대부분의 학교들은 사립학교나 자선적 · 종교적 성격을 띠었다. 상류계층은 가정교사를 두거나 우수한 상급학교의 진학을 위해 예비학교나 고전문법학교에서 수학하였다. 그때까지 영국의 대표적인 교육기관은 12~13세기경 설립된 옥스퍼드, 케임브리지 및 윈체스터, 이튼 등의 공립학교(Public School)였다. 이들은 중 · 근세기 지배층 자녀의 교육을 담당하였고 영국적 의미의 신사교육장이 되었다.

서민교육은 14세기 초부터 조직된 도제제도(徒弟制度)가 17~18세기 근로 서민의 구빈제도(救貧制度)와 결합된 워크하우스(Work house) 및 노동학교가 담당하였다. 근대적 국민교육제도의 성립은 19세기 중엽까지 기독교 지식 진흥협회가 중심이 된 자선학교와 일요학교운동이었다. 이 학교들은 일반 대중의 자녀들을 대상으로 3R's와 같은 기초지식을 가르쳤다. 이런 배경에서 보편적 교육의 필요성이 광범위하게 인식되어 사회적으로 특정 종파의 지배를 받지 않는 학교의 설립과 운영을 요구하게 되자, 1870년 교육법을 제정하여 근대적 국민교육제도(공교육제도)가 성립하게 되었다. 특히 1918년의 교육법과 1922년 집권노동당의 '모든 사람에게 중등교육을(Secondary Education for all)' 이라는 강령에 의해 중등교육제도가 정비되었다.

19세기 이래 영국교육의 기본방침은 조정과 조화를 바탕으로 시대의 변화에 적응해 나가는 것이었다. 중등학교의 교육목표는 많은 학생들에게 폭넓은 교양을 가르쳐 학문적 지식을 높이고 도덕적 · 기술적 · 미적 발달을 함께 도모하는데 두었다. 또한 시민의식의 함양에 일차적 가치를 두었을 뿐, 어떠한 국가주의적 사상도 주입시키지 않았다.

의무교육은 5~6세까지이며, 공립학교체계는 11살을 기준으로 그 이전을 초등, 그 이후를 중등으로 구분하고 중등교육 수료 후 다양한 교육기회가 주어지는데 이를 '계속교육(Further education)' 이라 한다. 고등교육기관으로 종합대학교, 교원양성대학 및 공과대학이 있었다. 종합대학교는 일반교육, 전문교육 및 학술연구를 목적으로 하고 있으며, 공과대학은 상급기술자의 양성을 목적으로 한다. 교원대학은 교원양성대학과 종합대학교의 교육학과에서 행해지는데 교원양성대학이 교원양성기관의 3/4을 차지한다.

영국은 교육에 대한 통제가 심하지 않은 국가이다. 교과서의 검정도 없으며 교과서 채택도 학교가 자율적으로 결정토록 하였다. 다만 교육과학부(敎育科學部)가 정한 학력표준 및 지도표, 장학관의 지도조언, 특히 현장 교사의 양식 등이 초 · 중등학교 교육내용 편성에 큰 영향을 주고 있다.

유아학교에서는 실내외의 유희, 수공활동, 동화, 그림 그리기, 노래 등이 중요 교육이다. 초등학교는 전통적 교과학습과 더불어 극화활동, 스포츠, 미술 등과 외국어(주로 프랑스어)를 가르친다. 중등학교는 하우스시스템(House system)이라는 학생 지도체제를 갖추고 있어 퍼블릭스쿨 기숙사에서 교장이나 사감과의 인격적 접촉, 상 · 하급의 집단생활에 의한 수양 및 계발방식을 모방한 제도를 실행하고 있다. 1950년 후반 영국교육은 대개혁기를 맞아 유아교육시설을 확충하고 중등학교의 종합화와 의무교육의 1년 연장, 고등교육의 대규모 발전계획을 세웠다. 현대과학과 기술혁신, 국제경쟁에 대처하기 위해 기존의 교육제도를 현실성에 있게 개선하여 새로운 현대 민주적 교육을 확립하였다.

2) 체육의 목적

영국은 지리적 여건상 유럽 대륙의 국가들처럼 체육을 군사적 배양의 수단으로 활용할 필요가 없었다. 영국은 국가주의를 넘어 개성과 자유를 중시하고 건전한 성격과 사회적 자질, 일반적인 체력의 형성에 관심이 있었다. 따라서 스포츠를 통해 건전한 인격을 도야하고 체력을 함양하며 사회적 요구에 필요한 자질을 기르는 것이 영국인들의 가장 큰 관심사였다. 특히 퍼블릭스쿨에서는 팀 경기를 전통적으로 행하여왔다. 그들은 "워털루전쟁의 승리는 이튼스쿨의 운동장(팀 게임)에서 이루어졌다." 고 하여 퍼블릭스쿨이 추구해온 팀 경기의 사회적 기여를 강조했으며, 팀 게임을 통해 지도력, 충성심, 규율, 솔선, 스포츠맨십을 체득하도록 하였다. 이것이 대영제국의 식민지 통치에 기여하는 국가주의로 보이지만 한편으로는 영국적인 자질로서 널리 인정받고 있다.

영국은 기후가 온화하고 옥외생활에 적합하여 귀족과 모든 서민들이 전통적으로 스포츠를 즐겨왔고, 모든 계층에게 유쾌하게 레크리에이션을 즐길 수 있는 기회가 주어져 있었다. 그러나 청교도(Puritan)들이 영국을 통치하게 되자 스포츠는 암흑의 시대를 겪었다. 청교도들은 스포츠를 도덕적으로 바람직하지 않다는 이유로 금지시켜 왔으나 왕정복고와 더불어 즐거운 오락이 부활되었다.

산업혁명 이후 농촌을 떠난 일반 대중들은 도시의 빈민굴이나 공장으로 옮겨 살게 되고 하루 12~16시간의 단조로운 노동으로 과거의 레크리에이션이 잊혀져갔으며 가난하고 비위생적인 생활로 육체적 · 도덕적으로 타락하는 경향을 보였다. 이에 개혁을 요구하는 여론이 커지고, 마침내 여가선용에 관한 입법이 여러 측면에서 이루어졌다. 그 결과 노동자를 위한 여가시간이 확보되고 레크리에이션을 위한 시설이 증가되었다. 20세기 모든 계층이 공교육을 받도록 공교육의 확대가 시도되고 공교육을 위한 현대적 시설, 레크리에이션 프로그램, 건강과 의료적 서비스가 증대되었다. 군대에서도 스포츠의 관심이 커졌다.

20세기에 이를 무렵 군사적 성향의 스웨덴체조가 도입되었으나 영국인들에게 알맞게 개편하여 그들의 목적을 점차 부각시켜 나갔다. 그 목적은 다음과 같다. 첫째 신체적 건강과 체격 및 강한 체력의 유지와 증진, 둘째 인격향상과 사회이상 및 팀 정신을 발달시켜 불굴의 용기, 당당함, 인내, 페어플레이 및 우애정신의 함양, 셋째 훌륭한 체력을 향상하고 이에 대한 기쁨, 넷째 건전한 사고와 활동, 신속 · 정확한 협동심의 함양, 다섯째 안정감이 이루어지고 아름답게 신체를 움직이는 능력의 발달, 여섯째 일반적인 운동능력이나 특정 레크리에이션 기술이나 직업적 기술의 발달 도모, 일곱째 유전이나 환경에서 오는 신체적 이상을 교정, 여덟째 스스로 자신의 신체적 표현과 능력을 테스트할 기회, 아홉째 건전하게 여가를 즐기도록 장려하는 목적 등을 부각시켜 나갔다. 이 프로그램에서 사용된 용어의 변천을 보면 영국스포츠의 목표가 어떻게 변천되었는지 잘 알 수 있다. 즉「Physical drill, Physical exercise, physical training」 그리고 「Physical education」 등이다.

3) 스포츠의 발전

영국인들이 일상 속에서 각종 스포츠나 유희를 즐기고 있을 때 대륙의 국가들은 국가주의에 기초하여 체조를 체계화 하는 한편 체육학을 발달시켰다. 영국은 대륙에서 고립된 영토와 강력한 해군을 보유하여 유럽 대륙처럼 국방을 위한 엄격한 단련교육이나 체조에는 관심이 없었다. 이러한 경향은 개인주의와 자유정신으로 발전하여 여가를 통해 게임이나 스포츠를 즐겼고 스포츠의 가치성을 높이 인식하였다. 체조를 제외한 대부분의 게임과 스포츠는 영국에서 발생하여 각국으로 전파되었다. 예로 크리켓은 고대의 거친 게임에서 발생했는데 구부러진 스틱과 볼을 사용했다. 난폭하고 잔인한 엘리자베스식 풋볼은 시대가 지나면서 축구나 럭비로 변화되었다. 럭비학교의 비문은 그 기원을 말해준다. “이 비석은 엘리스의 공적을 기념한다. 1823년 그는 럭비게임의 뚜렷한 특징을 창안하였다.” 게다가 영국인들의 활동적이고 도전적인 성향과 양호한 기후조건이 스포츠를 촉진시켰고, 스포츠는 영국의 전통과 더불어 발전하였다.

19세기 초기 나폴레옹전쟁의 영향으로 클리아스와 맥클라렌의 체육프로그램은 어느 정도 군사적 성격을 띠고 있었지만 시민들의 스포츠활동에도 많은 관심을 보였다. 이때 구츠 무츠와 얀의 체조가 클리아스와 페르겔에 의해 도입되었다. 특히 1820년대 영국의 사관들이 스위스를 여행하면서 군대에서 실행하고 있던 클리아스의 체조훈련에 큰 감명을 받고 그를 런던으로 초청하여 강습을 받았다. 그는 육군대위로 왕립육해군대학의 체육주임으로 활동하였다. 그는 체조훈련이 신체에 유능한 힘을 육성할 뿐 아니라 원만한 성격형성을 위한 도덕적 자질과 사회적 기풍을 함양한다. 군대생활과 같이 시민의 직업생활에도 체계적인 운동연습이 필요하다고 했다. 훈련방식 또한 군대식으로 구성하고 병사에게 가장 중요한 근력, 기동성, 민첩성, 지구력 등의 습득을 강조하였다. 이후 펜싱학교를 경영하던 맥클라렌(Maclaren, A., 1820 ~1884)이 1858년 옥스퍼드에 사립체조학교를 건립함으로써 체조의 관심이 부각되었다. 1862년 그는 영국에서 처음으로 군인을 대상으로 체조교사를 양성하였다. 훈련과정을 마친 이들은 알더쇼트의 육군 체조장으로 귀대하여 체조교사를 양성하는 사범학교를 세웠다. 10년 후 스톨홀름의 중앙체조학교 졸업생에 의해 시민을 위한 스웨덴식 체조과정이 개설되었다. 스웨덴식 체조는 1830년대 인데베토우, 에렌호프 등이 소개하다가 1850년 게오르기에 의해 본격적으로 소개되었다. 이들은 스웨덴의 왕립중앙체조학교를 졸업하고 런던에 돌아와 사립학교를 설립하였다. 1885년 햄프스테드에 체육교사양성 전문학교가 설립되어 10년 후 다프토드대학이 되었다.

19세기 중엽까지 영국의 교육은 상류계층의 자녀를 대상으로 하였고, 기독교와 관련된 내용과 그리스와 라틴의 인문 고전을 위주로 한 전통적인 주지주의 교육을 실시하였다. 이에 토마스 아놀드 럭비학교장은 교육개혁을 주장했고, 퍼블릭스쿨을 중심으로 새로운 기풍이 일었다. 교육개혁으로 종래의 형식적이고 엄격한 훈육주의를 폐지하고 청소년들이 정열을 쏟을 수 있는 스포츠가 교육내용으로 수용되었다. 주 3회 하루에 한나절을 스포츠활동에 할애하여 규칙의 준수, 충성, 전통존중, 공정심과 같은 스포츠맨십을 기르도록 지도하였다. 스포츠를 통해 단체훈련을 하는 동안 건강한 신체와 정신, 의지력이 길러져 영국적 신사도가 형성되었고, 이는 대영제국의 번영에 기여하였

[그림 27] 럭비스쿨의 풋볼장면

다. 성공적인 아놀드의 교육혁신으로 영국교육에서 체육이 중요한 교육 분야로 정착되었다. 스포츠를 통한 인격형성에 중점을 둔 퍼블릭스쿨은 소수 정원제의 기숙사를 갖춘 사립학교로 오랜 역사와 전통을 가지고 있다. 이 학교는 지주와 귀족 계급의 자녀와 부르주아 계급의 자녀들을 교육했기 때문에 그 파급효과도 컸다.

이러한 학교로는 중세 말에 건립된 윈체스터, 웨스트민스트, 이튼, 하로, 차려하우스, 럭비, 술스베리 등이 있었다. 다만 이 학교들은 그 명칭이 퍼블릭스쿨이라 불리나 18세기 말부터 사립학교로 전환되었다. 1840년 럭비학교의 개혁은 다른 학교에도 많은 영향을 끼쳤다. 특히 운동경기와 단체정신에 대한 예찬론이 전파되었다. 예로 토마스 휴즈의 소설 〈톰 브라운의 학교생활〉에는 풋볼 승리의 축하연에서 주장 불룩은 다음과 같이 말했다. "8년간의 내 기억에서 가장 격렬했던 이번 게임에서 우리 선수들은 상대 학교팀을 패배시켰다. 그들이 왜 패배를 당했을까? … 우리 학교에는 매우 우수한 선수 6명이 있었다. 하지만 우리 팀이 승리한 원인은 상대팀보다 서로 신뢰하고 동료의식이 보다 강했기 때문이라고 생각한다. … 우리는 단결했고 그들은 분열했다. … 우리가 승리한 비밀은 바로 이 점입니다." 이 내용에서 불룩이 강조한 것은 스포츠의 승리 제일주의가 아니라 신뢰와 동료의식, 단체정신의 위대성을 예찬하는 것이며, 이것이 영국다운 스포츠정신이었다. 스포츠정신을 바탕으로 한 인격형성의 공헌은 세계에서 큰 관심이 일었고 각국으로 전파되었다.

이 시기를 즈음하여 스포츠단체가 결성되기 시작하였다. 사격, 축구, 하키, 요트, 싸이클, 육상경기 등의 단체가 먼저 결성되었고, 그후 많은 단체가 결성되어 다채로운 아마추어선수권대회를 가졌다. 정식 육상대회는 19세기 중엽에 여러 지방에서 시작되었다. 그중 제1회 스포츠대회와 옥스퍼드대학 대 캠브리지대학의 경기가 1864년 있었다. 1866년 런던에서 아마추어선수권대회가 개최되어 14년간 계속되었다. 당시 스포츠협회들은 직업에 귀천을 두어 기계공이나 직공, 근로자, 천한 직종의 종사자에게는 아마추어 자격을 주지 않았다. 그러나 1900년 이후 계급이나 직업에 관계없이 모두에게 개방하였다. 이 단체들은 교육기관이나 레크리에이션 기관과 관계유지, 학생들의 관심고취, 국내외 선수권대회의 계획, 법칙의 제정, 경기력 향상에 노력하였다. 각종 경기에 필요한 유인물 제작, 경기지도, 코치나 청소년지도자 양성과정을 개설하여 지도자의 자질 개선, 배지나 면허증 수여, 올림픽 출전자 선발 등을 담당하였다. 초기에 스포츠단체는 사회계급적 성격이 강했고, 종목 간에 교류도 없었다.

19세기 후반 초등학교의 체육은 노래에 맞춰 행하는 게임이나 유희 또는 덤블링, 바퀴, 둥근 장대, 아령, 곤봉 등을 가지고 하는 운동(Drill)들이 일반적 이었다. 1870년 교육법에서 학교의 신체훈련은 야외운동(Field exercise)으로 실시해야 한다는 주장이 제기되었다. 이에 1890년 'Physical Exercise' 라는 말이 'Drill' 을 대신했고, 육군의 핸드북은 변함없이 교사에게 기본적 활동을 지시하고 있었다. 초등학교에서 체육이 필수과목으로 채택된 것은 1885년이지만, 실제 보급은 20세기 무렵이었다. 보어전쟁(1899~1902)으로 국민체위의 향상이라는 문제가 제기되었다. 그 결과 왕립체육위원회와 여러 부서들이 청년의 신체를 개선하고 체력증대 방안을 강구하였다. 이들 위원회의 건의에 따라 교육위원회는 1904년 제1회 체육요목을 공포하였다. 체육은 주로 스웨덴체조를 기초로 이루어졌고, 이후 여러 차례 개정되었다.

20세기에 들어 체육은 교육과정에서 중요한 역할을 담당하였다. 공립 초등학교에서는 매일 아침 수업 전에 체조를 실시하고 주 3회씩 오후시간을 체육에 할당케 했다. 학급담임교사는 1933년 개정된 체육요목에 의거하여 수업을 진행하였다. 공립 중등학교는 정규 체육교사 혹은 일정한 특별훈련을 마친 교사가 체육을 담당하였다. 학생들을 위하여 주당 4시간의 체육이 할당되었고, 정규적인 운동경기를 위해 주 1회의 시간이 할당되었다. 이러한 교육은 대학 예비학교인 문법학교보다는 보통교육을 실시하던 모던스쿨에서 행해졌다. 당시 교사들은 체조와 모든 운동을 보다 다양하고 활기차며 유쾌하게 실시하도록 고안하였다. 대부분의 스포츠는 게임 중심적이었고, 상급생에게는 게임의 진행, 코치나 심판을 보게 하여 지도력을 기르게 했다. 근대 교육체조는 라반이 행한 모던댄스의 실험에서 발전한 것으로 시간, 중량, 공간, 흐름이라는 동작의 4원칙을 명확히 구분하였으며, 전후 많은 교사들이 이 원칙을 응용하게 되었다. 또한 이 체조는 초등학교 과정에서 비중 있게 남녀 교사에 의해 지도되었고, 이것의 실시를 위해 배구, 후프, 소형자루, 줄넘기, 가늘고 긴 막대, 스키 돌, 케인 및 볼 같은 작은 용구가 있었고, 또한 네트, 반등봉, 평균대, 의자, 줄 또는 어린이의 체중을 지탱하는 기구가 있었다. 교사는 아동들의 운동을 관찰하거나 그들에게 기구 사용을 통한 운동을 새롭게 연구하였다.

초등학생들에게는 게임, 댄스, 수영을 지도하였다. 소년들에게 축구와 크리켓을, 소녀들에게 네트볼을 가르쳤으며, 주말이나 휴일에는 각종 운동경기, 수영대회, 가벼운 여행과 같은 과정을 편성하였다. 중등학교의 경우 여학생들은 국민무용이나 무용실에서의 댄스, 육상경기, 테니스, 하키, 근대교육 댄스와 체조를, 남학생들은 근육을 발달시키는 체조나 웨이트 트레이닝, 서킷트 트레이닝을 실행하게 했고 주 2회까지 참가할 수 있는 것으로 축구, 럭비, 육상경기, 올림픽체조, 테니스, 하키, 배드민턴, 조정, 범주 및 트램플린 등을 포함시켰다.

퍼블릭스쿨은 가을에는 럭비, 축구, 하키, 테니스를, 봄에는 크리켓, 조정, 수영을 시행했고, 파이브 라켓, 펜싱, 레슬링, 스쿼시 라켓, 육상경기, 크로스 컨츄리 등이 연중 행해졌으며, 체조와 군사교련도 실행하게 하였다. 1945년 이후 학교나 지역사회의 참가가 증가되어 야외활동센터(Outdoor Pursuits Center)를 1951년 최초로 개설하였다. 현재 대부분의 학교에서는 어린이들이 캠프, 카누, 범주, 암벽 오르기, 하이킹, 수영, 여행에 참여할 수 있도록 휴가에 몇 주 동안 이들은 야외교육장이나 등산센터에 데리고 간다. 최근에는 일반인들 사이에도 널리 보급되어 영국인의 레크리에이션 활동으로 확산되었다.

1933년 체육교사 전문학교를 기초로 카네기체육대학과 2년 뒤 라우바다대학이 설립되었다. 카네기대학에서는 대학이나 사범학교를 졸업한 학생들에게 3년의 전문과정을 개설하였다. 이후 스포츠의 학문적 가치가 높아지면서 1946년 버밍검대학은 모든 종합대학이 체육학 학위의 수여를 주저하던 관례를 깨고 스포츠를 포함한 예능과목에도 학위를 수여하였다.

아담슨은 1953년 리즈대학에서 처음으로 서킷트 트레이닝을 실시하였다. 이 트레이닝은 개인의 근력에 입각하여 서서히 근력, 파워, 호흡, 순환기 등의 지구력 향상을 꾀하는 것이다. 즉 학생들은 정해진 시간 내에 9~10 종목의 운동을 정해진 장소에서 실행하였다. 서킷트 트레이닝은 중등학교 상급생이나 대학생 및 스포츠단체에 보급되었고, 캐나다나 미국을 포함한 해외에도 전파되었다.

스포츠시설은 1900년부터 점차 증대되었고, 전국 플레이필드 협회가 1925년 설립되고 플레이필드나 플레이그라운드 건설을 위한 기부금이 600만 달러가 넘었다. 대부분의 사립학교가 국립학교보다 좋은 스포츠 그라운드를 가지고 있었지만, 스포츠시설은 여전히 미흡하였다. 이에 1944년 체육법을 마련하여 스포츠와 레크리에이션을 위한 시설을 지방정부가 준비하도록 요청하였다. 그리하여 스포츠시설이 조정되어졌으나, 제2차 세계대전으로 학교건물과 운동장이 군대에 압류되어 병사(兵舍)로 사용되고 폭격으로 파괴되었다. 다만 1939년 캠퍼스법에 의해 시골에 세워진 캠프장만이 독일군의 피해를 면하였다. 수영시설의 필요에 따라 런던시의회가 나무와 플라스틱을 소재로 실내풀장을 건설하였다. 또한 등산, 뛰어넘기, 잡아당기기, 평행봉, 도약, 기타 기본운동에 플라스틱 소재를 사용케 했으며 특히 체조의 보조기구로써 유용하였다.

청소년을 위한 레크리에이션은 1900년 이후부터 보급되었다. 1902년 육군사관학교의 베든 풋웰이 보이스카웃 계획안을 발표했다. 이미 19세기 중엽 영국에서 조직된 YMCA 및 YWCA는 청소년들의 레크리에이션에 많은 관심을 보였다. 1920년 불량청소년의 예방을 위한 연구발표가 있었다. 이 보고서에서 청소년들이 클럽이나 청소년단체의 일원이 되면 선량한 시민으로 성장될 수 있고, 올바른 여가선용을 위한 교육기관이 필요하다고 강조하였다. 레크리에이션 조직은 자율성을 중시하고, 필요한 경우에만 중앙 신체적 레크리에이션협회가 조정 · 유지하였다. 이 협회는 링체조협회와 전국 체육지도자협회에 의해 1935년 설립되었고, 게임, 스포츠, 옥외운동, 댄스를 진흥 · 장려하는 것이 목적이었다. 또한 이 협회는 많은 민간단체들이 가맹하였고, 1945년 잉글랜드와 스코틀랜드까지 사업을 확장하였다. 1973년 문교부 스코틀랜드교육국이 중앙 신체적 레크리에이션협의회에 보조금을 지급했고, 그 보조금은 전국 스포츠 권장기금을 마련하는 계획을 세우고 추진하는데 사용하였다.

(1) 맥클라렌의 체육론

맥클라렌(Maclaren, A., 1820~1884)은 체조 및 체육의 발전에 크게 기여하는 등 개척자적인 역할을 하였다. 그는 스코틀랜드 사람으로 프랑스에서 체조와 펜싱, 의학을 수학했다. 당시 유럽대륙에서는 체육연구가 활발히 진행되고 있었다. 그는 유럽대륙에서 다양한 체조체계를 만들고 개인에게 적합한 운동을 선전하기 위해 신장, 체중, 흉위, 전완삼두근, 복근, 대퇴근의 계측 또는 사진촬영을 주장하였다. 또한 그는 게임 및 스포츠만으로 전신의 균형적이고 조화로운 발달을 추구할 수 없다고 보고 각종 표준기구를 사용한 운동을 분석하여 점진적인 진행방법을 실행하였다.

1858년 귀국한 그는 옥스퍼드에 체육관을 세우고 운동을 지도하고 체육의 학문적 연구를 시작했다. 이후 군대식 체조를 발전시킬 정부계획을 위임받아〈병식체조운동, A Military system of Gymnastic Exercise〉를 저술하고, 그의 체육관에 편입된 장교들에게 체육의 이론과 실제를 지도하였다. 장교들은 모든 과정을 이수한 후 알다쇼트의 중앙부대로 귀환하여 사관학교의 교관이 되었다. 그의 모든 계획은 성취되었고, 그의 체조법은 사관학교와 군대학교에서 채택되었으며, 체조는 병사의 신체단련을 위해 활용되었다.

그는 자신의 교육적 단련운동이 영국인의 체위개선에 중요한 역할을 한다고 믿고 이를 보급하였다. 그의 저서 〈체육의 체계, 그 이론과 실제(A System of Physical Education Theoretical and Practical)〉는 체육의 고전적 문헌으로 1867과 1885년, 그리고 그의 아들에 의해 1895년 출판되었다. 그는 "신체훈련은 성장기에 부수(部首)되어야 한다." 고 보고 신체훈련과 정신훈련은 서로 보완적으로 활동되어야 한다고 주장하였다. 그는 '영국의 유희는 균형 잡힌 신체를 만들지 못하고 오히려 편중된 것을 발달시키기 쉽다." 면서 지도자는 교육을 받은 자만을 채용해야 한다고 주장하였다. 그는 "신체와 정신은 정밀하게 짜여진 완전체의 반쪽으로 보아야 하고, 이 양면을 보완적으로 잘 조화시켜 모두가 적절한 보호와 주의를 받으며 존재하게 해야 한다." 고 하였다. 또한 "학교유희, 학교경기 및 레크리에이션은 유희적이지만 계통적인 체육운동은 교육적이다. 체조운동은 개인의 적성에 맞게 행해져야 한다. 계획적인 체육은 아동, 병사, 점원, 공원 모두를 위해서 이롭다. 운동은 점진적·합리적 방식으로 계획해야 한다." 고 했다.

그는 체육시간을 놀이시간과 혼동하지 말고, 학교의 정규수업에 포함시켜야 한다. 체육을 "신체의 잠재능력과 역량이 자연스럽고 일률적으로 유도·계발될 수 있도록 고안되고 배열되며 처리되는 점진적인 신체운동방법을 말한다." 고 하였다. 그는 독일식 체조는 의약과 리듬에 의존하여 합동체조의 정확성을 지나치게 강조함으로 불만족스럽고, 스웨덴식 체조는 지나치게 의료적·교정적인 목적에 한정되어 있다고 비난하였다. 하지만 그는 이론적 실제적으로 새로운 창안을 하지 않았고 모든 방식에서 그에게 편리한 이론이나 실제를 발췌하는데 그쳤다. 그러나 그는 인간 측정학 연구에 선도적이었고, 운동학습의 결과를 연구하기 위해 학생들의 신장이나 체중을 측정·기록하였다.

(2) 스펜서의 체육론

스펜서(Spencer, H., 1820~1903)는 스코틀랜드 출신으로 교육사상사에서 중요한 인물이다. 그는 사회학, 심리학, 논리학에서 뛰어났고, 영국 경험론의 총화라고 불리는 종합철학을 수립하였으며, 교육론을 저술하여 동서양의 사상계에도 큰 영향을 끼쳤다. 19세기 중엽 이후 영국의 스포츠는 크게 발전하고 있었고 전 세계로 전파되었다. 하지만 그것은 상류층이 만든 것이었고, 일반인들은 유럽의 다른 나라들보다 뒤져 있었으며, 학교체육도 후진성을 면치 못하고 있었다. 이때 스펜서가 활약하고 있었다.

그는 교육목적을 '완전한 생활에 대한 준비' 에 두고 이것을 위해 구성된 주요 활동을 다음과 같이 구분하였다.

첫째 직접 자기 보호에 도움이 되는 여러 활동(생명과 건강의 보전)

둘째 생활에 필요한 것을 확보함으로써 간접적으로 보건에 도움이 되는 활동(생산, 분배, 소비, 운반, 교통, 통신)

셋째 자손의 교육을 목적으로 하는 활동

넷째 바람직한 사회적·정치적 관계를 유지하려는 활동(교제, 정치, 경제)

다섯째 취미나 정서의 만족을 위해 생활에서 여가를 즐기는 활동

이와 같이 인간활동을 5단계로 분류한 것은 현대적 안목에서 주목할 만하다. 특히 안전교육과 건강교육을 첫째로 두었고 체육에 관한 지식과 이해의 필요성을 중시하였으며 여가활동과 지식(레크리에이션)을 논한 점은 의미가 크다. 그의 교육론은 지육, 덕육, 체육 등 삼육사상으로 대표되며 총 4장으로 구성되어 있다. 제4장 체육의 주요 내용은 다음과 같다.

① 교육론

스펜서는 인생에서 첫째 조건은 '좋은 동물' 이 되는 것이다. 사람들은 동물의 사육에는 시간과 돈을 아끼지 않지만 아동교육에는 무관심하다. 그는 체육을 논함에 있어 로크의 단련주의적 태도와는 달리 본능의 발현을 믿었으며, 신체의 발육과 발달을 지배하고 있는 본능의 자기 발전을 방해하는 것은 세인(世人)의 무지, 무관심, 오진, 오해라고 지적하였다.

② 식물론

스펜서는 사람들의 사고방식은 양에서나 질에서 금욕주의(Asceticism)이다. 식욕을 맘껏 채우는 포식주의를 과거의 동물주의(Gone animalism)라며 배격하였다. 그는 섭취부족이나 과식은 모두 좋지 않지만, 영양가 있는 것을 충분히 섭취하도록 해야 한다고 주장하였다.

③ 운동론

수업이 장기적일 때 소년들에게 몇 분간의 옥외 레크리에이션시간을 주어 학생들의 신체적 감각을 조정해야 하며, 여성스포츠의 부진은 잘못된 여성관에서 생겨났고, 체조와 놀이를 비교하여 체조는 자연적인 유희활동에 미치지 못한다고 하였다. 그는 "비교적 평화로운 오늘날 근력은 별로 사용치 않고, 주로 정신력에 의존하고 있으며, 교육도 정신적인 것으로 되어 있다." 고 지적하여 신체능력과 용기를 중시하던 원시시대의 사고나 정신을 존중하거나 신체를 경시하는 태도는 모두 잘못이라고 주장하였다. 그는 인간생활에서 신체는 정신의 토대이기 때문에 정신적인 것이 신체를 희생시키면서 발달되어서는 안 된다. 고대와 현대의 생각은 결합되어야 하며, 신체와 정신의 조화를 주장하였다.

7. 러시아 및 동유럽의 체육과 스포츠

1) 러시아

유라시아 대륙의 광대한 지역을 차지하고 있는 러시아는 1707만 5000㎢이고 약 1억 4500만명(2002)이 거주하고 있으며 국민 대부분이 러시아인이고 소수민족 집단도 70여 개에 달한다. 제정 러시아시대에는 자르(Zar) 체제라는 강력한 군주통치제가 슬라브족을 중심으로 구성되었다. 그러나 유럽과 달리 근대적인 개혁에 실패한 러시아는 자본주의 후진국으로 전락하였다. 이에 1917년 10월 혁명으로 러시아제국이 붕괴되고 노동자 및 군대에 정권이 이양되어 사회주의 정부(소련)가 들어서게 되었다.

19세기 중엽 제정 러시아는 농노를 해방하고 자본주의 경제구조를 받아들였고, 20세기에 들어 강력한 독점자본주의 국가가 되었다. 그러나 다른 나라들보다 약 100년이 늦은 산업혁명으로 영국, 독일, 프랑스, 벨기에 등의 선진국과 자본가들의 경제투자를 수용해야만 했다. 러시아는 근대적 자본주의를 형성하면서도 식민지적인 국가형태에 머물러 있었고, 이에 따른 국민들의 불만을 군사적으로 억압하기 시작했다. 노일전쟁 이후 황제의 탄압이 극심해지자 이에 대한 해방운동이 전개되었다. 레닌의 지도로 혁명에 성공하여 권력을 장악한 공산당은 귀족, 지주, 관료, 군인, 자본가들을 추방하였고, 노동자와 농민들을 성원으로 하는 소비에트 정권이 수립되었다. 이어서 스탈린의 철권통치를 바탕으로 일인 영구 독재가 펼쳐졌다. 이 정권의 목표는 전 인민의 평등한 권리와 노동자의 지도에 의한 사회주의국가를 건설하고 그 목표가 달성되면 공산주의적 사회주의로 발전한다는 것이었다. 당시 형성된 강한 결속력을 중심으로 초창기에는 많은 성과를 거두었다.

후르시초프 시대에 동서간의 냉전체제의 변화가 보이기도 했지만, 쿠바의 미사일 기지 사건과 베를린 장벽사태로 냉전은 지속되었다. 소비에트 정권은 군사력 증강을 위해 체육을 발전시키고 군비를 확대하여 군사력에서 초강대국을 이루었다. 그러나 폐쇄적인 사회와 중앙 계획적인 통제경제는 근로 욕구를 저하시켜 경제위기에 직면하게 되었다.

1980년대 공산당의 서기장 고르바초프는 개혁(페스트로이카)과 개방(글라스토스트)정책을 전개하였다. 이와 함께 각종 사회문제가 양산되었고, 이에 대한 해결능력의 부족으로 연방소속 공화국들이 독립해 나갔다. 결국 1991년 소비에트 사회주의 공화국연맹은 해체되고 러시아를 중심으로 하는 독립국가연합(CIS)으로 재편되었다.

(1) 교육

소련이 성립하기 이전의 제정 러시아는 근대적 교육제도의 발달이 거의 이루어지지 않았다. 근대적 교육제도의 기초가 18세기경 정착되었으나 당시의 학교는 계급적 성격이 강했고, 교육은 내용이나 시설에 있어 극도로 낙후된 상태였다. 그러나 공산정권이 들어서자 교육개혁은 사회질서의 건설을 위해 가장 중요한 분야로 떠올랐다.

소련은 사회주의 혁명을 기점으로 현대교육의 역사가 본격화 되었다. 공산정권의 교육에 대한 태도는 마르크스 · 레닌주의의 유물론적 변증법의 원리를 청소년에게 주입시키는 것을 최우선에 두었다. 학교는 아동들을 협력적 집단작업에 적합하도록 교육하고 공공재산을 존중하도록 가르쳤다. 또한 집단의 이익에 위배되는 어떠한 개인적 이익이

근절되도록 훈련하였고, 노동을 존중하며 인민대중의 복지를 위해 최고의 생산력을 올리도록 세뇌하였다. 사회주의 혁명 이후 소련교육의 특징을 살펴보면, 첫째 프롤레타리아적 계급성을 띄었다는 점, 둘째 교육과 노동과의 결합을 꾀했다는 점, 셋째 제도상 공교육성(公敎育性)을 확립한 점 등을 들 수 있다.

모든 교육은 정치 및 경제와 밀접한 관계를 갖고 있었다. 레닌은 "생활이나 정치로부터 유리된 학교는 거짓이며 위선이다." 라고 선언하였다. 따라서 생활과 학교를 결합시키는 노동교육, 종합 기술교육 및 사회주의 사상, 체력향상과 집단정신을 기르는 것이 교육의 핵심이었다. 그리하여 교육의 목표는 '전면적으로 조화롭게 발달한 공산당원의 육성' 에 있었다. 즉 지육, 체육, 덕육, 노동교육, 종합 기술교육 등의 영역을 통해 조화된 인간으로 사회주의에 공헌하는 인민(人民)을 육성하는데 있었다. 또한 강력한 체육활동은 공산주의 교리를 가르치는 집단교육에 인민대중을 참가시키는 효과적인 수단으로 장려되었다.

이러한 경향에 따라 소련의 청소년들은 국가의 목적을 달성하기 위하여 끊임없이 최선을 다해 일하도록 훈련되었다. 아울러 이들은 사회주의 목적을 달성하기 위하여 최고의 준비를 해야 하며, 이에 기꺼이 자신을 희생하는 것이 애국심의 기본 방침이라고 배웠다.

(2) 체육의 목적

소련의 모든 교육이 정치적 · 경제적 목적과 결부되어 있듯이 체육의 목적 또한 국가의 정치적 의도에 따라 설정되었다. 정부는 강력한 스포츠정책을 수행하여 국위를 선양하고 보다 효과적으로 공산주의 이론을 주입시킬 수 있게 유도해 나갔다. 1917년 혁명 이전의 제정 러시아는 특권층과 상류계층을 위한 극히 한정된 범위 내에서 스포츠가 실시되었다. 그러나 혁명 이후 광대한 국토를 방위하며 공산혁명을 확장하기 위해서 군사훈련은 필수적이었다. 그리하여 혁명정부는 스포츠 및 체육의 목적을 사회적 · 정치적 목표와 일치시켜 놓았다. 모든 스포츠계획은 공산주의 이론을 학습하는 클럽활동에서 효과적이었고, 인민을 공산주의적 목적에 집중시키는데 이용하였다.

1920년대 스포츠는 대중교육과 공산주의 사상을 긴밀하게 주입시키는 수단의 일부가 되었고, 공업발전에 최선을 다하기 위한 노동자의 건강과 체력향상에 크게 기여하였다. 공산당 지도자들은 생산성을 높이는데 노동자의 건강과 체력이 중요하다고 생각하였다. 체육은 새로운 사회를 건설하고 시민을 당이 주관하는 운동에 참여시키기 위한 교육적 수단이 되었다. 1925년 당의 보고서에서 사회주의 국가의 스포츠의 근본 목적을 다음과 같이 서술하였다. "신체문화는 단지 스포츠와 건강의 입장에서 또는 청소년의 문화적, 경제적, 군사적 교육의 일면뿐만 아니라, 인민대중을 교육하는 하나의 방법(체육은 의지력을 기르고 인내력, 팀워크, 전력 등 유용한 자질을 기르는 것이므로)이다." 라고 하였다. 1929년 밝힌 "체육의 목표인 건강, 힘, 기민성, 불굴의 정신, 대담성, 침착성, 행동의 민첩성, 규율 및 조직력 등 이러한 자질은 병사뿐만 아니라 모든 국민에게 요구되며 이는 10월 혁명의 성과를 지키기 위해서 필요하다." 고 하였으며 국가방위를 위해 체육이 필요하다고 강조하였다.

제2차 세계대전까지의 소련체육의 가장 중요한 목적은 국방의 준비와 경제적 생산력의 향상에 있었고, 스포츠 및 운동을 통해 공산주의의 사회적 · 정치적 이상에 열의를 가진 충실한 시민을 육성하는데 있었다.

제2차 세계대전 후에는 체육의 목적을 수정 · 보완하였다. 1947년 국방상의 필요를 들어 모든 군인에게 체육활동을 장려하였다. "체육은 병사로서 필요한 자질을 길러주며 군대생활을 위해 필요한 지식이나 습관을 습득케 하며 각종 장애를 극복할 수 있는 능력을 습득케 하고 근력, 민첩성, 교치성, 지구력, 기타 자질의 발달에 기여하므로 군사적 성격의 경기를 장려한다." 고 하였다. 이와 함께 국제적인 위신을 높이는 수단으로 삼아 자본주의를 능가하는 사회주의 우수성을 보여주자는 것이었다. 1948년 모든 조직에 대해 당이 내린 결정에는 "모든 경기자들은 수년 내에 중요한 스포츠대회에서 세계적인 기록을 세우도록 해야 한다. 이를 위해 우선 각종 국내 경기기록을 향상시키는 방법을 강구해야 할 것이다." 이렇게 하여 스포츠 · 체육에 기초가 되는 원칙은 대중의 참여와 탁월한 경기력이고 이를 통하여 좋은 결과를 초래하도록 유도하였다.

체육의 지도성과 발달은 당 지도자에 의해 계획되고 교화활동의 필수적인 요소가 되었으며 사회 · 문화 전체에 스포츠가 침투하게 되었다. 더욱이 외국에 원정한 경기자들을 문화적인 외교관으로 평가하였다. 이러한 체육의 목표는 1960년대 말이 되어 건강을 중요시하는 방향으로 수정되었다. 즉 "스포츠 · 체육은 모든 인민들의 건강을 증진하고 전반적인 조화적 발달을 주며 생명을 연장하는 것" 이라고 규명하였다.

(3) 체육과 스포츠

봉건적 국가에서는 소수 계층에 의해 귀족적 · 지적 측면을 중시하였기 때문에 신체를 대상으로 하는 체육 및 스포츠활동을 도외시하였다. 20세기 초 소련은 사회주의 국가로 전환하면서 올바른 위생적 습관을 가진 시민의 육성과 시민의 지적 자질을 향상시키는 것을 똑같이 중요시하였다. 체육활동은 시민의 책무이며, 모든 시민은 적당한 신체운동을 생활화 하고 공중 및 개인위생생활을 습득하도록 요구되었다. 또한 체육은 노동자의 작업능률을 올려 생산성을 증진하고 그들에게 직업적 습성을 훈련시키는데 있었다. 따라서 소련국민의 애국적 의무는 노동의 효율성을 높이기 위해 강인한 체력을 길러야 했고, 체육은 청년들의 애국심을 함양하는 수단이 되었다. 1917년 10월 혁명 이후 공산당은 사회주의 국가건설이 일차적인 지상과제였다. 이를 위해 국방력과 생산력을 올리기 위해서 제정 러시아 시대의 체육을 경시하는 풍토에서 탈피해야 한다고 보고 국민의 체력향상을 위한 다양한 시책을 강구해 나갔다.

물론 소련 최초의 스포츠클럽은 1860년 페데르스부르크와 모스크바에 요트, 아이스 스케이트, 크리켓, 체조 등의 스포츠활동을 원활히 진행하기 위해 부유한 사람들에 의해 결성하였다. 페데르스부르크 아마추어스포츠클럽은 1880년 테니스와 싸이클 및 수영을 하기 위해 정식으로 결성되었고, 축구게임은 10년 뒤 시작되었다. 소콜(Sokol)은 19세기말 결성되어 체조, 육상경기, 야외스포츠 및 군사적인 행진에 참가하였다. 스포츠가 활성화된 계기는 1905년 노일전쟁에서 러시아가 패한 이후이며, 이때부터 국제경기에 관심을 보이면서 1908년 처음으로 올림픽대회에 참가하였다. 1913년부터 경기력의 향상을 목적으로 러시아 올림피아드를 개최하였다. 그러나 혁명 이후 스포츠클럽은 반혁명적으로 간주되어 당에 흡수되거나 해산되었다. 당은 이들 클럽을 개편하여 당을 선전하는데 활용하였다. 1919년 인민의 스포츠퍼레이드 같은 활동이 펼쳐졌고, 1921년 군의 스포츠클럽이 스키, 수영, 레슬링, 웨이트 리프팅대회, 국민수영대회 등 여러 종목의 대회를 개최하였다.

이에 앞서 1918년 4월 필수적 군사훈련에 관한 노 · 농 · 군 소련중앙실행위원회의 포고가 내려져 체육이 교련의 필수내용이 되었다. 같은 해 10월 통일노동학교령이 발표되어 체육이 필수과목으로 채택되었다. 이에 체육지도자의 수요를 해결하기 위해 군사훈련의 지도자육성 강습회가 열렸다. 1919년 10월 레닌그라드와 1920년 12월 모스크바에 체육지도자 양성전문학교가 설립되었다.

제1차 세계대전과 더불어 반혁명 세력과의 대립이 격화되면서 국민경제가 심각한 상태에 이르렀다. 국민단합과 번영의 욕구를 불어넣기 위해 각종 스포츠경기를 개최하고 퍼레이드도 열었다. 경기장은 정부를 옹호하고 충성을 맹세하며 사상을 통일하는 장소가 되었다. 이때 소련스포츠 발전의 과학적 기초를 제공한 사람은 레스가프트(Lesgaft, 1873~1909)였다. 그는 교육학적, 생리학적, 의학적 이론을 기초로 인간의 전면적 발달과 사회주의 생활의 실천에 결부된 소련식 스포츠이론의 체계화를 시도하였다. 1923년 국내전의 종식과 더불어 보통군사교육기관 부속의 체육최고회의 기구가 개정되어 스포츠의 대중화가 이루어졌다. 그러나 혁명 전의 스포츠클럽의 부활은 허락되지 않았으며 공장, 기업체, 관청 등 노동조합이나 공산청년동맹과 같은 조직결성으로 유도되었다.

1925년 공산당 중앙회의는 "스포츠는 민중의 전정치적(全政治的) · 문화적 교육의 중요한 부분을 구성하지 않으면 안 된다." 라고 결의하여 다가오는 공업사회화의 정책을 추진하며, 공산주의 의식앙양을 위해 스포츠에 대한 계몽과 선전을 더욱 강화하였다. 운동경기는 민중을 스포츠로 이끌기 위한 수단 또는 스포츠 집단이나 스포츠맨의 성과를 나타내고 평가하는 수단으로 장려되었다. 공업의 사회주의화에 의한 생산규모의 증대는 국민경제를 향상시켰으며, 공장노동자의 스포츠는 공산청년동맹에 의해 조직이 강화되면서 더욱 발전하였다.

사회주의적 학교체육이 형성된 것은 1931년 9월 발표한 '학교에 관한 지령' 이 계기가 되었다. 이에 앞서 지도자양성의 문제를 해결하기 위해 1930년 4월 지도자양성의 강화책을 마련하였다. 1931년 1월 체육 · 스포츠 회의에서 운동시설을 위한 광장건설이 결정되고 스포츠의 생활화를 위한 여러 조건이 정비되기 시작하였다. 1932년 6월 '자주적 스포츠활동의 촉진' 이라는 계획안이 마련되어 학교에서 클럽활동이 성행하게 되었다.

1931년 제정되어 1934년 보완된 GTO제도는 1차대전 후 미국이나 영국의 배지테스트(Badge Test)나 대한민국의 체력장제도와 비슷한 제도였다. 이 제도는 1947년 제정된 '스포츠 급별' 제도와 더불어 스포츠를 활성화시키는 강한 추진력이 되었다. GTO장 종목은 '노동과 국방에 대한 준비' 라는 명목 하에 체력을 높이기 위해 일반민중을 격려하는 수상제도였다. 노동조합과 공산청년동맹의 조직을 배경으로 추진된 사회스포츠도 농업의 집단화, 조직화와 GTO제도의 설정에 의하여 공업도시 외의 농촌 지역까지 스포츠조직이 결성되어 도시와 농촌의 격차도 줄어들었다. 1932년부터 등급(1급, 2급)에 따라 실행되었고, 1934년 소년을 위한 GTO제도가 제정되어 16세까지의 소년소녀들의 체력향상을 촉진시켰다. 이들의 GTO 배지테스트는 아침의 칼라세니크스와 줄, 봉의 등반, 60m 질주, 높이뛰기, 멀리뛰기, 50m 수영, 스키, 수류탄 던지기, 하이킹 등을 실시한다. 16~18세의 GTO는 남자의 경우 모터사이클, 자동차, 트랙터, 모터보트 등의 운전면허증을 취득해야 하고, 암벽타기, 낙하산테스트에 합격하여야 한다. 18세 이상의 소년들은 BGTO(소련 연방의 노동과 방위준비를 위한) 배지테스트를 받았으며, 성인들에게는 포괄적이며 수준 높은 GTO(공산주의 이론을 달성하기 위한) 배지테스트가 실시되었다. 테스트는 성별과 연령별로 기준이 상이하며, 스포츠와 군사적인 활동능력을 검사하는데 중점을 두었다. 테스트 종목으로는 구급처치법, 위생, 기본지식, 체조와 그 지도능력, 높이뛰기, 등산, 150야드 장애물경주, 100야드 수영, 옷 입고 50야드 수영, 사격, 스키, 수류탄 던지기, 낙하산 등이 있었다.

'스포츠 급별' 제도는 운동기능의 향상과 기록향상을 목적으로 제정되었으며 마스터급과 1, 2, 3급의 4계급으로 분류하였다. GTO장이나 스포츠 급별제도는 스포츠의 향상 및 발전으로 그 급별 기준이 점차 높아져 사회 전체적으로 스포츠 수준이 매년 향상되었다. 1953년 GTO장 수상자는 약 5,000만명이며, 스포츠 급별 국제선수급에 해당하는 마스터급은 약 5,200명(1949년 2,261명, 1952년 4,117명)으로 증대하였다. 이와 함께 정부는 체육 · 스포츠의 대중화를 위해 대대적인 지원을 펼쳐 나갔다. 체육 · 스포츠의 국가예산은 1954년 국가예산의 5%였고 1957년 6%였다. 이러한 지원은 도시 · 농촌을 불문하고 GTO장 종목을 중심으로 체육 · 스포츠 발전에 크게 기여하였다. 1936년 공산청년동맹대회의 결정을 거쳐 GTO장 종목을 중심으로 평가하는 스포츠의 발전은 GTO장 기준에 달성하는 자가 증가하였다. 또한 각종 경기를 전 연방적인 규모로 개최하여 횡적 발전에서 종적 발전으로 이어져 갔다. 공장, 기업체별 그룹 조직이 강화되고 직장스포츠, 스포츠서클이 발달되므로 종적 발달을 크게 자극하였다. 이렇게 하여 소비에트 사회의 독자적 의미를 지닌 체육 및 스포츠가 확립되면서 연방의 모든 공화국들이 사회주의적인 방향으로 발전하였다.

그러나 제2차 세계대전 동안의 스포츠는 전쟁 수행능력을 길러주는 수단이며 GTO장도 노동에 대한 준비보다는 국방에 대한 준비를 보다 강화했기 때문에 GTO 종목도 국방상의 기여도가 높은 종목에 역점을 두었다. 마찬가지로 학교조직도 전시체제로 재편성되었으며 체육 및 스포츠도 군사교련의 색채를 띠게 되었다. 전후 소련의 스포츠는 급속한 발전을 보였다. 1947년 스포츠 급수제도 도용과 1948년 12월 공산당 중앙위원회의 결정을 통해 자본주의 사회의 체육 및 스포츠에 대해 경쟁의식을 강화하였다.

소련의 스포츠정책을 둘로 구분하면 하나는 전체 인민을 위한 체육 및 스포츠의 보급으로 스포츠의 민중화를 뜻하며, 다른 하나는 인민적 기반에 입각한 선수 중심의 스포츠를 확립하여 각종 세계대회에서 우수한 성적을 거두는데 있었다. 한 예로 1948년 런던올림픽 대회 때 차기 개최지인 헬싱키대회에 참가하여 국제무대에서 제패하자고 결의한 사실이다. 이러한 결의의 배경은 스포츠를 통한 국위선양, 민족의식 및 애국심을 앙양하고 공산주의 원리에 입각한 소련이 자본주의에 비하여 체육 및 스포츠까지도 우수하다는 점을 과시하려는 의도가 담겨 있다고 하겠다.

인민들이 참가하는 대회는 여러 형태로 개최되었는데, 대표적인 것은 대규모 스포츠제전인 스팔다게이드(Spartakiade)이다. 이 대회는 1956년 레닌경기장이 완성되었을 때 개최된 이후 4년마다(올림픽 개최 1년 전) 열린다. 또한 무용과 예술의 발전을 위해 댄스, 발레, 오페라 등 합동공연단을 조직하여 전국을 순회하였다. 댄스는 일반 민중에게 널리 보급하여 자기표현의 수단으로 즐기도록 하였다. 이를 위해 정부는 댄스클럽이나 공연클럽에서 행하는 포크댄스를 장려하고 대규모적인 무용제를 주최하여 민속무용의 애호심을 불러 일으켰다.

스포츠단체는 1936년의 개정법에 의해 전 소련체육스포츠위원회의 통제를 받고 있다. 각 스포츠단체는 국제경기연맹에 가입하거나 국제경기에 적극 참여하였다. 또한 각종 기록을 갱신하기 위해 체육 및 스포츠의 과학적인 연구가 진행되고 연구결과에 따른 합리적 트레이닝이 이루어졌다. 1957년 과학적 연구를 목적으로 하는 체육중등전문학교 37개교가 설립되었다. 또한 스포츠 및 체육 지도요원의 육성과 운동기능의 향상을 목표로 청소년스포츠학교가 운영되었는데 1957년 1,000개교 이상이 운영되어 20여 만명의 재학생을 육성하게 되었다. 그 결과 올림픽대회나 세계선수권을 메달을 획득하는 등 국제경기무대에서 훌륭한 성적을 거둘 수 있었다. 소련이 올림픽대회에서 월등한 성적을 거두는 비결은 개인의 천재성보다는 과학적인 연구와 강력한 조직력 그리고 일반민중 속에 뿌리내리고 있는 사회주의 스포츠의 특색에서 양산된 결과였다.

2) 체코의 체육과 스포츠

체코는 내륙국으로 보헤미아, 모라비아, 실레지아로 구성되어 있으며, 의회를 갖는 동부지방의 슬로바키아와 평등한 권리를 갖고 있는 공동국가이다. 1347년 프라하대학이 창립될 정도로 문화수준이 높으며 소콜운동에서 보듯이 오래 전부터 스포츠가 발달하였다.

체코는 70,886㎢의 면적에 인구 1,025만명(2002)에 이르는 국가로 체코어(語)가 통용되고 있으며 전체 인구의 1/4이 카톨릭 신자이다. 1940년 이후 공산당이 교회를 말살하기 위해 여러 정책을 펼쳐왔지만 굴복하지 않고 여전히 존재하고 있다.

체코는 군사전략적 측면에서 유럽의 교차점에 위치하고 있어 수세기 동안 전쟁에 시달려 왔다. 이 지역에는 6세기부터 슬라브계(系)의 체히인이 정착한 뒤 9세기경 체코와 슬로바키아 민족이 통일국가를 수립하였다. 10세기 초 슬로바키아 지방이 헝가리에 점령되었고, 1620년부터 체코는 오스트리아의 지배하에 있다가 1918년 체코슬로바키아 공화국이 탄생되었다. 공화국 탄생 이후 1937년에는 독일의 나찌스에 의해 국권을 빼앗겼다. 제2차 세계대전 때 소련의 세력권에 들어갔고, 이때 공식적으로 체코사회주의 공화국이 되었다. 1993년 체코는 슬로바키아와 분리되었다.

체코 체육의 역사는 17세기의 교육자 코메니우스의 업적으로부터 시작하여 티르스로 이어졌고, 티르스는 휴우그나의 조력을 얻어 1862년 프라하에 소콜(Sokol)을 창립하였다. 그는 고대 그리스의 예찬가로 자발적이고 민주적인 훈련을 통하여 국민들의 신체적 능력과 정신적 능력을 개발하려 하였다. 소콜의 선서에는 모든 회원들이 자유, 평등, 우애, 애국의 이상에 충실할 것을 명시하고 있었다. 이러한 소콜의 사상은 체코뿐 아니라 다른 국가에게도 영향을 미쳤다. 1869년에는 소콜에 부인부와 소년부가 조직되었고, 1882년 처음으로 국민적인 체전 슬렛제를 개최하였다.

제2차 세계대전 이전에는 사회민주당이나 공산당 및 카톨릭 교단과 같은 정치적, 종교적 단체를 모체로 하여 조직된 체조단체가 있었고, 그중 몇 개는 소콜을 모방하여 임시 체전을 개최하였다. 청소년을 대상으로 한 군사예비훈련이 정부의 지원 하에 행해졌고, 각종 경기는 그 경기의 발전에 따라서 스포츠단체와 체조협회 사이에 상호 보조관계가 이루어졌다.

1948년 이후 학교체육은 문화부가 관리하여 2~3시간의 체육수업을 의무화시켰다. 문화부는 체육의 일반적 목적을 "국방 및 사회주의 사회에서 문화생활을 영위하며 청소년의 신체적 능력과 도덕적 훈련을 확립하는 것" 이라고 하였다. 체육의 내용을 보면 저학년에서는 올바른 자세와 보건을 위한 기본체조와 등산, 평형성운동, 유희, 포크댄스 등을 기본으로 하고 육상, 수영, 스케이트, 썰매 등의 초보적인 것을 내용으로 하였다. 그 밖의 활동으로 트리아즘이 있는데, 이것은 하이킹, 등산, 자연지식, 작업능력 및 야외생활에 필요한 기술이라고 하는 것을 총괄하여 사용하였다. 고학년에서는 저학년에서의 활동을 계속하며 스키, 농구, 핸드볼, 축구, 아이스하키 등의 스포츠가 추가되었다. 이러한 종목 외에도 여러 학생을 대상으로 한 레크리에이션적 소풍이나 1~3일간의 캠핑여행이 추가되는 경우도 있었다.

신체장애자의 경우 정규수업에 참여할 수 있는 수준에 이를 때까지 특별한 신체훈련을 받게 되며, 영재들의 경우 특수학교에서 영재교육을 받도록 1967년 9개의 특수학교를 설립하였다. 대학은 다른 유럽 국가들과는 달리 4년간 체육을 필수교과목으로 설정하여 이수하게 하였고, 2학년까지 10~14일간 여름과 겨울에 특수훈련을 받게 하였다. 특히 매년 '체코 유니버시아드' 라는 명칭으로 대학 스포츠선수권대회를 개최하여 대학스포츠 발전을 촉진하였다.

체육교사의 양성은 찰스대학 또는 코메니우스대학의 스포츠 · 체육전문학교에서 5년간 수업을 받았다. 이 학교에서는 체육이론, 해부학, 생리학, 위생학 및 의학적 관리, 경기체조, 스포츠적 게임, 가벼운 경기, 수영, 트리아즘 등을 가르쳤다. 그리고 학생들은 체육 외에 다른 분야를 부전공으로 이수해야 했으며, 스포츠과학연구소가 설립되어 활동 중에 있다.

한편 공장이나 기업체 및 지역사회의 스포츠는 체코체육연맹에 의해 통제되고 있으며, 이 연맹에는 약 200만명의 회원이 가입되어 있다. 배구협회나 농구협회는 1920년대에 결성되었는데 YMCA가 중요한 역할을 하였다. 소콜제는 1955년 스팔타키아드로 명칭이 바뀌어 5년마다 25만명의 관중석을 가진 프라하의 스트라호프 경기장에서 개최되고 있다. 참가자는 지방 예선에서 선발된 전 국민을 대상으로 하며 국민적 성원을 받고 있다.

1965년 제3회 스팔타키아드의 경기종목을 보면 체코 국민들의 스포츠에 대한 열기를 알 수 있다. 육상경기, 수영, 경기체조, 체코식 핸드볼, 핸드볼, 축구, 농구, 싸이클, 스키, 아이스하키, 트리아즘, 체스, 군사종목 등이며 16,000명 이상이 동시에 실시하는 연기에는 남녀노소가 각각 그룹별로 구성되었다. 체코에서 만들어진 대표적인 게임으로 핫제나가 있는데 1905년경부터 실시되었다. 핫제나는 핸드볼과 비슷한 볼게임으로 적은 코트에서 게임이 이루어지며 여성들에게 널리 보급된 스포츠이다. 남자 핸드볼은 2

차대전 이후에 프라하대학생들이 프랑스에서 규칙을 도입한 후 주로 옥외에서 많이 실시하였다. 그리고 정부는 청년들을 위해 1시간씩 신체훈련을 하도록 장려하고 있었다.

체코는 중앙스포츠행정구로 체육협회를 설치하여 다양한 스포츠종목의 육성과 활성화, 국제스포츠교류에 힘쓰고 있으며 수많은 스포츠클럽을 운용하여 국민들의 스포츠 참여욕구를 충족시켜 나가고 있다. 특히 축구와 배구, 육상, 체조, 수영 등이 많은 인기를 끌고 있다.

체코의 스포츠발전의 요인은 체코 국민 자체 내에 내재한 스포츠적 기질을 들 수 있으나, 이에 못지않게 스포츠지도자 및 정부의 역할이 지대하였다. 정부는 체력 향상을 위해 스포츠활동을 적극 권장하는 한편 새로운 시설확충에도 적극적이었으며 스포츠클럽들의 스포츠시설의 조성과 활동 및 청소년들의 폭 넓은 참여를 위해 막대한 재정적 지원을 아끼지 않았다.

3) 헝가리의 체육과 스포츠

헝가리는 유럽내륙에 위치한 국가로 한때 강력한 왕국이었고, 특히 오스트리아와 유대관계를 유지하였다. 제1차 세계대전으로 국토의 2/3와 절반의 인구를 잃었고, 제2차 세계대전 당시 독일과 동맹국이었으나 1944년 소련에 점령되어 위성국가가 되었다가 1990년대 초반 해방되었다. 면적은 약 93,033㎢이고, 약 1008만명(2003)의 인구이며, 종교는 전 인구의 2/3정도가 로마 카톨릭교도이고 약 20%의 캘빈교도로 구성되어 있으며 마자르어를 사용하고 있다.

다뉴브강을 끼고 있는 수도 부다페스트시에는 1830년 수영장이 구비되어 있었다. 체조는 1833년 프랑스의 한 군인에 의해 조직된 체조클럽에 의해 시작되어 1867년 마토레이와 바코디에 의해 페스트 체조클럽이 조직되었다. 헝가리에 경기클럽이 조직된 것은 1875년이며 이 클럽에 의해 유럽에서는 최초로 트랙경기 3종목과 복싱대회를 개최하였다. 이와 같이 헝가리인들은 일찍이 스포츠에 대한 관심이 높았다.

1896년 영국에 유학 갔던 한 청년에 의해 축구가 유입되었고 영국인에 의해 테니스클럽이 결성되었다. 제1차 세계대전 직전 체육교사 및 스포츠지도자들로 구성된 스포츠관계자들이 독일, 스웨덴, 덴마크를 시찰을 하였는데 스웨덴체조가 보다 과학적이라는 결론을 내리고 스웨덴체조를 받아들였다. 그리고 대학에서는 1학년에 주 2시간의 체육수업을 필수적으로 실시하였고, 소콜의 조직을 받아들여 레벤데(젊은 영웅)운동을 전개하였다. 이것은 12~20세까지의 남자에게 의무화 하고 운동은 주로 주말에 하였고 프로그램은 스포츠 및 야외활동을 포함한 신체활동으로 이루어졌다.

1940년 이전의 학교체육과정은 여러 국가들의 체육에 관한 자료를 기초로 하여 작성되고 실행되었다. 여기에는 스웨덴체조, 덴마크의 유연체조, 스위스의 리듬체조, 핀란드의 모방체조, 독일의 기계체조, 영국과 미국의 여러 가지 스포츠가 포함되어 있었다.

제2차 세계대전 후 정부는 체육에 필요한 지원을 확대하였으며, 저학년에는 유희, 카리세닉스, 체조, 댄스 등의 활동과 고학년에는 스포츠 클럽활동을 추가하였다. 그와 더불어 주 2회 체육교사의 지도 하에 육상경기, 체조, 농구, 수영, 핸드볼, 학교 간의 경기회가 개최되는 등 스포츠를 생활화시켜 나갔다. 그리고 12~18세까지의 학생을 대상으로 전 종목을 가르쳤으며, 특정한 스포츠에 대하여 전문적 지도를 하는 스포츠 학교도 있었다. 대학에서는 매저스포츠클럽(Measure Sports Club)을 통해 스포츠활동의 욕구를 충족시켜 나갔다.

1925년 부다페스트에 헝가리 왕립체육대학을 설립하여 체육교사 양성에 힘썼다. 왕립체육대학 초대학장인 인르 츄코바시(Inre Siukovathy)는 고대와 중세의 작가들이 쓴 희귀한 책들을 비롯하여 많은 스포츠관계 도서를 구비하는 등 학생들의 학습활동을 위해 다각도로 준비하였다. 왕립체육대학은 제2차 세계대전 후 헝가리 체육대학으로 개칭되었으며, 부설기관으로 체육과학연구소가 설립되었다. 또한 여기에는 3년 과정의 코치자격제도와 교육대학에서 3년 과정을 마치면 하급생 체육교사 자격이 주어진다.

스포츠조직으로 전국스포츠체육연맹(National Federation of Sports and Physical Exercise movement)이 총괄적인 기관이며, 최고의 클럽은 축구이며 탁구, 육상경기, 핸드볼, 배구, 체스, 펜싱, 수구 등도 있다. 청소년과 성인의 체력양성의 대중계획은 1960년 키리안 신체운동 추진활동으로 시작되어 많은 사람들이 참여하게 되었고, 참가자들은 각자의 실력을 발휘하여 그 실력에 따라 다양하게 배지를 수여받았다. 배지테스트 경기회의 참가종목은 필수종목인 수영과 육상, 필드종목, 체조, 던지기 등이 주로 시행되었다. 청소년을 대상으로 하는 초기 배지테스트 경기회는 1947년 MHK(노동과 전투를 위한 준비과정)로 시작되었다. 이어 소년 개척자운동(Young Pioneer Movement)이 조직되어 10~14세의 학생들을 대상으로 하는 개척자올림픽(Pioneer Olympic)이 개최되었으며, 핸드볼, 체조, 트리아즘, 탁구, 육상 등의 경기가 행해졌다.

1953년 부다페스트에 건설된 네프스타디움(Nep stadium)은 10만명을 수용할 수 있는 축구 및 육상경기장이며, 2만명을 수용할 수 있는 키스스타디움은 농구, 핸드볼, 수상 스포츠 등의 경기장으로 조성되었다. 길이 50마일 폭 30마일의 바라톤호(Lake Balaton)는 천연 호수로 수심이 10~14피트나 되어 여름에는 각종 하계 스포츠를, 겨울에는 스케이트 등 각종 동계스포츠가 행해지고 있다. 특히 헝가리는 제1회 올림픽대회부터 참가하여 멕시코대회까지 획득한 총 메달 수는 245개(금 94개, 은 70개, 동 81개)에 이른다. 이것은 올림픽 입상을 국가별 인구비례로 환산하면 세계 1위를 나타낸다. 특히 펜싱, 수구, 근대5종, 축구, 탁구 등에서 강세를 나타내고 있고, 복싱과 사격, 카누, 레슬링에서도 두각을 나타내고 있다.

제9장. 현대 미주의 체육과 스포츠

1. 미국의 체육과 스포츠
2. 캐나다의 체유과 스포츠
3. 멕시코의 체육과 스포츠
4. 브라질의 체육과 스포츠

아메리카는 북아메리카와 남아메리카 대륙을 포함하는 이른바 신대륙의 총칭이다. 아메리카는 유럽인들의 발견 당시 신세계라 부른데서 기인하며 유럽과 아시아 및 아프리카의 구세계에 대하여 신세계라 불린다. 가장 오랜 역사는 약 25,000년 전 시베리아와 알래스카가 이어졌을 당시 아시아 대륙에서 온 이들이 아메리칸 인디언의 선조로 추정된다.

11세기경 북유럽의 아이슬란드와 그린란드의 바이킹들이 건너온 역사적 사실이 있지만 아메리카의 존재를 유럽에 널리 알린 인물은 1492년 바하마 제도에 도착한 콜럼버스였다. 이후 아메리고 베스푸치가 여러 차례의 항해를 하였고, 독일의 지리학자 발트제뮐러가 1507년 집필한 〈세계지지개설〉이 소개되면서 본격적으로 관심의 대상이 되었다.

북아메리카에는 주로 영국의 청교도인들이 종교의 자유를 찾아 이주하면서 유럽계 백색 인종들이 다수를 차지하였고, 토착민이었던 인디언들은 그들의 지배하에 들어갔다.

라틴아메리카에는 오래전 원주민들에 의해 페루의 잉카문명과 멕시코의 아즈텍문명 및 마야문명 등 상당히 진보된 문화가 꽃을 피웠다. 그러나 에스파냐와 포르투갈의 침략과 지배로 기존 문명은 파괴되었고, 오랜 기간 스페인과 포르투갈의 군사적 · 문화적 통치를 받았다. 장기간의 식민지배를 받으면서 인종적 변화까지 겪은 라틴아메리카는 20세기에 이르러 독립의 길에 들어서게 되었다.

오늘날에는 순수한 혈통을 가진 원주민보다 유럽인의 피가 섞인 혼혈인들이 더 많다. 독립을 쟁취한 라틴 아메리카인들은 이상적인 정치체제를 구상하였으나 대의 민주주의의 정치적 안정을 이루는데 실패하고 말았다. 그러나 오랜 식민지배의 영향으로 인해 정치, 경제, 사회, 문화적 모순을 가져왔음에도 남미 국가들은 이를 극복하고 안정된 국가를 만들기 위해 경주하고 있다. 또한 이들은 백인계와 혼혈인계 그리고 원주민계 등의 혈통에 구애받지 않는 생활양식을 갖고 있다.

유럽계 백인들이 주도한 북아메리카의 미국과 캐나다는 유럽의 선진문물과 산업생산방식을 받아들여 일찍이 번영하였지만, 중남미의 라틴아메리카는 광활한 영토와 풍부한 천연자원에도 불구하고 잦은 정치적 격변과 낮은 교육수준, 의지력의 부족으로 열악한 생활을 면치 못하고 있다.

1. 미국의 체육과 스포츠

미국은 1776년 독립하여 현재 50개 주와 콜롬비아 특구로 구성된 아메리카합중국(The United States of America)을 말한다. 대서양과 태평양을 양편에 두고 936만

3,353㎢의 광활한 영토에 2억 8056만(2002)이 살고 있다. 1790년 최초의 국세조사에서 총인구가 392만 9천여명에 백인과 흑인이 각각 320여만명과 70여만명이었다. 약 82%가 영국인이고, 스코틀랜드인, 네덜란드인, 아일랜드인, 프랑스인 순으로 분포되어 있었다. 70년 뒤 남북전쟁까지 인구는 약 8배로 증가하였고, 특히 아일랜드와 독일로부터 이민이 두드러졌다. 출신 문화는 주로 앵글로 색슨계이며, 그들은 문예부흥운동과 종교개혁을 경험하고 자본주의 발전기의 근로정신을 지니고 있어 독립심과 진보적 정신 및 민주적 태도를 갖추고 있었다.

1607년 소수의 용맹한 무리가 버지니아에 처음 상륙하였고, 1620년 청교도들이 신앙의 박해를 피해 메이플라워(May flower)호를 타고 대서양을 횡단하여 미국 동부의 플리머스에 도착한 이후 메사추세츠주를 개척하였다. 그들은 선상 서약에 의해 성인남자로 구성된 민회에서 법률을 제정하여 자치기준으로 삼았다. 뉴잉글랜드에서는 사회당을 중심으로 공공문제를 논하는 시의회(Town meeting)제도가 행해졌다. 이런 제도가 미국 민주주의의 기초인 주의회의 기원이 되었다. 이주민들은 스스로 방위하며 미지의 땅을 개척해 나갔다. 그들의 청교도주의, 자유주의, 민주주의, 인도주의적 사고방식은 진취적이고 건설적인 정신과 더불어 오늘의 미국을 형성하는 기본 요소가 되었다. 18세기 후반 영국의 중상주의 정책이 과세정책으로 나타나자 식민인들은 이에 저항하였는데, 1773년 보스턴 차사건이 대표적인 조세저항사건이다. 이후 1775년 4월 렉싱턴과 콩코드에서 영국군과 민병이 충돌하여 유혈사태가 벌어져 사실상 독립전쟁이 시작되었다. 5월 10일 각 식민지 대표들은 필라델피아에서 대륙회의를 열고 무력항쟁을 결의하였다. 1776년 7월 독립을 선언하고 1781년 13개주가 연방을 이루어 미합중국을 출범시켰다. 1787년 필라델피아의 제헌회의에서 제정된 헌법은 1788년 각 주의 비준을 거쳐 발효되었고, 1789년 초대 대통령(워싱턴)을 선출하였다. 이 헌법은 연방주의, 삼권분립, 민주주의의 3대 원칙에 입각하여 규정되었고, 헌법은 각 주의 역사적 전통과 자주권을 설정하고 있다.

1861년 노예제 금지로 남북전쟁(1861~1865)이 일어났다. 1863년 링컨이 이끄는 북군의 승리로 노예해방이 선언되었으나, 인종차별과 경제적 빈곤은 여전하였다. 1865~1900년에 이르는 국가주의시대에 미국은 산업혁명을 통해 번영의 토대를 마련했고, 인구증가와 더불어 정부권한을 축소하고 연방정부의 권한을 확대·강화하였다. 1900~1930년까지의 국제주의 대두기에 미국은 세계강국이 되어 제1차 세계대전에 참가하였다.

1930년부터 오늘날까지 미국은 국제적 문제를 선도하고 있으며, 세계평화를 위해 제2차 세계대전에 참가하였고, 항구적 평화를 추구하는 국제연합(UN)의 일원(안전보장이사회 상임이사국)이 되었다. 한편 미국은 그들이 표방하는 군사적 요구, 과학적 연구운동,

개발주의 교육 또는 아동연구, 사회교육 등 4대 주요과제를 통해 교육과 스포츠의 발전을 이룩해왔다.

오늘날 미국에는 백인, 흑인, 인디언, 황인종 등이 공존하고 있고, 거의 모든 국가의 이주민으로 구성되어 있으며, 개신교, 로마 카톨릭, 유대교, 그리스정교, 불교, 이슬람교 등 다양한 종교와 풍속이 결합된 종합국가이다. 미국은 정치, 경제, 문화, 스포츠, 군사, 교통, 통신, 예술 등 모든 분야에서 세계적 영향력을 행사하는 세계 최강국의 위치를 고수하고 있다.

1) 교육

식민지 시대의 미국교육은 아동들에게 3R's 및 작문을 가르치는 수준이었다. 18세기 후반부터 국가주의적 교육의 필요성을 인식하고 비종파적 · 공적 교육제도가 프랑스혁명과 독립전쟁, 자본주의의 발전 등 사회변동을 겪으면서 국민적 각성과 더불어 나타났다. 그와 함께 언론과 출판, 집회, 종교의 자유가 보장되고 개인의 자유가 향유될 수 있었다.

당시에는 사회적 요구에 부응하고 사회봉사를 근간으로 하는 국가주의 교육을 중시하였다. 초기의 교육은 초등학교와 중등학교, 대학으로 구분했다. 초등학교는 부인경영학교(Dame School), 교구학교(Parochial School), 자습학교(Writing School), 자선학교 등 가정부인 및 교회 중심의 학교가 있었다. 중등학교는 라틴어학교와 실용교과를 중시하는 아카데미가 있었다. 대학은 하버드(1636), 예일(1764), 프린스턴(1746), 펜실베니아(1753), 콜럼비아(1754), 브라운(1764), 러트거스(1766), 다트머스(1769) 등 고전연구와 목사양성을 위주로 하는 고등교육기관이 설립되었다.

공교육제도는 1830년 이후 미국 '공립학교의 아버지' 라 불리는 만(Man, H., 1796~1856)이 메사추세츠주에 무상 공립소학교를 세운 것이 효시였으며, 1860년까지 많은 주에서 공교육제도를 수립하였다. 중등교육은 식민지 시대의 학교가 쇠퇴하고 사립 아카데미와 19세기 후반 공립고등학교가 등장하여 메사추세츠주와 뉴욕주, 일리노이주 등 각 주에 무상 공교육화가 점차 실시되었다. 고등교육은 1819년 '다트머스 대학사건' 이 동기가 되어 사립대학의 지위가 확보되면서 20세기 초에는 대부분의 주에서 주립대학이 건립되었다.

미국교육의 주요 목적은 '개인의 자기실현 조성' , '선량한 시민의 육성' , '유동적 · 개방적 시민사회에서의 생산적 노동자의 육성' , '가정 및 공동사회 내의 선량한 성원의 육성' 등이었다. 최근에는 사고력 양성이 교육의 중심 목적으로 강화되었다. 이것은 급속한 과학기술의 발달에 따른 커리큘럼 개조운동과도 관계가 있다. 즉 학교는 사실적 지식보다 창의적 지식을 중시하여 교과목의 기본핵심은 학생들이 자신의 소질과 능력을 최대한 발휘하기 위하여 개인의 요구, 흥미, 능력에 적합한 교육을 실시한다. "개인차를 항상 유의하라"는 것이 미국교육의 슬로건이다. 구체적인 실현방법으로 능력별 학급편성, 무학년제, 다양한 교육과정, 특수교육과 영재교육 등의 조치를 취하고 있다. 미국교육은 개인의 고유한 재능을 기르는 것이 목표지만 그와 동시에 미국사회를 구성하고 있는 종교적, 인종적, 민족적 집단의 다양한 문화를 존중한다. 이것은 학교생활, 즉 교육방침, 교육과정, 수업, 과외활동 등에 충분히 반영되고 있다.

교육은 주정부의 관할 하에 각 주 및 지방교육구의 교육위원회가 행정을 맡고 있다. 따라서 전국에 공통된 교육제도는 없으며, 이 같은 지방분권이 미국교육의 고유한 전통이요 특색이다. 주교육위원회의 조직 및 직무권한은 각 주에 따라 다르며 주 공립학교가 구체적인 교육계획 및 정책 수립기관이다. 주교육위원회는 주 헌법과 법률이 정한 범위에서 공립학교제도의 수립과 유지, 공사립학교에 관한 규칙제정, 교과과정, 교직원, 학교건축 등에 관한 최저 기준 설정, 지방학구의 설치 및 폐지, 지방교육구의 직무권한의 한계 등을 정한다.

지방교육구의 교육위원회는 직무권한 내에서 교육방침 및 교육계획의 수립, 교육장 및 교사의 채용, 학교의 감독, 학교건축, 교육세 징수 등의 권한을 갖는다. 또한 공교육비의 대부분을 지방교육구가 부담하고 있다. 연방정부도 일반복지 향상을 위한 공교육의 발전을 위한 책임이 있기 때문에 연방교육국이 각종 교육서비스와 교육연구 활동을 위한 보조금의 교부 등의 활동을 하고 있다. 학제는 단선형(單線型)으로 8 · 4 · 4제, 6 · 3 · 3 · 4제 등 주에 따라 다르나 12년을 수료하면 단기 대학이나 4년제 대학에 진학할 수 있다. 대부분의 주들은 12년간의 무상 공교육제도를 실시하고 있다.

2) 체육의 목적

미국은 국가주의 초기 전쟁 중에도 체육을 군사적 예비훈련으로 이용하지 않았다. 이는 유럽 국가들과 비교해볼 때 전례가 없던 것으로 주목할 만하다. 미국에 있어 체육은 필요에 따라 군사훈련으로 대치해야 한다는 논쟁은 불필요했고 군사훈련과 체육과의 관계는 별개의 것이었다.

국가주의와 더불어 체육에서 강조된 것은 건강과 체력의 발달이었다. 독립의 기초를 닦은 프랭클린(Franklin, B., 1707~1790)은 건강과 체육의 문제를 처음으로 제창하였다. 노아 웹스터는 1790년 〈청년 제군에게 고함〉에서 청년에게 운동의 가치를 강조하며 '경기력 학습을 통해 체력을 조정하고 발육단계의 골격을 강화하는 것은 젊은이의 의무'라고 기술하였다. 토마스 제퍼슨도 체육의 효과에 착안하여 '적당한 운동은 신체적 가치 외에 정신적으로 대담성과 독립심을 길러준다.” 고 하였고, 브라운대학의 학장 웨랜드는 “학생들은 체육관에서의 체육학습을 통해 체력을 증강했고, 보통 이상으로 공부에 열정을 쏟게 되었다.” 고 하였다.

그 당시 미국의 체육의 체계나 형태가 다양해졌음을 알 수 있다. 미국의 체육체계는 유럽 국가의 국가주의가 중시했던 건강증진이나 사회적 경험을 그대로 받아들였다. 그 결과 운동장이 마련되어 학생들은 여가를 즐기면서 스포츠에 참여하였다. 1879년 하버드대학의 서전트(Sargent, D.A., 1849~1924)는 신체훈련(Physical training)의 목적으로 위생적 목적, 교육적 목적, 휴양적 목적, 치료적 목적 등 4가지로 분류하였다. 또한 그는 1883년의 논문에서 “운동의 목적은 신체건강이나 미를 추구할 뿐 아니라 병적인 정신상태에서 벗어나고 의기소침을 없애주며 명랑한 정신을 갖게 한다.” 그리고 체육의 근본목적을 “개인을 체력이나 기능면에서 개발하는 것” 이라고 하였다.

YMCA에서는 체육의 목적을 전인적인 개인의 육성에 기여하기 위한 것으로 보고 “건강하고 튼튼하며 균형 있게 발달하고 잘 훈련된 신체와 건강하고 균형 잡힌 훈련된 정신을 가진 사람” 이라고 하였다. 즉 체육의 목적을 신체적인 것, 지적인 것, 정신적인 것을 융합하고자 하였다.

우드(Wood, T., 1892~1942 : 스탠포드대학의 위생 및 체육교수, 후에 콜럼비아대학의 건강 · 체육부장)는 1893년 전미교육협회(全美教育協會)의 본과회의 연설에서 “신체훈련체계는 체육의 과학적 연구에 의해 재현되어야 한다. 체육에서 중요한 것은 신체자체의 교육뿐 아니라 환경, 훈련, 교양 있는 개인생활에 충분히 기여하는 것이다,” 또한 그는 1900~1930년까지의 국가주의 시대에 독일이나 스웨덴체조가 지배하는 종래의 체육을 세 가지로 비판하였다. 첫째 종래의 체육은 근육과 신체를 의식한 형식적인 운동을 통해 수업에서 얻을 수 있는 올바른 자세나 교정의 효과를 바라고 있다. 그러나 이러한 효과는 자연스럽고 자발적이며 즐거운 운동에서 충분히 얻을 수 있다. 둘째 종래의 체육은 지나치게 신체 중심적이며, 심리적 태도 및 성격과 인격에 미치는 영향을 충분히 고려치 않았다. 셋째 종래의 체육은 인간생활과 관련 없는 형태의 효과를 발달시키는데 시간과 노력을 낭비하고 있다. 그는 “체육이 심리학적 · 생리학적으로 올바르고 교육적으로 수용할 수 있는 계획을 갖출 때 체육이 전인교육에 기인하고 다른 교과와의 유기적 관계를 갖게 된다.” 고 하여 체육과 교육 및 체육과 여러 과학과의 관련성을 지녀야 한다고 주장하였다.

헤더링턴(Hetherington, C.W., 1870~1942)은 기존의 체육에 신체육이라 명명하였다. 그 이유는 “교육의 중점은 정신뿐 아니라 유기체 전체의 활동이므로 체육은 신체적(Physical)이라고 이해하고 이를 신체육이라 불러야 한다.” 고 하였다. 교육은 신체만을 또는 정신만을 위한 것도 아니며, 교육으로 인간의 모든 능력을 발달시키는 것이다.

즉 생체교육(생명력을 기르는 교육), 정신-운동의 교육(신경과 근육의 상관활동에 있어서 힘과 기술을 기르는 교육), 성격교육(도덕적 · 사회적 · 정신적인 능력의 발달), 지적교육(아동은 행동하는 것으로, 특히 신체적 유희를 통해 배움)이라 하여 그가 말하는 체육의 목적은 개발주의 교육과 깊은 연관을 맺고 있었다.

체육의 목적은 사회적 가치와 훌륭한 시민의 육성이었다. 1900~1930년까지의 체육목적은 개발주의교육, 사회주의교육, 과학적 교육의 목적과 밀접하게 연계되어 있었고, 현대체육의 기초를 확립하였다.

우드와 헤더링턴에 의해 제기된 체육개념은 그 가치를 인정받아 1930년 이후 콜럼비아대학의 윌리암스(Williams, J.F., 1886~1966)와 뉴욕대학의 내쉬(Nash, J.B., 1886~1965)가 적극 지지하고 발전시켰다. 체육을 교육의 일부라고 본 우드는 체육을 '신체의 교육(Education of the physical body)' 이라고 언급하였지만, 윌리암스(J.F. Williams)는 '체육은 일정한 목표를 향하여 선택된 운동종목으로 행해지는 신체활동의 총체' 라고 하면서 '신체를 통한 교육(Education trough the physical body)' 라는 유명한 말로 표현하였다. 그가 주장한 체육의 목적은 "신체적으로 건강하고 정신적으로 활기 있게 사회적으로 건전하게 개인이나 집단이 활동할 수 있는 기회를 제공하고, 재치 있는 지도와 적절한 시설을 제공하는 것이다." 라고 하였다.

내쉬는 인간생활의 네 단계를 헤더링턴의 개념을 발전시켜 서술하였다.

제1단계 : 내장기관의 힘(Organic power)- 2, 3, 4단계의 기초가 된다.

제2단계 : 신경근의 발달- 헤더링턴의 '신경-운동의 교육' 과 일치한다.

제3단계 : 해석적-대뇌피질적 발달(Interpretive-cortical)- 헤더링턴이 말하는 지육에 해당하며, 이 활동을 통해 의미를 축적할 수 있다.

제4단계 : 정서적-행동적 발달(Emotional-impulsive)- 헤더링턴의 성격교육과 일치한다.

내쉬는 네 가지 단계가 인체에서 상호관계를 맺으며, 모든 활동은 네단계의 발달에 유용하며, 교육 및 체육은 모든 단계의 발달, 즉 총합체로서의 인간에게 현저하게 영향을 미친다고 주장하였다.

1930년 미국은 경제공황으로 수많은 실업자를 냈고, 이들의 여가문제가 사회문제화되었다. 이로 인해 체육의 목표가 여가를 위한 목적으로 전환되어 갔다. 중등학교 체육교과를 분석한 결과, 체육의 목표에 대해서 '여가생활을 위해 게임과 운동을 가르칠 것' 이 가장 많은 응답자를 냈다. 이어서 보건의 실천 및 적절한 습관의 형성, 시민성 및 공정한 성격의 발달, 자세의 개선, 신체적 발달과 교정, 정상적인 성장과 내장기관의 발달촉진, 정신적 · 신체적 활동의 효과적인 조정의 순으로 나타났다.

제2차 세계대전 당시 체육의 기본목적은 근력, 지구력, 신체적 조정능력의 발달을 중시한 체력과 군무나 전투를 위한 신체능력의 배양이었다. 하지만 전후 이러한 목적과 기능이 재검토되었으며, 2차대전 전의 체육의 기본목적에 대한 평가가 미국보건체육레크리에이션협회(AAHPER)와 보건체육레크리에이션의 주 이사회(Society of State Directors of Health, Physical Education and Recreation)의 합동위원회에서 열렸다. 이 위원회는 체육 강령의 작성에서 선언하기를 "체육은 인간의 성장발달과 그 가치에 충분히 관련시켜 선택되고 실시되는 신체활동을 통한 교육의 한 방법이다. 왜냐하면 교육은 교육계획의 한 측면이므로 학교에서 다른 모든 학습경험에 목적이 있는 것처럼 체육도 일반적 교육목표에 접근시켜야 할 것이다. 즉 아동과 청소년이 민주사회의 책임 있는 시민으로서 완전한 조화를 이루어 발달하는 것을 목적으로 한다." 고 하였다. 이는 체육의 초점이 신체에서 교육으로 이행했고, 교육목적과 밀접한 관계가 있음을 뜻한다.

알렌보(Allen Baugh, N.)는 체육(운동교육)의 목적을 '효과적인 힘, 자기 발견, 자기 지시, 자기 능력의 달성' 을 위한 교육이라고 하였다. 또한 현대사회는 인간의 생산활동의 많은 부분을 기계가 대신해 주고 있기 때문에 근로자들의 노동시간이 점차 줄어들고 있어 여가시간의 활용이 매우 중대한 문제로 제기되고 있다고 주장하였다.

3) 체육과 스포츠의 발전

초기의 이주민들은 그들의 모국문화를 신대륙에서도 이어 나가려 하였다. 일상적인 유희나 스포츠는 가능했지만 근대적이며 체계적인 체육방법은 수용하지 못하였다. 이주 초기 식민지 아메리카 대륙은 주민 95%가 농경에 종사하였고, 개척지에서 단조로운 일상생활을 보냈다.

신체운동의 필요성은 독립전쟁 이후 학교로부터 부각되었다. 프랭클린은 체육활동을 교과과정에 포함시켜야 한다고 최초로 주장하였다. 그는 1749년 〈펜실베니아 청년교육에 관한 제안〉이라는 팜플렛에서 "대학은 청년에게 사회생활을 위해 준비시키는 것을 목표로 해야만 한다. 학교는 놀이터, 과수원, 광장들을 갖추고 학생이 게임, 달리기, 뛰기, 레슬링, 수영 등을 할 수 있게 준비하여야 한다." 고 하여 체력강화를 위한 운동의 가치에 대하여 기술하였다. 또한 러시는 방과 후 어린이들에게 유희를 통하여 신체를 단련케 하는 것이 매우 바람직하다고 생각하였다. 한편으로 라운드 힐 학교나 하버드 대학 및 보스턴 체육장에서 체조가 행해졌는데 독일체조장의 전형적인 기구를 사용하고 있었다. 특히 라운드 힐 학교에서는 체조 외에도 정기적으로 학생들이 달리기, 뛰기, 수영, 썰매, 스케이트, 야구, 풋볼, 레슬링, 승마, 댄스를 행하였고, 하이킹, 캠프 및 야외교육에도 상당한 시간을 할당하였다. 그러나 18세기 미국의 학교체육은 시설이나 프로그램이 빈약하여 조직적으로 전개되지 못하였다.

[그림 28] 히치콕과 아마스트 대학

조직적인 체육활동은 독일체조가 도입된 1805년부터 시작된 것으로 보인다. 프랭클린과 제퍼슨의 체육에 대한 관심표명이 있었지만 이것이 가시화 되지는 못하였다. 1825년 포렌과 리버에 의해 얀의 독일체조가 도입되었다. 포렌은 하바드대학에서 체조수업을 시작하였다. 그는 보조학생을 두어 체조수업을 준비하였는데 이들은 얀이 시작한 체조 조장에 해당되었다. 미국인 최초로 체조를 고안한 사람은 비쳐(Beecher)이다. 그는 체육교사가 잘 훈련된 시범학생(반장)을 선발하여 체조를 순서대로 실시해야 한다고 하였다. 만약 체조가 신체의 일부에도 악영향을 미치거나 허약한 학생이 있는 경우 교사는 반드시 의사와 상의해야 하며, 학습능력이 부족한 학생에게는 방과 후 특별지도를 해야 한다고 하였다.

19세기 대학의 유일한 체육수업은 아마스트대학의 히치콕(Hitcock, E., 1828~1911)에 의해 이루어졌다. 그는 미국의 '구츠 무츠' 라 할 만큼 체육에 대한 공헌이 컸다. 그의 체육수업은 모든 학생을 대상으로 하여 위생과 레크리에이션적 측면을 강조하였다. 그 목표는 건강의 유지와 면학의 긴장에서 학생을 해방시키는 일이었다.

학교체육의 발전에 중요한 역할을 한 것은 교내경기였다. 교내스포츠는 19세기 초 대학에서 행해졌으며, 대학 간의 운동경기보다 앞섰지만 조직화 되지는 못했다. 1827년 하버드대학에서 반 대항경기로 풋볼경기가 최초로 열렸다. 이후 풋볼경기는 1840년대 예일대학이나 프린스턴대학에서 실시되었다. 하지만 게임이 격렬해지자 수년간 금지를 당했다. 1852년 하버드대학과 예일대학 사이에 조정경기가 있었다. 이것이 최초의 대학 대항 운동경기였다. 남북전쟁 후 대학 대항경기가 활발해지면서 경기규칙이 제정되고, 많은 스포츠단체들이 결성되었다. 1870년 전미대학(全美大學)조정연맹이 결성되고, 1873년 미국대학 아마추어육상경기연맹이 조직되었다. 중 · 고등학교 경기협회의 설립은 1925년까지 각주로 급속히 전파되었다. 전국적 조직은 중서부 주립고등학교 경기협회연합의 창설을 계기로 일리노이주협회 사무담당 스미스에 의해 결성되었다. 중 · 고등학교경기협회 주 연합은 1920년 4개 주의 대표가 첫모임을 연 후 1922년 11개주 대표가 전국연합을 결의했고, 1930년까지 28개 주가 가맹하였다.

1879년 하버드대학에 부임한 서전트는 자신의 신체적 약점을 알려면 신체검사가 필요하며 그 결과에 따라 신체균형을 위한 적절한 체육활동을 규칙적으로 해야 한다고 하였다. 그는 학생 개인의 인체를 측정하여 결과를 통보해도 해당 학생이 잘 따르지 않고, 가장 심각한 학생이 체력보완에 게을리 함을 알게 되었다. 그래서 그는 대학생의 체육은 정규적 교육과정으로 다뤄야 한다고 피력하였다. 그는 40가지 이상의 인체측정법을 만들고, 그것을 이용하여 신체가 완전한 균형을 유지하도록 해야 한다고 하였다. 1885~1900년까지 인체측정의 관심이 절정에 달했고, 그의 측정표는 대학과 미국 체육진흥협회에 의해 널리 활용되었다. YMCA는 서전트의 도움을 받아 국제적인 신체검사의 기초 자료를 만들 수 있었다.

근대체육은 개발주의 교육에 입각하여 아동의 능력과 흥미에 의해 결정된다고 보고 학습심리학의 이론에 기초한 방법을 만들었다. 이에 따라 신체육에서는 훈련과 반복의 학습과정을 통해 스스로 스포츠의 기술을 체득하는 방식으로 이루어졌다.

20세기에는 집단지도와 교정학습이 운영되었다. 집단지도는 1917년 육군에서 행해졌는데 복싱을 지도할 때나 레슬링, 수영, 풋볼, 농구, 육상경기 등과 같은 스포츠에도 적용되었다. 교정학급은 새우등이나 평족에서 탈장(Hernia)에 이르는 모든 장애자를 수용하여 개인의 장애를 교정하도록 시도되었다. 교정학급 운영은 상당한 효과를 거뒀으나 일반인들의 선입관으로 학생들은 수치심 같은 심리적 부담을 느꼈고, 더욱이 의학적인 협조가 매우 부족했다. 1920년대부터 검사와 측정 및 평가 도구가 체육의 방법으로 광범위하게 사용되었다. 이에 클라크(Clarke)는 "검사하는 것(Testing)은 계획을 효과적으로 세우고 능률적으로 지도할 수 있도록 필요한 정보를 얻는 것이며 관리하는데 필요한 측면이 있다." 고 하였다. 이러한 검사와 측정은 개인의 건강상태를 정확히 확인하고 그것에 관한 자료를 갖추어 체육의 각종 목표의 달성도를 측정하고 평가하는 기초 자료로 이용할 수 있게 하였다.

제 1차대전 직전부터 교내경기가 계획적인 조직과 지도가 이루어지기 시작하였다. 1913년 오하이오 주립대학과 미시간대학에서 경기업무를 전담하는 직원 1명을 임명하였다(주로 학생에 의해 관리). 교내경기에 크게 기여한 사람은 미첼이었다. 그는 20여년간 교내경기를 전문적으로 지도하고 이끌어 온 인물이며, 그 공적을 인정받아 1919년 미시간대학의 교내 경기과장이 되었다. 그는 1925년 〈교내경기〉라는 책을 최초로 저술했으며, 그의 활동에 힘입어 1928년 미시간대학 내에 교내 스포츠회관을 건설하여 교내스포츠 역사상 중요한 증표를 남겼다. 1927년부터 대학의 교내경기를 모방한 고등학교 교내경기가 추진되었고, 중학교까지 파급되었다.

대학의 운동경기와 관련하여 전미경기협회(NCAA)가 1933년 위원회를 구성하여 선수선발 규정을 만들어 각 대학의 학장에게 송부하고, 경기기준을 개선하기 위해 정화규정을 제정했으나 대학 간의 이해관계로 실패하였다.

제2차 세계대전 동안 학교에 부대가 주둔하였으나 대학의 운동경기는 계속되었다. 또한 여러 대학에서는 경기내용을 확장하여 군대 팀과도 경기를 가졌으며 선수의 자격규정도

대폭 완화하였다. 이 기간에도 NCAA는 경기종목을 추가시켜 나갔다. 1932년 복싱을, 1938년 체조와 테니스를, 1939년 농구를, 1940년 골프를, 1941년에는 펜싱을 추가시켰다.

1930년대 이후 체육은 적극적이며 본래의 목적을 추구하여 사회생활에서 불필요한 경쟁을 억제시키고 상호협력의 정신을 고취시키는 것이었다. 이에 고등학교 체육은 레크리에이션 측면을 중시하는 경향이 있었다. 이때 학생들은 교내경기에 소극적인 태도를 보이며 종전과 같이 외형적인 활동보다는 스포츠 자체에 흥미를 가지고 즐기는 방향으로 흘러갔다. 또한 타인뿐 아니라 자기 기록에 도전하는 경기테스트나 경기자체를 즐기는 플레이데이(Play day) 및 스포트데이(Sport day), 모든 사람들이 참가할 수 있는 다양한 스포츠활동이 전개되었다. 대부분의 체육수업은 많은 학생들이 동시에 참여했는데, 100여명이 참여하기도 했다. 이에 학급을 여러 개의 그룹으로 나누어 팀활동으로 전개하였다. 특히 그룹간의 경쟁으로 수업의 흥미를 높이고 집단에 대한 협력과 충성 및 책임감을 경험할 수 있었으나 체육적 지도가 미흡했다. 장애자의 체육에 있어 장애자를 일반학생과 똑같이 지도하느냐 또는 분리 지도하느냐의 문제가 대두되었다. 결론은 분리 지도는 단시간에 자신감과 안정감을 기르는데 바람직하나, 장기적으로는 장애학생을 정규반에 편성하여 일반학생들과 같이 스포츠활동을 하게 하는 것이 더 바람직하다는 것이었다.

체력검사는 이 시대에도 그 중요성이 인식되어 고등학교와 대학에서 개인의 기록을 보존하였다. 체력검사의 주요종목은 턱걸이(Chins), 팔굽혀펴기(Push-up), 평행봉 상완운동(Dips), 줄타기(Rope climbing), 바 뛰어넘기(Bar vault), 달리기 등이었다. 여학생은 빈약한 편이지만 점프 리치(Jump reach), 포테이토 레이스(Potato race), 수영, 테니스 등이 행해졌다.

제2차 세계대전 이후 체육프로그램이 표준화 되어 발전하였다. 일부 대학에서는 처음부터 조직원이 각 과정에서 가르치는 기술, 지식, 태도를 나타낸 요목이나 안내서를 작성하였다. 또한 체육교과목의 수업교재로 교과지도용 영화, 필름스트립(Film strip), 루프 필름(Loop film), 레코드 등을 이용하였다.

1950년대와 1960년대의 교육자들은 교육 내용뿐만 아니라 교수방법에도 많은 관심을 가졌다. 교사들은 팀티칭(Team teaching), TV나 비디오를 통한 프로그램 학습, 다학년 학급, 연중 수업학교(Year-round school), 마줄러 스케줄(Modular Scheduling), 조교(Teacher assistant), 컴퓨터에 의한 스케줄, 기계화에 따른 어학연수, 새 교과과정 등을 통해 실험과 연구를 지속하였다.

체력향상에 대한 관심은 점차 고조되어 국민적 관심이 되었으며, 이에 대통령 직속 청년체력심의회는 미국청년의 체력증진을 위한 대책을 마련하고 각급학교에 선택해 줄 것을 권고하였다. 체력검사를 위해 AAHPER의 청년체력테스트를 널리 이용하였다. 체육프로그램은 초등학교 5학년부터 고등학교 3학년까지 실천하기 위한 기준을 작성하였다. 이 기준표가 대학의 남녀학생 체육지도에 참고가 되었고 아울러 영국, 덴마크, 일본 및 기타 국가 어린이들에 대해서 비교 · 연구하는 기초자료로 제공되었다. 1966년 존슨대통령은 AAHPER 테스트에서 85 이상을 득점한 학생에게 대통령 체력상을 수여했는데, 1970년까지 약 30만명의 남녀학생이 수상했다.

1953년 뮬러와 헤팅거가 고안한 아이소메트릭 운동(Isometric Exercise)을 통해 등척성 또는 정적 수축(Isometric or Static Contraction)으로 근육운동을 하지 않고 근육 내의 필요한 작용을 발생케 하는 운동을 개발하였다. 이 무렵 수영과 육상경기에서 널리 사용되는 인터벌 트레이닝이 나왔고, 육상 코치들이 채용한 트레이닝의 순서로 파트렉(Fartlek)이 있었다. 초등학교는 아동들에게 충분한 운동기구와 활동공간을 제공해주고 스스로 스포츠에 열중하도록 지도하였다. 이를 '자극과 유도에 의한 자기 발견과 탐구' 라 하며 아동들은 몇 개의 소집단으로 나누어 자신들의 활동을 통해서 창의성을 높여 나갔다.

1950년대 대학 간의 운동경기는 성장을 거듭하였고, 1969년 대학 간 풋볼경기에는 연인원 2,760여만명의 관중이 참여하였다. 농구의 경우 농구팬들을 위해 대학의 캠퍼스에 많은 경기장을 건립하였고, 거대한 필드하우스가 건설되고 다양한 스포츠시설이 갖추어졌으며 실내 스케이트장을 갖춘 대학도 상당수가 되었다. 오하이오 주립 보링 그린대학의 경우 하키, 피겨스케이트, 컬링을 위해 3면의 링크를 갖추었다. 특히 제빙공업의 발전으로 테네시대학과 같은 남부의 대학까지 하키팀이 창설되었다. 이 시기에는 대학뿐 아니라 중 · 고등학교의 체육도 많은 발전이 이루어졌다.

고등학교의 경우 1946년 주 고등학교 경기협회 전국연합이 고등학교에 후원한 종목이 평균 3종목에서 1969년 8개 종목으로 증가하였다.

중학교의 경우 반대여론에도 불구하고 코난트와 같은 지도자를 중심으로 중학교 간의 운동경기를 확산하여 1958년 중학교의 85%가 어떤 형태로든 학교간의 스포츠게임에 참여하게 되었다.

이 시기에 또 하나의 발전은 스포츠클럽의 창립 및 활동이다. 스포츠클럽들은 상호 스포츠게임을 통해 활발히 전개해 나갔는데, 그 활동이 확대되어 대학 간의 스포츠게임으로 이어지기도 했다. 그러나 대부분의 스포츠클럽들은 비공식 경기나 클럽활동을 중심으로 회원 상호간의 경기력을 기르고 체력을 향상하며 친목을 도모해 나갔다.

4) 스포츠의 대중화

식민지 시대의 스포츠는 이주민들이 모국에서 즐기던 간단한 유희나 게임이었다. 일반적으로 행해진 옥외스포츠로는 볼링을 들 수 있고 겨울에는 스케이트나 썰매타기 등이 행해졌다. 버지니아주에서는 영국에서 행해졌던 개인경기나 구기 등이 실시되었고 도보경기, 뛰기, 권투, 닭싸움, 경마 등은 집회나 시장에서 인기가 있었다. 식민지 말경 버지니아 신사들은 사냥을 비롯하여 풋볼, 크리켓, 야구와 비슷한 볼게임(Rounders), 테니스와 비슷한 파이브스(Fives)라는 구기를 즐겼다.

18세기 중반 독일체조연맹(German Turnvereir)이라는 사회스포츠 기관이 구성되었다. 이 기관은 사회교육센터로 독일에서 이주해온 사람들이 함께 사는 좋은 습관을 유지하도록 도왔다. 전 가족이 체조연맹에 가입하여 운동, 게임, 군사훈련, 음악, 강연, 사회적 활동을 하였다. 이 연맹은 바덴혁명의 영웅으로 알려진 헤겔(Hegel, F.)의 미국 도착을 계기로 하여 신시내티에서 결성되었다. 이에 1851년 최초의 전국체조제를 실시하였으며, 남북전쟁 때 약 150여개의 지방협회가 결성되었고, 1만여명의 회원을 확보하고 있었다. 또한 스코틀랜드인을 중심으로 한 칼레토니아 경기회가 1853년 보스턴서 처음 개최되었고, 이어 뉴욕과 필라델피아에서도 개최되었다. 특히 1860년대 들어 스포츠가 활발하게 보급되었다.

헨더슨(Henderson, R.B.W.)은 1744년 출판된 책자에 야구라는 명칭이 기재된 것을 근거로 18세기 초기 미국에서 야구가 시행되었다고 주장하였다. 처음 영국식 야구는 라운더즈(Rounders)로 알려지기 시작했고 미국에서는 타운 볼(Town ball) 또는 라운드 볼(Round ball)로 불려졌다. 최초로 명문화된 야구규칙은 1834년 출판된 카버의 스포츠독본(Carvers Book of Sports)에 근거한다. 또한 1839년 출판된 야구에 관한 책자에서는 타자용 홈 베이스를 포함한 네 개의 베이스가 다이아몬드형으로 설치되었음을 보여준다. 1845년 닉커복커 야구클럽(Knickerbocker baseball club)이 조직되면서 그 기초가 확립되었고, 1850년대 뉴욕에 많은 야구팀이 조직되었다. 1859년 최초의 대학야구경기가 개최되었다. 스포츠에 대한 일반인의 관심은 남북전쟁 후 더욱 확산되었다. 특히 학생단체가 스포츠경기의 활성화에 크게 기여하였다. 대학경기는 자발적으로 이루어졌고 학교당국과 관계없이 학생들만으로 스포츠단체를 조직하였다. 그후 교수가 참여하고, 마침내 학교당국에 의해 스포츠가 공식적으로 채택되었다.

1873년 풋볼대학연맹이 조직되었고, 2년 뒤 육상선수를 대상으로 미국대학 아마추어 육상경기연맹이 결성되었다. 이 경기연맹을 ICKA라 부르는데 현존하는 육상경기단체 중 가장 오래되었다. 초기의 스포츠연맹은 학생대표로 조직되었으므로 참가자격은 문제되지 않았으나 규칙(Rule)에 대한 문제가 제기되어 경기규칙을 협정하여 채택하게 되었다.

여러 경기클럽들이 아마추어 정신에 따라 경기를 진행하고 있을 때 프로페셔널리즘이 아마추어 정신을 오염시키자, 1879년 그 피해를 지적하고 아마추어스포츠를 장려할 목적으로 미국 아마추어경기협회의 결성을 뉴욕 경기클럽이 제창하였다. 이 협회는

1888년 15개 경기클럽을 가진 단체로 성장했고, 이것을 배경으로 40개 이상의 스포츠 통제권을 주장하였으나 대학과의 마찰을 피하여 다음해 16개의 스포츠만 통제권을 갖기로 했다.

프로스포츠로서 야구가 대중의 인기를 끌면서 남북전쟁 이후 프로페셔널리즘이 야구계에 퍼졌다. 1876년 내셔널 리그가 결성되었고, 1896년까지 약 100개의 프로팀이 결성되었다. 이러한 프로야구의 조직은 고등학교, 대학, YMCA 등 아마추어야구 발전에 크게 공헌하였다. 1896년 신시내티 레드스톡킹스라는 프로팀이 한 시즌에 55승 1무라는 대기록을 남겼다.

한편 1891년 스미스에 의해 농구가, 모간에 의해 배구가 창안되었고, YMCA는 사회스포츠기관으로써 스포츠발전에 중요한 역할을 하였다.

남북전쟁 이후 보스턴을 중심으로 플레이그라운드 진흥운동이 활발히 전개되었다. 1878년 이후 부인교육협회와 자선협회의 지원을 받아 여름학교가 설립되고, 이 학교들이 조직적인 유희활동을 지도하였다. 근대적 플레이그라운드운동은 메사추세츠주 구급위생협회에 의해 시작되었고, 1885년 자그르제우스카에 의해 조직적으로 관리되었다. 1887년 이후 설치장소가 교회나 주택가에서 학교로 전환되고 1899년 이후 시에서 재정지원을 함으로써 플레이그라운드 촉진운동은 더욱 활기를 띠었다. 플레이그라운드는 주로 사춘기 전의 아동을 대상으로 여름휴가에 개설되었고, 시설은 도시의 인구밀집지역 교외에 설치되었다. 관리는 주로 경찰관이 청소년범죄를 예방하는 등 이중효과를 거두었으나 주민에 의해 관리되는 경우도 있었다.

1920년대 미국의 각종 경기가 많은 발전을 거두었다. 예컨대 풋볼, 야구, 농구 등 전통적인 대학 대항경기와 수영, 테니스, 레슬링, 펜싱, 체조, 골프 등과 같은 종목들이다. 또한 각종 경기에 관심이 고조되면서 스포츠 경기장과 시설들이 보완되었으며, 관리요원 및 지도자도 증가하였다. 대형 스타디움, 체육관, 필드하우스의 건설이 경제적 호황으로 더 활발하게 이루어져 1920~1930년까지 135개의 대학 경기장에 230만 7,850석의 좌석이 확보되었다. 일반인의 스포츠나 경기활동은 1900년 이후 급격하게 확대되었다. 체육관, 수영장, 핸드볼 코트, 기타 경기시설을 갖춘 YMCA회관이 늘어나고, 경기클럽도 증가되어 1929년 지방의 스포츠클럽 수가 4,500여개가 넘었고,

[그림 29] 초창기 농구 및 양궁경기(삽화)

골프코스는 대부분의 클럽에서 활동내용으로 포함시켰다.

1911년 교회가 중심이 되어 전국 연맹위원회를 결성하였다. 그해 카톨릭소년단이 운동경기의 주최를 위해 창설되었다. 교회는 YMCA, YWCA, 전국 레크리에이션협회 등에 재정지원을 하였고, 수백만의 어린이들을 위한 보이스카웃과 걸스카웃이 결성되었다. 이 같이 대중스포츠의 열기가 고조되고 1920년대의 호황은 프로스포츠를 성장케 하는 여건이 되었다. 그 결과 복싱이 국민적 관심사로 등장하였고, 1922년 전미(全美) 풋볼연맹이 결성되었으며, 1924년 프로아이스하키와 프로골프가 창설되었다.

야구는 1920~1930년 사이에 국내리그에서 11%의 관중이 증가하였다. 이에 대해 보일은 "1920년대의 스포츠 부흥은 스포츠의 참가보다는 기록적인 대 관중, 스타디움의 건설, 라디오방송 등 관객으로서 스포츠 붐을 조성했다." 고 하여 참여스포츠에서 관람스포츠가 되었음을 지적하였다. 체이스도 보일과 같은 견해를 밝히며 '많은 레크리에이션활동이 뒤엉켜 있고 상업주의적 스포츠' 임을 비난하였다. 그러나 1930년대 스포츠는 참여스포츠의 조짐이 일었다.

한편 레크리에이션 및 캠프활동을 보면 레크리에이션협회의 진흥과 레크리에이션활동의 장려를 위한 각종 지원이 이루어졌다. 그 결과 1920~1930년까지 유급 레크리에이션 지도자 수가 2배 이상 증가했고, 대학이 레크리에이션지도자 양성과정을 개설하였다. 1926년 레크리에이션협회가 전미(全美) 레크리에이션협회로 개칭되어 새롭게 활동하였다. 캠프활동은 1900년 초에 여름휴가를 이용하여 소수를 대상으로 처음 시도되었다. 캠프활동은 YMCA, 우드그라프트 연맹, 보이스카우트, 걸스카우트, 캠프 화이어럴스, 교회, 공장 등의 조직에 의해 이루어졌다. 캠프활동을 촉진하기 위한 캠프지도자협회는 1910년 20명의 지도자로 구성되어 확대되기 시작하여 미국캠프협회로 발전하였다. 조직적인 레크리에이션운동은 1920년대 융성하였지만, 1930년대의 경제공황으로 재정적인 지원이 줄어들면서 급속히 쇠퇴하였다. 그러나 1933년 이후 연방정부의 지원이 재개되면서 다시 활기를 띠게 되었고, 레크리에이션 지도자의 양성이 활발하게 이루어졌다. 지도자와 관리자의 배출을 위해 대학에 레크리에이션에 관한 독립 커리큘럼이 설치되었고, 1948년 보건체육 레크리에이션 등의 교육계획안이 나왔으며, 레크리에이션 산업이 번창하였다. 1949년 보다 체계적이고 효율적인 레크리에이션활동을 목적으로 전미(全美)산업 레크리에이션협회가 결성되어 공공레크리에이션이 계속적으로 발전하게 되었다.

미국 국민들은 풋볼, 배구, 농구, 야구, 테니스, 골프 등에도 많은 관심을 보였다. 풋볼은 미국인들의 관심과 룰(Rule)이 개정되면서 근대적 경기로 정착되었다. 룰의 개정은 사고를 예방하기 위한 것이었다. 그 결과 헬멧의 착용과 공격수와 수비수가 사용하기에 적합한 2조의 경기용구를 개발하여 착용케 하였다. 1928년 캘리포니아주 고등학교와 대학에서 야간 시범경기를 실시하여 호응을 얻었다. 또한 변형된 6인제 풋볼이 1934년 플러에 의해 고안되었고 많은 고등학교에서 받아들였다. 이 경기는 사고위험이 적고 설비비용이 적어 호응을 받았지만 대학에선 받아들이지 않았다. 풋볼을 즐기지 않는 학생들을 위해서 미시간대학의 미첼은 1921년 스피드볼을 착안하였다. 스피드볼은 풋볼과 축구 및 농구를 배합한 독특한 방식으로 초등학교, 고등학교 및 대학의 체육수업과 교내경기에서 널리 이용되었다.

배구는 YMCA의 국내 및 국제조직을 통하여 1910~1920년에 널리 보급되었고, 농구는 1930~1950년까지 주로 박진감 넘치는 공격플레이가 호응을 받아 득점 중심의 게임으로 정착하였다, 야구는 전통적 인기종목으로 발전되어 왔고, 테니스와 골프도 많은 관심을 보였다. 골프는 1941년 전국에 5,200개 이상의 골프코스가 건설될 정도로 인기가 높았다.

제2차 세계대전 후 학교의 스포츠활동은 그 폭이 매우 넓어졌다. 양궁, 당구, 사격, 다아트, 베이스볼, 볼링, 샤플보오드, 탁구 등과 같이 격렬하지 않는 활동을 선호하는 학생과 스케이트, 하키, 라크로스, 웨이트리프팅, 럭비, 자전거 등의 보다 활동적인 스포츠에 관심을 갖는 학생 등 선호하는 스포츠의 분포가 다양해졌다. 특히 남녀를 구분하지 않고 즐기는 스포츠로는 탁구, 배구, 테니스, 배드민턴, 골프, 볼링, 수영 등이었다.

또 하나 미국의 스포츠 발전에 중요한 요인으로 1950년 AAU에 의해 발족한 연령별 수영운동과 1957년 신체장애자들을 위한 전미 휠체어경기가 개최되었는데 매년 경기종목을 확대해 나갔다.

2. 캐나다의 체육과 스포츠

캐나다는 약 3000년 전부터 인디언과 에스키모인들이 거주하고 있었다. 세계 2위의 광활한 이 땅이 유럽에 알려진 것은 10세기경 바이킹들에 의해서지만, 본격적인 관심은 15세기 경부터였다. 그 뒤 프랑스인들이 본격적인 탐험에 착수하여 1593년 프랑스의 자크 카르티에가 St. 로렌스만에 도착하여 '캐나다' 라 명명하였다. 프랑스 이민이 급증하면서 영국 식민지와 충돌하였고, 캐나다는 영국의 승리로 1763년 파리협정에 의해 영국령이 되어 오랜 영불항쟁으로부터 벗어난 국가이다. 이후 본국 정부와 마찰이 확대되었는데 1867년 식민지로 남아있던 네 개의 주가 영연북미 조례에 의해 정치적으로 통일되었다. 그후 점차 연방의 세력이 확장되면서 1931년 영국연방으로부터 자치권을 얻었고, 1951년 헌법을 개정하여 캐나다 자치령에서 캐나다로 변경하였다.

미국과 국경을 이루고 있는 캐나다는 국민들 대부분이 국경 200마일 지역에 거주하고 있으며, 북쪽은 고원지대로 황무지를 이루고 있으나 프라지나, 석면, 금, 알루미늄, 우라늄 등 각종 지하자원이 풍부하게 매장되어 있다. 광대한 산림과 수자원을 보유하고 있으며, 산업발달과 도시의 성장은 그들에게 부(富)를 안기어 높은 생활수준을 영위하고 있다. 캐나다는 영국과 프랑스계 주민들이 복합적으로 영향력을 발휘하는 가운데 인종적, 종교적 색채가 강해 통합적인 사회문화를 이루지 못하고 있다. 그러나 그 나름대로 독특한 정치체제와 문화를 만들어가고 있으며, 최근에는 아시아인들의 이주가 증가하고 있다.

1) 교육

캐나다는 상이한 문화적 특성으로 인해 독자적인 문화를 형성하지 못해왔으며 국민들은 단결력에 있어 부족한 상태이다. 국민의 44%가 영국계이고 30%가 프랑스계가 주류를 이루고 있어 인종적인 융화를 이루지 못하고 있다. 특히 종교적인 견해차이가 캐나다인을 분리시키는 한 요인이 되었는데, 특히 퀘백과 같은 지역에서는 같은 지역의 공립학교인데도 영어를 사용하는 프로테스탄트계 학교와 프랑스어를 사용하는 카톨릭계 학교가 공존하고 있다. 뉴 펀들렌드의 경우에는 더욱 심하여 일곱 개의 서로 다른 학제가 설립되어 운영되고 있다. 이처럼 인종적, 종교적, 경제적 배경이 다른 여러 계통의 사람들이 모여 한 국가를 이룬 독특한 여건 때문에 국민들의 융합이 이루어지지 못하고 있다.

따라서 캐나다 정부는 교육의 전담부서가 없고, 교육에 대한 권한도 미약한 수준이다. 다만 정부는 체육이나 체력향상의 필요성을 강조하고 법이 정한 바에 의해 지방에 교육부, 레크리에이션 사무국, 그 밖의 기관 중 체육을 촉진하기 위한 부서를 두도록 장려하고 있을 뿐이다.

2) 체육과 스포츠

개척시대의 캐나다에서는 수렵, 낚시, 카누, 승마 등이 일상생활의 일부였다. 각종 농사일(옥수수 껍질 벗기기, 헛간 손질 등)에는 사람들이 함께 모여 일하고 밤이 되면 가끔 댄스를 즐겼다. 그들의 오락은 경작경쟁, 통나무 굴리기, 던지기, 경마, 설화(雪靴) 경주 등이 있었고, 스코틀랜드 출신 이주민들은 도보경주, 도약종목, 통나무 던지기 등을 포함한 하이랜드 경기회를 조직하였다.

1865~1900년까지 학교의 체조, 교련, 유연체조 등을 촉진하고 권장하기 위해 약간의 보조금이 지급되었고, 이에 앞서 1862년 토론토 사범대학에 처음으로 체육과를 신설하

였는데, 이 시기에 학교와 밀접한 관계를 가진 군사교련교육계획을 수립하였다. 1890년 몬트리올에서부터 학년에 따라 체육을 필수과목으로 시작하였고, 1930년에는 대학과 고등학교의 50% 정도가 체육관을 구비하였다.

캐나다의 체육촉진운동은 맥길대학(1862년 설립)을 중심으로 바른즘, 메리헤밀톤, 네이스미스와 이들의 후계자 막캔리, 램, 카터라이프 등의 헌신적인 활동에 의해 전개되었다. 특히 1909년 체육촉진을 위한 신탁기금이 조성되면서 전국적인 운동으로 확산되었고, 이 운동에 힘입어 체육이 교과과정의 한 부분이 되었으며, 체육교사를 위한 연수과정이 마련되었다.

1930년대 경제공황으로 일시 중단되었으나, 경제공황에 따른 실업자의 증가와 조업단축으로 여가활용이 사회적 과제가 되었다. 이에 1939년 청년훈련법이 제정되고 청소년 및 레크리에이션 지도자를 훈련하기 위한 계획이 수립되었다. 2차 세계대전이 일어나자 1943년 국민체력법을 제정하여 대학에 연구보조금을 지급하고, 각 주에 체육 및 레크리에이션계획을 제시하거나 개선할 것을 적극 권장하였다.

국민체력법은 1954년 폐지되고 국민보건과 복지성의 체력국이 국민체력법에 관한 여러 기능을 담당하였다. 당시 체력국 고문 풀루박사는 국민체력의 향상을 위해 노력했으나 국제경기에서는 좋은 성적을 거두지 못했다. 이에 1961년 아마추어스포츠법을 제정하여 그동안 축적되어온 국민체력을 바탕으로 새로운 도약을 추진하였다. 이 법에 의해 아마추어스포츠에 관한 국민자문협의회를 조직 · 운영하고 코치의 트레이닝 준비, 국내 및 국제경기에 대한 경비지원, 민간 체육단체의 지원, 아마추어 스포츠조직, 대학의 연구계획, 대학원생 등에 실질적인 재정을 지원해 주었다.

로마 카톨릭의 교수조직을 답습하고 있는 프랑스계 지역에서는 프랑스의 전통을 중시하며 체육촉진운동도 서서히 진행시켰다. 사립학교의 설립을 수월하게 해서 이에 영향을 받아 뷔브르데 빠 뜨로나제(후원단체)와 라꽁페드라 와브르 드르와지르(레크리에이션 후원연맹)와 같은 민간기관들이 생활스포츠의 복합적인 계획을 발전시켰다.

캐나다인들이 즐기는 풋볼의 형태는 네 종류로 축구, 럭비, 아메리칸 풋볼, 캐나다 풋볼을 들 수 있다. 농구와 배구에 대한 선호도도 점점 높아지고 있다. 고대 흑인의 미가트웨이 경기에서 유래된 라크로스는 축제나 종교행사 후에 행해졌다. 이 라크로스는 1840년경 경기종목으로 채택되어 1867년경 경기규칙이 제정되었으며, 이어 연맹에 가입하였다.

캐나다의 체육 담당자들이 설정한 체육발전의 목표는 다음과 같다.

첫째 주어진 기능을 충분히 발휘할 수 있도록 심신이 최고의 조건을 유지하도록 하는 생물적 및 정서적 적정수준의 유지, 둘째 활발한 신체활동과 즐거움에 요구되는 기술, 조정력, 안정의 습관화, 셋째 개인적으로 유용하고 충족한 방법으로 생활하도록 건강관리의 습관을 기르고 유용한 운동, 바른 자세 및 행동양식을 발전시키는데 있었다.

2차 세계대전 후 경제적 번영과 대학졸업(체육전공)의 유자격 교사가 증가하였다. 이는 학교체육 프로그램 및 시설개량에 많은 공헌을 하였으며, 특히 중등학교 체육프로그램 개선에 크게 기여하였다. 체육교과목을 필수로 하여 매주 일정한 정규수업을 실시하였다. 대학에서도 체육을 필수과목으로 지정하여 2년간 매주 2회의 체육시간을 갖게 하였다. 또한 체육 교과과정을 결정하는 데는 영국의 체육교수요목에 많은 영향을 받았다. 아울러 링의 체조, 독일체조협회, 군대 등과 루이스, 서전트, 스칼스톰, 큐릭과 같은 미국 체육지도자들의 영향이 컸다. 그러나 후기에 들어 YMCA의 지도자나 미국에서 교육을 받은 사람들의 영향을 받아 스포츠, 유희, 레크리에이션운동을 교과과정에 받아들였고 독일인 학교교사들, 소콜 프로그램, 체코의 국민체조협회, 달크로즈 율동운동 등이 스포츠프로그램에 많은 영향을 미쳤다.

군대의 5BX와 XEX훈련계획, 크라우스 웨버테스트 등에 의해 체력향상 중심의 활동에 대한 일반인들의 관심이 높아졌다. 또한 방과 후 교내활동 중 스포츠프로그램에 많은 변화를 주었다. 어떤 주에서는 학교 간의 연합활동을 통해 선수권대회를 자주 개최하였고, 지역 간의 연맹을 통합하는데 바탕이 되었다. 이러한 체육활동을 효율적으로 진전시키기 위해서는 자격 있는 체육 전문가의 필요성이 요구되었다. 1910년 마가렛 이튼학교에서 체육전문가 및 체육교사를 위한 과정을 개설하였고 1940년 토론토대학에 체육대학이 설립되었다.

19세기경부터 군대, 대학, 실업계 출신자들에 의해 많은 스포츠클럽이 결성되었다. 이들 클럽을 중심으로 1881년 몬트리올올림픽 아마추어경기를 만들었다. 이어 현재의 캐나다 아마추어 경기연맹을 결성하였다. 캐나다 여자아마추어경기연맹은 1925년 결성되었으며 1954년 AAVC에 포함되었다. 연맹의 결성 및 경기클럽의 통폐합 등 제반 문제들을 다루기 위한 기관으로 1950년 캐나다 스포츠자문회의가 조직되었고, 1963년 캐나다 아마추어스포츠연맹으로 개칭하였다. 캐나다가 역점을 두는 경기대회는 올림픽과 대영제국 및 영연방대회이다. 특히 동계올림픽대회에서는 아이스하키나 피겨스케이팅 부문에서 좋은 성적을 거두고 있다. 스케이팅은 대부분의 어린이들이 정규학교에 입학하기 전에 배울 정도로 대중화되어 있다. 특히 아이스하키는 캐나다인의 대중적인 아마추어스포츠이자 프로스포츠이다. 캐나다인들은 아이스하키를 자신들이 창안한 스포츠라고 주장하고 있는데 이 스포츠에는 신티(Shinty), 헐리(Hurly 던지기), 반디(Bandy : 공이나 공과 같은 것을 치고받는 경기)와 같은 고대 원시적인 운동의 성격을 가지고 있다. 하키, 컬링(Curling), 스키 등은 학교의 교과에 포함되어 있고, 학교 상호간에 또는 주가 주최하여 경기를 갖기도 한다.

3. 멕시코의 체육과 스포츠

멕시코(United Mexican State)는 고원지대로서 동서로 태평양과 멕시코만이 자리 잡고 있으며 아스텍과 마야 문명을 꽃피운 지역이다. 주민의 대부분이 백인과 인디안의 혼혈 메스티조가 약 65%를 차지하고 있고 스페인어가 공용어로 사용되나, 남부 농촌의 일부에서는 인디언의 언어가 사용되고 있다.

1519년 코르테스(Cortez, H., 1485~1547)가 멕시코시티에 상륙, 1521년 아즈텍(Aztec)제국의 몬테수마 2세(Montezuma Ⅱ 1480~1520)를 멸망시키고 1522년 에스파니아령으로 만들어 누에바 에스파니아라고 하였다. 1811년 독립의 아버지라 불리는 이달고 이코스티아(Hidalgo Ycostilla, M., 1753~1811)가 독립운동을 일으켰다. 그의 부하 이투르비데(Iturbide, A., 1783~1824)가 1821년 독립을 선언하고 멕시코제국 황제가 되었으나 1823년 퇴위하였다. 1824년 공화국이 되었고, 1867년 나폴레옹 3세의 간섭으로부터 벗어나 아디스 시대를 맞아 국력을 회복하였으나 내란과 혁명이 반복되었다. 1910년 하층민과 민족세력의 주도로 멕시코 혁명과 1917년 이달고의 정신을 이어 받자는 국민적 공감대에 근거하여 헌법을 채택한 후 새로운 사회제도를 형성해 나갔다. 교회와 외국의 자본 및 지주의 권력을 봉쇄하고 많은 재산은 대중에게 혹은 개인 경작지로 분배하여 노동력 향상에 영향을 주었다. 그렇지만 이후에도 여러 세력 간에 대립이 심해 혼란이 지속되었으며, 최근에야 비로소 민주국가로서 면모를 지니게 되었다.

오늘날 멕시코는 여행자들을 매혹시킬 수 있는 자연을 이용하여 관광객을 유치하고 있다. 그러나 자연적인 항만이 부족하고 대부분의 강은 항해가 부적합하며 톱니 같은 산들과 건조한 사막으로 이루어져 있다. 이러한 자연적인 여건을 극복하기 위해 교육을 확대하고 관개사업을 확대하며 수송, 수력발전, 통신계획을 수립하여 실행하였다. 그 결과 농업, 목축, 어업의 생산력이 향상되었고, 풍부한 석유와 광물이 개발되었으며, 제조업 공업부문의 발전도 이루어졌다. 이에 따라 산업구조가 선진화 되고 있다.

1) 교육

멕시코 혁명 이후 교육은 중앙정부의 관리 하에 이루어지게 되어 종교적인 초등학교는 불법이 되었다. 확장된 공중보건과 사회안전 체제가 이룩되었고, 대중에게 교육기회를 넓혀 주기 위한 노력이 이루어졌다. 멕시코는 연방공화국이며 연방정부에 귀속되지 않은 권력은 전적으로 주정부에 속해 있으나 연방정부가 정치권력을 행사하고 있다. 이러한 연방제 하에서 교육의 효율성을 높이기 위해 연방과 주정부간의 협력을 바탕으로 하는 교육체제를 갖추었다.

즉 연방정부의 공공 교육청은 지방정부 간의 상반되는 부분과 부족한 부분을 완화시켜 주기 위해 연방 관할구 및 영토에 연방화된 학교를 설립하였고, 전국에 걸쳐 연방화된 학교들을 존속시켰다. 그리고 공공 교육청이 주와 연방의 모든 학교에 관한 교과과정과 교육방법 그리고 시험 등에 책임을 지고 있다. 현재 멕시코의 교육조직은 초등학교 6년이고, 이 과정이 끝나면 상업학교나 6년제 사범학교 또는 6년제의 중등학교에 입학할 수 있다. 정부는 6세에서 15세까지 의무 무상교육을 실시하고 있다.

공공 교육청의 특수분과 중의 하나가 체육 총감독관이다. 각 주의 교육은 연방화된 학교를 제외하고는 교육 총감독관이 책임을 진다. 이 같은 교육의 2원화 체제로 인해 어떤 주에서는 연방과 주의 교육사무소를 동시에 두고 있다.

2) 체육과 스포츠

멕시코의 체육목적은 동질의 사회를 지향하며 조화적인 인체의 발달, 신체적, 지적, 도덕적 능력의 개발을 위한 최대한의 노력과 행동을 할 수 있게 개인을 훈련하고 준비하는데 두었다. 또한 사회적 레크리에이션활동을 돕고 농촌지도자들의 고립화를 타파하며 인디언을 국가적으로 합류시키고 도박, 음주, 투계(鬪鷄), 청소년 범죄를 없애고, 청소년들이 전통과 조국에 대한 긍지를 갖도록 노력하는데 주안점을 두고 있다.

체육은 다른 교과목과 동등하게 인정된 과목으로 게임, 스포츠, 위생 및 군사훈련에 충당된 시간으로 일반화 되어 있다. 초등학교의 체육은 필수교과목으로 고학년은 주당 2시간을 수업토록 하였다. 중등학교나 정규사범학교에서는 주당 2시간을, 농업학교의 중등과정에서는 3년간 주당 3시간을 체육수업으로 할당해야 한다.

학교체육은 체력증진, 자세교정, 건전한 위생습관의 형성, 동작의 조정과 우아하고 아름다움의 발달, 용기와 자신감의 배양, 리듬과 미에 대한 감각을 강화하고, 나아가 미술이나 음악의 통합, 여가선용의 장려, 애국심, 국가에 대한 충성심과 유사시 시민 또는 군인으로서 의무를 다할 수 있게 준비하는데 그 목표를 두었다.

학교체육의 커리큘럼은 체조, 행진, 게임, 육상경기, 축구, 배구, 야구, 소프트볼, 수영, 캠프 등이 포함되었다. 여학생에게는 리듬운동에 초점을 두어 초등학교에서는 체조를 중심으로 하되 옥외게임이나 스포츠도 즐겨 행하였다. 체육을 지도하는 전문교사는 도시의 초등학교나 중등학교 및 농촌학교에 배치하였으나 대부분의 농촌학교에는 일반교사가 체육을 담당하였다.

멕시코에는 마그델라나 믹스 후카 스포츠센타, 멕시코대학의 스포츠시설, 아즈카 스타디움, 스포츠 궁전 등의 대규모 스포츠 종합경기장을 포함하여 1968년 올림픽개최를 위한 대규모 스포츠시설이 건설되었다. 그러나 대부분의 학교들은 시설이 부족하였다. 공간이 한정된 멕시코시는 많은 학생들이 멀리 떨어진 시설을 이용해야 했고, 농촌과 같은 낙후된 지역에서는 스포츠시설 및 운동용구 활용의 혜택을 받지 못하였다.

국제대회를 살펴보면, 국제올림픽 위원회에 관계했던 헨리 드 바일레 라투르 백작이 라틴아메리카 경기회를 결성하여 1926년 멕시코에서 중앙아메리카 카리브 대회를 개최하였다. 멕시코는 1924년부터 올림픽에 참가하였고, 1933년 LA에서 열린 팬 아메리칸 경기대회에 선수단을 파견하였으며, 1934년 개최국이 되었고, 1968년에는 올림픽을 개최하기도 하였다.

멕시코의 중요한 스포츠단체로는 1933년 결성된 멕시코 스포츠연합을 들 수 있다. 이 단체는 민간 스포츠단체를 조정 · 통괄하였다. 또한 17세 이하의 소년들을 위한 스포츠단체로 범미 십대5종경기가 조직되었으며, 올림픽을 모방한 혁명기념 전국 스포츠대회가 1941년 개최되었다. 그러나 제2차 세계대전으로 1949년까지 중단되었다.

멕시코는 마야 및 아즈텍문명이 일어났던 곳으로 그들의 후예들은 파르체시(Parchesi)와 비슷한 파롤리(Palolli)와 현재의 춤과 같은 것으로 생각되는 플라잉 폴(Flying Pole), 공놀이인 틀라틀리(Tlachtli) 등의 스포츠를 즐겼다. 식민지 시대 이전에 여러 도시의 사원에는 볼 코트가 반드시 한두 개씩 갖추어져 있었다. 코트형태는 대문자 I와 같이 만들어졌고 저지대에 설치되었으며, 종교적인 부호로 장식된 높은 측면과 벽 끝은 돌로 되어 있고, 양쪽 벽에는 수직 돌기둥에 둥근 테가 높게 고정되었다. 게임 형태는 볼링공과 비슷한 크기의 딱딱한 고무공을 몰아서 상대팀의 엔드죤(End zone)의 데드코너(Dead corner)에 넣거나 상대 공격팀이 수직테에 전진 공이 실패할 경우 점수를 얻는다. 공이 돌테에 성공적으로 들어가면 이전의 모든 점수는 무효가 되며 게임의 승리를 얻게 되는데, 돌테에 공이 들어가기란 극히 어렵다. 빠르고 격렬하며 규칙이 복잡한 게임으로 공은 맨손과 맨발로 치거나 차며 엉덩이나 무릎 및 허벅지를 사용할 수 있고, 어떤 경기는 팔꿈치나 머리 등이 사용되기도 하였다. 선수들은 몸을 보호하기 위해 무릎 덮개, 넓고 두터운 허리띠, 두껍고 긴 장갑이나 팔가리개와 같은 용구와 헬멧을 착용하였다. 이렇게 보호장비를 착용해도 많은 선수들이 심한 부상을 입거나 현장에서 즉사하는 경우도 있었다. 관중들은 보석과 같은 값진 물건으로 내기를 걸며 열광하였고, 승리한 팀의 선수들은 사치스런 선물과 영웅으로 칭송을 받는 반면, 패배한 팀의 주장은 땅의 비옥함과 풍요로운 수확을 기원하는 제물로 희생되었다. 이 같은 경기는 아직도 서북해안 지역에서 변형된 형태로 실시하고 있다.

멕시코는 전통적인 게임이나 스포츠, 댄스를 보존하려고 노력하고 있어 민속무용이나 음악, 축제 등의 유산이 전수되고 있다. 예컨대 민속무용은 세계적으로 널리 알려진 멕시코식 민속발레를 들 수 있다. 이 무용은 주민들이 다채로운 의상을 착용하며 깃털로 정성껏 만든 머리장식을 하고 인상적인 가면을 쓴 채 리드미컬한 동작으로 함께 어울리는 것이다. 또한 구부러진 스틱과 볼을 가지고 하는 원시적 형태의 하키도 보존되어 있다.

멕시코인들이 즐기는 스포츠경기로 전 국민의 각광을 받고 있는 축구경기가 있고, 미식축구, 엘베이스 볼, 농구, 체조와 육상경기, 복싱, 레슬링, 수영, 승마, 사격 등이 있으며, 투우는 국가적인 스포츠중 하나로 라틴아메리카에서 가장 큰 두개의 투우장이 멕시코시티에 있다.

학교 외적으로 확장된 레크리에이션 프로그램은 연방국 스포츠과, 전 멕시코 체육협회, 정부직원조합, 시의 레크리에이션부, 기업의 관계부서, 스포츠클럽 등에 의해 발전되었다. 사회보장협회는 보건 및 시민생활의 개선을 위한 노력으로 스포츠, 게임, 하이킹, 구급법의 지도, 군사훈련, 사회봉사활동 등을 담당하는 센터를 설립하였다.

정부는 보건체육을 통해 국민들을 건강한 시민으로 육성하고, 보다 평등한 사회를 만들고자 하였다. 스포츠, 게임 및 댄스는 농촌의 고립화를 타파하고 농민생활에 활력을 가져오게 하였다. 아울러 건전한 레크리에이션은 청소년의 에너지를 건강하게 발산하고 충전시키는 기회이고, 나태와 타락을 방지하는 수단으로 보았다.

4. 브라질의 체육과 스포츠

브라질(Brazil)은 남아메리카 대륙의 절반에 가까운 광대한 면적을 가진 나라이다. 아마존강 유역의 열대다우의 원시림을 비롯하여 국토의 대부분이 미개발지역이어서 미지의 세계를 간직한 나라이다. 인종은 매우 다양하나 소수의 상류계급을 제외하고는 거의 혼혈인종이다. 일반적으로 백인은 기후가 좋은 남부와 동부해안에, 흑인은 살바도르(Salvador)와 레시페(Recife) 사이의 감서(甘庶)지대에, 인디오는 아마존 분지에서 살고 있다.

1500년 포르투갈인 카브랄(Cabral, P.A.)이 발견한 이후 1549년 바이이아(Bahia)에 총독부를 설치했으나, 1581년 스페인의 지배에 들어갔으며, 1640년 포르투칼이 스페인으로부터 독립하자, 브라질도 포르투칼령으로 복귀되었다. 17세기 말~18세기에 금과 다이아몬드가 발견되면서 활기를 띠기 시작했다. 1807년 나폴레옹의 침공으로 브라질에 피신했던 포르투칼 왕실이 1821년 본국으로 귀환한 다음 브라질에 남아 있던 황태자 돈페드로(Done Pedro)가 본국에 반기를 들고 1822년 독립을 선언하였으며, 자신을 돈페드로 1세라 불렀다. 1888년 노예제도가 폐지되자, 이에 불만을 품은 지주계급이 군부와 공화주의자와 결탁하여 왕정을 폐지하고 공화정을 수립하였다. 이후 1930년 바르가스(God Vargas)가 쿠데타를 일으켜 1934년 대통령으로 취임하였다.

바르가스 이후 쿠비체크(Kubitschek) 대통령에 의해 종합경제개발 5개년계획을 세우고 새로운 수도 브라질리아의 건설을 서둘렀으나 인플레가 심하여 정치 · 경제적 위기를 맞자, 1964년 카스텔로 브랑코가 쿠데타를 일으켜 대통령이 되었다.

1) 교육

브라질은 오랫동안 교육을 경시하였기 때문에 국가가 낙후되고 많은 사회적 문제에 직면하고 있음을 인식하게 되었다. 1822년 독립 후 100년간 교육의 발전을 위해 관심을 쏟기 시작하였으며, 이를 계기로 체육에 대한 관심도 싹트게 되었다. 1823년 체육, 덕육, 지육에 관한 바람직한 계획안을 널리 공표했다. 현재 브라질은 초등교육을 무상으로 실시하고 있다. 초등학교와 사범학교는 주로 주정부에 의하여 관리되고 있고, 몇몇 교육기관은 사적인 단체에서 유지하고 있다. 그러나 모든 중등학교 기관은 연방정부가 직접 감독하고 있다.

2) 체육과 스포츠

브라질은 19세기 중반부터 체육 및 신체활동에 대한 교육의 가치를 인식하기 시작하였다. 1851년 법률로 초등교육의 커리큘럼에 체조를 포함시켰고, 4년 후 중등교육까지 확대하였으나, 학생들은 수업에 거의 참여하지 않았다. 그후 1882년 바르보자(Barbosa, R., 1849~1923)가 공립교육에 관한 다양한 보완정책과 초등교육 지도 개정계획서에서 체육의 가치를 역설한 이후 비로소 체육의 필요성이 인정받기 시작하였다.

1930년 혁명 후 브라질의 모든 아동들을 위하여 학교를 설립해야 한다는 교육개혁이 추진되었다. 이때부터 체육이 중등학교의 필수과목이 되었으며, 많은 지지를 받게 되었다. 당시 바르가스(Vargas, G.D., 1883~1954)체제에서 확립된 체육 · 보건성은 1937년 체육국을 편성하고 체육국의 자문기관으로 국가 스포츠심의회를 창립하였다. 1929년 설립된 육군체육학교는 경찰과 군대에서 필요로 하는 체육교사 양성을 위한 최초의 학교였으며 브라질 체육운동의 중심이 되었다. 그후 민간인들이 상파울로에 체육학교를 설립하였고, 국립체육스포츠학교라는 학교가 리오데자네이로에 세워져 브라질대학의 학부가 되었다. 이 학교에서는 의사에게 체육 · 스포츠박사학위를 주기 위하여 1년간의 학습과정을 개설하였다. 체육은 모든 초등, 중등, 직업 사범대학교에서 필수과목으로 되어 있다. 초등학교 체육수업은 주 2회로 1회당 20~30분이고, 중등학교는 주 2회로 1회당 30~45분의 수업을 실시하였으며, 전교생에게 정기적인 신체검사를 실시하고 있다. 초등학교의 체육과정은 체조와 몇몇 게임으로 구성되어 있고, 리듬체조와 대중 댄스도 실시한다. 중등학교에서는 대부분의 체육시간을 체조 중심으로 진행하면서 실외유희, 팀 또는 개인스포츠, 수영 등과 아울러 상급생이 되면 캠프에 참가하기도 한다.

현재 브라질은 스포츠를 점차적으로 장려해 온 결과 농구, 축구, 테니스, 수영장 시설을 갖추고 있는 학교가 많다. 군사훈련은 대체로 16세 이상의 체력이 좋은 남학생을 대상으로 하고 있다.

대학의 학생협회는 상당한 세력을 가진 단체로 사교적이며 문화적 행사를 주최하며 스포츠 및 체육활동을 조직적으로 전개해 나갔는데, 1935년 제1회 브라질대학 올림픽대회를 개최하기에 이르렀다. 학교 외의 스포츠프로그램은 대개 민간 스포츠클럽에 의해 운영되고, 정부는 강제적 성격을 띠지 않고 민간 스포츠활동을 지원하였다.

전국적 스포츠단체에 대해 국가는 스포츠심의회를 통해 관여하고 있으며, 축구협회를 비롯한 수영, 테니스, 조정 및 육상경기협회도 브라질 스포츠연맹에 가입토록 하였다. 새로운 스포츠연맹을 만들려면 정부의 승인을 받아야 하는데 브라질 스포츠연맹은 정식으로 정부의 승인을 받은 단체이다. 대도시의 많은 스포츠클럽들은 체육관, 수영장, 골프장, 육상경기장, 폴로(Polo) 경기장, 캠프장 등을 가지고 있다.

최근 브라질 국민들은 남녀노소를 막론하고 스포츠를 즐기며 애호하고 있고, 여가를 선용하기 위해 직접 스포츠활동에 참여하고 있다. 특히 축구는 세계최고의 기량을 보유했을 뿐 아니라 가장 선호하는 스포츠이다. 브라질 국민들은 중요한 국제 축구경기에 브라질이 결승에 진출하고 게임이 시작되면 일을 멈추고 관전한다. 경기에서 우승하면 브라질은 온통 축제에 휩싸이고 승리를 기념하는 휴일이 선포되기도 한다.

국민들의 스포츠에 대한 열정에 힘입어 브라질에는 우수한 프로 및 아마추어 축구선수가 많으며, 중요한 국제대회에서 승리한 선수들은 영웅적 대우를 받고 있다. 이러한 축구경기를 위해 수십만명을 수용할 수 있는 세계적인 초대형 스타디움이 여러 곳에 건설되어 있다.

부유한 국민들은 경마나 폴로경기, 스피드한 펠로타 경기 등을 즐기고 있다. 악어사냥은 대중적인 스포츠로서 활, 총, 창, 칼 등을 사용한다. 다양한 색깔과 리듬에 예민한 브라질 국민들은 축제시즌이 되면 열광적인 춤을 추고 화려한 제례행사에는 축하연회가 열리고 노래와 댄스를 즐긴다.

제10장. 동북아의 체육과 스포츠

1. 대한민국의 체육과 스포츠
2. 중국 및 일본의 체육과 스포츠

1. 대한민국의 체육과 스포츠

대한민국에서 체육 스포츠 분야는 일상생활에서 중요한 위치를 차지하고 있을 뿐 아니라 교육적인 측면에서도 그 가치를 인정받고 있다. 오늘날 한국사회에서 체육과 스포츠는 단순히 건강이나 유희, 인간관계의 차원을 넘어 정치적 · 경제적 · 문화적 측면에서 중요한 역할을 수행하고 있다. 특히 스포츠를 통한 국민의 통합과 자긍심을 앙양하고 스포츠를 통한 국제교류의 확대와 국가홍보, 경제적 효과를 극대화 하는데 큰 역할을 하고 있다.

각급 학교에서는 체육을 교과목으로 편성하고 있으며, 대부분의 대학에서 스포츠 관련 학과를 개설하고 있고 그 교과과정에 체육사 또는 스포츠의 역사를 포함시키고 있다. 모든 기초학문으로서의 역사는 스포츠나 체육의 학문영역에서 역시 예외일 수 없다.

사실상 현대의 체육과 스포츠는 주로 서양의 체육과 스포츠에 의존하고 있기 때문에 한국을 포함한 동양에 있어 인간운동의 역사는 그것과 격리된 느낌을 받는다. 하지만 어느 시대 또는 어느 지역이든 나름대로의 독특한 문화적 배경 속에서 스포츠나 체육을 포함하는 신체문화를 발달시켜 왔다는 사실은 분명하다. 한국 역시 현재의 체육과 스포츠와 관련하여 이질감이 있긴 하지만 우리 고유의 인간운동문화를 연구하고 탐구함으로써 그러한 이질감을 해소하고 현대 체육 및 현대스포츠와 호환할 수 있도록 한국의 인간운동에 대한 역사연구가 필수적으로 수행되어야 한다.

우리의 근대적 체육과 스포츠는 강화도조약에 따른 문호개방과 더불어 기독교 선교사들에 의해 본격적으로 소개되었다. 그러나 유교사상과 관리들의 이해부족으로 일반인들에게 전파되기까지 오랜 기간이 소요되었다. 우리나라에서도 전통적인 체육과 스포츠, 즉 체력단련과 유희, 강인한 무사를 양성하기 위한 신체훈련이나 스포츠가 있었다. 선사 및 부족국가시대에서도 채집이나 수렵생활을 위한 행위가 존재했었다. 또한 부족사회에서의 제천행사(祭天行事)를 위한 무예적 유희 등을 포함하여 삼국시대와 고려시대, 조선시대를 거치면서 나타난 무예와 무인정신, 각종 유희와 놀이 등을 포함하는 스포츠활동은 항상 존재해왔다. 이러한 사실을 토대로 하여 시대별 대한국민의 체육 및 스포츠의 역사적 사실을 보다 자세히 알아보기로 하자.

1) 선사시대의 운동문화

선사시대(先史時代)란 기록의 역사가 시작되기 이전의 시대를 말한다. 하지만 문자사용은 각 지역에 따라 다르기 때문에 선사시대와 역사시대를 명확히 구분하기란 어렵다. 기록이 없는 선사시대의 연구는 고고학에서 발굴된 유적이나 유물을 통해 이루어진다. 발굴된 유물들은 C^{14}측정법이나 산소동위원소법, 열잔류자기법, 흑요석의 수화층법(水和

層法) 등의 이학적(理學的) 연구법에 의해 실제 연대를 추정한다. 이것을 토대로 고고학에서는 석기, 청동기, 철기시대로 구분하고 있으며 석기시대와 청동기의 일부가 선사시대에 포함된다. 물론 고고학을 통해 실제 연대의 편년서를 조사할 수 있지만 당시의 문화를 재구성하는데 많은 제약이 따른다. 그러나 민속학의 조사는 해당 민족의 생활 속에서 실시됨으로 문화 전체를 조망할 수 있다. 민속학은 수렵민족 또는 농경민족의 종교나 생활양식 등과 같은 고고학에서 밝히기 어려운 정신문화 또는 사회문화의 문제를 어느 정도 해결할 수 있다. 현재 살고 있는 미개민족을 통해 선사시대의 생활상을 어느 정도 가늠해볼 수 있는 것이다. 선사시대의 체육과 스포츠활동을 연구하기 위해서는 고고학적 방법과 민속학적 방법을 이용할 뿐 아니라 문화인류학의 방법도 반드시 수반해야 한다.

(1) 생활과 문화

우리의 구석기시대는 고조선이 건국되기 이전의 시기로 이해할 수 있다. 구석기 유물로는 약 60~40만년 전의 평안남도 상원의 '검은모루' 유적을 위시하여 약 20만년 전의 함경북도 웅기군 굴포리유적, 3~4만년 전의 충청남도 공주군 석장리유적 등이 대표적이다. 검은모루에서 발견된 석기는 인류문화의 초창기에 볼 수 있는 매우 조잡한 것들이다. 이것들은 규질석회암을 좀 더 원시적인 방법, 즉 괴석(塊石)을 대석(臺石)에 쳐서 깨뜨리거나 다른 돌로 쳐 깨뜨려 만든 것들로 거의 일시적인 도구였다. 석기의 형태는 악부형(握斧形), 대형(臺形), 첨두형(尖頭狀) 등이 있다. 첨두석기는 석회암 무늬에 따라 쪼갠 박편(剝片)의 뾰족한 부분을 갈아서 세운 것이다. 당시의 원시인들은 극히 원시적인 도구를 이용하여 수렵채집생활을 영위해나가고 있었다.

인류역사의 대부분을 차지하는 구석기시대의 인류들은 주로 자연에 의존하면서 야생동물과 같은 생활을 하였다. 그러나 선조들은 직립보행, 불의 사용, 도구의 제작, 식물채집방법 등을 통해 경험과 지식을 축적해나감으로써 동물과는 다른 생활을 설계해 나갔다. 장구한 구석기시대를 보내면서 인류의 지혜는 점차 발달하여 생활방식이 보다 발전된 모습을 나타냈다.

한국문화의 여명기라 할 수 있는 신석기시대는 대략 기원전 3000~2000년경부터 시작된 것으로 추정된다. 빗살무늬토기(櫛文土器)로 대표되는 한국의 신석기시대는 주로 바닷가나 강가에서 거주했던 것으로 추측된다. 즐문토기인들은 타제석기를 이용했으나 후기로 내려올수록 마제석기를 사용했다. 석기로는 석촉, 석창(石槍) 등이 보이는데, 이들 사냥도구들의 등장은 수렵에서 획기적인 능률을 올리는데 크게 이바지하였다. 이와 함께 어로(漁撈)에 필요한 석추, 골조(骨釣) 등도 보인다. 신석기시대의 대표적인 유물은 돌도끼(石斧)이다. 돌도끼는 황해도 봉산군 지탑리 유적의 신석기시대층에서 출토된

20Cm 길이의 것도 있고, 궁산리 유적에서 나온 6.3Cm의 작은 것도 있다. 돌도끼는 청동 혹은 철기시대의 그것처럼 도끼날과 자루가 같은 방향으로 평행을 이룬다. 그러나 한국의 경우 도끼와 닮았으나 도끼날이 양쪽에 있고 날과 자루가 직각을 이룬 돌도끼도 있다.

신석기시대인들은 평지에 움집을 짓고 촌락을 형성하였고, 집단생활을 기초로 씨족공동체를 이루었다. 이들이 식물을 재배하고 동물을 사육했지만 식량이 완전히 해결된 것은 아니었고 채집과 수렵은 중요한 비중을 차지하고 있었다. 이들은 우주의 만물에 영혼이 있다는 애니미즘 신앙을 가졌다. 특히 태양은 대표적이다. 태양숭배사상은 이때부터 성립된다. 한반도 전역에서 눈에 띄는 난생설화는 이 같은 사실을 입증한다. 주몽설화, 박혁거세설화 등은 난생설화의 대표적인 것들이다. 태양을 숭배하는 광명사상은 암흑이나 악신을 물리치고 불행을 막기 위해 하늘과 땅의 중개자로서 주술사를 필요로 한다. 이것이 바로 무당이다. 무당은 노래와 춤을 이용한 '굿' 으로 재앙을 물리친다. 이 같은 샤머니즘(Shamanism)은 동북아시아 일대에서 보편적으로 나타난다.

(2) 운동문화

인류는 다른 고등동물과는 달리 말하고 듣는 능력에 의해서 환경변화에 적절히 대응할 수 있었다. 점차 고도화된 언어사용을 통해 비형식적인 학습이 시행되었다. 이들은 생존을 위해 본질적으로 식량 확보, 생식, 육아에 관련된 행동양식을 부모나 연장자로부터 모방에 의해 학습되었다.

우리 조상들은 한반도에 정착하면서부터 신체활동은 여러 가지 측면에서 인간생활과 긴밀한 관계를 맺고 있었다. 인간의 생명을 유지하기 위한 활동은 채집경제시대와 수렵경제시대를 거쳐 드디어 농경시대로 발달하였다. 이 같은 시기에 생활을 유지해나가는 유일한 에너지는 인간의 신체적 능력이었다. 어떤 도구를 제작하고 그것들을 사용하는데 있어 육체를 사용하는 비중은 현대인과는 비교할 수 없었다. 우리 선조들이 산과 들을 방랑하면서 생활필수품을 획득하고 자연환경 또는 인간과 다투면서 생활을 유지해 나갔다. 이러한 환경에서 자신과 종족을 보존하기 위해서는 강건한 신체가 필수적이었다. 물론 선사시대에는 학교를 전제로 하는 오늘날의 상징적인 체육이나 스포츠는 존재하지 않았으며, 현재와 같이 규정화된 규칙 하에서 운동경기를 개최되는 경우는 없었다.

그러나 광의적 의미, 즉 생존을 위한 교육이란 취지에서 본다면 사회화 수준의 스포츠와 협의적 의미에서 성인식의 교육을 들 수 있다. 사회화란 어린이들이 자신이 속한 사회의 충실한 일원이 되기 위하여 그 사회의 고유한 문화를 체득해가는 과정을 말한다. 이들은 같은 또래들과의 유희를 통해 혹은 부모로부터 도구사용법을 배워 그 사회에 적응했으리라 짐작된다.

가장 중요한 생산기술이며 전투기술이기도 했을 타제석기의 사용방법은 체육활동의 기원이기도 했다. 당시 사람들이 석기를 가지고 사냥을 하거나 나무열매를 채취하여 생활을 유지했을 것으로 추측된다. 단지 일부 유적지에서 발견된 사냥과 관련된 유물을 통해 구석기시대의 인간운동문화의 구체적인 모습을 상세히 알 수는 없지만, 이 시기의 신체활동이 생존을 위한 수단과 자연발생적인 놀이 및 유희의 수단이었음은 확실하다.

원시인들은 생존을 위해 신체활동의 기본동작인 달리기, 던지기, 때리기 등의 동작이 요구되었다. 또한 경험을 통한 체력단련의 방법을 체득하고, 그러한 동작을 연마하여 후대를 위해 전수하였을 것이다. 예컨대 구석기시대에 사용했던 '사냥돌' 의 사용법을 익혀야 했고, 후기 구석기시대 또는 토기시대에 수렵에 활용했던 '활' 도 스포츠의 존속을 추정하게 하는 요인들이다. 무문토기 시대에는 생활의 정착으로 신체활동은 줄었으나, 자연의 혜택에 대한 감사와 기대심리에서 제천행사가 벌어지게 되었다.

신석기시대에는 채집과 수렵의 단계에서 본격적인 수렵과 농경으로 이행되는 시기였다. 여전히 수렵은 이 시대의 중요한 식량획득의 수단이자 하나의 스포츠이기도 했다. 활이나 창, 돌도끼를 사용하는 방법은 하나의 기술로 인정되었을 것이다. 이것들은 짐승들을 포획하거나 물고기를 어획하는데 필요했으며, 적으로부터 자신을 지키고 적을 물리치는 전투기술이기도 했다.

한편 신석기인들의 춤과 노래는 인간의 행복을 기원하는 주술적인 목적으로 실시되었다. 이것은 '굿' 의 형태로 여전히 남아 있다. 1971년 울주군 대곡리에서 발견된 반구대(盤龜臺) 암벽조각에서 우리는 신석기인들의 생활상을 엿볼 수 있다. 이것은 수렵어로인들이 사냥과 어로의 풍요와 생물의 번식을 기원해서 만든 사냥미술이다. 이 그림에는 고래를 포함한 바닷고기 75점, 뭍동물 88점, 사람과 수렵어로 장면 10점, 탈 등을 포함하고 있다. 여기에 나타난 탈이나 춤추는 사람, 사냥과 어로의 모습을 볼 때 우리나라에서 신석기시대와 청동기시대 초기의 실생활이 주술적인 신체운동을 포함하고 있었음을 알 수 있다. 이러한 의식은 농경사회로 넘어오면서 다시 전용되었을 것으로 보인다. 또한 상고시대(上古時代)의 유물로 추정되는 청동제 단검, 마제석검 등 여러 종류의 무기류가 출토되었는데 고조선시대에도 이미 도구를 이용한 무술이 존재하였고, 무술의 전수를 위한 교육이 존재하였을 것이다.

2) 부족국가시대의 운동문화

역사시대 이전 우리 선조들은 백두산을 중심으로 하여 동남쪽으로 생활환경이 좋은 곳을 찾아 해안지대 혹은 강가, 산골 사이로 떠돌아 다녔다. 이러한 과정 속에서 오랫동안 한반도를 지배하던 즐문토기인들은 기원전 6~7세기경 청동기문화를 지닌 무문토기인(無文土器人)들에 의해 정복당한다. 무문토기는 작은 돌가루가 섞인 흙으로 빚어서 만든 다갈색 토기인데 모양은 타원형이고 밑은 평평하다. 무문토기인들은 청동의 단검이나 청동의 화살 같은 한 단계 앞선 새로운 무기를 사용하고 있었으므로 신석기 생활에 머물고 있던 즐문토기인들을 지배할 수 있었다.

무문토기인들은 벼농사를 할 정도로 농업이 발달하여 경제적으로 윤택해지기 시작한다. 이 같은 사회상을 고인돌(巨石文化)이라 부르는데, 이는 처음으로 정치적 지배자가 출현했음을 말해준다. 우리 선조들은 초기의 고기잡이나 나물채취를 하는 생활을 점차 탈피하면서 새로운 문화를 형성해 나갔다. 이들은 송화강, 압록강 및 대동강 부근으로 진출하여 농경생활을 바탕으로 정착생활을 하게 되면서 부족국가를 이루게 되었다.

(1) 생활과 문화

청동기 사용에 따른 문화가 대동강 유역을 배경으로 여러 부족국가가 발생하게 되는데, 이 결과 생긴 국가가 바로 고조선이다. 고조선은 남만주와 한반도에 걸친 광대한 지역을 차지한 고대국가였다.

고조선은 사회체제를 유지하기 위하여 8조 금법이라는 법률을 제정하였다. 기원전 4세기경에는 중국의 연(燕)나라와 요하를 경계로 각축을 벌이기도 했다. 고조선에 대한 기록은 구체적 사실보다는 신화로서 전해오는 내용이 많다. 단군신화의 내용은 〈삼국유사(三國遺事)〉에 자세히 수록되어 있다. 부족국가의 건국신화에서 나오는 주인공들은 공통적으로 모두가 지적 능력이 뛰어나고 무예가 출중한 인물로 묘사되고 있다.

고조선의 군장(君長)은 단군왕검(檀君王儉)이라 칭하였는데, 이것은 곧 제정을 겸하는 존재임을 뜻한다. 단군은 태양신을 나타내는 환인(桓因)의 손자로 새로운 정치적 지배자로서의 위엄과 권력을 상징하는 존재였다.

환인의 아들 환웅(桓雄)이 3,000명을 이끌고 태백산 신단수 아래에 도읍하여 풍(風), 우(雨), 운신(雲神)과 함께 360여 가지의 일을 다스렸고, 곰과 호랑이에게 쑥과 마늘을 먹이게 하여 곰만이 100일 동안 기도를 하여 웅녀로 환생하였으며, 그 웅녀와 환웅 사이에서 낳은 자식이 바로 단군이었다는 단군신화는 청동기의 우세한 부족이 신석기 부족을 지배하는 세력으로 등장하였음을 의미하고, 자신의 문화를 찬양하는 세계관에서 비롯된 신화로 볼 수 있다.

고조선은 청동기 문화에서 점차 철기문화를 형성해 갔다. 그 유물들은 농기구나 토목공구 외에 무기류, 즉 철로 만든 각종 칼, 창, 마구 등의 출토물이 해당된다. 이러한 철기류는 중국식보다 스키토 시베리아(Scytho Siberian) 계통의 북방식이 주종을 이루고 있어 기마유목민족의 영향을 많이 받았음을 알 수 있다. 한반도에 철기문명이 전래

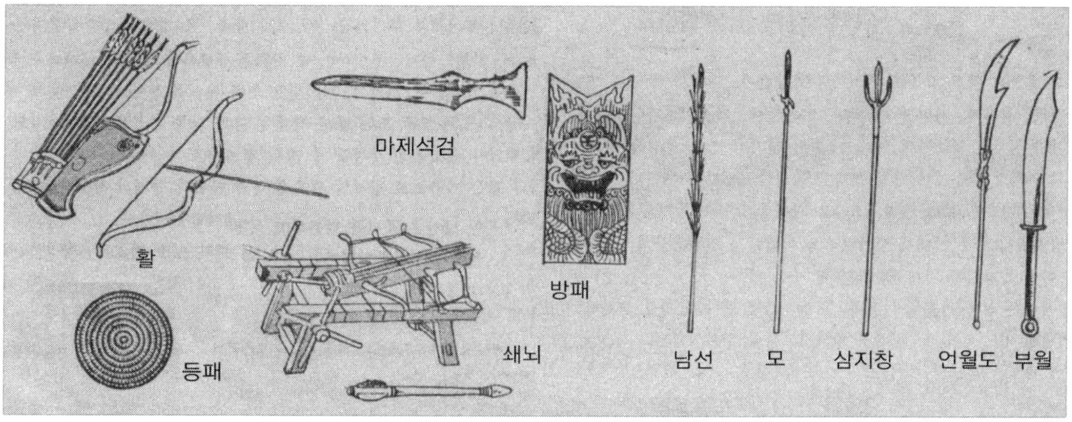

된 시기는 기원전 3세기경부터였고, 본격적으로 철기가 유입된 시기는 어느 국가의 지배를 받던 낙랑군이 출현한 이후였다(B.C. 108). 철기문명이 보편화 되면서 한민족의 사회는 새로운 변화를 맞이하게 되었다.

고조선이 외부의 침략 또는 권력다툼으로 변모하면서 부여, 고구려, 옥저, 동예 등의 부족국가가 등장하였다. 1세기경 고구려는 동예와 옥저를 통합하여 새로운 강자로 부상하였고, 313년 낙랑을 멸망시켰다. 그리고 한강 이남에는 78개의 소국이 형성하고 있었다. 마한, 진한, 변한의 삼한이 진국이라는 이름으로 그 세력의 맹주로서 역할을 했을 것으로 추정된다. 이중 마한의 일부인 위례(慰禮) 사회가 백제로, 경주 지역의 사로(斯盧)가 신라로 발전하였다.

(2) 운동문화

수렵과 채집을 특징으로 하는 선사시대의 운동문화가 생산기술과 전투기술이 미분화 상태로 머물러 있었다고 한다면, 농경을 주로 하는 부족국가시대의 운동문화는 생산기술과 전투기술이 분화되는 단계에 있었다고 할 것이다. 농경사회가 발전하면서 병농일치(兵農一致)의 농병(農兵)이 농민과 병사로 점차 분리하게 되었다. 특히 중국의 세력과 직접적인 충돌을 피할 수 없었던 고조선은 이 같은 농병의 분리가 다른 국가보다 빨리 이루어졌으리라 추측된다.

〈삼국지〉 동이전 부여(夫餘)조에는 "활, 화살, 칼, 창으로 병기를 삼고 집집마다 제각기 개장(鎧杖)을 갖고 있다. … 적의 침략이 있을 때에는 諸加가 친히 출전하고 下戸는 군량을 부담하여 공궤한다." 고 기록되어 있고, 〈후한서〉 동이전 동옥저(東沃沮)조에는 "읍락에 장수가 있고 그는 성질이 강직 용맹하여 문득 矛를 가지고 步戰한다." 고 한 기록을 보아도 농업과 군사가 어느 정도 분리되기 시작했음을 알 수 있다. 그러나 실제로 완전한 병농의 분리가 되기까지는 오랜 세월이 걸렸다. 따라서 부족국가사회에서는 집집마다 병기와 갑옷을 가지고 있었으며, 유사시 모든 백성들이 전투에 나서야만 했다. 이러한 국민개병제에 따라 백성들은 병사의 역할을 수행해야 했으니 이때의 무예수련이나 경기는 체육과 스포츠의 일면이라 할 수 있다.

당시의 무기로는 활과 화살, 칼, 창 등을 들 수 있다. 이러한 무기가 어떤 방식으로 사용되었는지는 정확히 알 수 없지만, 군사훈련이 인간이 주도하는 문화 속에서 중요한 생존전략의 필수적 수단이었음을 가늠할 수 있다. 〈삼국지〉 동이전 예(濊)조에 "3丈이나 되는 긴 창을 만들어 여럿이 사용하였다."는 기록과 〈진서(晋書)〉 사이(四夷)전 마한조에 "칼, 활, 방패, 큰 방패를 사용하여 전투하지만 서로 굴복함을 귀중하게 여긴다."고 기록되어 있다. 이 같은 무기들은 전투상황이나 수렵활동에서 효과적으로 사용하기 위해 궁술(弓術)이나 검술, 기마술(騎馬術) 그리고 동과(銅戈)의 사용법을 개발해나갔을 것으로 추측된다.

고구려 건국신화에 나오는 동명성왕의 이름은 주몽이다. 주몽이란 부여말로 '명궁수(名弓手)'를 뜻한다. 삼국사기 13권 고구려 본기 시조 동명성왕 조에 보면, "年甫七歲, 嶷然異常, 自作弓矢射之, 百發百中, 扶餘俗語, 善射爲朱蒙, 故以名云"이라 기록되어 있다. 이런 이유로 그는 주몽이라는 이름을 갖게 되었다. 〈삼국사기〉에 따르면, 주몽이 부여에서 탈출하여 졸본천 부근에서 인근의 송양국 왕과 활쏘기 시합을 가졌는데 주몽은 백보 밖에서 옥지환을 꿰뚫는 솜씨를 발휘하여 자신이 천제(天帝)의 손자라는 사실을 밝히고 그곳을 고구려의 터전으로 잡았다는 내용이 나온다. 삼국사기의 주몽에 관한 기록이 시작되는 한 부분이지만, 당시 무적 능력의 중요성, 특히 궁술의 가치가 대단했음을 짐작할 수 있다. 또한 이때에는 왕위가 세습적인 제도가 아니라 그 부족에서 무예나 힘이 탁월한 자로 항상 교체되었다. 중국 〈후한서〉에는 "동 옥저의 부락에는 마을을 거느리는 우두머리가 있었는데, 그의 성질은 강직하고, 날쌔고 사나우며 창을 갖고 육지에서 잘 싸운다."라고 기록되어 있다.

부족사회에서는 가무(歌舞)를 즐기는 대대적인 유희적 제천행사를 벌였다. 제천행사 때에는 무예 시범경기가 곁들여 있었다고 한다. 농경민족에게 있어 파종과 수확은 가장 큰 행사였다. 이때 모든 사람들은 하늘에 제사를 지내는 제천행사를 벌인다. 고구려의 동맹, 부여의 영고, 예의 무천, 신라의 가배 등이 제천행사의 일종이었다. 우리 조상들이 5월 파종과 10월 추수 후 하늘에 제사지내고 밤낮으로 술을 마시고 가무(歌舞)를 즐기며 놀았다는 이 풍습은 하느님께 드리는 감사의 의식이자 사교생활의 기회였다. 1930년대 근대사학의 선구자인 단재 신채호는 이러한 제천행사에서 '선'을 '신두수' 단전의 경기회에서 뽑아 수박, 격검, 사예, 기마, 덕견이, 깨금질, 씰흠 등 각종 기예를 하며, 원근산천에 탐험하며 시가와 음악을 익히며 공동으로 일처에 숙식하며"라고 하여 각종 무예가 일정한 기간 동안 한정된 장소에서 경기적 · 유희적 요소로 시행되었음을 엿볼 수 있다. 한편 10월과 은정절에 제사지내는 제천행사는 농경행사라기보다는 수렵제의 의미가 컸다. 이는 "부여의 영고절에 군신이 동락하고 주몽과 태소태자가 수렵을 떠났다." 는 사실에서 추론할 수 있다.

〈삼국사기〉 유리이사금조에는 신라에서 팔월 한가위에 6부를 반으로 나누어 길쌈겨루기를 하는 가배에 관한 이야기가 나온다. "왕이 이미 육부를 정한 후 이를 두 부분으로 나누어 왕녀 두 사람으로 하여금 각각 부내의 여자를 거느리어 편을 짜고 패를 나누어 추 7월 16일부터 날마다 대부의 마당에 모이어 길쌈을 시작하여 을야(10시경)에 파하게 하고 8월 15일에 이르러 그 공의 다소를 조사하여 지는 편은 주식을 장만하여 이긴 편에 사례하고 이에 가무와 온갖 유희가 일어나서 이를 가배라 한다." 이 행사는 여성 성인식의 일종으로 여성 노동자의 능력을 시험하는 행사로 이해할 수 있다. 다른 한편으론 여성들로 하여금 생활과 밀접하게 관련된 노동을 통해 겨루기(경기)를 했다는 사실은 그것이 스포츠의 일종임을 가늠할 수 있다.

수렵채취에서 농경사회로 진입하면서 성인식이 엄격하게 적용되었다. 성인식은 일정한 장소에서 일정 기간 격리된 후보자들에 대해 장로(長老)가 여러 가지 지식과 습관, 즉 부족의 금기나 종교적 비밀, 어른의 권리와 의무를 가르쳤다. 성인식에서는 지식을 가르침과 동시에 신체와 의지력도 시험된다. 중국의 사서인 〈삼국지〉 위지 동이전에 다음과 같은 내용이 나온다. "나이 어리고 씩씩한 청년들의 등가죽을 뚫고 굵은 줄을 꿰어 여기에 한길(一丈)이나 되는 나무를 꽂는다. 하루 종일 환호하며 일을 하는데 아프다 하지 않으며 착실하게 일을 본다. 이렇게 하면 '큰 사람' 이라 부른다." 이와 같은 고행적 수련은 민족이나 지역에 따라 다르나, 육체적 혹은 정신적 단련에 기여함을 목표로 한다. 성인식에서 고통을 이겨낸 사람을 '큰 사람' 이라 한 것은 '중요, 위대, 제일 좋은 것' 이라고 해석하나 아마도 이는 그 사회의 생산자, 즉 성인이 되었음을 인정하는 증표로 보인다. 또한 성인식에서 수반되는 춤은 다양하다. 전쟁, 수렵, 고기잡이, 농경에서 풍요를 기원하는 춤, 건국신화와 같은 신화적 사건들을 재현하는 춤이 그것들이다.

또한 우리 민족의 전통놀이 중 가장 오래된 것은 윷놀이다. 윷놀이는 정월 초하루부터 보름날까지만 실시하였는데 豚, 犬, 羊, 牛, 馬라는 짐승의 크기와 빠르기에 의해 판위에서 말들이 전진하는 놀이다. 이 놀이는 부여의 사출도라는 관직명에서 기원하였다.

3) 고대의 운동문화

한국에서 고대란 삼국시대와 통일신라시대를 말한다. 2세기경 고구려를 선두로, 3세기경 백제, 4세기경 신라가 고대왕국으로서 수립되었다. 고구려, 백제, 신라의 3국은 각각 대소 부족세력을 정복 통합하여 전제 왕권으로 편제된 고대국가들이다. 각 국가들은 지배계층의 지위를 확장하고 국가의 안전을 유지하기 위해 불교를 도입하고 유교적 요소를 가미하여 충성을 요구했으며, 체육의 필요성을 인식하고 있었다.

삼국시대는 일반적으로 집권국가가 완성되거나 형성된 4세기 말엽(370년경), 즉 고구려의 소수림왕(371~384), 백제의 근초고왕(346~375), 신라의 내물왕(356~402) 때부터 신라에 의한 통일까지의 시기를 말한다.

삼국시대는 중앙집권의 정치체제를 확립하고 경제적으로 철제농기의 사용이 일반화되면서 농경생활이 정착되었다. 삼국의 문화는 서로 간에 차이가 있으나 공통적인 특징이 더 많다. 첫째 불교 중심의 문화이고, 둘째 지배계층 중심의 문화라는 점이 그렇다. 또한 삼국은 북방의 다른 민족들과 함께 그들의 지배력에서 벗어나 자체의 통일과 강한 결속을 토대로 고대국가를 이룩하였다.

고구려는 삼국문화의 방파제 역할을 하였고 문화에서도 불교문화와 중국의 한문화를 일차적으로 수용하여 백제와 신라에 전달하였다. 또한 거란과 말갈 등의 나라와 밀접한 관계를 맺어 반농 · 반목민들의 문화기반이 되었고, 지배층과 기층사회와의 유리도가 커서 공통의 문화와 목표설정이 어려운 점이 있었다. 백제는 중국과 서해를 통한 해양문화교류가 빈번하였고, 이를 토대로 상업을 진흥시켜 경제적 번영을 누릴 수 있었다. 특히 일본에 대한 문화의 전달자로서의 역할을 하였다. 신라는 고구려와 백제의 영향을 많이 받았으나 점차로 자기 체질의 개성표시가 뚜렷한 점이 그 특색이다.

4세기 중엽 고구려와 백제가 한강 쟁탈전을 벌이면서 삼국항쟁이 본격화 되었다. 그 당시 고구려와 신라 그리고 전진의 북방 블럭과 백제, 송 그리고 왜의 남방 블럭이 대립하는 국제적인 대립양상을 띠고 있었다. 이후 신라가 한반도의 한강 무대로 진출을 시도하면서 고구려와 백제를 모두 적으로 간주하게 되었다. 이때 중국은 남북조시대가 끝나고 수 · 당의 통일로 한반도에 대한 압력을 강화하였다. 이로 인해 수나라의 113만 대군이 고구려를 침략하였으나 을지문덕에 의해 살수에서 대패함으로써 수나라는 멸망하였고, 이후 당태종이 2회에 걸쳐 침략하였으나 고구려의 완강한 대항으로 실패하고 말았다. 이러한 대규모의 전쟁을 치르면서 고구려의 국력은 약화되고 내분에 휩싸이게 되었다. 이때 신라는 당과 연합하여 660년 백제를, 668년 고구려를 각각 멸망시켰다.

그러나 당이 협약을 깨고 계속해서 한반도에 머물자 신라는 고구려 및 백제 유민들과 합세하여 당과의 전면전을 일으켜 그들을 몰아냈다. 그러나 신라는 고구려의 모든 땅을 차지하지 못하고 대동강과 원산만 이남의 지역을 확보하는 불완전한 삼국통일을 이룩하였다. 한편 고구려 유민과 말갈족이 연합하여 세운 '발해' 는 옛 고구려의 후손으로 수백년간 지속하였다. 북한의 경우 발해를 우리 민족의 정통성을 잇는 국가로 인정하고 있다.

삼국통일의 주역은 신라의 화랑도(花郎徒)였다. 화랑체제는 일종의 교육제도로 예법,

제전 및 의례에 관한 훈련을 쌓고 전쟁기술을 익히게 하여 협동과 단결심을 기르고 강인한 체력을 연마하여 통일을 이루는데 밑거름이 되었다.

통일신라의 문화는 삼국의 문화를 통합하여 새로운 문화를 만들어갔으며, 고대의 교육을 대표할 수 있는 靈肉一致의 사상적 개념을 가지고 육체미를 존중한 경향이 있었다. 그러나 신라 말기 진성여왕 이후 정치가 문란해지고, 불교 사원은 귀족들의 재산도피 장소가 되었으며, 통일신라의 맥이라 할 수 있는 화랑도 정신도 타락하였다.

(1) 삼국시대의 교육

삼국시대의 집권세력들은 그들의 영화와 번영을 위해서는 무력적인 정복사업과 통치가 필요하다고 인식했기 때문에 삼국은 끊임없이 공방전을 벌렸다. 〈삼국사기〉 열전에 수록된 87명의 인물 중 60명이 무사였다는 점은 당시의 시대적 상황을 말해준다. 국가는 군사적인 편제를 토대로 우수한 무적 능력을 지닌 사람을 지휘관으로 하여 전 국민을 군사조직화시키고 이를 위한 무사교육체계를 조직해 나갔다. 이에 따라 국민들은 군사적 의무를 부담해야만 했다. 당시 훌륭한 무사가 국가의 유능한 지도자였고, 무사적 수련의 성과에 따라 인재를 등용하였다. 귀족은 유능한 무사였고, 무술을 갈고 닦기 위한 무사스포츠가 활발히 전개되었으며, 그와 더불어 레크리에이션적 놀이문화도 형성되었다.

귀족 지배층에 부과되는 무사수련은 보다 조직화 되고 발전된 형태를 취하면서 교육의 성격을 띠게 되었다. 고구려는 요지(要地)에 경당(扃堂)을 설치하여 학문과 무술을 연마하게 하였다. 신라는 임전무퇴(臨戰無退)의 화랑도 윤리관을 실현하고 전쟁을 준비하기 위해 맹훈련이 이루어졌다.

① 화랑도(花郎徒)

화랑제도는 진흥왕이 북진정책을 취하고 고구려와 백제와 싸워 한강유역을 점유하였을 때(6세기경) 체계화 되어 10세기까지 존재한 청소년수련단체이다. 화랑들은 평상시에는 심신을 단련하고 교양을 쌓으며 사회생활의 규범을 배우고 익혔으며, 비상시에는 전사 집단의 성격이 강해서 귀족적 우월의식과 전사적 덕목의 성취를 위해 일치단결하였다. 이로 인해 화랑들은 삼국통일의 주역이 되었다.

화랑도는 일명 국선도, 풍월도, 풍류도, 원화도라고 불린다. 신채호는 "국선 화랑은 고구려의 선비제도를 닮은 것" 이며, "신라의 선비는 화장을 시키기 때문에 화랑" 이라 했다. 정찬모는 화랑은 선랑이라고도 했는데 선랑의 선은 음이요 낭은 선인, 선인의 뜻인 '사람' 을 취한 이두문으로 선배의 배와 같으며 화랑의 연원사(淵源史)를 선사(仙史)라 함을 보아도 선랑, 화랑, 선배, 선인이 모두 같은 청년무사집단임을 알 수 있다고 하였다. 화랑의 조직은 6세기경 진흥왕대(540~575) 때에 체계화된 것으로 기록되어 있다. 그러나 이는 종래의 제도를 범국가적으로 구체화시킨 연대로 봄이 타당할 것이다. 화랑의 구성은 최고 계급에 해당되는 국선(國仙)이 있었고, 귀족 출신의 화랑(花郎)과 양가의 미혼 자제인 낭도(郎徒)로 구성되어 있었으며, 조정에는 화랑조직을 통괄하는 화주가 있었다. 화랑들의 훈련방법은 "도의를 닦고, 가락으로 서로 즐기며, 혹은 산수에서 즐거이 놀되, 멀리 이르지 않는 곳이 없는" 단체생활을 통해 심신을 연마하였다. 화랑들의 교육목적은 이러한 신체수련을 통하여 전인적 인간이 되는데 있었다. 화랑도의 덕목으로는 충성(事君以忠), 효도(事親以孝), 신의(交友以信), 용기(臨戰無退), 생명존중(殺生有擇)을 들 수 있다.

이진수는 화랑의 체육사적 의의를 두 가지로 대변하고 있다. 첫째 고대 한반도에서 그것이 체육으로 확립되었다는 것이고, 둘째 그 확립된 화랑의 신체수련이 현대에도 이어지고 있다는 사실이다. 또한 화랑도 정신은 영국의 신사도나 미국의 체육에서 중요시하는 자연성의 개발 및 도덕적 성격 육성과도 유사성을 내포하고 있으며, '반더포겔' 과 같은 호국대행진과도 어느 정도 유사한 성격을 지닌다고 하겠다.

② 경당과 사대

경당(扃堂)은 고구려의 사학(私學)이다. 태학이 상류층 자제들을 교육하는 관학(官學)인데 비하여 경당은 문무일치 교육 위주로 평민층의 자제에게 경전과 궁술을 교습시키기 위하여 평양 천도 이후 전국 각처에 설치하였다. 경당에 대해서 〈구당서〉 (199 열전)에 다음과 같은 기록이 나온다. "風俗에 독서를 즐긴다. 귀족의 집안이나 짐승을 기르는 집안이나 마찬가지이다. 거리에 큰 집을 짓고 경당이라 부르는데 미혼의 자제들이 여기에서 밤낮으로 책을 읽으며 습사(習射)한다."

경당은 청년들이 문무를 갈고 닦는 교육기관의 역할을 한 것으로 추측된다. 그것이 어떠한 조직과 체계로 이루어졌는지 자세히 알 수는 없지만 고구려 청년들이 그 시기에 독서와 활쏘기에 정진했다면 신라의 화랑제도와 유사한 모습을 띠었을 것이다. 이기백(1967)은 경당이 원시사회의 청소년집회소에서 발전한 것으로 화랑도와 같이 교육기관의 역할을 했을 것이며, 그곳에서 군사적 훈련으로 활쏘기를 배웠다는 점 역시 화랑도와 비슷한 성격을 지니고 있었던 것이라고 지적하고 있다. 하지만 이러한 활쏘기가 군사적 성격과 더불어 유희적 성격을 띠었을 가능성이 있다.

백제의 경우도 신라의 화랑이나 고구려의 경당과 유사한 제도가 존재했을 것이다. 그러나 지금까지 어떠한 이름과 모습으로 존재하였는지는 알 수가 없다. 다만 비류왕(304~344) 시절 320년 궁의 서쪽에서 사대(射臺)를 만들고 매달 초하루와 보름에 활쏘기 연습을 하였다는 기록을 보면, 왕족을 배경으로 하는 귀족들이 그곳에서 활쏘기 연습을 했을 것으로 추정된다. 이로 추정하건데 삼국의 항쟁 속에서 백제가 주도권을 잡기 위해서는 무예를 적극 장려하고 정병 육성에 정력을 기울였을 것이다. 이를 위해 무사들을 위한 보다 조직적인 군사교육제도가 국가적으로 운영되었을 것이고, 그에 따른 군사훈련의 수련장소가 존재했을 가능성은 높다고 하겠다.

(2) 운동문화

삼국시대에는 치열한 항쟁 속에서 무예가 급속한 발전을 보게 되었으며, 귀족들의 무사수련은 지덕체(智德體)를 고루 요구하는 교육활동으로서 보다 조직적이고 발전된 체육적 성격을 띤 교육과정이라고 할 수 있다. 이와 같은 무사수련은 귀족들의 권력을 유지시켜 주었으며, 나아가 유희, 오락 등으로 발전하였다. 그와 더불어 이 시대에는 여러 가지의 유희와 오락이 시행되고 있었다. 무예를 통한 수박(手搏)과 검무(劍舞) 그리고 씨름이 유행하였으며, 이들은 어느 정도 스포츠의 성격과 형식을 갖추고 있었다. 이 외에도 축국(蹴鞠), 투호(投壺), 쌍륙(雙六), 위기(圍基), 죽마(竹馬) 등의 오락이 있었는데 이들은 당시의 넉넉한 생활 속에서 탄생된 것으로 연무적(演武的) 성격과 다른 보다 순수한 의미의 오락과 유희의 수단이었다. 그리고 부녀자들의 군무(群舞) 및 여러 종류의 무용도 이 시대에는 유희적 행사로 그 형식을 갖추게 되었으며 삼국시대에 들어와 개인적인 호신술이라 할 수 있는 각저(角觝)와 수박(手搏)이 선을 보였다.

이러한 사실들을 가시적으로 나타내주는 것이 고구려의 고분벽화이다. 그리고 우리나라와 중국의 여러 사서(史書)를 통해 그 시대의 유희와 오락들의 내용과 방법을 가늠할 수 있으며 그때 동시대인들의 유희에 대한 관심을 어느 정도 추측할 수 있다.

① 고구려 고분벽화에 나타난 스포츠

삼국시대의 여러 고분들의 모습이나 거기에서 출토된 스포츠 관련 소장품을 통해 당시 스포츠의 풍습을 어느 정도 짐작할 수 있다. 특히 스포츠와 관련하여 고구려 고분은 학술적 가치가 매우 높다. 고구려 고분은 만주 길림성 집안시 퉁구 일대와 평양 부근의 용강군, 대동군, 강서군 등지에 50여개가 잔존하고 있다. 이것들은 고고학, 미술학, 민속학, 인류학, 일반 역사학뿐 아니라 인간운동학에서도 가치 있는 자료들이다. 이러한 벽화들을 통해 1500년 전의 스포츠활동이 어떠했는지를 가늠할 수 있다.

이들 벽화에는 그 주인이 살아생전에 활동했던 내용들이 그려졌다는 점에서 수렵이나 기마행렬, 씨름, 무용 등이 귀족 지배계층의 생활에서 중요한 부분이었음을 추측할 수 있다. 벽화의 그림들은 그 시대의 생활상을 보여주는 것으로 벽화의 주인이나 동시대인들은 수렵이나 씨름 또는 수박과 같은 스포츠활동을 선호했음을 입증한다. 그러나 그것들이 그 사회에서 어느 정도의 가치가 있었는지와 그것들의 실시방법을 명확히 알 수는 없다.

[그림 31] 고구려 무용총의 수렵도

고분 벽화에 보이는 스포츠의 모습은 수렵도(狩獵圖)와 기마도(騎馬圖), 각저도(角觝圖), 수박도(手搏圖), 무용도(武勇圖)에서 찾아볼 수 있다.

가) 수렵도와 기마도

고구려 고분벽화들은 수렵도가 주류를 이루고 있다. 이것은 당시 고구려에서 수렵이 차지하는 비중이 높았음을 시사한다. 당시의 수렵은 세 가지 측면에서 시행되었다. 첫째는 왕의 순행, 즉 정치적 · 군사적 시위를 목적으로 실시되었고, 둘째는 놀이로서의 수렵이 있었으며, 셋째는 생계의 수단으로 전문 수렵사에 의해 행해졌다.

약수리 고분(4C경), 덕흥리 고분(408), 안악3호 고분(357) 등에는 수렵도와 기마도가 그려져 있는데 아마도 고분의 주인이 사냥하던 모습과 말을 타고 행차하는 웅장한 모습을 보여주고 있는 것 같다. 이들 고분에서 당시의 고구려인들이 말을 타고 사냥하는 박진감 넘치는 동작을 보여주고 있다. 거기에는 승마자세, 활을 쏘는 모습, 칼이나 창의 형태와 사용하는 동작, 복장의 형태 등이 그려져 있다. 한편 기마행렬도는 기마행렬과 함께 광대들로 보이는 사람들에 의해 여러 가지 유형의 잡희와 곡예(농환, 죽마, 마상재)활동을 보여주고 있다. 당시 고구려는 중국 대륙과 국경을 접하고 있어 백제나 신라보다 무술훈련의 필요성이 더욱 절실하였다. 이에 따라 궁술과 검술 및 기마술 훈련이 성행했을 뿐 아니라 그것들을 이용한 잡희나 곡예가 유행했을 것으로 추측된다.

나) 각저도

고구려의 고분 중 500~550년경 그려진 벽화에서 보여주는 씨름을 들 수 있다. 고구려의 옛 수도인 통구(通溝)에 있는 각저총의 벽화에 씨름하고 있는 각저도(角抵圖)가 이를 입증하고 있어 이 시기(삼국시대)에 씨름이 성행하였음을 보여준다. 각저는 두 사람이 서로 맞잡고 힘을 겨루는 경기로 각저, 각력(脚力), 각희(脚戱), 상박(相搏), 쟁교 등으로 불린다. 나영일(1997)은 이 경기가 여러 국가간에 어원의 유사성을 보여준다고 주장한다. 한국은 씨름(SSilum), 몽고는 썰렘(SSulrem), 중국은 쎄기유(SSegiyu), 러시아는 삼보(Sambo), 일본은 스모(Sumo)라 부르고 있으며 이들 명칭 간에는 'S' 또는 "SS" 발음으로 시작되고 있는 언어의 유사성이 보인다고 주장한다. 씨름의 경기형태는 아시아 지역뿐 아니라 세계 도처에서 발견된다. 씨름은 레슬링 형태의 힘을 겨루는 방식과 어느 정도 유사성을 띠고 있다. 예를 들어 터키의 레슬링은 우리의 씨름과 거의 유사한 형태로 행해지고 있다. 한국의 씨름에는 왼씨름, 오른씨름, 띠씨름 등이 있으며, 이것의 모방 형태로 입씨름과 팔씨름이 있다.

[그림 32] 각저도

다) 수박도

무용총(5~6C경)과 안악3호 고분에는 수박도가 그려져 있다. 이 벽화에는 두 사람이 상대방과 일정한 거리를 유지한 채 서로 겨루는 자세를 취하고 있다. 두 사람의 양손은 주먹을 쥐지 않고 편 자세를 하고, 무릎을 구부린 채 한 걸음 정도의 거리를 유지하고 있다. 이 동작은 손과 발을 사용하여 공격을 위한 가격과 차기 또는 방어를 위한

[그림 33] 수박도

꺽기나 막기 등의 기술을 함께 사용하는 격투기였을 것으로 추정된다.

이 벽화에 나타난 수박이 어떠한 형태와 형식을 가지고 행해졌는지는 구체적으로 알 수가 없고, 다만 그 시대에도 겨루기 형식의 투기스포츠가 존재했다는 사실을 명시할 뿐이다. 현재 전통무예라고 칭하는 다수의 무예들이 저마다 이 수박도에 나타난 동작과 유사성을 띠고 있기 때문에 이 수박도가 자신들의 뿌리라고 주장하고 있다. 그러나 이 벽화에 나타난 모습이 오늘날의 어떤 특정한 무예만의 뿌리라고 단언하는 것은 어려운 일이다. 벽화는 역사적 사실로서 그 당시 무예가 존재했음을 증명할 뿐 특정 무예와 직접적인 연관성을 가진다고 보기는 어렵다.

② 유희와 오락

동서고금을 막론하고 유희 내지는 오락은 존재하여 왔다. 지역 또는 시대에 따라 그러한 놀이들이 제각기 다른 형태를 취하고 있지만 그 시대의 정서와 어우러져 일상생활 속에서 행해져 왔다. 삼국시대와 통일신라시대 역시 각양각색의 유희와 오락들이 성행하였고, 이미 언급했듯이 개인의 호신술인 각저나 수박 외에 실제 무예로 기마술이 제일 중요하게 다루어졌으며 그 외에 검술, 유술, 권법, 석전 등이 행하여졌다.

삼국시대의 귀족들은 가무(歌舞)를 중심으로 각종 유희적 오락을 즐겼으며, 일반 민중의 놀이로는 삼국시대에서 통일신라시대에 이르기까지 궁사(弓射), 투호, 축국, 수렵, 악삭(握槊), 추천(鞦韆), 저포(樗蒲), 위기(圍其), 죽마, 풍연(風鳶), 가무 등 여러 가지 놀이와 게임이 있었고 씨름과 썰매지치기 등도 행해졌다.

가) 축국

축국(蹴鞠)은 가죽주머니에 겨 또는 털, 공기를 넣어 만든 공을 발로 차던 공차기 놀이이다. 오늘날의 제기차기 또는 축구와 흡사한 형태의 놀이라 할 수 있다. 축국에 관한 기록은 중국의 사서인 〈당서〉 동이전 고려(구려)조에 전해진다. "그들의 풍속은 바둑(圍其)과 투호를 좋아하며 사람들은 축국에 능하다." 중국의 경우에 축국은 군사훈련을 위한 방편으로 실행된 것으로 1인이 할 수도 있고 8인이 할 수도 있다고 한다.

〈삼국사기〉와 〈삼국유사〉의 문무왕조에는 김춘추(태종대왕)가 김유신의 집 앞에서 축국을 하였다는 기록이 있다. "유신이 춘추공과 더불어 축국을 하다가 옷끈을 밟아 떨어뜨렸다.", "유신이 춘추공과 정월 오기일에 유신의 집 앞에서 축국을 하였다." 하고 그 주(註)에 "신라인은 축국을 농주의 희라 부른다." 라는 기록이 있다. 또한 19세기말에 완성된 〈동국세시기〉에는 다음과 같은 기사가 나온다. "어른, 아이 함께 축국을 하며 논다. 그 크기는 대탄환만 한데 그 위에 꿩 털을 꽂아 두 사람이 대립하여 발로 차는데 계속 차서 공을 떨어뜨리지 않는 사람이 잘 차는 이라 했다." 대탄환은 현재 육군사관학교에 실물이 보관되어 있고, 축구공만한 크기이다. 한편 20세기에 완성된 〈해동죽지〉에는 "서로 기술을 겨룰 때 그 인원수가 네 사람의 겨우 사방구(四方毬)라 하고, 세 사람은 삼각구, 두 사람은 雙峰毬라 하였다.

나) 석전

석전(石戰)은 변전, 편전, 편쌈이라고도 한다. 변은 이변, 저변의 의미이고, 편은 이편, 저편 하는 구분지음을 의미한다. 한 부락 혹은 한 지방이 동편과 서편으로 나뉘어 서로에게 돌팔매질을 하여 어느 한편이 달아나면 진다. 먼 곳에서 말싸움을 벌이고 놀이가 고조되면 가까이에서 상대에게 돌을 던진다. 한국의 돌싸움에 관한 최초의 기록은 〈수서(隨書)〉 고구려전에 보인다. "매년 정월 초순에 대동강 위에서 무리를 지어 논다. 왕이 마차를 타고 친위대를 사열한 후 의복을 입은 채 물에 들어간다. 좌우 양편으로 갈라 물과 돌을 상대에게 던지며 함성을 지르고 쫓고 쫓기기를 두세 번 하고 그친다.

이 행사의 명확한 취지는 알 수 없으나 고구려인의 상무정신이 내재되어 있을 것으로 추측된다. 이러한 추리는 〈삼국사기〉의 기록에서 가능하다. "네 가지의 동(군부대)을 설치하였다. 첫째 노당(弩幢), 둘째 운제당(雲梯幢), 셋째 충당(衝幢), 넷째 석투당(石投幢)이다." 노당은 쇠뇌부대요, 운제당은 성을 공격하는 사다리 부대, 충당은 성문과 성벽을 부수는 부대이고, 석투당은 돌을 던지는 부대이니, 이 시기에 돌은 중요한 병기의 구실을 하고 있었음을 알 수 있다. 또한 신라에서는 이러한 석투당이 7세기 후반 통일신라 직후 설치되었다고 한다. 따라서 돌 던지기는 군사상 큰 의미를 지녔으며 석전회는 전쟁을 모방한 전투적 유희라 할 수 있다.

다) 투호, 위기 등의 여러 가지 놀이

투호(投壺)란 일정한 거리에 항아리 또 원형의 통 속에 화살 또는 그와 비슷한 막대기를 가장 많이 던져 넣은 사람이 승리하는 오락경기이다. 그러나 투호는 단순한 놀이라기보다는 궁술과 같이 사례의 일종으로서 자신의 수양과 대인관계에서의 예의를 통한 군자의 태도를 배우는 방법으로 시행되고 있었던 듯하다. 위기는 바둑을 말한다.

이 외에도 다양한 형태의 놀이가 있었다. 무관 및 귀족 자제(子弟)들의 치마(馳馬)훈련의 일종으로 도구를 사용하여 공을 던져 목표물을 마치는 오늘날의 필드하키나 골프와 유사점이 있는 격구(擊毬), 사나운 매를 길러 꿩이나 새를 사냥하는 일종의 수렵인 방응(放鷹), 달리는 말 위에서 여러 가지 동작을 보이는 마상재(馬上才) 등을 들 수 있다.

또한 일반 유희와 오락으로는 윷놀이, 즉 윷가락같이 만든 다섯 개의 나무를 던져서 승부를 겨루던 백제 때의 놀이인 저포(樗蒲)가 있었고, 주사위를 던져서 하는 쌍륙, 일명 저포가 있었다. 이것은 여러 개로 된 말을 써서 두 사람 중 먼저 궁에 들어가는 사람이 승리한다. 농주는 소위 '죽방울받기' 라고도 하는데 농환, 금환, 수환이라고도 불렸다. 연날리기는 동서양을 막론하고 신분의 구별 없이 오래 전부터 즐겨오던 놀이다. 〈삼국사기〉 김유신조에는 다음과 같은 연의 기사가 나온다. "선덕여왕이 죽고(647) 진덕왕이 즉위할 때 대신 비운과 염종은 여왕이 정사를 잘 할 수 없다." 하고 반란을 일으켰다. 반란군이 왕군과 10여일을 대치하고 있을 때 큰 별이 하늘에서 떨어졌는데 비운의 무리가 여왕이 패망할 징조라 소문을 내자 김유신은 허수아비를 만들어 연에 달고 그것을 바람에 띠워 별이 다시 하늘로 올라갔다고 소문을 내어 장병을 독려하여 적을 괴멸시켰다."

이 외에도 줄다리기, 줄타기, 그네뛰기, 술래잡기, 장님술래, 숨바꼭질, 널뛰기, 장기, 제기차기, 설마(나무로 만든 도구로 눈이 쌓인 언덕에서 출발하여 달리게 하는 오늘날의 스키와 유사한 놀이), 죽마(대나무를 휘어 가랑이에 넣고 달리면서 노는 어린 아이들의 유희) 등을 들 수 있다.

4) 중세의 운동문화

(1) 고려시대의 운동문화

신라말 골품제도의 악습으로 중앙귀족의 분열과 항쟁이 일어나고, 육두품세력과 지방호족이 대두하여 중앙귀족을 비판하거나 항거하기 시작하였다. 이때 궁예는 후고구려를, 견훤은 후백제를 표방하고 궐기하였다. 궁예의 뒤를 이은 왕건은 기층민과 융합하고 해상세력과 연합하여 수취제도를 개혁해 나갔다. 왕건은 935년 후삼국의 사회적 혼란을 극복하고 고려(高麗)를 건국하였다. 그는 민족을 통일하면서 새롭게 정비된 국가체제를 완성하는 등 고대에서 중세로의 발전적 기틀을 마련하였다.

고려사회는 호족들이 연합하여 구성한 사회였고, 지방사회의 자치권을 상당히 인정한 사회였다. 호족들은 보다 능률적인 중국의 관료제도를 받아들였으며, 유교의 정치사상을 이해하면서 사회를 이끌어나가는 방법을 제시하였다. 지방 호족들 중에서 능력자는 유공자로 뽑히든지 과거제도를 통하여 중앙관리로 진출할 수 있었다. 이러한 조건들은 고대사회의 모순을 제거하면서 중앙귀족사회의 발전을 촉진시켰고, 중앙과 지방의 문화교류를 활발하게 전개시켰다. 또한 이것은 고려의 전체적인 문화 수준을 높이고 개성 있는 문화를 성립시켜 문화의 독창성을 이루게 하였다. 또한 이러한 새로운 문화의식을 토대로 한 강력한 민족의식을 성립시켰다. 그러나 건국 200년 후 고려사회는 점차 안일만을 탐하는 보수적 경향에 빠지게 되어 귀족사회가 동요하기 시작하였다.

역대 왕들에 의해서 숭문천무(崇文賤武)의 기풍이 조성되었고 의종(毅宗)의 향락과 정사 소홀로 민중생활이 도탄에 빠지게 되자 무신들에 의해 문신귀족의 지배체제는 붕괴되고 말았다.

고려사회는 이자겸의 난, 묘청의 난, 무신의 난 등에서 나타난 사회문제들을 해결하지 못하여 많은 약점을 안은 채 송, 요, 원, 금, 여진, 왜구 등과 대립하였고, 특히 몽고의 침략과 압제로 내외적으로 상처를 입게 되었다. 그런 가운데 유라시아 대륙을 휩쓴 몽고세력에 항쟁한 것은 일찍이 거란을 물리친 고려의 전통이 전 국민에게 그대로 살아 있었기 때문이다.

한편 원의 세력에 대항하면서 성장한 신진관리들과 황건적 및 왜구와 싸우던 군인들이 새로운 세력으로 등장하였다. 이들은 원나라 문화의 잔재를 청산하고 사회와 문화를 바른 방향으로 이끌고자 노력하여 사회 전반에 많은 활력을 주었으나, 그러한 노력은 다음 시대에야 결실을 맺게 되었다. 토지는 국유제도였고, 신분은 왕족과 호족의 상류층, 일반관리와 군인의 중류층, 평민의 하류층, 천민과 노예의 최하류층으로 구성되어 있었다.

① 교육

고려사회는 사상적으로 유교와 불교에 의해 지배되었다. 이는 태조 왕건이 창건한 고려왕조의 사상적 기반을 그대로 물려받은 것으로 유교에 의한 정치이념과 불교에 의한 호국사상은 고려 전반에 걸쳐 그대로 나타났다. 내세신앙인 불교는 사원을 중심으로 발달한데 비하여 현실적 정치이념의 학문인 유교는 학교를 중심으로 발달하여 고려사상의 양대 주류를 형성하였다. 고려시대의 교육제도를 살펴보면 다음과 같다.

학교는 이미 태조 때 개경과 서경에 세워졌고, 성종 11년(992) 국립학교인 국자감이 세워졌다. 인종 때 京師六學이라 하여 국자학, 태학, 사문학 등 유학 전공의 3학과 율학, 서학, 산학 등 실무직 기술을 습득하는 3학(잡학)을 두었는데, 잡학에는 8품 이하 하급관리와 서민이 입학하였다. 인종 5년 지방자제의 교육을 위해 향학이 세워졌고 국자감의 잡학교육 외에 사천당, 태사방, 태의감, 통교관 등 특수기술교육을 실시하였다.

고려조에서는 시문이 지식인의 필수교양이었고 유교 경전의 문구를 자연스럽게 암송했으나 관념적인 사대주의에 빠지지는 않았다. 그러나 덕종 말년 왕가도 같은 북진파가 물러나고 인주 이씨가 집권하면서 보수적 경향으로 변화되었으니 유교정신의 강조보다는 귀족사회의 안일을 도모하였다. 그후 사학도 집권층의 안일을 도모하는 보수적 성격을 띠게 되었고, 여러 사학은 학벌을 형성하거나 귀족 세력을 강화하는데 그치고 말았다.

고대사회에서는 무예로서 인재를 등용하는 방식이 일반적이었으나 고려조에는 유교에 바탕을 둔 문치주의가 정착되면서 문예에 의한 인재등용방식이 선호되었다. 고려의 과거제도는 지방 호족 출신들을 중앙의 관료기관에 흡수하여 중앙집권화 하려는 목적이 있었던 것처럼 고려시대의 전반적인 교육목적은 귀족사회를 유지하기 위한 귀족자제 중심의 교육이었다.

② 운동문화

후삼국의 동란(動亂)을 극복하고 통일국가를 건설한 고려는 문무(文武)균형이 통치의 바탕이 되었다. 그러나 국가가 안정되고 유교적 지도이념이 부각되면서 관직체계는 문반위주(文班爲主)로 짜여졌다. 최고 관직인 재상급(宰相級)은 물론 군국(軍國)의 대무(大務)도 문반이 차지하였다. 그러므로 유교적 교양을 쌓아 문과(文科)를 통해서만 지배계층으로 성장할 수 있었다. 이와 같이 새로운 성격의 지배계층이 형성되는 동안 고려의 운동문화는 여러 문화와 더불어 새로운 발전과 부작용을 보이기 시작하였다.

신체적 활동이 경기적인 요소를 가미시켰고, 학구적인 문반귀족들을 중심으로 건강관리의 필요성이 강조되면서 스포츠는 순수하게 진일보하는 측면도 있었다. 그러나 고려의 스포츠는 무사스포츠가 그 핵심을 이루고 있었다. 당시의 문존무비(文尊武卑)의 사상으로 거란과 여진, 몽고 등 북방 민족의 잇따른 침략을 받아야 했다. 특히 거란의 침공을 막지 못하여 서경(西京) 이북을 떼어주고 강화를 청한 일이 있었다. 이때 끝까지 적군과 대적한 것은 화랑정신을 이어받은 무인들이었다.

고려시대의 무술은 고대 국가시대에서 이루어진 각종 무예가 그대로 계승되어 발전되었다고 볼 수 있다. 개인 호신술로 크게 유행했던 수박(手搏)이나 궁술(弓術), 마상재(馬上才), 격구(擊毬), 축국, 각저, 석전, 방응 등이 고대로부터 계승되고 발전된 무예들이다.

가) 무예의 장려와 무학기관의 설치

건국 초기 고려는 후삼국을 통일한 후 북방정책을 건국이념으로 삼고 옛 고구려의 땅을 회복하는데 힘을 기울여 무(武)를 숭상하였으므로 무예가 발달하였다. 고려조 전반에는 문무의 조화를 강조하는 경향이 있어 여러 왕들은 활을 위시한 무예를 장려하였다. 특히 예종은 문무 신하와 시종관들에게 활쏘기를 시키고, 뛰어난 자에게 상을 내렸다. 선종 8년(1091) 호부의 남랑 한적한 곳에 사장(射場)을 설치하여 군졸들은 물론 일반인들도 모집하여 습사(習射)하게 했으며, 과녁을 명중시키는 자에게 상을 주도록 하였다. 이것은 군사력 강화라는 목적에서 활쏘기에 경기적이며 유희적인 요소를 가미시켜 궁술을 전국적으로 널리 권장한 것으로 해석된다.

〈고려사〉 병지(兵志)에는 활쏘기를 장려하는 내용이 나온다. "각주진(各州鎭)은 농사

짓는 틈틈이 매월 육위일(六衛日)에 궁노(弓弩)를 연습하게 하였다. 계관의 행수원은 색원과 더불어 친히 감독하여 명령하였다. 궁은 40보에, 노는 50보에 표적을 두고, 10발에 5번 맞춘 자 및 연속해서 맞춘 자로서 서경의 직사원은 녹을 올리고 산직으로 진급시키고, 동남반은 내외직에 서용(敍用)하고, 관리는 자원하는 바에 따라 그 직무를 맡긴다." 라 하여 관직의 녹봉과 임용에 있어 궁술 능력을 결부시켰음을 알 수 있다. 또한 현종 20년(1029)부터 문관 4품 이상, 나이가 60세 미만인 자에게는 근무가 없는 날 동서 교외에서 활쏘기를 하도록 명령하였으며, 선종 3년(1086) 양경의 무관을 서울에 불러 동정(東庭)에서 궁사(弓射)를 사열하고, 12월에는 문관에게도 시행했다고 한다.

예종 4년(1109)부터 인종 11년(1133)까지 24년간 국자감에 6학과 더불어 강예제를 두어 무학의 학습을 실시하였다. 이곳의 학습내용을 정확히 알 수는 없으나 유학에서 강조하는 대사례, 향사례(鄕射禮)같은 활쏘기 의식을 강조했을 것으로 추측된다. 무예를 교습하는 강예제(講藝齋)를 유학의 전당인 국학(國學)안에 마련한 점은 무사수련에 있어 정신적인 면을 유교이념에 두었음을 시사한다. 무사정신에서 강조된 것은 충의(忠義)정신이다. 고려인의 충의 정신은 거란(契丹)에 포로가 되었던 강조(康兆)에 의해 잘 나타난다. 강조는 거란왕의 신하가 되어 줄 것을 요청하자 "나는 고려인이거늘 어찌 너희 신하가 될까 보냐." 고 하여 지조 있는 최후를 선택하였다. 따라서 무인정신은 유교이념에 바탕을 둔 충(忠), 효(孝), 의(義)에 기반을 두고 있다고 하겠다.

한편 수박은 당시 무인들에게 적극 권장되었다. 고려 명종(明宗)은 행사의 순서 중에 수박을 겨루게 하여 승자에게 벼슬을 주어 수박이 출세를 위한 한 방법이 되기도 하였다. 마술은 이 시대에 각광을 받은 무술이었다. 특히 기병(騎兵)들에게 말을 다루는 특수한 마술 즉 무마(舞馬), 원기(猿騎), 마상재(馬上才)와 같은 기술을 익히도록 하였다.

나) 무신정권과 무예

고려조에 무신정권이 성립된 계기는 수박희와 관련된 오문사건에서 비롯되었다. 의종 때 문신들은 국왕의 은총을 받고 고귀한 지위를 독차지하였고, 무신은 모욕과 멸시뿐 아니라 왕을 호종하는 자들도 제대로 대접을 받지 못하였다. 이에 의종은 무신의 불만을 알고 후의로서 이들을 위로하고자 하던 차에 보현원으로 가던 중 오문전에 이르러 무신들로 하여금 오병수박희(五兵手搏戱)를 하게 하였다. 이때 무관이며 나이가 많은 대장군 이소응이 한 사람과 더불어 수박을 함에 이기지 못하고 도망가자, 문신 한뢰가 급히 나아가 이소응의 뺨을 쳐 계단 밑으로 떨어지게 하였다. 왕과 군신이 손뼉을 치고 크게 웃었으나 무신들은 크게 불만을 가졌다. 이전부터 무관이 문신들로부터 심한 박대를 당하여왔고 이와 함께 문신이 무신의 수염을 태우는 모욕적인 사건을 계기로 젊은 무관들이 문신들을 대량 학살하고 정권을 잡기에 이르렀다(1170). 문신귀족

정치의 모순으로 야기된 무신정변으로 무신 중심의 독재정치가 중방을 중심으로 이루어져 이후 100여 년간 지속되었다.

사실상 오병수박희의 경기방식은 정확히 알 수 없다. 오병이란 용어는 「고려사」 제81권 병제 5군조에 보이는 '오병도지유(五兵都指諭)' 라는 관직명에서 보인다. 이것은 중군에 설치된 직명인데, 문자만으로 해석하면 5가지 무기를 훈련시키는 훈련관의 우두머리라고 이진수는 주장한다. 정찬모는 오병수박희를 한편이 5명으로 구성된 단체경기라고 주장하면서 이소응 외에도 9명의 수박희 선수가 있었고, 그들의 직급도 3품과 비슷한 정도의 고관이 있었을 것이며, 왕 앞에서 실시했기 때문에 수박희의 경기와 시범체계는 잘 갖추어져 있을 것이라 추정하였다. 이에 대해 이용복은 부서별 대항경기라고 한다. 5명이 한 팀이 될 경우 오(伍)로 쓸 수 있고, 오병(五兵)은 5개의 병부(兵部)를 의미한다고 주장했다.

고려조에는 문과의 과거만 있었을 뿐 무과의 과거가 없었기 때문에 무관이 되기 위해서는 특별채용시험으로 음 또는 선군의 방법이 있었다. 무인집권 당시 최충헌은 손님을 초청하여 연희를 베풀고 중방의 힘센 자들로 하여금 수박희(手搏戱)를 시켜 이긴 사람에게 즉석에서 교위나 대정의 직을 내렸다. 이는 수박희가 군인으로서의 보직 또는 승진과 직접 관계되는 무재로서 그 기능을 인정받았음을 의미한다. 〈고려사〉 열전 이의민전에는 이의민이 수박희를 잘하여 의종은 그에게 대정에서 별장으로 진급시켰다는 기록이 있다. 특히 변안열전에는 변안열이 임견미, 염흥방 등과 더불어 재상들의 연희에서 수박희로 승부를 다투어 그 결과로 밀직부사에서 지밀직사사로 승진했다는 기록이 나온다. 지밀직사사는 종2품의 고관인데, 고관을 발탁함에 있어 수박희의 승부가 참고가 되었음을 알 수 있다.

이처럼 무사스포츠는 국방의 의무를 대행하는 무사양성의 형태 또는 현대적 의미의 관람 스포츠로 발전하게 되었다.

다) 귀족사회와 스포츠

고려사회는 문치주의를 표방하면서 문반귀족들이 새로운 성격의 지배계층을 형성하였다. 이들은 각종 무예와 경기에 유희적인 요소를 첨가시켜 시각적인 즐거움을 높였다. 무예는 유희나 오락의 대상으로 경기화 되었고 기마술은 격구경기로, 궁사는 내기경기로, 수박은 관람용으로 변모되었다. 이러한 귀족계층의 대표적인 스포츠로 세 종목을 들 수 있다.

그중 하나가 개국 초기부터 유행되었던 격구(擊毬)이다. 격구는 원래 페르시아 폴로경기에서 유래되어 중국 한나라 때 전해졌고, 당나라 때 당태종이 그 운동방식을 체계화 하여 축국과 더불어 무예를 익히기 위한 방법으로 장려하였는데 그것이 우리나라에 전해졌다. 〈고려사〉에 따르면 고려 초기에 이미 격구가 시행되었다고 한다. 격구는 원래 기창(騎槍), 기검, 기사를 능숙하게 하기 위한 놀이로 행해졌다. 격구는 당시 크게 유행했던 유희적 경기로 말을 타고 하는 방법과 도보로 하는 방법이 있었다. 특히 마상격구가 주류를 이루었으며, 이것은 먼저 말을 달려 나아가 공을 들어올릴 수 있는 도구(挑至)로 구(毬-일종의 공)를 쳐서 일정한 목표물(표적)을 맞추는 방식으로 그 과정이 매우 복잡하고 다양하며 국왕으로부터 백성들까지 널리 보급되었다.

실시장소는 약 200보(약 250m)가 되는 넓은 구정으로 〈고려사〉의 기록을 보면 고종 16년(1229) 최이(崔怡)는 이웃집 백여호를 빼앗아 구장을 축조하였다. 승 3만명이 식사할 수 있는 곳, 동서로 수백보로 된 바둑판 같은 장소, 4백보 정도의 규모에 둘레가 수리에 달하던 곳이었다고 한다. 그리고 격구를 할 때 동네사람들을 동원하여 물을 뿌려 먼지가 나지 않게 하였다고 한다. 당시에는 부녀자들이 격구를 할 정도로 대중적인 스포츠였다. 그러나 당시 격구자의 말안장 값이 중인 열가구의 재산에 버금갈 정도로 사치스런 스포츠였다. 이러한 격구는 국왕과 신하가 각종 풍속 때에 함께 즐기기도 하고 승자에게는 국왕이 시상도 하였다.

귀족계층의 유희 · 오락을 위한 또 다른 스포츠는 수박이다. 맨 몸으로 상대방을 공격하기도 하고 공격을 피하는 형식의 수박은 초기에 무신들이 왕을 둘러싼 문신들 앞에서 행해졌던 것이 후기에는 국왕(忠惠王)도 즐겼다고 하나, 귀족들에게 있어 수박은 관람을 위한 스포츠였지 직접 시행하는 것을 꺼려했다. 수박 역시 무예적 측면을 가미한 유희적 경기였다.

지배계층의 무예적 요소를 띤 또 하나의 유희적 스포츠로 방응(放鷹)을 들 수 있다. 방응은 기록상 신라에서 1세기경 시작되었지만 고려시대 특히 후기에 크게 번창하였다. 매사냥을 통한 무예수련은 귀족들에게 대단한 인기가 있었다. 매를 길들이는 방법은 좋은 매를 잡아 오랫동안 잠을 자지 못하게 하거나 굶주리게 하였다가 매의 다리에 묶은 줄을 늘여 멀리 날려 보낸 다음 다시 고기로 부르는 방법이다. 해동청 보라매가 대표적이다. 충렬왕 즉위년(1274)에 응방을 설치하고, 9년(1283)에는 응방도감을 설치하여 전국의 응방을 관리하게 하였다. 충렬왕은 세자 때 원나라에 가 있던 관계로 원나라의 영향을 많이 받아 원나라의 응방제도를 도입하였다. 그는 방응에 많은 시간과 노력을 경주하였다. 또한 공민왕은 신하들에게 방응을 권장하고 궐내에 매를 기르게 하였는데 그 이유를 “매의 용맹스러움을 사랑하기 때문이다.” 라고 하였다.

또한 귀족들이 즐긴 보다 순수한 관람적인 유희로 무용과 연극의 요소가 가미된 가면극 등이 다채롭게 행해졌는데 처용무와 같은 것이 대표적이다. 이렇듯 고려 귀족들은 무예적인 유희에 직접 참여하든지 관람의 대상이 되는 경기로 무예를 발전시켜 가면서 그들은 호화롭고 유희적인 생활을 영위하였다.

라) 유희와 오락

고려시대에는 귀족들뿐만 아니라 서민들 사이에서도 여러 가지의 유희가 성행하였다. 서민들의 유희와 오락은 팔관회와 같은 불교행사나 단오절과 같은 명절, 농한기에 주로 실시되었다. 일반 유희 · 오락은 풍속 유희로 전통적인 유희 · 오락 종목들을 발전시켰다. 고려의 풍속으로는 설날, 정월 보름, 한식, 삼짇날(음 3월 3일), 초파일(음 4월 8일), 유두(流頭, 음 6월 15일), 백종(百種, 음 7월 15일), 한가위(음 8월 15일), 중양절(음 9월 9일), 상달(음 10월 15일), 동지 등을 지켰다.

서민오락으로는 씨름(角力戱), 활(弓), 석전(石戰), 축국, 그네, 연날리기, 탈춤 등 삼국시대의 그것들과 유사하다. 특히 각저와 석전은 청년들이 즐기던 스포츠적 성격의 대표적인 종목들이다. 씨름은 충혜왕 때(1343) 왕이 많은 관심을 갖고 있어 전국적으로 성행하였다. 〈고려사〉 충혜왕조에 "왕이 기무를 총신에게 맡기고 날마다 내시와 더불어 각력희를 하니 상하의 예의가 없다.", "충혜왕이 용사를 거느리고 각력희를 관람하였다.", "왕이 고용보와 더불어 시가에 거동하여 격구와 각력희를 관람할 새 용사에게 하사한 포가 헤아릴 수 없었다." 고 한다. 〈경도잡지〉는 "씨름은 고려 때부터 민속으로 내려왔기 때문에 중국인들이 고려기 또는 요교(족교)라 부른다." 고 하여 우리의 씨름이 중국과는 다른 형태였음을 알 수 있다. 또한 활은 무예적 스포츠로서 내기를 걸고 기예를 다투기도 하였다.

석전은 단오절에 행해졌는데 특히 우왕 6년(1360) 왕이 직접 석전을 보았다고 高麗史 36권에 기록되어 있다. 석전은 좌군 · 우군으로 편을 나누어 양편의 일정한 거리에 기를 세우고 북을 울리며 돌을 던져 싸우거나 목봉(木棒)으로 상대방을 물리쳐 기를 빼앗는 경기로 승부를 가리는데 많은 위험성이 내포된 게임이다.

그네는 단오절 행사에서 남성의 씨름과 함께 여성의 놀이로 가장 유행하였다. 그네는 줄을 붙잡고 발판에 올라앉은 채 전신의 탄력을 이용해 온몸을 앞뒤로 멀리 날려 보내는 놀이이다. 팔과 다리의 근력뿐 아니라 담력도 요구된다. 그네뛰기의 최초 기록은 〈고려사〉 열전 최충헌조에 보인다. "단오일에 권신 최충헌이 백정동궁에서 그네뛰기를 베풀고 문관 4품 이상의 선비를 초청하여 3일 동안 놀았다." 고 하였고, 동사 최이전에는 "종실과 관원들이 초청하여 연회를 할 때 채붕을 매어 산같이 만들고 수를 놓은 장막과 집 휘장을 둘러치고 그 가운데에 그네를 매어 무늬 놓은 비단과 채색꽃으로 꾸몄다." 고 기록하고 있다. 이는 그네뛰기가 여성 전용의 놀이가 아니라 공식 연회에서 여흥의 하나로서 행해진 대회적 성격을 띠고 있다고 할 수 있다. 이 외에도 연날리기, 탈춤 등도 절기에 따라 널리 민중적 오락으로 시행되었다.

기타 불교적인 행사로 연등회는 신라시대부터 내려와 음력 2월 15일에 백성들이 함께 모여 노래와 춤을 추면서 나라의 태평성대를 기원하였다. 특히 현종 때에는 국가적인 연중행사로 부활되었다. 팔관회(八關會)는 토속신앙과 불교가 융합된 풍속으로 개경에서는 음력 11월 15일, 서경에서는 음력 10월 15일 시행되었다. 왕이 직접 식장에 나와 신하들과 같이 음악과 연극을 감상하였고, 송, 여진, 왜, 아라비아 등지의 상인이나 상거래를 하는 상인들의 진상품과 하례를 받기도 하였다.

(2) 조선시대의 운동문화

조선왕조는 고려말기의 사회적 모순을 해결하고 외적의 침입을 막아보자는 시대적 사명을 갖고 건국되었다. 원 · 명 교체기에 대외관계는 긴장되고 원, 홍건적, 왜구의 침입과 명의 압력으로 고려는 정치적 혼란에 빠졌다. 이때 성리학의 학문적 실력을 바탕으로 과거를 통해 정치무대에 진출한 향리 출신의 신흥사족은 친원적인 권문세가와 정치적 · 경제적으로 대립하였다. 한편 왜구들을 토벌하여 공을 세운 최영과 이성계 등의 무장들은 지방의 중소지주층의 적극적인 지지를 받아 독자적인 군벌을 형성하였다. 위화도 회군을 계기로 이성계는 두 왕과 최영을 축출하고 정권을 잡았다. 그는 정도전, 조준 등의 신흥사족과 연결하여 전제개혁을 단행하고 정권, 군권, 경제권을 장악하여 1392년 왕위에 올라 조선왕조를 개창하였다.

조선은 철저한 유교적 지도이념을 내세운 사대부들에 의하여 고려시대의 불교사상적 지배를 배격하고 사회 전반에 유교적인 체계를 정착시켜 나갔다. 지배계층인 사대부들은 조선사회의 정치, 경제, 문화를 이끌어간 양반들이었으므로 조선은 양반사회라 할 수 있다. 이들은 성리학의 민본사상을 중심으로 왕도정치를 구현하는데 이상을 두었고, 통치체제는 주나라의 육전제도를 본뜬 재상 중심의 관료정치가 특징이다. 건국 초부터 15세기 말에 이르는 동안 정치적으로 관제가 확립되고 경제적으로 토지제도가 확립되었으며 대외적으로 영토의 경계가 확정되었다. 문화적으로는 훈민정음이 창조되어 국문학사의 새로운 영역이 개척되었고, 교육사적으로도 학교제도가 확립되고 주자학의 철학적 체계가 완성된 시기이다.

한편 16세기에는 사림이라고 불리는 새로운 정치세력이 등장하여 몇 차례의 사화 끝에 16세기 중엽에는 드디어 사림정권이 성립되었다. 사림의 승리 후 사림 간의 분열과 대립이 있었는데 이것이 당쟁이었다. 사림의 대두는 유교 문화의 성장을 가져왔으나 국력을 약화시키는 계기가 되었다. 사화와 당쟁으로 정치가 불안하고 국방력이 약화되었을 때 일본과 여진족이 우리나라를 침입한 임진왜란과 병자호란의 전란이 있었다. 왜란과 호란은 도덕과 명분을 내세우면서 공리공론만을 일삼고 국제 정세에 어두웠던 사림정치가 초래한 것임에도 불구하고 양난 이후에도 당쟁은 계속되었다. 이러한 분열은 영 · 정조시대에 이르러 탕평책을 시행하면서 어느 정도 완화되었고, 중앙집권적 관료정치가 다소 회복되었다. 또한 대륙을 통한 서학(西學)의 간접적인 영향으로 영 · 정조에는 많은 인문학자가 배출되고 실학이 발전하면서 한국의 문예부흥시대가 도래하였다. 이후 병자수호조약의 체결로 쇄국정책이 무너지기 전까지 한반도는 대외적으로 청에 대한 적개심은 이미 사대적 친선관계로 바뀌게 된다. 교육사적으로는 학교교육이 재정비되었고, 주자학의 독선에 대한 비판과 반성이 일어나 이른바 실학의 풍조가 유행하였고 서양의 천주교는 조선의 주자학적 사회에 일대 도전을 가하게 되었다. 이때의 신분제도 역시 유교적 이념 위에서 이루어졌다. 혈통과 직업 등에 의하여 양인과 천인, 사(士)와 서(庶) 혹은 사농공상의 사민이 구분되어 신분의 귀천이 엄격히 적용되었다.

조선조 국방정책의 기저는 병농일치제와 국민개병제였다. 16세 이상 60세에 이르는 양인 이상의 모든 국민들은 군역의 의무를 져야 했다. 양인은 대부분 농민들로 평상시 농업에 종사하다가 일단 징발이 되면 서울이나 지방에서 근무하였다. 조선조의 무예활동을 알려면 당시의 국방정책과 군역편제, 무사들의 복무형태를 알아야 한다. 조선 전기의 병력은 중앙군과 지방군으로 구분된다. 중앙군은 5위라는 조직으로 편성되어 국왕의 호위와 수도의 경비를 위하여 서울에 상주하던 병력이고, 지방군은 진관체제라는 육군과 수군으로 구성된 지방주둔 병력이다. 5위의 병력은 양반자제나 재력가 양인 중 무예시험에서 선발된 정예무사와 양인이나 천인 중에서 체력이 우수한 자로 선발된 병종으로 이들은 입직숙위, 순찰, 성문파수, 시위, 군사훈련, 잡역 등의 임무를 수행하였다. 이들의 근무는 2개월에서 6개월 정도를 근무하고 2~3년 뒤에 다시 근무하는 형태를 취하였다. 이들은 평시에 생업에 종사하면서 무예 수련을 해야만 했다. 지방군은 각 도에 1~2곳의 육군 주진(병영) 및 수군 주진(수영)을 각각 두고, 그 예하의 현과 진을 수개의 진관으로 구획하여 거진에서 관할하는 진관체제에 따라 주둔하는 병력으로 육군은 1개월씩 4교대, 수군은 2교대 근무를 하였다.

조선 후기 중앙군의 편제는 수도방위군, 수도외곽방어군, 왕실친위군으로 나누어졌다. 수도방위군은 훈련도감, 어영청, 금위영 등 3군영이었고, 외곽방위군은 총융청과 수어청이었으며, 왕실친위군으로 용호군이 있었다. 이들 각각의 병력은 적게는 수백에서 많게는 2만여명이었으나 실제근무병력은 1/10에 불과하였다. 조선 후기의 군역제도는 국방상의 목적보다는 국가재정을 확보하는 차원에서 양역이라는 명목으로 군역세를 징수하면서 와해되기 시작하였다. 16세기말 국방과 군역제도가 크게 허물어지자 이이(李珥) 같은 이는 10만 양병설을 주장하였으나 사림들은 국방문제를 당쟁으로 이용하였다. 18세기 후반의 군역은 양인이 부담하는 조세로 바뀌었고, 대부분의 병력은 장부상의 기록으로 과세의 대상이었다. 순조 이후 조선의 중앙군은 훈련도감의 병력 5,000여명과 금위영과 어영청이 각각 500여명이 있을 뿐이었다.

① 교육

조선 전기는 고려 말에 유입된 성리학을 정치이념으로 재편성하는 시기로 유교에 대한 심각한 비판과 반성이 일어났다. 건국 초기의 가장 중요한 사업은 당시까지 불교사상에 젖어 오던 사회질서와 윤리규범을 주자학적으로 재편성하는데 있었다. 중기의 유학은 초기의 이단에 대한 주자학적 사회질서 확립을 위한 이론적 단계에서 벗어나 조선사회의 정치이념으로서 유학사상의 실현을 위한 실천단계로 들어가는 시기였다.

조선시대의 교육기관으로 중앙에 고등교육기관인 성균관을 두었고, 중등교육을 위해 서울에 4부 학당을 설치하였으며, 지방에 향교를 설치하였다. 교육을 이수하고 관리가 되려면 과거에 합격해야만 했다. 고려조부터 실시되어온 과거시험은 조선시대에 이르러 한층 더 중시되었다.

한편 중기의 임진왜란 병자호란이라는 두 차례의 병란과 주자학적 공리공론에 의한 당쟁의 분열과 대립은 초기 이래의 국가제도를 파손했음은 물론 일반 백성의 생활을 도탄에 빠뜨렸다. 이러한 병폐를 가져온 제 요소에 대한 심각한 비판과 자아반성이 일부 학자들에 의해 대두되어 새로운 사회질서 및 국가질서의 확립을 위한 시책과 방법에 대한 학문적 연구를 포함한 실사구시의 새로운 학풍이 나타났으니 이것이 실학이다.

실학 사상가들은 학교교육의 병폐를 제거하기 위한 교육제도 및 과거제도의 개선과 아울러 과거에 합격함으로써 사회적 영달과 이차적인 봉건적 생산수단을 획득하려는 사회적 관념을 타파하고자 시도하였으나, 이들의 노력은 노력에 그치고 말았다.

조선조의 교육형태는 크게 유학교육, 무학교육, 기술교육으로 나눌 수 있다. 유학교육을 시험하는 문과는 보통 문관시험인 소과와 고등문관시험인 대과로 구분할 수 있는데 시험 준비기간이 적어도 25~30년이 소요되었다. 무반이 문반에 비해 상대적으로 열등하다 하더라도 그 사회적 위치와 대우는 결코 낮지 않았다. 고려 말기의 무과를 계승한 무과는 궁술, 기창, 격구 등의 무예와 경서와 병서 등의 이론시험을 치렀다.

무학기관으로 훈련원이 있었으나 이는 학교의 역할을 수행하지는 못했다. 관학으로서의 훈련원이 성균관과 같은 역할을 하지 못했기 때문에 무사들은 사정을 통해서 또는 사적으로 무과고시에 대비하여 무예수련과 병서를 익혔을 것이다. 당시의 무예연습은 연재(鍊才)를 제외하고 즉흥적인 면이 있었다. 김육의 〈해동명신전〉에는 최윤덕, 곽재우, 이순신 등 3인의 무장들이 부자지간의 전수나 개인교습 또는 즉흥적인 시험대비 등 비체계적이고 개인적인 수련과정을 통해 무예를 익혔다고 기록하고 있다.

조선조의 무예서로는 〈武藝圖譜通志(1790)〉가 대표적이다. 이 책은 우리가 오직 궁시 하나만을 장기로 삼아 중시하고 검과 창의 기예를 게을리 하여 왜적과의 싸움에서 패배한 전철을 되풀이하지 않기 위해 저술되었다. 중국의 군대가 우리 땅에 주둔할 때 조총과 패, 선, 창, 파를 보았고 그 사용법을 익혔으며, 〈기효신서〉를 구하여 그림을

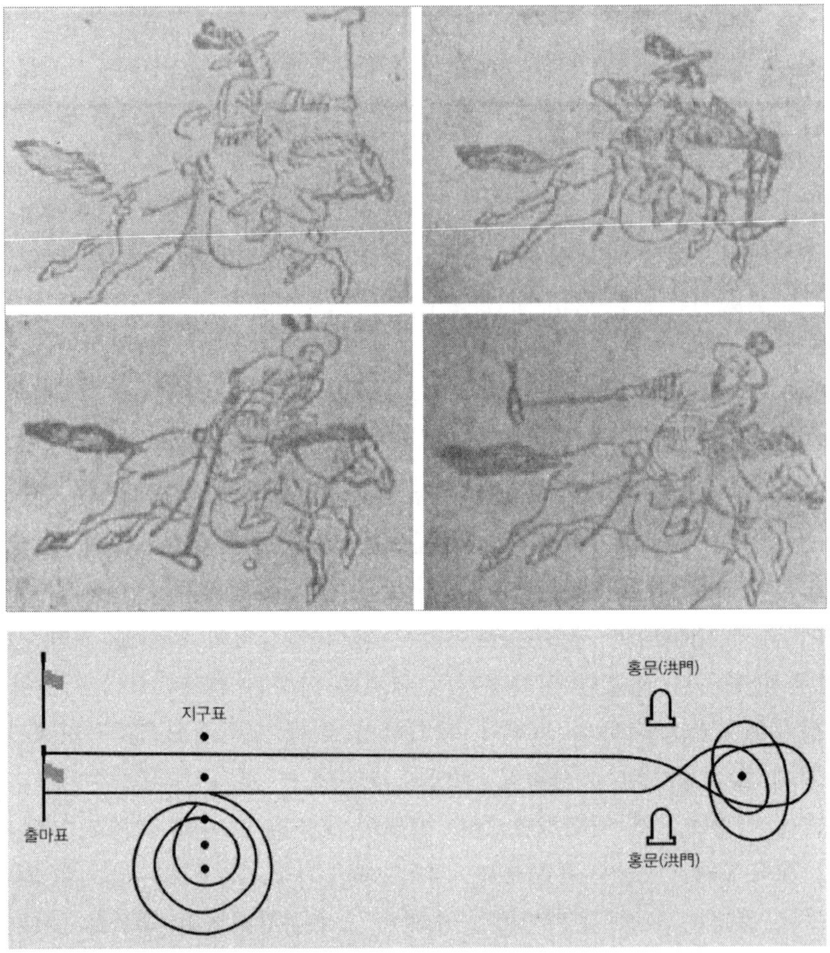

[그림 34] 《무예도보통지》에 나타난 격구방법과 격구장

살피고 바로 고증한 후에 총을 쏘고 패와 선 등의 격타하는 법과 무예제세로 적을 죽이는 법을 연구하였다고 한다. 무예도보통지는 〈무예제보(1598)〉의 6기(技)와 〈무예신보(1759)〉의 18기를 근간으로 더욱 발전시켜 24가지의 각종 기예에 대해 기술하고 있다. 그러나 이 책에서는 궁술을 다루고 있지 않다.

② 운동문화

조선시대에는 전반적으로 군사훈련이나 무사도를 배경으로 하는 무예 중심의 스포츠가 주류를 이루었다. 유교가 정치, 사회, 문화의 지도이념이었기 때문에 글에만 열중하여 나약한 사회체계가 형성되었다. 이에 사회 지배계층들은 신체활동이나 신체수련을 중시하지 않았다.

무예 및 스포츠는 문치(文治)를 숭상하고 무사를 천대하는 유교적 풍토로 저조하여 무사양성을 목적으로 하는 무예중심의 스포츠에 그쳤다. 군사교육은 1개월에 두 번씩 의무적으로 각종 무예수련을 받았으며, 매년 2회 봄과 가을에 대연습을 실행하였고, 오가작통법(五家作通法-5호의 인원이 소대가 되어 훈련을 하는 등 병역의무를 수행하는 제도)이 시행되어 정기적으로 무예수련을 받았다. 귀족 및 양반에게는 병역이 면제되었고, 이로 인해 무예가 더욱 등한시되면서 무예는 천인(賤人)이나 하는 것으로 인식되어졌다. 이러한 풍토는 일반인들의 무예수련을 기피하는 현상으로 고착되었다. 병역의 의무는 신성한 것이 아니라 양반에 속하지 못한 신분상의 억울함으로 인식되었고 이에 양반이 되기 위한 과거급제가 일반인의 최고의 소망이었다.

가) 무예적 스포츠

이 시대는 유교를 닦는 학자들에 의한 극단적인 문약정치로 인해 무관의 사기는 일반적으로 저하되고 무예 또한 침체를 면하지 못하여 무사나 일반 국민들의 기상은 대체로 안일에 빠지게 되었다.

태종 때 훈련관에서 무사들의 양성을 성균관과 같이 하려는 시도가 있었다. 당시 이조판서 박신은 태종에게 무학교육의 필요성을 주장하였다. "훈련관에서 전지를 본관에 소속시켜 무사양성을 성균관과 같이 하여주도록 청하니, 임금이 말하길 불가한 일이다. 무(武)란 본시 광사(狂事)이며, 공력을 씀이 적은 까닭에 사람마다 즐겨서 나가고, 또 무과를 설치하여 취사하고, 관직을 제수함으로써 그들을 권장함이 족하다." 또한 박신이 "무사양성을 성균관 같이 하여 아침과 저녁으로 병서를 읽게 하소서" 하니 임금이 말하였다. "병서를 읽는 것이 어찌 육경·사서를 구명함만 하겠는가?" 박신이 재차 주장하니, 임금이 말하였다. "아직 후일을 기다려라." 이처럼 태종의 지시로 훈련관은 무사를 위한 교육기관으로 정착할 수 없었다.

그러나 시대의 진전에 따라 무예나 전법이 새로운 양상을 띠면서 발전하게 되었다. 특히 세조는 무관 등용을 위한 과거제를 대폭 정비·강화하였기 때문에 화살, 기병의 창, 말을 타고 털공쏘기, 총, 과녁 등의 무술이 발전하였다. 그후 선조 때 한교는 학술적으로 옛것과 지금의 비법을 연구하고 70여명을 모집하여 무예교육을 시켜서 임진왜란 때 응용했다고 한다. 그리고 임진과 병자의 양난을 통하여 모든 체제가 전시체제로 편성되어 선조 26년 서울에 훈련도감을 두고 동부, 서부, 남부, 북부의 장정을 뽑아 무예를 가르쳤다. 지방에도 초관 또는 속오군을 두어 군사기술을 가르쳤다. 또한 임진왜란을 통해 선조는 무비(武備)의 필요성을 느끼고 선조 28년 7월 무학을 설치할 것을 명하였다. 그러나 이후로 무학은 무를 닦는 하나의 직무로 간주되고 있을 뿐 학교기관으로 무학이 있었다는 기록은 없다.

18세기경 정조(正祖)는 무관의 양성을 목적으로 도시(都試)와 무과(武科)의 과거제를 두어 군사훈련과 무예의 강습을 장려하였다. 무기에는 궁(弓), 창, 검 등과 화약제조 기술의 발달로 화력무기(화포 등)가 등장하였고, 궁사(弓射)의 기술보다는 검술이나 창술을 중시하게 되면서 무예가 계통에 따라 일정한 교육방침과 계획에 의해 훈련이 이루어졌다. 이것은 무술이 숙련만을 위주로 하던 고대의 그것보다 진보하여 근대화를 지향하는 초보적 이론단계에 도달했음을 의미하는 것이다. 이 시대에 대표적으로 행해졌던 무예활동을 위한 스포츠로 기사(騎射), 사술(射術), 창사(槍射), 검술, 수박, 마상재 등을 들 수 있으며, 특히 고려시대의 국기라 할 수 있는 단체경기의 성격을 띤 격구가 크게 장려되었다.

나) 무과시험에 보이는 스포츠

조선조에는 기예를 위주로 응시하는 시험을 시취 또는 취재라 하였다. 시취에는 무과를 응시하기 위한 예비시험, 무과에 급제한 자를 관직에 임명하기 위한 시험, 이미 해임된 자를 재차 관직에 임명하기 위한 시험, 봉록 없는 군관에게 봉록을 주기 위한 시험 등이 있었다. 가장 대표적인 시험은 과거라 불리는 문과 및 무과시험이었다. 과거제도는 신분의 한정된 테두리 안에서 공개경쟁으로 시험절차를 개방한 제도로 당시 사람들에게 있어 신분상승의 좋은 기회이기도 했다. 이 시험은 3년에 1번 정기적으로 실시되는 것과 부정기적으로 실시되는 몇 가지 형태가 있었다.

조선조 기본법의 구실을 했던 〈경국대전〉에는 시험내용이 수록되어 있다. 무과는 초시, 복시, 전시의 3종류로 나뉘고, 시취내용은 무예와 논문형태인 강서로 구분된다. 이 중 무예시험은 목전, 철전, 편전과 같은 활쏘기와 기사, 기창이 있고, 최종시험인 전시에서는 왕 앞에서 격구시험을 보였다.

기사는 35보의 거리에 5개의 표적을 세워놓고 시취자가 말을 달리면서 궁시하는 것이고, 기창은 25보의 거리에 3개의 허수아비를 세워놓고 말을 말리면서 창으로 그 표적들을 맞추는 방식이다. 격구는 세종 7년(1425) 4월 무예훈련의 기초가 된다고 하여 전시의 고시과목으로 추가되었다. 격구는 말을 달리면서 숟가락 모양의 지팡이로 50보 거리에 놓여있는 구를 쳐서 200보 전방에 있는 넓이 5보의 구문에 넣는 방식이다.

한편 무과시험보다 한 단계 아래인 일반 무사들에게는 활쏘기와 주(走), 력(力) 등의 시험이 있었다. 주와 력은 현재의 체력장제도와 비슷한 종목이었다. 주는 일정한 시간에 멀리 달리는 능력을 시험하는 종목이다. 휴대용 물시계인 동호를 사용하여 물이 흘러나와 없어질 때까지 뛴 거리가 270보이면 1주, 260보이면 2주, 250보이면 3주라 한다. 력은 중량물을 들고 멀리 달리는 능력을 시험하는 종목이다. 양손에 각각 50근씩 들고 160보를 가면 1력, 130보를 가면 2력, 100보를 가면 3력이라 한다.

조선후기에 적용된 〈대전통편(1785)〉의 '권무재초시'의 시험과목에는 다양한 무예

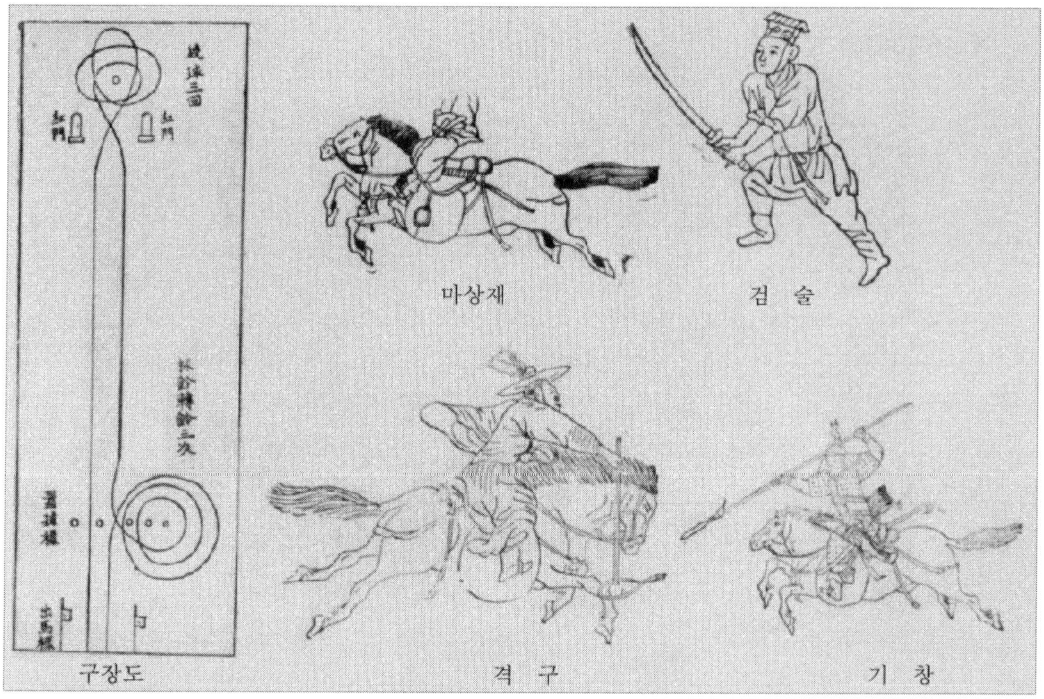

[그림 35] 조선 시대의 무예

들이 포함되어 있다. 여기에는 기창교전, 편추, 마상언월도(이상은 장교와 기병), 조총, 용검, 쌍검, 제독검, 언월도, 왜검, 교전, 본국검, 예도, 목마창, 당파, 낭성, 등패, 권법, 보편추, 협도, 봉, 죽장창(이상은 보병) 등 〈무예도보통지〉의 무예들이 모두 해당된다.

다) 유희와 오락을 위한 스포츠

조선조에는 유희와 오락을 위한 스포츠활동이 한층 진일보한 모습을 보였다. 양반들은 기사를 통해 활쏘기를 즐기고, 사정이라는 스포츠클럽을 만들어 대항경기를 개최하는 등 무예를 군사기술의 수단뿐 아니라 경기적 요소를 가미시켜 스포츠의 단계로 발전시켰다. 활쏘기는 모든 계층이 즐겨하던 스포츠종목이었다. 당시 활쏘기는 사정을 중심으로 행해졌는데 그곳을 중심으로 실시된 궁술대회를 편사(便射)라 한다. 편사는 5인 이상으로 조직된 여러 단체 또는 각 지역의 궁수들이 자기의 사정을 대표하여 승부를 가리는 경기로 각기 일정한 수의 선수들이 쏘아

[그림 36] 조선시대의 방응

[그림 37] 조선 시대의 유희

[그림 38] 씨름

맞춘 화살의 총수로 승부를 겨룬다. 편사의 종류로는 사정 사이의 경기인 터편사, 구역 간 경기인 골편사, 한량들이 참가하는 한량편사, 아동으로 구성하는 아동편사 등이 있었다. 편사는 심신의 수양과 더불어 여가활용을 위한 활동과 조직의 결성, 경기방식 등을 볼 때 생활스포츠의 성격을 띠고 있다고 하겠다.

이 시대에는 격구와 투호 등이 상류계층에 의해 궁정에서 성행했던 유희적 스포츠였다. 격구는 이(李)태조에 의해 장려되었으나 지나치게 사치스러워 건전한 기풍을 저해하자 군사훈련에서 폐지하고 단순한 여가로 즐기게 하였다. 그후 세종 때 '격구는 단순한 유희가 아니라 무기(武技)' 라 하여 과거(科擧)의 한 종목으로 지정하자 또 다시 각광을 받게 되었다. 격구는 일반서민에게는 '장치기' , '얼레공치기' 라는 이름으로 성행하였으나 무예를 경시하는 문신들에 의해 격구에 대한 불가논쟁이 일어나 효종 때 궁정 및 군대에서 사라졌다. 이 외에도 기국과 격봉이 행해졌다.

일반서민들은 생계유지가 어려워 유희를 즐길만한 시간적 · 경제적 여유가 없었다. 다만 명절이나 농한기에 씨름, 그네뛰기, 농악을 즐겼고, 정월이면 부녀자들은 널뛰기, 청소년들은 연날리기를 하였다. 당시의 유희와 오락들은 어른들의 경우 궁사, 각저, 수박, 설마, 윷놀이, 쌍륙, 장기, 기국, 줄타기, 돈치기, 공기, 널뛰기, 석전 등이 있었고, 아동들은 제기차기, 팽이, 썰매, 죽마, 축국 등을 즐겼다. 또한 일부 학자들에 의해 보건사상이 대두되어 현대의 요가 또는 지압과 같은 의료체조를 아침저녁으로 실시했다고 한다.

[그림 36] 쌍륙

[그림 40] 투호

라) 이황의 활인심방

퇴계 이황(李滉 1501~1570)은 도교의 양생법에 영향을 받아 불로장생을 위한 실내 의료체조법을 마련하였다. 그는 도가류의 의서인 〈活人心方〉을 구하여 도인(導引)을 실시하였다. 도인은 정신통일, 목돌리기, 마찰, 침삼키기, 다리의 굴신동작으로 구성되어 있고 치료보다는 예방적 차원의 보건체조 성격을 띠고 있다. 〈활인심방〉은 중국의 주권

[그림 41] 이황의 활인심방

(1378~1448)에 의해 저술되었고, 그것이 도입된 시기는 정확하지 않다. 이진수는 퇴계 선생이 장년기 시절 건강을 해쳤을 때 한학자나 의생으로부터 이 책을 입수하여 후세에 전했을 것이고, 당시 영호남의 문인과 학자들 사이에 보급되었을 것이라 추정하고 있다. 이 체조법도(圖)를 풀이하면 다음과 같다.

(가) 두 손으로 머리를 싸고 잡념을 버린 채 36번 이(齒)를 맞추고, 두 손으로 뒤통수 밑을 24번 친다.

(나) 두 손을 쥐고 귀 뒤 근육을 좌우로 24번 돌린다.

(다) 입을 다물고 혀로 위 잇몸을 좌우로 돌리며 비비는 운동을 36번 하여 침을 내서 세 번에 걸쳐 단단한 물건을 삼키듯이 신경을 모아 삼킨다.

(라) 두 손으로 신(腎)이 부착한 곳을 36번 이상 마찰한다.

(마) 좌우 갈비뼈 옆을 36번씩 신축(伸縮)시킨다.

(바) 좌우 갈비뼈를 두 손으로 36번 동시에 신축시킨다.

(사) 두 손을 머리 위로 올려 각지거리(깍지끼기)를 하여 5번 숨쉬기를 하고, 이어 손을 교대로 하여 이마를 9번 친다.

(아) 두 손을 오므려서 두 발바닥의 중심부를 12번 긁은 후 다리를 거두어 단정히 앉는다.

(자) 등 쪽을 향해 뱃속의 낡은 기(氣)를 다 토해내고 코를 통해 맑은 공기를 들어 마시는 심호흡을 반복한다.

발음에 따른 심호흡법을 사용하면 오장(五臟)을 튼튼하게 할 수 있다. '취' 하면서 숨을 내쉬면 신장에 영향을 주며 '휘' 하면 심장에, '휴' 하면 간장에, '호' 하면 비장에, '샤' 하며 숨을 내쉬면 폐장에 영향을 미친다고 하였다. 퇴계의 체조법은 독일의 〈의료적 실내체조의 방법(1855)〉과 어느 정도 유사한 점이 있으나 독일의 그것보다 약 300년 앞선다.

5) 근대사회의 체육과 스포츠

일반적으로 우리나라의 근대라는 개념은 개항 이후 서양문명이 본격적으로 유입되면서 유럽문화의 수입과 모방에 의한 유럽화라고 할 수 있다.

중국의 문물을 견학한 북학파 학자들과 실생활에 필요한 실사구시의 학문을 주장하는 실학파 학자들 그리고 천주교도들의 새로운 문명세계에 대한 개방론이 전개되는 가운데 쇄국정책을 고수하던 조선왕조는 의지와 무관하게 1876년 내외적으로 문호를 전면 개방하기에 이르렀다.

(1) 개화기의 체육과 스포츠

개화기는 개항 이후부터 1910년 구한말까지를 말한다. 이 시기에 우리 민족의 역사는 근대적 지향성이 강렬했던 개화사상과 자주수호의 의식이 강했던 위정척사사상 그리고 반침략·반봉건의 동학사상을 배경으로 전개되었다. 개화사상은 후에 갑오경장을 촉발시켰고, 위정척사사상은 바른 것을 지키고 그릇된 것을 내친다는 사상으로 근대화에 역행하였지만 의병투쟁을 전개하였으며, 동학사상은 인내천사상으로 1874년과 1894년 대규모 민중혁명을 일으켰으나 갑오경장과 청일전쟁의 구실을 제공하였다. 이상의 모든 사상은 일정한 한계를 가지고 실패하고 말았다.

이런 상황에서 우리 민족은 열강의 압력에 굴복하여 쇄국정책을 버리고 문호를 개방하게 되는 병자수호조약(1876)을 체결하였다. 이후 한국은 정치, 경제, 사회, 문화, 교육 등의 모든 분야에서 변모하기 시작하였다. 그러나 처음부터 침략적 의도로 나온 일본과의 불평등조약은 제국주의의 침략적 길을 터준 결과가 되었고, 당시 지배자들은 자신도 모르는 사이에 청과 일본에 농락당하는 가운데 개화와 수구라는 세력 대립과 대원군과 민비의 싸움이 표면화된 임오군란(1882)이 발발되었으며, 곧 이어 개화파들에 의한 갑신정변(1884)이 일어나 결과적으로 나라의 자주성만 잃게 되었다. 이후 한반도는 파벌 간의 극심한 정권투쟁과 청과 일본 간의 각축장으로 변하였고, 1894년 지배계급의 착취와 일본의 경제적 침탈에 항거하는 동학혁명이 일어났으나 실패로 돌아가고, 청일전쟁의 구실만 제공하고 말았다.

청일전쟁(1894~5)을 계기로 청으로부터 조선의 종주권을 부인하게 만든 일본은 전반적인 개혁을 강요했다. 이때 정부 내의 개혁세력은 일본의 외적 작용을 빌미로 고종 31년(1894) 과감하게 근대적인 갑오경장의 개혁운동을 펼쳤다. 그 내용은 신분계급제도의 타파와 악습의 타파, 청의 종주권 부인, 과거제도의 폐지, 각종 제도개혁 등이다. 이와 함께 일본은 청일전쟁과 노일전쟁에서 승리하자 일본의 세력은 이 땅을 흔들기 시작하였다. 이때 독립협회 등의 근대적 자각과 민족의식 세력 그리고 보수적 유교사상인 위정척사 세력은 가치관과 역사관에서 일치하지는 않았으나 1905년 을사조약 이후 혼연일치가 되어 국권회복운동을 전개하였다. 그러나 끝내 일본은 1910년 강제적으로 한일합방조약을 맺어 이 나라를 강탈하였다(경술국치).

① 교육

구한말 개화기의 사회상황은 극심한 정치적 혼란과 대립의 연속이었고, 외세의 압력에 국력은 점차 쇠약해져 갔다. 당시의 지식인들은 서구의 교육사조와 전통적 교육사상과의 갈등을 조정하고 합리적인 방안을 모색하는 가운데 교육이 국권갱생의 유일한 방법임을 깨닫고 민간의 근대적 교육운동이 전개되었다. 최초의 근대학교는 고종 20년(1883) 민간인들에 의해 설립된 원산학교이며, 이이서 국가에서 동문관(1883), 육영공원(1886) 등의 학교를 설립하였다. 이 외에도 선교사들에 의해 창립된 배제, 경신, 이화에 이어 서울에만 보성, 양정, 휘문 등 남학교와 진명, 숙명 등 여학교가 창립되는 등 전국에 뜻있는 애국지사들이 학교를 세워 인재를 육성하였다.

이에 앞서 고종 19년(1882)부터는 양반도 장사하고, 서민도 학교(향교와 성균관)에 다닐 수 있게 하여 사민(士農工商)평등이 이루어지기 시작하였다. 그리고 고종 32년(1895) 2월 2일 전 국민에게 교육조서(教育詔書)를 내려 교육의 3대 강령(덕육, 체육, 지육)을 지적하고 교육의 필요성을 강조하였으며 교육입국(教育立國)의 이상을 폈다. 이 교육조서는 교육기회를 만인에게 평등하게 인정하였고 전인교육으로 덕체지(德體智)의 균등한 발전을 위한 근대적 교육을 표명하였다. 이러한 교육조서는 전통적인 유학교육과 비교할 때 획기적인 조치였다. 특히 체육에 대한 조서(詔書)를 통해 신체수련에 힘쓸 것을 강조한 결과 젊은이들이 스포츠에 참여하는 현상이 일기 시작했다.

그러나 문약사상에 젖은 조선조에서 스포츠가 전개되는데 한계가 있었으며 무력의 향상을 가볍게 여긴 나머지 국력이 약화되었다. 또한 1908년부터 한일협약(을사조약)에 근거하여 교육을 혁신하고 내용을 충실히 한다는 구실로 일본인을 학부차관(學部次官)에 임명하도록 하였다. 이어 각 관공립 학교에 일본인 교사가 배치되면서 교육체제는 일본의 학제에 따르면서 주도권이 일본인들의 손으로 넘어가게 되었다. 마침내 일본의 침략정책에 부딪쳐 굴욕적인 한일합병서(韓日合併書)에 조인하였다.

② 체육과 스포츠

구한말 한반도는 쇄국주의와 문약사상(文弱思想)으로 고유의 전통적인 유희가 민속으로 전해내려 올 뿐 전통스포츠에 대한 체계적인 계획은 세워지지 않았다. 이런 가운데 1876년 문호가 개방되었고 갑오경장을 전후로 하여 기독교 선교사들이 들어오고 그들에 의해 배제학당과 같은 사학이 창설되면서 근대적 스포츠가 소개되고 청소년들이 이를 즐겨 받아들이게 되었다. 더욱이 고종 32년(1895) 교육조서(教育詔書)에서 교육의 3대 강령으로 덕육, 지육, 체육을 지적함으로써 체육은 무예수련을 위한 보조적 수단에서 근대적 성격을 띤 체육 또는 스포츠로 전환기를 맞이하였다. 그러나 일제침략의 표면화 되면서 체육과 스포츠의 자주적 발전은 멈추게 되었다.

이제 전통스포츠는 근대적 스포츠의 형태인 체조, 유희, 운동경기 등으로 탈바꿈하게 되었다. 또한 근대학교에서는 체육을 정식교과목으로 채택하고 운동회를 빈번히 개최하였다. 근대스포츠의 도입은 대중 본위의 스포츠로 변천하는 과정이기도 했지만, 스포츠를 비롯한 서구문물은 당시 사람들에게 많은 혼돈과 충격을 주었다. 그리하여 갓 쓰고 축구를 하는 식의 동양의 유교적 요소와 서양의 민주적 요소가 융합되는 모습을 나타냈다.

한편 을사조약 이후 식민지화의 일환으로 일본정부에 의해 재조직된 관립학교나 사립학교령(1908)에 의하여 모든 학교는 유희, 병식체조, 체조과목이 필수 교육과정으로 포함됨으로써 체육이 학교제도에 정착된 때이다. 그러나 당시의 체육교사는 외국인 교사나 군인들인데다 수적으로 부족하였고, 시설 및 장비가 제대로 갖추어지지 않아 원활한 스포츠활동이 이루어질 수 없었다. 이와 때 우리 민족은 근대스포츠의 실천을 통한 민족주의적 감정을 표출할 수 있는 기회로 삼고 학교체육을 강화하고 연합운동회를 개최하여 자주독립을 위한 기회로 삼자 일본은 과열되어가는 한민족의 민족주의적 근대스포츠활동을 제지하려 하였다.

이에 따라 일본정부는 각 학교의 체육과정을 병식체조 중심으로 하는 학교체조 중심으로 전환시켰다. 이에 각 학교는 국권상실의 위기를 맞아 교육구국의 입장에서 일반 사립학교의 체육과정에 병식체조를 유지하면서 과외 체육활동 및 연합운동회 등의 활성화를 통하여 애국심을 고취하려는 민족주의적 노력이 일어났다.

가) 학교체육과 운동회

1895년 7월 19일 반포된 소학교 교육에 관한 내용에는 6개의 교과목 중 체조에 관한 내용(소학교 교칙대강 제10조)은 “최초에는 적당한 유희를 하게 하고 점차로 보통체조를 가하되 편의(便宜)한 병식체조의 일부를 수(授)함이 가(可)함’ 이라 규정하여 구체적 내용은 지도자의 판단에 맡겼다.

1900년 반포된 중학교 규칙에는 심상과(尋常科)와 고등과(高等科)로 구분되었고, 심상과(4년)나 고등과(3년)의 교과내용 중에 체조를 포함시켰는데 병식체조가 중심이었다. 이때의 체육형태는 수련적 형태나 신체단련적 형태에 속한다고 할 수 있다. 1906년 학부령 제21호 고등과의 체조과의 목표를 “체조는 신체를 강건히 하며, 정신을 쾌활케 하고, 겸하여 규율을 수(守)하여 협동을 향하는 습관을 양(養)하는 것을 위주로 하여 보통체조와 병식체조를 적당히 교수함을 요함” 이라고 명시하였다. 1908년 반포된 시행령에는 고등과(여학교)의 체육규정이 명시되어 있는데 고등과의 체조과의 목표와 거의 유사하다. 다만 용의단정을 추가하고 병식체조를 유희로 대체하며, 보통체조를 교정술, 도수체조를 기타의 체조라고 명시하였다.

한편 을사조약 이후 각 관공립학교에 일본교사가 배치되었는데 1908년 8월 19일 한성고등학교에 부임한 일본인 교사(横地捨次郎)는 전교생을 대상으로 신체검사를 처음 실시하였고, 체조에 음악을 이용하여 신체동작을 보다 부드럽게 하고 정서의 발전을 도모하였다. 그는 곤봉체조, 빙상지도(氷上指導) 등 학교체육에 공헌했으며, 최신 체조교수서(1908)를 이기동(李基東)과 공저로 펴내 일반체조의 형성과 이론의 체계를 확립시켰다.

교육기관을 통하여 체육의 필요성과 가치가 인식되면서 현대스포츠가 소개되었다.

1896년 5월 2일 동서문 밖(삼선교)에서 영국인 교사 Hutchison의 지도하에 한국 최초의 근대적 운동회인 화류회(花柳會)가 개최되었다. 각국 공·영사와 정부의 대신 및 고관들과 외국 신사들을 초청한 가운데 만국기로 다채롭게 장식한 화류회는 총을 맨 학생들의 행진부터 시작되었다. 경기종목은 300보 경주, 600보 경주, 1350보 경주, 공 던지기, 대포알 던지기, 멀리뛰기, 높이뛰기, 2인3각(두 사람이 세 다리로 달리기), 당나귀달리기, 경주 등이었고, 1등, 2등, 3등에게 시상하였다. 운동회가 끝난 후 학생들은 갓을 벗고 황제를 위하여 만세 삼창을 하였고, 영어학교와 교사와 내빈을 위하여 천세를 불렀다. 1898년 5월 28일 관립 외국어학교 연합운동회가 시대변화에 따라 훈련원에서 개최되었고, 이후 매년 각 학교에서 운동회가 개최되었다. 그와 더불어 이 학교에서는 체조과목을 정식교과로 매일 1교시에 30분씩 행하였다. 그후 1906년 보통학교, 1908년 성균관 관제에서 체조를 필수과목으로 채택하여 각 학년마다 매주 3시간씩 부과하도록 제도화 했다.

특히 영국인 교사 Hutchison은 1897년 6월 16일 현대의 육상경기대회와 유사한 운동회를 지도하여 한국의 운동경기 육성에 크게 기여하는 등 개척자적 역할을 하였다. 또한 Martel은 축구를, Gillet는 야구와 농구를 한국에 보급하여 초창기 스포츠 보급에 공헌하였다. 1907년 4월 30일 훈련원에서 관, 공, 사립학교 춘계연합 대운동회가 개최되었다. 각 학교의 교기가 게양되고, 운동가(運動歌)가 장내에 울려 퍼졌으며, 학부대신(學部大臣) 이완용이 식전 연설을 하고 시상하였다. 같은 해 10월 26일 추계 대운동회(연합)가 72개교가 참가한 가운데 훈련원에서 개최되었다.

1908년 5월 21일 성내(城內)관, 사립학교운동회가 440명(여학생 120명)의 선수와 직원 70명, 역원 40명이 참가한 가운데 창덕궁 비원 내의 광장에서 개최되었다. 이 대회는 각 학교의 대표선수들이 참가한 일종의 선수권대회의 성격을 띠었다. 이 대회는 스포츠를 통한 개화를 드러냈고 선수의 선발기준(학생들의 연령차)을 정했다는 점에서 특이할 만하다.

1910년 3월 11일 평양 대성학교에서 개최된 운동회는 학생들을 청군과 홍군으로 나누어 운동회를 진행하였다. 특이한 점은 평양 시내에 집집마다 태극기를 게양하여 축하한 점인데, 이는 무너져가는 국권을 우려하는 국민들의 국가독립 보존 투쟁을 담은 상징적 의식으로 기록되었다.

나) 각종 스포츠단체의 결성

학교간 연합운동회의 개최가 정기화 되고 다양해지면서 스포츠인 사이에 근대적인 동호인 스포츠단체가 결성되기 시작하였다. 1910년까지 스포츠단체의 결성과정을 보면, 가장 먼저 결성된 스포츠단체로는 1903년의 황성기독교청년회(YMCA)이다. 이 단체는 청

[그림 42] 초창기 야구경기 모습

년의 체질을 강건케 한다는 목표 아래 결성하여 1906년 6월 9일 신흥사에서 운동대회를 개최하였는데 1등 상으로 은장 상패를 수상하여 한국 최초의 메달이 수여되었다. 이후 대한체육구락부가 1906년 3월 11일 김기정의 집에서 40여명의 발기인으로 결성하였다. 1907년 10월 대한민국체육회가, 1908년 8월 대동체육구락부가, 9월에는 무도기계(武徒器械)체육부가 결성되었다. 1909년 7월 사궁회(射弓會)가, 8월에는 소년광창(光昌)체육회가 설립되었고, 10월에는 체조연구회가 체조교사인 조원회, 김성집, 이기동 등을 중심으로 체조기술과 이론을 연구하기 위해 보성중학교에서 발족하였다. 또한 같은 해 동경유학생들이 주축이 되어 결성한 대한흥학회 등이 활발한 스포츠경기를 실천하였으며 근대스포츠의 보급에 기여하였다.

1910년 2월 결성된 청강(靑强)체육부는 사립(중등)학교 학생인 최성희, 신완식 등이 수요일과 일요일에 축구를 하기 위해 조직한 한국 최초의 학교체육부라 할 수 있다. 그러나 이 시대의 학교체육은 일인(日人)들의 감시와 통제 속에서 행해진 것으로 초기에는 보통체조, 병식체조, 기계체조 중심의 체육이 주류를 이루었다.

(2) 민족시련기의 체육과 스포츠

민족시련기는 우리 민족이 일본에게 국권을 침탈당하고 주권활동을 금지당한 비극의 시대였다. 일제 35년은 선진문물의 수용과 근대화를 자주적으로 이끌지 못해 국권을 탈취당한 역사의 암흑기였다.

일제는 한일합방을 계기로 무단통치(1910~19)를 강행하여 헌병경찰에 의한 언론 및 집회, 결사의 금지와 민족교육을 봉쇄하였다. 1920~30년까지는 본격적인 경제적 착취와 대륙침략을 강행하였다(문화정치). 1931년 일제는 만주를 점령하면서 한반도의 자원과 노동력을 전쟁수행에 동원하는 병참기지정책과 민족말살정책(황국식민화 정책)을 강행하였다. 게다가 중일전쟁(1937)과 태평양전쟁(1941)을 일으켜 대륙침략을 획책하였으며, 1945년까지 우리 민족의 시련은 이루 말할 수 없을 정도였다. 그러나 우리 민족은 강인한 민족정신으로 일제에 항거하는 투쟁의 역사를 전개하였다.

한일합방이 조인되자 전 국민은 격노하여 자결하는 사람이 속출하였고, 한편으로 국제정세를 탐지하여 국권을 회복하려고 외국으로 망명하는 애국지사도 적지 않았다. 일본은 총독제를 발표하고 테라우치가 초대 총독이 되어 가혹한 무단식민통치를 실시하여 언론 및 결사의 자유를 금지시켰다. 이리하여 국내에서의 독립운동이 점차 어려워지자 만주, 북경, 천진, 상해와 멀리 하와이 및 북미 등 외국으로 건너가 독립전선을 형성하고 장기전으로 돌입하였다. 국내에서는 지하공작으로 들어가고 해외에서는 1919년 4월 17일 상해 프랑스 조계에서 대한민국 임시정부를 조직한 후 국혼 환기, 경제력 함양, 군사훈련 등에 노력하였다. 그와 동시에 외교적으로는 국제회의가 개최될 때마다 대표를 파견하여 일본의 학정을 폭로하고 항일투쟁을 계속하여 국권회복에 열성을 기울였다.

① 교육

한일합방 이후 일제에 의한 식민지 교육은 일본에 순응하는 한인의 양성에 목적을 두었다. 1911년 일제는 조선교육령을 공포하여 한국인을 충량한 일본의 신민으로 육성하기 위한 교육정책을 시행하였다. 이에 따라 보통교육 4년, 실업교육 2년, 전문교육 3년 등 3대 지주에 의한 식민지 교육체계를 정비하였다. 이와 더불어 3,000개의 사학과 24,000여개의 서당을 봉쇄시켰다. 일제의 교육은 식민정책을 담당하는 총독부가 주도하면서 민족적 자질과 역량을 말살하는 내용으로 진행되었다.

최소한의 관립 초등, 중등, 대학(경성제대)을 두었으나 항상 우리 민족의 약점인 사대주의와 이타심을 강조하여 민족적 저열감을 갖게 하고, 지적인 면의교육을 누르고 보통교육과 실업교육에 치중하면서 고등교육은 극구 억제하거나 민립대학의 설립을 끝내 허가하지 않았다.

게다가 일본은 민족성 말살정책의 일환으로서 3.1운동 이후 한때 조선어 교수와 조선사를 허용하였으나 만주사변(1931)후 조선의 역사와 조선어교육을 금지하고, 민족지의 검열과 예술 및 스포츠활동의 탄압에 이어 말기에는 내선일체를 내세워 창씨개명과 황국신민화 정책을 강행하였다.

② 체육과 스포츠

개항과 더불어 근대적인 스포츠의 활성화를 통한 애국계몽운동을 전개하려는 노력은 일제의 침략으로 자주적인 발전을 멈추게 되었다. 일제는 식민지 정책상 자율적인 스포츠활동을 억제하였다. 일제는 청소년들이 체육을 통하여 심신이 강건해질까 두려웠고, 집단적 스포츠행사를 민족의식을 고취시키고 단결시키기 때문에 자발적인 스포츠활동을 제한하였다.

일제의 식민지정책의 기본성격은 학교체육의 자주성 박탈(교원의 자격제한 등)과 민족주의적 운동경기의 탄압으로 그 면모를 알 수 있다. 이에 대해 우리 민족은 국력의 신장과 단결이 절실함을 깨닫게 되었다. 원기 없는 국민, 건전치 못한 신체로서는 아무 것도 기대할 수 없다는 것을 자각하여 국민의 강건한 신체와 민족정신의 함양 및 단결이 시급히 요청되었다.

일제의 운동경기에 대한 주도권을 장악하기 위한 노력이 노골적으로 시도되자 민족주의적 스포츠가 YMCA를 통한 순수 스포츠를 지향하는 움직임과 궁술과 씨름 등의 전통적 스포츠경기의 부활로 나타났다.

가) 수난기의 체육

우리 민족에 대한 일제의 교육은 일본의 식민지인으로서의 충량한 국민양성을 목적으로 하였다. 체육 또한 같은 의도에서 전개되었다.

1911년 각급 학교교육령 규칙에서 체육과의 요지를 "자세를 단정히 하고 … 절제를 상하는 습관을 양함을 요지로 함" 이라 제시하여 일제에 순종하는 국민을 양성하도록 하는데 체육의 목표를 설정하였다.

일제는 1926년부터 육군 현역장교를 학교에 배정시켜 군사교련을 본격화 했으며, 1931년 소위 만주사변과 1937년 대륙침략을 목적으로 일으킨 중일전쟁을 계기로 1939년 3월 각 제국대학 총장회의를 갖고 교련을 일반 대학에서 필수과목으로 채택할 것을 결의하였다. 이와 함께 제2차 학교체조 교수요목을 개정하게 되었는데, 교수요목의 특색은 검도 및 유도, 궁도를 교수요목으로 정해 무도를 학교교육 속에 포함시켜 군국주의 색채를 농후하게 하였다. 1941년 태평양전쟁 이후 군국주의 체육은 인적 자원의 확보를 위해 국민의 체력관리라는 측면에서 체력장제도가 시행되었는데, 검정종목에는 수류탄던지기가 포함되어 있었던 것으로 보아 체력장제도는 군사상의 필요적 수단에서 비롯되었다고 할 수 있다.

나) 민족주의적 스포츠의 전개

3.1운동을 계기로 일제는 무단정치에서 문화정치로 수정하였지만 오히려 경제적 착취로 인해 우리 민족의 고난은 심화되었다. 일제는 1914년 6월 학교체조를 스웨덴체조 중심으로 바꾸고, 1917년 4월부터 청소년의 심신발달 및 활동적인 스포츠 및 유희 중심의 체육을 실시하였다.

이때 우리 민족은 국민의 스포츠 진흥을 위한 여러 노력과 더불어 스포츠를 통한 민족의식 앙양에 노력하였다. 구한말부터 각종 스포츠가 소개된 이래 각종 스포츠단체가 결성되고 각종 경기가 성행하게 되었다. 당시 학교체육내용은 체조, 교련, 유희 그리고 검술 및 유술로 세분화 되었고, 종래의 병식체조는 교련이라 개칭하였다.

(가) YMCA를 통한 스포츠활동

일제의 무단통치기에 비교적 활발히 스포츠활동을 전개할 수 있었던 단체는 황성기독교청년회였다. 이 단체의 스포츠활동은 구한말부터 활발하였고, 일제치하에서도 활발히 추진되었다. 1916년 YMCA에 한국 최초로 실내체육관이 건립됨에 따라 일부 사람들이 스포츠에 참여하는 계기가 되었다. 이 단체는 처음부터 순수한 의미에서 스포츠를 보급하고 장려하려는 목적을 띠고 있었다. 이 단체의 스포츠활동은 야구, 축구, 배구, 농구 등의 구기뿐 아니라 육상, 체조, 권투, 씨름, 유도 등 다양한 종목을 중심으로 전개되었다.

(나) 청년회 중심의 스포츠활동

이 시기의 청년운동은 민족운동과도 긴밀한 관련이 있었다. 3.1운동 이후 청년운동은 전국적으로 확산되어 청년회는 각 지방에서 교육활동을 펼쳤으며, 이를 위해 강연회, 토론회, 야학, 회지발간, 스포츠활동 등 다양한 영역으로 전개해 나갔다. 청년회에서는 대부분 체육부를 두어 스포츠를 장려하였다. 이들의 스포츠활동은 청년들의 능력배양과 더불어 일제에 대한 저항의 표현으로서 문화운동의 한 부분으로 전개되었다.

(다) 민족 전통경기의 계승

우리 민족의 대표적인 민속 전통스포츠는 활쏘기와 씨름이다. 이들 경기에 대한 관심은 경술국치 이후 두드러지게 나타났다. 당시 궁술은 심신의 수양뿐만 아니라 위생상에도 도움이 되며 오락으로도 즐길 수 있는 운동이라는 점과 국민의 민족의식을 고취시키는 국민운동으로서 그 의미가 있다고 하겠다. 이에 1916년 조선궁술연합대회가 개최되었다.

한편 씨름은 민중적인 관심과 인기에 의해 대회가 개최되었다. 대부분의 근대적 스포츠가 일본인의 주도로 행해졌으나 씨름은 일제와 상관없이 순수한 요구에 의해 실시되었다.

다) 스포츠단체의 결성과 수난

한국스포츠의 발전을 주도해온 대표적인 스포츠단체는 대한체육회이다. 대한체육회의 전신인 조선체육회는 1920년 7월 13일 결성되었다.

이에 앞서 1920년 4월 11일부터 3일간 동아일보에 평파 변봉현이 '체육기관의 필요를 논함' 이라는 논설을 실어, 당시 우리 민족의 지상과제인 체육의 발전과 향상을 위해서 체육기관의 설립이 시급하다는 민족적 요망을 대변하였다. 이를 계기로 같은 해 7월 13일 조선체육회가 조직되었다. 조선체육회는 동경에 유학했던 이중국과 야구선수들이 자주 모였던 광신양화점 주인 이원용이 동아일보의 창간활동을 하던 변봉현의 도움을 받아

일인이 한국에 조직한 조선체육협회와 대응되는 한국인 스포츠단체를 만들려는 일념으로 각계 유지들의 공감을 얻어 결성되었다. 당시 발기인 70명중 한사람이었던 백낙준은 조선체육회의 결성배경에 대하여 1919년 3.1독립만세운동이 좌절되자 뜻있는 선각자들이 민족의 저력을 배양하기 위해서는 체력을 배양해야 된다는 민족적 애국심에서 비롯되었다고 강조하고 있다.

조선체육회의 창립정신은 동아일보 장덕수의 동아일보 사설 '조선체육회에 대하여 - 민족의 발전은 건전한 신체로부터' 라는 창립취지서의 제목과 내용에 잘 나타나 있는데 그 일부를 소개하면 다음과 같다.

> "體育의 本意는 自然의 法則과 原理를 따라 自然의 生命을 發揮함이라 하고 고로 安逸과 虛僞와 貧을 소탕하나니 이 元氣를 作興하는 소이(所以)요 또한 道德을 일신하는 까닭이라 道德이 고결하면 人生이 明朗한지라 知識에 대하여 절이 聰明을 發할 수 있나니 이는 실로 體育이 個人의 身體의 發達과 國家社會의 健康에 관할 뿐 아니라 또한 一般文化 增進에 대하여 심진한 의의가 유한 소이로다. 이는 體育會의 文化的 가치다."

조선체육회의 창립정신은 취지문의 의미를 통해 파악해야 한다. 그것은 바로 조선체육회가 통합된 체육단체를 통하여 일제에 항거하기 위한 민족운동의 일환으로 전개하려 한 의도에서 찾을 수 있다. 3.1운동에서 우리 애국동포들이 일제의 총칼에 희생되었던 그 광경은 차마 눈으로 볼 수 없이 비통한 일이었다. 그리하여 자주독립을 열망하는 정신 하에 스포츠 및 체육을 통해서 굳센 체력과 강한 의지를 기르고 민족적 단결을 이루어내고야 말겠다는 굳은 결의가 창립정신에 숨어있었던 것이다.

조선스포츠계는 비로서 조직적인 체계를 갖추게 되어 그해 조선체육회의 첫 사업으로 11월 4일 제1회 전조선야구대회를 갖게 되었는데 이것이 오늘날의 전국체육대회의 효시이다. 이것을 계기로 일취월장 조선스포츠의 탁월성을 과시하여 일본인들을 제압하고, 전 일본스포츠계를 선점하다시피 발전하기에 이르렀다. 그러나 일본은 우리 스포츠의 강력한 진출과 우수함을 두려하기 시작했다. 그리하여 1936년 일장기 말살사건을 비롯하여 1941년 명치신궁경기대회, 축구 일곡팀의 응원사건 등과 더불어 스포츠를 통한 민족정신의 고취, 민족문화의 창달, 반일의식의 앙양 등을 인식한 일제는 우리의 민족지 동아일보의 폐간을 비롯하여 스포츠단체의 해체와 통제를 강화하였다. 그리하여 1938년 7월 4일 조선체육회를 일인의 단체인 조선체육협회와 강제로 통합시켜 어용 단체화 하였으며, 점차 각 단체들을 강제로 일인의 단체에 흡수되고 말았다.

1941년 12월 8일 제2차 세계대전이 확대되어 전쟁이 전 세계를 휩쓸면서 패배할 기색이 농후해진 일제는 우리 민족에 대해 보다 강도 높은 통치를 실시하였다. 점차 시국이 긴박해지자 스포츠를 전쟁목적에 결부시키고, 이를 완수하기 위하여 1942년 2월

14일 조선체육진흥회라는 체육통제기관을 발족시켜 '체육은 국가사업' 이라는 미명 아래 스포츠를 완전히 통제하게 되었다. 이 조직은 국방경기를 등장시켜 종래의 각종 대회가 모두 중단되고 그 대신에 전력증강운동과 전력경기 등과 같은 특수운동만을 강제하였다. 1942~1945년까지 일제는 전쟁준비를 위해 학교체육을 군사훈련의 목적으로 전환시켜 우리 스포츠계는 암흑시대를 보내게 되었다.

당시 스포츠단체의 결성을 살펴보면, 1919년 일인에 의해 발족된 조선체육협회, 1920년 7월 13일 발족된 조선체육회를 비롯하여 1939년까지 약 28개의 전국적인 체육 및 경기단체가 결성되었다. 여기에는 조선궁술연구회(1922), 조선정구협회(1922)를 비롯하여 육상, 축구, 럭비, 여자체육, 수상경기, 야구, 빙구, 농구, 유도, 스키, 체조, 정구, 탁구, 권투, 씨름, 자전차경기, 송구 등 각종 경기협회와 심판협회가 포함되어 있었다.

라) 각종 운동경기의 전개

(가) 육상경기(陸上競技)

육상은 1896년 영어학교의 운동회(花柳會)에서 허치슨에 의해 처음 시행된 이후 연합운동회의 주요 경기종목으로 정착되었고, 각종 운동회의 중심 프로그램이 되었다. 육상경기대회라는 이름으로 개최된 최초의 대회는 1920년 5월 16일 용산 신연병장에서 조선체육회가 주최한 대회였다. 이후 육상은 발전을 거듭하여 제10회와 제11회 올림픽대회에 참가하였다. 제11회 대회의 마라톤에서 손기정이 금메달을, 남승룡이 동메달을 차지하였다.

(나) 축구(蹴球)

1906년 불어학교 교사인 프랑스인 마태을(馬太乙)이 학생들에게 가르친 것이 효시였다. 1926년 1월 배재고보가 일본 대판(大阪)에서 개최된 제8회 전 일본중등학교 축구대회에 참가하였다. 그해 4월 원정팀 대판축구단을 조선축구단이 3 : 0으로 물리쳤고, 연희전문학교는 1 : 1로 무승부를 거두었다. 또한 같은 해 10월 조선축구단이 일본 각지에 원정하여 8전 5승 3무승부의 전적을 거두고 귀국하였다. 1933년 9월 조선축구협회가 발족하였고, 1935년 6월 동경에서 개최된 제1회 전일본 종합축구대회 겸 베를린 올림픽 예선대회에서 경성축구단이 결승에서 6 : 1로 문리대

[그림 43] 손기정의 우승 장면과 시상식

팀을 물리치고 우승하였다. 그후 우리 축구팀은 일본의 주요 축구대회에서 여러 차례 우승을 하여 축구 강국의 면모를 과시하였다.

(다) 농구(籠球)

1907년 황성중앙기독교청년회 총무였던 Gillet(미국)에 의해 처음 소개되어 1925년 조선농구협회가 조직되었다. 1929년 일본 명치신궁대회에 참가한 숙명여고가 3회전까지 진출하는 등 농구의 발전이 급속도로 이루어졌다. 1935년 11월 명치신궁대회와 1936년 제13회 전일본중등학교 농구선수권대회에서 평양의 숭인상고가 우승을 하였다. 특히 보성전문학교는 전일본남자종합선수권대회에서 3년 대회의 위업을 성취하였다.

(라) 배구(排球)

1916년 YMCA의 Barnhart(미국)에 의해 회원들에게 처음 소개되어 1928년 제1회 조선배구대회가 열렸고, 1933년 제1회 전조선여자 배구선수권대회가 개최되었다.]

(마) 정구(庭球)

1908년 탁지부(현 재정경제부)의 관리들이 회동구락부를 조직하고 친목을 위해 정구대회를 개최한 것이 효시이다. 1919년 10월 조선체육협회 정구부 주최로 전조선정구선수권대회가 열렸고, 1921년 조선체육회가 동아일보 후원으로 제1회 전조선정구대회를 개최하였다. 1933년 조선연식정구연맹이 발족되어 그해 제7회 일본명치신궁대회에서 전문 문학부에서 보성전문대가, 일반부에서 조선팀이 각각 우승하였다. 1934년 동경에서 거행된 전일본정구대회에서도 중등부, 전문부, 일반부에서 각각 전승의 기록을 남겼다.

(바) 야구(野球)와 탁구(卓球)

야구는 1905년 Gillet가 맡고 있는 YMCA에서 처음 지도하였는데 그때 우리말로 타구(打毬)라고 불렀다. 1906년 황성 기청팀과 독어학교팀이 훈련원에서 최초의 야구경기를 가졌으며 1912년 11월 황성팀이 일본에 원정하여 1승 5패 1무를 기록하였다. 1940년 동경에서 열린 제14회 도시대항 야구대회에서 우승을 거두었는데 결승에서 만주 대련팀을 4 : 0으로 물리쳤다.

탁구는 1924년 1월 열린 경성일일신문 주최 제1회 핑퐁대회 이후 급속히 보급되어 우리 선수가 1945년까지 전 일본 탁구계의 패권을 지속하였다.

(사) 럭비풋볼

1923년 11월 휘문운동장에서 개최된 제4회 전조선축구대회 중간에 시범경기로 등장한 것이 효시이다. 1929년 3월 조선럭비축구협회가 발족되고, 경성사범팀이 전일본중등럭비대회에서 3연승의 영광을 달성하였다.

(아) 송구(送球)

1939년 6월 이병학, 조영하 등이 중심이 되어 일본송구협회 조선지부를 결성하게 되는 데서 시작되었으나, 그 보급이 부진했고 최초로 공개된 경기는 1941년 10월 제17회 조선신궁대회였다.

(자) 권투(拳鬪)

1927년 YMCA에 권투부를 두면서 보급되기 시작했다. 1928년 YMCA 주최로 제1회 전조선권투선수권대회가 열렸고, 1929년 조선권투구락부가 발족하였다. 권투는 급속도로 보급되고 성장하였다. 제10회 올림픽에 참가한 황을수가 1935년 6월 사재로 동양권투구락부를 세우는 등 권투 보급은 다각도로 이루어져 동양 최강의 국가로 자리 잡게 되었다.

(차) 역도(力道)

역도는 축구와 더불어 우리나라의 인기 운동종목이었다. 최초의 역도경기는 1930년 조선체육회가 주최한 제1회 역기대회를 들 수 있다. 1936년 5월 제1회 전일본역도선수권대회에서 경량급 및 중량급에서 한국 선수들(金容星, 金昇集)이 우승하였다.

(카) 유도(柔道)

1906년 일본인 내전양평에 의해 전래되었고, 1909년 YMCA가 도장을 개설하였으며, 일본 유학생을 통해 기술이 개선되었다. 1912년 조선무도관이, 1923년 대한강무관이, 1931년 조선연무관이 유도를 보급하고 기량을 높이기 위해 서울에서 개설되었다.

(타) 싸이클

자전차경기대회는 육군 참위 권순식과 일본인 요시카와가 훈련원에서 1906년 최초로 개최하였다. 1913년 4월 개최된 전조선자전차경기대회에서는 엄복동과 황수복이 전국적인 인기를 독차지하였다. 1937년 10월 동경에서 열린 제1회 전일본학생자전차도로경기 선수권대회에서 김윤호가 우승하였다. 1938년 6월 제1회 전일본학생자전차 선수권대회에서는 장일홍, 김윤호, 이윤백 선수가 각 종목에서 전승하였다.

(파) 수상경기(水上競技)

1898년 여름 무관학교 학생들에 의해 처음 시작된 수영은 1916년 여름 원산청년회

주최로 열린 수영강습회를 시작으로 일반인들에게 보급되기 시작하였다. 최초의 수영대회는 1929년 9월 경성제대 수영장에서 열린 제1회 조선수영대회였다. 1930년 6월 조선수상경기협회가 발족되었고, 그해 9월 조선체육회와 공동주최로 제1회 전조선수상경기대회가 열렸다.

(하) 체조경기(體操競技)

1895년 체조는 한성사범학교의 교과목으로 채택되어 오랫동안 보급되어 왔으나 경기대회는 1927년 10월 YMCA에서 개최한 철봉대회가 처음이다. 1931년 9월 YMCA 주최 전조선기계체조대회가 열렸으며, 이때 내한한 니일스 부크의 덴마크체조의 소개에 크게 자극을 받았다. 그후 1932년 덴마크 체조강습회를 비롯한 각종 체조강습회가 곳곳에서 열렸다.

6) 현대사회의 체육과 스포츠

우리 민족은 1945년 8.15 광복과 더불어 일제 35년간의 지배에서 벗어나게 되었다. 그러나 미 · 소 양국의 한반도에 대한 분할 점령정책으로 자주독립은 상실되고 국토분단과 민족분열이라는 또 다른 아픔을 겪게 되었다. 남과 북에서 각각 미군과 소련의 군정이 실시되는 상황에서 이데올로기의 대립과 공산주의자들의 반대로 통일은 지연되고 사회적 · 경제적으로 진통을 겪었다.

이런 가운데 1948년 대한민국이 수립되어 민족사의 정통성을 되찾고 민주주의 국가를 건설하는데 박차를 가하였다. 그러나 공산주의자들은 북한을 공산화 하고 나아가 적화통일을 하고자 소련과 중공의 군사적 지원을 받아 남침함으로써 민족상잔의 한국전쟁을 겪게 되었다.

우리 대한민국은 동란의 비극을 딛고 민주주의의 발전을 위하여 많은 노력을 기울였다. 그러나 정치적 후진성은 쉽게 극복하지 못한 탓으로 국내의 정치적 혼란이 거듭되어 1960년 4.19 의거와 1961년 5월 군사정변을 거치면서 제3공화국이 시작되었다. 제3공화국은 반공을 강조하는 한편, 국가 주도의 경제발전계획을 추진하여 경제적 자립의 터전을 마련하였다. 그리고 농촌의 근대화와 국민의 정신혁명을 진작하기 위한 새마을운동이 전개되었다. 또한 이 시기에는 교육의 양적 성장이 이루어지고 국제교류가 활발히 진행되었다. 이후 80년대 군사정권시절에는 지속적인 경제성장과 사회가 안정되고 국민경제가 크게 향상되었다. 90년대 문민정부를 거치면서 우리는 정치, 경제, 교육, 스포츠, 문화 등 모든 측면에서 민주화가 가속화 되었고, 고도의 경제성장을 이룩하면서 선진국 진입에 주력하였다.

(1) 교육

8.15 광복 이후 우리 교육계는 일본의 군국주의 교육에서 탈피하여 미국의 자유주의 교육이념을 도입하였다. 광복 후 현대교육에 가장 큰 영향을 미친 사상은 존 듀이의 진보주의다. 당시 우리 교육계에서 제창되기 시작한 '신교육' 은 곧 민주사회 건설을 위한 민주교육의 외침이기도 했다.

광복 후 정부가 수립되기까지 3년간 미군정은 민주교육을 지향하여 교육번의회를 구성하여 우리나라의 교육이념 · 방침 · 방법, 교육제도, 교육행정, 교육의 기회균등 등 7대 기본방침을 세우고 한국교육의 방향을 제시하였다. 1948년 7월 17일 헌법이 공포되고 정부가 수립되자 1949년 12월 31일 법률 제86조로 교육법을 제정 · 공포하여 한국의 민주적인 교육의 방향과 진로를 세웠다. '신교육' 제1조에는 한국교육의 이념이 홍익인간의 이념 아래 인격의 완성과 자주적 생활능력, 공민의 자질을 길러 민주국가 발전에 봉사하며 인류공영의 이상실현에 있음을 밝혔다. 또한 학제가 역사적으로 6 · 3 · 3 · 4제의 민주적 단선형으로 수립되었다. 이로써 민주주의 이념에 입각한 교육의 기회균등, 의무교육제도의 실시와 더불어 교육행정의 민주화에 출발점이 되었다. 또한 1952년 전란 중에도 대학의 지방분산 계획과 1도 1교의 국 · 공립대학 설치방침을 수립하였다.

4.19혁명과 5.16군사정변 이후 들어선 박정희 정부는 "조국의 근대화를 슬로건으로 교육에서 인간개조운동과 재건국민운동을 강력히 추진하였다. 1968년 12월은 교육정책의 개혁이 일어난 시기였다. 중학교 무시험진학제와 국민교육헌장의 선포, 대학입학예비고사제와 통신교육제의 실시가 그것이다. 국민교육헌장의 선포는 전 국민이 지향하여야 할 교육의 방향을 제시한 것이었다. 초등학교 진학률은 1968년 55.9%에서 1979년 93.4%에 달했다. 1980년대와 1990년대를 거치면서 우리의 교육은 질적으로 양적으로 크게 향상되었으나 학구열이 지나치게 과열되면서 사회적 문제로 대두되었다.

(2) 체육과 스포츠의 발전

한국의 스포츠 및 체육은 대한민국 정부의 수립과 더불어 민주적인 스포츠 진흥과 체육의 활성화를 꾀하고 국제적으로 우호친선의 관계를 맺는 등 눈부신 발전을 거듭해 왔다.

태평양전쟁을 계기로 총독부가 조선체육진흥회나 학교체육진흥회 같은 외곽단체를 결성하여 스포츠 및 체육을 군사훈련화 시킴으로써 각종 경기는 중단되고 스포츠계는 공백상태가 되었다. 광복 후 우리 민족은 정치, 경제, 문화 등 모든 부문에서 민주주의적 전환기를 맞이하게 되었다.

미군정 하에 있던 당시 한국스포츠는 군국주의적 성격에서 탈피하여 본래의 스포츠를 추구하며 조화적 · 민주적인 체육에 힘써 나갔다. 이와 함께 일제의 탄압으로 해체되었던 각종 스포츠단체가 부활되어 생기를 찾기 시작하였고, 중단되었던 운동경기가 재개되었다.

1945년 8월 17일 모든 체육인을 포함한 조선체육동지회(조선체육회와 대한체육회의 전신)가 "씩씩한 정신과 몸을 길러 신생 민주국가에 이바지하자" 는 모토로 부활된 것을 비롯하여 일제 탄압으로 해체되었던 각종 스포츠단체가 재결성되기 시작하였다. 이후 조선체육동지회는 남북분단으로 대한체육회로 개칭되었다.

1945년 9월 8일 미군의 진주와 12월 군정 포고에 이은 정당 및 사회단체가 속출함에 따라 좌우파의 대립이 극심하여 매우 혼란한 사회상을 드러내게 되었다. 그러나 조선체육동지회는 9월 30일 첫 행사로 미군과 친선 농구경기를 가졌고, 10월 24일부터 4일간 개최한 자유해방 경축 종합경기대회를 전후하여 각종 경기대회가 본격적으로 개최되기 시작하였다. 이에 우리 스포츠계는 사회 또는 아동생활 등의 요구에 순응하고 과학적인 기초 밑에 개인의 요청을 존중하여 실시되는 민주적인 스포츠로 지향되어 갔다. 이때를 같이하여 대한빙상경기회(1945), 대한럭비축구협회(1945), 대한스키협회(1946), 대한연식정구협회(1946) 등 각종 경기단체가 결성되었다.

당시 사회적 혼란으로 스포츠경기를 정치적으로 이용하려는 기미가 보이자 체육회는 1946년 4월 15일 성명서를 통해 정치적 목적과 무관함을 확언하였다. 같은 해 6월 6일 제14회 올림픽 대책위원회를 결성하여 올림픽 참가운동에 주력한 결과 조선올림픽위원회가 승인되어 참가요청을 받게 되었다. 런던올림픽 참가와 각종 국제대회의 참가로 스포츠는 국제적 우호와 이해를 증진시키는데 기여하였다. 특히 1947년 4월 19일 보스턴마라톤대회에 출전한 서윤복 선수가 세계 신기록을 수립하고 우승하였다.

한편 1947년 10월 17일 제3회 조선올림픽대회(제28회 전국체육대회) 때 고대 대 상대 축구결승에서 고대, 연대, 상대 삼파 난투 사건, 1949년 4월 11일 미국 보스턴마라톤 파견선수의 비행장 돌변 사건, 1954년 7월 20일 대한육상경기연맹의 내분사건 등은 스포츠계의 오점이었다.

우리 스포츠계는 광복 이후 양적 또는 질적으로 성장해가던 도중 6.25동란으로 약 3년간 침체기에 빠져 재건에 고심하였다. 이에 1.4후퇴로 침체되었던 스포츠계는 1952년 9월 28일 정부 환도에 따라 이듬해 3월 8일 서울운동장에서 서울체육회 주최 3.1절 경축체육대회를 열었다. 1952년 전쟁과 피난의 역경 속에서도 제15회 헬싱키올림픽에 참가하는 등 한국스포츠 재건에 주력한 점은 후세에 좋은 본보기가 된다 하겠다.

대한체육회는 1954년 3월 16일 사단법인체로 전환하기까지 임의단체의 성격이었다. 1961년부터 국고에서 재정지원을 받기 시작했고, 1968년 독립적으로 운영되어온 대한체육회, 대한올림픽위원회 및 대한학교체육회는 대한체육회 내의 독립적인 기구로, 그리고 대한학교체육회는 특별위원회로서 활동케 하고 사업과 행정을 일원화시켰다. 그 후 1983년 대한체육회는 통합 사단법인체에서 특수법인체로 바뀌어 “체육운동을 범국민화 하여 학교체육 및 사회체육의 진흥으로 국민의 체력향상과 건전하고 명랑한 기풍을 진작함과 아울러 아마추어경기단체를 통괄 지도하고 우수경기자를 양성하여 국위선양을 도모함으로써 민족문화 발전에 이바지하고 나아가 스포츠를 통한 국제친선과 세계평화에 기여함을 목적” 으로 하고 있다.

1960년 10월 개최할 제2회 아시아축구선수권대회를 앞두고 운동장 시설을 점검하는 과정에서 스포츠시설이 전반적으로 빈약하고 낙후되었음에 큰 문제점으로 대두되었다. 이에 대회운영을 위해 우선 효창공원에 국제축구경기장을 건설키로 하고 1959년 11월 27일 기공식을 갖고 이어 스포츠시설 전반에 걸친 상황파악에 나서 해결책을 강구해 나갔다.

4 · 19와 5 · 16을 거치면서 스포츠도 새로운 변화를 맞이하였다. 1962년 9월 17일 국민체육진흥법을 제정 · 공포하였고, 매년 10월 15일을 체육의 날로 매년 4월 마지막 1주간을 체육주간으로 제정하였다. ‘체력은 곧 국력’ 이라는 모토로 국민들에게 체육에 대한 이해를 높이고 체위향상을 꾀하였다. 각종 스포츠경기를 장려하고 각 스포츠단체에 대한 정부지원을 확대시켰으며 스포츠시설을 확충하기 위해 재정지원을 확대해 나갔다.

1970년 3월 3일 문교부장관의 자문기관인 체육심의위원회를 국무총리 직속 국민체육심의위원회로 개칭하고 지방자치단체장 직속 하에 지방체육 심의위원회를 구성하여 국제사회에서 대한민국 스포츠의 위상을 높이고자 하였다.

정부의 각종 운동시설을 정비하고 스포츠시설에 대한 지원이 확대되면서 서울에 장충체육관(1963. 2)을 비롯한 많은 시설이 건설되고 직할시 및 각 도청소재지에 체육관이 건설되었다. 1970년 3월 21일 서울의 태릉에 국제수영장을 비롯하여 스케이트장, 사격장 등 각종 경기시설이 확충되었다. 1977년 11월 28일 서울 잠실에 세계적 규모의 종합경기장의 개관을 비롯하여 각종 경기장이 착공되고 순차적으로 개관되었다. 이는 88서울올림픽의 유치결정에 기인하는 것이었고, 그와 더불어 체육부가 창설되고 국민체육진흥계획을 추진하였으며, 각종 스포츠시설이 대규모로 확충되어졌다.

정부의 스포츠진흥책에 힘입어 한국스포츠는 국제적으로 도약하는 시대를 맞이하였다. 1976년 제21회 몬트리올올림픽에서 양정모 선수가 레슬링에서 광복 이후 최초로 금메달을 획득한 이래 1984년 제23회 LA올림픽에서 금 6개, 은 6개, 동 7개 등 19개의 메달을 획득하였다. 또한 우리는 서울아시안게임과 서울올림픽을 성공적으로 개최하였다. 1986년 제10회 서울 아시안게임에서 종합 2위를, 1988년 제24회 서울 올림픽에서 금 12개, 은 10개, 동 11개를 획득하고 메달 종합순위 4위를 차지하였다.

또한 한국스포츠는 조국의 평화적 통일을 위한 민족화합에 기여해왔다. 예컨대 일본 지바의 세계탁구대회에서 '코리아'란 명칭으로 단일팀을 구성하여 활약하였고, 이어 청

[그림 44] 올림픽 주경기장 : 제67회 전국체육대회 개막

소년 축구팀이 남북 단일팀으로 조직되는 등 스포츠의 역할은 민족사에 길이 빛날 큰 업적을 남기고 있다.

현대사회에서 한국의 체육과 스포츠는 국민보건과 건강한 체력향상, 운동경기 및 유희, 여가선용을 통한 생활의 풍요와 인간의 존엄성 향상에 기여함은 물론 국제연합과 세계 스포츠의 발전에 일익을 맡아야 되는 주도적 위치에서 계속적으로 발전해왔다.

① 학교체육

광복과 더불어 정치, 경제, 사회, 문화 등 모든 부분이 민주주의를 기초로 하는 사회적 현상에 따라 학교체육이나 생활스포츠도 민주주의를 바탕으로 하는 스포츠로 전개되기 시작하였다.

홍익인간의 이념을 교육의 이념으로 하는 새로운 교육이 시작되면서 체육의 목적도 변화되었다. 학교체육의 지도요강으로 신체적 목표(신체의 건전한 발달), 사회적 목표(사회적 성격배양과 육성), 지적 · 정서적 목표(지적, 정서적인 건전한 발달), 안전지도(안전교육의 지도), 레크리에이션(레크리에이션에 대한 지도 등에 관한 이해와 태도와 실천적 배양) 등을 설정하고 아동 및 청소년기의 발달단계에 맞는 세부적인 체육의 내용을 작성하여 지도하였다.

그리하여 일제 치하의 체조과가 체육과와 보건과로 개칭되었다. 또한 학교를 중심으로 하는 체육 강화의 필요성을 인식하고 보건체육을 필수과정으로 채택하는 등 1954년 4월 20일 문교부에서는 부령 제35호 교과과정 시간배당 기준령을 발표하였다. 이에 초 · 중 · 고등학교의 주당 체육시간을 미군정하의 1주일에 1~2시간에서 3시간으로 늘렸다. 그와 더불어 대학에서는 체육을 필수교양과목으로 채택하여 주 2시간 이상(1학점) 4년간 필수적으로 이수하게 하였다. 또한 1955년 학생들의 신체검사규정을, 1958년에는 체력검사규정을, 그리고 각급 학교설치 기준령을 정비하는 등 학교체육 진흥을 위한 기초작업을 수행해 나갔다.

한편 체육 스포츠의 학문적 연구를 위해 1953년 한국체육학회가 발족되었으며, 각급 대학에서는 체육학과나 체육대학이 신설되었다. 이화여자대학교(1945. 10)와 서울대학교(1946. 8)에서 체육학과가 개설되었다. 이후 조선대학교(1951. 8), 경희대학교(1952. 2), 경북대학교(1952. 5), 용인대학교(1953. 6) 등에서 체육 스포츠 관련 학과가 개설되었다. 이로써 전문 스포츠인의 양성 등 스포츠를 과학적으로 연구하는 한편, 신체활동을 통한 조화적이고 민주적 인간상을 추구하였다. 학교에서의 새로운 보건체육은 국민생활의 기초를 배양하여 생명보건, 직업, 사회활동, 취미, 오락생활 등을 통하여 풍요롭고 조화로운 생활을 하자는데 그 목적을 두었다.

또한 학교체육에서는 유희나 각종 스포츠를 중심으로 한 건강생활, 안전생활, 레크리에이션 생활을 중시하여 이를 통해 신체문화활동에 대한 관심을 높여 나갔다. 스포츠에 관한 국민적 관심과 체력의 향상 및 스포츠정신을 함양하고 경기력을 높여 국제무대에서 국위를 선양하기위해서는 학생들의 경기활동이 활발하게 이루어져야 한다고 보고, 문교부(현 교육인적자원부)가 3대 장학방침 중의 하나로 보건교육과 운동경기 권장 및 강건한 신체육성을 설정하였다.

1960년 4.19와 1961년 5.16을 거치면서 체육계에도 새로운 변화를 맞게 되었다. 초등학교부터 대학에 이르기까지 보건체육에 관한 교육내용이 체육교과서와 교련교과서에 반영되었고, 체육을 위한 시간이 대폭 증가되었다. 대학의 전 학년에 체육시간이 교양필수로 배당되었고, 1962년부터는 고등학교 및 대학입시 전형에 체력장제도가 도입되어 일정비율의 체력점수를 의무적으로 반영하도록 하였다.

각급 학교는 보건교육과 매년 정규적인 신체검사 및 체력검사를 실시토록 하였고, 스포츠행사를 가져 체력단련에 힘쓰며 체육활동을 진흥케 하였다. 각급 학교의 체육시설 확충을 위해 대학설치 기준령을 비롯한 각급 학교의 설치 기준령이 대통령 및 문교부령으로 제정 · 공포되었다. 대학의 경우 건물 총평수 5배 이상의 교지(체육장, 농장, 실습림, 어장, 약초원 등의 부속시설을 제외한 학교용지)를 확보하도록 하고 기본적인 면적과 학생 1인당 필요한 소요면적을 설정하여 기준치를 정했으며 그 기준치 이상을 체육장으로 확보하도록 하였다.

② 스포츠의 대중화

생활스포츠란 남녀노소 또는 모든 계층의 사람들이 전 생애를 통하여 각자의 능력과 여건에 따라 스포츠활동에 참여함으로써 질적으로 향상된 삶을 영위하는데 그 목표가 있다.

광복과 더불어 군국주의적 스포츠는 레크리에이션으로서의 스포츠가 생활 속에서 조금씩 일기 시작하였다. 광복 직후 조선체육동지회가 발족되어 신생 민주국가의 스포츠 활성화에 이바지하게 되었고, 또한 레크리에이션에도 관심이 높아지면서 1945년 10월 문교부 학무국 사회사업과에 오락계가 설치되었다. 레크리에이션협회의 레크리에이션에 대한 지식, 이해 등 계몽 · 보급 활동이 활발해졌으나 스포츠시설이 미비하여 레크리에이션을 위한 스포츠활동은 제한될 수밖에 없었다.

더욱이 당시 국민들의 노동조건이 열악하고 여가시간의 부족으로 인해 생활스포츠는 1980대 초반까지도 소수의 사람들이 참가하는 수준이었고, 주로 국방스포츠를 위한 체력 육성이나 국력의 신장이라는 차원에서 국가 주도적이고 형식적인 체조나 체육활동이 전개되었다. 또한 스포츠시설의 부족은 대다수 국민들이 스포츠를 경험하고 즐기는데 가장 큰 장애요인이었다. 그런 상황 속에서도 생활스포츠는 점차 발전하는 모습을 보였다.

1960년대 이후 특히 1970년대 후반에 이르러 레크리에이션 및 여가선용에 관심이 한층 높아지기 시작했다. 1인당 국민 총생산이 증가하고 경제력을 가진 사람들이 증가하고 각종 소비재의 생산이 다양화 되고 대량화 되면서 자연히 여가선용의 문제가 신중히 대두되기 시작하였다.

미래는 기술의 발달로 근로시간이 단축되면서 상품생산의 대량화와 다양화가 더욱 커지기 때문에 합리적인 여가활용이 이루어지지 않을 경우 청소년문제의 심각성은 물론 불건전한 국민정신을 잉태시켜 국가를 위태롭게 할 수 있다. 레크리에이션을 통한 국민교양을 높이자는 운동은 제2차 세계대전 이후 독일과 이탈리아에서 이미 있어 왔다. 이 운동에 앞장 선 단체를 이탈리아에서는 Dopo Lavoro라 하였고, 독일에서는 K.D.F(Kraft durch Freude)라 불렀다. Dopo Kavoro는 ‘운동의 뒤’ 라는 뜻으로 노동 후의 오락을 통해 피로를 회복한다는 의미이고, 독일의 K.D.F.는 ‘즐거움을 통한 힘’ 이라는 뜻이다. 미국은 이 운동이 20세기 초에 일어났다. 청소년에 대한 사회적 무관심으로 이들을 위한 여가시설이 미비하여 불량청소년이 되어 길거리에서 경관에게 수감되는 사례가 빈번하였다. 이것을 위기상황으로 인식한 성인들이 이들을 선도하기 위해 전개시킨 운동이 레크리에이션운동의 기원이다. 이 운동은 어린이용 놀이터를 만드는 일부터 시작하여 도서관이나 여가선용 시설을 확장하는 운동으로 전개되어 많은 호응을 얻었다. 그중 스포츠의 역할은 큰 비중을 차지하게 되었다.

우리의 경우 광복 후 여러 차례 문교부가 개편되면서 학무국 사회사업과에 오락계가 설치되었지만, 1986년 1월 21일 문교부 문화국에 오락과를 개편함으로써 레크리에이션에 대한 운동이 싹트기 시작하였다. 초기에는 주로 어린이들을 대상으로 하는 프로그램 개발에 집중하였으나 점차 청소년과 취학 전의 아동들에 관한 프로그램 개발에도 힘쓰게 되었다. 특히 서울특별시는 체위 향상을 위한 어린이 놀이터 시설 확대사업을 각 구청별로 확대하게 하였다. 이러한 정부의 사업은 생활스포츠의 일환으로 전개된 운동이라 할 수 있다.

스포츠는 일반 대중의 여가활동뿐 아니라 청소년들의 여가선용에 있어 중요한 수단이 되기 때문에 선진국가일수록 그에 대한 지원이 확대되어 왔다. 1980년까지도 한국의 스포츠정책은 대중스포츠보다는 엘리트스포츠에 치중하여 왔고, 이에 학생이나 선수 또는 특수계층만이 직접 참여하고 일반대중은 관람하는 양극화 현상을 보였다. 그러나 국제경기가 활성화 되고 국민생활이 점차 윤택해지면서 스포츠의 관심이 높아졌고, 특히 서울올림픽의 유치확정으로 대중매체에서 스포츠의 비중이 커졌으며, 프로경기의 활성화로 국민들의 스포츠에 대한 인식이 높아져갔다.

각 일간지의 스포츠기사는 3~4단 정도에서 1면이 모자랄 정도로 확장되었고, 지상파 방송의 스포츠 관련방송이 전체 방영시간의 20% 이상을 차지하게 되었다. 이와 함께 각급 학교나 직장 내에서 스포츠활동의 참여가 점차 높아져 갔다. 특히 대중매체기관이나 YMCA, YWCA 그리고 각종 민간단체 등에서 스포츠를 적극 권장하고 그 여건을 개선해 나갔다.

그와 더불어 우리는 1986년 서울 아시아경기대회를 중심으로 스포츠시설의 확대와 여가선용을 위한 각종 시설이 확충되었다. 특히 1988년 서울올림픽 이후 각 동(洞)별로 여가선용을 위한 스포츠시설이 그린벨트 내 또는 약수터 주변에 들어섰다. 이러한 현상은 서울특별시만의 운동이 아니고 전국적으로 확산되었다. 이로 인해 한국에서 생활스포츠가 차지하는 비중은 점차 높아지고 있는데, 특히 스포츠에 대한 인식이 전 국민들에게 인식되면서 그 동안 스포츠활동에서 소외되었던 여성이나 노인 그리고 장애자까지도 스포츠활동에 적극 참여하게 되었다. 이런 상황에는 우리의 지속적인 경제성장이 주요인으로 작용했다고 할 수 있다.

(3) 각종 대규모 스포츠행사의 전개

① 전국체육대회의 유래와 의의

1920년 7월 13일 지도적 인사들이 모여 국민들의 여망에 따라 조직된 조선체육회는 11월 4일 제1회 전 조선야구대회(3일간, 배재운동장)를 개최하여 현 전국체육대회의 효시가 되었다. 이듬해 2월 11일 제1회 축구대회를 열었다. 당시 운동경기는 외면상 스포츠행사였으나 내면적으로는 항일투쟁의 수단이어서 그 의미가 다른 국가의 경기와는 구별되었다. 따라서 전국체육대회는 우리 근대사와 역경을 같이했다고 할 수 있다. 초창기의 전국체육대회는 나라 잃은 민족의 아픔이 얽힌 수난의 역사였으며 내일의 번영을 약속하는 굳은 의지였다. 그러나 이제는 스포츠 본래의 모습을 찾고 신체적 미와 조화를 추구하며 체력 향상과 도덕적 자질을 높이는 잔치로 자리를 잡아가고 있다.

1920년 제1회 조선야구대회를 시작으로 독립을 열망하는 민족정신을 담아 진행되었다. 1920~29년까지는 단일종목별로 체육대회를 개최하였고, 1930~33년까지는 4개종목대회로 이루어진 종합대회의 성격을 띠었지만 단일종목대회의 연합이었으며, 1934년에 이르러서야 현재의 전국체전과 같은 종합체육대회로서 개최되었다. 이후 해가 갈수록 경기종목이 증가하였다. 1934년 4개 종목, 1935년 9개 종목, 1936년에는 12개 종목이 포함되었다. 그러던 중 이 대회는 일제의 탄압으로 조선체육회가 해산 당하게 되자 1937년 18회를 끝으로 대회가 중지되었다. 그러나 1945년 광복과 더불어 우리의 스포츠계가 소생하게 되고 해방을 기념하는 행사로 1945년 10월 27일부터 30일까지 해방경축 전국종합대회가 개최되었다. 이 대회가 제26회 전국체육대회로 계승된 것이다.

제26회 전국체육대회에서는 육상을 비롯하여 축구, 농구, 배구, 정구, 럭비축구, 자전차, 탁구, 마술경기 등 10개 종목에 걸쳐 경기가 진행되었다. 1946년은 각종 경기단체가 정비에 들어간 해이고, 1947년은 제28회 전국체육대회의 각 가맹 경기단체들이 국제연맹에 가입하여 올림픽 참가자격을 갖추게 되었다. 그러나 1950년 한국전쟁을 맞아 질서가 잡히고 발전을 거듭하던 스포츠활동과 체육계가 수난을 겪게 되고 제31회 전국체육대회는 취소되었다. 혼란은 거듭되고 국민의 생존권이 위협을 받던 이 시기에 민족의 긍지를 높이고 체력의 확보로 새로운 활로를 열겠다는 스포츠인들의 굳센 의지는 1951년 전시 하에서 제32회 전국체육대회를 피난처인 광주에서 개최하였다. 물론 각종 국제대회에도 참가하였다.

제48회 전국체육대회에서는 처음으로 카드섹션을 선보였다. 이것은 시각적으로 흥미를 높임은 물론 스포츠를 통한 단결의 모습과 스포츠가 국제사회의 발전과 직결되어 있음을 보여주었다. 1968년 제49회 대회는 경북 대구에서 개최되었는데, 경북팀이 서울을 제치고 사상 처음 우승을 거둠으로서 지방스포츠의 발전을 입증해 주었다. 당시 박정희 대통령은 체육관계자에게 입장상 제도를 만들도록 명령하였다. 그 결과 선수단의 입장질서가 군대사열과 비슷하여 단합된 질서가 확립되었다는 평가와 경직되고 자연스럽지 못하며 군국주의적 경향이 짙다는 평가를 동시에 받았다.

1969년 50회를 맞이하여 10월 28일부터 11월 2일까지 서울에서 개최된 전국체전에서는 50돌을 기념하여 스포츠전시회를 개최하였고, 성화(聖火)의 전국일주를 기획하여 실천하였다. 특히 이북 5도를 입장식에 참가시켜 민족의 염원인 조국통일의 이상을 행동으로 표현하였다. 성화 봉송은 36회 대회(1955.10.15)부터 시행되었다. 민족의 단결과 민족애 및 통일의 염원을 담아 체력연마를 통해 각오를 새롭게 한다는 뜻에서 개국시조 단군 선조의 전설이 서려있는 강화도 마니산의 첨성단을 성지로 삼아 성화행사를 거행하게 되었다.

1980년 제61회 전국체전 때부터는 각 지방의 도청소재지에서 개최하는 체전행사 및 경기진행을 해당 도(道)의 여러 도시에 분산하여 개최하였다. 61회 체전은 전라북도에서 개최되었는데 각 경기를 전주, 군산, 이리에 분산 · 진행하였고, 62회 서울대회에 이어 63회(1982.10.14) 체전에서도 마산, 진주, 진해, 창원에 각 경기를 분산 · 진행하는 등 분산개최가 관례화 되었다. 2004년 제85회 전국체육대회는 충북 청주를 중심으로 음성, 충주, 보은, 옥천, 제천 등지에서 경기가 치러졌다. 이 대회는 12개 팀 23,293명의 선수들이 41개 종목에서 경합을 벌여 경기, 서울, 충북팀이 각각 1위, 2위, 3위를 차지하였다.

② 올림픽 참가 역사 및 현황

스포츠에 관련된 국제경기의 참가 및 개최와 전반적인 국제 업무를 담당하고 국내적으로 전국체육대회를 관장하는 등 한국의 스포츠를 대표하는 스포츠단체는 대한체육회(KSC, Korea Sports Commitee)이다. 대한체육회 산하에는 각 종목의 가맹단체들과 대한올림픽위원회(KOC, Korean Olympic Committee)를 두고 있다. 대한올림픽위원회는 올림픽대회 및 아시아경기대회 참가에 관한 사업을 관장한다.

한국의 올림픽 참가는 1948년 제14회 런던올림픽부터 시작되었다. 물론 1932년 제10회 로스앤젤레스올림픽에서 일본대표로 참가하였고, 1936년 제11회 베를린대회에서 일본대표로 출전하여 금메달(마라톤의 손기정) 1개와 동메달 1개를 차지한 전력이 있다. 제14회 런던대회에서 우리는 주권 국가의 자격으로 태극기를 앞세우고 최초로 올림픽에 참가하였다. 68명으로 구성된 한국선수단은 7개 종목에 출전하여 복싱의 한수안, 역도의 김성집이 각각 동메달을 획득하여 메달획득 순위 24위를 차지하였다. 이 대회 이후 우리는 제22회 모스크바대회(1980년)를 제외하고는 모두 참가하였다.

특히 1976년 제21회 몬트리올올림픽에서는 레슬링의 양정모가 사상 처음으로 영예의 금메달을 획득하였다. 역대 올림픽대회의 메달획득 상황을 보면 1936년 제11회 베를린대회에서 금 1개, 동 1개(일본 선수단)를 차지했으며, 1948년 제14회 런던대회와 1952년 제15회 헬싱키대회에서는 각각 동메달 2개씩을 차지하였고, 1956년 제16회 멜버른대회에서는 복싱의 송순천이 은메달을, 역도의 김창희가 동메달를 차지하였다.

1960년 제17회 로마대회에서는 메달을 획득하지 못했다. 1964년 제18회 동경대회에서는 은 2개와 동 1개를 차지하였고, 1968년 제19회 멕시코대회에서는 은 1개와 동 1개를, 1972년 제20회 뮌헨대회에서는 은 1개를 차지하였다. 1976년 제21회 몬트리올대회에서는 금 1개, 은 1개, 동 4개를 차지하였으며, 1984년 제23회 로스앤젤레스대회(7.28~8.12)에서는 금 6개, 은 6개, 동 7개를 차지하여 메달획득 순위 10위의 쾌거를 올렸다.

특히 1988년 제24회 서울올림픽대회에서 우리는 메달집계 세계 4위라는 경이로운 성적을 거두었다. 금 12개, 은 10개, 동 11개의 메달획득과 세계 신기록 2개, 올림픽 신기록 19개, 아시아 신기록 2개, 한국 신기록 19개를 각각 수립하였다. 특히 여자양궁은 모든 세부종목을 석권하였고, 여자 핸드볼에서는 단체 구기종목 사상 첫 금메달을 획득하였다.

1992년 제25회 바르셀로나 하계올림픽은 이데올로기에 의한 정치적 오염에서 벗어나 16년만의 완전한 올림픽을 치른 대회였다. 또한 한국의 스포츠역사에 또 하나의 이정표를 세운 대회였다. 금 12개, 은 5개, 동 12개로 7위에 오르는 기염을 토하였다. 특히 황영조의 마라톤 우승은 우리 국민들에게 뜨거운 감격을 주었으며, 손기정 시대의 민족적 수치와 분통함을 깨끗이 씻어주었다.

[표 4] 역대 올림픽 한국출전 성적

연도(회)	개최지	참가규모 인원(국가)	참가현황 인원(종목)	메달획득 금	은	동	순위	비 고
1896(1)	아테네	245(14)	0(9/0)		-		-	첫 근대올림픽
1932(10)	LA	1,408(37)	3(16/2)	0	0	0	-	일본선수로 출전
1936(11)	베를린	4,066(49)	7(22/3)	1	0	1	-	일본선수로 출전
1948(14)	런던	4,099(59)	67(19/7)	0	0	2	24	첫 태극기 출전
1952(15)	헬싱키	4,925(69)	41(18/6)	0	0	2	33	소련 처음 참가
1956(16)	멜버른	3,184(67)	57(19/7)	0	1	1	23	송순천 첫 은메달
1960(17)	로마	5,348(83)	75(17/9)	0	0	0	34	메달 미확보
1964(18)	동경	5,140(93)	224(18/15)	0	2	1	27	아시아 첫 개최
1968(19)	멕시코시티	5,530(112)	74(19/10)	0	1	1	32	고지대 개최
1972(20)	뮌헨	7,173(121)	68(20/8)	0	1	0	33	북한 첫 출전
1976(21)	몬트리올	6,028(92)	72(20/5)	1	1	4	19	양정모 첫 금메달
1980(22)	모스코바	5,217(80)	0(20/0)		-		-	불참
1984(23)	LA	6,797(140)	284(20/19)	6	6	7	10	10위권 진입
1988(24)	서울	8,465(159)	644(23/21)	12	10	11	4	최대규모,최고성적
1992(25)	바르셀로나	9,367(169)	314(26/22)	12	5	12	7	마라톤 제패
1996(26)	아틀란타	10,318(197)	428(26/27)	7	15	5	10	20세기 최대규모
2000(27)	시드니	10,651(199)	398(28/4)	8	10	10	12	남북한 동시입장
2004(28)	아테네	16,500(202)	376(28/25)	9	12	9	9	전 회원국 참가
2008(29)	베이징	10,500(205)	389(28/25)	13	10	8	7	87개국 메달획득

* 참가현황의 (종목)란은 올림픽 개최종목/한국의 참가종목을 의미함.

1996년 제26회 아틀란타올림픽은 100주년을 기념하여 20세기 최대규모로 치러진 대회로 스포츠용품의 과학화가 두드러졌다. 한국은 26명의 성화봉송 주자가 참여하였고, 메달집계 순위가 지난 두 대회보다 저조했지만 10위를 기록하였다. 2000년 27회 시드니올림픽은 전 세계가 '한민족 한핏줄' 임을 보여준 대회였다. 6시간 가까이 진행된 개회식은 원주민과 이주민, 세계인이 함께 한 흥겨운 음악회였다. 이 대회에서 한국은 스포츠강국으로 부상한 이후 매우 저조한 성적이었다. 새로이 추가된 태권도(금 3개)와 양궁(금 3개)을 제외하면 금메달 획득은 부진한 대회였다. 그러나 남북한 선수단의 동시입장은 전 세계로부터 환영을 받았다. 이것은 평화와 화합의 상징인 올림픽 역사에 새로운 이정표를 남긴 사건이었다.

2004년 아테네올림픽은 올림픽의 본 고향인 그리스에서 개최되어 IOC 회원국 모두가 참가한 대회였다. 이 대회에서 한국은 각 종목에서 골고루 메달을 획득하여 전반적으로 경기력이 향상되었음을 보여주었다. 그러나 여전히 기초종목에서 취약한 성적을 거두는 아쉬움을 남겼다. 결국 우리는 메달집계에서 금 9, 은 12, 동 9개를 획득하여 9

위를 차지하였다. 종목별 메달현황을 보면 금메달의 경우 양궁 3개, 태권도 2개, 유도 1개, 배드민턴 1개, 탁구 1개, 레슬링 1개를 획득하였고, 은메달의 경우 배드민턴 2개, 역도 2개, 사격 2개, 양궁 1개, 체조 1개, 유도 1개, 레슬링 1개, 탁구 1개, 핸드볼 1개를 획득하였으며, 유도 1개, 사격 1개, 체조 1개, 배드민턴 1개, 탁구 1개, 복싱 2개, 태권도 2개를 획득하였다.

2008년 베이징올림픽은 아시아에선 일본과 한국에 이어 세 번째로 개최된 대회였다. 이 대회는 205개국의 10,500명이 참가하여 세계신기록 43개와 올림픽 신기록 126개를 갱신하였다. 또한 87개의 국가가 최소 1개의 메달을 획득하였는데 이는 역대 최다 기록이었다. 우리나라는 금 13개, 은 10개, 동 8개를 획득하여 7위를 차지하여 스포츠강국으로서의 저력을 보여준 대회였다. 종목별 메달현황을 보면 금메달의 경우 태권도 4개, 양궁 2개, 역도 2개, 유도 1개, 사격 1개, 배드민턴 1개, 야구 1개, 수영 1개를 획득하였고, 은메달의 경우 양궁 2개, 배드미턴 1개, 역도 1개, 사격 1개, 수영 1개, 유도 2개, 펜싱 1개, 체조 1개를 획득하였으며, 동메달의 경우 양궁 1개, 배드민턴 1개, 복싱 1개, 핸드볼 1개, 유도 1개, 레슬링 1개, 탁구 2개를 획득하였다.

[표 5] 역대 올림픽의 각 종목별 메달획득현황 (1948~2004)

종 목	출전횟수	금	은	동	계
레슬링	13	10	11	12	33
유 도	9	8	12	12	32
복 싱	13	3	6	8	17
태권도	2	5	1	2	8
펜 싱	7	1	0	1	2
양 궁	6	14	7	3	25
사 격	10	2	4	1	7
승 마	4	0	0	0	0
근대5종	5	0	0	0	0
역 도	12	0	3	3	6
탁 구	6	3	2	10	15
테니스	6	0	0	0	0
핸드볼	6	2	4	0	6
농 구	7	0	1	0	1
배 구	10	0	0	1	1
축 구	7	0	0	0	0
야 구	3	0	0	1	1
하 키	5	0	3	0	3
배드민턴	4	5	6	3	14
체 조	7	0	3	4	7
육 상	12	1	1	0	2
사이클	11	0	0	0	0
수 영	10	0	0	0	0
다이빙	1	0	0	0	0
조 정	7	0	0	0	0
요 트	6	0	0	0	0
카 누	4	0	0	0	0
계		54	64	61	

2004년까지 한국의 올림픽 참가성적을 분석해보면, 투기종목과 양궁 등 개인종목에서는 지속적으로 좋은 성적을 내고 있으며, 구기 종목 역시 꾸준히 메달을 획득하여 왔다. 즉 레슬링, 유도, 태권도, 복싱 등 투기종목과 배드민턴, 핸드볼, 필드하키, 탁구 같은 구기 종목에서 올림픽메달 획득의 많은 부분을 차지하고 있다. 기록경기의 경우 양궁과 역도, 마라톤, 사격 등에서 금메달

17개를 포함하여 은메달과 동메달에서 25개의 메달을 획득하고 있으나 수영과 육상과 기초 종목에서 부진을 계속하고 있다. 구기 종목의 경우 탁구, 핸드볼, 하키 등에서 금메달 5개를 포함하여 24개의 메달을 획득하여 다름대로 선전을 하고 있다.

투기종목에서 가장 두드러진 종목은 레슬링으로 1976년 양정모를 비롯하여 김원기, 유인탁, 김영남, 한명우 등이 잇달아 금메달을 따내 1970년대 후반 이후 확고한 메달박스로 자리 잡고 있다. 그러나 2004년 아테네올림픽에서는 1개의 금메달에 머물렀다. 복싱은 1948년 런던대회 이후 꾸준히 메달을 획득하여 메달확보가 어렵던 시절에 한국선수단의 체면을 유지하는데 크게 기여하였다. 유도 역시 금 8개, 은 12개, 동 12개를 획득하여 1964년 동경올림픽에서 올림픽 경기종목으로 채택된 짧은 역사를 고려하면 메달획득 비율이 가장 높은 투기종목에 해당 된다. 그러나 레슬링과 복싱종목의 경우는 점차 하향세의 국면으로 전환되는 것을 알 수 있다.

양궁은 LA대회와 1988년 서울올림픽대회 이후 명실상부한 최고의 메달종목으로 두각을 나타냈다. 메달획득의 짧은 역사에도 불구하고 가장 많은 메달을 안겨주었다. 지금까지 금메달 14개, 은메달 7개, 동메달 3개를 기록하고 있다. 구기종목은 전통적으로 성적이 부진하였으나, 1984년 LA올림픽 이후 크게 발전하고 있다. 특히 탁구와 핸드볼은 본선 출전경력이 훨씬 앞선 농구나 배구를 앞질러 좋은 성적을 올리고 있다. 그러나 농구, 축구, 배구, 야구 등에서는 부진한 성적을 보이고 있다. 이밖에 낙후된 종목으로 육상과 수영, 해상경기는 여전히 세계 수준에는 미치지 못하고 있다. 하지만 그 중에서 사격과 펜싱, 체조가 새롭게 도약하고 있다.

2004년 제28회 아테네올림픽에서 한국은 당초 메달 목표를 달성하지는 못했지만, 메달 분포가 분산된 양상을 보이며 10위권에 재진입하며 스포츠강국의 이미지를 다졌다. 그와 더불어 육상 및 수영과 같은 기초종목에 대한 과감한 투자의 필요성을 재인식하는 계기가 되었다.

2008년 베이징올림픽에서의 두드러진 특징은 올림픽참가 역사상 최초로 수영에서 금메달 1개와 은메달 1개를 획득한 사실이다. 그 동안 육상과 수영종목에서 저조한 성적을 올린 것에 비하면 괄목할만한 성과였다. 또한 7위의 성적은 2004년 아테네올림픽에 이어 스포츠강국으로서의 이미지를 각인시킨 결과라 할 수 있겠다.

우리나라의 스포츠역사에 있어서 가장 큰 사건 중의 하나인 88서울올림픽은 한국스포츠의 역사에 전환기를 마련한 사건으로 한국사회의 정치, 경제, 사회, 문화, 스포츠 등 각 분야에 광범위하고도 긍정적인 영향을 미쳤다. 또한 88서울올림픽은 사상 최대의 대회로 인류 화합의 대회, 외교 관계의 개선 등 세계평화에 기여했다.

서울올림픽에 즈음하여 개최된 86아시안게임과 88서울장애자올림픽의 유치와 성공적 개최는 우리 경제의 급속한 경제성장에서 비롯되었다고 볼 수 있다. 우리는 1978년 국내에서 개최된 최초의 국제대회인 제42회 서울사격선수권대회를 성공적으로 개최하여 우리의 대규모 경기대회 개최능력을 인정받게 되었다. 이를 계기로 스포츠외교의 기반을 마련하면서 자신감을 얻은 정부는 1979년 '88서울올림픽대회 유치계획의 사회경제적 실현가능성' 이라는 보고서를 국민체육심의위원회에 상정하고 1979년 9월 21일 올림픽 유치를 확정하였다. 그러나 10.26사태로 박정희대통령과 박종규회장이 사망하고 전두환이 제9대 대통령으로 취임하자 올림픽 유치계획은 원점으로 돌아갔다. 그러다가 새 정부는 1980년 12월 24일 유치후보국 등록을 하고, 올림픽 경쟁에 뛰어들었다. 1981년 서독의 바덴바덴 IOC 총회에 한국은 106명의 외교, 경제, 스포츠 및 기타 지원 관계자들을 파견하여 적극적인 활동을 벌인 결과 경쟁도시인 일본의 나고야시를 52대 27이라는 압도적 차이로 누르고 올림픽 유치를 확정지었다.

88서울올림픽의 유치를 계기로 1982년 정부의 독립된 행정부서로 체육부가 신설되어 스포츠는 국가정책의 중요한 부분이 되었다. 그간 스포츠는 광복 직후 미군정 하에서 문교부 내의 학무과의 오락계에서 출발하여 1948년 문교부의 문화국 체육과, 1963년 체육국에서 관장했다. 체육부는 발족 당시 문교부 국제체육국의 직원과 국무총리실의 올림픽 유치지원업무 담당직원 및 올림픽 유치를 지원하는 업무를 관장하였던 제2정무장관실의 직원을 주축으로 하여 장 · 차관을 비롯하여 1실 3국 10과 6담당관의 182명 규모로 출발하였다. 이후 1990년 체육청소년부로 개칭되었고 1993년 문화체육부로 명칭과 업무가 변화하였으며 현재는 1998년 문화관광부가 발족하면서 스포츠행정 담당부서는 3국 9과에서 1국 4과로 축소되었다.

또한 서울올림픽을 계기로 거국적인 체육스포츠진흥책의 필요성을 인식한 정부는 1982년 서울올림픽 준비 종합계획과 1986년 국민체육진흥장기계획을 마련하였다. 물론 1962년 9월 국민체위 향상과 체육진흥을 위한 제도적 뒷받침으로 국민체육진흥법이 제정되었다. 이후 1989년 국민체육진흥 3개년계획(호돌이계획)을 추진하고 1993년 국민체육진흥 5개년계획을 마련 · 실시하여 생활스포츠 및 엘리트스포츠의 균형 있는 발전을 추진하였다. 또한 1998년 문화관광부는 국민체육 5개년계획을 마련 · 추진하고 추진실적을 평가하면서 생활스포츠가 엘리트스포츠 발전의 원동력이 될 수 있도록 생활스포츠의 활성화를 위한 각종 스포츠시설 및 스포츠의 대중화 홍보에 노력하고 있다.

③ 아시아 경기대회 참가 역사 및 현황

아시아 경기대회는 1949년 아시아경기연맹의 창설과 함께 1951년 제1회 대회를 인도 뉴델리에서 개최하였다. 이 대회는 3월 4일부터 11일까지 11개국이 참가하여 6개 종목에 걸쳐 기량을 겨루었다. 우리는 전쟁으로 참가하지 못했으나 제2회 대회부터는 계속해서 참가하였다. 한국이 첫 출전한 아시아 경기대회는 1954년 제2회 마닐라대회이다. 마닐라대회는 18개국이 참가한 가운데 개최되었다. 우리는 이 대회에 57명의 선수를 참가시켜 육상, 장거리, 역도, 복싱 등에서 8개의 금메달과 6개의 은메달, 5개의 동메달을 획득하여 일본과 주최국인 필리핀에 이어 메달집계 3위를 차지하였다. 아시아 경기대회의 표어는 '영원한 전진' 으로 정하였다.

[표 6] 역대 아시아 경기대회 한국팀 참가성적

연도(회)	개최지	참가규모	참가현황	금 은 동	순위	국가별 순위
1951(1)	뉴델리	11(500)				불 참
1954(2)	동경	18(1,241)	81(6)	8 6 59	3	일본 필리핀 파키스탄
1958(3)	동경	20(1,692)	156(15)	8 7 12	3	일본 필리핀 이란
1962(4)	자카르타	18(1,527)	273(11)	4 9 10	6	일본 인도 인도네시아
1966(5)	방콕	18(2,500)	233(15)	12 18 21	2	일본 태국 중국
1970(6)	방콕	18(2,500)	172(12)	18 13 13	2	일본 태국 말레이지아
1974(7)	테헤란	25(3,000)	231(16)	16 26 15	4	일본 이란 중국
1978(8)	방콕	27(4,000)	267(18)	18 20 31	3	일본 중국 북한
1982(9)	뉴델리	33(4,500)	306(22)	28 28 37	3	중국 일본 북한
1986(10)	서울	27(4,839)	538(27)	93 55 76	2	중국 일본 이란
1990(11)	북경	37(6,122)	694(30)	54 54 73	2	중국 한국 일본
1994(12)	히로시마	42(6,824)	725(32)	63 56 64	3	중국 일본 한국
1998(13)	방콕	41(9,5345)	700(33)	65 46 53	2	중국 한국 일본
2002(14)	부산	43(11,000)	1,007(37)	96 80 84	2	중국 한국 일본
2006(15)	도하	45(12,000)	833(37))	58 53 82	2	중국 한국 일본
2010(16)	광저우	45(12,000)	1010(43)	76 65 91	2	중국 한국 일본

아시아게임이 국제종합 스포츠제전으로 그 면모를 갖추게 된 것은 1958년 제3회 동경대회 때부터였다. 20개국에서 1,692명의 선수가 출전한 이 대회에서 우리는 156명의 선수단이 참가하여 금 8개, 은 7개, 동 12개를 차지하여 메달집계 3위를 차지하였다.

1961년 제4회 자카르타대회에서는 금 4개, 은 9개, 동 10개를 차지하여 메달집계 6위의 저조한 성적을 거두었으나, 1966년 제5회 방콕대회에서 금 12개, 은 18개, 동 2개를 차지하여 메달집계 성적 2위를 기록했다. 4년 후 방콕에서 개최된 제6회 아시아 경기대회(1970년)에서 금 18개, 은 13개, 동 13개를 획득하여 메달집계 2위의 성적을 거두었으나, 1974년 제7회 테헤란대회에서는 금 16개, 은 26개, 동 15개를 차지하여 4위의 성적을 거두었다. 제8회 아시아경기대회 이후 우리는 스포츠강국으로 급격히 부상했다. 1978년 제8회 방콕대회의 메달집계 성적은 3위(금 28개, 은 28개, 동 31개)였고, 1982년 제9회 뉴델리대회의 성적도 3위(금 28개, 은 28개, 동 37개)였다. 1986년 제10회 사상 최대 규모의 대회가 된 서울대회에서 우리가 금 93개, 은 55개, 동 76개를 차지하여 2위의 좋은 성적을 거두어 주최국으로서의 면모를 과시하였다. 메달집계 성적 1위는 중국(금 94개, 은 82개, 동 46개)이었고, 3위는 일본(금 58개, 은 76개, 동 77개)이 차지하였으며, 4위는 이란이 차지하였다.

이후 한국은 1990년 제11회 북경아시아경기대회와 1994년 제12회 히로시마아시아경기대회, 1998년 제13회 방콕아시아경기대회를 거치는 동안 일본과 경합을 벌이면서 2위를 확보하는데 경주해왔다. 그리고 2002년 제14회 부산아시아경기대회는 한국에서 치른 대회로 43개국 11,000여명이 경기에 참여하여 아시아 각국의 우애를 다졌다. 이 경기에서 우리는 금메달 96개, 은메달 80개, 동메달 84를 획득하여 일본을 누르고 중국에 이어 2위를 차지하였다. 특히 북한 선수단이 참가한 가운데 남북한 공동응원단의 모습은 한민족의 동족애를 상기시키는 계기가 되었다. 제14회 2002년 부산아시아경기대회는 평화와 화합의 제전으로서 그 역할을 충실히 수행함은 물론 아시아경기대회의 역사에서 기억될 만한 성과를 남겼다. 중동의 카타르에서 개최된 15회 2006년 도하아시안게임과 16회 광저우아시안게임에서 한국은 중국에 이어 2위를 차지함으로써 아시아의 스포츠강국으로서의 위치를 확인한 대회였다.

(4) 한국 체육스포츠의 발전적 과제

근대 이후 한국의 체육과 스포츠는 다른 분야와 같이 격동과 좌절, 현대화의 과정을 경험하면서 꾸준히 발전해왔다. 특히 1988년 서울올림픽은 스포츠분야 뿐만 아니라 정치, 경제, 사회, 문화 등 모든 분야에서 발전적 전환점이 되었다. 서울올림픽이 국내외로부터 높은 평가를 받을 수 있었던 것은 개최 준비부터 효율적인 행정체계와 거대한 조직요원들의 헌신적인 공헌이 있었기 때문이다. 이후 한국스포츠계는 한 차원 높게 승화 · 발전시키려는 과제를 달성하기 위해서 올림픽 개최로 축척된 자원과 경험 및 스포츠에 관한 새로운 인식 등을 적절히 조화시켜 발전적 대안(장단기 계획)을 마련하고 실천해왔다.

1990년대 이후 국민 1인당 GNP가 1만달러에 달할 정도로 물질적 풍요가 늘고 여가시간이 증대되었으며, 건강 및 삶의 질을 높이려는 욕구가 커져 스포츠 및 여가활동에 대한 국민적 관심이 날로 고조되었다. 더욱이 2000년대 들어 웰빙(Wellbeing)문화가 사회적 화두가 되면서 건강한 삶을 바라는 국민들의 욕구에 부흥하기 위해 스포츠의 가치는 더욱 높아지고 있다. 이런 여건들을 고려하여 스포츠활동의 내용을 개인적 · 사회적 필요성과 연관시키고 시대적 요구에 따라 다양화, 조직화, 복지화를 시도하여 합리적으로 국민의 생활 영역에 기여할 수 있어야 한다. 또한 한국스포츠가 새롭게 발전하기 위해서는 각 행정조직의 효율적인 운영체제를 모색하고 실효성 있는 스포츠정책을 수립하여 추진해야 할 것이다. 생활스포츠가 활성화 되어 건전한 여가선용의 수단으로 정착할 수 있도록 우리 스포츠인들의 노력이 요망된다. 이를 위해서는 스포츠의 과학화를 통해 선수들의 경기력을 향상시킴은 물론 국민들의 건강증진을 위한 과학적이고 합리적인 스포츠프로그램의 지속적인 연구 및 개발이 필요하며, 체육교육이 진흥 · 발전되고 나아가 합리적인 기구의 운영과 효율적인 체육수업프로그램의 개발에도 노력해야 한다.

① 생활스포츠의 활성화

1인당 GNP가 5,000달러를 넘어서면 가난의 굴레를 벗어나 생활에서 여유가 생기게 되고 여가선용의 욕구가 확산되기 시작한다. 자기발전을 위한 독서, 새로운 분야의 개척을 위한 연구, 관광, 스포츠활동, 예술, 레크리에이션 등 다양한 형태의 여가선용을 통해 삶의 풍요를 가꾸어 나가고자 한다. 반면에 지나친 음주, 도박, 폭력, 각종 향락 및 유흥 등 여가를 악용하고 비윤리적 경향이 만연되면 국가발전은 물론이고 미래사회를 어둡게 한다.

트로우(Trow)의 교육성장과 발전단계의 개념을 한국스포츠발전에 도용하면, 1980년대 후반을 기점으로 한국스포츠는 엘리트스포츠의 단계를 벗어나 대중화 스포츠단계로 전환되었다고 볼 수 있다. 스포츠의 대중화는 단순히 스포츠인구의 증가만을 의미하는 것이 아니라 스포츠가 담당해야 하는 역할과 기능이 확대되고 신장되었음을 의미한다. 1980년대까지 한국의 스포츠는 우수선수 위주의 엘리트스포츠를 중심으로 국가대표 육성과 학교체육을 중심으로 이루어져 왔다. 현대사회에서 스포츠가 수행해야 할 역할과 기능은 급변하는 사회적 여건 속에서 파생되는 정신적 갈등과 욕구불만, 각종 질병(성인병 등)의 고통을 해소해주는 것에서 건전한 여가선용, 행복한 삶의 수단, 건전한 사회구현 및 국가통합, 세계평화에 이르기까지 확대 · 발전해온 것이 사실이다. 이러한 시점에서 생활스포츠는 스포츠를 직접 체험함으로써 개인적으로나 사회적 측면에서 그 가치를 인식할 좋은 기회가 된다.

미래의 한국인들은 스포츠를 통해 건강 및 즐거움을 만끽하며 행복한 삶을 영위하길 더욱 갈망할 것이다. 이러한 추세는 최근 엥겔계수의 감소와 생활스포츠의 활성화에 대한 통계에서 찾을 수 있다. 1985년도와 1991년도, 2000년도의 엥겔계수가 각각 37.7%와 32.0%, 27.5%로 감소하여 우리의 생활수준이 점차 상승하였다. 이에 따라 생활스포츠 참가율과 전혀 참가하지 않는 비율이 1985년도와 1991년도, 2000년도에 각각 29.1%와 70.9%에서 51.9%와 48.1%, 65.9%와 34.1%를 기록하여 우리 국민들의 스포츠참가가 계속적으로 증가함을 알 수 있다. 이와 함께 생활스포츠 동호인 현황이 현저히 증가하는 추세이다. 생활스포츠 클럽수 및 동호인 인구 대 비율이 1992년도 각각 13,876명과 1.3%에서 1996년도 33,553명과 3.0%, 2000년도 41,986명과 3.7%를 기록하였다.

생활스포츠의 활성화는 국민들의 자발적 참여를 토대로 건강한 삶을 영위하고 공동체 의식을 함양하며 국가통합을 이루는데 일익을 담당하게 되는 것이다. 앞으로 생활스포츠가 건전하게 발전하기 위해서는 첫째 스포츠시설과 공간의 확충도 중요하지만 이를 보다 효율적으로 운영할 수 있는 유연성 있는 행정관리와 감독이 필요하다. 둘째 생활스포츠현장에 검증된 전문지도자를 충분히 배치해야 한다. 셋째 사회변화의 욕구를 충족시키고 지역사회 또는 연령층 및 각 계층에 적합한 스포츠프로그램을 개발하여 보급해야 한다. 넷째 대중전달 매체를 통하여 생활스포츠의 필요성을 알리고 경기참여 의식을 높이며 직장별, 지역별, 연령별 등 스포츠활동을 조직적으로 운영토록 해야 한다. 이렇게 함으로써 한국의 생활스포츠는 모든 사람들의 심신단련과 자아실현의 장이 될 것이며, 아울러 행복하고 건전한 삶의 수단으로 정착해나갈 수 있을 것이다.

② 스포츠의 과학화

오늘날 한 국가의 국력을 평가하는 기준으로 경제수준, 국방력, 스포츠의 수준 등을 열거하고 있음은 스포츠의 중요성이 지대함을 말하는 것이다. 스포츠의 진정한 발전을 위해서 과학적 기법을 동원하는 것이 바람직하다. 현대는 과학의 시대이다. 선진국들은 이미 스포츠에 과학기술이 깊숙이 침투되어 있으며, 적용의 범위가 광범위하게 이루어지고 있다. 그러나 아직도 우리는 선진국에 비해 스포츠과학의 발전이 미진한 상태이다.

스포츠과학은 몇 가지 연구 분야로 나눌 수 있다. 스포츠활동의 여러 환경에서 일어날 수 있는 생리적 반응과 적응을 연구하는 운동생리학과 운동하는 사람을 하나의 기계로 모델화 하여 운동기술의 역학적 특성을 연구함으로 효율성을 높이려는 운동역학, 운동경기에서 일어날 수 있는 생체 내의 변화 및 심리적 변화 등을 연구하여 경기수행능력의 향상에 적용하는 스포츠심리학, 주위환경과 스포츠 관계를 연구하여 적응력을 높이는 스포츠사회학, 스포츠활동에서 발생할 수 있는 상해의 예방 및 치료에 관한 스포츠의학, 스포츠활동에 필요한 정비와 용구를 개발하기 위한 스포츠공학 등의 분야를 들 수 있다. 이들 학문들은 최근 20여 년간 의학, 유전공학, 생화학, 전자공학, 전산학 등의 발전과 첨단 과학 기자재의 출현에 힘입어 급속도로 발전해왔다. 그 결과 운동생리학적 측면에서는 스포츠활동에 따른 주 에너지 동원체제, 근신경계의 기능적 특성, 순환 및 호흡기능 등을 연구하여 조직단위의 여러 측면을 넘어 세포단위 이하의 생화학적 측면에 초점을 맞추어 연구하고 있다. 스포츠심리학에서는 운동선수들의 인지반응 기점, 동기유발, 심리상태 파악 및 조절, 각종 변화에 따른 정신적 적응 등을 파악 · 조절하는 방법을 모색하고 있다. 운동역학 분야에서는 운동동작들을 3차원적으로 분석하여 운동기술에서의 오류를 정량적으로 분석 제시하며 기술의 효율성을 꾀할 뿐 아니라 스포츠활동시 발생할 수 있는 부상의 원인을 규명하고, 부상방지의 방안을 제시하기도 한다. 또한 운동기술의 효율성을 극대화시키기 위해 운동기구나 기자재의 개발에 대한 연구도 진행되고 있고, 종래의 영상분석법을 비디오분석법으로 전환하여 기술 분석의 결과를 즉시 산출하고 현장에서 적용시키며 정보를 분석하여 제공한다. 특히 이들 연구들은 전문적인 선수들의 운동경기뿐만 아니라 일반대중이 경험하는 모든 스포츠활동 및 건강생활에까지 적용되어 실시하고 있다. 또한 건강생활을 위한 적절한 운동방법, 개개인의 체력에 알맞은 운동방법 등을 과학적이고 의학적으로 제시하여 유아들의 운동능력의 조기개발, 지진아의 개선을 위한 방안을 제시하고 있다. 스포츠의학에서는 운동상해의 예방과 치료를 위한 소재(素材)와 적절한 치료방법을 끊임없이 개발하고 있다. 이 외에도 전자공학과 전산학을 도입하여 방대한 정보를 신속하게 처리하고 정리 · 보관한다.

현재 스포츠과학은 점점 세분화 되고 있으며, 이를 위한 전문 인력을 양성하고 있다. 스포츠과학은 단순히 경기력 향상을 위한 목표에서 이미 탈피하여 엘리트스포츠, 생활스포츠, 학교체육, 유희, 레크리에이션, 무용 등 모든 인간운동 분야에 적용되고 있는 추세이다. 이러한 스포츠과학의 흐름과 변화를 한국스포츠의 진흥을 위해서 적극 수용하고 발전시켜 나가야 한다. 이를 위해서는 우리 스포츠인들의 노력과 정부의 스포츠과학에 대한 적극적인 정책의 수립과 재정지원이 확대되어야 한다.

③ 학교체육의 진흥과 발전

근대교육이 보급된 이후 전통적 교육에서 등한시했던 체육이 보다 강조되면서 근대적 전인교육이 가능해졌다. 학교체육은 학생들의 지적 성장과 신체적 발육을 위한 교육의 장으로서 학생들의 잠재능력을 개발하고 지도하여 사회발전에 기여하는 건전한 인간형성을 최대의 목표로 설정하고 있다. 그러나 한국의 학교체육은 고등학교까지 형식적인 수업에 얽매여 진정한 의미의 체육수업을 경험하지 못하는 실정이다. 체육수업은 공놀이, 심지어는 자습시간의 의미로 받아들이고 있다. 이에 대한 주장은 몇몇의 학자들의 주장과도 상통한다.

1988년 연세대학교 장기원 기념관에서 실시한 세미나에서 이광섭(한체대)은 외국의 체육교육 실태를 소개하면서 한국체육의 교과 특성을 명료하게 할 것을 강조하였고, 신세호(교육개발원장)는 체육교사들의 교육적 실무가 소홀하다고 지적하였으며, 유병희(사회체육진흥회)는 학교체육의 내실화를 위해 생활스포츠와의 연계가 필요하다고 강조하였다. 현대 산업사회의 병리현상을 극복하기 위해 건강을 유지 · 증진시킬 수 있는 스포츠에 대한 욕구가 확대되고 있고, 스포츠활동의 참여는 의식주와 더불어 모든 사람의 타고난 권리로 인식하고 평생스포츠를 지향하고 있는 것이 세계적인 추세이다. 이러한 스포츠의 욕구를 위해 학교체육은 신체활동에 대한 제도적인 교육을 통하여 가정스포츠와 생활스포츠의 원동력이 되어야 한다.

체육의 주된 내용인 신체활동은 인간의 삶에서 개인의 욕구, 정서, 경험과 사고의 상호작용을 통하여 인간의 이상과 소망을 실현하는 원동력이 된다. 광복 후 현재까지 한국의 학교체육을 반성해 볼 때 학교체육이 추구하는 교육적 가치관이 자리 잡지 못한 채 흔들려왔고, 교과목표에 대한 인식이 부족하였으며, 체육교사들의 교육적 책무가 소홀하게 이루어져 왔다. 또한 체육시간이 축소되고 형식화 되며 각종 행사를 위해 할당되어 왔고, 체육교사의 적절한 양성이 이루어지지 않았으며, 체육의 방법 또한 교육목적과 괴리되어 실행되었다. 따라서 체육의 개념 정립과 목표를 세계적 추세에 맞게 재조명하고 체육교사를 바르게 양성하여 질적 향상을 꾀해야 한다. 체육의 이론을 정립하고 교육내용을 재구성하여 학교체육이 시대적 요구에 맞게 운영되도록 하여야 한다.

체육은 본래 신체적 측면뿐만 아니라 정서적 측면과 지적인 측면의 발달을 추구하는 교육이었다. 그러나 한국의 경우 산업사회로 전환되면서 체육 본래의 목표를 상실하고 학교교육에서 지나치게 주지주의와 기능주의로 흐르게 되었다. 체육은 인간의 성장과 발달을 도와 신체적 · 정신적으로 건강한 인간을 기르게 하며 이론적 기틀을 세워 학문성과 전문성을 확보하고 다양한 교육 프로그램을 개발해야 한다. 나아가서 미래를 향한 체육으로 정착하기 위해 학교체육과 생활스포츠를 연계시켜 전인적(全人的) 인간형성을 추구해 나가야 한다. 이를 위해서는 끊임없이 스포츠 인재(지도자)를 양성 · 배출하고 과감하게 재정과 시설을 확충하며, 활성화를 위한 기금을 효율적으로 운영토록 해야 하겠다. 최근 들어 전문교육을 수료한 지각 있는 체육선생들이 각급 학교에 배치되면서 긍정적이고 건전한 변화의 조짐이 보이고 있다.

학교체육의 정상화 내지는 스포츠를 통한 교육적 효과를 높이기 위해서는 일선 선생들의 적극적이고 부단한 인내와 노력이 요구된다. 또한 교육인적자원부의 스포츠에 대한 교육적 가치인식을 가져야 하며, 그와 더불어 각 지역의 교육담당 요원 및 각 학교 관련자들의 체육수업에 대한 중요성을 인식해야 할 것이다. 그리하여 학교체육을 위한 체육프로그램이 자율적으로 개발되고 실행될 수 있는 환경을 조성해야 할 것이다. 이는 미래의 주역이 될 청소년들의 신체 및 정신의 건전한 발달은 물론 사회적 성격의 함양과 민주시민으로서의 자질을 갖추는 기회가 된다.

④ 남북스포츠교류의 확대

남북한은 분단 이후 1946년까지 경평축구경기 등을 통해 간헐적인 스포츠교류를 시도해왔다. 그러나 6.25동난 이후 남북한의 스포츠교류는 단절되었다. 이후 1957년 6월 북한은 1960년 로마올림픽대회에 단일팀으로 참가할 것을 제의하였으나 남한은 회담에 적극적으로 나서지 않아 성과가 없었다. 남북한의 스포츠교류가 재개된 것은 동경올림픽대회(1964)를 앞두고 열린 1963년 남북단일팀 구성을 위한 회담이었다. 이 회담은 국제올림픽위원회가 구 소련을 비롯한 동구권 국가들의 권고를 받아들여 최초의 남북한 스포츠회담을 가졌지만 상호불신으로 실질적 성과를 거두지 못하였다. 70년대 역시 남북한의 이견을 좁히지 못하고 합의점을 찾지 못하였다. 이후 86아시안게임과 88서울올림픽의 남북한 공동개최와 단일팀 구성을 위한 회담이 열렸지만 남북한의 이해득실에 대한 생각으로 민족화합의 계기가 무산되었다. 1990년대 들어 남북한의 스포츠교류는 화해분위기가 조성되었다. 1990년 북경아시아경기대회에 단일팀 참가는 이루어지지 못했지만 남북한의 공동응원을 하는 등 남북한의 스포츠교류가 과거 어느 때보다 활기를 띠기 되었다. 이 대회 동안 남북한은 공동기자회견을 가졌으며, 이를 토대로 남북통일축구대회를 1990년 10월 서울과 평양에서 각각 개최할 수 있었다. 그와 더불어 1990년 11월 남북한체육장관회담을 통해 스포츠교류가 본격화 되었다. 몇 차례의 회담을 거친 후 1991년 2월 남북체육회담의 공동합의문을 통해 남북체육회담 30여년 만에 제41회 세계탁구선수권대회(1991.4.29, 일본 지바)에 남북한 단일팀을 구성하기로 결의하였다. 코리아팀은 흰색 바탕에 하늘색 한반도 지도를 가슴에 새기고 이 대회에 출전하여 여자단체전 결승에서 9연패에 도전하는 중국을 접전 끝에 3대 2로 꺾고 우승하였다. 이를 계기로 제6회 세계청소년축구선수권대회의 남북한 단일팀을 구성하는데 필요한 합의사항을 이끌어냈다. 또한 1999년 8월 통일염원 북남로동자축구대회와 같은 12월 남북통일농구대회를 개최하였다.

2000년 6월 13일 김대중 대통령은 남북한 정상으로선 최초로 평양을 방문하였다. 그와 함께 2000년 9월 제27회 시드니올림픽에서 남북한은 한반도기를 들고 서로의 손을 잡고 코리아의 이름으로 동시 입장하였다. 이후 2002년 부산안게임, 아모로리동계아시안게임, 대구 유니버시아대회, 2004년 아테네올림픽에도 남북한 동시입장이 이루어져 남북한의 이해와 화합의 분위기를 조성하는 계기를 마련하였다.

현재까지 30여 차례에 걸쳐 이루어진 남북스포츠교류 및 회담은 남북관계의 정세변화에 따라 많은 우여곡절을 겪었지만 남북한 스포츠발전과 남북한의 이해와 화합에 기여하여 왔다.

7) 북한의 체육과 스포츠

북한(조선인민주의공화국)은 1945년 광복 이후 남한의 민주주의 체제와는 달리 공산주의 체제를 수립하면서 반세기가 넘도록 남한과 대립하고 있다. 북한의 체육의 목적은 "신체를 다방면으로 발전시키며 집단주의 정신과 혁명적 동지애, 군센 의지, 규율준수에 대한 자각성과 책임성 등 고상한 사상과 도덕적 품성을 배양함으로써 국방력을 강화하고 사회주의 공산주의 건설을 성과적으로 수행하는데 이바지하기 위한 것" 이라고 규정하고 있다. 북한의 스포츠활동은 정치적 혁명사업의 일환, 국위선양이라는 수단적 가치에 치중하여 왔다.

북한의 체육은 다른 공산주의 국가와 마찬가지로 국가관리 하에 체육정책을 계획 · 추진하고 있으며 철두철미하게 국가이익을 증진시키기 위한 수단 내지 도구로서 체육의 가치관을 정립하고 있다. 스포츠는 정치적 목적과 연결되어 국가이익을 위한 도구와 수단으로 이용되고 있으며 여가활용이나 생활스포츠보다는 전 인민의 국방체육이라고 할 수 있다. 1972년 12월 개정한 사회주의 헌법 제47조에는 "국가는 체육을 대중화 하고 국방체육을 발전시켜 전체 인민을 노동과 국방에 튼튼하게 준비시킨다." 고 표기하고, 북한의 제9기 3차 최고인민회의가 1992년 4월 개정한 사회주의 헌법 제55조에도 "국가는 체육을 대중화 · 생활화 하는데 대한 방침을 관철하여 전체 인민을 노동과 국방에 튼튼히 준비시키며 우리나라 실정과 현대 체육기술 발전 추세에 맞게 체육기술을 발전시킨다." 고 되어 있다. 이처럼 북한은 스포츠를 집단적 경험을 통한 사상교육의 일환 또는 체력단련을 통한 노동력과 군사력의 배양, 체육기술 발전 등의 기회에 활용하고 있다.

북한은 광복 이후 1970년대까지 국위선양을 강조하여 국제대회에서 남한과 경쟁하였다. 북한은 광복과 더불어 소련 진지군의 구도에 따라 스탈린식 사회주의가 도입되었다. 그와 더불어 1946년 5월 민간인 위주의 조직체로서 북조선체육동맹(회장 최용건)을 결성함으로써 조선체육회의 정통성을 부인하고 나섰다. 이어 북한은 북조선직업동맹, 북조선농민동맹, 북조선민주청년동맹 등 사회단체별로 체육단체를 조직함으로써 스포츠활동에 모든 주민들과 단체가 총망라되도록 하였다. 1948년 7월 인민체력검정제도를 도입, 주민들의 전반적인 체력 향상과 함께 주민통제기능도 수행토록 하였다. 1954년 6월 내각 직속기구로 체육지도위원회가 신설되면서 북한의 스포츠정책은 본격화 되었다. 체육시설의 확장 및 한국전쟁으로 인해 해체되었던 체육단체의 재조직 등 스포츠활동을 강화하였다. 경기종목으로 육상, 축구, 농구, 배구 등과 더불어 씨름, 궁술, 그네 등 전통적 스포츠 종목도 보급 · 발전시켜 나갔다. 이때 북한은 축구와 농구 등을 통하여 체코, 소련, 폴란드 등과 친선경기를 가졌다.

1960년대 북한은 국방체육을 강조하였다. 북한은 1959년 2월 내각 결정(제15호)에서 "근로 인민들 속에서 체력단련을 위한 체육의 기본 종목인 체조, 육상, 수영과 스키를 더욱 대중화 하는 동시에 국방체육과 민족체육을 발전시키며 등산, 여행, 야영 등 대중적인 체육행사를 광범위하게 조직하도록 한다." 고 하여 국방체육 강화책을 모색하였다. 1967년 5월 북한은 주민의 체력 향상이라는 미명 하에 사격, 산악 행군, 장애물 넘기, 수류탄던지기 등 실질적인 군사적 경기종목을 신설하였다. 또한 그네, 씨름, 활쏘기 등 전통적인 일부 민속놀이를 민족문화 계승발전이란 명분하에 경기 종목화 시켜 민족체육경기대회를 1959년부터 개최하였다. 그와 더불어 북한은 공산주의 국가와의 국제스포츠교류를 전개해 나갔다. 특히 북한은 1963년 10월 서독 바덴바덴에서 개최된 제60차 총회에서 IOC 정회원국으로 가입되었다.

1970년대 이후 북한은 중국의 국제적 지위 향상에 편승하여 종래의 공산권 진영에만 국한하였던 폐쇄적인 대외 스포츠교류를 아시아 지역과 서방 국가로 확대해 나갔다. 즉 대외 스포츠활동을 적극 전개함으로써 국제스포츠 사회에서의 영향력 증대와 이를 통한 남한의 고립화에 주력하였다. 1972년 헨올림픽에 처음으로 참가하여 사격종목에서 금메달을 획득, 세계의 주목을 받은 이후 꾸준히 참가하였다. 아시아경기대회에는 1974년 테헤란아시안게임에 참가, 한국에 이어 5위를 차지하였다. 특히 1978년 북한올림픽위원회 김유순의 국제올림픽 피선을 계기로 적극적인 스포츠외교에 주력하였다. 북한은 남한의 국제적 고립화를 꾀하고자 중국과 아랍제국과 결탁하여 1972년 아시탁구연합을 창설하여 한국이 가입된 아시아탁구연맹을 해체케 하였고, 1979년 4월 평양에서 열린 제35회 세계탁구선수권대회에 남한의 참가를 저지하는 한편 미국을 참가시켰다. 이것은 국제대회에서 남북한 대결양상이 과도하게 표출된 현상이었다. 학교체육에도 주력하여 1970년부터 매년 '토요 체육의 날', '국방체육의 날'을 지정하고 공중손그네, 회전그네 등을 통한 '키크기 운동'을 전개하였다.

1980년대 북한은 남한과 국력의 격차가 심화되고 체력과 훈련기술의 차이로 메달경쟁에서 현저한 격차가 벌어지자 남한과의 직접 경쟁을 피하면서 사회주의 국가와의 스포츠교류를 강화하였다. 또한 한국이 88서울올림픽을 유치하자 국제경쟁력을 만회하기 위하여 여러 국제대회를 개최하였으나 사회주의 진영에 한정되었다. 북한은 1980년 후반까지 퇴폐적이고 비생산적인 자본주의 산물이라고 비난하여 금기해오던 야구, 소프트볼, 골프, 볼링, 수상스키 등 자본주의 사회의 스포츠를 보급하고 관련 시설들을 건설함으로써 미·일과의 관계개선을 위한 정치적 배려에 관심을 나타냈다. 이 시기에 김정일의 체육지도사업이 전면에 부각되었다. 그는 1986년 체육관계자들과의 담화에서 체육연구사업을 비롯하여 체육의 대중화 실현, 국방체육의 발전, 학교체육 강화, 체육시설 건설 등을 강조하고 북한이 중점적으로 육성해야 할 11개 종목(축구, 배구, 탁구, 육상, 체조, 권투, 레슬링, 역도, 사격, 수영, 스키 등)을 선정하였다.

한편 1980년대 말 세계정세의 변화와 88서울올림픽의 성공적 개최 이후 나타난 한국의 북방정책의 전개로 한반도 통일 환경의 변화가 심각한 양상을 보이자, 북한은 종래의 태도를 벗어나 조금씩 새로운 대외환경 변화에 적응하고자 하는 노력을 보였다. 북한은 1991년 10월 최초로 미국 워싱톤에서 미국 축구팀과 친선경기를 가짐으로써 스포츠의 외교 수단화에도 한층 전력하는 모습을 드러냈다. 1990년대 북한은 대내 중심의 스포츠행사에 주력하는 한편 스포츠를 통한 남북스포츠 교류에 동조하는 모습을 나타냈다. 또한 1994년 7월 김일성 사망으로 대내외적으로 정치적 상황이 변화함과 더불어 90년대 경제난이 심화되면서 국제대회의 유치를 반납하는 등 북한의 스포츠가 위축되는 경향을 보였다. 북한은 1992년 3월 매월 둘째 일요일을 '체육의 날'로 지정하여 각 지역 및 각급 단체별로 사이클, 줄다리기, 공 안고 올리기, 100미터 달리기 등 각종 스포츠경기를 일률적으로 실시하기 시작하였고, 남북한 유엔 동시 가입이 이루어졌으며, 1990년 북경아시안게임 직후 남북통일축구대회의 개최, 1991년 제41회 세계탁구선수권대회(일본 지바)와 제6회 세계청소년축구대회(포르투갈 리스본)에서 남북 단일팀 출전이라는 성과를 올렸다. 이후 2000년 시드니올림픽과 2002년 부산아시안게임에서 남북선수단이 서로의 손을 잡고 공동 입장하는 등 남북스포츠교류와 친선에 노력하는 모습을 보여주고 있다.

현재 북한의 스포츠정책 및 행정을 총괄하는 중앙행정기구는 조선국가체육위원회이다. 1948년 9월 정권수립과 함께 중앙체육지도위원회가 발족하여 1954년 11월 조선체육지도위원회로 독립한 이 기구는 1969년 11월 내각에서 분리되어 제도상 독자적인 기구로 되었다. 1986년 11월 제8기 내각출범으로 다시 내각 성원으로 되었으며, 1989년 6월 현재의 명칭으로 개칭되어 오늘에 이르고 있다.

2. 중국 및 일본의 체육과 스포츠

1) 중국의 체육과 스포츠

중국은 유라시아 대륙의 동부를 차지하고 있는 국가로 동서로 약 5,000㎞에 걸친 광대한 지역에 펼쳐져 있다. 약 960만㎢의 면적에 약 12억의 인구가 살고 있는 다민족(多民族)이어서 한민족의 거주지라는 뜻으로 중국이라는 이름을 붙였다고 한다. 중국은 고대부터 가족제도와 조상숭배 및 남존여비사상이 강해 남자에게 사회적으로 큰 비중을 두었다. 이를 바탕으로 근대 이전까지 중국은 막강한 왕조중심의 국가를 이루었으나 근대 이후 서방 열강의 제국주의 침략과 중국의 정체된 역사로 인해 나라가 피폐해졌다. 1911년 신해혁명으로 청조(清朝)가 전복되어 오랜 왕조가 막을 내리고 근대국가로서 중화민국이 수립되었다. 그러나 근대적 민주주의 정치를 실현하지 못하고 외세의 침략과 내분이 계속된 후 1928년 국민당이 전국을 통일하였다. 그후 일본의 침략과 국민당과 공산당의 충돌 등은 중국을 혼란 속에 빠뜨렸다. 제2차 세계대전이 끝나자 중국 공산당은 본토의 실권을 잡게 되어 중화인민공화국을 수립하였고, 국민당 세력은 약화되어 1949년 대만으로 철수하였다. 이로써 공산당은 본토에 새로운 정치체제를 세우고 경제와 사회제도를 세우고 이를 개혁해 나가기 시작하였고, 대만은 민주국가를 수립하게 되었다.

중국은 모택동의 체제 하에서 외교적으로 국제사회에 부상하였으나 1954년 공업화 추진정책과 1958년 대약진운동이 실패하자 정부 실권파가 자본주의적 요소가 담긴 경제정책으로 난관을 극복하였다. 이에 모택동은 1965년 이들을 공격하는 문화대혁명을 일으켜 모택동 사상 하의 국민적 단결을 강행하였다. 하지만 그로 인해 문화활동은 물론 경제 전반이 침체되었다. 1975년 모택동이 사망한 뒤 화국봉을 거쳐 등소평이 권력을 잡으면서(1978) 다시 자본주의적인 요소를 가미한 4대 근대화정책을 추진하였다. 이후 중국은 꾸준한 경제성장을 이룩하고 국제연합과 유엔 안정보장이사회에 가입함은 물론 미국과 일본과의 국교를 회복하였으며 국제무대에서 막강한 실력을 행사하고 있다.

(1) 교육

중국은 전통적으로 유교사회의 특징 속에서 가족 중심의 가부장적 제도와 조상숭배의 사상이 기저를 이루고 있었다. 따라서 자유롭고 개성을 강조하는 교육은 찾아볼 수 없었다. 그러나 청조 말 외세의 침략에 밀려 문호를 개방함에 따라 식자층에서는 중국의 근대화와 자주 독립을 꾀하는 운동이 전개되었다.

특히 1919년 5.4운동 당시 북경대학 총장이었던 채원배(蔡元培)는 노신(魯迅)의 영향을 받은 민족주의자로 중국교육회를 결성하여 교육을 통한 중국의 근대화를 시도하였다. 그해 존 듀이(John Dewey)가 중국을 방문하였는데, 이때 채원배는 듀이로부터 많은 영향을 받고 듀이의 교육사상과 과학적 방법론을 받아들여 중국의 전통문화를 정리하고 평가해야 한다고 주장하였다. 1922년 미국을 모방한 학제가 생겨났고, 여성의 지위도 차츰 높아지기 시작했다. 또한 어려운 고문과 고어를 사용하지 말고 현대인이 사용하는 국어 곧 백화(白話)의 사용을 주장하는 백화운동이 일어났다. 이후 도행지(陶行知)에 의해 신교육 연구집단이 결성되었다. 그는 1929년 미국의 교육학자 킬패트릭(Kilpatrick, W.H)을 중국에 초청하여 듀이의 "교육은 생활이다."라는 개념을 "생활이 곧 교육이다."라는 개념으로 바꾸어 사용하였다.

1930년경 공산주의자들은 소위 신교육대강에서 "인민시대의 교육자는 인민의 지위를 교육의 기준으로 삼으므로 교육은 정치를 초월하게 된다."고 밝히고 계급주의 사상에서 자본주의 사회교육의 특징을 ① 교육과 노동의 분리 ② 교육권 소유자의 이탈 ③ 지배계급의 이익에 대한 봉사 ④ 적대하는 교육의 대립 ⑤ 남녀교육의 불평등 등의 5가지를 지적하는 한편 마르크스 교육론을 자본주의적 전통교육과 대별하여 이론투쟁의 무기로 내세워 자본주의적 교육을 당시의 교육현장에서 얻은 실화에 근거하여 비판을 전개하였다.

1949년 공산혁명에 성공한 중화인민공화국은 12월 중앙인민부 전국교육자대회를 소집하고 구교육에 내포된 유용한 경험을 흡수하여 선진국 소련의 경험을 참고한 '신민주주의 교육건설'을 선언하였다. 1956년 출간된 〈교육학〉에 비판을 가하고 1957년 교육의 새로운 이론체계를 수립하였다. 따라서 중국의 교육체계는 정치권력의 변화와 소련의 학교교육론을 바탕으로 확립된 것이며, 최근 들어 소련의 교육론을 비판하며 서구의 교육이론을 접목하려는 경향이 시도되고 있다. 현재 중국과 대만은 각기 다른 교육제도를 채택하여 각급 학교 및 사회교육을 실시하고 있다.

(2) 근대적 체육과 스포츠의 전개

일반적으로 중국의 근대스포츠는 5단계의 발전과정으로 나눌 수 있다.

제1기(1842~1919) : 20세기의 전환점이던 시기에 일본, 미국 또는 유럽에서 유학하고 돌아온 학생들과 기독교선교사, YMCA 지도자 등이 중심이 되어 새로운 근대교육제도를 받아들이고 서구화운동이 전개되면서 세계 각국에서 스포츠가 도입되었다. 이때의 스포츠는 형식적이었으며, 그 내용은 유연체조나 경기 및 군사적인 성격을 포함하고 있었다.

제2기(1919~1927) : 중국교육에서 민주화운동이 일어났던 시기로 미국의 교육사상가 먼로(Monroe, P.)와 듀이(Dewey, J.)의 중국방문으로 교육의 민주화에 많은 영향을 미쳤다. 각종 구기와 근대적 스포츠가 여러 방면을 통해 도입되었고, 체조라는 명칭이 체육으로 바뀌었다. 그러나 전통적 사관에 입각하여 스포츠는 과외활동의 대상으로 인식되었다.

제3기(1927~1931) : 새로 수립된 국민당 정부가 스포츠를 관리했던 시기로 1929년 국민체육활동법이 통과되어 전국체육위원회가 교육부 내에 조직되었고, 스포츠가 국가발전에 중요한 요소임을 인식하고 체육을 교육과정의 필수과목으로 지정하였다.

제4기(1931~1937) : 스포츠가 눈부시게 발전한 시기로 전국 체육위원회가 표준이 되는 스포츠계획을 발표하였고, 시설 및 각종 스포츠기구를 준비하는 한편 지도자 훈련을 실시하였다. 이때 체력 및 스포츠에 관심을 가진 민간단체의 설립이 촉진되었고, 1933년과 1935년 전국경기대회를 개최하였고 학생들에게 신체검사를 실시하였다.

제5기(1937~1948) : 이 시기의 특징은 전시계획(戰時計劃)이었다는 점이다. 체육의 목표는 총력전을 펴야 하는 긴급사태에 효과적으로 적응하고 수행하는 것이었다. 이때의 체육프로그램은 지도자와 시설의 부족으로 매우 부진하였으나, 교육부는 1929년 제정된 국민체육법을 1941년 개정하여 스포츠발전을 유도하였다. 이에 전국체육위원회는 개편되어 학교체육, 사회체육, 조사연구 등 3국으로 세분화 되고 전문화된 스포츠활동을 추진케 하였다. 1942년 교육부의 인가를 받아 성(省)과 시에 체육위원회를 설립하도록 하였다.

학교교육은 초등학교, 중학교, 고등학교, 대학 등 6 · 3 · 3 · 4학제였다. 초등학교의 표준적인 체육프로그램에는 교련, 행진, 맨손체조, 리듬운동 및 운동경기 등이 포함되어 있었다. 3, 4학년에서는 2~3종목의 육상 및 운동경기가 실시되었고, 텀블링(Tumbling)은 모든 학년에서 실시되었다. 5, 6학년은 학급편성을 남녀별로 분리하였으며, 구기(球技)를 교과과정에 포함시켰는데 농구, 배구, 소프트볼 및 축구 등이 널리 행해졌다. 또한 매일 아침 15분간의 의무적 체조훈련이 프로그램에 포함되었다.

중등교육은 1940년 12월 교육부에서 작성하였다. 표준 체육프로그램은 주당 2시간의 필수체육과 아침체조, 전교생이 매일 15~20분간 교련을 실시하고, 주당 3시간의 과외활동이 배정되었다. 수업시간은 단원계획보다는 일과식이었고 특별히 경기회, 공개연기 및 원족(遠足)을 권장하였다.

고등학교 체육도 1940년 12월 교육부에 의해 작성되었는데, 중학교 체육과 비슷하나 남자의 구기(球技) 및 여자의 리듬운동시간이 늘어났으며 체조시간은 줄어들었다.

대학의 체육은 주당 2시간을 필수로 하였고 15분간의 아침훈련과 50분 이상의 과외스포츠에 2회 이상 참가하였다. 이는 건전한 신체발달을 도모하고 시민성을 길러 일상생활이나 국방에 관련된 일반적인 기술을 발달시키며 레크리에이션의 습관과 태도를 길러 주는데 목적이 있었다. 대학체육에서 권장하고 있는 운동종목은 농구, 축구, 배구, 소프트볼, 테니스, 육상경기, 수영, 핸드볼, 기계체조, 국술, 텀블링, 유연체조, 리듬체조, 궁술, 샤플보드(원반차기), 말굽던지기, 원족(遠足) 등이었다.

체육교사 양성대학은 1916년 개설된 남경교육대학이며, 1917년 국립북경사범대학이 세워졌다. 또한 1920년 국민당 정부가 수립된 이후 모든 교원양성학교가 중앙정부의 통제를 받았다. 그후 교원 부족으로 몇 개의 주와 시에서도 교사양성학교가 설립되면서 1948년 19개 대학에 이르렀다. 가장 완전한 교원양성 프로그램은 고등학교 졸업생을 대상으로 5년간의 수학연한으로 하여 고등학교나 대학의 교원양성을 목표로 하고 있다. 학생들은 4년간 대학교육을 이수한 후 1년간 교육실습을 해야 학사자격증과 교사자격증을 받을 수 있었다.

초등학교의 교사는 중등학교를 졸업하고 3년간의 교육과정으로 된 사범학교에서 양성되었다. 초등학교의 체육교사는 2년간 어느 정도 전문화된 체육과정을 수료해야 했다. 한때 여성체육교사 양성을 위한 2개의 유명한 학교가 있었다. 그 하나는 상해 양정여자전문학교이고 또 하나는 남경 금릉여자대학이었다. 양정여자전문학교는 경기력 향상에 치중하였고, 금릉여자대학은 무용 및 학교교육에 역점을 두었다.

중국의 북부에서 최초의 여자체육지도자 양성기관으로 주목을 끌었던 북경 여자사범대학의 체육과는 1931년부터 북경사범대학과 합병하여 처음으로 남녀공학의 훈련계획이 행해졌는데, 그후 모든 지도자 양성기관에서 행하여졌다.

국민당이 중국 대륙에서 실권했을 때 스포츠는 대중화 되지는 못했으나 운동경기는 열광적이었다. 학교 외의 민간 스포츠협회나 지역사회는 스포츠활동을 활발히 전개하였다. 지역사회의 체육프로그램은 대부분 스포츠가 주가 되어 있었고, 민간스포츠협회나 지역사회가 주최하였다. 1년 중 가장 중요한 행사는 교육부가 지정한 9월의 체육제였다. 오호(五虎)크럽, 상해 정무(情武)체육클럽, 북경 3대 클럽, 중국국술관 등 무술 성격을 가진 민간단체가 대표적이었다. 그러나 이들 단체는 경기회 외에는 큰 영향력을 행사하지 못했다. 청말 중국에는 프로스포츠가 없었기 때문에 모든 스포츠는 1910년 10월 설립된 전 중국아마추어경기연맹의 통할 하에 있었다. 이 연맹은 극동 선수권대회에 선수단을 파견하고, 경기규칙을 개정하여 전국대회를 운영하였다. 이 연맹은 국제올림픽위원회의 일원으로 1932년, 1936년, 1948년 3회에 걸쳐 올림픽경기에 중국 대표를 보냈다. 이 연맹에 가장 적극적으로 참가한 것은 상해, 천진, 중경, 북경 등 도시의 경기단체였다. 중국에서 가장 유명한 스포츠단체의 하나는 중국국술회이다. 국술(國術, Kuoshu)은 호신적 목적을 가진 단체이다.

대학경기단체로는 강소성의 7대 대학경기연맹, 상해대학경기연맹, 북경 5대 대학경기연맹 등이 있었다. 제1회 전국경기대회는 1911년 남경에서 개최되었고, 1948년까지 7회에 걸쳐서 전국적인 대회로 행하여졌다.

경기에 대한 열의가 높아지자 여성의 참여도 증가하였다. 민주화운동이 휩쓸던 시기에 중국여성은 교육이나 체육에 참가할 기회가 많아져 학교교육과정에서 여성체육프로그램을 발전시켰다. 그 결과 제6회 전국경기대회에서는 8개의 여자운동 종목이 채택되었다.

제2차 세계대전을 전후로 많은 학교들이 내륙지방으로 이전하였다. 이에 따라 스포츠의 목적도 전쟁을 수행할 수 있는 능력을 향상시키도록 수정되었으나, 국민당과 공산당의 대립이 심화되면서 스포츠의 발전은 침체되었다. 그러나 1949년 이후 대만의 자유중국과 본토의 중화인민공화국의 지도자들은 건국과 더불어 스포츠의 중요한 역할을 인정하게 되었다.

① 대만의 체육과 스포츠

대만은 건국 초기부터 체육을 필수교과목으로 지정하고 각 학교는 연 2회의 신체검사를 실시하도록 하였다. 학생들에게는 건강과 바람직한 여가생활을 하게 하며 개인의 발달과 본토를 복귀하여 중국재건을 이룩하는데 필요한 체력을 기르고 운동기능을 향상하도록 장려하였다.

초등학교의 체육은 주당 120~180분, 중등학교 이상은 주당 100분의 체육교과목을 이수하여야 한다. 초등학교에서는 유희, 리듬운동, 스턴트, 육상경기, 도지볼, 보행, 수영 등이 교육프로그램에, 소프트볼, 농구, 축구, 체조가 커리큘럼 속에 포함되었다.

중등학교에서는 많은 교체스포츠, 수상스포츠, 양궁 및 중국식 권법, 유도, 권투, 펜싱과 같은 자위적 활동이 커리큘럼에 포함되었다. 또한 아침의 15분 체조나 과외 야외활동, 운동회, 플레이데이, 체조의 공개연기, 스포츠 경기회 등에 참가하도록 학생들에게 권고하였다. 대학에서는 체육이 필수과목이고 학내 및 대학 대항경기가 행해지는데 1957년 15개교로 구성된 대학대항 경기연맹이 조직되었다.

스포츠의 행정조직은 4단계로 구성되었다. 중앙교육부 내에 '체육 스포츠국' 을 두고 다시 학교체육, 사회교육 및 스포츠, 국제스포츠 및 스포츠, 연구조사과 등 4개의 분과를 두었다. 각 지방교육국에는 건강, 체육, 스포츠과를 두었고, 농촌 및 소도시 지역사회에는 체육지도 자문위원회를 두었다. 행정적 조직 외의 민간단체조직은 중국 아마추어경기연맹과 중국 올림픽위원회 산하 42개의 경기단체와 9개 지부가 있고, 스포츠의 전반적인 발전을 위한 연구활동을 수행하는 중국체육회가 있었다.

국민당이 대만에 정부를 구성한 후 각 시와 구는 운동경기와 적절한 시간을 활용하여 여러 형태의 스포츠활동을 전개해 나갔다. 점차 스포츠에 대한 관심이 높아지자 많은 스포츠협회가 설립되었고, 서구의 스포츠를 받아들여 육성하였으며, 국술(중국 권법)과 같은 전통적인 스포츠를 되살리기 위한 운동협회가 조직되었다. 오늘날에는 '전국민을 위한 스포츠' 란 표어 아래 스포츠가 생활화 되도록 시설, 지도자교육, 예산 등 제반 여건을 갖추어 나가고 학교체육과 생활스포츠의 활동대상을 넓혀 남녀노소를 총망라하고 있다. 학교체육은 체육수업 외에도 교내운동회 및 각급 학교 간의 경기가 전 종목에 걸쳐 전국적으로 또는 지역적으로 실시된다. 생활스포츠는 교육부에서 훈련받은 스포츠 전문지도자에 의해 공원이나 운동장에서 조기 스포츠활동과 클럽 간의 경기가 활발하게 이루어지도록 촉진하며 지역주민들 간의 친선과 건강증진에 기여하고 있다. 국제적으로는 올림픽과 아시아경기대회 등 국제대회에 적극적으로 참여하고 국제대회를 유치하는데 힘쓰고 있다. 특히 정부의 적극적인 지원을 받아 체육 및 스포츠에 대한 국제적인 학술연구 발표회를 활발히 전개하고 있다.

② 중국의 체육과 스포츠

중국 본토에서는 1949년 공산당이 정권을 장악한 후 교육제도를 전면적으로 새롭게 수립하였다. 교육의 목표는 문맹타파(文盲打破)와 기술연수를 통해 산업국으로 탈바꿈하고 젊은이들을 공산주의의 틀에 맞도록 변형시키는데 두었다. 즉 공산주의의 이념에 충실하면서 기술을 갈고 닦게 하여 당이 필요로 하는 인재를 키우자는데 있었다. 초기에는 모든 학교가 국가정책에 따라 재정 지원을 받았으나 '대약진운동(大躍進運動)' 에 소요되는 예산과 농산물 증산에 소요되는 예산이 막대하여 학교에 대한 지원은 지역사회가 담당하도록 하였다. 이를 통해 교육의 지방분권화가 이루어지고 모든 계층에 급속도로 확산되었다.

중화인민공화국(中華人民共和國)은 헌법에 규정할 만큼 체육에 많은 비중을 두고 있다. 모택동은 체육의 중요성을 인식하고 사회주의 실현에 필요한 젊은이를 육성하기 위해서는 도덕적, 지적, 신체적 교육에 정부가 힘써야 한다고 강조하였다. 공산주의자들은 국방을 위한 체육과 더불어 스포츠는 국제적으로 국위를 선양할 수 있으므로 장려되어야 하며 한걸음 더 나아가 각종 국제경기에서 우승을 거두고 기록을 갱신해야 한다고 주장하였다. 따라서 체조와 기타 스포츠를 포함한 교육과 중등학교 학생들의 체력의 증강 및 군사훈련은 교육의 주요과제가 되었다. 이를 위해 소련의 교육지도자나 코치들을 초청하여(중 · 소 분쟁 이전) 지도를 받았으며 소련의 교과서나 지침서 등을 중국어로 번역 · 출판하였다.

중국에서는 젊은 개척자나 청년 공산주의자 동맹 등 여러 단체를 통하여 광범위한 청소년교육을 실시하고, 10여개의 전문학교와 많은 체육학교를 설립하여 유망한 선수훈련과 지도자 양성에 힘썼다. 또한 '새로운 체육교사' 라는 제목의 책자가 출판되고 스포츠에 관한 정기 간행물들이 발간되어 정부의 시책인 체력증진에 기여하였다. 모든 국민들에게 하루 10분 이상의 운동과 체력검정(體力檢定)을 받도록 권장하였는데 1955년부터 실시했던 이 검정에 수백만 명에 달하는 합격자를 배출하였다.

스포츠 신문 '티우포(Ti Yu Poa)' 에 의하면 1958년 중국체육연맹이 남긴 142명의 기록 중 7개의 세계기록이 수립되었다고 밝히고 있다. 1959년 북경 노동자 경기자에서 벌어진 2주간의 스포츠체전에 8,000여명의 선수가 참가하여 대성황을 이루었고, 5만명을 수용할 수 있는 올림픽 규모의 2개의 수영장 시설이 있는 광동경기장(廣東競技場)이 건설되었다. 중국의 모든 노동자들은 매일 스포츠를 즐기며, 특히 젊은 여성노동자들은 근무교대 후 30분 동안 포크댄스를 즐긴다. 노동자들은 댄싱이나 미용체조, 태극권, 유연체조 등 본인의 의사에 따라 스포츠활동을 통해 생활 태도를 개선해 나갔다. 그러나 1960년대 들어 청년 공산주의자연맹 대신 홍위병이 들어서면서 모택동 교리연구를 활발히 전개하게 되자 체육체제가 흔들리며 침체되었다. 한동안 문화혁명과 국내 문제로 고립화를 고수하다가 1972년 미국과의 핑퐁(Pingpong)외교로 시작된 중국의 스포츠외교정책은 이후 급진적인 발전을 거듭하였다. 특히 모택동 사망 후 등소평이 실권을 장악하고 중국의 근대화를 위해 새로운 경제체제를 내세우고 개방화를 시도하는 한편 스포츠에도 새로운 시도가 이루어졌다. 한 예로 1974년 테헤란 아시안게임에서 33개의 금메달을 획득하여 74개를 획득한 일본의 절반 수준이었으나, 1982년 뉴델리 아시안게임에서 일본의 독주를 누르고 새로운 왕좌에 앉았다. 오늘날 중국은 모든 국제경기대회에 적극적으로 참여하고 있으며 많은 종목에서 세계적인 기량과 경기력을 보여주고 있다.

2) 일본의 체육과 스포츠

일본은 아시아 대륙의 동쪽에 위치해 있는 입헌군주국으로 홋가이도(北海島), 혼토오(本島), 혼슈우(本州), 시코쿠(四國), 큐우슈(九州) 등의 5대 섬 및 3,000여개의 부속도서로 이루어진 국가이다. 일본은 수세기에 걸쳐 다른 국가의 문화로부터 많은 영향을 받아왔다. 특히 한국과 중국의 예술, 문화, 스포츠 및 불교, 유교 등을 적극 수용하였다.

1854년 서양제국들에게 문호를 개방하고 서양문물을 적극 받아들였고, 1868년 명치유신 이후 관제의 정비, 제도의 개혁, 학제의 반포, 국군의 건설, 자본주의의 보호 및 육성 등 정치, 경제, 군사에 걸친 광범위하고 급속한 근대화를 이룩하여 제국주의 열강에 합류하였다.

20세기 들어 일본은 한국을 비롯한 여러 국가들을 침략하여 식민지배를 하기도 하였다. 1941년에는 미국과 태평양전쟁을 일으켜 제2차 세계대전을 확대시켰으나 연합국에 패하여 미군정에 예속되었다. 1947년 11월 과거 일본의 군국주의를 청산하는 일본헌법이 제정·반포되어 일본은 역사상 처음으로 민주국가로 발돋움하게 되었다. 일본은 6.25동란의 군수품 조달을 통한 특수경기가 일어 경제에 숨통이 터졌다. 그와 더불어 미국을 비롯한 교전국들과 강화조약을 체결하고 국제연합에 가입하는 등 국제무대에 재등장하게 되었다. 이러한 분위기 속에서 1960년대 연 15% 이상의 경제성장률을 기록함으로써 경제대국으로 발돋움하였다. 경제대국으로 성장한 일본은 세계의 역할분담 여론에 못이겨 아시아 국가를 비롯하여 세계적으로 경제협력을 확대해나가고 있다.

(1) 교육

일본은 1868년 명치유신과 더불어 명치(明治)의 왕정복고 이후 봉건시대는 막을 내리고 새로운 사회구조가 형성되면서 정치, 경제, 사회, 문화 등 모든 분야에서 광범위하고 획기적인 변화가 일어났다. 이에 따라 교육에도 일대 혁신을 맞게 되면서 교육은 서구 선진국의 교육제도를 수용하여 근대적 교육체제를 새롭게 구축해갔다. 일본의 현대적 공교육제도는 1872년 교육령이 공포된 이후부터 시작되었다고 볼 수 있다. 이 교육법은 초등, 중등, 대학의 3단계 학교체제로 이루어져 있었다. 그후 여러 가지 교육시행령이 실시되어 현재의 중등학교까지 의무교육이 이루어지게 되었다. 일본의 교육제도는 우리나라의 그것과 매우 흡사하다.

(2) 체육과 스포츠

일본에서는 일본식 호신술(유도), 검도, 궁도, 스모 등의 전통스포츠가 국민들 사이에 많은 관심을 끌면서 보급되었고, 오늘날에도 이들 스포츠는 많은 인기를 누리고 있다. 그리고 오늘날 특별행사 때 축국, 유적마, 격구 등의 고대스포츠가 행해지고 있다.

일본의 스포츠발달을 분류하면 명치 이전과 현대스포츠에 큰 영향을 미친 명치 이후로 구분할 수 있다. 명치 이전의 일본스포츠는 봉건영주의 필요에 따라 귀족과 무사의 수련을 중심으로 이루어졌다.

명치유신(明治維新)과 더불어 일본의 교육 및 스포츠가 서양의 교육 및 스포츠와 긴밀한 관계를 맺으면서 근대적 체육 및 스포츠로 변화하게 되었다.

일본에 근대스포츠를 처음으로 소개한 사람은 1878년 아마스트대학 졸업생 릴랜드(Leland, G.A.)이며 그가 다이오 루이스(Dio Lewis)의 체조를 소개하면서부터였다. 그 후 1886년 각급 학교에 내린 체육규칙에 관한 칙령에 의하면 보통체조의 체계는 병식체조와 더불어 학교체육의 주된 교재가 되었다. 이러한 흐름은 명치시대 말까지 계속되었으나 그후 형식적 체조의 경향은 차차 사라지면서 미국과 유럽에서 실시되고 있는 유희나 무용의 영향을 받기 시작했다. 스웨덴체조도 링의 신봉자인 미국인에 의해 소개되었으며, 클리아크는 일본 대학생들에게 조정과 육상경기의 기초를 가르쳤다. 20세기 초 YMCA 지도자 브라운은 배구, 농구 등 단체경기를 소개하였다. 이것을 계기로 19세기말부터 일본의 여러 학교에서는 운동회 프로그램을 만들어 개최하였다. 대학생들의 스포츠클럽들이 결성되었고, 이어 대학생 외의 노동자들 또는 하급학교 학생들도 스포츠클럽을 조직하였다. 이리하여 많은 사람들이 서양스포츠에 적극 참여하는 한편 그와 동시에 전통적인 스포츠도 계승해 나갔다.

1913년 학교체육 교수요목(教授要目)이 공포되었으며, 이 요목 속에 체조, 교련, 유희, 검도, 유도 등이 포함되었다. 특히 스웨덴체조는 이 요목의 중심교재로 널리 이용되었다. 대정(大正)시대(1912~1926)에는 스웨덴체조가 크게 강조되면서 근대스포츠가 현저하게 발전하였다. 이 같은 학교체조 교수요목은 1926년 개정되어 육상경기, 각종 구기 및 기타 스포츠종목을 채택하였다. 대정시대에서 소화(昭和)시대(1926~1988)로 전환되면서 일본의 사회제도 및 교육제도는 물론 스포츠에도 많은 변화를 가져왔다. 스포츠의 경우 흥미 없는 형식적 체조로부터 흥미 있는 경기 및 유희에 중점을 두었으며, 명령과 시범을 특징으로 하는 교사중심 학습지도로부터 전환을 시도하였다. 정부가 제정한 교수요목이 각 지방에 시달되었고 각 지방은 이 교수요목을 충분한 사전 준비 없이 실천해야 하는 어려움을 겪게 되었다. 이와 같은 급격한 변화는 많은 문제점을 내포하고 있어 초등학교의 경우 갑작스런 도입으로 어린이들의 신체적 발달이 불균형적인 성장으로 나타났다. 이후 새로 도입된 방법이 어린이들의 흥미와 성장의욕을 고려한 것이어서 종전의 방법보다 긍정적인 평가를 얻을 수 있었다.

1936년 제2차 교수요목이 개정 · 공포되었는데 이 개정안은 종전의 교수요목을 대대적으로 수정한 것이었다. 기존의 교수요목은 건전한 신체의 발달을 강조하였지만, 개정된 교수요목은 건전한 신체발달과 동시에 인격도야를 강조하였다. 다음 해 일본의 중국침략으로 중일전쟁이 발발하여 이 전쟁은 제2차 세계대전 때까지 계속되었다. 국가정책은 전시 태세로 전환되어 군사력과 생산력을 증강하기 위해 청소년을 비롯한 국민체력 향상문제가 제기되었다. 1938년 1월 체력국을 포함한 후생성의 신설과 일본 후생협회가 발족되었다. 후생성은 문부성으로부터 체육운동심의회와 생활스포츠 업무 및 명치신궁체육대회 주최권을 인계받았다.

[그림 45] 일본의 스모

1940년 4월 제정된 국민체력법은 25세까지의 남자와 20세까지의 여자를 대상으로 체력관리와 질병의 정기검사를 실시하고 그 결과를 각자의 체력수첩에 기입하여 점검을 받게 하였는데 이 검사를 토대로 국민체력의 국가적 관리와 계획을 세웠다. 이에 앞서 1939년 8월부터 체력장 점검이라는 형태로 15~25살 사이의 남자를 대상으로 전장운동과 근력적 작업능력에 관한 운동능력 검사를 실시하였다. 합격기준은 3등급으로 설정하였으며 총력전 체제에 필요한 체력향상을 목표로 하였다. 검정에 합격하면 휘장을 수여하고 대회에 출장할 자격을 주었고, 이 체력검정제도를 전국적으로 실시토록 하였다. 특히 전쟁결과가 불리해지면서 여자 체력장검정을 1943년 9월부터 실시했고, 무도 기본훈련요강을 1944년 3월에 내걸어 국민들의 군사적 능력을 향상시키는데 매진하였다. 이러한 총력전 체제 하의 스포츠는 국민체력을 중심으로 전개되었다. 인구증가를 목적으로 인구정책 확립요강을 작성하고 체력국을 개편하여 인구국(체련과, 연무과 포함)을 설치하였다.

제2차 세계대전 직후 미군정은 문부성으로 하여금 군국주의적 사상이나 색채를 학교체육으로부터 일소하기 위한 조치를 취하도록 하였다. 교육은 1946년 일본을 방문한 사절단에 의해 준비된 '미국교육사절단 보고서'에 그 기본을 두었다. 전후 교육의 기본적 원리인 교육기본법이 1947년 3월에 공포되었다. 학제는 6·3·3·4제로 편성하였으며 체육을 초등학교로부터 고등학교까지 필수과목으로 정하였고, 1949년 발족한 신제(新制)대학에는 체육이 교양과목의 하나로 인정되어 필수과목이 되었다.

일본의 전후 체육 스포츠 분야에서 가장 주목할 만한 특색은 스포츠의 민주화와 과학화라 하겠다. 스포츠, 무용, 유희 및 야외활동은 완전한 개인의 발달에 목표를 두고 있다. 스포츠활동의 계획은 학생의 건강과 체력, 인격, 운동 기능의 발달과 레크리에이션 등에 기여할 목적으로 과학적 기초에 입각하여 입안되었다. 그와 동시에 학교위생과 건강교육은 종전에는 무시되었지만 현재 많은 관심을 갖고 강조하고 있다. 건강교육이 강조된 이유는 미국의 스포츠발전과 비교해 볼 때 나타난 문제점을 개선할 필요성을 느꼈기 때문이다. 즉 미국은 형식체조, 스포츠, 유희 및 레크리에이션, 건강교육 등을 순차적으로 강조해 온 결과 조화적인 발달을 가져왔으나 일본은 스포츠, 유희, 형식체조, 군사, 교련 등이 시대에 따라서 강조되었고 건강교육이 도외시되었다는 점이다. 또한 일본의 학교 보건체육은 교사의 중요한 활동영역이었으며, 생명의 유지, 건강의 즐거움, 레크리에이션을 통한 만족감의 증대, 사회적 참여 및 민주화운동에 기여하였다.

전후 일본체육의 또 하나의 특징은 정규 체육시간과 과외활동의 통합에서 찾을 수 있다. 양자의 결합은 운동경기나 레크리에이션 단체 및 클럽에서 행하는 각종 활동에서 찾아볼 수 있다. 학교에서는 졸업 후 추후교육 및 평생교육과 연결하여 레크리에이션을 비롯한 여가선용에 관한 스포츠를 중시하였다. 즉 체육을 졸업 후 건전하고 즐거운 삶을 영위할 수 있도록 돕기 위한 교육적 기능의 일환으로 보았다. 또한 전후 일본의 체육 및 스포츠계에서는 잠시 폐기되었던 일본 고유의 유도를 부활하는데 주력하였다. 그 결과 1950년 유도는 정식 스포츠종목으로 공인받게 되었고, 1953년 검도가 부활되어 공인되었다. 유도와 같이 검정제도가 부활되어 기량의 정도를 급수로 표시하였고, 이를 통해 국민스포츠로 확산되어 나갔다.

스포츠에 대한 관심은 경제발전이 이루어지고 사회가 안정되면서 여가시간이 증대되고 여가선용의 문제가 제기되면서 더욱 높아졌다. 해마다 국제경기가 빈번히 개최되고 이를 통해 경기수준이 향상되었다. 특히 1964년 제18회 올림픽대회가 동양권에선 최초로 동경에서 개최되자 스포츠 수준이 급격히 향상되고 스포츠의 중요성이 전 국민에게 확산되었다. 생활스포츠에 있어서도 종전과 같은 스포츠의 학교독점의 단계에서 벗어나 일반국민을 위한 생활스포츠로 보편화가 이루어졌다. 특히 대중매체를 통해 프로스포츠에 대한 관심이 각계각층으로 확산되면서 스포츠가 사회생활의 중요한 요소로, 더 나아가 필요불가결한 요소로 등장하게 되었다. 앞서 살펴본 여가시간의 선용과 레크리에이션의 관심에 따라 1948년 일본 레크리에이션협회가 설립되었다. 이 협회는 여가선용에 관한 각종 프로그램을 연구 · 개발하여 국민적 정서에 적합하도록 발전시켜 나갔다. 그 결과 청소년은 물론 성인에 이르기까지 즐거움을 나눌 수 있게 되었다.

1949년 공포된 사회교육법도 교육과 운동경기, 청소년을 위한 학교 외의 레크리에이션을 증진하는데 기여하였다. 1958년 국립경기장이 건립되었으며, 1961년 스포츠진흥법이 제정되어 바람직한 지역사회의 스포츠증진 위원회를 설치하도록 촉진하였다. 이와 같은 국가적인 관심과 지원에 따라 연례적인 체육의 날, 전국체육대회 등이 활발하게 전개되고 스포츠시설이 대폭 개선되었으며 많은 스포츠지도자가 배출되었다. 1911년 설립된 일본체육협회는 현재 35개 스포츠 산하단체로 구성되어 있으며, 각종 국제경기대회 및 전국체전행사를 주도하고 있다. 전국체전행사는 우리와 유사하게 지방을 순회하면서 지방자치단체의 주최로 진행되고 있다. 국제적으로 일본스포츠는 올림픽과 아시안게임 등에서 좋은 성적을 거두고 있다.

일본에서 스포츠는 경제발전과 더불어 국민들의 삶의 질을 높이는 복지의 수단으로 정착하여 관람스포츠에서 참여하는 스포츠에 이르기까지 스포츠가 활발하게 전개되고 있다. 스포츠는 교육적 가치로서보다는 유희적 수단으로서의 측면이 보다 강조되는 경향이 있다.

제11장. 올림픽의 유래와 역사

1. 고대올림픽의 전개
2. 근대올림픽의 부활과 발전
3. 올림픽대회와 조직
4. 올림픽의 미래

1. 고대올림픽의 전개

고대 올림픽이 처음 개최된 시기는 기원전 776년이며 그리스 역사의 시발점이기도 하다. 올림피아드(Olympiad)의 4년은 근대올림픽의 개최 주기로 사용되고 있다. 도시국가 체제의 고대 그리스인들은 올림픽을 종교적 · 사회적 의의뿐만 아니라 정치적인 의미도 크다고 여겨 인종, 종교, 언어의 측면에서 순수한 그리스인만이 올림픽에 참가할 수 있었다. 고대 그리스인은 자신과 민족의 명예를 걸고 각종 운동경기 축제에 참여하였다.

올림픽과 같은 대규모의 제전경기는 올림피아를 비롯하여 피티아(Pythia), 이스트미아(Isthmia), 네메아(Nemea) 등이 있었다. 이중 올림피아 경기는 가장 명예로운 대회였다. 그 실례로 솔론(Solon, B.C. 640~500)이 경기대회의 승자에게 지급한 상금을 들 수 있다. 즉 올림피아 승자에게는 100드라크마를 상금으로 시상한 점을 미루어 올림픽대회에 대한 명예를 짐작할 수 있다. 선수들은 자신이 속한 도시국가를 대표하여 경기에 참가하였지만, 올림픽의 승리는 바로 자기와 출신 도시국가의 영광이었다. 초기 올림피아 제전경기 전체에서 승자는 단 한사람이었고, 승자만이 축복을 받았으며 자신의 조각상을 영원히 경기장에 남길 수 있었다. 올림피아는 승리자의 이름으로 기록되었으며, 당대의 유명한 시인들은 승리자를 찬양하는 시를 읊었다. 뿐만 아니라 올림픽 영웅들은 범국가적인 대우를 받아 전쟁에 참가하여 포로가 된다 해도 석방하였으며, 사망하였을 경우에는 비록 적국일지라도 장례를 치르고 묘비를 세워 주었다. 이렇게 볼 때 고대 올림픽은 많은 참가자 중에서 유독 승리자에게만 관심이 집중되었음을 알 수 있다.

또한 정치가들은 올림픽 경기를 통해 자신과 자신이 속한 도시국가의 힘을 과시하려고 시도하였다. 스파르타는 올림피아 제전경기를 통해 도리아족의 우월성을 과시하는 기회로 삼았다. 기원전 416년 펠로폰네소스전쟁 당시 아테네의 알키비아데스(Alcibiades)는 올림픽의 전차경주에 자신의 여러 팀을 참가시켜 1, 2, 4위를 차지하였다.

고대 올림픽의 출발은 신에 대한 제례경기로 그리스의 국민적인 경기였고 민족의식의 앙양과 더불어 민족의 단결을 기하자는 경기였다.

1) 그리스의 올림피아제전

고대 그리스인들은 인간의 육체와 정신은 신에게서 물려받은 것이며, 이를 단련하는 것이 신을 숭배하는 최선의 방법이라고 믿었다. 그들은 신을 찬양하기 위하여 그들 나름대로의 가장 좋은 시기를 택해 제전경기(祭典競技)를 개최하였다. 올림피아제전은 4년마다 열렸다. 기원전 776년 경기에서 최초의 우승자로 기록된 사람은 코로에버스(Coreabus)였다. 엘리스시의 요리사였던 그는 수많은 그리스인들이 지켜보는 가운데 길이 1스테이드(Stade)의 달리기경주에 출전하여 우승하였다. 그가 우승한 경기장의 길이 1스테이드는 고대 그리스의 길이 단위인 약 600푸우스(약 192.27m)로서 이 말에서 현대의 스타디움이 유래되었다.

올림피아제전은 알페우스(Alpheus)강 유역에 첫 주민이 정착할 때부터 개최되었다. 그리스에서 가장 아름다운 이 지역에는 올림피아 평원이 자리 잡고 있으며 펠로폰네소스반도 서안에 있는 엘리스(Elis)시에 속한 곳이다. 알페우스강 유역 평원은 고대 그리스의 가장 귀한 성소(聖所)가 있는 곳이며 제우스신을 찬양하는 제전경기가 열리기 훨씬 전부터 종교적인 행사가 실시되어 왔던 곳이다. 이곳이 발굴되기 시작한 시기는 1875년이다. 독일의 고고학자 에른스트 쿠르티우스(Ernst Curtius)는 이 지역에 약 2500년 전 존재했을 것으로 추정되는 제우스 신전과 약 2900년 전부터 존재했을 것으로 추정되는 제우스신의 부인 헤라(Hera)신전을 발굴하였다. 제우스 신전에는 거대한 조각상인 제우스 신상이 있는데 이 조각상은 피디아스(Phidias)인이 상아와 황금으로 만든 것으로 보고 있다. 제우스 신전 주변에는 기원전 500년경 스파르타, 엘리스, 아테네, 시라큐스 등의 도시국가들이 서로 다투어 거대한 신전을 건립하였다.

초기의 올림픽은 종교의식에 의해 진행되어 왔으나 해를 거듭할수록 국가적인 제전으로 발전하게 되었다. 그리스 전역에서 모여든 참가자들은 엘리스시의 김나지움에서 한달간 직업훈련사의 감독 아래 예비훈련을 받은 후 엘리스의 관리들이 참가자를 선별하여 수상대상자를 결정하는 일을 하는데 이 같은 관리제도에 힘입어 초기 올림피아 경기에서 엘리스 출신의 선수가 13번이나 육상경기에서 우승하였다. 그리스인에게는 올림피아 경기만큼 중요한 것이 없었으며, 대회기간(Hiero menia) 중에는 전쟁까지도 중단케 하는 등 그 무엇도 올림피아 경기를 방해할 수 없었다.

그리스 신화에 의하면 이 제전은 제우스신과 그의 아버지 타이탄신(하늘의 신 우라노스(Uranus)와 땅의 신 가이아(Gaea) 사이에서 태어난 아들들, 즉 프로메테우스, 아틀라스, 크로노스 등)중 크로노스(Kronos)신이 인간세계의 지배권을 놓고 일대 격투를 벌인 데서 유래된다. 이 결투는 제우스신의 승리로 끝났고, 이를 찬양하기 위하여 결투가 벌어진 크로니온(Kronion)산 아래(알페우스강 유역의 올림피아 평원)에 신전을 세우게 되었다는 것이다.

또 다른 신화 가운데는 펠롭스(Pelops)가 전쟁의 신인 아레스(Ares)의 아들 오에노마우스(Oenomaus)왕과 지혜의 대결을 벌인 데서 올림피아 경기가 유래되었다는 것이다. 오에노마우스는 히포다미아(Hippodamia)라는 미모의 딸이 있었는데, 그는 신으로부터 장차 사위의 손에 살해될 것이라는 예시를 받았다. 이에 오에노마우스는 자신의 생명을 지키기 위해 묘안을 짜냈다. 즉 전차경주를 벌여 자신보다 더 빨리 달리는 구혼자에게 그의 딸과 성혼시키겠다는 선언을 하고 이에 응하는 사위감을 살해한다는 방안이었다. 가장 빠른 말(馬)로 왕의 전차를 끌게 했기 때문에 구혼자들은 왕과의 전차경주에서 패하기 마련이고 경주에서 패하면 어김없이 살해당했다. 그간 13명의 구혼자가 살해되었다. 14번째로 구혼한 펠롭스는 앞서 구혼했던 13명의 경주내용을 면밀히 분석하였다. 그 결과 정상적인 방법으로 전차경주에 도전했다가는 생명을 부지할 수 없음을 깨달았다. 그래서 왕의 마부 미르틸로스(Myrtilos)를 비밀리에 만나 만약 전차경주에서 자신이 왕을 이길 수 있게 해 주면 나라의 반을 주겠다고 꾀어서 자신을 돕게 하였다. 전차경주가 시작되기 전 마부는 왕의 전차가 달릴 때 축(軸)이 부러지도록 미리 금을 내놓았다. 이를 모르는 왕은 펠롭스에게 승리할 것을 확신하며 힘껏 말에 채찍을 가한 결과 전차는 파괴되고 오에노마우스 왕은 신의 예언대로 사위의 손에 사망하고 말았다. 이후 마부도 죽였다. 펠롭스는 자신의 승리가 너무도 소중하고 절묘하다고 생각되어 승리를 기념하기 위해 비옥한 올림피아 평지에서 대회를 개최하게 되었다는 것이다.

올림피아경기의 기원은 신비와 미궁에 가려있지만 기원전 776년 코로에버스가 최초로 승자가 되어 올리브관을 받은 이래 1170년간 4년마다 팔월한가위(음. 7.15)를 전후하여 올림피아 평원에서 대회를 개최하였다.

2) 운동경기 종목

올림피아에서 최초로 실시한 경기종목은 달리기 경주였다. 20명의 선수가 대리석에 홈을 파서 표시한 출발선에서 출발신호(통 또는 북)와 함께 직선로를 달렸다. 처음에는 1스테이드(약 200m)를 달리게 했으나 그후 2스테이드의 디아울로스(Diaulos)가 추가되었다.

기원전 708년 5종경기(Pentathlon)가 등장하였는데 다섯 종목에서 우수한 선수를 최후의 우승자로 하였다. 이 경기는 멀리뛰기부터 시작하는데 일정한 기준을 통과해야 하고 이어 창던지기를 실시하며, 창을 가장 멀리 던진 선수로부터 순위를 정해 4명을 선발하였다. 이 4명의 선수들은 다음 종목인 달리기 경주에 출전하게 된다. 경주 결과 가장 느린 1명이 탈락된다. 3명의 선수는 원반던지기를 통하여 최후 2명이 선발되는데 이렇게 선발된 2명이 마지막 레슬링경기로 결승전을 치르게 된다. 또 다른 추론은 다섯 종목의 종합성적을 합산하여 우승자를 선정했다고 한다. 5종 경기에 대한 우승자의 선발방법에는 여러 가지 주장이 있다.

특히 그리스인들은 원반던지기 경기를 매우 좋아하여 원반을 가장 멀리 던지는 사람을 가장 위대한 선수로 인정하였다. 이들이 사용한 원반은 3~9파운드의 동으로 만든 것을 사용하였으나 처음에는 나무나 돌을 사용하였다.

권투경기는 기원전 688년부터 시작되었는데 처음 가죽끈을 주먹에 감고 경기를 하였다. 이후 둥근 쇠고리를 끈으로 주먹에 매어 경기를 하다가 로마시대에는 쇠주먹(Knuckle)으로 싸우는 매우 잔인한 경기로 변했다. 전차경기는 기원전 680년부터 실시되었고, 네 마리의 말과 전차를 가진 모든 남자는 출전할 수 있었다. 출발점(Starting gate)을 출발한 전차들은 두개의 돌기둥을 10번 왕복(약 14㎞)하는 경기로 선수들은 나체로 출전하였다.

경마경기는 기원전 648년 올림픽의 정식종목이 되었다. 전차경기와 같이 히포드롬(Hipodrome)에서 전차 및 경마경기를 하기 위해 스타디움 옆에 별도로 설치한 경기장에서 실시하였다. 경마경기는 농노나 노예가 참가할 수 있는 유일한 종목이었다. 기수는 안장이나 등자(鐙子)를 갖추지 않고 맨발로 말 위에 올라 경기에 참가하였다.

판크라티온(Pancration)은 기원전 648년부터 채택되었다. 이 경기는 복싱과 레슬링을 혼합한 경기로 어떤 규칙에도 구애받지 않았다. 눈을 찌르거나 물어뜯는 행위 외의 모든 공격이 허용되어 선수가 의식을 잃고 쓰러지거나 패배를 자인하여 손을 들 때까지 계속되는 잔인한 경기였다.

고대 올림픽은 힘과 기술을 겨루는 신체적인 운동경기 외에 음악, 시, 웅변에서도 경연이 벌어졌다. 음악가나 시인, 미술가들은 올림픽을 통하여 그들의 작품을 대중들에게 보일 수 있는 가장 좋은 기회였다. 특히 올림픽에서 올리브 관을 수상 받은 예술가는 그명성이 전 그리스에 널리 알려졌다. 올림픽 제전은 종교적 행사뿐만 아니라 시장 기능도 하였다. 노천에서 음식을 파는 사람도 있고, 부적이나 제물(祭物)을 판매하는 가게도 있었다.

올림픽 경기에서 우승을 거둔 선수들은 영웅으로 받아들여졌으며 풍부하게 보상해주었다. 우승자는 제단에 그 이름이 새겨지고 세금이 면제되었으며, 귀국할 때는 성벽의 일부를 헐고 통로를 넓히는 등 대대적인 환영행사를 열었다. 특히 세 번 우승하는 선수는 올림피아의 성림(聖林)에 조각상을 세워 주었다. 그리스의 제전경기에서 우승을 거둔 선수에게는 모든 나뭇잎으로 만든 관을 머리에 씌워 주었다. 올림피아에서는 올리브관을, 델피의 피티아 경기에서는 월계관을, 코린트의 이스트미아 경기에서는 솔잎관을, 아르골리스의 네메아경기에서는 파세리관을 머리에 씌워 주었다.

고대 올림피아 경기에서 배출한 전설적인 영웅들로 미로(Milo), 폴리다마스(Polydamas), 데아게네스(Theagenes) 등을 들 수 있다.

미로는 크로톤 출신으로 기원전 6세기경 레슬링에서 여섯 번이나 우승을 차지한 선수이다. 그는 매일 어깨 위에 송아지를 짊어지고 연습하였는데, 그 송아지가 다 자라서 황소가 되었을 때에는 어떤 황소도 짊어질 수 있을 만큼 대단한 힘을 갖게 되었다고 한다.

폴리다마스는 데살리 출신으로 기원전 408년 제83회 올림피아드에서 판크라티온에서 우승한 선수이다. 그는 맨주먹으로 사자를 때려눕히고 한 손으로 달리는 전차를 세울 수 있을 만큼 힘이 강했다고 한다.

데아게네스는 타소스 출신으로 여러 가지 재능을 갖추고 있는 선수였다. 그는 복싱,

달리기, 판크라티온 등에 출전하여 무려 1,400번이나 우승하였다는 전설 속의 인물이다.

올림피아는 기원전 5세기경 그리스에서 가장 성스러운 장소가 되었으며, 가장 번창한 제전경기였다. 올림피아 경기일정도 기원전 472년까지는 하루에 끝났으나 나중에는 5일간으로 연장되어 그중 하루는 종교적 행사로 보냈다. 대회 개막 날에는 돼지를 잡아서 제우스신에게 제물로 바쳤고, 페토프스신에게는 염소를 잡아서 제물로 바쳤다.

3) 올림피아 제전의 종말

기원전 776년부터 시작한 올림피아 경기는 수많은 화제와 신화를 남기며 서기 393년 로마황제 테오도시우스 1세(Theodosius Ⅰ)에 의해 제293회 올림피아드를 끝으로 종말을 고했다. 고대 올림픽의 종말은 서양 역사의 무대에서 그리스를 정복한 로마가 주역을 맡으면서 그 조짐을 보이기 시작했다. 물론 로마 이전부터 아마추어정신이 사라진 채 승리만을 목적으로 하는 대회의 변질이라든지, 여성참가가 금지된 채 지속되어 왔다든지 올림픽 고유의 목적에서 많은 문제점을 드러냈다.

올림피아 경기는 원칙적으로 그리스의 자유시민으로 형벌을 받은 적이 없는 남자만이 참가할 수 있었다. 노예는 참가대상에서 제외되었으며, 그리스의 식민지를 비롯한 모든 참가선수들은 10개월간의 훈련을 거쳐야 했다. 우승자에게는 아르지스 숲에 있는 올리브 나뭇가지로 만든 관을 수여하는 순수한 아마추어 정신에 입각하여 진행되었다.

고대 올림픽에서 여자는 선수자격은 물론 경기를 참관할 수도 없었다. 그 이유는 올림픽이 성스러운 종교의식이므로 여자는 관람해서는 안되며, 이를 위반할 경우에는 죽음을 면치 못하였다. 물론 특별한 경우도 있었다. 풍요와 농업의 여신 데메테르(Demeter)의 여제사장(女祭司長)은 마음대로 관전할 수 있었다. 재미있는 일화 가운데 남장한 여성이 올림픽을 관전하고도 사형을 면한 경우가 있다. 기원전 360년 로데스(Rhodes) 출신의 칼리파테이라(Kallipateira)라는 여인이 제86회 올림피아드에 출전한 아들의 권투경기를 관전하기 위해 남장을 하고 관중 가운데 끼어들었다. 아들이 승리를 하자 너무 기쁜 나머지 아들에게 달려가서 껴안고 기쁨의 키스를 하다가 그만 정체가 드러나고 말았다. 다행히 그녀의 아버지 디아고라스(Diagoras)가 복싱 챔피언으로 세상에 널리 찬양을 받았던 선수였기에 특혜를 받아 사형을 면할 수 있었다고 한다.

올림피아제는 시간이 흐르면서 차츰 아마추어정신의 순수성이 프로화로 변화되는 추세를 보였다. 특히 강력한 로마제국이 등장하면서부터 올림피아제전은 프로화 경향이 심화되었다. 완전한 인간이 되고자 하는 노력과 최선을 다하는데 큰 의미를 부여했던 초창기의 이상은 사라지고, 실리적인 상품이나 상금에 관심을 두고 오직 이기는 데만 급급하여 온갖 수단을 동원하였다. 올림픽에 참가시키기 위해 외국에서 선수를 들여와 그리스 시민권을 주어 경기에 출전시키기도 하였다. 경기력이 약화된 부유한 사람들은 선수를 고용하여 각종 경기에 출전하게 하고 상금이나 부상을 차지하였다. 각종 경기 때마다 물질적인 포상을 요구하고, 선수를 매수하는 등 명예와 영광을 중시하던 아마추어정신은 점차 사라져 갔다.

기원전 2세기 중엽 로마가 그리스를 정복한 뒤 올림픽경기는 본래의 목적을 상실하였다. 로마인들은 대중 앞에서 나체로 경기하는 선수들을 경멸하였다. 그러나 운동경기에 흥미를 가진 황제도 있었다. 아우구스투스(Augustus)는 그리스의 제전경기에 대한 가치를 인정하여 로마의 대 원형경기장인 서커스 막시무스(Circus Maximus) 옆에 나무로 임시 스타디움을 만들어서 올림픽경기를 개최하였다. 특히 네로(Nero)는 황제의 신분으로 서기 67년 제221회 올림픽의 전차경기에 출전하였다. 네로를 위한 5,000명의 박수부대를 경기장 곳곳에 배치하고 네로에게 우승의 영광을 만들어 주기 위해 조작된 선수들을 출전시켰다. 경기 도중 네로가 전차에서 떨어지자 주위에 있던 임원들이 달려가서 다시 전차에 태워 주었지만 그는 끝까지 달리지 못하였다. 그러나 네로는 자신을 우승자로 선언하라고 심판관들에게 명령하여 그들은 네로의 승리를 선언하였다.

4세기경 로마의 인구는 백만이 넘었고 각종 경기는 지배계층의 오락적 기능과 흥미를 유발시키는 수단으로 전락하였다. 히포드롬에서는 전차경기가 벌어지고 26만명을 수용하는 서커스 막시무스 경기장에서는 경마경기가 열렸다. 9만을 수용하는 원형투기장에서는 맹수와 사람(노예)의 처절한 싸움이 전개되었다. 원형경기장의 맹수와의 결투는 인간의 한계성을 보여주는 극히 비인간적인 격투기였다. 처음에는 노예나 죄수를 맹수와 싸우게 했고 나중에는 전문 검투사를 양성하여 결투하게 하였다. 투사의 육체는 맹수에게 물어뜯기고 유혈이 낭자하며 관중들은 그 흥분을 감추지 못했다. 극도로 잔인한 이 경기에서는 검투사가 맹수와의 결투에서 힘이 빠지면 결국 맹수에게 잡아먹히고 만다.

로마인들이 흥미를 가진 올림픽 경기종목은 한결같이 과격한 격투기로 레슬링, 권투, 판크라티온과 같은 종목이었다. 결국 그리스는 경기자를 위하여 올림픽을 개최하였지만, 로마의 경기는 대중의 흥미와 오락을 위하여 개최한 셈이었다. 그리스의 제전경기는 아마추어의 성격을 가진 데 반해 로마의 경기대회는 비인도적인 프로페셔널(Professional)의 성격을 나타내고 있다.

로마 경기대회로 이어진 고대 올림픽은 그 정신이 퇴조됨과 동시에 서서히 종말을 맞고 말았다. 393년 로마황제 테오도시우스 Ⅰ세는 기독교로 개종한 뒤 올림픽대회는 비종교적 행사이며 로마시민들에게 피해를 준다는 이유로 폐지하였다. 아르메니아(Armenia) 출신의 권투선수 바라즈데테스(Varazdetes)가 최후의 승리자라는 기록을 남긴 채 제293회 올림피아드를 끝으로 종말을 고했다. 특히 테오도시우스 Ⅱ세가 집권을 하자 인류의 불가사의(不可思議)한 유적 제우스 신전과 헤라 신전을 해체하여 올림픽

제전경기의 흔적을 말살하였다. 그후 1875년 독일의 고고학자 쿠르티우스(Curtius)를 비롯한 발굴단에 의해 인류의 위대한 문명의 자취가 장대하게 드러났다.

2. 근대올림픽의 부활과 발전

고대 그리스의 올림피아 제전경기가 종말을 고한지 1500년이 지난 19세기 중반 올림픽의 새로운 태동이 조성되기 시작했다.

19세기 초반 유럽에서는 고대 그리스문화에 대한 연구가 활발하게 진행되었다. 1829년 그리스가 터키의 지배에서 벗어나 독립국이 되자 프랑스 정부는 고고학 조사단을 그리스에 파견하여 제우스 신전의 발굴에 참여하였다. 1876년부터 6년간 독일의 고고학자 클루추스가 올림피아 유적지를 발굴하였다. 여기에 자극받은 프랑스의 교육자 쿠베르탱(Coubertin, P., 1863~1937)은 그리스를 방문하여 지상에 드러난 유적지를 견학하고 자신의 구상을 구체화시켜 올림픽 경기의 부활을 추진하기 시작하였다. 쿠베르탱은 파리의 부유한 귀족의 아들로 태어나 정치, 문학, 사회학 등에 관심을 갖고 있었으며, 특히 교육 분야에 대한 강한 집념을 보였다. 청년시절 보불전쟁(1870~1871)을 경험하고 애국적 정열을 불태웠다. 영국에서 유학하는 동안 영국청년들의 풋볼, 크리켓, 보트경기, 육상경기 등 각종 운동경기에 큰 감명을 받고 국민들의 강한 신체적 활동력과 도덕적 규율이 세계를 지배하는 대영제국의 근본이라고 생각하고 모국 프랑스의 청년들에게도 가르칠 것을 결심하였다. 그후 쿠베르탱은 각국의 교육을 연구하기 위해 세계여행을 하였다. 가는 곳마다 교육이 스포츠와 불가분의 관계를 맺고 있음을 보고 스포츠가 학교교육과정에서 분리되어 있는 프랑스의 교육제도를 개선하는데 앞장설 것을 다짐하였다.

[그림 46] 제1회 근대올림픽 개최지 : 아테네의 주 경기장 (1896)

1) 올림픽의 부활

쿠베르탱은 올림픽을 부활하기 위해 교육제도의 근대화와 교육이론에 관한 많은 책을 저술하여 자비로 출판하는 등 사람들의 관심을 끌기 시작했다. 또한 올림픽 부활계획을 홍보하고 지지를 얻기 위해 신문에 기사를 쓰고 집회를 열며 만찬을 베푸는 등 본격적인 활동을 펴 나갔다. 1888년에는 프랑스의 학교스포츠 육성을 위한 운동경기스포츠연맹(Athletic Sports Union)이 쿠베르탱의 노력으로 결성되었다. 1년 뒤 프랑스 국민들에게 스포츠에 대한 흥미와 관심을 가지게 할 목적으로 월간지를 발행하였다. 정부로부터는 세계 스포츠문화에 관한 연구를 위촉받았다.

1892년 11월 25일 운동경기스포츠연맹 총회가 파리에서 개최되었는데, 이때 쿠베르탱이 올림픽 부활에 대한 제안 설명을 하였다. 그는 제안 설명서에서 국가 간의 친선과 우정을 위하여, 스포츠의 발전을 위하여, 그 무엇보다도 세계평화를 위하여 스포츠 전 종목에 걸쳐 국제경기대회를 개최하자는 요지의 주장을 펴면서 "조정선수, 달리기 선수, 펜싱선수들을 외국에 수출합시다. 이것이야말로 미래의 진정한 자유무역이 될 것입니다. 그 날이 올 때 유럽대륙은 세계평화의 대의명분 아래 새롭고 강력한 동맹체가 될 것입니다. 그래서 본인은 지금까지 본인을 도와준 여러분에게 환경에 적합한 방법으로 찬란하고 자신에 넘친 올림픽 부활을 실현하도록 우리 다 같이 노력하자고 제안하며, 도움을 요청하는 바입니다." 쿠베르탱의 주장은 프랑스 정부를 중심으로 꾸준히 범세계적인 스포츠단체 조직계획을 추진했다. '전 인류에게 전 경기를 (All Sports for all)' 이라는 표어를 내걸고 영국과 미국 등을 설득시켜 스포츠 운동경기협회연합(Union des Dociets des Sports Athleticues)을 조직하여 올림픽 부활에 성공하였다. 즉 1894년 6월 23일 파리의 솔르본느대학에서 열린 국제운동경기총회(International Athletic Congress)에서 쿠베르탱 남작의 올림픽 부활 제의가 만장일치로 채택되었다.

또한 근대 올림픽의 제1회 대회를 1896년 유서 깊은 아테네에서 개최할 것을 결의했다. 이리하여 4년마다, 개최지역을 바꾸어가며 각국에서 개최되어 온 올림픽은 28회 대회를 2004년 또 다시 그리스 아테네에서 개최함으로서 명실상부한 세계 최고의 스포츠 제전으로 정착되었다.

그러나 평화의 상징인 올림픽도 제6회와 12회 및 13회 대회는 세계대전으로 중지되었다. 20회 대회는 테러단의 침입으로 조기(弔旗)가 게양되었다. 또 21회, 22회, 23회 대회는 인종 및 동서간의 냉전으로 반쪽 대회를 가졌다. 다행이 제24회 서울올림픽은 소수의 몇 개국을 제외하고 동서방의 모든 국가가 참가하였으며, 바르셀로나 대회부터는 세계의 모든 국가가 참가한 화합과 평화와 전진의 축제가 되었다.

2) 부활기의 올림픽

1896년 아테네에서 개최된 제1회 올림피아드로부터 1916년 베를린의 제6 올림피아드까지를 부활기의 올림픽으로 분류한다.

1896년 4월 6일 역사적인 제1회 올림피아드(1896~1899)가 열린 그리스 아테네에서 국왕 죠지 1세는 8만 관중 앞에 근대올림픽의 개막을 선언하였다. 이로써 1500년 만에 올림픽이 부활되었다. 당시 그리스는 국내정세가 불안하였고 왕실은 흔들리고 있었으며 트리꾸페(Trikoupes) 수상은 재정이 어렵다는 이유로 올림픽 개최를 반대하였다. 이때 황태자 콘스탄틴(Constantine)이 자신의 명예를 걸고 수상의 반대를 물리치고 직접 재정문제를 해결하는데 앞장섰다. 그는 대회조직위원회를 관장하고 국민헌금모금 및 개인적인 기부금에 전력한 결과 그리스의 거상 죠지 아베로프(George Averoff)의 도움을 받아 올림픽 스타디움 건설 및 대회운영에 필요한 기금을 조달할 수 있었다.

이 대회에는 호주, 오스트리아, 불가리아, 칠레, 덴마크, 프랑스, 독일, 영국, 헝가리, 스위스, 미국, 스웨덴, 주최국인 그리스 등 13개국이 참가하였다. 참가선수 311명 중 그리스 선수들이 60%를 차지했다. 쿠베르탱을 분신한 네덜란드와 올림픽 부활에 부정적인 벨기에는 선수를 파견하지 않았으며, 이탈리아 선수들은 아마추어가 아니라는 이유로 참가자격을 얻지 못했다. 참가국들은 대회에 필요한 정보나 지식이 거의 없어 올림픽 관계 업무를 담당할 조직체도 없었으며 사전에 결성된 국가 대표팀도 없었다. 경기 종목으로는 육상, 수영, 레슬링, 역도, 싸이클, 펜싱, 체조, 사격, 테니스 등 총 9개 종목이었다. 올림픽의 꽃이라고 하는 마라톤 우승자는 스피리돈 루이스(Spyridon Louis)라는 양치기 소년(우편배달부라고도 함)으로, 그는 관중들을 열광시켰다. 그는 그리스의 국민적 영웅이 되었다. 이 대회에서 미국은 금 11개, 은 7개, 동 1개, 그리스는 금 10개, 은 19개, 동 17개를 확보하였다. 우승자에게는 상장과 메달을 수여하고 올리브 가지로 만든 관을 씌워 주었다. 2위를 차지한 선수에게는 상장과 메달 그리고 올리브관을 씌워 주었다.

제2회 올림피아드(1900~1903)는 1900년 프랑스 파리대회로 22개국에서 1,330명의 선수가 참가하였다. 이 대회에서는 올림픽 사상 처음으로 여자선수가 경기에 참여하였는데(영국의 샤롯트 주페), 그녀는 테니스 단식경기에서 우승하여 최초의 여성 금메달리스트로 기록되었다. 파리대회에서 첫 4관왕이 탄생했는데 그는 펜실베니아의 크래즈라인으로 넓이뛰기, 60m, 110m 허들, 200m 허들에서 금메달을 차지하였다. 파리대회에서는 주최국인 프랑스가 금 26개, 은 36개, 동 33개를 확보하였고, 미국이 금 20개, 은 14개, 동 15개를, 영국이 금 17개, 은 7개, 동 12개를 확보하였다.

제3회 올림피아드(1904~1907)는 1904년 미국의 세인트루이스대회로 26개국에서 625명의 선수가 참가하였다. 올림픽이라는 공식명칭을 처음 사용한 대회였다. 이 대회는 개최지를 결정(시카고 또는 뉴욕)하는 것에서 어려움이 많았다. 루즈벨트 대통령이 대통령직을 이용하여 미국의 첫 공식 올림픽위원회의명예회장이 되어 IOC가 마지못해 결정한 시카고대회를 세인트루이스로 바꾸도록 설득하여 이루어진 올림픽이었다.

이 대회는 유럽선수들에게 거리가 멀고 여비가 많이 들며 극동의 불안한 상황까지 겹쳐 육상경기의 강국인 영국과 프랑스가 거의 선수를 파견하지 않아 미국의 국내대회와 같은 올림픽이었다. 89개의 금메달 중 70개를 미국이 차지하였고, 은메달 75개, 동메달 64개를 미국이 차지하는 등 독무대를 연출하였다. 쿠바는 금메달 5개 은메달 2개 동메달 3개를 차지했고, 독일은 금 4개, 은 4개 동 5개를 차지하였다.

제4회 올림피아드(1908~1911)는 1908년 영국의 런던대회로 22개국에서 2,035명의 선수단이 참가하였다. 자국의 국기를 앞세우고 개막식 입장 행진을 가진 대회였다. 이 대회에서는 경기운영에 대한 각국의 항의가 잇달아 올림픽 정신을 손상시켰다. 프랑스와 캐나다가 싸이클에서 이의를 제기했고, 스위스는 레슬링에서 이의를 제기하는 등 전 올림픽경기에서 잡음이 번져 나갔다. 이를 해명하기 위해서 주최국인 영국이 60페이지에 달하는 해명책자를 발행하기에 이르렀다. 특히 영국과 미국은 국민감정의 악화로 감정대립이 끊이지 않았다. 이에 센트 폴 사원의 펜실베니아(Pensylvania) 주교는 일요예배에 참가한 선수들에게 "올림픽에서 가장 중요한 것은 이기는 것이 아니라 참가하는 것이다(The most important thing in the Olympic Games is not to win, but to take part)." 라고 설교하였다. 훗날 쿠베르탱은 이 설교의 말을 인용하여 올림픽의 이상으로 삼았다. 또한 이 말은 1932년 로스앤젤레스 대회 때 올림픽 선수촌의 표어가 되었다. 런던대회에서 영국은 금 56개, 은 48개 동 11개를, 스웨덴은 금 7개, 은 5개, 동 10개를 차지하였다.

제5회 올림피아드(1912~1915)는 1912년 스웨덴의 스톡홀름대회로 28개국에서 2,547명의 선수가 참가했으며, 대회의 조직과 관리가 거의 완벽하게 진행되었다. 이 대회에서는 주최국인 스웨덴이 금 24개, 은 24개, 동 17개를, 미국이 금 24개, 은 19개, 동 19개를 차지하였다.

제6회 올림피아드(1916~1919)는 1916년 독일의 베를린 대회로 확정했으나 1차 세계대전으로 유회(流會)되었다.

3) 대전기의 올림픽

1920년 엔트워프대회(제7회 올림피아드) 이후 전쟁으로 인해 올림픽대회는 제대로 치러질 수 없었다. 1940년 제12회 도쿄대회(제12회 올림피아드)와 13회 헬싱키대회(제12회 올림피아드)가 역시 유회되었다. 그후 1944년 코르티나 담페죠(동계)대회와 런던하계대회(제13회 올림피아드)가 열렸는데 여기까지를 대전기(大戰期)의 올림픽으로 분류한다.

제7회 올림피아드(1920~1923)는 1920년 벨기에의 앤트워프에서 열렸다. 29개국에서 2,606명의 선수가 참가한 대회로 전쟁의 상처를 딛고 경제 불황을 극복해나가며 개최한 대회였다. 앤트워프시는 어려운 환경에서 3만명을 수용할 수 있는 대 경기장을 건설했다. 처음으로 쿠베르탱이 고안한 올림픽기가 게양되었다. 프랑스의 디동신부가 제창한 올림픽 표어 “보다 빠르게(Ciltius), 보다 높게(Altius), 보다 강하게(Fortius)” 가 거리를 장식하였다. 이 대회에서 미국은 금 41개, 은 26개, 동 26개를, 주최국 벨기에는 금 16개, 은 12개, 동 13개로 메달집계 3위를 기록했다.

제8회 올림피아드(1924~1927)는 동계와 하계로 나누어 개최하였다. 최초의 동계대회는 프랑스의 샤모니에서 1924년 1월 15일부터 개최되었다. 하계대회는 프랑스의 파리에서 1924년 5월 4일부터 개최되었다. 쿠베르탱은 동계대회가 각국에 분산되어 실시되면 올림픽대회가 약화될 염려가 있다고 믿었다. 그러나 동계올림픽에 강한 집착을 갖고 있는 북유럽 국가들의 주장을 꺾을 수 없어 타협한 결과 “하계올림픽의 서막으로 동계대회를 개최한다. 이 대회를 노르딕 경기로 하고 IOC가 대회를 주관한다. 하계올림픽 개최국이 동계대회도 개최하여 올림픽이라 칭하지 않는다(후에 올림픽으로 개칭)” 고 결정하였다.

프랑스의 샤모니에서 개최된 제1회 동계대회는 16개국에서 293명의 선수가 참가했으며, 이 중에 13명의 여자선수가 포함되어 있었다. 샤모니대회는 매우 성공적인 대회였다. 2년 후 IOC는 ‘제1회 동계대회’ 라는명칭으로 샤모니대회를 새로운 형태의 올림픽으로 인정하였다. 이 대회에서 노르웨이는 금 4개, 동 6개, 은 6개를 차지하였다. 핀란드는 금 3개, 은 3개, 동 2개를 차지했으며, 주최국인 프랑스는 동메달 1개를 차지하여 메달순위 10위에 그쳤다.

하계대회는 IOC 위원장직을 사임하게 되는 쿠베르탱에게 경의를 표하기 위해 그의 조국 프랑스의 파리에서 개최하였다. 1차 세계대전의 상처에서 완전히 회복되지 못했고, 1923년 겨울 세느강의 범람으로 도시의 상당 부분이 침수된 악조건을 극복하면서 1924년 5월 4일부터 파리대회가 개최되었다. 올림픽 주최국은 최초로 선수들에게 선수촌을 제공하였다. 파리대회는 44개국 3,092명의 선수가 참가하였으며 62만 6천여명의 관중이 입장하였다. 이 대회에서 미국은 금 45개, 은 27개, 동 27개를 차지하였고, 주최국인 프랑스는 금 14개, 은 15개, 동 12개를 차지하여 메달 순위 2위를 기록하였다.

제9회 올림피아드(1928~1931)는 IOC가 같은 해에 한 국가에서 두 대회(하계, 동계)를 개최하지 않아도 된다는 새로운 결정에 따라 제2회 동계대회는 스위스의 쌩 모리츠에서, 하계대회는 네델란드의 암스테르담에서 1928년 개최하기로 하였다. 쌩 모리츠대회에는 25개국으로부터 491명의 선수가 참가한 가운데 1928년 2월 11일부터 개최되었다. 이 대회에서 노르웨이는 금메달 13개 중 6개를 차지하고, 은메달 4개, 동메달 5개를 차지하여 두각을 나타냈으며, 스웨덴은 금 2개, 은 2개, 동 1개를 차지하는 등 북유럽세가 독주한 대회였다.

하계대회가 개최된 네델란드(암스테르담)에서는 개최를 반대하는 움직임이 일어났다.

다행이 언론계가 나서서 국민여론을 진정시켰으나 대회운영을 위한 기금확보에 많은 어려움을 겪었다. 이 대회는 46개국에서 3,014명의 선수가 참가하였고, 미국이 예상을 깨고 금 22개, 은 18개, 동 16개를 차지하여 1위를 거두었다. 그 뒤를 독일이 금 11개, 은 9개, 동 19개를, 주최국인 네델란드는 금 8개, 은 10개, 동 5개를 차지하여 3위의 성적을 거두었다.

제10회 올림피아드(1932~1935)는 1932년 미국의 레이크 프래시드에서 동계대회(제3차)가 개최되었고, 하계대회는 같은 해 미국의 로스앤젤레스에서 개최되었다. 최초로 한국선수(일본대표)가 마라톤과 권투에 출전하였다. 마라톤에는 김은배(2시간 37분 28초 6위)와 권태하(9위)가 출전하였고, 권투에는 황을수가 라이트급에 출전하였다.

제11회 올림피아드(1936~1939)는 1936년 동계대회는 독일의 가르미스 파르텐키르헨에서, 하계대회는 같은 해 독일의 베를린에서 개최되었다. 베를린에서 개최된 하계대회는 히틀러가 독일의 국력을 과시하기 위해 어느 대회보다 화려하게 거행하였다. 공화국 스포츠경기장(Keichssportfeld) 내에 4개의 스타디움을 건설하였고, 11만명을 수용하는 메인스타디움을 비롯하여 수영장, 수구경기장, 체조경기장, 농구경기장을 갖추었으며, 대지만 해도 325에이커에 달했다. 49개국에서 4,066명의 선수가 참가한 이 대회에서 손기정(일본대표)은 마라톤에서 2시간 29분 19초2로 30분대를 돌파한 신기록으로 우승하였고, 남승룡은 3위를 차지하였다. 동아일보는 손기정이 월계관을 쓰고 시상대에 선 사진을 전송받아 호외로 발행했는데 손기정의 가슴에 붙은 일장기를 지워버려 소위 일장기 말살사건(日章期 抹殺事件)이 일어났다. 이 일로 동아일보 관계자는 투옥되고, 신문은 무기 정간되었다. 베를린 하계대회에서 주최국인 독일은 금 38개, 은 31개, 동 32개를 차지하여, 미국의 금 24개, 은 21개, 동 12개로 메달 순위 1위의 성적을 거두었다.

제12회, 13회 올림피아드(1940~1947)는 2차 세계대전으로 유회되었다. 제12회 올림피아드는 동계대회를 일본의 삿뽀르에서, 하계대회는 역시 일본의 동경에서 개최하도록 결정했으나, 1937년 2차 중일전쟁이 발발하자 일본정부는 JOC(일본올림픽위원회)에 압력을 가해 올림픽의 주최를 반납하도록 하였다. 이에 개최지를 동계대회는 독일로, 하계대회는 핀란드의 헬싱키로 변경하였다. 그러나 독일군의 폴란드 침공으로 시작된 2차 대전은 제12회 올림피아드를 유회시키고 말았다. 제13회 올림피아드는 동계대회를 이탈리아의 코르티나 담페죠에서, 하계대회를 영국의 런던에서 개최하기로 하였지만 전쟁이 계속되는 바람에 또다시 유회되었다.

4) 냉전기의 올림픽

제14회 올림피아드(1948~1951)와 제15회 올림피아드(1952~1955)를 냉전기의 올림픽으로 분류할 수 있다.

제14회 올림피아드는 동계대회(제5회)를 1948년 스위스의 쌩 모리츠에서, 하계대회는 같은 해 영국의 런던에서 개최되었다. 1945년 8월 제2차 세계대전이 끝나자 런던에서 총회가 개최되었다. 1944년 코르티나 담페조와 런던에서 올림픽 동 · 하계 대회가 전쟁으로 인해 개최되지 못했으므로, 이 문제와 다음 개최지를 논의하기 위한 총회였다. 총회는 많은 토의를 거쳐 전쟁의 피해를 입지 않은 스위스의 쌩 모리츠에서 제5회 동계대회를 개최하기로 의결하였다. 쌩 모리츠는 1928년 동계대회를 개최한 바 있으므로 그때의 경기장 시설과 숙박시설을 활용하는데 어려움이 없어 쉽게 개최지로 결론이 났다. 그러나 하계대회 개최지를 런던으로 결정하는 데는 많은 토론을 거쳐야 했다. 즉 제2차 세계대전에서 입은 각종 시설을 복귀하는 문제, 선수촌을 확보하는 문제 등이 제기되었으나 토의 결론은 런던대회로 모아졌다. 조직위원회는 예산부족으로 새로운 스타디움이나 선수촌을 건설할 수 없었다. 그래서 그동안 사용되어 오던 윔블던 스타디움을 주경기장으로 사용하고, 공군막사를 개조하여 선수촌으로 활용하였다. 호화로운 독일의 베를린 대회와는 커다란 대조를 이루었다.

패전국 독일과 일본은 동계대회와 마찬가지로 초청되지 않았고, 최초로 올림픽 경기 실황이 TV로 방송되었다. 윔블던경기장은 연일 초만원을 이루어 유로 입장객이 150만 명을 넘어 2백만 달러의 입장수입을 올렸다.

런던대회에는 대한민국이 처음으로 태극기를 앞세우고 올림픽에 참가한 의미 깊은 대회였다. 정항범 조선올림픽위원장을 단장으로 육상, 역도, 권투 등 7종목 67명의 선수단이 참가하여 2개의 동메달을 차지하였다. 이 대회에서 미국은 금 38개, 은 27개, 동 19개를 차지하여 2위인 스웨덴의 금 17개, 은 11개, 동 18개와 대조를 이루었다.

제15회 올림피아드(1952~1955)는 동계대회(제6회)를 노르웨이의 오슬로에서, 하계대회를 핀란드의 헬싱키에서 개최하였다. 오슬로 동계대회에서는 주최국인 노르웨이가 금 7개, 은 3개, 동 6개를 차지하여 메달 순위 1위를 차지하였다. 헬싱키 하계대회는 69개국에서 4,925명의 대규모 선수단이 참가했는데 우리는 6.25동란의 어려운 상황 속에서도 6개 종목 41명의 선수단이 참가하여 동메달 2개를 차지하였다. 이 대회에서 소련이 참가하여 미국과 치열한 경쟁을 벌였다. 미국은 42개의 금메달과 은메달 19개, 동메달 17개를 차지하였고, 소련은 금 22개, 은 30개, 동 19개를 차지하여 2위의 좋은 성적을 거두었다.

5) 정착기의 올림픽

제16회 올림피아드(1956)로부터 제19회 올림피아드(1971)까지를 정착기의 올림픽으로 분류한다. 제16회 올림피아드(1956~1959)는 동계대회(제7회)를 이탈리아의 코르티나 담페조에서 1956년 개최하였으며, 같은 해 호주의 멜버른에서 하계대회를 개최하였다. 이탈리아의 동계대회에는 처음으로 경기상황이 유럽 각국에 TV로 중계되었으며, 소련의 활약이 두드러져 메달집계 성적 1위(금 7, 은 3, 동 6)를 거두었다. 멜버른올림픽은 최초로 남반구에서 개최된 대회이며, 3,184명의 선수가 참가하였고, 한국은 7개 종목에 57명의 선수단을 참가시켰다. 이 대회에서는 소련과 미국이 치열한 메달경쟁을 벌여 소련이 금 37개, 은 29개, 동 32개를 차지했고, 미국이 금 32개, 은 25개, 동 17개를, 주최국 호주는 금 13개, 은 8개, 동 14개로 3위의 성적을 거뒀다.

제17회 올림피아드(1960~1963)는 동계대회(제8회)를 미국의 스퀘벨리(샌프란시스코에서 200마일 지점)에서, 하계대회를 이탈리아의 로마에서 1960년에 개최하였다. 동계대회에는 한국에서도 이원순씨를 단장으로 하는 남녀 7명의 선수가 참가하였으나, 입상권에는 들지 못했다. 1960년 동계대회에서도 소련이 월등한 강세(금 7개, 은 5개, 동 9개로 1위)였으며, 미국과 북반구의 국가들이 비교적 우세한 가운데 막을 내렸다. 하계대회(로마올림픽)는 83개국에서 5,348명의 선수가 참가하였다. 이 대회에서 소련은 금 43개, 은 29개, 동 31개를 차지했고, 미국은 금 34개, 은 21개, 동 16개를, 주체국인 이탈리아는 금 13개, 은 10개, 동 13개를 차지하여 3위의 성적을 거두었다.

제18회 올림피아드(1964~1967)는 동계대회를 오스트리아의 인스부르크에서, 하계대회를 일본의 동경에서 1964년 개최하였다.

제9회 동계대회는 36개국에서 1,332명의 선수가 참가한 가운데 6만명을 수용하는 스키점프 경기장에서 개막식을 거행하였다. 이 대회에서도 소련이 월등한 강세를 보여 금 11개, 은 8개, 동 6개를 차지했으며, 2위는 주최국인 오스트리아가 금 4개, 은 5개, 동 3개를 차지하였다.

동경올림픽은 야심에 찬 일본이 맘모스 국제스포츠 제전을 치른다는 명예심에 불타 사상 최대인 30억 달러를 투입한 대회였다. 또한 이 대회에서는 사상 최대 규모의 선수(93개국 5,140명의 선수)가 출전하여 13일간의 열전을 펼쳤다. 한국은 이 대회에 10개 종목 165명의 선수와 59명의 임원을 참가시켰으며, 은 2개와 동 1개를 차지하였다. 미국은 금 36개, 은 26개, 동 28개를 차지했고, 소련은 금 30개, 은 31개, 동 35개를, 주최국인 일본은 금 16개, 은 5개, 동 8개를 차지하여 3위의 성적을 거두었다.

제19회 올림피아드(1968~1971)는 동계대회(제10회)를 1968년 프랑스의 그르노블에서, 하계대회를 같은 해 멕시코의 멕시코시티에서 개최하였다. 그르노블 동계대회에서는 처음으로 성별검사를 받도록 하였으나, 20%의 선수만이 검사에 응하였다. 이 대회에서 노르웨이가 소련을 제치고 금 6개, 은 6개, 동 2개를, 소련에 이어 주최국인 프랑스가 금 4개, 은 3개, 동 2개로 3위를 기록했다.

멕시코시티 하계대회에는 112개국에서 5,530명의 선수가 참가하였고 10만 관중이 운집한 메인스타디움에서 구스타보 멕시코대통령이 대회 개막을 선언하였다. 개막식은 어느 대회보다도 화려했고, 경기실황은 인공위성을 통하여 처음으로 전 세계에 TV로 중계되었다. 이 대회에서 미국은 금 45개, 은 28개, 동 34개를, 소련은 금 29개, 은 32개, 동 30개를 차지하였다.

6) 시련기의 올림픽

제20회 올림피아드(1972)로부터 제23회 올림피아드(1984)까지를 시련기의 올림픽으로 분류할 수 있다.

제20회 올림피아드(1972~1975)는 동계대회(제11회)를 1972년 일본의 샷뽀르에서 하계대회를 독일의 뮌헨에서 개최하였다. 샷뽀르대회는 35개국에서 1,125명의 선수가 참가하였다. 샷뽀르는 1940년 이미 동계대회 개최지로 계획되었으나, 전쟁으로 포기되었던 곳이다. 이 대회에서 소련은 금 8개, 은 5개, 동 3개를, 동독은 금 4개, 은 3개, 동 7개를 차지하였다.

뮌헨 하계대회는 121개국에서 7,173명의 선수단이 참가하였는데, 처음으로 북한이 포함되어 있었다. 4천여명의 보도진이 몰렸고, 전 세계 10억의 인구가 TV 위성중계를 통해 스포츠제전을 관람하였다. 인종차별정책을 고수하고 있는 로디지아의 올림픽 참가를 다른 아프리카 국가들이 격렬하게 반대하여 로디지아의 올림픽 출전이 정지되는 등 개막 전부터 갈등적 요소가 드러났다. 이 대회는 아랍 극렬 테러단에 의해 피로 얼룩지고 말았다. 뮌헨대회 때(9월 5일) 팔레스타인의 테러집단인 '검은 구월단' 이 선수촌을 급습하여 11명의 이스라엘 선수들을 살해하는 불상사가 일어났다. 뜻하지 않은 사건으로 올림픽대회는 중단되었다. 다행이 24시간 후 다시 재개되어 전 경기를 마치었으나 이때부터 이스라엘 선수단은 어느 곳에서나 보안상의 문제로 환영받지 못하는 고통을 당하게 되었다. 이 일로 올림픽의 중지와 속개를 놓고 IOC 내부에서 논란이 일었고, 노르웨이와 네덜란드는 선수단을 철수시켰다. 이 대회에서 소련은 금 50개, 은 27개, 동 22개를 차지했고, 미국은 금 33개, 은 30개, 동 30개를, 동독은 금 20개, 은 23개, 동 23개를, 주최국 서독은 금 13개, 은 11개, 동 16개를 차지하여 4위의 성적을 거두었다.

제21회 올림피아드(1976~1979)는 동계대회(제12회)를 1976년 오스트리아의 인스부르크에서, 하계대회를 캐나다의 몬트리올에서 개최하였다. 동계대회는 1970년 5월 IOC 총회에서 미국의 콜로라도 주 덴버에서 개최하기로 결정하였으나, 미국의 환경보호자들이 환경오염을 이유로 올림픽 개최를 반대하고 콜로라도주 거주 국민들의 반대에 부딪혀 올림픽 주최를 반납한 것을 1964년 동계대회를 개최한 오스트리아의 인스부르크가 IOC의 결정으로 개최지로 선정되었다. 인스부르크 동계대회는 37개국에서 1,054명이 참가하였고, 소련이 금 13개, 은 6개, 동 8개를 차지하여 1위의 성적을 거두었다.

몬트리올 하계대회는 철저한 안전대책을 세워 올림픽을 개최하였지만 뮌헨대회보다 적은 92개국 6,028명이 참가하였다. 사상 처음으로 주최국이 금메달을 단 1개도 획득하지 못했으며 가장 말썽 많은 대회가 되었다. 이 대회는 동독이 크게 두각을 나타내 소련의 금 47개, 은 43개, 동 35개와 비슷한 금 40개, 은 25개, 동 25개를 차지하는 성적을 거두었다. 한국은 금 1개, 은 1개, 동 4개를 차지하여 역대 올림픽에 비교해 좋은 성적을 거두었다.

제22회 올림피아드(1980~1983)는 1980년 동계대회(제13회)를 미국의 레이크 프래시드에서, 하계대회를 소련의 모스크바에서 개최하였다. 미국의 카터 대통령은 소련의 아프카니스탄 침공을 이유로 모스크바대회를 연기하든지 아니면 개최 장소를 변경해 줄 것을 IOC에 요구하였으나 거절당했다. 레이크 프래시드 동계대회도 삼엄한 경계 속에서 IOC와 개최국 간의 많은 토론과 설득을 거쳐 개최되었다. 이 대회에서 중국이 1936년 이래 처음으로 올림픽에 참가하였고, 자유중국의 국기가 사용 금지되자 이에 법정 투쟁을 벌이게 된 대회였다. 이 대회에서도 소련의 활약이 두드러져 금 13개, 은 6개, 동 8개를 차지하여 2위인 동독과 큰 차이를 벌렸다.

모스크바 하계대회는 소련의 아프카니스탄 침공에 대한 미국의 올림픽 보이콧 요구로 어려움을 겪게 되었다. 결국 IOC 회원국 중 미국을 비롯한 캐나다. 일본, 서독, 중국, 케냐, 한국 등 67개국이 불참한 가운데 개최되었다. 폐막식에서 다음 개최지인 미국은 미국 국기의 게양과 국가연주를 생략해 줄 것을 IOC에 요구하였고, 할 수 없이 84올림픽을 주관할 로스앤젤레스 시기(市旗)를 게양하게 되었다. 이 대회에서 소련은 금메달 40%를 동독은 20%를 차지하였으나, 다른 올림픽에서의 금메달만큼 값진 메달이 되지 못했으며, 올림픽 보이콧이란 새로운 문제점을 던져 주었다.

제23회 올림피아드(1984~1987)는 1984년 동계대회(제14회)를 유고의 사라예보에서, 하계대회를 미국의 로스앤젤레스에서 개최하였다. 사라예보 동계올림픽에서는 동독이 눈부신 활약을 보여 금 9개, 은 9개, 동 6개로 메달순위 1위를 차지했으며 그 뒤를 이어 소련이 금 6개, 은 9개, 동 9개를, 미국이 금 4개, 은 4개를 차지하였다.

로스앤젤레스 하계올림픽은 그리스 올림피아 유적지로부터 점화된 성화를 미공군기에 의해 뉴욕 UN빌딩 앞에서 봉영식을 거행하는 등 화려하고 대규모적이며 치밀한 계획에 따라 진행되었다. 성화는 뉴욕에서 LA까지 장장 1만 5천 km를 82일간에 걸쳐 봉송되었다. 그러나 미소 간의 냉전과 갈등(제네바의 핵무기 감축회담, 화학무기 금지안 등 양국 간의 군사적 · 정치적 갈등)으로 소련이 선수들의 안보상의 문제를 이유로 올림픽 불참을 선언했다. 이어 동독, 불가리아, 체코슬로바키아 등 14개국이 소련에 동조하여 불참을 선언하였다. 뿐만 아니라 소련은 LA올림픽에 불참한 국가들의 선수에게 자신의 기량을 발휘할 기회를 준다는 명분으로, “우정 ‘84대회(Friendship '84Games)” 를 공산권 14개국을 포함하여 40여 개국이 초청된 가운데 각종 경기대회를 진행하였다. 이 대회는 LA올림픽이 폐막한 지 1주일도 지나지 않은 시점에서 개최하였고, 각종 경기를 여러 나라(소련, 체코, 쿠바, 폴란드, 불가리아, 헝가리 등 6개국)에서 분산하여 진행하였다. LA올림픽에서 미국은 금 83개, 은 61개, 동 30개를 차지해 독무대를 이루었으며, 루마니아가 금 20개, 은 16개, 동 17개로 2위를, 서독이 3위로 금 17개, 은 19개, 동 23개를 차지하였다. 한편 한국은 금 6개, 은 6개, 동 7개를 차지하여 10위를 차지하였다.

7) 전환기의 올림픽

제24회 올림피아드(1988~1991)와 제25회 올림피아드(1992~1996)를 전환기의 올림픽으로 분류할 수 있다. IOC는 몬트리올 올림픽 때부터 보이콧 사태가 빚어지자 대책 마련에 나섰다. 소련의 LA올림픽 불참 통보가 있은 몇 달 후(1984. 7. 23) IOC 10인 집행위원회는 LA회의를 열고 모든 IOC 회원국의 올림픽 참가를 의무화 하도록 올림픽 헌장을 개정한다는데 합의하였다. 집행위원회의 결의안에 따르면, 불참국에게는 2회의 올림픽 참가권을 박탈하고 불참국의 IOC위원 자격을 정지시키며, IOC가 인정하는 모든 국제대회에도 참가할 수 없게 한다는 것이다. 그러나 이 같은 조치는 필요성을 인정하면서도 회원국 간의 많은 논란을 일으켰다. 즉 이러한 조치가 국제정치관계에 얼마만큼 영향을 끼칠 수 있는가의 문제이다. 오히려 올림픽대회를 영원히 양분시키고 마는 결과를 가져올 수 있다는 반론이 제기되었다.

1984년 12월 1일과 2일에 로잔에서 개최된 IOC 제89차 총회는 당초의 불참국에 대한 조치를 완화하여 결의안을 채택하였다. 결의안의 내용은 ① IOC가 직접 대회 초청과 참가신청 접수를 담당한다(개최 도시와 대회조직위원회가 공동으로 초청하는 관례를 개선). ② 올림픽을 보이콧한 나라의 IOC 관계자의 대회 참석권을 박탈하는 것으로 정치적인 이유가 불참 사유가 되지 않도록 했고, 개최 도시와 초청 대상국가와 국교관계가 없는 경우에도 대회 초청이 용이하도록 하였다. 또한 올림픽 개최지 선정에는 후보지의 정치적 상황을 고려해야 한다는 IOC의 공식입장이 밝혀지고 그리스 영구 개최안이 제기되기도 하였다.

한편 미국의 언론들, 특히 뉴욕타임즈지(紙)는 서울대회의 장소변경을 주장하는 일부 IOC 위원들의 주장에 편승하여 “올림픽 보이콧을 피하는 길은 미국과 소련 또는 한국과 같은 분단국에서 개최하는 것을 피하는 것이며, 가장 좋은 방법은 그리스에서 영구적으로 개최하는 것” 이라고 주장하였다.

서울올림픽 개최지를 둘러싼 논쟁은 LA총회에서 서울올림픽위원회(SLOOC)가 제출한 대회 일정(1988. 9. 17~10. 2)을 최종 승인하고 사마란치 위원장이 “서울올림픽은 1981년 9월 바덴바덴에서 IOC가 서울시와 맺은 확고한 계약사항이므로 어떤 이유로도 그 계약은 번복될 수 없으며 본인은 IOC총회를 대표하여 88서울대회를 전폭적으로 지지한다." 고 밝히고 IOC총회의 폐막과 LA대회 폐막식 때 오륜기가 서울시장에게 전달됨으로서 그 논란은 종식되었다.

제24회 올림피아드는 1988년 동계대회(제15회)를 캐나다의 캘거리에서, 하계대회를 서울에서 개최하였다. 캘거리 동계대회에서 소련은 금 11개, 은 9개, 동 9개로 메달순위 1위를 차지하였고, 동독은 금 9개, 은 10개, 동 6개를, 스위스는 금 5개, 은 5개, 동 5개를 차지하였다.

제24회 서울올림픽은 미국과 소련, 동·서독을 비롯 159개국에서 8,465명의 선수가 참여하였다. '화합과 전진' 이라는 슬로건처럼 동서 화합에 기틀을 마련하고, 시련에 처한 올림픽을 본래의 모습으로 전환시키는데 결정적인 역할을 하였다. 특히 올림픽헌장에도 없는(IOC헌장의 기본원칙 제4조 - 올림픽을 개최하는 영예는 한 도시에 주어지는 것이다. 한 국가에 주어지는 것이 아니다) 남북한 분산개최 권장(쿠바의 카스트로 수상이 사마란치 IOC위원장에게 제시하여 사마란치 위원장이 남북한 스포츠관계자회담을 주선)을 적극 수용하여 북한이 서울올림픽에 동참하므로 분단국의 아픔을 씻고 세계평화에 기여하고자 노력하였다. 서울대회는 올림픽을 정상화시킨 대회로 평가할 수 있다. 이 대회에서 소련은 금 55개, 은 31개, 동 46개로 메달집계 1위를, 동독이 금 37개, 은 35개, 동 30개를, 미국이 금 36개, 은 31개, 동 27개로 3위에 머물렀고 우리는 금 12개, 은 10개, 동 11개로 올림픽 사상 최초로 4위의 좋은 성적을 거두었다.

제25회 올림피아드(1992~1993)는 1992년 동계대회(제16회)를 프랑스의 알베르빌에서, 하계대회를 에스파냐의 바르셀로나에서 개최하였다. 제25회 올림픽부터 소련이 해체되어 독립국가연합(EUN - 구 소련권 11개국으로 구성)로 출전하였다. 또한 동서독이 통일된 독일로 출전하는 등 세계사의 변화를 반영하였다.

제16회 알베르빌동계올림픽에서 독일(통일독일)이 금 10개, 은 10개, 동 6개로 메달집계 1위를 차지하였다. 그 뒤를 이어 독립국가연합(EUN)이 금 9개, 은 6개, 동 8개를, 노르웨이가 금 9개, 은 6개, 동 5개를 차지하여 3위를 차지하였다. 우리나라는 금 2개, 은 1개, 동 1개를 차지하여 동계올림픽 사상 최초로 10위에 올랐다.

제25회 바르셀로나하계올림픽은 169개국에서 10,318여명의 선수가 참가하였다. 이 대회에서 독립국가연합(EUN)이 금 45개, 은 38개, 동 29개를 차지하여 메달집계 1위를 기록하였다. 미국은 금 37개, 은 34개, 동 37개를, 독일은 금 33개, 은 21개, 동 28개를 차지하였고, 주최국인 스페인은 금 13개, 은 7개, 동 2개로 메달집계 6위를 차지하였다. 우리는 22종목 314명의 선수(임원 97명)를 참가시켜 금 12개, 은 5개, 동 12개로 메달집계 7위를 차지하였다.

제26회 올림피아드(1994~1997)는 하계 및 동계올림픽이 2년 간격으로 분산 개최되는 올림픽경기였다. 그리하여 1994년 동계대회(제17회)는 노르웨이의 릴레함메르에서, 하계대회는 미국 아틀란타에서 개최되었다.

제17회 릴레함메르 동계올림픽은 노르웨이의 조그만 도시에서 개최되었으나 67개국 3,793명의 선수들이 참가한 역대 최대의 동계올림픽이었다. 메달집계 순위 1위는 러시아, 2위는 노르웨이, 3위는 독일이 차지하였다. 우리는 쇼트트랙에서 최강을 자랑하며 올림픽 2연패를 달성했으며 금 4, 은 1, 동 1개로 메달집계 6위를 차지하였다.

제26회 아틀란타 하계올림픽은 1998년 미국에서 197개국의 10,318명의 선수단이 참가하여 20세기 마지막 올림픽이라는 큰 의미가 주어졌다. 하지만 개최도시의 선정문제를 비롯하여 올림픽의 모든 부정적 측면을 보여준 대회였다. 근대올림픽 부활 100주년을 맞아 고대올림픽의 진원지이며 근대올림픽의 첫 개최지인 그리스의 개최가 주장되었으나 팽창된 올림픽경기의 규모를 그리스의 경제력으로 역부족이라는 미국의 주장에 IOC가 승복한 경우였다. 또한 이 대회는 지나친 상업주의, 바가지 상혼, 각종 테러, 경기진행의 지나친 미숙 등으로 역대 최악의 올림픽으로 평가되었다. 이러한 악조건에서도 화제가 속출하였다. 북한의 16세 계순희가 유도 48Kg급에서 84연승의 대기록을 지닌 일본 유도의 자존심 다무라 요코를 패배시켰고, 미국의 칼 루이스는 역사상 5번째로 올림픽 4연패를 멀리뛰기에서 이룩하는 등 통산 9개의 메달을 획득하였다. 또한 올림픽 참가를 위해 12년간 훈련한 끝에 26세의 주부선수라는 핸디캡을 깨고 3개의 금메달을 획득한 아일랜드의 인어 미셀 스미슨의 아마추어정신은 이 대회의 압권이었다. 이 대회에서 주최국인 미국이 금 44개, 은 32개, 동 25개로 1위를, 러시아가 금 26개, 은 21개, 동 16개로 2위를, 독일이 금 20개, 은 18개, 동 27로 메달집계 3위를 차지하였다. 우리는 금 7개, 은 15개, 동 5개로 10위를 차지하였다.

제27회 올림피아드(1998~2001)는 1998년 동계대회(제18회)를 일본의 나가노에서, 2000년 하계올림픽은 호주의 시드니에서 개최되었다.

제18회 동계올림픽은 1998년 2월 일본 나가노에서 72개국의 3,000여명의 선수단이 참가하여 역대 대회 중에서 가장 치열한 경합을 벌였다. 특히 이 대회는 환경 친화적이고 첨단기술이 동원된 20세기 마지막 대회였다. 이 대회에서 독일은 금 13개, 은 9개, 동 8개로 메달집계 1위를, 노르웨이가 금 10개, 은 10개, 동 5개로 2위를, 러시아는 금 9개, 은 6개, 동 3개로 3위를 차지하였다. 주최국인 일본은 금 5개, 은 1개, 동 4개로 7위를 차지하였고, 한국은 금 3개, 은 1개, 동 2개를 획득하여 종합 9위를 차지하여 동계올림픽 3연속 세계 10위권을 유지하였다.

제27회 시드니하계올림픽은 2000년 호주에서 199개국의 10,651명의 선수단이 참가하였다. 이 대회는 20세기의 첫 올림픽으로 호주대륙의 역사를 상기시키며 인종 간의 화합을 강조하였다. 특히 남북한 동시입장은 전 세계인들에게 올림픽이 평화의 제전임을 확인시킨 사건이었다. 이 대회에서 미국은 금 40개, 은 24개, 동 33개로 메달집계 1위, 러시아는 금 32개, 은 28개, 동 28개로 2위, 중국은 금 28개, 은 16개, 동 15개로 3위를 차지하였다. 주최국인 호주는 금 16개, 은 25개, 동 17개로 4위를 차지하였고, 한국은 금 8개, 은 10개, 동 10개로 메달집계 12위를 기록하여 한국 엘리트스포츠 전반에 걸쳐 적신호가 켜졌음을 알리는 대회였다.

제28회 올림피아드(2002~2005)는 2002년 동계대회(제19회)를 미국의 솔트레이크시티에서, 2004년 하계대회는 그리스의 아테네에서 개최되었다.

제19회 솔트레이크시티 동계올림픽은 2002년 미국이 9.11 테러의 영향으로 철저한 보안과 경비 속에서 치러진 대회로 스피드스케이팅에서 8개의 세계신기록이 쏟아지는 등 풍성한 기록을 남겼지만, 도핑의 허점, 채점의 부정의혹, 편파판정으로 부작용을 낳았다. 이 대회에서 독일은 금 12개, 은 16개, 동 7개로 메달집계 1위를 기록하였고 노르웨이는 금 11개, 은 7개, 동 7개로 2위를, 주최국인 미국은 금 10개, 은 14개, 동 11개로 3위를 차지하였다. 한국은 금 2개, 은 2개를 획득했지만, 남자 숏트트랙에서 첫 노메달에 그치는 등 국가별 메달순위에서 14위를 기록하였다.

제28회 아테네하계올림픽은 202개국 전 IOC 회원국에서 16,500명의 선수단이 참가하였다. 이 대회는 고대올림픽의 발상지이자 제1회 근대올림픽의 개최지였던 아테네에서 108년 만에 열린 대회였다. 테러위험 속에서 막대한 재정이 소모된 가운데 미국을 비롯한 선진국들은 올림픽을 통해 경제적 이득을 얻었다. 이 대회에서 미국은 금 35개, 은 39개, 동 29개로 메달집계 1위를, 중국이 금 32개, 은 17개, 동 14개로 2위를, 러시아가 금 27개, 은 27개, 동 38개로 3위를 차지하였다. 주최국인 그리스는 금 6개, 은 6개, 동 4개로 15위를 차지하였고, 한국은 금 9개, 은 12개, 동 9개로 메달집계 9위를 기록하였다.

3. 올림픽대회와 조직

1) 올림픽의 이상

올림픽은 스포츠의 이상인 신체적 · 도덕적 자질을 향상하는 것에서부터 스포츠를 통한 상호간의 이해와 우정의 정신으로 청소년을 교육하고 세계 평화에 이바지함을 이상으로 삼는다. 또한 올림픽의 근본정신을 전 세계에 확산시켜 국제적인 우의를 조성시킬 뿐만 아니라 전 세계의 유능한 스포츠 기능자들을 4년마다 개최되는 스포츠 제전인 올림픽 경기대회에 참가시키자는 것이다. 올림픽에 참가한 선수들은 선수대표를 통하여 “나는 올림픽대회에 관한 규칙을 존중하고 이를 준수하면서 스포츠의 영광과 팀의 명예를 위하여 진정한 스포츠맨십의 정신으로 올림픽 대회에 참가한 모든 선수의 이름으로 서약합니다.” 라고 선서를 한다. 나아가 모든 참가자들은 경기에서 이기는데 있는 것이 아니고 참가하는데 가장 큰 의미가 있다는 올림픽의 신조에 충실하며 정정당당하게 기량을 겨루고 승리자에게는 영예를, 패자에게는 위로를 아끼지 않는 스포츠맨십을 발휘해야 하는 것을 올림픽의 이상으로 삼고 있다.

2) 국제올림픽위원회(IOC)와 국가올림픽위원회(NOC)

국제올림픽위원회(International Olympic Committee)는 1894년 6월 24일 프랑스의 쿠베르탱이 주도한 국제스포츠회의에서 근대올림픽의 개최를 결의하고 ‘올림픽 개최에 따르는 모든 문제를 결정하는 최종권한’을 가진 단체로 발족되었다. IOC위원은 NOC(National Olympic Committee)가 조직된 국가의 시민으로서 영어와 불어를 할 수 있는 사람이어야 하며, 1국 1인(一國一人)이 원칙이고 다만 올림픽을 개최하는 국가는 2명의 위원을 가질 수 있다. IOC 회원국은 창설 당시 15개국에서 현재(2004) 202개국으로 늘어났으며, 우리나라는 1947년 가입하였다. IOC 위원장의 임기는 8년이고, 4년간 연임할 수 있고 총회에서 선출한다. 올림픽총회(Olympic Congress)는 IOC 위원 및 IF(International Federation, 국제경기연맹)위원, NOC 대표, 기타 IOC가 초청한 단체의 대표로 구성하며, IOC 위원장이 의장이 된다.

모든 올림픽대회의 수입은 국제올림픽위원회(IOC)에 귀속되며, IOC는 수입금을 OCOG (Organizing Committee of the Olympic Games, 올림픽대회 조직위원회)와 IF 및 NOC에 할당한다.

IOC 위원은 스포츠계 최고의 명예직으로 국제적으로 VIP(귀빈) 대우를 받아 대부분의 나라는 비자 없이 입국되며, 투숙한 호텔은 위원의 소속 국가의 국기를 게양하는 것이 관례이다.

NOC는 IOC 산하에 조직된 기구로 올림픽운동을 범세계적인 대회로 만들기 위한 단체이다. NOC의 주 임무는 올림픽운동과 스포츠발전을 도모하며, 올림픽대회에 본국 대표단을 파견하는 일과 올림픽 개최지로 선정되었을 경우 필요한 대회조직 업무를 관장한다. NOC는 정부나 민간단체와 긴밀한 협조관계를 가질 수 있으나 완전한 독립조직체로 외부의 어떤 간섭도 받아서는 안 된다.

3) 올림픽기(旗)와 휘장 및 마스코트

올림픽의 상징은 단색 또는 다른 색으로 윤곽을 그린 ‘5개의 연결된 고리’로서 5개의 고리(環)는 5대륙을 의미하며, 5대륙의 화합 속에서 전 세계 경기자들이 공명정대하게 경쟁과 우정을 다지자는 뜻에서 이 고리들이 얽혀 있는 것이다. 또한 바탕색인 희색을 포함한 다섯 가지 색깔은 올림픽기를 제정할 당시 세계 각국에서 사용된 색을 총망라한 것이나, 어느 특정한 색 또는 특정한 고리가 특정한 대륙을 나타내지는 않는다. 올림픽기는 쿠베르탱 남작이 고안하여 1914년 올림픽 창립 24주년 기념식 직전에 프랑스 파리에서 처음 공개되어 IOC가 이를 채택하였다. 이 기가 처음 사용된 곳은 제7회 대회 때인 1920년 벨기에의 엔트워프올림픽이다. 이 기(旗)는 흰색 바탕에 테를 두르지 않고, 기 중앙 좌측부터 청, 황, 흑, 녹, 적색의 다섯의 연결된 고리모양을 하고 있다.

올림픽 휘장 일명 엠블렘(Emblem)은 올림픽기와는 달리 독특한 모양이나 부호를 조화시켜 올림픽정신과 대회 개최국과 그 대회를 상징하는 디자인을 말한다.

올림픽 마스코트는 개최국과 그 대회를 상징하는 대상물을 개최국 국민의 정서에 맞고 세계 모든 사람들의 사랑을 받을 수 있도록 대회조직 위원회가 올림픽 휘장과 함께 창안하여 자체 홍보와 상업 목적으로 사용하고 있다. 대회조직위원회는 올림픽 휘장과 마스코트를 결정하기 전에 반드시 IOC의 허가를 받아야 한다.

4) 표어 및 포스터

올림픽의 표어 'Citius, Altius, Fortius' 는 '더 빠르게, 더 높게, 더 힘차게' 라는 뜻의 라틴어로 쿠베르탱 남작의 친구 디동신부가 고등학교 교장에 재직할 때 럭비선수들에게 스포츠정신을 고취하기 위해 지어 준 구호에서 따왔다고 한다. 이 표어는 1926년 IOC총회에서 공인받아 사용되고 있다.

올림픽대회에서 사용하는 포스터는 1896년 제1회 아테네대회에서 처음 등장하였다. 올림픽은 개최국이 전 세계에 자국을 종합적으로 홍보할 수 있는 절호의 기회이기 때문에 올림픽 대회 조직위원회는 포스터 제작에 심혈을 기울이고 있다. 포스터의 특징은 주로 개최국을 대표할 수 있는 문화재나 상징을 올림픽 마크와 조화시켜 도안했다는 점이다.

1950년대 본격적으로 기념주화가 등장하였다. 1925년 헬싱키대회에서 처음 등장한 기념주화는 성화나 올리브관과 같은 올림픽을 상징하는 내용을 도안으로 사용하였으나 몬트리올대회부터 각종 경기장과 경기장면 등이 도안으로 등장하였다. 기념주화의 소재도 처음에는 은화였으나 몬트리올대회부터 금화가 등장하였고, 모스크바대회에서는 백금화가 선을 보였다.

5) 올림픽 성화

1928년 암스테르담대회에서 근대올림픽 창설 이후 첫 선을 보인 올림픽 성화는 스포츠를 통하여 개인 및 국가 간의 친선과 우의를 다지고 나아가 인류의 평화와 이상을 실현하려는 올림픽의 의지요 상징이다. 단순한 횃불부터 시작한 암스테르담의 올림픽

성화는 많은 사람들에게 올림픽 정신을 일깨워 주고 전파한다는 뜻으로 발전되어 왔다. 오늘날과 같이 본격적으로 성화가 봉송 점화된 것은 1936년 베를린대회 때부터였다. 올림픽 성화는 올림픽 정신을 재현하고, 고대와 현대를 연결시키는 뜻을 지니고 있으며, 성화의 불꽃은 세계의 젊은이들에게 용기와 희망을 불러일으킴을 의미하므로 그리스 올림피아에서 엄숙한 의식을 거쳐 태양 빛으로 점화된다. 이 성화는 개최 도시까지 릴레이 형식으로 개최국에서 선정한 많은 주자들에 의해 봉송된다.

6) 경기종목 및 시상

주최국의 원수(元首)가 IOC 위원장과 OCOG 위원장의 영접을 받으며 식장으로 안내되면서 시작되는 성대한 개막식은 ① 주최국의 국가 연주 → ② 선수단 및 임원 입장(그리스를 선두로 알파벳 순서로 입장, 주최국이 마지막 입장) → ③ OCOG위원장의 IOC위원장 소개 → ④ IOC 위원장의 환영사(3분내) 및 국가원수에게 대회 개막 요청 → ⑤ 주최국 원수의 개막선언(나는 근대 제( ) 올림피아드를 경축하는 ( )올림픽대회의 개막을 선언한다) → ⑥ 올림픽 찬가의 연주와 함께 올림픽기 게양 → ⑦ 비둘기를 날리고 3발의 축포 발사 → ⑧ 올림픽 성화 점화(종교행사가 계획되었을 경우 3분 이내) → ⑨ 선수선서 → ⑩ 심판 및 임원선서 → ⑪ 주최국 국가연주(합창) → ⑫ 선수단 퇴장 등의 순서로 진행된다.

개막식이 완료되면 시범경기나 마스게임 등 개막식 공연행사를 하거나 바로 경기에 들어간다. 경기종목은 근대올림픽 부활 초기에는 필수경기와 선택경기로 나누어 실시하였으나, 1952년부터 총 21개 경기종목(육상, 조정, 축구, 복싱, 역도, 카누, 사이클, 펜싱, 농구, 체조, 핸드볼, 필드하키, 유도, 레슬링, 수영, 근대5종, 승마, 사격, 양궁, 배구, 요트) 중 최소한 15개 종목 이상을 선택하여 실시하도록 규정하였다. 특정 종목을 새로 올림픽 경기에 포함시키고자 할 때에는 IOC의 심사를 받아야 하며, 25개국 이상에서 실시하는 경기라야 한다. 그러나 1982년 5월 로마에서 개최된 IOC 총회에서 헌장 47조를 개정하였는데 개정된 내용(IOC가 올림픽종목을 매 올림픽 후 심사하여 이 심사결과를 다음 두 차례의 올림픽에 적용한다)에 따라 88서울올림픽대회부터 테니스와 탁구가 포함되었고 서울올림픽에서는 23개 전 경기종목을 선정하여 실시하였다. 이후 탁구, 태권도, 야구 등이 추가되었다.

올림픽대회의 시상은 상을 대회조직위원회가 마련하여 IOC가 이를 수여하도록 되어 있는데 상으로는 메달과 상장이 주어진다. 경기이름이 새겨진 메달은 선수의 목에 걸 수 있게 제작해야 하며, 메달은 개인종목과 단체종목으로 나누어 수여된다. 개인종목의 1위에게는 은바탕에 금을 입힌 메달과 상장, 2위에게는 은메달과 상장, 3위에게는 동메달과 상장을, 4~8위에 든 선수에게는 상장만을 수여한다. 메달은 IOC 위원장(또는 위원장이 지명하는 IOC 위원)이 관련 국제경기연맹의 회장 또는 그의 대리인을 동반하여 가능한 한 경기가 끝난 즉시 경기가 열렸던 장소에서 수여한다.

모든 경기가 종료된 후 주경기장에서는 폐막식이 거행되는데 폐막식에서는 참가선수들의 국적의 구분 없이 8열 혹은 10열로 자유롭게 입장한다. 입장이 끝나면 IOC 위원장이 연단 아래로 향하며 그리스 국가의 취주에 맞추어 3개의 국기 게양대 중 우측에 그리스기가 게양된다. 이어 주최국의 국가가 연주되며 중앙 국기 게양대에 주최국의 국기가 게양되고 이어서 다음 번 올림픽 대회가 개최될 도시가 소속된 국가가 연주되는 가운데 국기가 게양된다. 국기가 게양된 후 IOC 위원장이 연단에 올라가 폐회를 선언한다. 폐회 선언이 끝나면 팡파르가 연주되며, 올림픽 성화가 소등되고 올림픽 찬가가 연주되는 가운데 올림픽기가 게양대로부터 내려져 5명의 진행요원에 의하여 수평으로 펴져 경기장 밖으로 퇴장한다. 이때 5발의 예포가 울리면서 합창이 시작되고 표지와 기수와 선수들이 음악에 맞추어 스타디움에서 퇴장한다.

4. 올림픽의 미래

스포츠의 기본 목적인 신체적 · 도덕적 자질을 도모하고, 스포츠를 통한 상호 이해와 우정을 나누며 세계 평화에 기여한다는 올림픽의 이상은 과연 어느 정도 이루어졌으며, 얼마만큼 가능한 것인가? 근대올림픽이 부활한지 1세기가 지난 현시점에서 올림픽의 장래를 조명하려는 시도가 끊임없이 있어 왔다.

올림픽 참가국들은 자국의 이익 앞에 올림픽의 이상을 퇴색시키고 있고, 국제적 관심과 그 영향력을 획득하려고 스포츠를 통한 치열한 경쟁은 날로 심화되고 있다. 또한 올림피아를 거듭할수록 상호이해를 통한 세계평화에 기여하기보다는 국가의 이익과 우월성, 국위를 앞세운 국가주의와 편의주의 경향이 나타나고 있는 실정이다.

어쩌면 쿠베르탱의 부활 동기도 이상적인 면과 현실적인 면이 복합적으로 작용했을지 모른다. 그가 올림픽 부활을 제안할 당시의 상황을 볼 때 그러하다. 그는 세계인이기 전에 프랑스인으로써 국제적 긴장과 적대감의 해소를 통해 세계평화에 기여하는 한편, 보불전쟁의 패전으로 쇠퇴해진 프랑스의 국운을 중흥시키고자 하는 의도가 함께 담겨져 있었다고 볼 수 있다. 이와 같은 근대올림픽 부활의 이중성은 올림픽 관계자들이 상호이해의 증진과 인류의 평화를 촉구하여도 참가국들은 올림픽을 통하여 국가로서 정치적 승인을 획득하거나 민족의식을 고취시키고자 자국의 우월성을 홍보하는 기회로 활용하는데 관심을 두고 있다. 그러나 올림픽의 이상은 실현되어야 하고, 올림픽은 인류의 종말이 오는 그 날까지 계속되고 아름답게 정진하여야 한다.

1) 기록 갱신의 끝없는 도전

스포츠의 끊임없는 기록의 도전과 스포츠 기술의 개발은 스포츠맨의 모든 문화를 필요로 하며 세계정상을 향하여 새로운 기술의 습득과 피나는 노력을 요구하고 있다. 기록을 갱신한다는 것은 인간한계를 넘어서는 도전 행위다. 이를테면 육상경기 100m의 경우 1936년 베를린대회에서 작성된 10초 3의 기록이 1960년 로마대회에서 10초 2로 갱신되었는데, 이는 1/10초를 갱신하는데 24년의 긴 세월이 소요되었음을 보여주는 예이다.

"기록은 갱신하기 위해 존재한다." 는 말이 과연 언제까지 유효할 것인가? 과학의 발달로 기록은 계속 갱신되고 있다. 기록의 갱신을 위한 운동기술의 계속적인 개발과 운동기자재의 개량 및 시설의 개선이 더욱 활발히 이루어지고 있기 때문이다. 운동기자재의 개량이 기록갱신에 미친 경우로, 육상경기의 장대높이뛰기를 들 수 있다. 초기에는 목봉(木棒)을 사용하였지만, 일본산 대나무를 쓰면서 4m 35cm의 신기록을 수립할 수 있었고, 장대의 재료를 스틸로 된 것을 쓰게 되자 4m 80cm의 신기록이 작성되었으며, 다시 유리섬유로 만들어진 글라스 화이버를 사용함으로써 5m 60cm를 상회하고 있다. 시설의 개선도 기록 갱신에 큰 몫을 차지하고 있다. 예컨대 날씨에 따라 영향을 받는 실외 육상의 경우 멕시코대회에서 등장한 전천후 트랙으로 새로운 상황을 맞게 되었다. 즉 타탄트랙(Tartan track)의 출현은 기록갱신에 일대 변혁을 가져왔다. 이 트랙은 아스팔트로 기초를 다진 후 플라스틱과 고무의 특수 합성을 조합하여 만든 것인데 고무판 위를 달리는 탄력을 준다. 이로 인해 멕시코대회에서는 100m 9초9, 넓이뛰기 8m 90cm, 세단뛰기 17m 39cm의 대기록을 수립하였다.

한편 멕시코대회에서는 흑인선수들의 눈부신 활약이 돋보였다. 육상경기의 남자 100m 결승에 참가한 선수가 흑인 일색이었으며 육상 단거리 메달 9개 중에 백인이 차지한 것은 200m에서 은메달 하나뿐이었다. 또한 1600m 릴레이 1, 2, 4위와 여자 400m 릴레이 1, 2위의 선수 전원이 흑인이었다. 이렇게 블랙파워라 일컫는 '검은 공포' 는 민족감정으로 비화되어 올림픽이 흑과 백의 인종대결장이 될 수 있는 우려를 낳고 있다.

2) 아마추어 정신의 퇴보와 정치성의 문제

올림픽경기가 비(非)아마추어 선수의 참가를 금하는 엄격한 규정을 적용하는 것은 스포츠의 순수성을 수호하며, 스포츠의 대중적인 보급을 촉진하기 위해서이다. 그럼에도 최근 경기종목에서 아마추어 규정을 완화하여 본래의 스포츠 정신을 후퇴시키고 있다. 반면 프로스포츠의 인기는 날로 높아져 프로선수들이 보여주는 고도의 기술과 경기력은 동경의 대상이 되기도 한다. 예컨대 세계 헤비급 프로권투라든지, 월드컵 축구경기, 프로 야구경기 등은 세계적인 관심사이며, 그 분야의 세계 최고 실력이 있는 선수들이 모인 것으로 평가되고 있다. 그래서 IOC는 아마추어스포츠의 수호를 위하여 일부 경기종목 선수의 프로화 경향을 경고하기도 했지만 프로선수의 개방은 시대적 조류가 되었다.

1990년대 올림픽의 한 가지 두드러진 특징은 프로선수들의 진출이다. IOC측에서는 이제 진정한 강자를 원하는 시대라고 밝히고 프로의 문을 개방하였다. 테니스, 축구에 이어 농구가 프로선수의 참가를 허용했으며, 90년대 후반부터는 야구 종목에서도 프로선수들이 참가하고 있다.

올림픽의 의의는 참가에 있다고 하면서도 실제는 참가보다는 메달 획득과 자국의 우월성을 홍보하는 기회로 삼고 있고, 이를 위해 선수양성과정에서 프로적 요소를 서슴지 않고 있는 것이 현실이다. 브란디지(전 IOC 위원장)의 지적처럼, 선수집단은 일종의 스포츠 민병(Sports militia)이 되고 있는 셈이다.

올림픽에 스며드는 상업주의와 함께 정치성의 개입 또한 올림픽의 장래를 어둡게 하는 요인 중의 하나이다. 올림픽 헌장에는 "인종, 종교 또는 정치성의 이유로 국가나 개인을 차별 대우 할 수 없다." 고 규정하고 있으나, 대회참가를 둘러싼 이른바 분단국가들 간의 분쟁은 올림픽경기를 전쟁으로 몰아넣기도 하였다. 이를테면 1958년 중국이 자유중국과의 동석을 거부하고 올림픽을 보이콧했던 사건, 동서독의 단일팀 구성문제, 호칭문제, 정치적 이유로 특정 선수단의 입국 거부 등이 이에 속한다. 이러한 정치문제는 뮌헨올림픽에서 아랍 게릴라들의 이스라엘 선수단 숙소 총격, 미국 등 서방진영이 소련의 아프카니스탄 무력침공을 이유로 한 모스크바 올림픽의 불참, LA 올림픽의 동구권 국가의 불참 등을 볼 때 올림픽의 정치성이 매우 심각한 현실이라는 사실을 입증하고 있다. 그러나 서울올림픽을 계기로 올림픽은 평화의 축제가 되어 1992년 제25회 바르셀로나올림픽에 서구 자본주의 진영과 소련과 쿠바를 위시한 공산진영이 모두 참여함으로써 완전한 세계올림픽으로 자리를 잡게 되었다.

3) 올림픽대회의 비대화와 상업주의

현대 올림픽에서 세계 각국들이 추구하는 한 가지 두드러진 특징은 올림픽을 통해 경제적 이익을 얻으려는 상업주의와 물질주의 경향이다.

1896년 제1회 아테네올림픽은 14개국에서 245명의 선수가 참가한 가운데 개최되었고, 1932년 제10회 LA올림픽은 37개국에서 1,408명의 선수가 참가하였으며, 1972년 제20회 뮌헨올림픽은 121개국에서 7,173명의 선수가 참가하였고, 1988년 제24회 서울올림픽에는 159개국에서 8,465명의 선수가 참가하였다. 또한 2004년 28회 그리스 아테네올림픽에서는 202개국 전 올림픽회원국에서 16,500명의 선수들이 경기에 참가하였다. 올림픽에 참가하는 국가 및 선수들의 증가는 세계 각국의 올림픽에 대한 높은 관심을 대변하는 것으로 거기에 소요되는 경비 또한 실로 천문학적인 자금에 해당되어 경제력이 약한 나라에서는 올림픽 개최가 불가능한 상황이 되었다. 이런 가운데 제28회 아테네올림픽은 테러 방지를 위해 그리스 정부는 막대한 재정을 소요하여 적자운영이 불가피한 가운데 미국은 TV 중계권을 통해 막대한 경제적 이익을 얻었다.

올림픽대회가 점차 비대해지고 막대한 비용이 소요되므로 올림픽을 개최할 수 있는 국가는 몇몇 나라로 국한되어 올림픽이 부유한 국가들의 독점물이 되고 있다는 문제점을 안고 있다. 이에 따라 올림픽 개최국은 올림픽이라는 대규모의 축제를 통해 국가의 위상과 경제적 이득을 얻는 기회로 삼고 있다.

올림픽 참가선수 또한 물질적 측면에 많은 관심을 갖게 되었다. 1972년 제11회 삿뽀르 동계대회에서는 우승 유망주였던 오스트리아의 슈란츠 선수를 스키 메이커와 관련되었다는 이유로 참가자격을 박탈시켰다. 이에 대해 IOC 위원장은 제72차 총회에서 "스키 제조업자들은 그들의 상품을 광고하기 위해 스키선수를 고용하여 선수의 성명과 사진을 상품광고에 활용하므로 선수를 상품 판매원으로 전락시켰다." 고 비난하면서 "상업주의자들의 경기대회가 되어버린 동계올림픽은 이제 그 사명을 다했다고 보고 싶다." 는 소감을 피력했다. 멕시코대회에서는 참가선수들에게 "아마 규칙을 준수한다." 는 서약서를 제출하도록 하는 등 고육지책(苦肉之策)을 써 보기도 하였다. 하지만 90년대 들어 프로선수들의 올림픽 참가가 허용되면서 선수들 개인적 측면에서도 상업주의가 더욱 중시되는 경향을 보이고 있다.

뿐만 아니라 IOC측에서도 올림픽의 개최를 통해 올림픽경기 중계방송권과 기업 및 상품의 광고를 통해 상당한 재정흑자를 획득하고 있다. 이는 결국 올림픽이 현대 자본주의와 더불어 상업주의로 전락하고 있음을 보여준다.

올림픽의 비대화가 부정적이라는 측면에서 그것을 해결하기 위한 방법으로 다음과 같은 제안을 할 수 있다. 올림픽 대회의 규모와 참가자 수를 제한하는 방법(지역별로 예선 또는 경기종목의 축소)과 종목별로 분산하여 여러 지역에서 경기가 이루어지게 함으로써 올림픽 성화가 오대양을 골고루 비추도록 시도할 수 있다. 또한 상업주의가 만연하는 상황에서 올림픽의 정신을 유지할 수 있도록 일체의 상업용 광고나 프로선수들의 참가를 금지시킬 수 있다. 그러나 이 같은 해결방안은 현대 산업주의에서 다소 격리된 느낌을 준다. 실제 올림픽을 개최하기 위한 재정을 확보하고 올림픽의 관심을 높이려면 매스컴의 활용과 TV 중계방송, 수준 높은 경기력과 관중의 호응, 기업의 홍보 및 상품광고가 절실히 요구된다. 따라서 올림픽에 상업주의를 허용하되 올림픽의 근본적인 취지와 정신에 합치될 수 있는 상업주의 전략을 세우는 지혜가 필요하다. 예를 들면 IOC 또는 올림픽 특수 국가들이 올림픽에서 얻은 경제적 이득을 경제력이 취약한 국가들의 올림픽 재정에 일부 지원하는 정책이 하나의 대안일 수 있다.

참고문헌

강동원(1997). 체육 · 스포츠사 연구, 보경문화사.
고기채(1995). 세계체육사, 교학연구사.
국사편찬위원회(2001). 국사, 교육부
곽형기 외 3(1994). 한국체육사, 지식산업사.
김광석 · 심우성(1987). 무예도보통지, 동문선.
김달우(1992). 해방이후 학교체육의 전개양상, 서울대 박사학위논문.
김동규(1999). 세계체육사, 영남대학교 출판부.
김동선 · 이학래(1995). 북한의 체육, 도서출판 사람과 사람.
김산해(2005). 최초의 신화 길가메쉬 서사시, 출판사 휴머니스트.
김상구(1991). 세계스포츠 · 체육사, 성균관대학교 출판부.
김오중(1993). 세계체육사, 고려대학교 출판부.
김상순(1996). 서양체육사, 도서출판 바탕.
김창환(2000). 체육학대사전, 민중서림.
김춘남(1994). 한국사, 용인대학교 출판부.
김영환 외 4(1993). 체육원리의 비교연구, 도서출판 금광.
나순성(1970). 한국학교체육제도사, 도서출판 교육원
나영일, 황현자 역(2008). 청소년을 위한 체육, 도서출판 레인보우북스.
노희덕(1999). 세계체육사, 서울대학교 출판부.
대한체육회(2011), 대한체육회 홈페이지 자료실, http://www.sports.or.kr/index.jsp.
문교부(1973). 체육사, 서울신문사 출판국.
문화사 교재편집회(1980). 세계문화사, 형설출판사.
민석홍 · 나종일 · 윤세철(1998). 세계문화사, 서울대학교 출판부.
박광형 역(1991). 헤로도토스의 역사, 범우사.
박준기 역(1982). 고대체육사, 동호서관.
변태섭(1991). 한국사통론, 도서출판 삼영사.
성기산(1993). 서양교육사연구, 도서출판 문음사.
손수범(2002). 경제성장에 따른 한국스포츠의 변천, 용인대 박사학위논문.
손인수 · 정건영(1990). 교육철학 및 교육사, 문음사.
손인수(1996). 교육사 · 교육철학의 이론과 실제, 문음사.
송석록(2002). 스포츠 스폰서쉽, 도서출판 신일상사.
송형석(2001). 스포츠와 인간, 이문출판사.
신용하(2000). 한국고대사회변동사강의, 지식산업사.
신호주(1996). 체육사, 명지출판사.
양병우(1988). 고대올림픽, 지식산업사.
양선희 역(1991). 무용의 역사, 도서출판 삼신각.
오동섭 외 2(2001). 체육세계사, 형설출판사.
오천석(1964). 한국신교육사, 현대교육총서 출판사.
이가형 옮김(2004). 일리아스, 하서출판사.
이가형 옮김(2004). 오딧세이아, 하서출판사.
이내금 옮김(1997). 곰브리치 세계사, 도서출판 자작나무.

이덕분(1998). 올림픽사상사, 태근문화사.
이래화(1982). 체육사, 형설출판사.
이원호(1987). 교육사, 배영사.
이윤기(2000). 벌핀치의 그리스 · 로마신화, 도서출판 창해.
이진구 역(2003). 원시신화 : 신의 가면, 까치글방.
이진수 외(1987). 체육 · 스포츠 철학, 교학연구사.
이진수(1996). 한국고대스포츠연구, 교학연구사.
이태신(1985). 최신체육대사전, 한국일보사 출판국.
이학래(2000). 한국체육백년사, 사단법인 한국체육학회.
장문호(1990). 서양미술사, 형설출판사.
정기문(2000). 역사보다 재미있는 것은 없다. 신서원.
정성호(1988). 고대 올림픽을 찾아서, 행림출판.
조명렬 · 노희덕 · 나영일(1997). 체육사, 형설출판사.
최종삼(1993). 체육사, 보경문화사.
최종삼(1996). 무도경기규정의 변천에 관한 연구, 명지대 박사학위논문.
하남길(2002). 움직임 예술과학의 이해, 대한미디어.
한윤희(1995). 고대 그리스의 무용문화, 도서출판 대한미디어.
황옥철(1998). 미국 스포츠의 태동과 성장, 덕수출판사.
A.D. Touny and steffen Wenig(1969). *Sport in Ancient Egypt,* Edition Leipzig.
Christopher J. Lucas(1972). *Our Western Educational Heritage,* New York: Macmillan Publishing.
Darly Siedentop(1976). *Physical Education : Introductory Analysis,* Dubuque ; lowa : Wm.C. Brawn Co.,
Deobold. B. Van. Dalen. Bruce L.Bennett(1971). *World History of physical education,* Englewood chiff. N. J : Dretice Jall. Inc.
E.W. Gurdiner(1971). *Greek Athletic, Sports and Festivals,* London. The Macmillan Co.
Marilena Carabatea(1997). *Greek Mythology,* Kostas Adam.
Michael Cheilik(1969). *Ancient History,* New York : Barnes & Noble Books.
John L. Hutchinson(1958). *A Brief History of Physical Education,* The Ronald Press Co.
John Murrell(1975). *Athletics, Sports and Games,* The Berne Convention.
J. Warren(1830). *The Importance of Physical Education,* Lecture at the opening ceremony of Harvard University Gymnasium.
Oxford(1986). *The Oxford Reference Dictionary,*
Robert A. Mechikoff & Steven G. Estes(1998). *A History and Philosophy of Sport and Physical Education,* The McGraw-Hill Company, Inc.
Robert A. Mechikoff & Steven G. Estes(2002). *A History and Philosophy of Sport and Physical Education,* The McGraw-Hill Company, Inc.
Robert A. Mechikoff & Steven G. Estes(2003). *A History and Philosophy of Sport and Physical Education,* The McGraw-Hill Company, Inc.
長尾十三二(1978). 西洋教育史, 東京:東京大學校出版會
岸野雄三(1980). 體育의 文化史, 東京:不味堂出版社

스포츠 · 체육사의 이해

지은이 ‖ 최종삼, 손수범
펴낸이 ‖ 이경화
펴낸곳 ‖ 도서출판 21세기교육사

주소 ‖ 045600 서울 중구 퇴계로 293-1 (쌍림동, 원진프라자 3층)
전화 ‖ 02-2269-6561(대)
팩스 ‖ 02-2269-6568
이메일 ‖ 21publish@naver.com
블로그 ‖ www.21publish.info

등록 / 1991년 2월 12일 제 1-1128호

초판 발행 2011년 8월 22일
초판 인쇄 2011년 8월 25일
2판 인쇄 2012년 2월 27일
3판 인쇄 2014년 3월 6일
4판 인쇄 2016년 2월 24일
5판 인쇄 2018년 2월 20일

가격 18,000원

ISBN 978-89-6131-024-6 93600